U0457933

中国政法大学70周年校庆
校史系列丛书

中国政法大学 70 周年校庆校史系列丛书

编 委 会

主　　　　任：胡　明　马怀德

委　　　　员：胡　明　马怀德　冯世勇　刚文哲　高浣月

李双辰　时建中　常保国　李秀云　王立艳

总策划、总主编：李秀云

《七秩辉煌：中国政法大学校史（1952—2022）》

本 书 主 编：李秀云

本 书 主 笔：刘　杰　张培坚

中国政法大学

1952—2022
70周年校庆
CHINA UNIVERSITY OF
POLITICAL SCIENCE AND LAW
70th ANNIVERSARY

总主编　李秀云

中国政法大学70周年校庆校史系列丛书

李秀云　主编

七秩辉煌

中国政法大学校史
1952—2022

 中国政法大学出版社

2022·北京

声　明　1. 版权所有，侵权必究。

2. 如有缺页、倒装问题，由出版社负责退换。

图书在版编目（ＣＩＰ）数据

七秩辉煌：中国政法大学校史：1952—2022/李秀云主编. —北京：中国政法大学出版社，2022.5
ISBN 978-7-5764-0329-9

Ⅰ.①七… Ⅱ.①李… Ⅲ.①中国政法大学－校史－1952-2022 Ⅳ.①G649.281

中国版本图书馆CIP数据核字(2022)第018405号

	七秩辉煌：中国政法大学校史：1952—2022
书　名	QIZHIHUIHUANG：ZHONGGUO ZHENGFA DAXUE
	XIAOSHI：1952—2022
出版者	中国政法大学出版社
地　址	北京市海淀区西土城路 25 号
邮　箱	bianjishi07public@163.com
网　址	http://www.cuplpress.com (网络实名：中国政法大学出版社)
电　话	010－58908466(第七编辑部) 010－58908334(邮购部)
承　印	北京中科印刷有限公司
开　本	720mm×960mm　1/16
印　张	30.25
字　数	450 千字
版　次	2022 年 5 月第 1 版
印　次	2022 年 5 月第 1 次印刷
定　价	120.00 元

中国政法大学 70 周年校庆校史系列丛书

总　序

　　1952 年，中国政法大学的前身北京政法学院，在沙滩红楼正式成立。自创立之初，北京政法学院就秉承了北京大学、清华大学、燕京大学、辅仁大学和华北人民革命大学的红色基因和优良传统，为新中国培养了大量亟需的政法干部和高素质法律人才。同时，为共和国的法治建设、经济建设、社会发展贡献了不可或缺的智力支持。

　　1983 年，在邓小平同志的亲切关怀下，在彭真同志的提议下，在"把中国政法大学办成我国政法教育的中心"精神的指导下，中国政法大学应运而生。伴随着改革开放的历史变革和法治建设的持续完善，在无数先贤前辈和所有法大人的不懈努力下，中国政法大学不断发展壮大，一步一步成长为"中国法学教育的最高学府"和"中国人文社会科学领域的学术重镇"。

　　2017 年 5 月 3 日，习近平总书记考察中国政法大学，并围绕"立德树人德法兼修抓好法治人才培养，励志勤学刻苦磨炼促进青年成长进步"发表重要讲话。习近平总书记的重要讲话精神为全面依法治国和法学教育提供了根本遵循，也为中国政法大学的建设发展指明了方向。

　　七十载艰苦奋斗，七十载成就辉煌。在七十年的办学历程中，中国政法大学历经创办与建设、停办与撤销、复办与合并、划归教育部、进入"211"、进入"双一流"等一系列重大事件。在党和国家的高度重视下，中国政法大学不断改革创新、开拓进取，坚持党的教育方针，坚守为党育人、为国育才的初心和使命，在人才培养、师资力量建设、学科建设、科学研究、对外合作与交流、社会服务、文化建设等各个方面取得令人瞩目的成就，在全国高等院校中脱颖而出，成为一所特色鲜明的国家"双一流"建设高校。

德法兼修，明法笃行。中国政法大学始终不忘立德树人初心，牢记办学使命，秉持校训精神，赓续红色血脉，不忘优良传统，锤炼法大精神，传承学术薪火。一代又一代的法大人投身国家建设、致力于民主法治、推动社会进步，一批又一批理想信念坚定、学术功底扎实、勇于开拓创新的优秀学子脱颖而出。他们中有新中国法治建设的奠基人，有中国特色社会主义法律体系的开创者，有在全面依法治国新时代各条战线上矢志坚守、一心奉献的杰出代表。

七十年来，中国政法大学始终坚持社会主义办学方向，与祖国共进、与时代同行，经过一代代法大人的艰苦奋斗，现已成为国家法学教育和法治人才培养的主力军、法学研究和法治理论创新的主阵地，在新时代推进全面依法治国和全面建设社会主义现代化国家的伟大征程中持续贡献法大智慧和法大力量。在七十年的办学历程中，学校为国家培养了各类优秀人才 30 余万人，参与了自建校以来国家几乎所有的立法活动，对外开展了广泛的法学学术和法治文化交流，引领着中国法学教育的发展方向，朝着中国特色世界一流大学阔步前进。

在中国政法大学七十周年校庆即将来临之际，我们既要在七十年的辉煌历程中回顾历史成就、凝练优良传统、发扬法大精神，也要在全面建设社会主义现代化国家的新征程上展望美好未来，为中国特色世界一流大学建设积蓄力量，再铸辉煌！

这套校史丛书从几个不同的方面系统总结了中国政法大学建校七十年来的成就，生动刻画了不同时代的法大人为党育人、为国育才的奋斗身影，在历史的大事件和小细节中深刻表现了法大人点滴熔铸、代代相传、引以为傲的法大精神。

丛书共包含《七秩辉煌：中国政法大学校史（1952—2022）》《法大凝眸：老照片背后的故事》《法大记忆：70 年变迁档案选编》《法大群英：参与共和国

立法的法大人》四个分册，首次出版于 2012 年法大甲子校庆之际，本次出版增补了近十年来学校的发展成就，并对部分史实进行勘误。希望丛书的修订再版对于师生校友进一步凝练法大精神、传承优良传统有所助益，对于社会各界了解法大、携手共进发挥桥梁和纽带的作用。

七秩辉煌筑基业，德法兼修创未来。站在七十年的新起点上，我们愿与所有关心爱护法大的师生校友和社会各界人士一起，继续为法大更加美好的明天而不懈奋斗！

中国政法大学党委书记　胡　明
中国政法大学校长　　马怀德
2022 年 4 月

前　言

2022 年，中国政法大学即将迎来七十周年校庆。在漫长的中华文明史上，七十年不过转瞬即逝，与其他高校相比，中国政法大学的历史也并不算长。但对于所有法大人而言，七十年的艰苦奋斗、七十年的上下求索、七十年的改革创新，凝聚了一代又一代法大人的心血，熔铸了多少师生员工校友的美好回忆。

同时，这七十年中的艰难与坎坷、奋进与希望，又留下了多少感人至深的故事，记录了多少为法大奉献终身的前辈先贤的身影！

一件件激动人心的大事，一次次开拓进取的改革，一回回更上层楼的突破，以及令人唏嘘的艰苦条件，从零开始自编教材的教学探索，研究生教育的开端，劳动建校和"拎着马扎上课"……自 1952 年发端红楼以来，由这样一群人在这个小小的校园里，书写了法大与众不同的发展历程。这是法大的优良传统，也是法大精神之所在。

这本厚重的《七秩辉煌：中国政法大学校史（1952—2022）》（以下简称《七秩辉煌》），正是在记录法大建设发展历程的同时，致力于挖掘法大之所以为法大的核心：法大精神。

法大之修史，存在诸多的现实困难。其中最主要的困难是，经历过停办与撤销之后，学校原有的档案资料散佚遗失严重，记录学校发展的原始资料有许多难以查考。其次，早期自北京大学、清华大学、燕京大学、辅仁大学及华北人民革命大学调入北京政法学院的师生员工，中间历经政治运动、人员调整，许多已难以确定其与法大的关系。最后，中国政法大学成立时"一校三院"之中的中央政法管理干部学院（原中央政法干部学校），其大部分档案资料现存于中国人民公安大学，其发展历程也无法详述备至。

所幸的是，在法大建校五十周年和六十周年之际，学校分别组织人手编写过两次校史，并对现存的档案资料进行过较为深入的整理研究，确立了学校发展历史的大致框架，明晰了校史上存在争议的问题，形成了许多难能可贵的成果。

《七秩辉煌》即在五十年校史和六十年校史及档案资料的基础上修订、增补、删减而成。为了减少讹误、丰富史实，在校史修订过程中，党委宣传部组织力量对郑禄、朱维究、杨鹤皋、廉希圣等二十余位老教师进行采访，以口述回忆的方式对有关的历史事件作了有益的补充。

在吸收前两部校史大部分成果的基础上，本书着重就以下几个方面进行修订，在此作一说明，以方便大家阅读：

第一，增修了2012年至2022年初部分校史。采取以点带面的方式，重点对习近平总书记考察我校、法大进入"双一流"建设名单等重要事件及第七次党代会以来学校采取的一系列战略部署和改革成果进行记录。

第二，对原中央政法干部学校、中央政法管理干部学院的创立、发展历程、办学情况进行了较为详细的记录。此次修订增加中央政法干部学校部分约10 000字，主要概述了中央政法干部学校自1951年创立以后，为新中国培养（培训）了大量急需的政法干部的办学情况，及其与中央人民公安学院合并分立，最后并入中国政法大学的发展历程。

第三，对2002年版校史和2012年版校史中较为明显的史实讹误进行订正，对部分不适应时代发展需要的内容进行适当的删减。

除以上三个方面外，本书还对部分措辞、详略、章节标题等进行了适当的修订。

本着对历史负责、实事求是的原则，本书初稿完成后，向部分在学校工作了数十年的离退休老同志征求了意见。他们离退休前分属不同的工作部门，对学校发展的历史十分了解，并对某一方面的校史有着深入的研究，对校史修订提供了重要的参考意见。如庞本老师（原中央政法管理干部学院副院长）对于华北人民革命大学、中央政法干部学校（中央政法管理干部学院）的历史发展提出了重要补充；白晟老师（法学院副教授）对建校初期的人员构成、沙滩校址、人才培养等部分史实作出订正；刘长敏老师（原党委宣传部部长、《甲子华章：中国政法大学校史（1952-2012）》主编）对于全书结构、行文规范、引证注释等问题提出有益的建议；刘秀华老师（原党委统战部部长）对部分史实尤其是党务工作提出修改意见；江兴国老师（原教务处处长）对部分史实作出补充。

在此，也向热爱法大、为校史修订作出贡献的以上五位老师，及接受采访的二十余位老师表示诚挚的谢意！

校史编写非一日之功，也非一人之力所能胜任。在编写、修订的一年时间里，学校组织部、宣传部、人事处、教务处、科研处、学生处、发展规划与学科建设处、国际合作与交流处（港澳台办公室）、国内合作处、离退休工作处、法学院、档案馆等各个部门和单位提供了大力支持。尤其是宣传部和档案馆，作为校史研究和修订的主要力量，承担了大量的资料收集与整理、史实核对、专题研究等具体工作。在此一并向所有参与校史修订的老师和同学们表示感谢！

时间匆促，尽管有这么多人的投入与付出，但是讹误与不足还是在所难免的。校史的研究与编写是一项长期性的工作，随着档案资料的陆续挖掘，整理工作的陆续展开，中国政法大学校史将越来越严谨、翔实和公允。我们谨以此书抛砖引玉，期待后来者以更丰富的研究资料、更完善的编写体例、更简练的笔法，为广大读者呈现一部更完美的中国政法大学发展史，将法大精神继续发扬光大。届时，在法大工作了一辈子的我，也愿意作为校史修订的一名顾问，继续为校史研究发挥余热。

谨以此书献给我们所热爱的法大！

中国政法大学副校长　李秀云

2022 年 4 月

目　录

上编　初创奠基

北京政法学院和中央政法干部学校的创立与发展

（1952—1983）

中编　涅槃腾飞

中国政法大学的崛起

（1983—2000）

下编　七秩辉煌
建设世界一流大学
（2000—2022）

上编

初创奠基

北京政法学院和中央政法干部学校的创立与发展

（1952—1983）

从 1952 年北京政法学院成立，到 1983 年中国政法大学成立，中国政法大学走过了办学的第一个时期：初创与奠基时期。在这三十年间，中国政法大学的两个前身——北京政法学院和中央政法干部学校分别经历了筹备创立、成规模办学、停办撤销、复办重建等几个重要历史阶段，在曲折坎坷中迎来了第一个辉煌时期。

新中国成立以后，中央人民政府废除了国民党政府时期的"六法全书"，陆续制定通过了一系列新的法律文件，在相继完成土地改革、镇压反革命、"三反"、"五反"运动之后，于 1952 年 6 月发起了司法改革运动。在革故鼎新之际，新中国的建设急需大量的政法干部，为了加强国家治理，稳固无产阶级政权，北京政法学院和中央政法干部学校应运而生。

1951 年，在原"中国政法大学"一部（主要为轮训干部）和新法学研究院的基础上调入部分华北人民革命大学的干部，组建成立了中央政法干部学校。自 1952 年至 1958 年的短短数年间，中央政法干校共培训学员 7000 余人，为新中国的政法工作充实了重要力量。

1952 年，在全国高等院校院系调整中，中央正式发文设立北京政法学院。北京政法学院经历了初创时的艰苦奋斗，逐步改善办学条件，逐渐走向正规化办学。学院的师生员工艰苦奋斗，克服重重困难，投入到学院筹备和建设中来，不仅保证了教学科研工作的正常开展，而且建成了学院路 41 号的新校舍，组织机构也逐渐完善，完成了从专修科到四年制本科的过渡，并且开始了研究生教育的尝试，为学院的发展奠定了坚实的基础。

1957 年后，整风、"反右"接踵而至。虽两校的教学科研工作受到一定影响，但广大师生在坎坷的学院历程中，继续探索政法教育的发展道路。1966 年，北京政法学院和中央政法干部学校相继停止招生；1970 年，北京政法学院被宣布撤销。

1975 年，中央政法干部学校首先恢复西藏班招生。1978 年，党的十一届三中全会召开以后，在改革开放的春风中，北京政法学院和中央政法干部学校分别复办。

为了适应社会主义经济建设新局面的需要，加强社会主义法制建设，加速发展法学教育、培养法治人才成为不可或缺的重要环节。复办后的北京政法学院克服师资调回、校舍回收、教材短缺等重重困难，各项工作逐步走上正轨，为中国政法大学的成立奠定了坚实的基础。而此时的中央政法干部学校，在继续为国家培训干部、培养人才的同时，陆续经历划归司法部、与中央人民公安学院分立、择址重建，客观上也为合并成立中国政法大学作好了准备。

第一章
发端红楼　五校精英
（1952—1957）

第一节　汇聚名校精英　传承优良传统

一、成立北京政法学院，培养急需政法干部

1952 年，在国民经济的迅速恢复和发展中，教育部贯彻中央"对政法财经各院系采取适当集中，大力整顿"的指示，按照"每大区条件具备时得单独设立一所政法院校"〔1〕的原则，决定建立北京政法学院。

在这一指示下，从 1952 年开始，在华北、西南、华东、中南和西北分别建立了北京政法学院、西南政法学院、华东政法学院、中南政法学院和西北政法学院五所政法学院，分布在北京、重庆、上海、武汉和西安。这五所政法学院有几个共同点：一是和当时各大区的人民革命大学都有很深的联系（中南政法学院为原中原大学），五大政法学院的前身几乎都是各大区的人民革命大学；二是在各大区人民革命大学的基础上，经过合并大区范围内的综合性大学法律系（法学院）而成立五大政法学院。这一做法一方面为政法院校保存了优良的革命血脉，带来了中国共产党的光荣传统；另一方面，两种背景的深刻差异为此后的融合带来一定的困难。

此时的时代背景，是 1952 年影响深远的全国高等院校院系调整。1952 年 6 月至 9 月，中央人民政府大规模调整了全国高等学校的院系设置，把民国时期的高等院校系统地改造成苏联模式高等教育体系。在这场涉及面广、影响深远的大改革中，民国时期许多著名的高校消失在中国高等教育的序列中。而其他一些被保留的

---

〔1〕　中国政法大学校史编写组编：《中国政法大学校史》，中国政法大学出版社 2002 年版，第 3 页。

名校也被分解重组。综合性大学大部分被拆分，例如，北京大学虽然保留了综合性大学的特点，但也从中拆分出数个专门学院；清华大学被设定为工科大学，大部分文科类并入北京大学，或者拆分出来成立单独的专门学院。高等院校纳入国家行政管理序列，各大学纷纷设立党团机构。外国宗教机构在华设立的教会学校和私人开办的私立大学则被政府接管，大部分直接取消，整体并入其他大学，或者按照不同专业并入新设立的专门学院中——教会学校和私立大学退出历史舞台。

在此次调整中，按照苏联模式大力发展独立建制的工科院校，独立的专门学院也纷纷设立。除了五大政法学院外，新成立了钢铁、地质、航空、矿业等专门学院和专业，工科、农林、师范、医药等院校的数量也大大增加。

中国高等教育从此翻开新的一页。北京政法学院正是在这样的背景下，从北京大学等综合性大学中将政治、法律等专业，包括教师、学生、管理人员以及图书资料等剥离出来单独设立。

1952年8月23日，由中央政法委员会、华北行政委员会、最高人民法院华北分院及北京大学、清华大学、燕京大学三校政治系、法律系和社会系等单位代表：于振鹏、刘昂、朱婴、严景耀、陈传纲、夏吉生、程筱鹤、费青、钱端升、戴铮、韩幽桐11名委员组成了北京政法学院筹备委员会，钱端升担任筹备委员会主任委员，韩幽桐任副主任委员。筹备委员会在3个月内举行了4次会议。[1]

当日，北京政法学院筹备委员会第一次会议举行。会议明确了筹备工作的态度要有创造性和严肃性，同时确定了学院办公室、教务组、组织组和行政组的主要任务。第二次会议于8月25日举行，会议就教学计划、人员编制、机构设置和干部配备等问题进行讨论和部分确定。会后，各部门分别起草了工作计划，并开展了相应的工作。9月17日，第三次会议举行。会议就组织编制、教学计划、教学与行政干部配备、校舍、预算等各项工作的进展和落实，计划建立辅导员制度，任课教师和职员的安排和情绪稳定等问题，进行讨论和进一步安排、部署。11月11日，筹备委员会第四次会议即最后一次会议举行。会议就学院各个方面的筹备工作进行汇报（报告）、讨论、审议和总结，并形成《北京政法学院筹备工作总结报告》。在第四次会议上，筹备委员会宣告筹备工作完成，学院开学条件基本就绪。

9月16日，教育部向中央人民政府政务院文化教育委员会呈报成立"北京政法学院"，同年9月27日，政务院文化教育委员会批复"拟予同意"。

根据上级指示及筹委会的决定，北京政法学院由原北京大学法律系、政治系，

---

[1]　中国政法大学档案馆整理撰写："档案里的法大记忆"之一"北京政法学院的筹备"，载 https://news. cupl. edu. cn/info/1011/13089. htm，最后访问日期：2021年7月21日。

原清华大学政治系，原燕京大学政治系大部分师生，原辅仁大学社会学系社会民政专业少数师生及原北京大学的一部分行政人员组成，并由华北行政委员会（主要是从华北人民革命大学）调来一批干部担任各级领导。

学院成立后，受华北行政委员会领导，同时受高等教育部领导[1]。著名法学家、政治学家、社会活动家钱端升担任首任院长，戴铮任代理副院长，刘昂任教务长，著名法学家费青、社会活动家雷洁琼分别任学院副教务长。[2]

二、大师云集人才济济，名校融合创业奠基

学院成立时，组成人员主要有两部分。一部分是从北京大学、清华大学、燕京大学和辅仁大学合并过来的教师、学生、职员和工人；另一部分是从华北人民革命大学调来的教师和干部，除了部分从事教学工作外，大部分担任各级行政机构的领导。

北京大学、清华大学、燕京大学、辅仁大学，在民国时期并称为"北平四大名校"，其中，北京大学、清华大学属国立，燕京大学属教会大学，辅仁大学原系私立大学，1949年后由华北行政委员会接管，改为国立。在1952年的全国院系调整中，四所大学也分别被改组、合并或撤销。

北京大学作为被保留的少数几所综合性大学，开始转向文理基础学科的教学和研究。工科基本被剥离出来，或划归清华大学，或并入专门学院。清华大学被设定为工科大学，其文学院、理学院、法学院、农学院、航空学院等学院，或划归北京大学，或分割出来单独成立北京航空学院等专门学院。作为教会学校的燕京大学和作为私立学校的辅仁大学，则在此轮大调整中撤销（辅仁大学后来在我国台湾地区复办）。燕京大学工科并入清华大学，文、理科并入北京大学，法学院、社会学系并入北京政法学院。辅仁大学则整体并入北京师范大学，少数师生转入北京政法学院。

四所大学调入或分配至北京政法学院的人员中，以北京大学为最多，有学生190人、教师29人、职员46人、工勤人员82人，共计347人，占了招生前北京政法学院的绝大部分。学生中还有清华大学33人、燕京大学33人、辅仁大学25人。

教师干部中，自北京大学、清华大学、燕京大学、辅仁大学和华北人民革命大

---

[1]　据"北京政法学院大事记（1952-1962）"，现存中国政法大学档案馆。
[2]　钱端升等人的任命文件现存中国政法大学档案馆。

学调入的教师共计 60 余
人。[1]其中，北京大学
32 人（其中 3 人未到
职），包括钱端升、张奚
若、张志让、费青、芮沐、
楼邦彦、龚祥瑞、吴恩裕、
吴之椿、黄觉非等教授 10
人，汪瑄、阴法鲁、王利
器等副教授 3 人[2]，潘
汉典、朱奇武、程筱鹤、
杨翼骧等讲师 4 人[3]，

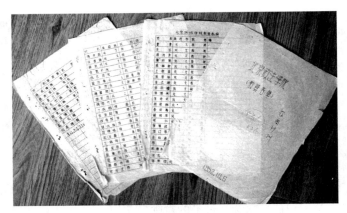

▲1952 年北京政法学院教员名单

李由义、罗典荣、周仁、宁汉林、张国华、余叔通、张鑫、欧阳本先、陈光中、潘
华仿、张文镇、林道濂等助教 12 人；燕京大学 10 人（其中 3 人未到职），包括严
景耀、雷洁琼、张锡彤、徐敦璋、张雁深[4]等教授 5 人，夏吉生、赵宗乾等助教
2 人；清华大学 8 人（其中 3 人未到职），包括于振鹏、曾炳钧、赵德洁、邵循恪
等教授 4 人，讲师杜汝楫 1 人。辅仁大学 3 人，为李景汉、戴克光、洪鼎钟三位教
授。华北人民革命大学调入教师干部 20 人，包括张子培、修恒生、高潮、卢一鹏
等。[5]

　　以上大部分教师都是民国时期法学、政治学和社会学领域的知名教授、学者，
许多都有外国名校的求学经历。例如，钱端升毕业于哈佛大学，严景耀毕业于芝加
哥大学，曾炳钧毕业于哥伦比亚大学。他们中的很多人，在各自的领域耕耘多年，

---

　　[1]　此处说法不一。据中国政法大学校史编写组编：《中国政法大学校史》，北京大学教师为 28 人，清
华大学教师 9 人，燕京大学教师 8 人，辅仁大学不详；据"北京政法学院大事记（1952-1962）"，原北大、
清华、燕京、辅仁四校调入的教师为 42 人，华北人民革命大学调来的干部教师 20 人。本书根据中国政法大
学档案馆整理撰写："档案里的法大记忆"之六"我校建校之初的师生员工"，载 https://news.cupl.edu.cn/info/
1011/12723.htm。未到职人员名单不详，据北京政法学院成立典礼出席领导名单，张志让以最高人民法院副院长
身份出席、张奚若以中央政治法律委员会副主任身份出席，二人应未到职；另据龚祥瑞自传，其关系并未转入北
京政法学院，龚祥瑞：《盲人奥里翁》，北京大学出版社 2011 年版，第 215 页。

　　[2]　中国政法大学校史编写组编：《中国政法大学校史》，北京大学调入的副教授有 4 人，包括杨翼
骧。但根据中国政法大学档案馆整理撰写："档案里的法大记忆"之六"我校建校之初的师生员工"，北
京大学调入的副教授为 3 人，杨翼骧为讲师。汪瑄，在多处文献中记载为"汪暄"，实为同一人。

　　[3]　中国政法大学校史编写组编：《中国政法大学校史》，北京大学调入的讲师为 5 人，含金德耀。

　　[4]　中国政法大学校史编写组编：《中国政法大学校史》记载教授 5 人，无张雁深，有陈芳芝。

　　[5]　具体名单不详。

学术水平和造诣很高，社会影响力很大，在新中国成立之前便已是享誉学界。

学院的各级领导主要是来自华北人民革命大学和华北行政委员会的干部。

新中国成立前后，党中央鉴于新中国成立必须要有自己的干部队伍，在当时划分的各大行政区先后成立了华北人民革命大学、西南人民革命大学、华东人民革命大学、西北人民革命大学等几所革命大学。革命大学的主要任务是对旧中国政府机关公务员、司法人员和旧知识分子进行思想改造，以便能够为社会主义新中国的政治经济建设服务，是"为了培养国家建设人才，给有志于为人民服务的新旧知识分子以学习和工作的机会……以迅速有效的方法，团结、改造广大知识分子，使之迅速成为国家建设的有用人才"。[1]其中也不乏原国民党党政机关起义投诚的高级将领、高级官员。

华北人民革命大学创立于1949年2月，校址设于北平西郊万寿山湖畔之西苑。作为一个以改造思想为主要任务的大学，华北人民革命大学的学员主要是旧社会的人员，以学生出身的占大多数，工厂机关职员、学校教师次之，此外还有一小部分商贩以及退伍军人和失业工人。

华北人民革命大学设校长、副校长、教务长各1人，由刘澜涛担任校长，胡锡奎担任副校长。全校共有工作人员1000余人，老干部约占2/3强，大多数是第一次国内革命战争、第二次国内革命战争和抗日战争初期就参加革命、受过长期斗争锻炼的。学校下设教务处、政治处、校务处和校部办公室。校部是全校最高领导机关，下设4个部1个分校（天津分校）。

华北人民革命大学的课程分为马列主义基本理论、中国革命基本问题、当前各种政策、共产党的建设及其历史四大部分。此外，还配合政治形势的学习，邀请党政军高级领导人和党内理论家为学员们作报告、上大课。课程主要有：朱德主讲"政治形势和学习问题"，薄一波主讲政治形势，黄敬主讲人生观问题，安子文介绍中国共产党历史，杨献珍讲唯物史观，艾思奇讲社会发展史，宋平介绍苏联青年团，刘宁一主讲"世界各国情况和中国革命胜利对于世界的影响"，郭沫若则介绍苏联等。[2]

学员的学习期限约6个月，改造结束后分配参加工作，其中部分有政治问题的

---

〔1〕 转引自西南政法大学校史编辑委员会：《西南政法大学校史（1950—2010）》，法律出版社2010年版，第7页。

〔2〕 本书中有关华北人民革命大学的内容主要根据巫昌祯、宁致远等人的口述回忆整理。巫昌祯（1929—2020），中国政法大学教授，我国著名婚姻法专家，1954年自中国人民大学法律系毕业分配到北京政法学院工作，曾就读于朝阳大学法律系。宁致远（1926—2013），1952年年底调入北京政法学院任教，历任汉语教研室副主任、主任。曾任中国司法文书、行政文书研究会会长，北京市诉讼法学会顾问，《法律文书与行政文书》杂志名誉主编。

人另做处理。华北人民革命大学的第三部，也就是后来的政治研究院，在当时十分有名。在这里改造思想的是来自北京几所大学的教授、国民党党政机关的高级官员和部分起义投诚的国民党部队人员。

和其他几所革命大学一样，在 1952 年的院系调整中，华北人民革命大学被撤销。其所属的干部、教师和工作人员，部分被分到华北行政委员会所属的各地方基层，部分被分到中央政法干部学校，还有一部分则被分到刚成立的北京政法学院。

调到北京政法学院的原华北人民革命大学的干部和教师有几十人，大部分是新中国成立前参加革命、入党多年的老干部，许多人经历了抗日战争、解放战争，革命资历和经验十分丰富。

在北京政法学院的党政领导构成中，除了钱端升、费青、雷洁琼、严景耀等担任各级行政领导职务外，学院的其他领导主要由华北人民革命大学的老干部担任，包括戴铮、武振声、张子培等人。此外还有一部分行政管理干部。后来华北行政委员会撤销，又分配了一批干部到北京政法学院，其中就有后来长期担任党委书记、副院长的刘镜西。刘镜西是 1930 年入党的老党员，革命斗争经验十分丰富，1952 年调到华北行政委员会，担任华北行政委员会政法委员会秘书长，1954 年调任北京政法学院担任党组书记兼第一副院长。

在这样的情况下，刚刚创立的北京政法学院实际上在管理方面更接近华北人民革命大学——大部分秉承了华北人民革命大学的传统，政治要求严格。

三、肇始红楼艰苦奋斗，法学教育开启新章

在 11 月 11 日筹备工作宣布完成后，次日，全院师生以民主的形式召开了第一次教务会议，一起学习和讨论了教学方针和教学计划。11 月 13 日早晨，随着第一声上课钟声的响起，北京政法学院 1952—1953 学年第一学期开始，师生开始正式上课。

开学的第一堂课，是在北京大学旧校址沙滩校区上的。刚刚成立的北京政法学院，百废待兴，也没有自己的校舍，所使用的校舍是从北京大学分出来的沙滩校区的一部分。1952 年 9 月 16 日，教育部向政务院文化教育委员会提交报告，建议暂将院址定于北京大学旧址——沙滩，并预备第二年在北京西郊新建校舍。同年 9 月 27 日，政务院文化教育委员会就此报请政务院并得以批准。

此时北京大学尚未完全搬出[1]，北京政法学院与北京大学共用沙滩校区。学院设有专门的行政部门，负责协商北京大学原有财产的分配，同时进行宿舍、教

---

〔1〕 据白晟回忆，北京大学 1952 年已经整体搬至燕园，沙滩仅留图书馆等少数单位和人员。白晟，中国政法大学法学院副教授。

室、家具、文具等方面的规划。根据协商，归属北京政法学院专用的，是沙滩校区西校门起往东，经过电钟一直到东墙，广场内电钟以北的狭小区域，以及灰楼、活动楼、新灰楼、北楼。其他如广场、浴室、校医室、合作社、体育部等均为两校合用。

学院对接收的教员宿舍、学生宿舍进行了粉刷修缮，为灰楼安装了锅炉等生活设施，分配了教室和桌椅，在教学设备不全、物资匮乏，尤其是师资短缺的艰苦条件下，北京政法学院的首批学员于 11 月 13 日正式上课。然而，共同使用一个校区终非长久之计，校舍的建设成为建院初期的紧要任务。

建院初期，学院以培养新中国建设急需的政法人才为主要任务，根据新中国法制建设的迫切要求和政法战线的需要，以培养司法行政干部，提高在职政法干部的业务水平为教学目标。学生主要由三个部分组成，共计 760 人：一部分是北京大学、清华大学、燕京大学、辅仁大学这四所大学政治系和法律系 50 级、51 级的本科生，共计 281 人；一部分是 1952 年北京大学等校新招来的学生，转入新成立的北京政法学院作为两年制专修科学生，共计 148 人；还有一部分是参加一年期轮训的华北地区县级法院正副院长、审判员及公安司法干部等在职政法干部，共计 331 人。[1]

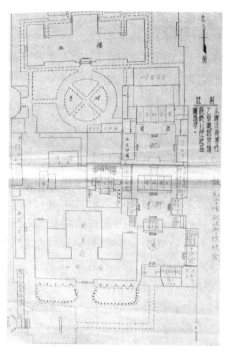

▲ 1952 年北京政法学院成立之初，部分校舍平面图（校址在沙滩北京大学旧址）

学院根据学生来源和文化基础及人才培养的需要，先行开办了调干训练班和专修科两种培养方式。[2]根据北京政法学院制订的教学计划，确定了对调干班和专修科二类不同学生的教学方针：分别有重点地进行马列主义、毛泽东思想教育，改

[1]　中国政法大学校史编写组编：《中国政法大学校史》，中国政法大学出版社 2002 年版，第 4 页记载四校学生总数为"287 人"，应为误记；同时参考何长顺先生口述回忆，口述回忆文字资料现存中国政法大学档案馆。何长顺，中国政法大学原党委副书记。

[2]　四校原有 50 级、51 级本科生后根据实际情况需要，根据钱端升院长的指示"因为国家工作需要，不能等你们 4 年了，你们提前毕业，享受本科生待遇"，提前一年毕业，不属于此处所说的这两种培养方式。

革与提高思想，系统进行各项基本政策与司法业务教育，提高学员的政策水平和业务工作能力，并适当地提高其文化水平，培养符合国家建设需要的政法工作干部。

在教学内容上，这一时期以政治理论和国家政策为主，如《毛泽东选集》、中共党史、《共同纲领》（中国人民政治协商会议共同纲领）、过渡时期总路线等，法律方面的课程相对较少。因为缺乏师资，学校经常会请中国人民大学、中央党校等其他学校的老师来讲课，党的理论家如艾思奇、杨献珍，某些方面的专家如胡绳、邓拓，以及党政部门的高级领导干部，如谢觉哉、彭真、史良等，都来北京政法学院讲过大课，作过讲座。

四、隆重典礼八方同贺，主席手书"毛体"校名

1952 年 11 月 24 日，北京政法学院成立典礼在北京大学沙滩校区举行，全院师生员工参加了典礼。内务部部长谢觉哉，教育部部长马叙伦[1]，最高人民法院副院长张志让，中央政治法律委员会副主任张奚若、彭泽民，秘书长陶希晋，法制委员会副主任委员许德珩，华北行政委员会副主任刘秀峰，最高人民法院华北分院副院长韩幽桐，中国人民大学校长吴玉章，北京大学副校长汤用彤等莅临大会。

在成立典礼上，谢觉哉、马叙伦、张奚若、彭泽民、吴玉章、汤用彤、刘秀峰等人分别致辞，祝贺北京政法学院成立，并对学院未来的建设和发展提出了殷切期望。

马叙伦在讲话中说，北京政法学院的具体任务，首先是适应目前为国家培养司法工作干部的急迫需要并提高在职干部的政治和业务水平。这种任务是光荣的。为了适应司法改革之后政法工作对于新的、质量高的司法干部迫切需要，对政法干部的培养采取了长期培养与短期训练相结合的原则，北京政法学院设立两年制和一年制两种学制。在教学内容上，需要坚决废除和肃清反动的旧法统观点及其影响，代之以合乎人民所需要的、新的马列主义的政治法律课程。为了不断地改进与提高学院的教学工作，今后学院应更加努力、更加深入地充实教学内容，加强与各政法部门的密切联系，积极争取他们的帮助与指导，并加强与中国人民大学和中央政法干部学校的联系。目前，由于华北行政委员会的大力协助，学校在师资和干部的配备上已大大加强，教材亦可逐步得到解决。

马叙伦指出，在思想改造和司法改革运动的基础上，希望教师们树立工人阶级思想，继续加强马克思列宁主义、毛泽东思想的学习，密切联系实际，努力钻研业

---

〔1〕 马叙伦于 1949—1952 年 11 月担任教育部部长，1952 年 11 月调任高等教育部部长。此时仍为教育部部长。

务，不断提高自己的政治思想和业务水平。相信我们尊敬的教师们，如果切实地这样做，不但保证业务会做好，任务能完成，而且会消解自己的顾虑，克服发生的困难，锻炼成光荣无比的人民教师。

北京政法学院首任院长钱端升教授发表了讲话，对学院未来的工作做了展望，并勉励全体师生团结一致，克服困难，共同来建设北京政法学院。[1]学院工会代表芮沐教授，学生代表、院学生会主席林远分别代表教师和学生发言。

当日（11月24日），学院挂起了由中华人民共和国中央人民

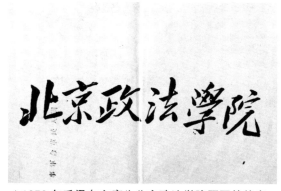

▲1952年毛泽东主席为北京政法学院题写的校名

政府主席毛泽东同志为学院题写的"北京政法学院"校名。这个"毛体"的"北京政法学院"校名，是在学院成立典礼举行前，毛泽东同志于1952年11月下旬题写的。

1952年10月12日，钱端升写信给时任中央人民政府秘书长的林伯渠，呈请毛泽东主席题写校名。钱端升在信中写道：

林老：

北京政法学院为了镌制校徽及校匾事，拟恳求毛主席书"北京政法学院"几个字。作为镌制校徽及校匾之用……毛主席工作繁忙，我起先本不敢将师生们的愿望上达。但我终于提出了这个请求，因为在沙滩原北京大学的正门一向便悬挂着毛主席在一九四九年所写的"北京大学"匾额，今后换上一个"北京政法学院"的匾额，如果仍是毛主席的字，是可以继续显出沙滩这一地点的历史性的。请您考虑我们的请求，并请转陈主席。我们每一个人都热望我们校门所悬挂的匾额上和我们身胸所佩戴的校徽上，仍有我们所热爱的毛主席所写的字。

十月十二日

---

[1] 钱端升讲话全文见本节附录。

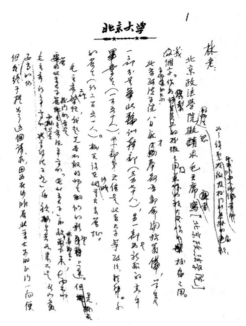

▲ 1952 年，钱端升请求毛主席题写校名，给林伯渠的信函

1952 年 11 月 10 日，钱端升又写信给林伯渠：

林老：

本月一日您告我，毛主席已允为我们亲书"北京政法学院"数字，给了政法学院全体员生以无限的鼓舞。我谨代表全体员生表示衷心的感谢……我们很盼望毛主席的字能早日给我们……

11 月 23 日，林伯渠致信钱端升，信中说：

钱端升先生：

毛主席给"北京政法学院"的题字，已写好，兹送上，请查收。

此致敬礼。

林伯渠

一九五二年十一月二十三日[1]

----

〔1〕 本节中引用钱端升、林伯渠书信内容均根据中国政法大学档案馆档案材料。钱端升、林伯渠书信原件现存中国政法大学档案馆。

　　这个"毛体"的校名在学院成立典礼前送达北京政法学院，并在开学典礼当天悬挂在学校的墙上。

　　1952年，党中央提出了党在过渡时期的总路线，要求从1953年起，我国进入第一个五年计划建设时期。北京政法学院创立的时候，正值中国发生巨大变化的历史时期。学院的创立，使新中国的政法干部和劳动人民的子弟得到了接受高等法学教育的机会。根据新中国法制建设的迫切要求和政法战线的需要，国家暂定北京政法学院为干部学校，以培养司法行政干部，提高在职政法干部的业务水平为教学目标。

　　北京政法学院是在全国高等院校院系调整的大背景下，由中央决定，在教育部、中央政法委员会、最高人民法院、华北行政委员会等部门的关心和支持下创立的。在成立以后的七十年中，北京政法学院尽管历经坎坷，却在重重困难中为国家培养了一大批政法干部和高级法律人才，为国家的法治建设作出了自己的贡献。一批又一批的法大人前仆后继，在艰难的环境下为法学教育和法学研究做出了有益的探索，为国家建设提供了有力的理论支撑和智力支持。

五、中央任命端公领衔，首任院长贡献卓著

　　1952年北京政法学院成立之际，国务院正式任命钱端升教授担任首任院长。其任命书由中央人民政府主席毛泽东亲自签发。在1952—1957年的院长生涯中，他为北京政法学院的建设和发展作出了重要的贡献。

　　钱端升（1900—1990），字寿朋。1900年2月25日生于江苏省松江府（今属上海）。1919年获官费赴美留学，在北达科他州立大学学习政治学，获学士学位。1922年后就读于哈佛大学，1924年获哈佛大学哲学博士学位。当年回国，执教于清华大学。其后先后任教于北京大学、中央大学、西南联大。新中国成立后担任北京大学法学院院长。

▲ 1953年1月，钱端升先生被任命为北京政法学院首任院长（此为由毛泽东主席签署的任命状）

1952 年全国高校院系调整，北京大学法学院并入新成立的北京政法学院。钱端升参与了北京政法学院的建校筹备工作，并担任首任院长。主要社会兼职有：中国政治法律学会副会长、外交学会副会长、对外友好协会副会长、世界和平理事会理事、外交部顾问、中国政治学会名誉会长、中华全国总工会法律顾问等。此外，钱端升还致力于新中国的法治建设，1954 年被聘为全国人大宪法起草委员会顾问，参加新中国第一部宪法的起草。主要著作有：《比较宪法》（与王世杰合著）、《法国的政府》、《德国的政府》、《钱端升自选集》。

钱端升先生是中国民主同盟（民盟）中央常委，并于 1981 年加入中国共产党。1990 年逝世，享年 90 岁。

作为首任院长，在学院的各项工作中，钱端升先生十分重视教学和科研工作，并始终关心同学们的学习和生活，为学院教学生活条件的改善做出了努力，全力为新中国培养及输送高质量的政法人才。1957 年以后，钱端升被划为"右派"，实际上未再参与学院的管理工作。此后，北京政法学院院长一职长期空缺，一直由党委书记兼副院长刘镜西主持学院工作。

1990 年 1 月 21 日，北京政法学院第一任院长、中国共产党优秀党员、著名政治学家、法学家、教育家钱端升教授逝世，终年 90 岁。2 月 15 日，钱端升先生遗体告别仪式在八宝山革命公墓礼堂举行。党和国家领导人吴学谦、雷洁琼、王汉斌及任建新、刘复之等参加了遗体告别仪

▲ 钱端升

式。中国政法大学全体教职工暨校友挽以长联："执教六十载，著作等身，诲人不倦，倾心育英才，师情似海，五洲桃李永怀钱翁；参政大半生，风雨同舟，肝胆相照，一切为人民，望重如山，四海法曹同悼端公。"

附录：

钱端升院长在北京政法学院成立典礼上的讲话[1]

各位首长、各位来宾、同志们：

北京政法学院今天将由中央高等教育部宣告成立。我们全体工作人员和全体同学衷心地感谢毛主席，感谢党，感谢人民政府，在国家就要开始大规模的有计划的经济与文化建设的时候，给我们建立了这样一个新型的高等学校，使得我们同学们有可能培养成为国家优秀的政法干部，使得我们工作人员们有可能担负这个培养国家建设干部的光荣任务。

解放三年余以来，中国人民经过了土地改革、镇压反革命、抗美援朝、"三反"、"五反"一系列伟大的政治改革，取得了伟大的胜利之后，我们国家的情况已经起了根本的变化，我们已经完成了准备建设的阶段，我们有条件来进行大规模的有计划的经济建设与文化建设。为了迎接我们新的任务，大规模地培养国家建设干部成了我们国家建设工作中一个中心环节，国家需要大量的工程人员、医师、教师、企业管理人员以及各种各样的技术人员，国家也需要大量的政法工作人员。但是，半封建半殖民地社会所遗留下来的旧的学校、旧的学制、旧的教育内容和教学方法，是不可能培养大量的而又合乎规格的建设干部的。感谢党的正确的领导，高等学校在今年上半年展开了思想改造的运动，对资产阶级腐朽思想以及其他不符合于人民教师的要求的错误思想作了严肃的——尽管还是初步的批判。这样便扫除了合理调整院系的障碍，这样便使得《共同纲领》第46条关于改革教育制度、教育内容和教学方法的规定有了充分实现的可能，而解放后早被提上了议程的"课程改革"也向前迈进了一大步。

可以说，如果没有在高等学校教师中所进行的思想改造运动，院系调整的伟大成就是难以想象的，撤销旧大学的政治法律等系，另建新的政法学校也是难以想象的。我们既然因思想改造而对院系调整有了贡献，我们也必须继续进行思想改造，然后能对我们的新的政法学院有所贡献。为了巩固我们在院系调整中所获得的成果，为了办好新的政法学院，作为一个正在改造中的旧知识分子，我愿意在同志们

---

[1]　据中国政法大学档案馆整理撰写："档案里的法大记忆"之二"北京政法学院的成立典礼"，载2010年5月专题，https://news.cupl.edu.cn/info/1011/13038.htm，最后访问日期：2020年8月12日。

的帮助之下和同志们在一起不断地进行思想改造。

我们的职员同志、工友同志们，解放以来，也不断地有了进步。特别是经过"三反"运动和忠诚老实的学习，同志们的积极性更有了显著的提高。要是没有同志们在院系调整中所表现的积极性，我们政法学院的筹备工作是会遇到更大的困难的。在新的政法学院中，要求职员同志、工友同志们，加强政治学习，发挥高度的爱国主义的热情，做好每个人的岗位的工作，一道为办好政法学院而努力。

我们学校的成员，尽管有很大一部分的教员、职员、工友及相当大的一部分同学，是从北京大学、清华大学、燕京大学、辅仁大学四个大学原有的教员、职员、工友、同学调整过来的，但更应当认识的是：北京政法学院是一所新型的高等学校。我们半数的同学是曾经做过多年实际工作的干部。我们工作人员中，无论是领导的干部或是做实际教学工作的干部，也增加了很大一部分经过长期革命锻炼的干部。这样，就使得我们的学校在成分上和过去的高等学校有很大的不同。在土地改革已经基本完成、土匪恶霸已经基本肃清、革命秩序已经建立并巩固的今天，我们有条件给我们在地方上的政法干部以系统学习的可能；而在国家就要进行大规模的有计划的经济建设与文化建设的时候，加强对我们国家干部的政治教育、政策教育，提高我们国家干部的政治水平，也成为巩固与发展人民民主专政以保障国家建设的基本条件。革命的经验是最可宝贵的，革命的实践是提高我们认识的基础，但是，只有系统地学习马列主义关于国家与法律的基本理论，从而又回到实践中去提高我们的认识，才真正有能力去强化国家机器，巩固与发展人民民主专政。

我们的学校既然有两种不同的同学——国家所珍惜的老干部和国家寄以无穷希望的青年知识分子，那么，怎样在一起学习，怎样相互学习彼此的优点，怎样在学习中争取更密切的团结，在密切的团结中更好地学习，将是一件十分重要的事。我们每一成功的经验或失败的经验，对全国的政法教育而言，将会产生不可忽视的影响。为了保证我们的成功，我建议我们的老干部同学与青年同学必须以互相尊敬、互相帮助的态度来推动全体同学的学习，使得每个同学在结合实际的理论学习上都能取得一定的收获。

"我们的政法部门的任务"，彭真同志指出过："主要是关于人民民主专政的具体实施。"我们的法律既完全不同于反动的"六法"，不同于资产阶级国家的法律，也不能抄袭社会主义国家或是人民民主国家的法律，而必须根据马列主义、毛泽东思想的基本理论，结合当前中国人民的具体情况来予以制定、充实。法律是这样，政法的教学也是这样。反动统治时期和受资产阶级思想所统治的政法教学的内容和方法必须摒弃，但完全符合于中国人民需要的政法教学尚需根据苏联先进经验，结合中国具体情况，创造、研究，并及时地总结经验，摸索出一套比较好的方法来。中央政法干部学校及中国人民大学法律系的教学经验对于我们是有指导性的，但我们学校的具体情况和中央政法干部学校与中国人民大学又都不完全相同。怎样使我们学校的教学能符合我院同学的需要及其正确的要求，怎样使我们的同学经过一定时期的学习之后，能胜任人民政法干部所必须执行的职务，是我们学院最重要的问题。

我们的任务是艰巨的，我们的困难是很多的；但是，只要我们全体学工人员是时时刻刻不忘祖国需要的立场坚定、观点明确、敌我界限分明而又有相当高度的政策和业务水平的政法干部，我相信一切困难都是可以克服的。

同志们！党、人民政府交给我们的任务是办好我们的学校，学好关于国家政法工作的理论和业务。这任务是艰巨的，但也是光荣的。让我们全体学工人员在毛泽东思想的指导下，在中央高等教育部、中央政法部门和华北行政委员会具体领导之下，站在热爱人民革命事业的立场上，勇敢地坚决地为胜利完成我们的任务而奋斗吧！

第二节　选址蓟门桥下　开展教学科研

一、告别红楼迁往新址，校舍竣工搬迁完成

1952 年 11 月 13 日，北京政法学院开始上课。这标志着北京政法学院筹备工作的完成和办学的开始。此时学院并没有自己的校舍，暂时栖身于北京大学沙滩校区。在新校址建成之前，北京政法学院的师生在沙滩校区整整生活了一年。

1953 年 2 月，学院第五次院务会议讨论了有关新校址的选择与建设问题。根据中央安排，新校址选择在北京西北郊土城，即后来的海淀区学院路 41 号，现在的海淀区西土城路 25 号。1953 年 7 月 1 日，新校舍开始兴建。1953 年 12 月，新校舍初步建成，师生陆续迁入。1953 年 10 月招收的第一批两年制专修科生（289 人）是第一批搬到这个刚建好的"学院路 41 号"的。在师生陆续迁入的同时，校区的建设仍在如火如荼地进行着。1954 年 1 月 26 日，新校舍全部竣工；2 月 12 日，北京政法学院全部搬迁完成。

▲ 一号、二号、三号、四号楼

全院师生完成搬迁的时候，海淀校区建成的部分包括作为宿舍楼的北楼、中楼和南楼（后来的老一号楼、二号楼、三号楼），学生食堂、教工食堂、礼堂和联合楼，以及操场北侧的两排工棚，后来作为家属宿舍和托儿所。

按照当时北京市的规定，学校的大小，按照学生人数计算。如此计算下来，北京政法学院的征地面积为 360 亩。校舍范围北至现在海淀校区北门外的几幢大楼的位置；南到现在家属宿舍 1 号楼；西到如今的金五星市场东侧（包括海淀艺校），东至小月河边。[1]

作为最早落户学院路的大学，当学院的师生来到这里的时候，附近只有一所部队院校，即解放军测绘学院，周围都是农民的屋舍、庄稼地和坟丘。后来，在院系调整中新设立的几所专门学院陆续选址学院路，自蓟门桥往北直到六道口，相继建成了北京航空学院、北京医学院、北京钢铁学院、北京地质学院、北京石油学院、北京矿业学院、北京农业机械化学院、北京林学院——也就是后来的"八大学院"。八大学院两两相对，中间的马路也加以拓宽，正式命名为学院路。

与大都属于工科院校的"八大学院"相比，坐落在学院路南边的北京政法学院，无论是从学校面积、校舍数量还是学生人数都排在末位，以至于被称为"袖珍大学"。在此后的几年中，学院的学生逐渐增加，校舍也屡经扩建，达到了一定的规模。

二、实行党委全面领导，组织机构逐渐完善

（一）党组织建设

为了加强党对学院的领导，1952 年 8 月，经请示上级党组织，北京政法学院建立了北京政法学院临时党组，作为学院筹备时期的党的临时领导机关。党组成员 3 人，分别为戴铮、刘昂、欧阳本先，党组书记由戴铮[2]担任。同时还成立了临时党支部。1953 年 1 月，临时党组书记戴铮调走，由武振声[3]任书记，刘昂任副书

---

[1] 参见中国政法大学校史编写组编：《中国政法大学校史》，中国政法大学出版社 2002 年版；艾群："即将消失的老校园"，载《中国政法大学学报》2011 年 5 月 24 日，第 3 版；何长顺先生口述回忆。

[2] 戴铮（1918—2015），红军时期即参加革命，1938 年加入中国共产党。1952 年任北京政法学院临时党组书记，代理副院长，1953 年 1 月调走。1978 年北京政法学院复办时为复办筹备领导小组成员，1981 年 7 月任院党委副书记。

[3] 武振声（1915—1986），河北元氏县人。1938 年 1 月参加抗日工作，同年 4 月加入中国共产党。新中国成立前历任元氏、内丘、赞皇等县县委书记，太行区一地委、六地委宣传部长。新中国成立后历任华北人民革命大学四部副主任、政治研究院副院长、北京政法学院党组书记兼副院长、高等教育部综合大学司副司长、国务院第二办公室教育组组长、国务院文教办公室秘书长等职。1978 年年初任中国文字改革委员会领导小组副组长，1982 年 5 月离休。

记，党组成员有徐敬之、鲁直、王润、张亚民、修恒生。1954 年 11 月，华北行政委员会撤销，时任华北行政委员会政法委秘书长的刘镜西[1]调入北京政法学院，代替武振声担任党组书记。

▲ 1955 年 3—4 月，北京政法学院召开首届党代表大会

　　1952 年 12 月 25 日，中国共产党北京政法学院总支委员会（以下简称党总支）成立，由王润担任书记，张子培、郭迪担任副书记，委员有：解润滋、欧阳本先、涂继武。当时，学院有党员 332 人，其中教职工党员 47 人、学生党员 285 人，设立了 4 个党支部。[2]

　　1953 年 4 月 5 日，经北京市委正式批准，中国共产党北京政法学院委员会（以下简称党委）成立，代替了党总支委员会。党委由王润任书记，副书记张子培、张

---

　　[1] 刘镜西（1914—1993），河南清丰县人。1930 年加入中国共产党。历任全国人大常委会法制委员会委员、全国政法学会理事、中柬友好协会理事，原北京政法学院党委书记、第一副院长，北京市顾问委员会委员，北京市高等教育局局长、党组书记。1930 年入党以后，刘镜西投身于革命活动，深入农村，组织贫民协会，积极发展党员，组建巩营地区党的中心支部，并担任支部书记。1931 年入河北省立第七师范学校，因参加进步学生运动被当局开除学籍，并受到通缉。抗日战争期间，先后担任中共清丰县委统战部长、战委会总务部长，南乐县政府抗日县长兼独立团团长、基干大队长，范县抗日县长，中共鄄城县委第一书记等职。解放战争期间担任冀鲁豫边区二工委宣传部长，冀鲁豫区党委直辖市菏泽市委第一书记，冀鲁豫区第八地委副专员、专员、地委民运部长，冀鲁豫战勤总指挥部河北办事处主任、党委书记。新中国成立后担任平原省濮阳地区专员。1952 年 10 月调任华北行政委员会监察委员会办公室主任、华北政法委员会秘书长。1954 年 10 月调任北京政法学院党组书记、第一副院长。北京政法学院党组撤销后担任党委书记兼第一副院长，至 1979 年调任北京市高等教育局。刘镜西生平据苏炳坤先生提供的"刘镜西自传""沉痛悼念刘镜西同志"（书面，现存中国政法大学档案馆）等材料整理而成。苏炳坤，中央政法管理干部学院原党委副书记兼纪委书记。

　　[2] 中国政法大学校史编写组编：《中国政法大学校史》，中国政法大学出版社 2002 年版；中国政法大学档案馆整理的组织史材料，现存中国政法大学档案馆。

亚民，委员亚伯、张文林、郭迪、欧阳本先、武振声。1954 年 1 月、2 月、9 月，党委又进行了三次调整，由王润任书记，郭迪任副书记，欧阳本先、武振声、张文林、李耀西、王绪之、张召南、崔衍勋、赵吉贤、高柳城任委员，其中王润、郭迪、李耀西、王绪之、赵吉贤为常委。[1]

1955 年 3 月 31 日至 4 月 21 日，学院举行中共北京政法学院第一次代表大会，总结了两年来党委的工作，通过了《关于保证完成教学工作的决议》。决议认为，在当前形势下动员党员保证完成教学任务，提高教学质量是党的工作的中心内容。决议指出，全体党员教师必须模范地贯彻教学计划，深入系统地钻研教学内容；要创造条件，支持鼓励科学研究、学术讨论，并加强对学术思想的领导；保证贯彻理论联系实际的思想路线；提高行政人员的服务意识；改进作风，面向实际，改进教学。会议选举了王润、郭迪、张召南、赵吉贤、张文林、高柳城、欧阳本先、杨达、杜澄、刘镜西、刘廷杰、张子培、李僧为党委委员，并选举郭迪、石山、洛萍、郝景文 4 人为北京市第一次党代会代表。

1956 年 5 月 24 日至 6 月 8 日，学院举行第二次党代会，郭迪致开幕词，王润代表党委作了一年来的工作总结，刘昂同志作了有关教学工作的报告。会上选举产生了新一届党委委员：刘镜西、刘昂、徐敬之、鲁直、王润、张杰、张亚民、修恒生、张子培、赵先、张召南、崔衍勋、郭迪、赵吉贤、杜澄、杨达、侯冠儒、司青峰、欧阳本先。选举徐敬之、杜澄、王持、张文林、司青峰为监察委员会委员。

1956 年中国共产党第八次全国代表大会以后，中共北京市委指示，为加强党对学校的领导和充分发挥集体领导作用，各高校须逐步实行党委领导。1957 年 1 月，中共北京市委正式批准北京政法学院实行党委领导制，即实行党组织对学院各项工作的全面领导，党组即行撤销。同时，选举刘镜西为党委书记，郭迪、徐敬之、鲁直担任副书记，徐敬之为监察委员会书记。1957 年 4 月，增加副院长李进宝为党委副书记。

在 1952 年的全国高校院系调整时，根据 1950 年 6 月第一次全国高等教育会议通过的《高等学校暂行规程》，高校实行校长（院长）负责制。1956 年通过的新的《中国共产党章程》强调基层党组织对本单位要发挥领导作用，高校的领导体制也随之发生变化，开始实行"党委的全面领导"。

1958 年 9 月 9 日，中共中央、国务院作出《关于教育工作的指示》，要求"在

---

〔1〕 根据 2002 年版《中国政法大学校史》和中国政法大学档案馆材料，党组、党总支、党委的关系应是：在 1953 年 4 月党委成立之前，党组和党总支并存，党组为领导机关；党委成立之后，取代党总支，党组仍然为领导机关；1953—1957 年，党委和党组并存，党组仍然为领导机关；1957 年 1 月，根据北京市委指示，高校实行党委全面领导，党组撤销，党委为领导机关。

一切高等学校中，应当实行学校党委领导下的校务委员会负责制……学校党委，应当配备党员领导年级和班的工作，配备党员去做政治思想工作、学校的行政工作和生产管理工作，党委书记和委员力求担任政治课的教学、研究工作。"

根据中央要求，北京政法学院临时党组撤销，党组与党委/党总支同时设立的情况得到改变，党委代替党组成为学院的领导机关。同时，根据北京市委指示成立北京政法学院院务委员会，讨论决定学校重大问题。

由此，中央加强了党对学校的领导，确立了党组织在高校的领导地位。"党委的全面领导"是对原来"学院行政提出计划，党委保障实施"领导方式的重大改变。同时，也意味着学校思想政治工作和党委作用的进一步加强。

（二）行政机构建设

1952 年 8 月至 12 月，学院由钱端升任代理院长，戴铮任代理副院长。1953 年 1 月 16 日，经中华人民共和国政务院政务会议通过，并提请中央人民政府委员会批准，由钱端升任学院院长，武振声任副院长。1954 年 11 月，国务院第四次会议任命刘镜西为副院长，并免去武振声副院长职务。

学院成立以后，建立了相应的行政管理机构。学院设院部办公室，负责学院的内部协调与对外联络；设教务处，下设教育科、组织科，负责学院的教学组织管理及党团组织工作（1953 年 9 月，随着党组织力量的加强，基层党团管理工作从教务处分开另立）；设教研室，下设理论业务辅导组、文化教育组、研究组，负责政治理论及专业课的教学和科研工作；设行政处，下设事务科、房产管理科、会计科、膳食科，负责学院的财务及后勤工作。学院设立了图书馆，汇集了包括北京大学法学院图书馆有关法律、政治方面的许多书籍及其他院校的部分藏书，包括许多珍本、缮本和孤本。1953 年 9 月，在新学年开始之时，教研室进行了调整，增设了马列主义经济建设问题教研室、国家法律教研室、理论政策教研室及研究组、国文组、俄文组、体育组等。同年，学院还设立了教育学研究室，以推动教学经验的交流和科研工作。

1954 年 3 月 30 日，学院调整了部分组织机构，取消了教务处下设的教育、组织科，改设教务处办公室，下设教务、组织、学生、编译 4 个组；增设政治辅导处，下设人事、青年、组织、宣教 4 个科。1955 年 9 月，撤销教务处办公室，将该室原有的 4 个组改为教学研究、教务行政两科和编译组；教研室由原有的 7 个分设为 9 个；撤销政治辅导处，设立人事处，下设人事、学生两科；建立年级办公室；院长办公室下设专家工作组。

1956 年 9 月，将原 9 个教研室分设为 14 个教研室，教务处下设教务科、学生科、教材资料科 3 个科，编译组改为编译室；人事处下设人事一科、二科，总务处下设财务科、事务科、校产管理科及医务室；取消教学研究科，并取消院长办公室下设的校卫队。

（三）其他组织建设

1952 年 11 月 2 日，北京市教育工会北京政法学院委员会成立。1953 年 1 月 15 日，院工会举行第一届会员大会，选举基层委员会。1954 年 11 月 5 日，院工会举行第二届代表大会，选举产生了新的基层委员会。1955 年 9 月 24 日，院工会举行第三届代表大会，选举杜澄等 13 人为基层委员，张守蘅等 3 人为经费审查委员会委员。

1952 年 11 月 12 日，中国新民主主义青年团北京政法学院总支委员会成立。经团市委大学工作委员会指定，亚伯、潘华仿、孔熙忠、陈碧四位同志为团总支委员。1954 年 3 月，院新民主主义青年团举行团员大会，选举产生了新的团总支委员会，亚伯、严振声、张玉洁、黄德昭、王继超当选为总支委员。

1954 年 9 月 14 日，经上级团委批准，新民主主义青年团北京政法学院委员会成立。9 月 20 日，学院举行了全院团员大会，就近两年来的工作进行了总结，并进行了改选，赵吉贤、张玉洁、严振声、潘华仿、林绍庭、刘忠亚、张嘉修、高瑞石、张广育当选为团委委员。在学院党委的领导下，团委动员全体团员青年参加政治活动，争当"三好学生"，为贯彻党的教育方针和学校的建设开展了积极的工作。

1952 年 12 月，北京政法学院学生会成立。学生会接受学院党组的领导和团总支的指导，并开展一系列的活动。1955 年，学生会举行第三届全体同学大会，总结学生会工作，并选举产生新的学生会执委会，刘大鑫等 15 人当选为执委。1956 年 3 月，院学生会举行了第四届代表大会，出席代表 96 人，特邀代表 5 人。本次学生代表大会第一次通过了《北京政法学院学生会章程》，并通过《致亚洲学生会议书》及号召全体同学向科学进军，贯彻"三好"指示的决议。

1952 年 10 月 28 日，学院成立中苏友好协会北京政法学院分会。

三、开展两年制专修科，轮训政法干部队伍

学院成立时，正值新中国第一个五年计划开始实施，国家的建设急需大量的政法干部。因此，从成立之日起，北京政法学院就担负起了尽快培养政法人才、培训在职司法、行政干部的任务，以充实和提高人民民主专政急需的政法干部队伍。

1952 年 11 月，学院正式开学。学生中除了北京大学、清华大学、燕京大学和辅仁大学政治学、法学、社会学的本科生以外，还有参加轮训的华北地区县级法院正副院长、审判员及公安司法干部等在职政法干部 331 人，以及当年从应届高中毕业生中招录的 148 人。根据学生来源和文化基础，以及人才培养的需要，先行采取了专修科和调干训练班两种培养方式。

专修科学制为 2 年。学院成立时，专修科的学生主要为北京大学、清华大学、燕京大学、辅仁大学转来的 51 级学生、1953 年 10 月新招收的高中生及速成中学毕业生。他们的特点是思想纯洁，受过新中国成立后的中学教育，政治热情高。

专修科基本课程设置如表 1-1 所示。

表 1-1 专修科基本课程设置

课程名称	讲授内容	学时
辩证唯物主义与历史唯物主义	实践论和矛盾论	4 周
阶级斗争	阶级斗争理论	4 周
马克思主义国家学说	马克思主义国家学说	4 周
国文	大学语文	13 周
俄文	俄文	13 周
世界近代史	世界近代史	10 周
政治经济学	政治经济学	22 周
中国通史	中国通史	4 周
中共党史	中国共产党历史	6 周
共同纲领	《共同纲领》	6 周
人民政权	过渡时期总路线、总任务	4 周
人民司法	苏联民法、刑法原理、民事诉讼、刑事诉讼、法院组织、检察工作	6 周
司法业务讲座	司法业务相关内容	6 周
中华人民共和国宪法〔1〕	《中华人民共和国宪法》	不详

专修科的课程内容大多是新中国司法实践经验的总结，主要聘请部分中央有关部门领导进行讲授，教学突出了思想性、政策性，使教学质量得到了根本保证。1954 年秋，首批专修科学生进行毕业分配，分配方向以北京、华北区的其他地区为重点，主要是在东北、河北、内蒙古、山西等省区从事政法工作。也有部分毕业生留校，充实了学校师资。

学院成立初期的教学实行单元制与学时制，即确定某一专题内容的学时，在一

---

〔1〕《中华人民共和国宪法》课程从 1954 年 6 月起开设。

定时间内集中讲授。讲授、讨论、实习、考试或考查、学年论文等教学环节均按学时进行。根据学制短的实际情况，成绩判定采取笔试和评议、讨论相结合的办法。根据教育部颁发的《高等学校课程考试和考查规程》，学院于 1955 年全面参考苏联的五级分制，并采用苏式的考试方法。1953 年 9 月，在专修科教学中改革单元制，实行多科并进的教学方法。

调干训练班为一年制，学生主要是华北局调训的司法公安干部。参加调训的调干班学员多为从事公安、司法工作的革命干部，具有一些革命斗争经验，理解能力较强，但文化程度相对较低，缺乏系统的理论知识。短期速成的学制既符合他们的实际情况，又保证了政法工作机关的有效运转。调干班的管理工作实行小班制，由脱产干部 2—3 人担任班主任，兼管行政和党务。从 1954 年第三期开始，调干班改成大班，并设立党总支。

根据 1952 年 12 月 29 日学校教务会议讨论的教学制度和教学计划，调干班课程的设置突出了国家政权建设与法制建设的需要。调干班课程设置如表 1-2 所示。

表 1-2　调干班课程设置

课程名称	讲授内容	学时
辩证唯物主义与历史唯物主义	矛盾论、实践论	7 周
阶级斗争	《惩治贪污条例》《镇压反革命条例》	不详
马克思主义国家学说	马列主义关于国家与法的基本理论与宪法理论	4 周
中共党史	中国共产党的发展历史	4 周
共同纲领	中国革命的总路线与总政策	4 周
政法工作	新中国成立以来的政法工作情况与今后的任务、司法建设、检察院的组织和活动	不详
婚姻法	《中华人民共和国婚姻法》	不详
中华人民共和国国家基本制度与选举法	国家基本制度、《中华人民共和国全国人民代表大会及地方各级人民代表大会选举法》	不详
经济法政策	经济法相关政策	不详

通过学校与全体师生的共同努力，到 1954 年，学院调干班培训了两期华北区县以上司法、行政干部 548 人，培养青年学生 337 人，合计毕业 885 人。到 1955 年，学院调干班三期共培养学生 1174 人。北京政法学院调干班出色地完成了速成轮训政法干部的政法高等教育工作，为充实解放初期的政法队伍、加强国家政权建

设作出了突出的贡献。

四、鼓励引导学术研究，科学讨论成果彰显

1954 年，党中央在对中国科学院党组《关于目前科学院工作的基本情况和今后工作任务给中央的报告》的批示中指出，要把我国建设成为生产高度发达、文化高度繁荣的社会主义国家，一定要有自然科学和社会科学的发展。其后，中国科学院分学科成立了学部。[1]

1956 年 1 月，中共中央召开关于知识分子问题的会议。周恩来在报告中作出知识分子"已经是工人阶级的一部分"的结论，发出了"向现代科学进军"的号召。伴随着这次进军的号角，国家先后制定了《十二年科技发展远景规划》和《十年科技计划》，全面部署中国科技的发展。

建院初期，学院百废待兴，学院的主要工作在于教学工作的正常开展和新校舍的建设，科研工作进展较为缓慢。新中国初创，法制建设十分不健全，在否定了国民党"伪法统"和西方资产阶级政治法律观点的情况下，法学研究进入了一个全新的阶段。这一时期的法学界同其他学术界一样，思想较为活跃，各个学科都针对本学科的重大问题展开讨论，发表了一批论文，翻译了大量苏联的法学著作和教科书，出版了一批著作和资料汇编。然而，重新起步的新中国法学，存在照搬照抄苏联法学理论、脱离中国实际情况等问题，在科学研究上并不成熟。

在教学工作有序开展的同时，学院也十分重视科研工作，鼓励和引导师生进行学术研究和理论创新。在 1955 年 4 月召开的中共北京政法学院第一次党员代表大会上，就明确提出要"创造条件，支持鼓励科学研究、学术讨论，加强对学术思想的领导"。在党代会精神的指导下，学校加强了对科研工作的管理。

为适应学校教育模式的变化，探索新形势下学院教育教学的发展方向，并推动学校学术活动的深入开展，提高师生进行科学研究的积极性，1955 年 9 月 7 日，北京政法学院学术委员会正式成立。学术委员会由钱端升任主席，刘镜西任副主席，委员有：钱端升、刘镜西、王润、王禹夫、余叔通、高潮、凌力学、徐敬之、张杰、张鑫、张子培、张召南、张亚民、曾炳钧、程筱鹤、雷洁琼、赵先、刘昂、鲁直、欧阳本先、严景耀，共 21 人。1956 年 3 月，学术委员会进行调整，成员由 21 人增加到 24 人。

学术委员会成立以后，开展了一系列活动，对于制订教学计划与方案，评定教

---

〔1〕 中共中央党史研究室：《中国共产党历史第二卷（1949—1978）》（上册），中共党史出版社 2011 年版，第 281 页。

师职称，推动科学研究发挥了很大的作用，对学院教学水平的提高和科研的进步作出了重要贡献。

1956年5月27日，在学术委员会的指导下，北京政法学院第一次科学讨论会举行，会上宣读并讨论了杜汝楫、曾炳钧、陈志平、张子培等提交的论文9篇。同时举办了本院教师、研究生等科学著作展览会，展出论文及其他作品117篇。参加讨论会的除本院教师及部分学生外，还有中国人民大学、北京大学、中央政法干部学校等兄弟院校，中国政法学会、外交学会等机关团体和最高人民法院、外交部、司法部等中央机关的代表共400多人。会后，出版了《北京政法学院第一次科学讨论会论文集》。从此，密切结合司法实践与教学实际，有较高质量的学术论文代替了此前以读书笔记、资料整理、专题报告为主要形式的科研成果。

1956年6月，《北京政法学院十二年远景规划》发布，自1956年1月开始制订，于6月4日经学术委员会讨论并原则通过。该规划对北京政法学院教学、科研、人事、总务及基本建设等方面的工作做出了展望与规划，为今后12年的发展描绘了一幅美好的蓝图，但是由于随之而来的大规模政治运动，规划并没有得到认真的实施和落实。

1956年6月，学术委员会组织领导了北京政法学院首次教师职称评定工作，共评出讲师18人，助教37人。1956年7月，学术委员会举行的第12次会议上，通过1956—1957学年度教学工作计划，并授予吴恩裕、张子培、徐敦璋3人科学论文奖金。

1957年4月27日至29日，北京政法学院举行第二次科学讨论会，提交大会讨论的论文有16篇。本院的教师和研究生参加了讨论会，公安部、司法部、中国政法学会、中国人民大学、北京大学等30多个单位也派代表前来祝贺。

五、思政工作成效显著，加强学习改造思想

学院成立初期，十分重视开展思想政治工作。当时的思想政治工作以改造思想、树立马克思主义的政法观念和为人民服务的观念为主要内容。这一时期的思想政治工作得到了老一辈无产阶级革命家、中央部委领导的关心和支持。

建校初期，正值全国开展"三反"[1]、"五反"[2]运动。全校师生在党的领

〔1〕 指在党政机关工作人员中开展"反贪污、反浪费、反官僚主义"斗争。时间为1951年12月至1952年10月。中共中央党史研究室：《中国共产党历史第二卷（1949—1978）》（上册），中共党史出版社2011年版，第159页。

〔2〕 指在工商业界开展"反对行贿、偷税漏税、盗骗国家财产、偷工减料、盗窃国家经济情报"的运动。中共中央党史研究室：《中国共产党历史第二卷（1949—1978）》（上册），中共党史出版社2011年版，第163页。

导下，踊跃参加了"三反"、"五反"运动。

在学院党组的领导下，学院组织广大师生开展了一系列政治学习与活动。学习中突出了对师生进行马列主义、毛泽东思想、苏联经验和党史、革命传统方面的教育。为加强对师生政治学习的领导，学院于 1953 年 4 月 10 日成立了学习委员会，由雷洁琼担任委员会主任，张子培任副主任，委员有：楼邦彦、张亚民、任群。为使教职工系统地进行政治理论学习，学院于 1953 年 11 月成立了马列主义夜大学，由王润担任校长，郭迪担任副校长兼办公室主任，高柳城、任群任办公室副主任，并设教员和干事若干人。学习委员会和马列主义夜大通过积极的工作，将师生的政治、专业学习热情推向了一个新的高潮。1955 年夜大开学时，全院教职工中共有128 人参加马列主义基础学习，29 人参加经济建设读本的学习。[1]

在思想政治工作中，党委适应当时的形势，把学习苏联经验作为一项重要内容，相继学习了马林科夫《关于苏联教育成就的报告》等苏共第十九次代表大会文件，邀请了苏联专家和领导干部为全院师生作有关苏联教育的专题报告。这些活动向广大师生展现了苏联的政治、经济、教育状况，在师生中产生了深刻的影响。

学院党委还注意将政治学习与国际、国内实际密切结合起来，广泛了解国内外时事，紧跟国家建设和发展的步伐。同时，每一部法律的颁布和实施，学院都会组织专门的学习和宣传活动，时刻关注国家法制建设的进程。为了更好地开展学习，学院邀请了许多中央领导干部、相关方面的专家、模范英雄人物，为师生们带来内容丰富的专题报告。这些报告和学习开阔了师生们的视野，使他们对国际形势、国内问题和国家的各项政策有了更加深入的认识。

1953 年 4 月 1 日，学院在院务会议上讨论了政治学习及反对官僚主义的问题，并于当月开展了反官僚主义运动，教务长刘昂向全院教职工作了《关于反对官僚主义的报告》。1953 年 10 月起，全院师生开始学习党在过渡时期的总路线，并开展了多次讨论。

1950 年 5 月 1 日，《中华人民共和国婚姻法》公布施行，这是新中国颁布的第一部法律。1953 年 3 月 23 日，学院专门成立了贯彻婚姻法学习办公室，开展贯彻新中国婚姻法的学习。为了深入学习选举法，6 月 8 日，内务部部长谢觉哉来校作《中华人民共和国的国家基本制度的选举法》的报告。6 月 8 日至 24 日，全院师生深入学习与宣传《中华人民共和国宪法（草案）》。11 月 18 日，中共华北局统一战线工作部部长平杰三来校作关于《中华人民共和国宪法》的报告。

---

　　[1]　中国政法大学校史编写组编：《中国政法大学校史》，中国政法大学出版社 2002 年版，第 26 页。

1953 年 4 月 28 日，《人民日报》总编辑邓拓来校作《关于共同纲领的序言和总纲》的报告。5 月 4 日，被誉为"中国的保尔·柯察金"的吴运铎来校作报告。5 月 6 日，中央政法委员会秘书长陶希晋来校作《三年来的政法工作和目前任务》的报告。1954 年 2 月 27 日，新华通讯社国际部李慎之副主任作《关于柏林四国外长会议》的报告。4 月 9 日，北京大学地质地理专家侯仁之教授来校作《我们伟大的首都》的报告。4 月 24 日，师生听取关于炮火英雄吴震国事迹的报告。6 月 20 日，外交部柯柏年司长作《关于日内瓦会议》的报告。

1954 年，学院还举行了"中共党史专题系列报告会"，前后共举办 4 次。5 月 17 日、21 日，由地质部部长何长工作关于"第二次国内革命战争时期革命根据地的斗争和建设的回忆"的报告；11 月 11 日，水利部副部长冯仲云作关于"东北抗日联军抗日斗争的回忆"的报告；11 月 18 日，由著名历史学家侯外卢作关于"第二次国内革命时期白区文化'围剿'与反'围剿'的斗争"的报告。本次系列报告会的听众包括本院师生、其他兄弟院校的教师及科研机关干部等共 2000 余人。

1954 年 11 月 10 日，院团委在全体团员青年中开展了"培养青年共产主义道德品质，反对资产阶级思想腐蚀"的学习活动，在广大青年学生中产生了热烈的反响。院党委书记王润向全院团员作了"培养共产主义道德，坚决反对资产阶级腐化堕落思想"的报告。

建校初期的思想政治工作取得了显著的成效，对于改造师生的思想，培养共产主义理想和情操起到重要的作用。

六、校园文化丰富多彩，文体活动广泛开展

在党团组织有力工作的推动下，师生的政治觉悟进一步提高，参加政治与经济建设的热情空前高涨。校园文化生活也逐渐丰富起来。

1953 年 12 月 25 日，全校师生积极参加全国人民代表大会代表的选举。1954 年 1 月，全院师生踊跃认购公债。1955 年 3 月，全院师生认购国家经济建设公债折合人民币 12 776 元。1957 年 4 月，全校师生认购公债16 459元。

▲ 20 世纪 50 年代学生们自编自演革命民族剧目

1955 年 1 月，学院师生开展反对美蒋条约的宣传运动，全体师生写信给《人民日报》，表示坚决反对"美蒋共同防御条约"。1955 年 2 月 15 日，全院师生举行反对使用原子武器签名大会，有 1093 人在世界和平理事会《告世界人民书》上签名。1955 年 10 月 6 日至 12 日，全院青年师生响应团中央号召，积极开展"赠送农村青年一本书"的运动，共赠书 5327 本。1956 年 11 月 2 日，全院师生员工举行反对英法侵略埃及和支援埃及人民正义斗争大会，院党、团、工会组织和学生会及各民主党派联名向英国驻华代办处写信抗议，并同时写信给埃及驻华大使馆表示对埃及人民的同情与支持。

同时，学院的校园文化建设蓬勃发展，各项健康、活泼的文体活动广泛开展，极大地活跃了师生的思想、锻炼了师生的体魄，也丰富了师生的业余生活。

1954 年 10 月 17 日，学院举行了本院第一届田径运动会，参加运动会的男女运动员共 274 人，最终二年级四班以总分 106 分获得第一名。

1954 年 6 月 19 日，学院举行欢送毕业生同学晚会，并邀请中央民族学院文工团来校演出。11 月 27 日，为庆祝建院两周年，全院举行游艺晚会。

根据国家体育运动委员会于 1954 年公布的"准备劳动与卫国"体育制度（简称劳卫制），为推动群众性体育活动的开展，1955 年 1 月 12 日，学院成立了体育锻炼委员会，由雷洁琼任主任委员，金德耀任副主任委员，赵吉贤、李国铭、朱子南任委员。3 月 27 日，本院运动员 59 人前往北京航空学院参加北京航空学院、北京医学院、北京政法学院三院第一次田径比赛。4 月 17 日，在北京政法学院举行了三院第二次田径对抗赛。4 月 20 日开始，学校举行了劳卫制测验，报名参加全部测验项目的 134 人，其中达到预备级及格的 5 人，预备级优秀的 36 人，全国一级及格的 15 人。1956 年 3 月，根据北京市教育工会、北京市体育协会的指示，教职工成立了"中国钟声体育协会北京政法学院分会"，全院有 200 多人入会，并由会员代表大会选举杜澄、金德耀等 13 人组织理事会。

在上级部门的关心下，从 1954 年开始，北京政法学院的对外交流工作也广泛展开。外宾的来访不仅增进了师生对国际形势的了解，在专业方面也开拓了视野，扩大了与国外政法理论、教育和实务界的交流。

1954 年 9 月 18 日，苏联《苏维埃国家与法律》杂志总编辑叶夫根尼耶夫，匈牙利《法律》杂志总编辑、国际民主法律工作者协会书记处书记科瓦奇及书记处工作人员爱露茜夫人来校参观访问。12 月 14 日，越南民主共和国代表团来校参观访问。

1955 年，印度文化代表团等 3 个代表团来校参观访问。

1956 年 5 月，比利时文化代表团派波依耶、迪凯两位先生到校访问，并作关于比利时宪法和婚姻法的演讲。当年，苏联法律工作者代表团等 14 个代表团来校参观访问。1957 年 4 月，英国文化代表团乔策先生来校访问，并作关于英国工商法的讲座。

第三节　学习苏联经验　探索法学教育

一、全面学习苏联模式，理论结合实践活动

新中国成立初期的高等教育，学习了苏联高等教育的模式。在改造新中国成立前旧课程教材的同时，采取"学习苏联教育经验为我所用"的办法，从基础教育到高等教育，借鉴了苏联的教育模式。在高等教育中，从院校类型、学制、专业设置、教学计划到教材，都带有一些苏联的影子。1952 年院系调整，实际上是参考苏联模式来改造中国的高等教育体系，确立了中国高等教育的基本格局，影响至今。

北京政法学院成立后，正好赶上了学习苏联教育经验，开展教学改革的时期。在中央的号召下，全国各大高校纷纷开展教学改革，学习苏联的主要内容有：①采用苏联高等学校的专业目录设置了专业；②根据苏联的教学计划压缩制订出四年制本科生的教学计划；③采用苏联的教学大纲；④翻译苏联教材，部分或全部采用苏联教材；⑤成立教研室，在其下设教研组，分别就各专业的教学工作进行集体讨论；⑥学习俄语；⑦向苏联派遣留学生；⑧聘请苏联专家。

建院伊始，北京政法学院只有一个法律专业。这时候，已经全面否定了国民党政府的"伪法统"，中华民国时期的"六法全书"已不宜作为学习和研究的对象。那时候的课程设置里面，诸如"苏联国家与法的历史""苏联与人民民主国家法"等课程成为专业课的主要内容，而民法、刑法、民事诉讼、刑事诉讼等核心课程也以学习苏联为主。

早在建院初期，学院就仿照苏联成立了教研室，负责政治理论及专业课的教学和科研工作。但由于教师缺乏，全校教学人员只有 26 人，只能设理论业务辅导组和文化教育组两个专业小组。在教研室下设研究组，主要进行科研工作，成员主要是从北京大学、清华大学、燕京大学和辅仁大学四校调来，因所学已不适应新时期需要而无法上台讲课的老师。其后，根据教学改革的师资状况及时进行调整和加强建设，教研室的规模不断扩大。1953 年 9 月，在新学年开始之时，增设了马列主义经济建设问题教研室、国家法律教研室、理论政策教研室及研究组、国文组、俄文组、体育组等。同年，学院还设立了教育学研究室，以推动教学经验的交流和科研

工作。此后各专业的教研室得到进一步的建设，教研室数量从 1 个逐渐扩展到 7 个，及后来的 9 个，到 1956 年 9 月又扩展至 14 个。

根据教育部颁发的《高等学校课程考试和考查规程》，学院于 1955 年全面参考苏联的五级分制，并采用苏式的考试方法。至于教材，当时中国没有自己的法学教材，完全借用由中国人民大学翻译的苏联高等学校政治理论及政法专业和俄语教材。在使用这些教材时，依据 1954 年全国政法教育会议的方针任务和培养目标，制定了编译教学大纲和教材的基本原则。1955 年，按照培养法律高级专门人才的培养目标，有计划地编写了《法律专业课程统一教学大纲》，并据此编写了一些符合中央政策和我国实际情况的专业讲义和教材。

在学习苏联教育模式的同时，和苏联有关的一切，都成了师生了解和学习的内容。1952 年 12 月，全院师生一起学习了马林科夫《关于苏联教育成就的报告》等苏共第十九次代表大会文件。1954 年 11 月 6 日，全国文艺联合会秘书长阳翰笙作《关于访苏观感》的报告。1955 年 2 月 20 日，中苏友好协会北京市分会宣传部部长张子凡来校作《关于中苏友好问题》的报告。1956 年 4 月，苏联专家给全院师生作了《关于苏共中央向第二十次代表大会所作的总结报告中的几个理论问题》的报告。1956 年，苏联法律工作者代表团等 14 个代表团来校参观访问。这些报告、讲座和交流活动，向广大师生展现了苏联的政治、经济和教育状况，在师生中产生了深刻的影响。甚至连课余时间学校放电影，大部分也都是苏联的革命电影。

全面学习苏联在 1955 年达到了顶峰。在这一年中，学院在教学工作计划中提出全面系统地学习苏联先进经验。同年，北京政法学院首批研究生报到入学，为了培养这批研究生，专门从苏联聘请的两名苏联专家也来到了北京政法学院。

"全面系统学习苏联先进经验"确立了中国高等教育的基本制度和基本格局，为尚无经验的高等教育提供了范本和参考。北京政法学院在学习苏联经验的过程中，确立以马克思列宁主义、毛泽东思想为基础的教学计划，在教学过程中摸索出一套符合学生实际情况和社会需要的教学方式和行之有效的教学方法，从而开辟出了新中国社会主义政治与法律的教育阵地。学院在理论教育与思想教育的过程中，指导学生批判与肃清了旧的思想和旧的政法观念，树立与巩固了工人阶级的思想与革命人生观，明确了为人民服务的政法观念。

然而，在学习苏联经验的过程中，也产生了脱离我国政法教育与法制建设的实际，机械照搬法学教育和政法理论模式的教条主义倾向。全盘照搬苏联模式，脱离了中国具体国情，也为中国高等教育带来了一些问题。

这一时期学习苏联的主要特点有：①教研室采取集体讨论的方式，表达统一的观点，讲义和教材的编写也采取集体编写的方式，代表集体成果；②教学采取教师讲授、个人学习和集体讨论相结合的方式；③在课堂学习之外，增加了生产实习等内容，理论联系实际，使同学们从劳动和实习中得到身心锻炼。

其中，理论学习与实践活动相结合的教学方式，克服了形式主义弊端，增强了教学效果，给最初的政法教育带来了生机与活力。1953 年 6 月，在司法建设课程的教学中，进行了典型判决教学法的试验。10—12 月，专修科二年级学生到唐山、保定、邯郸、邢台等地参加普选及粮食统购的宣传实践活动，这是学院成立以来的第一次实习与实践活动。通过实习与实践，检验了学生的学习质量和教学质量，巩固了学生的专业思想，引起了师生对政法理论的重视。

二、贯彻政法教育方针，招收四年制本科生

在第一个五年计划顺利执行的同时，我国民主法制建设也不断向前迈进。为了使政法教育能够适应社会主义革命和建设的需要，中央于 1954 年召开了全国政法教育会议。会议指出："政法教育的教学改革工作较之其他学科更为迫切和必要。"会议确定了过渡时期政法教育应"适应政法工作发展的需要，有计划按比例地培养忠于社会主义建设事业、热爱祖国、体格健全、具有坚定的工人阶级立场和社会主义政法观点、掌握先进政法科学、熟悉专门政法业务的工作干部和法律专家。"[1]会议提出在最近几年，政法学院应担负培养专门人才和短期轮训在职干部的双重任务，学制为四年。为此，北京政法学院积极贯彻过渡时期政法教育的方针，认真进行了学制改革。从此，北京政法学院的建设与发展进入一个新的历史时期。

全国政法教育会议的召开，对于北京政法学院来说意义重大。

从 1952 年建校到 1954 年全国政法教育会议的召开，学院的培养模式主要是调干训练班和专修科两种，原四校的本科一、二年级学生都纳入两种培养模式。截至 1954 年，两年制专修科学生已修满毕业，调干训练班也培养了两期。原北京大学、清华大学、燕京大学、辅仁大学四校的学生中，1950 年入学的本科生并入北京政法学院时已是二年级，学习一年后，根据钱端升院长的指示，"因为国家工作需要，不能等你们四年了，你们提前毕业，享受本科生待遇"[2]，1953 年即提前毕业。这是北京政法学院的第一届毕业生。1951 年入学的一年级学生，也只在北京政法

---

〔1〕 "中央高等教育部召开全国政法教育会议确定培养政法建设人才的方针"，载《人民日报》1954 年 5 月 11 日，第 9 版；中国政法大学校史编写组：《中国政法大学校史》，中国政法大学出版社 2002 年版，第 17 页。

〔2〕 根据赵克俭先生口述回忆。赵克俭，中国政法大学教授，1954 年毕业于北京政法学院，留校工作。

学院学习两年就提前于 1954 年毕业。

从 1954 年开始，北京政法学院认真进行学制改革，开始招收四年制本科生。从此，学院的办学逐步走向正规化，进入了一个新的建设与发展阶段。

为了实现全国政法教育会议提出的任务和目标，探索从专修科教学过渡到本科教育的有效途径，学院于 1954 年 8 月制订了《三年制教学计划草案》，课时按理论讲授、专题报告、生产实习、综合方面进行合理分配，还设置了逻辑学、国际法、法医学 3 门选修课。在各种条件基本具备后，学院于 1954 年停招两年制专修科和一年制调干班。

1955 年，学院办学 3 年后，教学力量逐步增强，管理水平也有了明显的提高。根据本科生教学需要而对各部门进行的调整与充实也基本完成。到 1955 年，第三期调干训练班结束，1953 年入学的两年制专修科学生也全部毕业。1954 年学院招收本科生 253 人，1955 年招收本科生 449 人。到 1955 年上半年，学院已全部转成本科教育，完成了由两年制专修科教育向四年制本科生教育的转变，为学校今后的长期发展奠定了基础。

1955 年，学院在教学工作计划中提出了应全面系统学习苏联先进经验，缩减专门化课程的具体要求，以提高毕业生分配的灵活性，缓解教师不足的困难。1955 年 12 月，高等教育部审定了《北京政法学院本科生教育计划》，提出教学工作应以培养法律高级专门人才为目标。

该计划规定开设的课程有：马克思列宁主义基础、中国革命史、政治经济学、辩证唯物主义和历史唯物主义、逻辑学、俄文、现代汉语、体育、国家与法的理论、国家与法的通史、苏联国家与法的历史、中国国家与法的历史、苏联与人民民主国家法、中华人民共和国国家法、中华人民共和国人民法院与人民检察院组织法、资产阶级国家法、行政法、财政法、民法、刑法、民事诉讼法、刑事诉讼法、劳动法、土地法与集体农庄法、犯罪对策、会计核算与司法会计鉴定原理、国际法、法医学与司法精神病学共 29 门，总计 3180 学时。

1956 年，高等教育部召开专门会议，贯彻毛泽东提出来的"以苏联为鉴戒，总结我国经验，探索适合中国国情的社会主义建设道路"。此后，学习苏联的浪潮告一段落。

与此同时，北京政法学院的教学改革深入开展。为了贯彻因材施教的方针，培养学生独立思考、独立工作的能力，学院对教学计划做了必要的调整，减少公共必修课时，增加专业课时；减少课堂讲授时间，增加自习时间；精简辅助课，增开选修课，使教学计划逐步完善起来。1956 年秋，教育部通知减少马克思主义基础、中国革命史、政治经济学、辩证唯物论与历史唯物论的学时。1957 年开始，停开 4 门政治理论课，改为社会主义思想教育课。此时，本科 4 个年级共开设 26 门课程。

三、研究生教育的尝试，迈出坚实的第一步

在本科生教育走向正规化的同时，1955 年北京政法学院的研究生教育也迈开了步伐。

为适应提高教学质量和教师业务水平的迫切需要，1955 年北京政法学院决定在全国招收有一般理论与业务知识，现任政法学院助教或曾系统学习过理论与政法专业课程的大学毕业生为研究生，以培养民法、民事诉讼法、刑法、刑事诉讼法、司法鉴定等专业师资，学制为两年。

1955 年 9 月，首批 75 名研究生到北京政法学院报到入学。这 75 名研究生来自全国各大法律院系，如西南政法学院、华东政法学院等，都具有良好的政治背景和专业基础。为了培养这批研究生，学院专门从苏联聘请了两名法学专家。北京政法学院首批研究生的培养和这两名苏联专家有着很大的关系。这两名苏联专家分别是来自罗斯托夫大学的刑法学教授约·楚贡诺夫和民法学副教授马·克依里洛娃。[1]

这 75 名研究生按照专业方向，分别跟随苏联专家和本校导师学习犯罪对策、苏维埃刑法、苏维埃刑事诉讼法、苏维埃民法、苏维埃民事诉讼法、司法鉴定等专业。两名苏联专家分别带二十多名研究生，按不同专业分成不同的组，在两年的时间里，由这名导师负责所有的授课、组织每组研究生进行研究讨论。[2]

新中国成立后首批政法类研究生的教学严格执行了 1955 年 9 月和 1956 年 2 月高等教育部修正批准下达的《北京政法学院研究生教学计划》。按该教学计划，民法、民事诉讼法专业研究生开设课程 8 门，分别是：政治经济学、苏维埃民事诉讼法、苏维埃劳动法、中国民法、中国民事诉讼等，共计 726 学时。刑法、刑事诉讼法、犯罪对策专业开设课程 7 门，总计 784 学时。教学上则采取专家讲授与个人钻研、集体讨论三者结合的方式。[3]

北京政法学院刚刚起步的研究生教育，在苏联专家和本校导师的指导下，坚持

---

[1] 关于苏联专家楚贡诺夫，江平先生自传《沉浮与枯荣：八十自述》中称为教授，参考江平口述、陈夏红整理：《沉浮与枯荣：八十自述》，法律出版社 2010 年版，第 117 页；严端教授口述回忆称为副教授。严端（1934—2020），中国政法大学教授、博士生导师，我国著名刑事诉讼法学家，北京政法学院首批 75 名研究生之一。口述回忆文字整理资料现存中国政法大学档案馆。

[2] 据严端教授口述回忆，口述回忆文字整理资料现存中国政法大学档案馆。

[3] 中国政法大学校史编写组：《中国政法大学校史》，中国政法大学出版社 2002 年版，第 6 页。

了"德育第一、严格要求、保证培养质量"的方针，为北京政法学院和其他政法院校补充了各学科的师资力量，也为司法部门输送了一批高层次的法律人才。而北京政法学院的研究生教育由此迈出坚实的第一步，为此后的政法类高层次人才培养做出良好的示范，也为学院的正规化办学和多层次人才培养做出成功的尝试。

四、交流经验宣传思想：学报和校报的探索

为了适应新的教学科研需要，反映学院的教学科研成果，1954 年 10 月 9 日，作为全校性学习指导刊物的《教学简报》正式出刊。《教学简报》是一份以配合教学工作、反映教学情况、交流教学经验为宗旨的内部刊物，被看作后来出版的《政法高等教育》的前身。作为北京政法学院的第一份出版物，《教学简报》不仅起到交流教学经验的作用，在《北京政法学院院讯》出版之前，还起到传达学院教学方针和学院工作各方面信息的作用，使全院师生和社会及时了解学院的动向。

▲1954 年 10 月 9 日，学院　　▲ 《北京政法学院学报》1980 年
　《教学简报》第 1 期问世　　　　出版，1979 年曾试办两期

《教学简报》由教务处下设的编译室负责，创办时只有 3 位老师：从华北行政委员会调来的王仲元、来自华北人民革命大学的宁致远、燕京大学调来的老教授张锡彤。《教学简报》由教务长刘昂主管。限于当时的条件，《教学简报》刚开始为不定期出版，初期的《教学简报》没有封面，每期页数也不固定，5 万至 6 万字。

在内容上，既刊登一部分重要指示、计划、总结和报告、领导的讲话和教学工作总结，也有教师和学生写的有关教或学经验的稿件，学术理论方面的稿件数量较少。印数不多的《教学简报》，主要发放到校内各部门、各教研室、图书馆，学生宿舍则每个宿舍发两份，此外还用以向各有关领导机关、各高等院校赠阅和交换。

1956 年下半年，校刊《政法院讯》创刊后，《教学简报》不再刊载除教学以外的一般工作情况的内容，而集中于教学和科研工作。此后的《教学简报》为了适应这一形势，从形式到内容都做了一些改变：增加了以道林纸印刷的两色封面，页数由每期三四十页增加到五六十页，刊登的稿件以理论性的文章为主，内容也有所丰富和提高，朝着学术刊物迈进了一步。[1]

这时候的《教学简报》也逐渐受到校内外的关注，青年教师和研究生的投稿日益增加。校外的许多单位，如高等院校、研究机构，甚至有些地方的司法机关都纷纷要求交换或赠阅，有的甚至寄来钱款，要求订阅。当时国内的法学报刊，除了中央级的杂志《政法研究》之外，数量很少，《教学简报》受到各方面的关注和欢迎。

1957 年 11 月 20 日，为适应教学和科学研究工作发展的需要，《教学简报》更名为《政法教学》，改版为学术性、理论性刊物。学院成立《政法教学》编委会，由刘镜西、王仲元、宁致远、严景耀、姜达生、赵吉贤、张杰、张子培、曾炳钧、鲁直等 15 人组成。1957 年年底，《政法教学》第一期以崭新的面目和广大师生员工见面，对于探索政法专业教育的方法和途径起到了积极的作用。改版后的《政法教学》封面经过精心设计，院党委书记、副院长刘镜西题写刊名，在纸质、印刷和装订方面都较以前有所提高，印数达到了 1500 册，篇幅也有所增加。自此之后，《政法教学》基本只刊登学术性、理论性文章，具备了学报的雏形。进入 1958 年，《政法教学》又勉强出版了两期。由于许多师生被划为"右派"，稿件来源大大减少，《政法教学》也无法保证正常出版。

1957 年 2 月 27 日，北京政法学院校刊《政法院讯》正式刊行。《政法院讯》作为学院的第二份刊物，其主要作用是宣传和贯彻党的教育方针政策和学院党委的决议，推动学院政治运动和中心工作的开展，是全校师生进行思想政治教育、交流教学科研经验和学校其他工作的经验、活跃校园文化氛围和丰富校园生活的主要载体。

为提高校刊的质量，加强对校刊的领导，学院组织了校刊编委会，由李进宝任

---

[1] 王仲元："从《教学简报》到《政法论坛》"，载《中国政法大学学报》2011 年 3 月 8 日，第 4 版。王仲元，《政法论坛》原副主编。

主任委员，雷洁琼、赵吉贤任副主任委员，委员有司青峰等 13 人。1960 年 8 月，遵照北京市委的批示，《政法院讯》停刊。

五、自力更生劳动建校，干部师生建设校园

在迁到学院路以后的几年间，随着招生的扩大，师生人数的增加，校舍开始出现紧张。为了解决这个问题，学院陆续兴建了作为宿舍楼的新南楼（4 号楼）、5 号楼、教学楼等建筑，在 1957 年之后又建起了 6 号楼、游泳池和小滇池。在校园建设的过程中，全院师生广泛参与，自力更生，用双手建起了美丽的校园。

刚搬到学院路时，在仅有的几座楼里，联合楼可谓身兼数职。由于没有专门的图书馆，联合楼承担了图书馆的功能——三层的东半部分是图书馆和阅览室，西边是苏联专家的教学和办公场所。没有独立的教学楼，同学们上课除了在大礼堂和操场边的一排小平房里，就是在联合楼里。小平房都是小教室，联合楼一层东侧是中教室，二层两侧是大教室。除此之外，学校的所有机构都在里面办公。一层的西边是医务室，中间是政治部、总务处办公室；二层是教务处、人事处的办公室。

1956 年年底，钱端升、李进宝和雷洁琼等参加了在紫光阁召集的北京高校负责人会议，在会上共同向周恩来总理反映学院校舍紧张的问题。周总理当即答应责成有关方面抓紧解决，于是就有了坐落在西土城路 25 号的教学楼主楼。这座教学大楼坐落在校园东侧的一片空地上。到 1957 年，教学楼主楼基本建成。

这座当时学校最宏伟的建筑体现了明显的苏式建筑风格。建成后的教学楼有三种规格的教室，主楼的小教室可以容纳 30—40 人，中教室可以容纳 90—100 人，副楼的大教室则可以容纳 200 人左右上课。教学楼建成后，同学们终于有了固定的教室用以上课和自习。

1956 年招录的学生到校之后，学生宿舍也紧张起来。学校在南楼（3 号楼）的南边新建一座宿舍楼，称为新南楼，即 4 号楼。此后又建起了 5 号楼，于 1962 年盖成了 6 号楼。

这些后来逐渐兴建的建筑，大都留下了北京政法学院师生的痕迹。上至钱端升院长等学校领导，下至普通教师青年学生，都参加过基本建设和校园美化的劳动。基本建设主要由工人来完成，同学们做一些辅助性的工作。其他如校园里的土路、花坛等设施主要是在师生们的辛勤劳动下建成的。

1959 年，第一届全国运动会在北京召开。由于当时宾馆不多，从云南来北京参加全运会的昆明部队运动员就被安排在北京政法学院驻扎。为了表示感谢，他们决定利用训练之余帮助学校挖一个人工湖。

1959 年 3 月 23 日，全院师生举行挖建人工湖誓师大会，全校师生和来自昆明的解放军一起，在教学楼以西、联合楼以南的一片空地上开始了劳动。在学校的安排下，全校的同学都排好班轮流上阵。在解放军昆明部队运动员的帮助下，同学们自己挖土、拉墙砖，建起了美丽的人工湖，因为军人们是来自昆明的部队，为了感谢他们，就将这个人工湖命名为"小滇池"。[1]

1965 年，同学们又利用课余时间义务劳动，建造了大操场南面的游泳池。

在全校师生的共同努力下，校园逐渐变得丰富和美丽起来。有恢宏高大的教学楼，有波光荡漾的小滇池，有运动场和游泳池，楼和楼之间种满了核桃树、枣树、桃树，葡萄园、桃园点缀在一幢幢建筑物之间，甚至还有一个百花争艳的小花园。小小的校园里树木环绕，鸟语花香，干净而美丽。

---

[1] 艾群："即将消失的老校园"，载《中国政法大学学报》2011 年 5 月 24 日，第 3 版。本小节综合参考何长顺先生口述回忆。

第二章
曲折前进 跻身重点
（1957—1966）

第一节 进行教学改革 教育结合劳动

一、师生参与教学改革，教育结合生产劳动

1957 年开始的整风运动，对于改进学院党政机关的工作作风，提高师生对社会主义的思想认识起到了一定的积极作用。但是，因为部分教职工和学生提出了一些尖锐的意见而引发的全院反"右"斗争，却改变了整风运动的初衷。由于受"左"的思想路线的影响，教学秩序也因过多的劳动而被打乱，加上自然灾害，至 1960 年学院学生人数降至 1112 人。

1958 年，在政法教育领域把原来的"培养高级法律专门人才和政法干部"改为培养"具有共产主义觉悟，懂得阶级斗争知识，体魄健全，有文化，能劳动的政法工作者"，或者改为"培养又红又专，能够作为党的驯服工具的政法工作者"。随后，根据形势的需要，北京政法学院不断调整教学计划和课程设置，开展了一场轰轰烈烈的群众性教学改革运动，并将劳动作为教育工作的重要内容。

基于中央当时的指导思想，1958 年年初，学院在教学计划修改过程中提出，课程的设置应以学习中国的法律科学为主，重点介绍苏联法学的先进经验，结合批判资产阶级法学。在本次教学改革中，增加了民法、刑法、民事诉讼法、刑事诉讼法、司法鉴定、中国国家与法的历史 6 门课程的课时数；取消了中华人民共和国人民法院与人民检察院组织法（内容分别归入中国国家法、刑事诉讼法与民事诉讼法课程内容）、资产阶级国家法（在讲中国法时，适当加强对资产阶级国家法的批判）、司法精神病学、司法统计、检查监督、资产阶级民法、资产阶级刑法。同时

减少下列课程的课时数：国家与法的通史、苏联国家法、苏维埃民法、苏维埃刑法、苏维埃民事诉讼法、苏维埃刑事诉讼法；开设"司法业务专题研究"课程等。

1958年下半年，学院为完成中央规定的各项指标，再次大幅调整了教学计划。其具体情况如下：

课程设置：由整改前的26门必修课程、14门选修课程，合并减少为必修课18门、选修课1门。四年学习生活中除劳动和工作、毕业考试及鉴定、专题报告、毕业论文等时间外，教学总时数为6291课时。其中理论课程2559课时，占教学总时数的41%；业务课程1535课时，占教学总时数的25%；文体课程2147课时，占教学总时数的34%。

时间安排：采取一、四、七制，即平均一年有1个月的休假、4个月的劳动与参加实际工作时间、7个月的教学时间。

实习与实际工作：四年内抽出2个学期到东升公社劳动和参加基层群众工作，其余三年中每年有25天由学校安排劳动，15天由北京市统一安排劳动项目。劳动期间除汉文、外文、体育3门课照常上课外，其他课程均停止上课。

教学方法与制度：除语文、体育等3门课程采取并进制外，其他16门课程采取单元制教学方法。教学中以讲授、自学和小组讨论为主，一般课时比例为1∶2∶3或2∶2∶3。各课均采用"大鸣""大放""大字报"等形式，最后由教员解答问题或做出结论。

为了保证学生的健康成长，学院要求保证学生每天有9小时的学习时间和9小时的睡眠时间，每周二、四下午的课外时间为文化工作的创作时间和表演训练时间，每周一、三、五下午的课外时间为军体训练时间。

此后，学院的教学方案又经历了多次修改，但基本方向一直没有改变。

二、全体参加人民公社，加强劳动军事锻炼

在这一时期，生产劳动成为学院教学工作的重要内容之一。学院党委认为，政法教育能不能结合劳动，是关系到培养人才性质的重要问题。为了加强对义务劳动的组织和领导，1957年11月8日，学院成立了义务劳动委员会，由副院长周俊烈任主任委员，侯冠儒为副主任委员，委员有赵德洁、赵吉贤等师生5人。在"大跃进"和人民公社化等运动中，全校师生广泛参加了深翻土地、"除四害"、修建水库、大炼钢铁、大办工厂及公社的农业生产等各种劳动。

所谓"深翻土地"，就是在下种之前将土地挖得很深，达到一两尺深。当时学院的师生主要在学校附近的大钟寺挖地。所谓的"除四害"，就是全民动员消除苍

蝇、蚊子、老鼠、麻雀[1]。1958年2月12日，中共中央、国务院发出《关于除四害讲卫生的指示》，提出要在十年或更短的时间内，完成消灭苍蝇、蚊子、老鼠、麻雀的任务。北京政法学院的师生也加入这场全北京市所有单位都参加的"除四害"运动之中。

1958年3月，学生开展了积肥、勤工俭学运动。4月6—16日，全院师生共有1073人分为5个中队、26个小队参加了修建十三陵水库的义务劳动。当时，北京各高校的师生和解放军部队一起，参加十三陵水库的建设。

7月31日，学院师生共650人分别到丰台车站和卢沟桥农场参加劳动。留校的员工响应党委号召，在校园内大办工厂，兴办了烧砖、造纸等20多个工厂，同时在校内开展了农业生产。师生们自制劳动工具，开展劳动竞赛。

8月，中共中央政治局在北戴河召开扩大会议，通过《中共中央关于在农村建立人民公社问题的决议》。此后，全国迅速形成了人民公社化运动的热潮。为了便于理论联系实际，使生产劳动和工作、实习系统地结合起来，学院建立了教学、科研、生产劳动和工作"四结合"基地，与东升人民公社直接挂钩。

1958年8月31日，全院师生召开庆祝大会，庆祝海淀区东升人民公社成立，院党委书记、副院长刘镜西同志兼任东升人民公社党委书记，全院师生员工参加人民公社，成为公社社员。此后很长的一段时间里，北京政法学院的师生多次下公社进行劳动锻炼和参加整社工作。10月20日，全体师生到东升人民公社参加秋收。1959年6月11—15日，全院共760名师生分别参加北郊农场和东升人民公社的麦收劳动。1960年9月20—26日，师生员工为支援农业生产，参加为期一周的农业生产劳动，有800人到清河人民公社、300人到房山参加劳动。1961年冬，师生还到东升公社收获大白菜。

为了专门研究和指导下公社方面的工作，学院专门成立了"下公社学习锻炼指导小组"，由刘镜西、刘少农、修恒生、张杰等同志组成。在公社劳动时，师生还进行了群众工作及社会调查，帮助公社进行扫盲，建立托儿所、食堂、红专学校，并参加了整社工作。

为了贯彻党的教育方针，统一全院师生对劳动的认识，学院于1958年10月11日、15—17日连续举行辩论大会，师生思想逐步统一到党的教育方针上来。10月19日，学院针对该问题再次举行辩论大会，党委书记兼副院长刘镜西作了总结发言。

---

[1] 后改麻雀为臭虫。

根据当时的教学情况，学院党委认为教学与机关工作人员相对过剩，决定下放部分干部到各地劳动。1957年12月5日，周俊烈副院长向全院师生作了关于紧缩机构、干部下放问题的报告。12月24日，学院第一批下放干部共46人离校到京郊雷家桥乡参加劳动锻炼，学院召开全院师生员工欢送大会。这批干部于1959年3月陆续返校。1959年4月29日，第二批下放干部28人去东升公社参加劳动锻炼，于1960年6月11日返校。

在加强劳动锻炼的同时，学院响应党中央的有关号召，加强了对师生的军事训练。1958年10月14日，学院举行"北京政法学院民兵赤卫团"成立大会，全院有1344人参加民兵，共编为5个营，15个连。副院长周俊烈任民兵团团长，党委书记刘镜西任政委，郭迪任副政委，赵吉贤任政治部主任。民兵团成立以后，开始组织学生上军事课，进行军事训练，并利用假期组织了野营、露营等活动。

在生产劳动和军事训练中，大部分师生受到锻炼，学习和提高了从事群众工作的能力，培养了热爱劳动和劳动人民的思想感情。

第二节　贯彻《高校60条》　跻身全国重点

1960年，北京政法学院被确定为全国重点高校。1961年，中共中央批准试行《教育部直属高等学校暂行工作条例（草案）》（简称《高校60条》），纠正反"右"以来"左"的倾向，减少劳动所占的时间，教学科研秩序得以逐渐恢复。

一、增设政治理论教育，大力推动教学科研

反"右"斗争和过长时间的劳动锻炼给学院正常的教学、工作、生活秩序造成了严重的冲击，尤其是一批老教授和青年学生受到批判或下放劳动，使学院的教学与科研受到重创。在严峻的形势下，全体师生依然以饱满的热情和刻苦的精神投入教学和科研工作之中，在反"右"斗争中，坚持在教学方法和科研工作方面开展了积极的探索，使学院的各项工作得以继续前进，教学与科研工作取得了可贵的进展。

1958年5月20日，院党委召开了交流教学改革的务虚经验会，全体教员和各班同学代表参加，张子培等人在会上介绍了教学工作经验。

1959年除政法系外，学院又增设了政治理论教育系，简称政教系，当年招生100人。政教系的学制为四年，基本任务是培养中等学校的政治教师，要求毕业生达到以下标准：具有爱国主义、国际主义精神和共产主义道德品质，拥护党的领

导，拥护社会主义，通过学习逐步树立工人阶级观点、群众观点、劳动观点、辩证唯物主义观点；熟悉马克思主义经典著作，理解党的路线和基本政策，并能初步运用理论分析，说明实际问题，辨别政治方向；掌握丰富文化、科学基础知识和实际斗争知识，具有较好的教学和写作能力；学一门外语，达到能读一般书刊的程度；思想活泼，品行优良，能以自己的模范行为作学生的表率；有健康的体魄。

政教系四年共开设 14 门课，其中必修课 13 门：社会主义与共产主义（国际共产主义运动史）、政治经济学、哲学、中共党史、形势与任务、国家与法的理论、教育学、中学政治课研究、中国史、世界史、体育、逻辑学、汉文；加修课 1 门：外文（俄文或英文）。

四年中安排劳动 35 周半，在第七学期进行教育实习，时间为 8 周。各教研室可以在本门课的总时数内，根据课程特点适当安排讲授、讨论的比例。该系的建立为加强大中学校马列主义理论阵地有重要意义，同时也改变了学院系科设置单一的局面。1963 年，政教系停止招生。

1958 年年底，学院在新的一年工作计划中明确提出了科研工作的方针和方法：在广泛发动群众的基础上，继续贯彻"大中小并举，师生结合"的原则。研究范围主要有以下几个方面：对资产阶级的法学观点和修正主义的批判；当前的社会变革、政治变革、教育变革；北京志政法篇；编写各科教材；总结当前政法工作实践中的新成就和新经验，重点是最后两个方面。

1959 年 5 月 23—25 日，学院召开了科学研究工作会议。院党委书记、副院长刘镜西和副教务长雷洁琼分别在会上讲话，审判法、政治经济学等教研室的负责人汇报了科研工作情况。10 月 16 日，学院举行第三次科学讨论会，学院教师和部分学生参加了会议，雷洁琼主持会议并在会上讲话。会上，师生对鲁直等人合写的《关于自由的几个问题》及哲学教研室写的《马列主义哲学教学工作总结》进行了讨论。

为了推动教学和科研工作的发展，学院组织了内容丰富、形式多样的讲座。1957 年 11 月 2 日，邀请中国科学院研究所蔡树棠同志作关于人造地球卫星的报告。1958 年 5 月 27 日，前门区法院院长李更来院作《关于理论与实际相结合，学与用要相一致》的报告。1958 年 6 月 13 日，劳动部副部长刘子久同志应邀来院作《关于劳动政策与劳动法令》的报告。1959 年 3 月 28 日，外交部美、澳司司长申健同志作关于国际形势的报告。1961 年 11 月 16 日，为配合党史教学，学院请解放军副总参谋长张爱萍上将来院作《毛泽东同志工作路线、军事思想》的报告。1962 年 2 月 26 日，北京市副市长吴晗来院作《关于评价历史人物》的学术报告。3 月 15

日，国际关系研究所吴半农先生来院作《从美国经济危机看美国经济趋势》的学术报告。5月31日，北京大学侯仁之教授来校作关于北京的历史的报告。1962年12月22日，艾思奇同志作哲学报告，报告内容包括唯物主义问题及辩证问题。

在师资队伍建设方面，学院一方面选拔优秀的毕业生留校任教或担任学生指导员工作，另一方面从其他高校引进优秀人才。他们不断成长为骨干教师，使学院的教师队伍不断成长、扩大。其中很多人成为中国政法大学的知名教授或担任学校重要领导职务。

1959年10月21日，院党委举办跃进展览馆，展览了学院贯彻党的教育方针、建立教学科研新秩序的成果。

二、贯彻落实《高校60条》，坚持以教学为中心

1958年11月至1959年7月，中共中央曾努力纠正已经察觉到的错误，采取了一系列措施压低1959年的工农业生产指标。然而随后开始的全党"反右倾"斗争，使纠正错误的努力中断，而党内"左"倾错误发展势头更加迅猛。

1959年上半年，北京召开了教育工作会议，提出"巩固、调整、提高"的方针，会议指出："全日制学校应贯彻教学为主的原则""在党的领导和教学相长原则下，发挥教师在教学中的主导作用"。学校党组织应"正确地贯彻执行党的团结、教育、改造知识分子的政策"，纠正学校党员领导干部和部分师生中存在的宁"左"勿"右"的倾向。学院根据会议精神，开展了批评建议运动，就高等教育培养目标、教学改革、生产劳动、科学研究、政治思想教育、知识分子政策等问题，发动群众解放思想，开动脑筋，大胆批评，积极建议。

1961年9月，中共中央批准试行《教育部直属高等学校暂行工作条例（草案）》（因该条例共60条，简称《高校60条》或《高教60条》）。中央指示："这个条例草案，在教育部直属的26所高等学校，要在全体师生员工中进行讨论，各校要把意见汇集起来送给教育部；同时，在这些学校中，应该试行这个条例草案，以便积累经验。"[1]

在《中共中央关于讨论和试行教育部直属高等学校暂行工作条例（草案）的指示》中，既肯定了从1958年以来高等教育工作所取得的成绩，如在学校中确立了党的领导、师生对待劳动和劳动人民的态度有了显著改进等；也指出了高等教育工作中存在的问题，主要是高等院校数量发展过快、劳动过多，以及和党外知识分

---

[1] "中共中央关于讨论和试行教育部直属高等学校暂行工作条例（草案）的指示"，载中共中央文献研究室：《建国以来重要文献选编》（第十四册），中央文献出版社1997年版。

子尤其是老教师的团结合作被忽视等。

中央批示指出：目前在高等学校工作中，应该着重解决以下几个主要问题：①高等学校必须以教学为主，努力提高教学质量。生产劳动、科学研究、社会活动的时间，应该安排得当，以利教学。②正确执行党的知识分子政策，团结一切可以团结的知识分子，为社会主义高等教育服务。正确执行"百花齐放、百家争鸣"的方针，提高学术水平。③实行党委领导下的以校（院）长为首的校（院）务委员会负责制，充分发挥校（院）长、校（院）务委员会和各级行政组织的作用。④做好总务工作，保证教学和生活的物质条件。⑤改进党的领导方法和领导作风，加强思想政治工作。

学院党委认真学习有关文件，在深刻自我反省的前提下，统一认识，作出了"以教学为中心，发挥教师主导作用，稳定教学秩序，调整教学计划"的决定。在贯彻和落实过程中，坚持以教学为主，修订教学计划，明确培养目标，调整课程设置，加强教学管理，适当安排生产劳动、科研和社会活动的时间，肯定"领导、教师、学生"三结合的教育改革经验和行之有效的"少而精"教学原则，鼓舞师生认真读书，刻苦钻研，学院各项工作有了新的起色，正常教学秩序得以确立和稳定。

《高校60条》对反"右"以来的知识分子政策做了调整。此后不久，学院的一批"右派"分子摘除了帽子，从参加劳动改造的农场返回学校，还有一些教师重新登上讲台。《高校60条》也对"大跃进"以来极端强调劳动的做法做了纠正。学院重新调整教学计划，师生们又回到教室里开始正常的教学生活，参加生产劳动的时间大幅减少。在《高校60条》的指导下，北京政法学院正常的教学科研秩序得到了保障，学院也迎来了一个较为安定的发展时期。

三、隶属关系多次变更，实行院委会负责制

学院成立以来，行政隶属关系经过了多次调整。1952年北京政法学院成立时，受高等教育部领导，同时受华北行政委员会领导。1954年9月，中央正式明确了北京政法学院改为由司法部领导。

1957年以后，根据工作的需要和形势的发展，学院主管部门又发生多次变更。1957年下半年，全国大多数政法院校下放给所在省市管理。1958年7月23日，根据中央决定，北京政法学院下放，划归北京市人民委员会管理。

1960年，北京政法学院跻身全国重点高校，隶属于高等教育部和公安部双重领导。1962年中央决定，北京政法学院归高等教育部直接领导，公安部在业务上予

以协助，负责供应资料，审查讲义，在业务单位安排学生实习。1962 年 12 月 30 日，经中央批准，北京政法学院在政法方面的领导关系，由最高人民法院负责，公安部予以协助。

学院成立以后，党组织关系一直在北京市委。1957 年 1 月，北京市委正式批准北京政法学院实行党委领导制，即实行党组织对学院各项工作的全面领导。院党委对领导的内容、方式、方法及与院长等行政领导的关系进行了研究，强调党委对各项工作的领导权。经过反"右"斗争，党委的领导进一步加强，在教工中建立了若干党总支、党支部，基层党组织的作用也得到了进一步发挥。

1958 年 9 月 9 日，中共中央、国务院作出《关于教育工作的指示》，要求"在一切高等学校中，应当实行学校党委领导下的校务委员会负责制"。北京政法学院党委根据北京市委对各高等院校成立院务委员会的指示，经过党内外的酝酿讨论，于 1959 年 4 月提出院务委员会名单。1959 年 6 月 18 日，院务委员会名单经北京市人民委员会第 18 次行政会议通过，学院开始实行党委领导下以院长为首的院务委员会负责制。院务委员会主任委员为刘镜西，副主任委员为李进宝、周俊烈。成员除刘镜西、李进宝、周俊烈 3 位副院长外，还有副教务长雷洁琼，党委副书记郭迪等党团、行政部门、各教研室、年级办、附属中学和学生会各单位负责人共计 26 人，其中党员 19 人，占 73%，非党群众 7 人，占 27%。[1]

院务委员会成立以后，在学院党委的领导下，自 1959 年至 1964 年先后召开近 30 次会议，讨论决定有关教师培训、干部配备、教学计划、课程设置、招生毕业、科学研究、财务预算等学院重大问题。

1961 年 11 月 20 日，学院建立了行政会议制度。行政会议的参加人为院长、教务长和各处处长；会议时间为每星期二上午。会议基本内容为：研究解决不需要由院务委员会会议解决的一般行政工作问题，为召开院务委员会做好准备；贯彻执行院务会议的决议。院务委员会制度和行政会议制度对学院的管理机制进行了行之有效的探索。

1959 年 7 月 13—18 日，中国共产党北京政法学院第三次党员代表大会在学院礼堂召开。参加大会的正式代表有 86 人，列席代表 23 人，党委书记刘镜西在会上作了工作总结报告。代表大会选举刘镜西等 24 人为第三届党委委员，徐敬之等 5 人为监察委员会委员。大会分组审议并通过了刘镜西所作的总结报告。报告在较全

---

〔1〕 据中国政法大学档案馆整理撰写："【馆藏展示·档案里的法大记忆】之八：党委领导下的院务委员会负责制"，载中国政法大学新闻网 2010 年 5 月专题，http://news.cupl.edu/info/1011/11815.htm，最后访问日期：2020 年 7 月 14 日。

面地总结了前三年的工作后指出，经过整风、反"右"和党的教育方针的贯彻，党在学校的领导得到进一步巩固和加强，师生员工的政治觉悟、工作积极性普遍提高；大部分知识分子在劳动中增强了劳动观念和对工农群众的感情，同时，读书钻研、认真学习的风气也日渐浓厚。今后我们的任务是：进一步加强政治思想工作，继续调动一切积极因素，努力提高教学质量，更快更好地建立起新的教学秩序，以加速培养又红又专的政法工作者。报告中强调了加强思想政治工作和劳动的重要性。

1962 年 3 月 6 日，中国共产党北京政法学院第四次党员代表大会在学院礼堂开幕。会议历时 5 天，共有正式代表 119 人，列席代表 23 人。代表们对党委书记刘镜西所作的总结报告进行小组讨论和大会发言，于 3 月 10 日通过了大会决议并选举产生了新的党委会。本次会议肯定了学院党委对各项工作的领导，并提出在下一步的工作中，要坚持民主集中制；要继续加强教学工作，进一步加强教学质量和学习质量，稳定教学秩序；要大力提高教师理论水平，补充师资等。大会选举刘镜西等 23 人为党委委员。

在组织建设中，院党委十分重视共青团的工作。1957 年 3 月，院党委专题研究共青团工作，充分肯定团组织在学校各项工作中的积极作用，分析其中的薄弱环节，认为党、团工作在总的目的上是一致的，只是工作角度不同。要求团组织要引导学生发扬刻苦精神，专心学习；要鼓励先进带动后进；要深入加强对学生组织的领导；要教育学生热爱祖国、热爱党、热爱社会主义。院团委积极贯彻党委的决定，开展了一系列的工作。

1958 年 3 月 2 日，院团委邀请共青团北京市委员会李友滨作《怎样做一个名副其实的共青团员》的报告。4 月 29 日，院团委、学生会和华侨联谊组联合召开归国华侨社会主义跃进大会，要求大家做革命的促进派。

1959 年 10 月 24—25 日，院团委召开第二届团员代表大会，院党委副书记郭迪致开幕词，院党委副书记李进宝讲话。大会选举任群等 19 人为团委委员，任群任团委书记。

1957 年 6 月 1 日，院工会举行第四届代表大会。当时全院正值整风鸣放时期，钱端升、杜汝楫等提出了加强工会和民主党派监督等意见，被批判为"企图使工会和民主党派脱离党的领导"。因学院卷入激烈的反"右"斗争，6 月 22 日大会暂时休会。12 月 11 日，学院整风和反"右"斗争暂告一段落，第四届工会代表大会继续举行。工会副主席杜澄同志作了《对加强工会工作的几点意见》的报告。会议通过了《中国教育工会北京政法学院委员会第四届代表大会决议》，并选举亓瑞华、杜澄、庚以泰、赵吉贤、张佩霖等 13 人为工会委员，选举方彦、李如、张芝兰 3 人为经费审查委员会委员。

四、跻身全国重点高校，强化马列主义教学

1960 年 10 月 22 日，中共中央下发《关于增加全国重点高等学校的决定》，决定在原来 20 所重点大学的基础上，再增加 44 所普通高校为全国重点高校，由此，全国重点高校增至 64 所。北京政法学院即新增加的 44 所全国重点高校之一。[1]

1954 年 12 月，教育部在《关于重点高等学校和专家工作范围的决议》中，指定 6 所学校为全国性重点大学，分别是：中国人民大学、北京大学、清华大学、北京农业机械化学院、北京医学院和哈尔滨工业大学。

1959 年 3 月 22 日，中共中央发出《关于在高等学校中指定一批重点学校的决定》，指定了 16 所高校为全国重点大学。当年又增加 4 所学校，使全国重点大学达到 20 所。1960 年 10 月 22 日，中央决定在原来 20 所重点大学的基础上，再增加 44 所重点大学。北京政法学院就在这一批新增的 44 所高校之中。

在学校的建设和发展过程中，中央各政法机关领导高度重视，谢觉哉、罗瑞卿等多次到校视察并向师生作形势报告。1958 年 6 月 30 日，中共中央委员、公安部部长罗瑞卿大将来到北京政法学院为全院师生作报告，报告内容为：党的社会主义总路线、政法工作和形势问题。1959 年 7 月 3 日，在 59 届毕业生离校前夕，最高人民法院院长谢觉哉来校为全体师生员工作报告。谢觉哉同志从司法工作的重要性、党的方针政策和群众路线、司法工作中的几个问题等几个方面为师生们阐释了司法工作应注意的问题，并对政法教育提出了殷切期望。1959 年 7 月 25 日，最高人民法院副院长王维刚、最高人民检察院副检察长谭政文及公安部、政治部的有关领导出席第五届毕业典礼。此后到 1962 年，最高人民法院、最高人民检察院、公安部每年均有副院长、副检察长、副部长参加北京政法学院的毕业生典礼。1959 年 12 月 2 日，毛泽东同志的秘书田家英到校作《关于人民公社问题》的报告。1961 年 4 月 12 日，公安部办公厅主任刘复之来校作关于当前政法工作的报告。

1961 年 8 月 10 日，第七届毕业生到人民大会堂参加首都毕业生大会，听取陈毅副总理的报告。1962 年 6 月 27 日，谢觉哉再次到北京政法学院给毕业生作报告。同时听取报告的还有中国人民大学法律系和北京大学法律系各 200 人。7 月 22 日，第八届毕业生到人民大会堂听取彭真同志的报告。

---

〔1〕 中共中央文献研究室编：《建国以来重要文献选编》（第 13 册），中央文献出版社 1996 年版，第 573 页。

几年来，学院的各方面工作也在政治运动中继续开展。

1957 年以后，学院的思想政治工作进一步加强，深入到学生学习和生活的每一个环节。在教学中严格要求，强化马列主义教学，注意理论联系实际。各级领导切切实实抓好思想政治工作，每一行政班配备一名教师任班支部书记和指导员，切实地组织、领导、参与班级各项活动。为了加强思想政治教育，学院党委十分重视理论工作。1960 年 5 月，学院党委制订了《北京政法学院理论工作计划》，确定理论工作的主要任务是：进一步深入学习毛泽东著作，并以毛泽东思想为指导，彻底批判修正主义和资产阶级学术思想，彻底进行教学改革，编写符合毛泽东思想的教科书。

1957 年以来，学院的学习活动除了邀请中央有关领导和英雄模范人物来校作报告，主要由院领导为全院师生作专题报告，加强形势学习。专题报告均以全体师生员工大会的形式进行。同学们劳动之余的学习形式就是上大课，听报告，讨论和完成调查报告。

学院师生还根据形势需要举行各类集会。在政治运动中，师生的政治热情空前高涨，关心国内外大事，多次组织、参加多种形式的集会、游行活动。

1957 年 11 月 6 日，全院师生员工集会，庆祝十月社会主义革命 40 周年。1958 年 7 月 16 日，全院师生深夜集会，强烈谴责美国干涉黎巴嫩内政。7 月 24 日，全院师生集会声讨美国侵略中东的罪行。1959 年 9 月 29 日，召开庆祝中华人民共和国成立十周年大会。10 月 1 日，部分师生参加国庆游行。1960 年 4 月 28 日，学院 1000 人到天安门集会，支援朝鲜人民的爱国主义斗争。5 月 4 日，师生 200 人到故宫参加首都青年支援土耳其人民正义斗争。5 月 9 日，师生 1000 人参加首都百万人支援日本人民反对"日美军事同盟条约"的大会。5 月 20 日，师生 1000 多人参加北京市各界人民支援苏联正义立场、反对美国破坏四国首脑会议大会。6 月 23 日，全院师生广泛开展反美宣传活动。7 月 19 日，师生 300 人到人民大会堂参加首都各界支援越南人民反对美帝、争取和平、统一祖国的斗争大会。1961 年 4 月 21 日，全院师生举行大会，庆祝古巴击溃美国入侵的胜利，进一步支持古巴人民反美斗争，并通过了北京政法学院全体师生员工给古巴驻华大使馆的祝贺信。1962 年 11 月 6 日，学院师生 1700 人到古巴驻华大使馆参加"支援古巴，反对美国侵略"的游行示威。

1957 年以后，随着学院的规模不断扩大，校园建设逐步展开，学院的各种文化和体育设施日益完善，师生的文体活动也广泛开展起来。文艺汇演、运动会等大型文体活动不仅极大地丰富了师生的业余文化生活，也给学院各方面的工作带来了蓬勃生机。

在学校党委、团委、学生会的推动下，学院在学生中成立了文工团。学院在各学期工作安排中，均规定文工团的具体训练时间。文工团自编自演了话剧等多种文艺节目，受到了师生的热烈欢迎。另外，学院工会、团委等还定期组织舞会、电影晚会、书法比赛、京剧演出等活动，丰富师生的文化生活。

1958 年 2 月 24 日，北京政法学院第三届田径运动大会顺利召开。在本次运动会上，运动员表现出顽强的拼搏精神，共有 16 人次打破 9 项学院纪录，最终三年级十二班获得团体总分第一名。1959 年 4 月 13—19 日，北京政法学院第四届田径运动大会顺利举行。其中，5 公里竞走打破高校田径运动会纪录，男子跳远、女子标枪、女子三项全能、男子五项全能打破学院纪录。1960 年 4 月 23 日，北京政法学院第五届田径运动会举行。本届运动会共有 1047 名师生运动员参加，成为北京政法学院成立以来运动员最多的一次。

1958 年 11 月 24 日，在六周年校庆之际，出席全国第二次青年建设社会主义积极分子大会的 60 多位广西代表来院与师生座谈。座谈会结束后，师生表演了精彩的文艺节目并放映电影对代表们表示欢迎。1959 年 4 月 22 日，学院与昆明军区体育代表队举行联欢。随后双方共同表演了文艺节目并观赏电影。5 月 15 日，昆明军区代表队向学院赠送了锦旗等礼物。1959 年 11 月 24 日，举行纪念建校七周年文艺演出。1962 年 5 月 4 日，全院师生举行五四青年节纪念大会。当晚，院学生会文工团演出了《火烧赵家楼》《群猴》等文艺节目，受到了师生的热烈欢迎。

与此同时，学院的对外交流工作也进一步展开，不仅接待了大批的外国代表团来校参观访问，还第一次走出国门，参加世界法律活动。1957 年 10 月 25 日，以奥洛先生为首的法国议会代表团来校参观访问。1959 年 10 月 5 日，以团长隆巴尔迪为首的阿根廷文化友好代表团来校参观访问。10 月 26 日，阿根廷议员访问团团员戈麦斯来校参观访问。10 月 28 日，苏联科学院中国问题研究所成员奥斯特洛乌莫来校参观访问。

1960 年，政法学会理事、北京政法学院党委书记兼副院长刘镜西参加中国法律工作者代表团，出席于保加利亚首都索非亚举行的第七届国际民主法律工作者大会。

1961 年 4 月 19 日，巴西联邦最高法院院长马尔科·梅洛率团来校参观访问。1962 年 10 月 5 日，以尼泊尔法律工作者协会主席班达理为团长的尼泊尔文化代表团来校参观访问。10 月 13 日、18 日，匈牙利、印度尼西亚法律科学家代表团先后来校参观访问。11 月 9 日，以东京大学副教授尾崎升为团长的日本法律工作者代表团来校参观访问。

第三节　迎来建院十周年　取得办学新进展

一、建院十年盛大庆典，执行机密专业招生

在经历了 20 世纪 50 年代的动荡后，北京政法学院进入一个短暂的平稳发展时期。此时，迎来了建院十周年盛大庆典。学院对本次校庆工作十分重视，专门成立了筹备工作领导小组，多次召开专门会议进行研究。1962 年 11 月 23 日，北京政法学院"建校十周年庆祝大会"在学院大礼堂举行。大会由北京政法学院副教务长雷洁琼主持，最高人民法院院长谢觉哉、最高人民检察院副检察长张苏、公安部部长谢富治等领导出席了庆祝大会。北京市人民检察院、北京法律协会等单位代表，中央政法干部学校、北京大学等兄弟院校的代表与全院师生、部分校友一起参加了大会。大会收到来自 11 个地区，代表 30 多个机关的 18 封贺信。教育部部长杨秀峰于当天下午来到学院看望了师生。

院党委书记、副院长刘镜西在大会上致辞。随后，最高人民法院院长谢觉哉讲话。谢觉哉指出，政法院校是用来培养政法干部的，政法机关应当关心政法院校人才的培养。在现阶段，国家的建设仍然需要大量的政法工作人员。我们目前的政法工作还没有做好，还有待下一代人甚至再下一代人的努力，来继续加强政法工作。

▲1962 年 11 月，建院十周年庆祝大会召开

政法院校的同学们在加强学习毛泽东思想方法的同时，也要加强业务学习，掌握专业知识和技能，加强民法、刑法、诉讼法等部门法的研究。同时，要严格要求自己，提高修养，加强职业道德的学习。目前，我国的立法还不是很完善，以后将进一步加强立法工作。谢觉哉在讲话中还批评了法律虚无主义的观念。其他领导同志也在讲话中对师生表示祝贺并勉励大家刻苦学习。

这时的北京政法学院，与建院初期相比已经有了翻天覆地的变化。在校学生总

人数由建校时的 600 多人发展到 1771 人，增加了 1.7 倍。截至 1962 年，共为国家轮训了 822 名在职干部、培养了 2136 名毕业生，其中研究生 75 人、本科生 1655 人、专科生 408 人。教研室由 1 个发展到 13 个，教师由最初的 40 多人发展到 210 人。图书馆藏书由 1 万册发展到 22 万多册，其中经典著作、哲学、政治学、法学、经济学书籍占 2/3 以上，基本上保证了教学上的需要。学校的基本建设和其他设施也有了相应的发展。此时 6 号楼已建成，小滇池也早已完工，校园里除了宿舍楼、教学楼、食堂等生活、学习的基本设施外，其他的附属设施也有了相应的改善。

其间，学院的学生结构也发生了较大的变化。为了贯彻中央提出的阶级路线，学院招生进一步向工农开放，工农子弟在学生中所占比例大幅上升。1962 年，公安部批准了北京政法学院关于在招生工作中按机密专业进行政治审查工作的请示，学院开始执行机密专业招生标准。

1960 年《政法院讯》停刊以后，师生不断向院党委提出意见，要求复刊。1965 年 9 月 15 日，经北京市委批准，《政法院讯》复刊。复刊后的《政法院讯》改名为《北京政法学院校刊》。学院党委在有关文件中指出，《北京政法学院校刊》是党委的报纸，是全校的一个综合性刊物，是学校内部的一个宣传工具。《北京政法学院校刊》为周刊，每周三发行，版面为 4 开，每期印制 400 份。

1965 年 12 月 1 日，为了加强学院党委的领导，学院设立了政治部，作为党委的工作机构。政治部由吕子明任主任，下设办公室、组织部、保卫部、宣传部、调研组、武装部和校刊编辑室等机构。

1965 年 7 月，北京政法学院党委讨论了学院党外教授的安排问题。当时，学院共有党外教授 9 人，分别是：雷洁琼（民进中央常委，任副教务长）、严景耀（民进中央常委，任国家法教研室主任）、曾炳钧（无党派，任国家与法的历史教研室主任）、钱端升（原任院长，摘帽右派，民盟中央委员）、戴克光（民进）、吴恩裕（无党派）、汪瑄（无党派）、黄觉非（九三学社）、朱奇武（不详）[1]。学院党委认为，这些党外教授既不能参加学院的领导工作，也没有让其开设课程，对其不易安置。经上级党组织批准，学院成立了研究室，由雷洁琼任研究室主任，专门编译有关资产阶级政治、法律方面的资料。研究室作为学院的一个学术性机构，在名义上归中国社会科学院法学研究所领导，由北京政法学院代管。

---

[1] 此时朱奇武仍为"右"派。据曹子丹教授回忆，当时朱奇武的职称仍为讲师。曹子丹（1929—2019），中国政法大学教授，刑法学专家。

二、全员参加社教运动，深入农村实践劳动

1962 年年初，针对"大跃进"和人民公社化运动遇到的问题，在北京召开中央工作会议，即"七千人大会"。会议取得了很大的成功，起到了团结和动员全党齐心协力为战胜严重困难而斗争的巨大作用。1962 年 9 月 24—27 日，党的八届十中全会召开。毛泽东发表了《关于阶级、形势、矛盾和党内团结问题》的讲话，把社会主义社会一定范围内的阶级斗争扩大化、绝对化，提出要在实际工作中进行社会主义教育。[1]

1963 年伊始，根据党的八届十中全会精神及北京市委、高等教育部的指示，北京政法学院党委提出，1963 年学校的总任务是：继续全面正确贯彻《高校 60 条》，不断提高教育质量，加强党内外政治思想教育，深入进行反修正主义学习和开展向雷锋同志学习的活动。加强党的建设工作，提高党在学校中的领导作用，推动各项工作的开展。

1952 年 1 月 26 日，中共中央发出《关于在城市中限期展开大规模的坚决彻底的"五反"斗争的指示》。2 月上旬，"五反"运动首先在各大城市开始，并且很快形成高潮。1963 年 3 月 1 日，中共中央发出了《关于厉行增产节约和反对贪污盗窃、反对投机倒把、反对铺张浪费、反对分散主义、反对官僚主义运动的指示》，要求在县以上机关和企事业单位有领导有步骤地开展这个运动。北京市委根据中央指示对"五反"运动进行了布置。

学院党委在分析了本院情况后认为，当前师生员工的政治思想、工作作风、学校秩序等总的来说是好的，但是在一部分师生中确实存在不同程度的铺张浪费、分散主义和官僚主义，如人工湖漏水、大量图书资料丢失或损坏等。另外，学院相继发生贪污盗窃、投机倒把等行为，仅 1963 年 1—4 月就发生了 3 起贪污盗窃、投机倒把案件。院党委提出，要通过"五反"运动，进一步加强马列主义教育，提高阶级觉悟，反对资产阶级思想的侵蚀，贯彻勤俭办校的方针，树立艰苦朴素的优良作风，并建立健全必要的规章制度，加强校产管理，切实改进思想作风，改进各项工作，提高工作效率和教学质量。

1963 年 4 月 22 日，学院做出了《关于开展"五反"运动的计划》。为了加强对"五反"运动的领导，在党委常委的直接领导下，学院成立了"五反"办公室，作为党委领导的助手。办公室由党委常委、人事处长刘少农同志担任主任，亓瑞华

---

〔1〕　中共中央党史研究室：《中国共产党历史第二卷（1949—1978）》（下册），中共党史出版社2011 年版，第 707 页。

任副主任。办公室下设秘书组、专案组和整改组。秘书组负责了解运动进展的情况、整理材料、接待群众等工作；专案组负责专案的调查研究和处理；整改组主要是研究制度的建立、健全，督促各单位进行整改。

各处室以党支部和行政党员负责干部，组成3—5人的"五反"领导小组，主管本单位的"五反"运动。学生在各年级总支的领导下进行工作，并组织一批干部和政治教师下班级工作。

为了深入开展"五反"运动，学院分别召开院务会、全体党员大会，宣传"五反"运动的重大意义，统一思想，统一行动，并积极开展调查研究，进行摸底排查，将财务、图书馆等部门列为重点单位。在运动中，学院党委提出了"领导下楼"的要求，要求党员干部主动进行自我检查，认真开展批评和自我批评，并深入群众，征求意见，听取批评。

在运动过程中，主要采取批评和自我批评、检举揭发等方式，专案组对所有问题进行深入细致的调查研究后才得出结论，避免了运动的扩大化和局面失控。

通过"五反"运动，学院进一步加强了对师生的思想政治教育，在一定程度上提高了学院的管理水平和工作效率。同时，为了贯彻中央精神，学院还作出了精简职工的决定，动员职工还乡劳动。同时，在全体人员中，尤其是青年学生中普遍进行晚婚和节育教育，并在1963年3月提出了关于控制学生晚婚的办法。

1964年，根据党中央、国务院关于组织高等学校文科师生参加社会主义教育运动的指示，北京政法学院的师生也参加了农村"四清"运动。当时国务院规定，社会主义教育运动只有文科师生参加。北京政法学院参加的"四清"运动主要在广西、四川和河北的农村。1964年10月至1965年6月，学院第一批师生前往广西兴安县和四川的温江、乐山等地参加"四清"运动。师生们先到广西桂林进行集训，再分别前往广西兴安县和四川等地。

1964年，学院参加"四清"工作队的人数达到1000余人，包括雷洁琼、曾炳钧、金德耀等老教授。1965年9月14日，学院组织师生500余人，在党委副书记、副院长李进宝的带领下赴河北香河县农村参加"四清"运动。

在这次"四清"运动中，北京政法学院响应中央的号召，组织了大批师生深入农村，开展连续几个月的运动。"四清"运动期间，学院大部分的师生都到各地农村参加运动。师生通过运动既帮助当地生产队搞好生产，也通过劳动锻炼和社会调查，将在学校所学的政治理论和专业知识结合起来，对国情、社情和广大社员的思想、生活状况有了更加深刻的认识。同时，在劳动锻炼中，同学们也认识到，毕业之后要到祖国最需要的地方去，到边疆、到最艰苦的地方工作，真心实意地为广大劳动人民服务。但是，长时间在农村参加生产劳动，必然影响正常的学习和教学秩序。

1964 年 7 月 31 日晚，周恩来总理在彭真等领导同志的陪同下，在首都体育馆接见了北京高校应届毕业生，并作了《劳动与革命》的报告。周恩来语重心长地指出，知识分子首先要投身于生产劳动，如果不努力使自己革命化、劳动化，就对不起全国劳动人民对你们的期望。8 月 5 日、26 日，在周恩来总理和彭真同志向首都高校应届毕业生作报告后，为了加强对毕业生的思想政治教育，学院对毕业生进行集训，要求毕业生树立马克思主义的世界观，自觉走无产阶级革命化、劳动化、和工农相结合的道路，做共产主义的接班人，在新的工作岗位上作出贡献。

三、开展半工半读试点，接受工农群众教育

1964—1965 年，在"反修防修"、强调培养无产阶级革命接班人、探索社会经济体制改革的大背景下，刘少奇提出"要把两种劳动制度、两种教育制度（全日制、半工半读或者半农半读）作为正规的劳动制度和教育制度"。在这一方针的指示下，教育部批准国家各部委在其直属大型厂矿企业设立半工半读学校。

1964 年秋，根据最高人民法院和高等教育部指示，北京政法学院作为试点单位，在各院校中首先实行半工半读制度，学制为四年。在四年中，参加生产劳动、"四清""五反"、业务实习的时间为两年，课堂教学时间亦为两年。1964 年 10 月，学院制订了新的教学方案，称为《北京政法学院半工半读教学方案》。方案指出，在教学工作中要以毛泽东思想为指导，各门功课要以毛主席著作和党的方针、政策为基本教材，把教好、学好毛主席著作摆在教学工作的首要地位，并进行必要的语文与政法业务基本知识的教育。

新的教学方案中共设三类课程：政治理论课、政法业务课和文体课。其中，政治理论课占课堂教学总时数的 50%，包括中共党史、哲学、政治经济学、国家与革命、形势与教育等。政法业务课占总课时数的 25%，主要学习党和国家现行的政法工作路线、方针、政策、法令、条例等；一般的业务知识可在业务实习中学习，包括 4 门课程：中华人民共和国宪法、政法三机关的组织与活动、刑事政策与法律、民事政策与法律。文体课占总课时数的 25%，包括汉文课和体育课。除上述课程外，其他各门课程，如国家与法的历史、国际法、刑事侦查技术与法医学知识、外文、逻辑学等全部取消。

新的教学安排为：第一学年在校学习政治理论和汉文；第二学年上学期参加生产劳动，下学期在校学习政治理论、政法业务和汉文；第三学年到农村参加社会主

义教育运动和城市"五反"运动；第四学年上学期在校学习政法业务和汉文，下学期到政法业务部门实习。

1965 年 7 月，毛泽东同志作出了关于"减轻学生负担、增进学生健康、从学生一切活动总量中砍掉 1/3"的指示。时任最高人民法院院长杨秀峰对政法学院作出指示：解决学生负担过重问题；教师讲课一定要有讲义；要组织学生参加政法方面的学术讨论；不要划分政治理论课和业务课等。根据学院具体情况，学院党委决定：学生每周活动总量一般控制在 46 小时以内，最多不超过 48 小时。其中，上课和规定的休息时间为每周 40 小时。

北京政法学院的半工半读试点正式开始于 1966 年年初，但只开办了短短的 4 个月，这一教学方案并没有得到落实。

为了搞好半工半读试点，院党委成立了党委指导组，直接领导半工半读试点工作。党委指导组由党委副书记郭迪担任组长，成员有党委常委、分管教学的副院长郭纶（不常驻试点）、欧阳本先、徐振国和赵克俭，并成立半工半读试点办公室和党总支，由苏炳坤担任党总支书记兼办公室主任。

经过 2 个月的紧张筹备，1966 年 2 月 8 日，北京政法学院的部分师生来到位于大兴天堂河罗奇营村的半工半读试点基地。参加半工半读的学生主要是 65 级的本科生。学院从 65 级 10 个班中作了一定调整后，抽出 6 个班参加半工半读，每个班 40 个人左右，加上党总支和办公室的工作人员、教学人员、辅导员和炊事员，全部师生共有 280 个人左右。

这 6 个班后来也称为 1—6 中队，所有的同学被分成两个大班（5—7 班合为一班，8—10 班合为一班），按周一、周三、周五和周二、周四、周六轮换进行上课，不上课的时间则进行生产劳动或社会工作。教师、管理干部和辅导员则分别编入各班之中，与同学们同吃同住同劳动。

天堂河农场三分场专门划出 230 亩沙荒地和一眼机井给北京政法学院，作为半工半读试点的基地。在这片荒芜的沙地上，学院的师生先后种上了高粱、玉米、水稻、花生、西瓜、白薯等作物。除了劳动，学校还安排同学们在村里搞社会调查，"访贫问苦"，做一些社会工作。[1]

在 4 个月的时间里，师生们大部分的时间都在进行农业劳动，学习的时间大大减少。两种劳动制度和两种教育制度的改革，是对我国社会经济体制进行改革的一次试验，"从当前讲这个办法（半工半读）可以普及教育，减轻国家和家庭的负

---

〔1〕 本小节中有关半工半读的内容主要根据苏炳坤先生提供的回忆材料：《对半工半读的回忆》。

担。从长远讲可以逐步消灭脑力劳动和体力劳动的差别"。[1]

从高等院校办学育人、培养人才的角度来说，半工半读对于学院的正常教学活动形成一定的影响。但是，在4个月的劳动和社会工作中，师生们深入到当时农村的实际生活当中，了解农村中存在的问题，并接近工农群众，亲身参与农业生产，使他们对于现实问题有了更深刻的认识。在社会的大课堂里，在艰苦的环境下，200多名老师和同学接受工农群众的教育，培养了热爱劳动、热爱劳动人民的思想，树立了为人民服务的观念，每个人的思想觉悟也都有一定程度的提高。

1966年6月，在"社会主义教育运动"的尾声中，在大兴进行半工半读试点的师生们接到学校的通知，于6月8日全部撤回学校，半工半读试点就此中断。

---

[1]　1964年8月1日刘少奇在中央召集的由在京党政军机关和群众团体主要负责干部参加的大会上的讲话。两种劳动制度和两种教育制度，指的是"全日制的劳动制度和教育制度、半工半读或半农半读的劳动制度和教育制度"。中共中央文献研究室编：《刘少奇年谱（1898—1969）》（下卷），中央文献出版社1996年版，第598页。转引自中共中央党史研究室：《中国共产党历史第二卷（1949—1978）》（下册），中共党史出版社2011年版，第681页。

第三章
浴火重生　艰难复办
（1978—1983）

第一节　恢复政法院校　培养法治人才

从 1966 年开始，学校停止招生。1971 年，北京政法学院被宣布撤销，大部分教职工安置到安徽濉溪下放劳动，校舍也陆续被其他单位占用，图书封存至首都图书馆，学校停办。在经历了十余年的停滞与中断后，1978 年，北京政法学院迎来了复办。

一、加强民主法治建设，培养急需政法干部

1976 年以后，国家开始逐渐回到正常的轨道上来，开始大量平反冤假错案。1977 年，全国高等学校招生工作会议召开，并通过了《关于一九七七年高等学校招生工作的意见》，重新恢复了高等学校入学考试。高考制度的恢复，为大批知识青年敞开了大学之门，提供了通过考试、靠自己努力和公平竞争获得接受高等教育的机会。

1978 年 2 月 26 日至 3 月 5 日，第五届全国人民代表大会第一次会议在北京举行，通过了重新修订的《中华人民共和国宪法》。随后恢复了最高人民检察院和各级检察机关，重建了中华人民共和国司法部和各级司法行政机关，政法工作也逐渐恢复正常。1978 年 4 月 13 日，中共中央发出《关于在全国普遍进行一次新宪法宣传教育的通知》，要求集中必要的力量和时间，对新宪法大张旗鼓地进行一次普遍宣传教育，以提高广大干部和人民群众的政治觉悟，加强社会主义法制观念。[1]

---

〔1〕　中共中央党史研究室：《中国共产党历史第二卷（1949—1978）》（下册），中共党史出版社 2011 年版，第 1007 页。

1978 年年底，随着中央工作会议和党的十一届三中全会的召开，中国进入改革开放的新时代。党的十一届三中全会确定了解放思想、开动脑筋、实事求是、团结一致向前看的指导方针，果断停止使用"以阶级斗争为纲"的口号，作出了把党和国家工作中心转移到经济建设上来，实行改革开放的历史性决策。这次全会实现了新中国成立以来党的历史的伟大转折，开启了我国改革开放的历史新时期。[1]

在政法领域，随着检察系统的恢复、司法部的重建和拨乱反正工作的进一步开展，国家的法制建设也进入了蓬勃发展的新时期，一大批法律法规相继出台，法学研究和法学教育也迎来了新的发展契机。然而，国家政法机关的重建再次面临着司法人才明显不足的困难。恢复重建被撤销的政法院校，培养国家急需的政法人才，也显得更加迫在眉睫。

1978 年 4 月 24 日至 5 月 22 日，最高人民法院召开了第八次全国人民司法工作会议，讨论了加强社会主义法制的问题。会议制定和通过了《第八次全国人民司法工作会议纪要》，正式提出"加强民主法制建设，培养司法人才"。随后，中共中央在批转《第八次全国人民司法工作会议纪要》（中共中央〔1978〕第 32 号文件）时作出决定，要"恢复政法院系，培养司法人才"。[2]

根据这一指示精神，1978 年 7 月 6 日，在征得北京市委同意后，由最高人民法院、最高人民检察院、公安部、教育部联合向国务院提交了《关于恢复北京、西北政法学院的请示报告》。报告提出："遵照中央批转的《第八次全国人民司法工作会议纪要》中关于'恢复政法院系，培养司法人才'的指示，我们就如何恢复政法学院的问题进行了认真的讨论。大家一致认为，中央的这一指示，对于改变当前政法干部青黄不接的状况，贯彻新宪法，加强社会主义民主法制建设，更好地实现新时期的总任务，意义十分重大，我们必须坚决照办。"[3]

报告提出："除西南政法学院已经中央批准之外，全国还需要恢复北京、西北、华东政法学院，并在原湖北大学法律系的基础上改建成立中南政法学院。政法院系仍按照原高教部（65）高机密字第 362 号通知，按机密专业政审标准录取新生，以保证学生的政治质量。"对于政法学院的领导关系，报告提出："政法学院实行最高人民法院和所在省市委双层领导，以最高人民法院为主。所在省市高级人民法院、

---

[1]　中共中央党史研究室：《中国共产党历史第二卷（1949—1978）》（下册），中共党史出版社 2011 年版，第 1061 页。

[2]　中国政法大学校史编写组编：《中国政法大学校史》，中国政法大学出版社 2002 年版，第 73 页。

[3]　请示报告原文引自何长顺先生提供的回忆材料（2011 年 3 月 25 日，书面，未公开发表）。报告原件现存于最高人民法院文书档案室。

人民检察院、公安局需要积极协助办好。"〔1〕

该报告对于北京政法学院的恢复也提出了具体的意见："北京政法学院已商得北京市委同意，仍用原校舍，学制为四年，在校学生规模为 1600 人，面向全国。北京市文化局所属单位占用该院部分校舍，北京市委已经同意撤出。该院教师基本上在北京市内大专院校和机关，应根据教学需要，调回一批教学骨干。该院交首都图书馆的图书至今封存未动，全部收回。"〔2〕

8 月 5 日，国务院批准了北京政法学院复办的报告。

同日，最高人民法院、最高人民检察院、公安部、教育部联合下发了《关于国务院批准恢复北京、西北政法学院的通知》，就北京政法学院复办的有关问题作了安排。

根据国务院的批示，北京政法学院恢复后仍使用原校舍，学制为四年，在校学生规模 1600 人，1979 年开始面向全国招生。北京政法学院实行最高人民法院和北京市双重领导，以最高人民法院为主，北京市高级人民法院、人民检察院、公安局要积极协助。

二、恢复校舍调回师资，复办工作快速推进

为了加快北京政法学院的复办工作，根据上级部门指示，以北京政法学院留守处领导小组为基础，成立了北京政法学院筹备领导小组。领导小组由刘镜西、戴铮、李进宝、郭纶、赵先、沈兰村、曲文阁等人组成。

复办筹备领导小组成立以后，亟待解决的有三个问题：①如何调回分散在全国各地的原北京政法学院的教师和干部；②如何收回在北京政法学院撤销后被其他单位占用的校舍；③如何收回上交到首都图书馆的图书资料。

图书资料的收回相对容易许多。学院撤销后，图书馆将大部分图书上交到首都图书馆。至 1978 年学院复办时，这部分图书封存未动，学院将这部分图书收回，共计 21 万册。另外，分散到各单位的办公家具、课桌等在筹备小组的努力下陆续收回了一部分。然而，校舍的追还和人员的商调则成了复办筹备时期的主要难题。

1972 年北京政法学院在安徽的人员就地分配，除了极少数留在北京和少数在

---

〔1〕 请示报告原文引自何长顺先生提供的回忆材料（2011 年 3 月 25 日，书面，未公开发表）。报告原件现存于最高人民法院文书档案室。

〔2〕 请示报告原文引自何长顺先生提供的回忆材料（2011 年 3 月 25 日，书面，未公开发表）。报告原件现存于最高人民法院文书档案室。

北京自谋职业找到工作和调回原籍的以外，大部分都在安徽当地分配。由于报告中提出的是"根据教学需要，调回一批在京的教学骨干"，在京的其他人员和分散在外地的教师无法得到解决。

　　经过研究，北京市委提出"凡是在京工作的同志，只要愿意回学校的都可以回去"。这样，在京人员除了本人不愿意调回的，基本上全都调了回来。而对于分散在外地尤其是安徽的教师和干部，由于北京市严格的人口控制政策，要调回来则十分困难。根据中央组织部的意见，外地人员原来是教师的可以调回；原来不是教师的，在外地当了教师也可以考虑调回；原本留校准备作为后备师资力量的也予以调回。最终，除了本人在外地安家落户、工作安排适当、本人不愿意回来的，大部分同志得以返京。截至 1979 年北京政法学院招生前，共调回教师干部 180 多人。[1]

　　1970 年北京政法学院撤销后，校园内先后迁进了北京市第 174 中学、戏曲学校、歌舞团、曲艺团、北京市文化局读书班等单位，大部分校舍都被这些文化单位（主要是北京市文化局下属单位）占用，作为他们的教室、宿舍和排练场所。[2]

　　筹备小组成立后，立即与北京市有关部门及以上单位进行艰苦的谈判，力求原有的校舍得以恢复。根据中央的要求，北京市政府承诺支持北京政法学院的复办工作，先后将以上单位占用的部分校舍退还。在北京市有关部门的大力支持和积极推动下，由北京市第 174 中学占用的教学楼全部退还。但是，到 1979 年学院开始招生时，学院也只要回了 1 号宿舍楼，小食堂、联合办公楼和教学楼一层、学生食堂、礼堂等仍被北京歌舞团、曲艺团等占用。全院原有建筑面积 34 000 平方米中，归北京政法学院使用的仅有 15 000 多平方米，校园面积从 360 亩缩小到 150 亩左右。[3]

　　在筹备过程中，郭纶、李进宝、刘镜西、赵先等人先后调走，沈兰村、曲文阁也先后调回最高人民法院。任时、姜达生、曹海波、郑文卿、张杰等人先后到任，学院逐步建立新的领导班子。

　　1979 年 6 月 21 日，最高人民法院党组根据中共中央组织部的批准，正式任命

---

　　〔1〕　此处主要根据何长顺先生提供的回忆材料（书面），2011 年 3 月 25 日，口述回忆材料现存中国政法大学档案馆。

　　〔2〕　综合参考何长顺先生、赵克俭先生的口述回忆材料。

　　〔3〕　综合参考 2002 年版校史、何长顺先生口述回忆材料和书面材料，以及杜新丽："79 级法科生的政法往事"，载《法制日报·周末》2009 年 9 月 11 日，第 16 版。杜新丽，中国政法大学教授，为北京政法学院恢复招生后的第一届本科生，即 79 级本科生。另据中国政法大学档案馆，原校舍面积应为190 余亩。

曹海波[1]为北京政法学院党委书记兼院长。学院的各职能部门也相继恢复，建立了院办公室、人事处、教务处、总务处、科研处、研究生工作部、图书馆等行政办事机构、教学科研管理机构和教学辅助机构。

第二节　办学渐入正轨　接续艰苦奋斗

一、迎来复办首次招生，开展教学科研工作

经过一年多的筹备，在人员、校舍和图书资料的收回工作都有了一定程度的进展之后，1979 年夏天，北京政法学院参加了当年的全国统一招生。当年共招收本科生 403 人，研究生 35 人。但是，由于新生入学时的住房问题解决不了，推迟入学时间达 50 天之久。10 月 20 日，北京政法学院复办后的第一批新生进入了百废待兴的北京政法学院。

1979 年 10 月 24 日，复办后的北京政法学院在冶金建筑研究院礼堂举行了第一次开学典礼。由于学校礼堂依然被北京市歌舞团占用，学校只能租用相邻单位冶金建筑研究院的礼堂。座位不够，79 级的同学们都拎着学校发的绿色小马扎排着队来到校外的这个礼堂参加开学典礼。全院师生员工 800 人参加了典礼。彭真同志向学院全体师生致函祝贺。开学典

▲ 北京政法学院 79 级新生开学典礼

礼由曹海波院长主持，最高人民法院院长江华、司法部副部长李运昌先后讲话。最高人民法院副院长王维刚、何兰阶，最高人民检察院检察长王甫、副检察长陈养山

---

[1] 曹海波（1914—2009），河北省肥乡县人。1928 年加入中国共产主义青年团。1930 年转为中国共产党党员。1936 年至 1937 年 6 月任中共肥乡中心县委书记，兼共青团县委书记。抗日战争期间先后担任中共冀南区第三地委委员、宣传部长、组织部长。解放战争期间担任中共哈南地委委员等职。1979 年 3 月至 1982 年 12 月任北京政法学院院长兼党委书记。1983 年春调任中国法学会副会长、党组成员。1987 年退任中国法学会驻会顾问，并受聘担任第七届全国人大内务司法委员会顾问。曹海波于 1979 年 3 月到任，1979 年 6 月最高人民法院正式发文任命。

及民政部有关领导出席了典礼。

复办过程中，筹备领导小组及有关人员对北京政法学院复办后的教学科研工作进行了认真的研究和论证。为了培养研究生，学院专门成立了研究生工作部，由张玉森担任主任，负责研究生的教学管理工作，专业教学则由研究生导师组负责。进而初步建立本科生教学和科研管理机构，制订了新的教学计划，落实了教学任务，从而使学校建立起了新的教学和科研秩序。

复办后的北京政法学院研究生设立哲学、法学、政治经济学三个专业。其中，法学类有法理学、刑法学、刑事诉讼法学、民法学、法制史学等学科。研究生教学按照所属专业设置课程。

本科设法律专业一个专业。根据法律专业教学方案，培养目标为：培养德、智、体全面发展，又红又专的司法工作以及法学教育和法学理论研究的专门人才。

在课程设置方面：必修课有中共党史等 26 门，共 2563 学时。其中，政治理论课 5 门，共 495 学时，占必修课时总时数的 19%；专业课 17 门，共 1433 学时，占必修课时总时数的 56%；文体课 4 门，共 635 学时，占必修课时总时数的 25%。为了扩大学生的知识面，从本科二年级开始逐步开设一些选修课，每个学生的选修课程总时数不得少于 300 学时，一般不超过 600 学时。学校共开设选修课 20 多门。根据教学需要，学校还有计划地开设讲座，介绍国内外法学研究动态、司法工作经验、经济建设的发展和现代化科学技术知识，由学生自由选听。

1981 年，根据形势的发展，学院对教学计划进行了必要的修改。修改后的教学计划将培养目标确定为"培养坚持四项基本原则，掌握比较系统、全面的法律知识，能从事政法实际工作、政法教育和法学研究的德、智、体全面发展的专门人才，争取达到学士学位"，并对德、智、体三个方面对人才培养的具体要求作了说明。课程设置总学时数为 2761 学时，必修课程 23 门，总时数 2361 学时。其中政治理论课 386 学时，占必修课时总时数的 16%；法律专业课 1275 学时，占必修课时总时数的 54%；文化基础课 700 学时，占必修课时总时数的 30%；选修课 23 门，总时数 400 学时。同时开设各类专题讲座。为了加强理论与实际的联系，组织一定的生产劳动，到政法机关进行专业实习：四年中参加生产劳动的时间为 8 周（每年 2 周）；专业实习为 12 周，安排在第七学期进行。

为了培养学生的科研能力，学校积极组织学生参加与专业有关的学术活动。一至三年级学生的科研活动，主要结合课程采取写学习心得或专题论文形式进行；四年级学生写毕业论文，时间为 5 周。

本科生四年（208 周）时间大致分配如下：教学和科研共 138 周；生产劳动和

专业实习共 20 周；入学教育和毕业鉴定各 1 周，共 2 周；每学期机动 1 周；寒、暑假共 40 周。

二、七九英才求知若渴，寒窗苦读追寻法治

在恢复招生之后的几年间，学院的办学条件十分艰苦。教室没有桌椅，就每人发一个小马扎，拎着马扎上课，双腿就是桌子；没地方开全校大会，就站在楼道里听广播。整栋教学楼几乎没有一块完整的玻璃，窗户都是用三合板钉着。没有正式的教材，所有教材都是学院的老师自己编写并由学校印刷厂铅印。很多课程上完了，教材还没有编出来。由于澡堂和礼堂被占用，四年之中同学们不得不远赴西直门外洗澡，到新影礼堂、冶金礼堂看电影。

80 级新生入学的时候，学院的教学资源和生活设施紧张的问题更加突出。由于占用校舍的单位未能归还当年新生入学所需的用房，80 级 470 名新生中的 75 名北京本地学生改为走读，部分新生住在教学楼底层的图书馆内，一间大教室住了 80 个人。[1]

79 级 400 多名学生，一部分来自工厂，一部分来自农村，一部分来自部队，一部分来自基层机关，应届的高中毕业生约占总数的 30%。当时，学生中的应届高中生最小的才 15 岁，年龄最大的同学曾下乡十年已年近三十，相差将近 15 岁。经过多年的压抑和苦闷，好不容易有了上学的机会，等来了期盼已久的恢复高考，大家都十分珍惜坐在窗前读书的时光。对知识的渴求，对法学的热爱，对法治理想的追求，以及对改变个人命运的急迫愿望，使 79 级的同学们自觉地发奋学习。

清晨，东方刚刚露出第一缕曙光，同学们就在戏校学生吊嗓子的声音和锣鼓的交响中醒来，到小月河边、校园里的各个角落里晨读。在嘈杂的环境里，同学们背单词、学英语，开始一天的学习生活。上课则基本上是人手一个马扎，来到教室里一坐就是一天。经常是老师在课堂上慷慨激昂地讲解法学的深奥理论，窗外却突然传来震天的锣鼓声。[2]

复办以后，随着思想的解放，在调回北京政法学院原有骨干教师的基础上，课程设置也和此前大有不同，课程体系更加科学、合理，法律专业课也更加丰富和完整。课程除了法学理论、宪法学、民法学、刑法学、民事诉讼法和刑事诉讼法学、刑事侦查与法医学、婚姻法学、国际公法学、国际私法学、国际经济法学、国际政治、中国法制史学、中国法律思想史学、外国法制史学及外国法律思想史学、公共

---

〔1〕 江平口述、陈夏红整理：《沉浮与枯荣：八十自述》，法律出版社 2010 年版，第 183 页。
〔2〕 综合参考我校 79 级校友杜新丽、侯喆、张和伏等人的回忆材料。

外语（英语、俄语）和法律英语等课程，三、四年级学生还开设外国刑法、外国民法、日本民法等课程供学生们选修。[1]

在艰苦的条件下，学院复办初期的几届学生发奋努力，在一大批名师的指引下刻苦学习，造就了中国政法大学办学史上的一个独特的现象：他们在毕业后的几十年中，投入到国家建设的各个领域，或治学教书，或为官从政，或下海经商，在各个领域都取得了令人瞩目的成就。其中，尤以奋战在中国法治战线前沿领域，任职于中央纪委、中央政法委、全国人大机关及法院、检察院、司法行政系统、公安系统和各大法学院校的 79 级英才居多。作为法治建设的中流砥柱，他们为改革开放以来的中国法治建设作出了杰出的贡献。其中，79 级的 400 余名学生，既是北京政法学院复办后的第一批学生，也是中国政法大学成立后的首届毕业生。

三、积极平反冤假错案，明确人才培养目标

1980 年 1 月，北京政法学院改由司法部领导。1981 年 7 月，经上级批准，北京政法学院临时党委成立，任命曹海波为院长兼党委书记，郑文卿任第一副院长兼副书记，戴铮任副书记，任时、姜达生任副院长。1982 年 4 月，朱奇武任副院长。1982 年 12 月 25 日，北京政法学院领导班子进行重大调整，由云光[2]任党委书记，欧阳本先任副书记，张杰任第一副院长，江平、田辉任副院长。1983 年 6 月，增加宋振国为党委副书记兼纪委书记。

学院复办以后，认真进行了拨乱反正、正本清源的工作。本着实事求是、有错必纠的原则，及时、积极、主动地落实党的各项政策，在 1979 年年底前基本上平反了历次政治运动中的冤假错案。经过两年多的落实政策工作，改正、平反了 700多个冤假错案，落实了知识分子政策和干部政策，得到了上级和广大教职工的好评。

1980 年司法部召开的政法学院教育工作座谈会规定了新时期政法教育的培养目标，即"主要培养德智体全面发展的审判员、检察员、律师、司法行政人员和法

---

[1] 杜新丽："79 级法科生的政法往事"，载《法制日报·周末》2009 年 9 月 11 日，第 16 版。

[2] 云光（1919—1998），原名郝连祥，河北遵化人。著名教育家，教授，硕士研究生导师。1940年 5 月加入中国共产党，历任冀东游击队指导员、遵化县教员、救国会宣传委员、冀东遵化五区区委书记，遵化县委副书记、中国人民大学马列主义基础教研室主任、系主任、党委革委会宣传部副部长，新疆大学副校长，新疆维吾尔自治区教育厅党组书记、厅长，新疆维吾尔自治区党委候补委员，山东大学副校长，北京政法学院党委书记，中国政法大学党委副书记、第一副校长，兼任中国政治学会常务理事、中国科学社会主义学会常务理事、中国社会科学院政治学研究所和中国政法大学政治学研究所研究员。1986 年6 月离休后，任北京教授讲学团团长（后为中国老教授协会会长）。

学教育、法学研究专门人才"。同时提出了政治上的具体要求。从 1979—1982 年，北京政法学院实行以院长为首的校务委员会负责制，建立了院系领导班子，健全了党总支监督下的系主任、所长负责制，教学科研走上了正轨。由于明确了培养目标，确定了培养规格，本科教学方案渐趋合理和实际。学生工作方面坚持了德、智、体全面发展的方向，思想政治工作坚持四项基本原则，端正了对马列主义理论学习和教学的态度，各项工作稳步前进，为学校的扩充准备了必要条件。

到 1981 年，学校共有教职工 533 人，其中教授 1 人（待批 4 人）、副教授 4 人（待批 23 人）、副研究员 1 人、讲师 142 人、教员 55 人、助教 10 人、教学辅助人员 19 人、干部 157 人、工人 146 人。[1]

1981 年，为适应政法干部在职培训的需要，学院设立了函授部，从 1982 年开始招收法律专业函授生，先后设立了北京、天津、呼和浩特、太原、石家庄、银川等 11 个函授点。根据函授法律专业教学方案，本专业的主要任务是：招收公检法三机关中具有高中毕业文化水平和一定实际工作经验的在职职工，培养又红又专的政法工作人员。通过函授教育，使他们达到专修科毕业文化水准，从而在政法实践中发挥骨干作用。函授班学制为三年，共开设法学基础理论等专业课程 12 门。政治理论课以自修为主，学校不做统一安排。函授教学以自学为主，面授、函授辅导为辅。函授学满三年全部课程，通过考试或考查，所学课程全部及格者，发给北京政法学院函授部专修科毕业证书。函授生的组织管理，主要依靠当地司法部门和函授生所在单位。函授教学工作由北京政法学院函授部领导管理。各地函授站具体负责本地区函授教学的组织领导工作和函授生学习管理工作。

复办后的北京政法学院十分重视教材的编写和科研工作。复办以后，学院抽调教师参加了《中华人民共和国刑法》《中华人民共和国刑事诉讼法》《中华人民共和国民事诉讼法》《中华人民共和国婚姻法》等重要法律的起草工作。一些有经验的老教师还参加了《中国大百科全书》的编写工作。同时，学校还抽调教师承担了司法部、教育部组织的高等法律院校法学教材的主编或编辑任务。为了配合刑法和刑事诉讼法的学习和宣传，有关专业教师还先后在北京、天津、河北、湖南、浙江等地进行多次宣讲，参加了中央宣教班的讲义编写和讲授任务。通过这些活动，为教学科研工作积累了丰富的资料，训练了教师队伍，培养了师资。

1980 年 6 月 17 日，司法部同意北京政法学院出版《北京政法学院学报》，限国内发行。

---

[1] 参见中国政法大学校史编写组编：《中国政法大学校史》，中国政法大学出版社 2002 年版，第 78 页。

第四章
红色血脉　干部摇篮
——中央政法干部学校的诞生与发展（1951—2000）[1]

　　1951 年创立的中央政法干部学校历经独立办学、中国政法大学进修学院、中央政法管理干部学院等阶段，于 2000 年彻底融入中国政法大学。作为中国政法大学的重要前身之一，中央政法干部学校自创立之初就形成了优良的传统，牢记自身办学使命，为国家培训了大量的政法干部，为新中国的法治建设作出了重要的贡献。

第一节　创立与发展：中央政法干部学校源流

一、中央政法干部学校的主要渊源

　　新中国成立以后，国家转入社会主义建设阶段。新中国成立之初，由于否定了国民党时期的资产阶级法统，国家急需制定符合社会主义需要的法律法规。同时，从国民党政府手中接管的司法机关也存在组织不纯、思想不纯以及作风不纯的问题，而身经百战的革命干部在政法工作方面也有经验不足的情况。思想进步、政治觉悟高、业务能力强的法律人才十分紧缺。随着全国的解放，社会主义建设在全国范围内展开，社会主义法治建设也如火如荼地开展起来。

　　在这样的背景下，毛泽东向政务院提出建议："轮训县（市）长和地县两级的公安、检察、司法（或法院）、民政等五长以及训练部分政法师资。其目的是，为

---

〔1〕　本部分参考了孙政华："60 年前的中央政法干校"，载《法治周末》2012 年 6 月 6 日；庞本："中央政法管理干部学院大事记"；及中国人民公安大学档案馆提供的书面材料"中央政法干部学校简介"。庞本，中国政法大学管理干部学院原副院长。

了每个县（市）培养三个到五个明白人。"随后，政务院遵循毛泽东的指示，在1951年7月23日的政务会议上，作出了创办"中央政治法律干部学校"（简称中央政法干部学校）〔1〕的决议，当时全国政法教学战线的最高学府诞生了。

中央政法干部学校建校时主要有几部分来源：一是1949—1950年短暂存在过的原"中国政法大学"〔2〕第一部（干部轮训）；二是1950年年初成立的新法学研究院；三是华北人民革命大学。

原"中国政法大学"成立于1949年8月5日，其前身系近代以法科享誉海内的"南东吴、北朝阳"之朝阳大学。1912年，汪有龄等人在北平创办的私立法科大学朝阳大学。朝阳大学以"教授高深学术，养成建设人才"为宗旨，办学上借鉴日本法学教育模式，侧重于大陆法系，以培养法律应用职业人才为目标，为中国近代法学教育发展、法律人才培养作出重大贡献，是民国时期法学教育的重镇。〔3〕1929年，朝阳大学更名为"私立北平朝阳学院"，1949年新中国成立后由人民政府接管，更名为"北平政法学院"。

1949年8月5日，中央决定把该校校名改为"中国政法大学"，毛泽东主席亲自题写了校名，"延安五老"之一谢觉哉被任命为校长。开学典礼上，朱德、董必武、吴玉章、沈钧儒、史良、李木庵、徐悲鸿、茅以升等著名人士纷纷到场祝贺。该校主要采取大课和小课相结合、讲授和讨论相结合等形式，由艾思奇讲授历史唯物论和辩证唯物论，谢觉哉讲授马列主义国家法律观等，还聘请了许多苏联教授讲课。

原"中国政法大学"仅仅存在了半年。1949年年底，为适应新中国建设的需要，中央决定"以华北大学为基础，合并中国政法大学为中国人民大学的法律系，抽调原华北人民革命大学部分干部"成立"新中国第一所新型正规大学"〔4〕——中国人民大学。1950年2月，原"中国政法大学"并入中国人民大学。

其中，原"中国政法大学"二部、三部（主要为青年学生）并入中国人民大学，在一部（主要为轮训干部）和新法学研究院的基础上调入部分华北人民革命大学的干部，于1951年组建了中央政法干部学校。

新法学研究院成立于1949年。1949年7月29日，在"新法学研究会"的倡议

---

〔1〕　当时，政务院政治法律委员会拟定的名称为"中央政法干部学校"。1951年7月20日，政务院第94次政务会议批准了政务院政治法律委员会拟定的《关于筹建中央政法干部学校的方案》。

〔2〕　为了和我校区分开，本书中对1949年成立1950年撤销的"中国政法大学"均称为原"中国政法大学"。

〔3〕　汪强："论大陆式法学教育模式下的朝阳大学罗马法教育"，载《学术界》2016年第6期。

〔4〕　李惠："新中国第一所新型正规大学的建立"，载《中国教育报》2019年10月31日，第3版。

下，召开了筹委会常务委员会第一次会议，决定创办"新法学研究院"。8月9日，筹委会第二次会议选定沈钧儒为院长，谢觉哉、李达为副院长，李达兼研究指导委员会主任委员，徐平、陈传刚为副主任委员，史良、贾潜、孟庆树、周新民等为委员，吴昱恒为总干事。9月1日，新法学研究院发出公告，开始招收第一期研究员，并且在上海设立考试分处。1950年1月4日，第一期研究员培训举行开学典礼。[1]新法学研究院的主要任务是改造原在旧社会中工作的法律界及司法界的人员。但从第二期以后，该院的性质与任务改为主要是培训在职新老干部而不是改造旧司法人员。

在新中国成立初期，出于巩固新政权的迫切需要，中央设立原"中国政法大学"、新法学研究院和华北人民革命大学等机构、院校，希望尽快改造旧社会司法人员、轮训自己的政法干部、培养新中国的高级法律人才，为国家建设服务。正如作为新法学研究院院长的沈钧儒在该院开学典礼上指出的，"新的法律正在产生，正在建立，为了适应新国家的需要，为了新法律方面也能进行并担起我们的任务，新的司法人才，极需要大量培养。"

在抽出原"中国政法大学"负责轮训干部的第一部，合并负责旧司法人员改造和新老干部培训的新法学研究院的同时，抽调经历革命洗礼、革命意志坚定的华北人民革命大学的干部，正式成立中央政法干部学校。这也基本确定了中央政法干部学校的主要历史使命——集中、大量地为人民政权轮训政法干部，使全国各地的基层政法干部及高级革命干部具备治理国家的能力，从"靠得住"的革命干部转变为"懂业务"的治国理政骨干力量。

作为新中国成立初期设立的一所重要学校，中央政法干校在20世纪50年代短短的几年间，为国家培训了数以千计的各级政法干部，为国家政权的稳定和治理作出了重要贡献。

二、"为每个县（市）培养三个到五个明白人"

中央政法干部学校的成立得到了毛泽东同志的重视。在新中国成立之初，基层干部尤其是作为基层政法工作骨干的"五长"——包括县（市）长在内的民政科长、公安局局长、法院院长或者司法科长、检察长——于治国理政和政法工作的经验相对较为缺乏。为了新生的人民政权的巩固以及国家建设事业的顺利开展，集中对"五长"开展轮训显得非常必要。

---

〔1〕　张小军："1949年至1953年司法改革演变及若干反思——以'新法学研究院'对旧法人员的改造和1952年司法改革为例"，载《政治与法律》2010年第12期。

毛泽东同志向政务院提出了以下建议，"轮训县（市）长和地县两级的公安、检察、司法（或法院）、民政等五长以及训练部分政法师资。其目的是，为了每个县（市）培养三个到五个明白人"，并亲自主抓该校的教学工作，"对整个体制、教学班子乃至课程都作了要求"。〔1〕

根据当时的筹建方案，刚成立的中央政法干部学校是中央一级的政法专业干校，但又具有业务部门党校的性质。学校受政务院政治法律委员会直接领导，领导班子规格很高，是省部级的建制。校址位于今北京市南礼士路西北角，占地约110亩〔2〕。

中央委派政务院政治法律委员会副主任彭真〔3〕同志担任校长，政务院政治法律委员会副主任张奚若、内务部部长谢觉哉、司法部部长史良、政务院政治法律委员会秘书长陶希晋担任副校长，陶希晋兼任教务长。另聘请吴玉章、沈钧儒、谭平山、李六如〔4〕、罗瑞卿、许德珩、曾昭抡〔5〕、陈垣、艾思奇等为校务委员会委员。〔6〕校长、副校长、校务委员均由政务院委任。此外，中央政法干校还聘任了苏联专家苏达里可夫为顾问。

中央政法干部学校成立后的主要任务为"为了适应国家建设、加强人民民主政权工作的需要，亟应大批训练政法工作干部"；主要工作为"抽调县（市）行政工

---

〔1〕 据胡建淼教授。孙政华："60年前的中央政法干校"，载《法治周末》2012年6月6日。

〔2〕 即今中国人民公安大学木樨地校区。

〔3〕 彭真（1902—1997），原名傅懋恭，山西省曲沃县人。1923年加入中国社会主义青年团，同年加入中国共产党，是山西省共产党组织的创建人之一。第二次国内革命战争时期，任中共顺直省委常委、工人部部长、代理书记，唐山市委书记，顺直省委组织部部长，天津市委代理书记、书记，中共中央北方局组织部长。抗日战争时期，任中共中央北方局组织部长，晋察冀分局书记，中共中央党校教育长、副校长，中央组织部部长，中央城工部部长。解放战争时期，任中共中央东北局书记、民主联军政委、中共中央组织部部长、政策研究室主任。1945年8月在中共七届一中全会上被增补为中央书记处候补书记。新中国成立后先后担任中共北京市委书记，北京市市长，政务院政治法律委员会副主任、党组书记，中央政法小组组长，中央书记处书记，中央政法委书记，全国人大常委会副委员长、委员长，1951年7月起兼任中央政法干部学校校长。中共第七、八、十一、十二届中央委员、中央政治局委员。

〔4〕 多数文献中校务委员会委员无李六如。参见"中央人民政府政务院政治法律委员会关于筹设中央政法干部学校方案"，载《江西政报》1951年第8期。李六如（1887—1973），新中国检察制度的奠基人之一。1951年中央政法干部学校成立时，李六如任中央人民政府政务院政治法律委员会委员，最高人民检察署副检察长、党组书记。

〔5〕 多数文献记载为"曾昭伦"，据中央人民政府政务院政治法律委员会："关于筹设中央政法干部学校方案"，应为"曾昭抡"。曾昭抡（1899—1967），男，字叔伟，曾国藩胞弟曾国潢之曾孙，化学家、教育家和社会活动家，中国科学院院士。中华人民共和国成立后，曾昭抡任北京大学教务长兼化学系主任。1951年中央政法干部学校成立时，曾昭抡任教育部副部长兼高等教育司司长。

〔6〕 名单参见"中央人民政府政务院政治法律委员会关于筹设中央政法干部学校方案"，载《江西政报》1951年第8期。

作和司法工作干部，并培养一部分政法教育工作的师资，以便取得教学内容和教学方法的经验，推动和协助各地对政法干部训练工作的开展"。[1]学制为6—8个月。[2]培养目标为："提高学员的思想、政治水平和掌握政策的能力，并培养一批从事政法工作的教育干部。"[3]

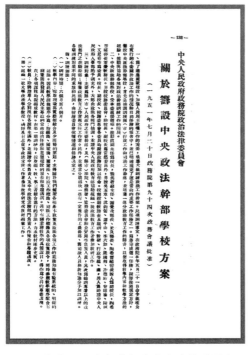

▲中央人民政府政务院政治法律委员会
《关于筹设中央政法干部学校方案》

行政和教学机构设置了校部办公室、组织处、教务处、行政处。学员管理设一部（初期称研究班，培训市处级干部）、二部（普通班，培训县科级、院长级干部）、师资班。二部之下又设民政、司法、检察、军法四系。[4]同时，中央政法干校在东北、西北、中南地区设立分校，由中央政法干部学校直接领导并承担全部授课任务。学校日常组织管理实行教务长负责制，副校长陶希晋兼任教务长，毛铎、陈传刚、陈守一等任副教务长，教务长、副教务长负责组织学校日常教学安排和管理工作。学校的组成人员除中央人民政府人事部、教育部调任过来以外，大部分从各政法部门抽调。

学校成立初期，仿照苏联模式设立了教研室。但由于教师缺乏，全校教学人员只有26人，只能设两个专业小组。后来扩大为4个研究小组，人员有31人。学校十分重视师资队伍的建设，在第一期培训班结束后，留校12人，抽调11人，共54人组成了中共党史、国家与法的

〔1〕　"中央人民政府政务院政治法律委员会关于筹设中央政法干部学校方案"，载《江西政报》1951年第8期。

〔2〕　此处为"关于筹设中央政法干部学校方案"记载，实际工作中可能有所变动，据孙政华："60年前的中央政法干校"记载，学制为一年，载《法治周末》2012年6月6日。

〔3〕　"中央人民政府政务院政治法律委员会关于筹设中央政法干部学校方案"，载《江西政报》1951年8期。

〔4〕　庞本："中央政法管理干部学院大事记"，载 http://www.zfdxxyh.com/html/xszl/dsj/，最后访问日期：2021年10月28日。

理论、政治经济学、国家法、民刑法 5 个教研室。第二期结束后，教研室教师达 76 人，组成哲学、党史党建、政治经济学、国家法、国家与法的理论、刑法、民法 7 个教研室。

在训练对象上，学员的 95% 都是党员；在教学计划上，包括了党校教学中涉及的全部课程，占学习时间的 43.8%，并按照初级党校的标准和目的要求进行教学；在教学方针及学员的培养目标上，学校教学方案规定：理论联系实际，业务结合政法，改造思想，增强党性。

三、新中国成立初期最大规模的政法干部培训

1952 年 1 月 8 日，中央政法干部学校正式开学。第一期新收学员 120 名，分设了八个教学班：一班是县（市）长班；二班是民政科长班；三班是县公安局长班；四班是军保、军检、军法班；五班是司法科长班；六班是法院院长班；七班是检察长班；八班是师资班。

中央政法干部学校第一期的教学计划，是由彭真在毛泽东同志面示下草拟出来的。毛泽东同志亲自参与了当时的教学工作，他不仅讲明形势任务，还讲明完成任务的方法。他叮嘱彭真，要把延安时期干部轮训的基本经验，在政法干校教学中坚持和发扬。

当时总结出的延安时期的干部轮训的基本经验今天来看依然非常宝贵，主要内容是：在教材的选用上，以原著为主，反对把二手、三手的辅助教材作为主要教材；在教学时间的支配上，以自学为主，反对把讲课时间占得过多，影响学员对课程的消化，形成"消化不良症"；在理论与实践的关系上，首先要学懂理论，然后用所学理论去总结实际工作经验，既反对轻视理论学习的经验主义方法，又反对唯上、唯书、唯权、不唯实的教条主义方法；在教学的质与量的关系上，强调少而精，突出重点，反对贪多求广，不深不透，做表面文章；在生活管理上，既坚持了勤俭办学的方针，又关心了学员的身心健康。

中央政法干部学校第一期的教学实践就是在上述教学原则指导下进行的，"从效果来看是非常成功的"。[1]

当时干校开设六门课，进行单课教学。每个单元聘任一位名家为主讲教员，实行"四包"，即教材、教学安排、讲课、辅导均由主讲教员来承担。

---

[1] 据潘汉典教授回忆。孙政华："60 年前的中央政法干校"，载《法治周末》2012 年 6 月 6 日。潘汉典（1920—2019），著名法学家、法学翻译家、中国政法大学教授、博士生导师、中国政法大学比较法研究所创建人、原所长。

1952 年 1 月初，应调来的学员报到和注册完毕时，彭真首次同学员见面并介绍了《第一期的教学计划》，即第一单元（6 周半）《实践论》，由杨献珍主讲四次；第二单元（6 周半）《矛盾论》，由艾思奇主讲五次；第三单元（4 周）党的建设，由龚子荣主讲一次；第四单元（10 周）国家与法理论，由苏达里可夫主讲八次；第五单元（8 周）《共同纲领》，由谢觉哉主讲六次；第六单元（4 周）各专业务科教学，由中央各部院负责人主讲。最后用四周时间，进行期终总结和鉴定。[1]

对课程的设置，彭真说："一年开六门课，是毛主席亲自规定的，从教学效果看，已不算少了。你们（指 1 至 7 班学员）都是中共党员。学习一、二、三单元课程，主要是明确世界观、人生观、价值观，也是为解决立场、观点、方法；学习四、五、六单元，为明确什么是国家和法律，怎样管理国家和执行法律。你们按计划学好了，就能达到做个明白人的教学目的了。"[2]

第一期学员中有很多是来自全国各地的县（市）长、法官、检察官。当时的市长很多同时主管政法工作，他们被分入"市长班""县长班"。学员一起同吃同住同学习，一起上课、讨论问题、打成一片，一起生活有近两年的时间。学习结束之后，他们中的很多人都回到了原来的工作岗位。[3]而像楼邦彦、龚祥瑞、潘汉典等一些新中国成立前接受过高等法学教育和法律训练的"旧法人员"，则在学习结束后回到高等院校任教，作为政法教育的重要师资力量，为新中国的法学教育作出贡献。

自 1952 年至 1958 年的短短数年间，中央政法干部学校办学成绩斐然。其间共举办普通班 5 期，研究班 2 期，师资班、司法教员班等短训班若干期，共培训学员7000 余人。[4]其中，省、部级政法领导干部 150 多名。同时还承揽了东北、西北、中南分校的全部授课任务。毕业学员计有 300 余名作为骨干力量，充实到中央政法领导机关的局、处两级机构中工作。

学校非常重视教学质量，聘请著名的专家学者如艾思奇、杨献珍、龚子荣、谢

---

〔1〕 孙政华："60 年前的中央政法干校"，载《法治周末》2012 年 6 月 6 日。

〔2〕 孙政华："60 年前的中央政法干校"，载《法治周末》2012 年 6 月 6 日。

〔3〕 据潘汉典教授回忆。孙政华："60 年前的中央政法干校"，载《法治周末》2012 年 6 月 6 日。

〔4〕 此处说法不一，据中国人民公安大学档案馆提供的书面材料"中央政法干部学校简介"，总计培训学员 7000 余人；据庞本："中央政法管理干部学院大事记"统计，"1952.1.8 至 1958 年，共举办普通班 5 期学员 4759 人；研究班 2 期学员 269 人；省市师资训练班 4 期学员 235 人；接受教员专科进修 121人，六年已训和在训学员 5384 人。其中民政（包括部分县、市领导干部）945 人；检察 877 人；司法（法院）1461 人；专门法院 269 人；公安 478 人；监察 173 人；军法 336 人；军检 159 人；律师 36 人；公证 20人；教员 449 人；其他 181 人。"因统计口径可能存在不一致，本书采用中国人民公安大学档案馆的说法。

觉哉，苏联专家苏达里可夫，及中央国家各部委负责人到校授课。

学校在培养教员和教材编写上采取了编、教、学三者相结合的方针，一方面，从边教边学中培养出一批能按照理论联系实际的教员；在教材方面，也由浅而深，由不完备到完备，由各门课程教学的目的要求或大纲，发展到较为详细的讲稿，最终则修正为较为完备的教材。在完成各种训练任务的同时，干校还创造性地编写和出版了在新中国尚无先例的刑法、刑事诉讼法以及民法原理和民事诉讼法的教材，编写了马列主义哲学、政治经济学、国家与法理论、宪法学等各种通俗讲义，供全国的兄弟院校试用，并给兄弟院校直接输送200多名办校骨干。这段时期的中央政法干校所发挥的能量，在全国政法教学战线上，起到了"工作母机"的职能。

第一期学员毕业的时候，毛泽东、刘少奇等国家领导人，及公安部部长罗瑞卿、司法部部长史良、最高人民法院院长沈钧儒都参加了毕业典礼，并且合影留念，背景是中南海。这一规格和仪式持续到20世纪60年代。这在高校和其他教育机构中、当时乃至之后都是非常少见的。

▲ 中央政法干部学校 1957 年结业学员合影纪念

作为当时中央对全国政法干部进行集中培训的机构，中央政法干校第一次对如此大规模的政法干部进行培训。20世纪50年代的集中轮训也是新中国成立初期全国最大规模、最重要、最集中的政法干部培训活动。

这一大规模培训为全国各地的基层政权输送了大量懂政策、懂新法的政法骨干人才，为新中国的政法工作奠定了良好的基础。同时，通过师资班、司法教员班等短训班，抽调北京政法学院等全国法学院校的骨干教师、进步教授进行培训，为我国法学教育培养了宝贵的师资力量。

第二节　合并与分立：在探索中前进

中央政法干部学校成立之初，由政务院政治法律委员会直接领导。1954 年秋，政治法律委员会撤销。10 月，在国务院国务会议上，周恩来总理宣布由高教部接管中央政法干部学校及其东北、西北分校。1956 年 4 月 5 日，习仲勋秘书长致函国务院一办罗瑞卿主任，中央政法干部学校转由司法部直接领导，并指出：司法部对政法院校的领导，必须着重思想领导，对教材必须认真审查才能授课。同年，免除彭真等兼任的校领导职务，任命毛铎〔1〕为校长，冷楚、徐平、谢飞为副校长。

从 1957 年下半年起，受"左"的思想影响，中央政法干校也掀起反"右"斗争。随后到来的"大跃进"、人民公社化运动，以及三年困难时期，更是严重影响了学校的正常办学。

1959 年 1 月，罗瑞卿向中央递交报告，提出将中央政法干部学校和中央人民公安学院合并，两校合并后沿用"中央政法干部学校"名称，学校重大方针和原则问题由中央政法小组决定，日常工作由中央公安部党组领导〔2〕。经中央批准，公安部党组于 1959 年 3 月传达了两校合并的决定。原中央人民公安学院校址为新的中央政法干部学校西院、原中央政法干部学校校址为合并后学校东院。新的中央政法干部学校实际上仍然按照中央级党校来办，主要担负培训全国（县以上）公安局局长、检察院检察长、法院院长的任务。

1961 年，因国家经济遭遇困难，除西藏班、外文班外，学校停办，至 1963 年7 月恢复办学。在严重的困难下，中央政法干校在 1959—1966 年仍然开展了普通干训班 9 期（第 6—14 期）、师资培训等若干期，共计为全国各级政法机关培训干部

---

〔1〕　毛铎（1912—1996），山西省平陆县人。原名毛诞登，曾用名毛凤翔。1948 年石家庄解放后第一位市委书记。1930 年在太原商业专科学校学习时加入中国共产主义青年团，组织领导学生开展抗日救国运动，投身革命。1931 年转为中国共产党党员。新中国成立前历任中共晋冀特委榆次中心县委书记，中共察哈尔省委委员、宣传部部长、敌工部部长，中共石家庄市委书记、石家庄市市长。新中国成立后历任中共中央中南局委员、监察委员会副书记，1978 年后任中共中央纪律检查委员会专职委员。1956—1959 年担任中央政法干部学校校长。

〔2〕　1956 年 4 月 5 日至 1958 年学校由司法部直接领导；1959 年司法部撤销，学校转隶公安部。

12 700 人。[1]

1966 年，学校停止招生。此后，和全国大多数高校一样，中央政法干校进入了漫长的沉寂期，学校停办，干部职工分散各处。

直至 1975 年，中央政法干部学校首先恢复开办西藏班，招收第五期青年班学员。1978 年，中央政法干部学校恢复普通班招生。当年，干校举办一期师资班和一期干训班，培训学员近 700 人。

1979 年，国务院重建司法部，中央政法干校转归司法部领导。为了配合刑法、刑事诉讼法的颁布与实施，在中央政法领导小组的直接领导下，于 1979 年举办了两期法制宣教班，讲授刑法、刑事诉讼法，参加学习的有 2044 人。这些学员回去后又普遍地举办了两法宣传讲授培训班，全国共有 40 000 余干部参加培训，从而有力地保证了两法的贯彻实施。1980 年后又先后举办了 5 期培训班，接受培训的学员 2150 人。

自 1978 年复办至 1981 年中央人民公安学院恢复建制、两校分设，中央政法干校先后开办第 15—21 期普通班，及法制宣教班、法律师资班、律师班等，共计培训 10 000 余人。[2]

1980 年 1 月，经公安部与司法部商定，中央人民公安学院和中央政法干部学校分别恢复办学，原两校合用的木樨地校址归公安学院使用，中央政法干部学校另选校址重建。此时，未来被誉为"法学教育最高学府"的中国政法大学正在改革开放的春风中孕育、萌芽，并即将迎来灿烂的新生。

1980 年，全国人大常委会副委员长、中央政法委书记彭真提议创办中国政法大学，并得到了胡乔木的支持。自此，司法部积极进行筹备，准备成立中国政法大学。中国政法大学的成立，得到邓小平同志的亲切关怀。在 1982 年召开的中央政法工作会议上，邓小平同志提议将筹办中国政法大学作为重要议题讨论，并三次为中国政法大学选任校长，最初曾经安排彭真担任中国政法大学校长，但是因彭真作为党和国家领导人不再兼任职务只能作罢，后来曾选任陈丕显，最终决定由刘复之担任。

---

〔1〕 庞本："中央政法管理干部学院大事记"，载 http://www.zfdxxyh.com/html/xszl/dsj/，最后访问日期：2021 年 10 月 28 日。

〔2〕 据中国人民公安大学档案馆提供的书面材料"中央政法干部学校简介"。

在中国政法大学筹备期间，中央政法干校的政法干部培训工作并没有停止。[1]彭真同志于 1982 年 9 月 21 日在国家计委《关于中国政法大学计划任务的批复》上批复："我建议现在即利用已有学校训练班地方着手组织政法高级干部学习（轮训等），提高政治业务水准，不要等学校建成。"[2]

遵照彭真同志指示，中央政法干校于 1983 年 3 月举办了省干班（省、直辖市、自治区，厅局级、处级政法领导干部）学员 161 人；举办最高人民法院、最高人民检察院、司法部、民政部四机关干部轮训班学员 67 人；检察干部培训班（走读）学员 144 人；军队检察、法院培训班学员 23 人。[3]这四部分学员（393 人）经入学考试并经司法部征得国家计委和教育部同意作为干部专修科学业期满成绩合格取得国家承认的大专文凭。从此后，开始了正规化系统的有学历性质的政法干部培训。

第三节　融合与新生：融入中国政法大学

1983 年 4 月，中华人民共和国国务院批转了司法部、教育部《关于同意"中国政法大学"成立的正式报告》。北京政法学院与中央政法干校合并，组建成立中国政法大学。同年 5 月 7 日，中国政法大学成立大会在公安部大礼堂举行。

根据当时的建校方案，中国政法大学实行一校三院制：以原北京政法学院为基础建立本科生院，规模 5400 人，学制四年，当时有 1600 多人；以原中央政法干部学校为基础建立进修学院，规模为 1200 人，培训对象为政法各部门处级以上干部；成立研究生院，主要是培养政法教育的师资，当年教育部批准招收 100 人。

1983 年 9 月 7 日，中国政法大学 83 级本科生开学典礼暨研究生院、进修生院（进修学院）成立大会在北京展览馆影剧场举行。

1984 年，因未能与中央人民公安学院（后改为中国人民公安大学）就木樨地

---

〔1〕 根据中国人民公安大学档案馆提供的书面材料"中央政法干部学校简介"，1982 年 1 月 14 日中央人民公安学院恢复建制、独立办学后至 1985 年 1 月，两校陆续举办第 21—24 期普通干训班，除训练全国公安系统县（分局）公安局长及各专业科、处长领导干部外，在中央政法干部学校（新校址）建成前，继续训练检察、法院、司法干部，直至 1985 年 1 月代训结束。据该材料统计，1982—1985 年，共培训学员 4500 余人。

〔2〕 庞本："中央政法管理干部学院大事记"，载 http://www.zfdxxyh.com/html/xszl/dsj/，最后访问日期：2021 年 10 月 30 日。

〔3〕 庞本："中央政法管理干部学院大事记"，载 http://www.zfdxxyh.com/html/xszl/dsj/，最后访问日期：2021 年 11 月 3 日。

校舍问题达成协议，进修学院领导于 5 月底转到昌平办公，6 月下旬进修学院搬到昌平西环里 15 号、16 号两幢公寓楼办公。在院里盖起 350 平方米的食堂和 200 平方米的大教室并租用中国人民解放军军事学院〔1〕外训系校舍办学。

1984 年 12 月 27 日，司法部（84）司发教字第 630 号《关于成立中央政法管理干部学院的通知》指出："为了适应新时期对干部教育正常化、正规化、制度化的要求，根据国务院（83）87 号文件精神，我部于一九八四年八月六日决定，在中国政法大学进修学院（即中央政法干部学校）的基础上成立中央政法管理干部学院，业经国家计委和教育部同意备案。校址设在北京。中央政法管理干部学院，承担全国法院、检察院和司法行政系统地（市）以上领导干部及其后备人员和政法干部院校法律师资的培训任务。规模为 1200 人，其中干部大专班 800 人，干部、师资轮训班 400 人。干部大专班学制为二年，招生纳入国家高等成人教育计划，学员学完规定的课程，经考试合格，国家承认其大专学历。经劳动人事部批准，该校目前定编教职员工 350 人。"〔2〕

自此，中国政法大学进修生院改为中央政法管理干部学院，继续为全国政法系统培训干部、为政法干部院校培训师资。

1985 年 1 月，学院第一期大专生毕业。1 月 5 日，中央政治局委员、全国人大常委会委员长彭真同志在人民大会堂接见了全体毕业学员并合影。会见前彭真为全体学员题词"希望所有公安和政法干部伴随时代前进，提高政治业务素质，文化科技水平，用马克思主义立场观点方法深入调研社会情况，及时解决基本问题"。

3 月 11 日，举行司法文书班（65 人）、检察干部刑事侦查专业培训班（156 人）、水电部、兵器部代培经济法班（二期 145 人）开学典礼。4 月开办短训司法统计班 138 人。

1985 年 8 月 14 日，司法部党组下发（85）司发党字第 74 号《关于中央政法管理干部学院领导干部任职的通知》，任命郝双禄同志为中央政法管理干部学院党委书记兼院长，王松生任党委委员、副院长，田辉任党委副书记，刘培学任党委委员、副院长。

1985 年 10 月 8 日，中央政法管理干部学院成立大会在中国人民解放军军事学院外训系礼堂举行。司法部部长兼中国政法大学校长邹瑜、中央政法委副秘书长顾

---

〔1〕 1985 年 3 月，解放军军事学院、政治学院、后勤学院三大学院合并成立中国人民解放军国防大学。

〔2〕 庞本："中央政法管理干部学院大事记"，载 http://www.zfdxxyh.com/html/xszl/dsj/，最后访问日期：2021 年 10 月 30 日。

林舫出席并发表讲话。最高人民检察院副检察长王晓光、国家安全部副部长王君、民政部副部长邹恩同，及最高人民法院、公安部、国务院机关事务管理局、司法部办公厅、教育、人事、计财司，中国人民解放军军事法院、军事检察院、军事学院外训系、昌平县（今昌平区）委等单位和部门的领导出席会议，北京大学、中国人民大学等兄弟院校到会祝贺。当晚中央电视台播发了学院成立大会的电视新闻，次日《人民日报》登载了学院成立大会的消息。新成立的中央政法管理干部学院隶属司法部，是一所独立设置的成人高校。她的成立对于加强民主与法治建设、提高政法队伍的政治和业务素质具有重要意义，引起媒体和国内外关注。

1986 年 3 月 31 日，第二期司法统计培训班开学典礼举行，该期学员共 52 人。6 月 7 日，乔石、刘复之、雷洁琼、邹瑜等领导在国防大学外训系接见第二期 86 届政法干部大专班毕业学员并合影。1986 年 9 月 1 日，第四期 86 级政法干部大专班开学，第一期政法领导干部培训班在解放军后勤学院开始学习。

1986 年 9 月，全国企事业法律顾问班正式转入中央政法管理干部学院管理。该培训班由司法部主办，委托中央政法管理干部学院承办，每年举办两期，每期 4 个月，主要面向国务院各部委及所属国企干部和全国其他企事业单位从事或拟从事法律顾问人员及律师公证法律工作者。教学计划侧重民事经济和法律顾问实务。初期开设 10 门课程，5 门考试课：民法、民事诉讼法、工业企业法、经济合同法、政治课；5 门考查课：宪法、法理、刑法、刑诉、经济法基础理论。并举办法律顾问实务、律师实务等专题讲座。后期增加刑诉、婚姻法、继承法、金融法、税法、环保法、土地法、海关法、商标专利法、国际公法、国际私法、司法文书、企业管理原理等课程。

1986 年 9 月至 1987 年 1 月，全国企事业法律顾问班举办第四期，招收学员 270 人。学员来自石油部、地矿部、水电部、煤炭部、城环部、航天部、有色金属工业总公司、交通部、船舶工业总公司、核工业部、航空部、林业部、化工部、电子部、纺织部、邮电部、机械冶金部、粮食部、铁道部、总后勤部、轻工业部等系统。

至 1994 年 6 月，全国企事业法律顾问班共举办 19 期，培训 4302 人。该培训班对全国企事业法律顾问队伍建设，对于保障中央国企改革和企业经营运行及律师行业业务的开展发挥了突出重要作用，业内推崇为法律顾问的"黄埔军校"。全国企事业法律顾问班的举办凸显了学院按需办学服务民主与法治建设，服务于经济建设的正确办学方向。

1987 年 4 月，彭真同志题写了中央政法管理干部学院、中央政法干部学校两个校名。1987年6月20日，第三期87届大专班（361人）、民法师资短训班（77人）毕业结业典礼举行，司法部部长兼中国政法大学校长邹瑜、中国法学会会长张友渔参加大会并讲话，会后与学员合影留念。

1988年6月27日，司法部党组（88）司发党字第26号《关于杨克等同志任免职务的通知》任命杨克同志为中央政法管理干部学院党委书记兼院长，免去郝双禄同志书记、院长职务。27号文件免去郝双禄中国政法大学临时党委委员、副校长职务。

1988年，中央政法管理干部学院迁入昌平新校区。根据司法部规定，中国政法大学与中央政法管理干部学院在新校区按6：4比例分配使用校园设施。教学楼第二层，阶二，图书馆第四层，办公楼四、五层，学生宿舍楼三、七号楼，一食堂等房产和设施归中央政法管理干部学院使用。1988年9月，学院大专学历教育设立法律、经济法两个专业。

1989年3月，学院举办校内脱产第一期法律专业大专专业证书班，共171名学员入学。此后，先后在安徽、陕西、福建、湖南依托当地司法厅、政法干校，举办半脱产法律专业大专专业证书班。脱产、半脱产学员共计4264人。1990年9月，校内脱产第二期法律专业大专专业证书班131名学员入学。大专专业证书班的举办对于推动普及法律知识和党政机关干部尤其是司法行政机关干部的法律意识法律业务能力的提升，人员选拔晋职发挥了重要作用。由于入学门槛低、不脱岗、教学组织严谨、针对性强、组织部门按大专学历晋升使用，这种办学形式适应了当时政法队伍的实际，得到了基层的欢迎和支持。这也是学院教育教学改革的一个重要举措。

1991年4月13日，司法部党组下发司发党（1001）34号《关于苏炳坤等同志职务任免的通知》，任命苏炳坤为中央政法管理干部学院党委副书记，免去田辉副书记职务、免去刘培学党委委员、副院长职务。9月16日，司法部党组下发司发党（1001）76号《关于袁司理、杨克二同志任免职务的通知》，任命袁司理为中央政法管理干部学院党委书记兼院长，免去杨克书记、院长职务。

根据中央政法委1991年第五次会议精神，决定委托中央政法管理干部学院举办全国地（市）政法委领导干部培训班。其目的是适应新形势的需要，加强社会主义法治建设，进一步提高地（市）政法委领导干部的政治素质和业务素质，保证党的路线、方针、政策在政法部门的正确实施，保证国家法律的正确执行。

1992年2月底，第一期全国地（市）政法委领导干部培训班举行开学典礼。第一期学员共有52人，来自29个省、自治区、直辖市，同年7月结业。此后，全国地（市）政法委领导干部培训班每年举办两期，每期 3—4 个月，共举办 9 期；举办全国地（市）司法局领导干部培训班 14 期，共计培训学员 1268 人。当时，全国共有约 333 个地市，平均每个地市有 3—4 人参加培训。由中央政法委、司法部分别发文下达指标，各省、自治区、直辖市落实人选。按照教学计划，由中央政法管理干部学院组织教学和学员管理，除本院和中国政法大学师资外，学院聘请中央党校、北京大学、中国人民大学、中国社科院法学所等单位知名专家学者和国务院、政法部门主管领导授课，并组织进行经验交流和现场参观实践教学。学院在新时期有组织、有计划、有针对性的大规模的政法干部培训传承和发扬了中央政法干校干训的优良传统，成为办学的一大特色和亮点。

1992 年 6 月 10—11 日，中共中央政法管理干部学院第一次代表大会举行，选举新一届党委委员和纪委委员。袁司理任学院党委书记、苏炳坤任纪检委书记。9 月，第二期全国地（市）政法委领导干部培训班及第一期全国地（市）司法局领导干部培训班开学典礼举行。10 月 8 日，政法院校司法伦理师资培训班开学，学员共 23 人。

当时，学院的机构设置较为齐备，党政群团部门设有：院办公室、组织部、宣传部、纪检监察处、工会、团委、总务处、保卫科。教学科研及辅助部门设有：法律系、经济法系、培训部、进修部、综合基础部、教务处、学员管理处、科研处、学报、图书馆、电教室等。

1993 年 9 月，学院首次从社会招收高考落榜生进修学习。1994 年 9 月首次招收高等教育自学考试助学班 176 人，该班由学院统一招生统一管理。此后共招收 4 届合计 912 人。此举适应了社会对法律人才的需求，缓解了就业压力，促进了社会稳定，发挥了成人高校职能作用。

1993 年，学院首次在校外办班，经司法部教育司批准，并报国家教委同意，在中国人民解放军总装备部 21 基地（新疆马兰）为部队干部举办法律大专班，该班共举办两期。为支持国防建设解决部队急需在边疆戈壁深处核试验基地举办校外班，是学院教育教学改革的又一重要成果。同期，学院在北京市西城区设立试点教学班。

1994 年 2 月 25 日，司法部党组司发党字（1994）12 号文任命魏传军、郑禄为中央政法管理干部学院副院长，免去苏炳坤副书记职务。7 月 4 日，司法部党组 27 号文免去武延平副院长职务。1994 年 9 月首次招收高等教育自学考试助学班 176 人，该班由学院统一招生统一管理。此后共招收 4 届共 912 人。

1995 年 5 月 15 日，司法部部长肖扬为学院院刊题词"办好院校刊，物活跃校园生活，发展成人教育，培养法律人才"。

1997 年 6 月 26 日，司法部党组下发司发党字（1997）7 号《关于中国政法大学、中央政法管理干部学院、中国高级律师高级公证员培训中心合并的决定》，对三单位实行一个党委统一行政领导。中央政法管理干部学院对内称中国政法大学管理干部学院，对外仍称中央政法管理干部学院。院长郑禄、副院长魏传军被任命为中国政法大学党委常委、副校长。郑禄兼管理干部学院院长，郭生强、柯清华为副院长。根据中国政法大学校字（97）第 215 号文，聘任姜小川、庞本为副院长（保留正处级）。

1998 年 1 月，学院召开学生工作及计划外办学研讨会。

1999 年，学院召开科研大会。申报并获教育部批准举办高等职业技术教育，后因实际情况发生变化未实施。

1999 年 12 月 22 日，国务院下发《关于进一步调整国务院部门（单位）所属学校管理体制和布局结构的决定》[1]，我国高等教育体制进行第三次重大调整。2000 年 1 月 29 日，国务院转发了教育部、国家计委、财政部等部门《关于调整国务院部门（单位）所属学校管理体制和布局结构的实施意见》[2]，中国政法大学整建制划归教育部管理。同时，中央政法管理干部学院撤销建制，并入中国政法大学。

2001 年，中国政法大学党委决定，原管理干部学院可以申办新的非法学专业，组成新的学院。学院通过学校向教育部成功申办了侦查学、社会工作两个新的非法学专业，并经学校批准设立了社会工程学院。

2002 年，在全校学科专业调整中，学院所属的侦查学、社会工作专业与犯罪学、刑法学、刑事诉讼法学等学科合并，组成新的学院，成立全校四大法学院之一的刑事司法学院。原有教师按"人随课走、课随专业走"的原则分流到其他学院。

至此，原中央政法管理干部学院完全融入中国政法大学，并在全新的管理体制和办学使命下获得了新生。

自 1951 年成立以来，从中央政法干部学校，到与中央人民公安学院合并办学；再到中国政法大学成立后，在原中央政法干部学校的基础上成立进修生院（进修学院）；再改为中央政法管理干部学院，撤销建制后完全并入中国政法大学；直至成立社会工程学院、刑事司法学院；从最初专门培训新中国政法干部的中央级党校性质的学校，到最终融入法学高等教育的大潮，中央政法干部学校为新中国培养了大

---

〔1〕 国发〔1999〕26 号文。据中国政法大学档案馆资料。

〔2〕 据中国政法大学档案馆资料。

量的政法专门人才，为国家建设和全面依法治国作出了重要的贡献。

据统计，从1951年成立至2002年的五十年间，中央政法干部学校（中央政法管理干部学院）共为国家培养培训干部人才46 222人。其中，两年制大专学员共18届5594人；一年半学制法律专业证书班学员4264人；地（市）政法委、司法局领导干部培训班学员1268人；全国企事业法律顾问班学员4302人；其他30 794人。[1]

在这数万名学员中，新中国成立以来各省、自治区、直辖市及所属市、县以上在职法院院长、检察长（含军检、军法）、公安局局长、民政局局长，各级政府、人大干部，国务院各部委及所属部门厂矿、公司、律师、公证、政法院校师资、新法短期培训人员在中央政法干部学校学习培训，提升了政治素质和专业能力，成长为国家建设的重要骨干力量。

中央政法干部学校以其坚韧不拔的品格、百折不挠的精神和辉煌的办学成果，为后人留下一段关于政法教育和法治建设的光辉历史。同时，作为中国政法大学的重要渊源，中央政法干部学校代代传承的红色基因，为党育人、为国育才的崇高使命，和艰苦奋斗的优良传统，也为中国政法大学留下了宝贵的红色血脉和精神财富。

---

〔1〕　庞本："中央政法管理干部学院大事记"，载 http://www.zfdxxyh.com/html/xszl/dsj/，最后访问日期：2021年10月31日。

中编

涅槃腾飞
中国政法大学的崛起
（1983—2000）

党的十一届三中全会召开以后，中国迎来改革开放。为了适应社会主义经济建设新局面的需要，加强社会主义法治建设，加速发展法学教育和研究成为不可或缺的重要环节。在中央的高度重视下，在邓小平、彭真、陈丕显等领导同志的关怀下，中国政法大学应运而生。

1983年，中国政法大学成立。在改革开放的春风里，国家逐步走上正常的轨道，法治建设迎来新的契机。在公检法系统得到恢复，一大批法律文件制定通过的新形势下，中国政法大学的成立正逢其时。自1983年到2000年划归教育部的十余年里，中国政法大学的学科建设逐步完善，办学条件也明显改善，一大批法大人参与了一系列国家重要法律文件的起草和修订，学术研究成果不断获得突破，人才培养规模和质量都上升到一个新的台阶。中国政法大学进入规模扩充和稳定发展期，迎来了办学的第二个辉煌时期。

在"把中国政法大学办成我国政法教育的中心"精神的指导下，中国政法大学各项工作取得了有效的进展。学校确立了"法学为主、多科性综合办学"的方针，立足本科生教育，在研究生教育中率先开展导师个人指导和导师组集体指导相结合的培养模式，并开始探索第二学位教育和成人教育。为了突破学校发展的硬件条件限制，扩大校园面积，改善办学条件，学校选址昌平进行新校区建设，并将办学重心逐步转移到昌平校区。

1987年，中国共产党第十三次全国代表大会召开。党的十三大阐述了社会主义初级阶段的理论，提出我国目前正处于社会主义初级阶段的重要论断，并提出了社会主义初级阶段的基本路线。随后召开的全国高教教改会议提出了我国高等教育中长期发展的目标。校党委及时学习全国高教教改会议有关决议精神，采取积极措施，探索法学教育的改革之路。

1992年，邓小平视察南方各地，并发表重要讲话。中国的改革开放事业翻开了新的一页。在新的形势下，国家的法治建设进一步加强，对高水平法律人才的需求也持续增加，法学教育和法学研究也迎来了新的契机。

1993年，中国政法大学第五次党代会顺利召开，这是继1962年第四次党代会以后，时隔30年学校召开的又一次党代会。本次党代会的召开对于学校深化改革和各项工作的开展具有重要的意义。

李岚清副总理来校视察和全国法学教育工作会议的召开，为学校的改革与发展进一步指明了方向。从只有法学专业的单一办学模式到多学科综合办学，从两校一中心的合并到首次招收留学生和扩大招生，学校的办学规模和办学质量持续提高。

第五章
历史机遇　开创未来：
中国政法大学的成立与建设

（1983—1987）

第一节　擘画宏伟蓝图　开启全新征程

一、中央高度重视支持，小平同志三选校长

北京政法学院复办后，在几年的时间里，各项工作迅速得到恢复，教学和科研工作也逐渐走上正轨。学院的一批老教师重新回到教学岗位，校舍的回收工作也继续进行。经过几年的招生，学生人数也不断增加。1983年夏天，复办后的第一届本科生毕业。

改革开放后，中国的经济建设开始加速发展。1978年第五届全国人民代表大会第一次会议之后，立法工作也取得了重大的发展，先后通过了宪法修正案、刑法、刑事诉讼法等一大批法律文件。法治建设的快速推进也带动了法学教育的发展。培养优秀的法律人才，推动法治建设进程，成为法学院校的紧迫任务。党中央、国务院十分重视教育工作，把教育作为实现党的十二大提出的战略目标的重点之一。为了适应社会主义经济建设新局面的需要，加强社会主义法治建设，加速发展法学专业教育是不可或缺的重要环节。在这一特定的历史条件下，在党和政府的关怀下，在广大法律工作者和法学教育工作者的大力支持下，中国政法大学应运而生。中国政法大学的成立，是我国法学教育史上的重大事件，也是中国法学教育事业发展的一个重要标志。

中国政法大学的筹建工作是在彭真、陈丕显的直接关怀和领导下进行的。中央政法委员会在彭真的主持下，坚决贯彻党中央有关政法工作的路线、方针、政策，十分重视培养政法干部，加强法学教育。1980年，彭真提议创办中国政法大学，得到了胡乔木的关心与支持。自此，司法部一直积极进行筹备工作。

中国政法大学的成立，也受到邓小平同志的亲切关怀。在1982年召开的中央政法工作会议上，邓小平同志提议将筹办中国政法大学作为重要议题讨论，并三次为中国政法大学选任校长，在依次考虑彭真、陈丕显之后，最后决定由刘复之担任。

1982年1月，中央政法工作会议关于加强政法工作的指示中明确指出，"要抓紧筹办

▲ 陈丕显题字

中国政法大学，把它办成我国政法教育的中心"。[1]这一重要批示既提出了建校速度方面的要求，也对学校的办学质量提出具体要求。1982年2月，国务院批准了中国政法大学的筹备工作计划。

1982年9月，由司法部副部长陈卓带领一个工作组，到北京政法学院调研，了解北京政法学院的相关情况和历史遗留问题，考察学院的领导班子，以及筹备成立中国法律大学[2]的相关准备工作——此时尚未明确新成立的专门培养法律人才的大学的名称。此后，中央下发1982年5号文件，正式定名为"中国政法大学"。经过2个月的调研，工作组离开学校，向中央汇报考察情况。中央认为成立中国政法大学的条件基本成熟，同意筹备建立中国政法大学。[3]

1982年10月，经中共中央组织部批准，由刘复之、邹瑜、张百发、陈卓、

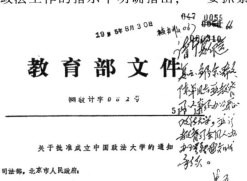

▲教育部关于批准成立
中国政法大学的通知

---

〔1〕 中央〔1982〕5号文件，据中国政法大学档案馆资料。

〔2〕 1980年8月21日司法部党组、最高人民法院党组、最高人民检察院党组、公安部党组、民政部党组向中央政法委提出《关于建立中国法律大学的请示报告》时，名称为"中国法律大学"。该报告现存于中国政法大学档案馆。

〔3〕 据陈卓先生口述回忆，口述回忆文字整理资料现存中国政法大学档案馆。

叶子龙、云光组成中国政法大学筹建领导小组，由刘复之任组长，邹瑜、张百发任副组长，张百发兼任基建工程总指挥。

1982 年 10 月 28 日，中国政法大学筹建领导小组组长刘复之主持召开筹建领导小组第一次会议，副组长张百发，成员陈卓、叶子龙、云光等人出席了会议。最高人民法院、最高人民检察院、公安部、民政部、司法部、中共中央组织部、中共北京市委大学部、北京市规划局等单位的相关负责人参加了会议。会议根据中央有关文件的规定，对学校的建设规划进行了讨论，尤其是讨论了中国政法大学的基本建设问题。会议决定，在大兴黄村安排兴建新的中国政法大学校园。为了加强基建方面的落实工作，由陈卓、王建明（北京市建委副主任）、云光（山东大学原第一副校长、中国政法大学筹建领导小组成员）、余叔通（司法部教育司副司长）、赵知敬（北京市规划局副局长）、李秀（北京市建委处长）、吴觉（司法部基建干部）7 人组成筹建工作小组，由陈卓任组长，云光任副组长，作为建校工作的具体执行机构，开展具体工作。同时，为了保证筹建工作的正常进行，建立了一个包括基建、教务、人事、秘书等 50 人的办事机构。

1982 年 12 月 27 日，中国政法大学筹建领导小组在人民大会堂举行第二次会议，会议由刘复之主持，小组成员张百发、陈卓、叶子龙、云光，司法部副部长朱剑明以及教育部、司法部、北京市建委、北京市规划局、大兴县（今大兴区）的相关负责人参加了会议。会议通报了前一阶段中国政法大学的筹建工作，并讨论了建校方案，特别是体制建设的初步设想，基建前期准备工作的进行情况，以及筹办研究生班和建立师资队伍的计划。与此同时，我校 79 级、80 级研究生相继毕业，走上教学科研岗位和政法工作战线，为国家法治建设做出贡献。其中很大一部分毕业生留校，作为我校教学科研的新生力量。

到 1983 年，在教育部、国家计委、北京市委和其他有关部门的大力支持下，筹备工作初具规模。1983 年 2 月，中央任命司法部部长刘复之[1]兼任中国政法大

---

　〔1〕　刘复之（1917—2013），广东梅县人。1937 年 11 月参加革命，入陕北公学学习，后在延安中央党校学习。1938 年 2 月加入中国共产党，10 月任朱德、刘伯承、邓小平秘书。1941 年任八路军 129 师政治部锄奸部副科长、科长，八路军野战政治部锄奸（保卫）部部员。解放战争时期，任中共冀鲁豫中央局社会部科长，中央局冀鲁豫土改工作团组长，中共中央华北局社会部办公室副主任、主任兼第一处处长。1949 年 8 月任中央军委公安部办公厅副主任。中华人民共和国成立后，任公安部办公厅主任。1964 年 2 月任公安部副部长，后任公安部部长。1977 年 11 月后任文化部副部长、党组副书记，全国人大常委会法制委员会第一副秘书长、副主任、党组副书记。中央政法委员会委员、秘书。1982 年 5 月任司法部部长、党组副书记兼中国政法大学第一任校长。1983 年 4 月任公安部党组书记、公安部部长兼中国人民武装警察部队第一政委、中央政法委员会副书记。1988 年 4 月在全国人大七届一次会议上当选为最高人民检察院检察长（任职到 1993 年 5 月）。1990 年 4 月任中央政法委员会委员，第七届全国人大代表，中共第十二届中央委员，第十三届中顾委委员，中共第十五次、十六次、十七次全国代表大会特邀代表。

学校长，司法部党组成员陈卓[1]任中国政法大学党委书记，云光任党委副书记、第一副校长，余叔通任副校长、党委委员。1983 年 4 月，国务院批准了司法部《关于同意中国政法大学成立的正式报告》。[2]

根据当时的建校方案，中国政法大学的总规模为 7000 人（学生）。学校实行一校三院制：以原北京政法学院为基础建立本科生院，规模 5400 人，学制四年，当时有 1600 多人；以原中央政法干部学校为基础建立进修学院，规模为 1200 人，培训对象为政法各部门处级以上干部；在北京政法学院研究生工作部的基础上成立研究生院，主要是培养政法教育的师资和政法领域的高级法律人才，当年教育部批准招收 100 人。学校当时有教授 5 名，待批教授 3 名；副教授 22 名，待批副教授 32 名；讲师 190 多人，总共有教师 200 多人。[3]校部暂定在原北京政法学院，新校址定在大兴黄村卫星城，基本建设规模 15 万平方米。[4]

二、成立大会隆重举行，建设政法教育中心

复办前，北京政法学院遭受了严重的破坏，在此基础上成立中国政法大学面临着诸多困难。首先是师资缺乏，尽管北京政法学院复办时调回了许多教师和干部，但和 1966 年以前相比数量明显减少，具备教授职称的教师少，知名教授更是缺乏。要成立中国政法大学，就需要大量调入人员，尤其是要大力充实师资力量。其次，是由于一些历史遗留问题，从其他地方调来的人员如何与原来的教职工融合在一

---

[1] 陈卓（1925—2013），河北任丘人。1940 年加入中国共产党。曾任任丘县公安局股长、中共任丘县委社会部副部长兼公安局副局长。新中国成立后，历任河北省政治学校副校长，河北省公安厅副厅长，中共西藏工委社会部、政法部部长，西藏自治区公安厅副厅长、公安局局长，中共西藏自治区区委副书记。1980 年起任司法部副部长，兼任中华全国律师协会常务副会长。1983 年 2 月至 1988 年 4 月担任中国政法大学党委书记。

[2] 参见中国政法大学校史编写组编：《中国政法大学校史》，中国政法大学出版社 2002 年版，第 88 页。据中国政法大学档案馆材料，并无该名称的报告，仅有司法部《关于申请批准正式成立中国政法大学的请示报告》和《司法部转发关于批准成立中国政法大学的通知》，前者为司法部向国务院提交，后者为司法部转发教育部关于国务院批准成立的通知。

[3] 参见中国政法大学校史编写组编：《中国政法大学校史》，中国政法大学出版社 2002 年版，第 88 页。另据中国政法大学档案馆材料，因截止时间不同，具体数字有所出入。据中国政法大学档案馆《中国政法大学关于请求抓紧教师调京工作的报告》（中国政法大学人事处，1984 年 1 月 12 日）载："目前，中国政法大学在校学生：本科生 1709 名、研究生 143 名、进修生 300 名，折合本科生为 2295 名。此外，还有函授学员 1008 名，共计 3303 名。在校教学人员共 381 名，其中教辅人员 103 名、教师 278 名，包括教授 2 名、副教授 37 名、讲师 147 名、教员 34 名、助教 60 名。此外，4 名教授、9 名副教授、25 名讲师做教学管理工作，未作师资统计。"

[4] 后因故改为昌平，详见第五章第五节。

起，也是一个困难。[1]

此时，按照中央废除领导干部终身制的要求，北京政法学院的一些老干部逐步退出了领导岗位。学院党委书记兼院长曹海波因年事已高，退下领导岗位，调任中国法学会副会长。同时，一大批年龄较大的老同志也相继离任，欧阳本先、张杰、田辉、江平等一批较为年轻的干部进入新的领导班子，领导班子逐渐年轻化。

经过积极筹备，1983年5月7日，中国政法大学成立大会在公安部礼堂隆重举行，1000多名师生员工参加了大会。中共中央书记处书记、中央政法委书记陈丕显，中央书记处书记胡启立等领导，中央政法委员会、中共中央宣传部、最高人民检察院、最高人民法院、公安部、教育部、司法部、民政部、北京市等有关部门负责人蒋南翔、郑天翔、杨易辰、郁文、张承先、凌云、邹瑜、朱剑明、赵鹏飞、张百发、廖叔俊，以及法学界知名人士张友渔、钱端升、陈守一、雷洁琼、王铁崖等出席了大会。司法部部长兼中国政法大学校长刘复之主持成立大会，陈丕显、胡启立先后作了重要讲话[2]，向中国政法大学的全体师生员工表示热烈的祝贺。

▲1983年中国政法大学挂牌仪式

陈丕显在讲话中指出，法学教育是整个教育事业中的一个重要部分，从我国当前政法队伍的实际状况和形势发展的要求来说，法学教育也是教育工作中的一个短

---

[1] 据陈卓先生座谈会上发言，2011年6月25日，座谈会文字资料现存中国政法大学档案馆。

[2] 陈丕显和胡启立讲话全文见中国政法大学档案馆资料。

板，必须大力加强。中国政法大学要总结我国法治建设经验并使之理论化、系统化，在这个基础上，建立中国特色的、比较完整的社会主义法学理论；教学与科研工作应紧密联系实际，更好地为经济基础服务，教师们应更多地到实践中去调查研究，多了解社会情况和具体案例；要培养学生忠于法律、执法如山、刚直不阿的职业道德和革命情操，成为有理想、有道德、有文化、守纪律的新型法律工作者。胡启立发表讲话指出，中国政法大学的成立，标志着中国的法学教育有了自己的最高学府。

党中央、国务院也对中国政法大学的成立给予了相当大的关心，并要求将中国政法大学建成我国的"政法教育中心、法学研究中心和法学图书资料信息中心"。[1]

中国政法大学的成立，受到了党和国家的高度重视，也在全校师生中产生强烈的影响。汪瑄、杜汝楫、张佩霖等资深学者纷纷发表文章和诗词祝贺，祝愿法大在祖国法治建设的春天里迅速成长壮大，结出丰硕的果实。

成立后的中国政法大学将本科生院进行分系，设立一部三系，专业也比原来有所拓宽。进修学院的学员为从全国选拔出来的优秀处级干部，进行为期两年的学习。研究生院则是当时国内为数极少的几个研究生院之一。专科生、本科生、研究生三个层次的人才培养均已具备，在当时中国的法学院校中领风气之先。此外，为了解决师资力量不足的问题，中央为中国政法大学特批了85个进京指标，从全国各地的法学院校中调入一大批教学骨干力量，确保学校成立后的教学水平。研究生院的导师组采取集体指导模式，集中了当时国内法学界的顶尖学者，在研究生院的积极运作和导师们的通力合作下，研究生的质量也得到了保证。

这些改革措施和创新模式，为中国政法大学的起步和腾飞奠定了坚实的基础。

中国政法大学的成立，对于加速我国政法人才的培养，提高社会主义政法教育和法学研究水平、开创社会主义法治建设的新局面都具有重大的意义。中国政法大学的成立，对于原北京政法学院的师生们来说，不仅是换一个校牌，换一个校徽，更意味着肩负的使命和责任更加重大，也意味着党和人民对他们提出了更高的要求。中国政法大学的成立，不仅是法学教育发展史上的一个重要事件，也是中国法治发展史上的一个重大事件。

---

〔1〕 据中国政法大学档案馆《中共中国政法大学委员会关于申请将中国政法大学作为司法部"211"工程重点建设院校的报告》（1995年12月4日）。建校时的批复文件未找到。

三、完善组织机构设置，迎来首届毕业典礼

中国政法大学成立以后，在广大师生的共同努力下，迅速建立健全学校的各个机构，学校的各项工作取得了快速的进展。

1983 年 5 月底到 6 月下旬，学校党政领导及本科生院党委、进修学院的有关领导就校、院机构设置进行了多次研究，确定中国政法大学下设本科生院、研究生院和进修学院；校党委设组织部、宣传部、办公室和纪律检查委员会；校部行政设校长办公室、人事处、教务处、科研处、财务处和基建办公室。校长办公室和党委办公室合署办公，并负责外事工作。本科生院在校党委领导下具有较多的自主权，其原有机构，除少数将作调整、改革外，基本保持原建制；研究生院和进修学院各暂设两室（办公室、教研室）一处（教务处）。全校保卫、工会、共青团的工作暂时委托本科生院的保卫、工会和共青团统一管理。自 1983 年 7 月 1 日起启用中国政法大学及其所属单位印章。

1983 年 2 月，原北京政法学院副院长张杰、田辉、江平过渡为本科生院副院长。1983 年 7 月，上级任命了中国政法大学进修学院和研究生院的部分领导职务：进修学院党委书记兼院长郝双禄，党委副书记张振凯，副院长叶云、王松生，顾问朱林甫；研究生院党委副书记王飞，副院长张晋藩、程筱鹤、陈光中。

1983 年 10 月，司法部通知成立中国政法大学临时党委，由陈卓任书记，侯良、云光任副书记，郝双禄、欧阳本先任党委委员[1]，并分别成立了本科生院、研究生院和进修学院三院党委。1984 年，增加李殿勋、宋振国为中国政法大学党委副书记。1985 年 11 月，增加杨克为中国政法大学党委副书记。

1983 年 7 月 30 日，司法部批准成立了中国政法大学学位评定委员会。委员会由云光任主席，委员有云光、余叔通、欧阳本先、张杰、江平、张晋藩、曾炳钧、程筱鹤、杜汝楫、朱奇武、汪瑄、张子培、曹子丹 13 人。

1984 年 1 月，经学校党委批准，中国政法大学校务委员会、学术委员会、体育运动委员会、图书馆委员会、学报编辑委员会相继成立并开始工作。中国政法大学校务委员会由刘复之、云光、侯良、江平、吴觉、何长顺、陈秉华、张杰、张廷斌、张荣显、张晋藩、郝双禄、高建德、陶髦 14 人组成；学术委员会由 25 人组成，云光担任主任，王铁崖、张晋藩、江平 3 人任副主任，委员中有多位是应聘担

---

[1]　2002 年版校史载为 1984 年 1 月成立临时党委，陈卓、云光、欧阳本先、郝双禄、张晋藩、张廷斌为临时党委常务委员。参见中国政法大学校史编写组编：《中国政法大学校史》，中国政法大学出版社 2002 年版，第 93 页。

任学校兼职教授的知名专家学者。

1983年4月，司法部部长兼中国政法大学校长刘复之调任公安部部长，但仍兼任中国政法大学校长。1984年12月，改由司法部部长邹瑜〔1〕兼任中国政法大学校长。

1984年4月，学校党委认为，随着校部各职能部门的建立和健全，同时保留校部和本科生院两套职能部门，机构重叠，工作效率不高的弊端开始显现，出现了许多矛盾和困难，不利于教学的统一调配和指挥，因此向司法部党组请示，撤销本科生院建制，其职能部门与校部相应部门合并；校部职能部门进行重新设置：校党委设纪委、党委办公室、组织部、宣传部、统战部；校行政设校长办公室、人事处、教务处、科研处、学生处、总务处、财务处、武装保卫部、老干部处、基建办公室、外事办公室、图书馆、函授部、学报编辑部和出版社；各教研室、年级办收归校部管理。1984年10月，司法部批准了学校撤销本科生院的请示。〔2〕

1983年7月20日，北京政法学院复办后招收的第一批学生、中国政法大学的第一批本科毕业生举行毕业典礼。司法部部长邹瑜，副部长朱剑明、郑希文，最高人民法院副院长王怀安，最高人民检察院副检察长江文等领导同志以及公安部、民政部、中央公安学院、中国人民大学等部门和兄弟院校的负责人参加了毕业典礼。

邹瑜部长在会上作重要讲话。他指出，不管你们分配到哪个地区、哪个部门，都要牢记，政法工作的落脚点就是要为社会主义经济基础服务。要充分发挥我们的职能，用法制手段促进"四化"的发展。必须建设我们自己的、有中国特色的社会主义法制体系。

毕业生代表将一面特制的屏风献给母校，上面题写着"祝愿中国政法大学腾飞"十个大字，将美好的祝愿和希望留给了母校和全校师生。就是这一批住过阅览室、上课坐马扎的毕业生，在此后逐渐成长为中国法治建设的中坚力量。他们中间的很多人成为国家有关司局的重要领导、著名学者和知名律师。

---

〔1〕 邹瑜（1920—），广西博白县人。1938年加入中国共产党。曾任陕甘宁边区政府保安处科长、吉林市公安局副局长。新中国成立后，历任中共潮汕地委常委、汕头警备区副司令员、中共粤西区委副书记、广东省公安厅第一副厅长、中共汕头地委第一书记、湛江地委书记、广东省委常委、中国地震局局长、全国人大常委会法制委员会副主任、中共中央政法委员会副秘书长、司法部第一副部长、中华全国律师协会会长、第七届全国人大常委会委员、第七届全国人大内务司法委员会副主任委员。1984年起任司法部部长兼中国政法大学校长。

〔2〕 参见中国政法大学校史编写组编：《中国政法大学校史》，中国政法大学出版社2002年版，第94—95页。《司法部转发关于批准成立中国政法大学的通知》（1983年5月27日）中指出："教育部（83年）教计字082号通知，国务院批准成立中国政法大学，并将北京政法学院并入该校，从1983年开始招生。北京政法学院并入中国政法大学后即行撤销。"

1983 年 6 月 7 日，由《政法院讯》《北京政法学院校刊》发展而来的中国政法大学校刊正式发行。当时的校刊为不定期发行。

在加强图书馆基本建设的同时，学校积极筹措资金，购置新的图书。为了更好地配合教学和科研工作，适应教学、科研发展的需要，图书馆积极引进新技术。1985 年 3 月开始，图书馆与计算机室合作，将图书馆的总目录资料全部输入计算机内，以方便师生的检索。其中，包括 22 门法学专业课程的 983 个专题，共 13 000 多条资料。同时，图书馆的科研工作也取得了迅速的发展。1985 年，有 8 篇学术论文在各类专业刊物上发表，其中 1 篇获得校庆论文二等奖。1986 年年初，图书馆提出了科研规划，全馆共提出 20 余项方案。

到 1984 年上半年，中国政法大学的在校学生已达 2163 人，其中本科生 1701 人、研究生 143 人、二年制进修学员 319 人；另有函授生 1017 人。教职工已达 915 人，包括教师 381 人（教授 8 人、副教授 45 人、讲师 189 人，其余为助教）。[1]图书馆藏书达 34 万册，外文、中文期刊 807 种。

第二节　狠抓思政工作　加强组织建设

一、深入开展整党工作，切实加强党性教育

1983 年 10 月 11—12 日，中共中央十二届二中全会在北京举行。全会一致通过《中共中央关于整党的决定》，明确规定整党的基本方针、基本任务、基本政策和基本方法。邓小平同志在会上作《党在组织战线和思想战线上的迫切任务》的讲话，提出一定要把我们党建设成为有战斗力的马克思主义政党，成为领导全国人民进行社会主义物质文明和精神文明建设的坚强核心；强调思想战线不能搞精神污染。

1983 年 11 月 4—11 日，校党委在党员干部和全体师生中对十二届二中全会精神进行了认真传达和贯彻落实。全体师生一致拥护中央关于加强思想战线的领导，清除精神污染的决策。同时，在校党委的领导下，学校还举办了党员干部学习班，加强对《邓小平文选》及十二届二中全会决议的学习，为准备全面整党培训骨干。校团委、学生会分别发出倡议，要求青年学生在清除精神污染的斗争中发挥积极的作用，做文明的、新型的社会主义大学生。进修学院藏族学员江村罗布在校刊发表

---

[1]　参见中国政法大学校史编写组编：《中国政法大学校史》，中国政法大学出版社 2002 年版，第 95 页。因截止时间不同，中国政法大学档案馆《中国政法大学成立以来的工作进展情况和今后设想》（1984 年 1 月 25 日）所载具体数字有所不同："全校现师生员工 3156 人，其中教职工 898 人、本科生 1709 人、硕士研究生 143 人、研究生院进修教师 15 人、进修学院学员 391 人；另有函授生 1021 人。"

了题为"坚持四项基本原则，反对精神污染"的文章。

1983年12月24日，校党委发出通知，要求进一步学习中央关于整党的决定，使所有党员都能全面准确地领会中央精神，坚定而又严谨地贯彻落实中央关于清除精神污染的重大决策，并要求各部门提高对思想建设工作的要求。

1984年11月，根据中央整党工作指导委员会第9号通知精神和司法部、北京市的指示，学校召开党委扩大会议，提高认识，统一思想，决定在教职工中进行一次专题教育。各单位向全体党员和教职工传达党委扩大会议的精神和专题教育计划，从而开始了思想上的进一步拨乱反正，肃清"左"倾和派性的影响。

经过思想上、组织上的充分准备，1985年7月，学校党委建立了整党机构。9月17日，学校召开全体党员大会，整党工作全面展开。本次整党以增强党性观念作为提高学校党员素质的中心环节，着重解决统一思想，端正办学指导思想的问题，以整党来促进学校教育体制改革的进行。为保证整党的顺利进行，校党委制订了工作计划，规定整党纪律，对全体党员提出了严格的要求。

为了改进工作作风，加强学校领导与师生之间的联系，1985年11月7日，校党委决定，设立"周四师生接待日"，每次由一位校领导专门接待师生来访，广泛听取师生意见和建议。为进一步端正办学指导思想，12月26日，甘绩华副校长向全体教职工作了以关于办学指导思想为主题的动员报告。《中国政法大学贯彻落实中央教育体制改革决定的意见》（以下简称《九条》）就是在本阶段制定出台的。

1986年4月，经北京市委同意，学校整党工作由学习阶段转入对照检查阶段。4月25日，校党委书记陈卓代表校党委在全体党员大会上作了集体对照检查，并强调对照检查阶段是整党工作的重要阶段。此后，全体党员要对照《中国共产党章程》《关于党内政治生活的若干准则》《中共中央关于整党的决定》，从理想、宗旨、纪律和作风等方面进行认真的自我检查，开展严肃的批评与自我批评。6月9日，整党进入党员登记和组织处理阶段，即整党工作的第三个阶段。

1986年7月1日，学校党委召开整党总结暨表彰大会，校党委副书记杨克同志作总结报告，整党工作结束。在此次整党过程中，广大党员干部发扬党的优良作风，坚持实事求是的思想路线，开展广泛的批评与自我批评，深化对历史问题的认识，进一步肃清了"左"的影响，消除了派性，增强了团结。通过整党，党员干部普遍受到了一次党性教育，党员的党性观念和组织纪律性普遍增强，信念更加坚定。同时，通过整党，初步端正了业务指导思想，明确了办学方向。在总结大会上，校党委还提出了巩固和发展整党成果的意见：继续加强党组织的建设；进一步明确办学思想，统一认识，落实措施；加强和改进思想政治工作，树立良好的学风和校风；转变领导作风，加强领导班子建设。

二、狠抓思想政治建设，树立坚定理想信念

在整党过程中，校党委十分重视加强思想政治工作。结合政法教育的培养目标和本校教师、学生的特点，学校通过各种方式和途径，认真细致地做好学校的思想建设。

1984 年 2 月，中国政法大学校务委员会第一次会议通过了《中国政法大学1983—1984 学年第二学期工作要点》，其中第一项工作就是要加强思想政治工作，认真学习第四军医大思想政治工作的经验，切实把正确的政治方向放在学校工作的第一位；在全校师生中掀起了关于学习张华、张海迪的大讨论，使师生深受教育。同年，学校建立了德育教研室，由校党委副书记宋振国兼任德育教研室主任，为 80级、83 级学生开设了德育课。

1985—1986 年，校党委认真贯彻中央 1985 年 18 号文件精神，进行马克思主义理论教学的改革，加强对学生坚持四项基本原则的教育。刘圣恩、邬名扬、陈志平等教师的政治理论课在教学过程中受到同学们的广泛好评。

1984 年 10 月 4 日、10 日，全校 2000 多名师生听取了对越自卫反击战战斗英雄史光柱、老山和者阴山战役作战英雄的事迹报告。战斗英雄的壮举引起了广大青年学生的深思，全校师生对此开展了积极的讨论。

1985 年 3 月 7 日，校党委召开学生思想工作会议。校党委副书记宋振国在会议中传达了校党委关于进一步抓好学生思想工作的要求，并指出，全体教职工要充分认识做好大学生思想工作的重要性；要树立为学生服务的思想，抓好对学生的成才教育和改革教育，搞好学生党员培养工作；要通过扩大第二课堂，大力开展智力开发型和社会服务型的社会活动。会议强调，培养人才是全校工作的中心。

1985 年 9 月 11 日，校党委邀请营口教育学院副院长曲啸为全校师生员工近3000 人作了题为"理想、信念、追求"的报告，曲啸在报告中叙述了自己追求共产主义理想、坚定共产主义信念的过程，给师生以深刻的教育和启迪。校党委号召全体师生向曲啸同志学习，做品格高尚、作风严谨的人，做共产主义远大理想的坚定追求者和实践者，并组织了热烈的讨论。

为推动学校的教育体制改革，加强社会主义精神文明建设，培养又红又专的政法人才，1986 年 1 月 21—24 日，校党委召开学生思想政治工作会议。全校各级党政领导干部及学生辅导员共 100 多人参加了会议，司法部副部长蔡诚到会讲话。会议要求，要进一步明确中国政法大学的培养目标，即"培养在思想政治和业务能力

两方面都具有高素质的政法人才"，要狠抓理想教育、道德教育、纪律教育、形势与政策教育；要发动全校教职工，人人都来做思想政治工作，把思想政治工作结合教学、后勤等工作一起来做；要解决学生的实际困难；要从严治校；要加强党、团和学生会的基层建设。

在党委工作的推动下，各院系也开展积极的工作，狠抓思想政治工作。1986年10月21日，法律系召开了首届思想政治工作讨论会。法律系党总支书记王启富主持会议，宋振国等校领导应邀与会。马洪俊、郝殿海、张效文、刘大炜等11位从事思想政治工作的干部在会上宣读了论文，就共青团的组织生活、学生纪律管理、学生恋爱问题及开发学生学习动力等问题阐述了各自的观念和看法，会议就此进行了讨论。这次会议的举行，对于推动学校思想政治工作的开展起到了积极作用。10月22日，政治系师生也召开了思想政治工作座谈会。

为了开创新时期思想政治工作的新路子，1986年12月下旬，校党委举行了首届思想政治工作理论研讨会。校领导陈卓、杨克、宋振国及宣传部、组织部、团委、工会、学生处、各院系从事思想政治工作的干部参加了讨论会。会议对以下三个专题进行了讨论："就我校实际情况，分析高校思想政治工作与新时期需要不相适应的问题及原因"，"如何从我校实际出发，树立思想政治工作新观念"，"如何认识当代大学生和我们的培养目标"。会议认为，思想政治工作是一门科学，面对新时期的新需要，必须有相应的新观念；要树立完整、科学、系统的观念，非下功夫认真研究不可；所有思想政治干部必须加强学习，深入调查研究，不断提高自身的思想素质，才能适应改革，适应新时期对思想政治工作的需要。

1986年4月，为了进一步加强学生的思想政治工作，培养学生的劳动观念和集体观念，校长办公会研究决定，在校内广泛开展爱校、建校义务劳动，并成立了以宋振国、高建德、陈仲为负责人的爱校义务劳动委员会。委员会成立以后，充分调动学生的积极性，展开了广泛的群众性义务劳动。

三、尊师重教民主管理，民主党派恢复重建

中国政法大学的成立与发展，使学校的教职工队伍不断壮大，工会工作成为学校整体工作的重要环节。为了增强学校的凝聚力和教职工的主人翁意识，推动学校的民主管理和民主监督，保障教职工的正当权益，中国政法大学工会组织与团委等相互配合，通过讲座、专题报告会等形式，全力做好教职工的思想政治工作。

1985年9月，广大教师迎来了第一个教师节。学校党委和工会多次召开会议研究和安排教师节的工作，要求各部门开展尊师重教活动，因地制宜，积极为教师办

好事，办实事，使我校逐步形成人人尊重人民教师、热心教育事业的风尚。9 月 10 日，学校举行了隆重的教师节庆祝大会。校党委书记陈卓在会上高度评价了教职工为培养合格的政法人才所作出的贡献，要求在政治上、生活上关心教师，解决教师的实际困难，并希望广大教师体谅学校的困难，和衷共济；要立志改革，勇于走教育改革的新路。北京市副市长封明为、司法部副部长鲁坚等到会祝贺，并指出，应当不断提高教师的地位，改善教师的工作条件。81 岁高龄的法学界元老曾炳钧教授也在会上作了发言。

为落实全国总工会召开的高校思想政治工作会议精神，根据《高等学校教职工代表大会暂行条例》的规定，1985 年 11 月 15 日，学校党委下发了《关于召开我校教职工代表大会的通知》，并成立了以陈卓为首的教代会筹备委员会。

1986 年 3 月 26 日，中国政法大学第一次教职工代表大会暨第七次工会代表大会开幕。会议为期 2 天，选举杨克、卢一鹏（工会主席）等 21 人组成大会主席团。主席团推选杨克为常务主席，卢一鹏等 6 人为常务副主席。代表大会听取了校长工作报告，审议并通过了《中国政法大学教师工作规范》《中国政法大学教师工作定额》《中国政法大学学校基金管理办法》等重要管理制度，并发出了《为在中国政法大学开展教书育人活动、争建精神文明单位致全体教职工的倡议书》。第一次教代会的召开，标志着中国政法大学在民主办校方面进入了一个新的阶段。

为了促进教代会提案的进一步落实，加强教代会与各职能部门的信息交流，加强学校的民主管理和民主监督，1986 年 10 月，教代会成立了提案落实调查组。调查组由 13 人组成，卢一鹏、李宝岳担任召集人。调查组分成 3 个小组，分赴校级领导、教学科研部门和后勤部门，就提案涉及的问题进行调查，督促提案的落实工作。

1986 年 12 月，以赵瑞昌副主席为首的北京市教育工会代表团来校对学校的工会工作进行检查验收。代表团认为，中国政法大学工会工作通过教代会的召开以及进行整顿工会组织，开展建设"教工之家"等活动，在民主管理、领导班子建设、开展教书育人、服务育人方面取得了很大进展，同意校工会为"合格职工之家"，并颁发了证书。

随着整党工作的深入展开和思想上的进一步拨乱反正，中国政法大学民主党派成员人数不断增加。在积极参加学校民主建设和民主管理的同时，各民主党派基层组织也相继恢复和建立。1985 年 6 月 28 日，在九三学社北京市委直接领导和校党委的支持协助下，中国政法大学成立后的第一个民主党派基层组织——九三学社中国政法大学小组正式成立。

1986 年 6 月 10 日，中国民盟中国政法大学支部召开成立大会，会议由学校民盟支部主委方彦主持，校领导甘绩华、李殿勋等到会表示祝贺。民盟支部是伴随北京政法学院的诞生而成立的第一个民主党派基层组织，早在 1952 年 12 月，民盟北京市委就在北京政法学院组建了民盟区分部（支部），首任院长钱端升在担任民盟中央常委的同时兼任区分部的主委。

1986 年 12 月 24 日，中国政法大学归侨联合会举行成立大会。北京市侨联秘书长林其珍同志、学校党政领导、归侨、侨属和台属参加了会议。会议选举陈志平担任侨联主任，李剑涛任副主任。

1987 年元旦前夕，校党委召开民主党派迎新座谈会。

第三节　多学科办学　多层次教育

一、法学为主综合办学，多方兼顾均衡发展

1978 年北京政法学院复办以后，学院的办学层次限于本科生和少量的研究生教育。中国政法大学成立以后，包括专科、本科和研究生，全日制学生和函授生在内的多层次教育逐步发展起来。

1983 年 9 月 17 日，中国政法大学 2000 多名师生员工在北京展览馆影剧场欢聚一堂，举行了隆重而热烈的 1983—1984 学年开学典礼暨研究生院、进修学院成立大会。司法部部长邹瑜，司法部副部长朱剑明、郑希文，国家安全部部长凌云，最高人民检察院副检察长冯锦汶，最高人民法院顾问王怀安，民政部副部长杨森及教育部、公安部、司法部等有关部门的领导参加了大会。校党委副书记、第一副校长云光主持大会，校党委书记陈卓、司法部部长邹瑜及著名法学家王铁崖教授先后讲话。

陈卓要求大家认真学习《邓小平文选》，抵制资产阶级自由化思潮的侵蚀，大力培养良好校风和学风。邹瑜部长在讲话中指出，党的十一届三中全会以来，社会主义法治建设面临着很好的形势，而法律人才缺乏的问题显得更加突出了。因此，我们必须根据师资和财力的可能，多层次（中专、大专、本科、研究生）、多形式（正规大学、函授大学、电视大学等）、多规格（培养教师、科研人员、实际干部等）办学。既要扩大规模，争取多出人才，又要十分注意提高质量，保证出合格人才。本次大会正式宣布了中国政法大学开始走上多层次办学的道路。

1983 年 12 月，教育部、司法部提出了中国政法大学要以法学为主，多学科综合性办学的方针。为了贯彻落实中央关于"把中国政法大学办成全国政法教育中

心"的指示，学校最终确定了"立足本科教育，办好研究生教育，发展成人教育，多方兼顾，均衡发展"的发展方向。

1985 年 5 月 27 日，中共中央发布《关于教育体制改革的决定》（以下简称《决定》），总结了当前我国教育体制中存在的问题，并提出改革的新方向和一系列具体措施。《决定》指出，在高等教育中，应改革高等学校的招生计划和毕业生分配制度，扩大高等学校的办学自主权。《决定》还要求，在高等教育体制改革的同时，按照理论联系实际的原则，在辩证唯物主义和历史唯物主义的思想指导下，改革教学内容、教学方法、教学制度，提高教学质量，是一项十分重要而迫切的任务。要针对现存的弊端，积极进行教学改革的各种试验。

1985 年 10 月，根据中共中央《决定》，结合本校的实际情况，学校提出了《九条》，其指导思想是：以教学为中心，继续把学校工作的重点转到为教学服务上来，变封闭型办学为开放型办学；以科研促教学，教学科研一起抓；转变领导作风，深入实际办实事；目前侧重抓好教育体制和管理体制改革，进而搞好教学内容和教学方法的改革。根据《九条》的规划，学校将建成以法学为主、文理渗透、多学科的政法综合大学。目前学校有本科生、研究生、第二学士学位生、代培生共 3000 多人，函授生 2000 多人，基本上达到了多层次、多形式、多规格办学的要求。准备在 1—2 年内增设法律新闻、劳改（定向招生）、行政管理等专业；建立中国法律史、中国法制、外国法等研究所；"七五"期间在校学生要达到 7000 人，在 20 世纪末办成万人大学；要对外开放，加强国际往来；加强党、政、后勤工作人员的岗位责任制，制定教师工作规范；学生实行学分制，提倡奖励、跳级和淘汰；坚持兼职教授制度，把理论与实践结合起来。《九条》的制定和实施，得到了广大教职工的欢迎和支持。

为了加强教学科研力量，学校十分重视师资队伍的建设，在从校外选调优秀教师的同时，还专门制订了师资培训计划，加强对现有教师的培训工作。1984 年 9 月，为加强师资队伍建设，培养、提高青年教师的业务水平，学校组织考试，选派 5 名青年教师到研究生院脱产进修二年。学校还选派青年教师赴苏联、比利时、西德和日本进修。1984 年 10 月，教务处师资科举办了教师外语脱产培训班，并安排部分新到校的教师到有关部委和公司实习锻炼一年。1985 年 3 月，学校又先后开办了教师英语培训班（每周 10 学时）、日语培训班（每周 6 学时），并选派教师到华东政法学院学习法律专业英语，到全国法律师资进修班国际经济法专业班学习。

二、立足教改提高质量，一部三系分系教学

1983 年 4 月，原北京政法学院向中国政法大学的有关领导提交了《关于教改的几个问题》，提出北京政法学院要立足改革，为过渡到中国政法大学本科生院做好准备。该建议中提出，要改革教学内容、教学方法，提高教学质量，同时改革学校教育的各个环节，以认真解决落后的管理制度，尽可能体现"按劳分配"的原则。同时提出要改革招生工作，力争按重点院校第一批录取，在同一分数档中，录取语文、政治理论基础好的，或者有较多实践经验的学生，保证新生的质量，为今后在校学习打好基础。

1983年招生工作开始前夕，教育部、司法部通知有关省市，将中国政法大学列在重点院校的第一志愿录取，使生源质量得以保证。1983年共录取本科生新生501人。

1983年6月，为了加强教学第一线的工作，提高教学质量，本科生院院务委员会决定：实行教研室主任负责制，各教研室必须把提高教学质量放在第一位；教师首先必须完成本校的教学任务；本校教师每四年中有一年的进修提高时间；改革教师奖金发放制度，不再平均分配。

1984年4月，本科生院撤销，其职能部门与校部职能部门合并。为了贯彻落实中央关于整党的方针，解放思想，锐意进取，推动中国政法大学各项事业的发展，1984年8月，学校成立了教改小组，组织开展各种形式的教改讨论，广泛征求师生员工的意见，并初步提出了一些有关学校发展方向的具体意见，如设系、分专业、教学计划修改、干部岗位责任制等，学校的教改工作正式起步。经过多方讨论，1984年10月，初步决定设立一部三系，一部是基础部，三系分别为法律系、经济法系和政治学系。法律系设刑事法律专业、民事法律专业；经济法系设经济法专业、国际经济法专业；政治学系设政治学专业。不久，学校成立法律系、经济法系和政治学系三个筹建小组。有关工作人员深入细致地做好分班、制订教学计划、排课等各项工作。在制订教学计划时既坚持教学的系统性，又力争适应国家经济建设与法治建设的要求。1984年11月，中国政法大学学生教改小组成立，主动征求学生对教改的意见，并担负起学校与教师、学生之间信息交流的重要任务。

1985年3月，分系工作基本结束，学生开始分系上课。同时，司法部批准了学校关于分系、设立基础部的机构设置方案。此后不久，教育部、司法部批准学校增设专业的申请，增设了经济法、国际经济法、思想政治教育三个专业，试办政治学专业，学制均为四年。学校任命曹子丹为法律系主任，程味秋、贾鼎中、田建华为副主任；徐杰为经济法系主任，康德琯、吴焕宁、黄勤南为副主任；刘圣恩为政治学系主任，邬名扬、徐理明、解战原为副主任；张广贤为基础部主任，率蕴铤为副主任。

分系后，法律系有 22 个班共 688 人，开设刑法、民法、经济法、刑事诉讼法、民事诉讼法、宪法、中国法律思想史等专业课；经济法系 10 个班共 334 人，开设社会主义经济管理与经济法总论、政治经济学、世界经济及其他相关的法律课程；政治学系有 6 个班共 153 人，开设思想政治工作概论、党

▲ 1984—1985 学年开学典礼现场

的学说和党的建设、人才学、决策学、心理学、现代生物学、社会学、国际关系史等。设系、分专业是中国政法大学教学体制改革的一个重要步骤，为将中国政法大学建设成为一所以法学为主、多科系的重点大学奠定了基础。

在本科生教育中，学校十分重视专业实习工作，将其作为本科生教学工作的重要内容。专业实习既是课堂教学活动的延续和深化，也是培养高质量法学人才的重要一环。与北京政法学院时期相同，中国政法大学成立初期的实习工作也是由学校统一安排、具体落实的。1983 年 8 月，本科生院 448 名学生在 60 位专业教师和辅导员的带领下，分赴北京、河北等地进行了为期 3 个月的实习。当时正值全国进行严厉打击刑事犯罪的重大斗争，校党委和本科生院党委十分重视实习的组织工作，强调在实习中要加强政治领导和组织领导，专门制定了《学生实习守则》《实习保密规定》《优秀实习生评选条件》等规章制度，并组织学生集中学习中央有关文件，号召同学们积极投身于实践工作，争取"思想、教学、科研"三丰收。实习期间，陈卓等校领导亲自到各个实习点看望师生。

在 3 个月的实习中，师生在公安系统独立办案 583 件，协助办案 405 件；在检察系统独立办案 1320 件，协助办案 1310 件；在法院系统独立办案 1159 件，协助办案 3107 件；在律师部门独立办案 855 件，协助办案 1159 件。共收集整理案例 1600 个，撰写论文近 500 篇。[1]实习结束后，师生们还结合实际工作对学校教学提出了宝贵的改进意见。

---

〔1〕 参见中国政法大学校史编写组编：《中国政法大学校史》，中国政法大学出版社 2002 年版，第 101 页。

三、建立研究生导师组，获批第一个博士点

1979 年学校复办以后，研究生教学已经取得了初步进展，1979 年复办后首次招生 438 人，其中就有研究生 35 人。中国政法大学成立后，实行一校三院制，研究生院即三院之一。1983 年 9 月 17 日，研究生院正式成立，由王飞担任院党委副书记，张晋藩、程筱鹤、陈光中担任副院长。后任命张晋藩为研究生院院长。

研究生院成立后，主要任务是培养政法教育的师资力量，负责中国政法大学所有研究生的培养和管理。研究生院下设办公室、教务处、培养处、招生处和分配处。此外还有独立的教研室，其下附设有几个研究所。研究生院还拥有独立的图书馆和教材出版组织。

研究生院成立后首次招生 125 人，分布在 17 个专业。除了法制史学、法理学、刑法学、民法学等专业外，研究生院还建立了法社会学和环保法学两个新专业。此时，中国政法大学拥有教授职称的只有 5 人，副教授不到 20 人，培养 100 多名研究生面临着师资力量严重不足的困难。[1]

为此，研究生院提出建立研究生导师组，由本校的老师、其他学校的老师和实务部门的相关专家组成，共同来指导研究生的学习。学校进行大胆的改革和尝试，把个人导师制改为导师组集体与个人指导相结合。学校从北京大学、中国人民大学、中国社会科学院法学所以及中央和地方各实际部门聘请了 70 名教授、副教授和具有丰富领导经验的领导干部担任兼职教师，很快组建起 17 个专业导师组和 3 个公共课教学组，从而发扬了各家所长，发挥集体智慧和力量，提高了教学质量。

1983 年 7 月，中国政法大学研究生导师座谈会在人民大会堂举行。司法部部长邹瑜对这种导师小组、专兼职相结合的培养方式予以高度评价，认为这是一个新的尝试，是大胆的改革。

导师组的导师大都是当时各学科领域的领军人物和顶尖专家。来自其他高校的教授有国际公法学的王铁崖教授（1913—2003，北京大学），国际私法学的韩德培教授（1911—2009，武汉大学），民法学的佟柔教授（1921—1990，中国人民大学），法理学的孙国华教授（1925—2017，中国人民大学），刑法学的高铭暄教授（中国人民大学），法律思想史学的张国华教授（1922—1995，北京大学）。来自实务部门的专家有最高人民法院政策研究室主任张懋，全国人大环保法方面的专家曲格平等。[2]

---

[1] 据张晋藩先生口述回忆，口述回忆文字整理资料现存中国政法大学档案馆。张晋藩，中国政法大学终身教授，我国著名中国法制史学家。

[2] 据张晋藩先生口述回忆，口述回忆文字整理资料现存中国政法大学档案馆。

校外导师们对研究生的教学和指导尽职尽责，其中不乏像王铁崖先生这样已年过七旬，不计报酬，风雨无阻地坚持到学院路讨论教学计划，为研究生们上课。学校给每个导师每月 10 元的车马费补贴。导师组的导师们，为改革开放后高水平法学人才的培养和中国政法大学的研究生教育作出了贡献。这种兼容并包、集各家所长的导师组集体培养方式，被证明是一个很成功的尝试。为保证研究生的培养质量，研究生院在经费十分紧张的情况下，保证每届研究生在 3 年的学习中有 400 元的论文调查经费。利用这笔经费，研究生们走遍大江南北，深入社会生活，开展了一些十分有益且成效显著的社会调查。

在校内外导师的共同努力下，研究生院成立后的前几届研究生总共有 200 多人留校任教，这些人后来成为我校及国内其他法学院校教学和科研的骨干力量。

1984 年，硕士研究生招生专业增加到 19 个，共招收硕士研究生 52 人，出国预备生 5 人，研究生班学员 35 人。报名参加考试的人数达 572 人，计划录取数和报考数比例为 1∶6.22，大大高于北京市同期的平均比例。

1984 年年底，为了进一步开创研究生教学工作的新局面，学校两次召开研究生培养工作会议。会议指出，应该使学生通过接触大量的实际问题和案例来掌握不断更新的知识；通过讲专题和重点章节，讲方向性的和有争议的问题来掌握整体的、有逻辑联系的知识，提供系统的专业学习资料，并创造条件使学生能更好地自学和研究。同时，要加强导师与学生、导师组与教学行政机构、国内外学术理论界及实际部门的联系，加速建立和完善图书资料和其他教学设施，为高速度、高效率地培养出一大批高级法学人才而努力工作。

▲ 博士学位论文答辩

1983 年 5 月，国务院学位委员会批准中国政法大学设立中国法制史博士点，导师为张晋藩教授。这是中国政法大学的第一个博士点。1984 年，经司法部批准，中国政法大学成立中国法制史研究所，时为全国唯一的中国法制史专业研究所。

1984 年 6 月，中国政法大学开始面向社会招收第一届博士生。当年录取了中国法律制度史博士研究生 3 人，指导老师为中国法制史专家、研究生院院长张晋藩教授。这是中国政法大学历史上的第一批博士研究生，也是新中国自己培养的第一批法学博士研究生。这三名博士研究生分别是：怀效锋、朱勇、郑秦。

1987年，朱勇、怀效锋和郑秦三名博士生完成学业，进行论文答辩。作为新中国的第一届法学博士生，当时的论文答辩非常隆重，论文答辩委员会的七名委员也都是学界一流的专家，这七名委员分别是：中国政法大学法制史专家曾炳钧教授，中国社会科学院法学所吴建璠教授，中国人民大学清史专家戴逸教授，北京师范大学古籍专家李侃教授，国家历史博物馆馆长王宏钧，山东大学法律系主任、法制史专家乔伟教授，三位博士生的指导老师、中国政法大学法制史专家张晋藩教授也参加了论文答辩。[1]

经过答辩，三名博士生的博士论文《清代宗族法研究》（朱勇）、《嘉靖专制政治与法制》（怀效锋）、《清代司法审判制度研究》（郑秦）获得了答辩委员会的肯定，顺利通过答辩。由于是第一批法学博士，经国家教委批准的朱勇等人的博士学位证书分别是001号、002号和003号。这三名博士生毕业以后，也都留校任教，继续在法学教育的岗位上培育英才，成为中国政法大学教学和管理的中坚力量。后来他们在中国法制史的领域继续开拓，发表了许多重要的论文和专著，成为专业领域内卓有成就的专家和中国法学界颇有影响力的知名学者。

第一批法学博士生的诞生，标志着法学高等教育的重大进步，中国政法大学的法学教育从此走上了更高的平台。

1987年6月，学校颁布了《接受在职人员申请学位细则》并开始实施。在职培养高级法律人才成为中国政法大学研究生培养工作的一项重要内容。

四、开始第二学位教育，成人教育扩大规模

1985年9月20日，中国政法大学双学士班（第二学士学位班）在天津司法学校举行了开学典礼。司法部教育司司长余叔通，天津市委及司法局的领导，陈卓、江平、郝双禄、陶髦等校处领导参加了开学典礼。这个学位班是在司法部领导的直接关怀下，由中国政法大学和天津市司法局联合举办的，目的是为各行各业培养既有专业知识又懂法律的较高级的管理干部、法律顾问、政法业务干部、教师和研究人员等专门人才。从此，中国政法大学开始了第二学位教育。

中国政法大学进修学院成立以后，在中国人民公安学院（今中国人民公安大学）等单位的支持下，克服校舍不足、缺少师资等困难，积极开展工作，健全机构，并调进一批法律专业本科毕业生充实教师队伍。进修学院培养对象主要是政法各部门处级以上的领导干部，分为二年制专修科和干部轮训班。到1983年下半年，

---

[1] 据张晋藩先生提供的照片和名单，整理资料现存中国政法大学档案馆。

进修学院有学员 400 人，分别来自中央和各省、市、自治区的公安、检察、法院等部门。根据教学计划的要求，学员在两年内要学习马列主义法学基础理论和法律专业理论等近 20 门课程，毕业时达到大专水平。1984 年 7 月，学校面向全国 29 个省、市、自治区及解放军系统首次招收二年制干部专修科学员 200 人。

1985 年 1 月，进修学院第一期法律干部专修科（省干班）毕业。本期省干班是在彭真建议下，在 1983 年年初举办的，学员是来自全国各省、市、自治区的政法领导干部。1 月 5 日，中央政治局委员、全国人大常委会委员长彭真在人民大会堂接见了省干班全体学员。会见前，彭真欣然为省干班学员题词："希望所有公安和政法干部伴随时代前进，提高政治业务素质文化科学技术水平，用马克思主义立场、观点、方法深入调查研究社会情况，及时解决基本问题"。

1983 年，函授教育纳入了全国成人教育系统。中国政法大学当年在京、津、冀等 6 省、市、自治区共招收学员 717 人。9 月 2 日，中国政法大学北京函授站、直属站在北京市高级人民法院举行开学典礼。北京市司法局副局长陈忠玮主持会议，北京市中级人民法院、北京市检察院的领导到会祝贺。1984 年，中国政法大学函授教育招生达到了 689 人。

1985 年 8 月 9 日，学校隆重举行了"中国政法大学首届函授学员毕业典礼"，热烈祝贺 82 级 280 多名函授生顺利毕业。司法部副部长蔡诚，最高人民法院顾问王怀安，最高人民检察院顾问李士英及陈卓、甘绩华、江平、宋振国等出席了会议。蔡诚副部长在会上作了重要讲话，赞扬了学员们努力完成学业的精神，并指出，函授教育是一条多出人才、快出人才的有效途径。

同时，学校还利用师资方面的优势，广泛开展了各种类型的短期培训教育。1985 年 7—8 月，政治系与团中央合作举办了国际政治讲习班，邀请了包括钱其琛在内的十几位专家学者作了近 20 场专题报告。参加学习班的有来自全国各高等院校的部分政治理论课教师、各地的宣传干部及本校师生共 200 多人。

1986 年 10 月，受国家教委、司法部委托，学校举办了为期一个月的全国高校行政管理学师资班。近 200 名学员来自国家教委指定的 49 所高等院校。本次培训班对全国高等院校开设行政管理学专业课程，对这一学科的理论研究发挥了极大的促进作用。

第四节　推进学校建设　活跃校园文化

一、科学研究力争上游，助力经济法治建设

学校成立后，对于科研工作提出了更高的要求。1983 年 9 月 22 日，第一副校

长云光主持召开了中国政法大学科研工作座谈会。会议提出，要制订科研规划和实施计划，力争在三五年或更长的一点时间内，编辑出版具有中国特色的各种教材，发表相当数量的专著，要制定中国政法大学的重点科研项目。

1983—1986 年，经上级批准，中国政法大学法律古籍整理研究所、法制研究所、比较法研究所和中国法律史研究所相继成立。1984 年，中共中央宣传部、文化部批准了中国政法大学关于成立出版社的申请，中国政法大学出版社正式成立。1984 年年底，经文化部和司法部批准，《中国政法大学学报》从 1985 年起改名为《政法论坛》，由季刊改为双月刊，逢双月末出版。全国人大常委会委员长彭真为《政法论坛》题写刊名。

▲ 时任全国人大常委会委员长彭真同志为《政法论坛》题写刊名

1984 年 3 月 1 日，中国政法大学学术委员会召开第一次会议。会议讨论审议了学校的科研规划，决定在校庆一周年时举行中国政法大学第一届学术讨论会。

1984 年 4 月 7 日，在北京市科协、中国科学院和清华大学的大力支持下，中国政法大学法制系统科学研究会成立。研究会是以研究生、本科生为基础，并有教师参加的群众性学术团体。同月，中国政法大学学生学术团体"法学社"成立。刘复之校长为法学社题字：政法新芽。1984 年 8 月，法制系统科学研究会与美国运筹学代表团在北京科学会堂举行专题研讨会。

1984 年 5 月 3 日，学校为庆祝成立一周年举行科学讨论会。最高人民检察院副检察长冯景汶，司法部部长邹瑜，司法部副部长朱剑明、郑希文，全国人大常委会法制工作委员会副主任高西江，中国法学会党组书记、副会长王叔文，中国政治学会会长李政文等 100 多名社会各界人士和知名学者应邀参加了讨论会。讨论会开幕式由党委书记陈卓主持，公安部部长、中国政法大学校长刘复之代表学校党委和校务委员会作重要讲话。刘复之总结了中国政法大学建校一年来所取得的成绩，并提出了学校今后的发展任务。他说，中国政法大学还处于草创时期，全体师生员工要继续努力，发扬拼搏精神，艰苦创业，立足改革，坚定不移地把中国政法大学办成全国政法教育中心；要坚持四项基本原则，狠抓政治思想工作。在讨论会上，各系、教研室共提交论文 74 篇。云光、谷安梁、朱维究、徐杰等 30 多人相继在会上宣读了论文。会议期间，还举办了建校一周年图片展和教师著作论文展览。本次科学讨论会是对建校一年来教学科研工作的一次总的检阅，为我校今后的发展奠定了良好的基础。

1984 年 10 月，由中国政法大学、北京市民委为主持研究单位的《北京少数民族》项目被列为北京市哲学社会科学"六五"规划的重点科研项目。

1984 年 5 月 5 日，经司法部批准，中国政法大学法律咨询服务处正式成立，并开始为各行各业和公民个人提供法律咨询服务。李梦福任咨询处主任，钱端升、朱奇武等 32 人被聘为顾问。1985 年 5 月 6 日，经北京市有关部门批准，法律咨询服务处改为北京第六律师事务所，法律系主任曹子丹兼任事务所主任，黄勤南、李梦福任副主任，事务所共有正式律师 80 人。第六律师事务所的成立，对加强法学教学和科研与司法实践的结合，推动学校的教学科研工作及提高学生的实际工作能力起到了重大的促进作用。

1985 年 4 月 25—27 日，中国政法大学法制系统工程研究会与中山大学法制系统工程研究会联合发起的全国法制系统科学讨论会在中国政法大学举行。著名科学家钱学森致信筹备组表示祝贺并出席讨论会开幕式。中国法学会、中国社会科学院法学所、公检法司等实务部门、部属兄弟院校及有关大学法律系的代表参加了大会。

1985 年 5 月 6 日，中国政法大学校庆纪念会暨科学讨论会隆重举行。司法部部长兼中国政法大学校长邹瑜，司法部副部长鲁坚、蔡诚，司法部教育司司长余叔通，司法部教育司副司长甘绩华，中国法学会副会长梁文英，中国人民大学法律系主任高铭暄等参加了大会。邹瑜校长在会上发表讲话，充分肯定了学校建校 2 年来取得的重大成绩。他指出，高校应该以教学和科研为中心，一定要减少行政机构人员，要充实教学第一线，努力建设一支高效率的人才培养队伍，把学校从封闭型大学改革为开放型大学。邹瑜特别强调，要抓好思想政治工作，加强理想和纪律教育。在科学讨论会上，康德瑄、朱奇武、解战原、杨振山等 6 人宣读了论文。从此，中国政法大学校庆科研论文评比成为中国政法大学每年科研工作的重要内容。在校庆前夕，法律系也举办了首届科学讨论会，研究生院举办了第二届科学讨论会。校庆后，政治系、进修生院也先后举办了科学讨论会。校园里形成了良好的学术气氛。

1985 年，《中国法制通史》正式立项，由张晋藩教授担任总主编，开始编写工作。

1986 年 4 月，反映学校研究生学术水平的刊物《研究生法学》创刊。这是全国第一家由政法专业研究生自己主办的专业刊物。该刊的办刊宗旨为：在坚持四项基本原则的前提下，本着"百花齐放，百家争鸣"的精神，发表具有创见性、新颖性、有一定学术水平的最新研究成果，以推动我校研究生的学术研究。《研究生法学》由研究生会主办，创刊号共发表论文 25 篇，研究生院院长张晋藩教授题写了刊名并撰写了创刊词。

1986 年 10 月，全国哲学社会科学"七五"规划会上，分别以江平、徐杰和应松年为课题负责人的《我国法人制度研究》《中国涉外经济合同的法律问题》《中国行政法制建设的理论与实践》三个课题被列入"七五"重点研究课题。这些课题直面经济建设和法制建设迫切需要解决的问题，对学校的科研工作起到了积极的推动作用。

二、学生组织不断完善，学生社团逐渐活跃

中国政法大学成立以后，学校党委和校领导一直十分重视学生工作。在工作中，学校积极发挥共青团和学生会在学生中的影响，将共青团和学生会工作作为实现政法教育目标的重要途径。校领导和有关部门领导经过深入到学生中间，了解学生的生活、学习状况和思想动态，及时解决学生的实际困难，在学校办学的困难时期，赢得了同学们的理解和支持，最大可能地保证了学校的稳定，推动学校的发展。一些离退休老干部也积极参与学生工作，鲁直等同志还担任了学生的编外辅导员。在学校和各部门的大力支持下，学校团、学组织得以不断完善，团学活动得到了空前的发展。

1984 年 4 月 7 日，中国政法大学学生会举行社团成立大会，校领导陈卓、云光等到会祝贺。会上宣布成立的社团有法学社、法制系统科学研究会、文学社、书画社、新闻记者团、讲演团、集邮协会、舞蹈队、声乐队、管弦乐队、桥牌协会、武术协会、体操协会、棋艺社 14 个学生团体。各团体成立后，分别邀请部分专业人员到校作讲座。

　　1983 年下半年，中国政法大学学生会研究生分会成立。它是中国政法大学研究生会的前身。研究生分会成立以后，根据研究生自身的特点，除组织研究生参加校学生会的活动以外，还积极开展学术活动，组织学术讨论会、专题讲座等多种活动，极大地活跃了校园学术气氛。

　　1983 年 11 月 23 日，中国政法大学成立以来的第一次共青团代表大会（根据上级文件规定，中国政法大学成立以后，各项活动延续北京政法学院时期计次，因此后来被称为第六次团代会）召开。共青团北京市委员会、司法部教育司的相关领导和部分校领导出席了大会。校团委书记陈佐夫向大会作了工作报告，校党委书记陈卓发表讲话，要求共青团要努力提高对清除精神污染重要性和紧迫性的认识，自觉抵制精神污染；要加强革命理想和信念教育；要引导团员青年走理论与实际相结合的道路。

　　大会选举了产生了共青团中国政法大学第一届（后改称"第六届"）委员会委员，陈佐夫、隋彭生、于波、鲍增华等 19 人当选。与会代表向全体团员青年发出了"高举共产主义旗帜，清除精神污染，做又红又专的革命事业接班人"的倡议。

　　1986 年 11 月 15 日，中国政法大学第七次共青团员代表大会召开。团中央学校部副部长袁纯清等到会祝贺。会议选举产生了新一届团委委员 21 人，并向全体同学发出题为"大学生要作社会主义精神建设的表率"的倡议书。

　　在共青团组织逐步健全的同时，学生会的组织建设和其他各项工作也逐步开展起来。1984 年 11 月 30 日，中国政法大学第一次学生代表大会举行。全国学联秘书长李克强及学校领导出席了大会开幕式。大会主题为："团结起来，奋发学习，肩负起振兴中华的历史重任，努力做合格的政法人才"。李克强对大会的召开表示祝贺，并号召全体同学积极从事开创性工作，以知识为桥梁，把学校与社会结合起来，增强政法学生的社会责任感。会议通过了《中国政法大学学生会章程》，选举产生了中国政法大学第一届学生委员会委员。会后，学生委员会选举李维国任第一届学生会主席。第一届学代会的有关提案得到了学校各部门的高度重视，对于改进学校的各项工作起到良好的推动作用。

　　1985 年 3 月，在北京市学联第一次代表大会上，中国政法大学第一次当选为市学联副主席单位。中国政法大学校学生会副主席田云鹏当选为北京市学联副主席。

　　1985 年 6 月，为了加强学生会的协调能力和组织能力，校学生会进行了改革。改革分两个方面进行：一是将工作部门进行合理的合并和整合，增设了研究室。改革后的机构有办公室（下设秘书处、社团协调处）、研究室（下设信息处、研究处）、学习部、宣传部、生活管理部、外联部和俱乐部（由文艺部、体育部合并而成）。二是对学生会干部试行轮换制和招聘制，并试行主席办公会议工作制，逐步改革学生会干部四年一贯制的状况。

为了使学生会更好地适应改革和思想政治工作的新形势，1986年4月16日，学校召开了中国政法大学第二次学生代表大会。本次大会除选举新一届学生委员会外，重点讨论修改了《中国政法大学学生会章程》，解决了校学生会与各系、院学生会的关系问题，规定实行逐级负责制。

在校党委的领导下，校团委、各级学生会积极组织、引导青年学生参加不同形式的社会实践活动，以培养学生的实际工作能力和适应社会的能力。

1984年11月，在校团委的领导和学生会的帮助下，成立了中国政法大学勤工俭学服务中心。主要通过为学生联系法律咨询、代书及校园劳动等活动，为学生提供勤工俭学的机会，这是学校改革中出现的新生事物。

1985年5月6日，中国政法大学法律知识应用与普及中心正式成立。该中心是配合司法部提出的普法计划、在校党委和团委的领导下成立的。中心有计划地组织和引导研究生和本科生利用讲座、咨询等形式，面向社会进行法律宣传活动。1985年11月，全国人大常委会通过了《关于在公民中基本普及法律常识的决议》。中心与校团委向师生发出倡议，组织了由数百名师生组成的20多个寒假普法宣讲团，分赴北京、天津、河北、山西、内蒙古、辽宁、吉林及黑龙江等地区的二十几个城市开展法律知识宣传活动。宣讲团与当地的政法部门密切联系，边调查边宣传，针对不同的实际情况分别采取了法律咨询、知识讲座、座谈会、辅导、演讲等多种形式，受到当地群众的欢迎。

至此，包括法制系统科学研究会、法学社、诗社、经济法学社、文学社等共有17个学生社团活跃在中国政法大学的各个领域，参加社会活动的同学多达900人次。

1985年4月中旬，经民主推选，由91名学生组成的伙食管理委员会正式成立。为了加强伙食管理，校团委、学生会、伙食管理委员会和伙食科组织联合工作组，每周三接待同学，广泛听取大家对伙食工作的意见和建议。这是中国政法大学学生参与后勤民主管理的开始。

1985年4月，应届毕业生马惠东等十名同学向学校递交志愿书，申请到大西北工作，《北京日报》等报刊进行了报道，在校内外引起了强烈反响。

1985年9月15日，学校60余名师生在王府井进行法律咨询服务。北京市副市长陈昊苏、市委副书记金鉴、团中央书记处书记李源潮、团市委书记林炎志等到咨询点看望师生，并对咨询活动给予较高的评价。

1985 年 11 月，为活跃师生业余生活，促进学校的社会主义精神文明建设，校党委决定成立文化活动中心，具体管理校内的文化娱乐场所，协调各文艺团体的活动。

1986 年暑假，校团委组织师生 14 人组成暑期普法宣讲团，从 7 月 10 日到 24 日在山东微山、临沂、沂南三地举办了多种形式的普法活动。《法制日报》《中国青年报》《北京日报》《北京青年报》等新闻媒体对普法活动进行了报道。

1986 年 9 月 25 日，中国政法大学摄影协会举行成立大会，会议聘请党委宣传部部长解战原为名誉会长，选举唐师曾为会长。摄影协会为群众性团体，目的是配合校党委宣传部的工作，推动学校的摄影事业发展，丰富校园生活，促进精神文明建设。

1986 年 11 月，为加强校内宣传，中国政法大学广播站正式成立。广播站由三名专职人员和数名学生组成，分成机务组、编播组和记者采访组。随着学校的不断发展和壮大，校广播站取得了更大的发展，在学校的两个文明建设中，作出了突出的贡献。

三、对外交流日益频繁，积极扩大国际影响

中国政法大学成立以后，因其在国内法学教育和研究领域的地位，在国际上也产生了较大的影响。学校通过积极的外事交流活动，学习国外先进的管理经验和理论知识，扩大学校在国内外法学界的影响。与北京政法学院时期的外事活动不同，中国政法大学的外事交流更加注重学术和法学教育管理经验的交流，形式也由单纯的接待国外代表团发展为"走出去、请进来"等多种形式。

1983 年 4 月 13 日至 5 月 8 日，以校党委书记陈卓为团长、本科生院副院长江平为副团长的中国司法教育考察团访问比利时王国和德意志联邦共和国。此行应比利时根特大学法学院院长斯托姆教授的邀请，考察团着重考察了比利时的法学教育，访问了欧洲共同体总部法律部，并参观了比利时的各级法院和监狱。考察团在比利时访问期间受到了王国首相维尔佛里德·马尔腾斯以及参议院议长、副首相兼司法部部长、最高人民法院院长和总检察长的热情接见。应德意志联邦共和国司法部的邀请，考察团着重考察了西德的司法制度，并访问了波恩大学法律系，受到西德司法部部长、总检察长及各级法院院长的接见。

1984 年 8 月 17 日，中国政法大学法制系统科学研究会与美国运筹学代表团在北京科学会堂举行专题讨论会，学校和北京系统工程研究会有关领导参加了讨论

会。讨论会上，美国运筹学代表团团长阿尔弗雷德·布姆斯坦等作了关于刑事审判系统模型的报告，与会者进行了热烈的讨论。

1984年9月3日，由日本检事总长安原美穗率领的日本司法代表团，来校与我校第一副校长云光、研究生院副院长张晋藩、本科生院副院长江平等师生座谈。宾主双方在亲切友好的气氛中就司法教育、法学研究人员和司法干部的培养等内容进行了交流。双方还共同演出了精彩的文艺节目。9—10月，朝鲜民主法律家协会代表团、斯里兰卡律师代表团、挪威律师代表及泰国司法部部长先后来学校参观访问并座谈。

1984年10月5—26日，以第一副校长云光为团长的中国法学教育代表团对美国进行友好访问。

1985年3月13日，民主德国大使罗尔夫·博瑟尔德来校参观访问并进行座谈，其间观看了教学录像，并旁听了本科生的一堂民法课课堂教学。3月28日，由剑桥大学冈维尔·凯斯学院院长亨利·韦德教授为首的英国法学家代表来校进行学术交流。

5月中旬，科研处处长严端及巫昌祯、吴焕宁等女教师应邀到钓鱼台与美国法律工作者妇女代表团举行了学术交流座谈会。座谈会分刑事、民事、国际法三个方面进行，双方进行了广泛的交流。

1986年5月9日，加拿大全国律师协会主席罗伯特·韦尔斯应邀来校与法律系教师进行学术交流。5月12日，日本爱知大学法学教授浅井敦来校为部分宪法、行政法专业师生作了讲座。5月20日，澳大利亚妇女代表团的布兰森律师和思尔瓦律师来校访问。5月21—31日，根据中美法学教育交流委员会与美方的协议，美国法学教授哈维·哥尔德施密德来我校进行为期10天的讲学。6月6日，法国巴黎第五大学法学院院长杰克琳娜女士来校参观访问，严端教务长向其介绍了学校的情况和法律专业课程设置。

5—6月，研究生院副院长陶髦、青少年犯罪研究室主任郭翔及巫昌祯教授等人先后赴日本访问。

8—10月，美中友好协会法律访华团、埃及律师协会主席萨米先生、美国洛杉矶女律师代表团和美国家庭法代表团、日本律师联合会代表团、美国泛亚女律师代表团先后来校参观访问，日本客人山本忠义和通口俊二还为研究生和双学士作了学术报告。

1986年11月29日，以秘鲁全国检察长塞萨尔·埃莱哈尔德·埃斯滕索罗博士为团长的秘鲁国家检察院代表团对学校进行了友好访问。甘绩华副校长等向客人介绍了学校的教学情况、招生情况及发展规划。代表团参观了学生组织的"模拟法庭"。埃斯滕索罗博士高度评价了我国法学教育的状况，并赞扬了我校学生的表现。

四、文体活动蓬勃发展，校园文化丰富多元

学校十分重视群众性体育运动的发展，为了推动学校体育工作，学校成立了以江平为主任的体育运动委员会，负责指导和组织全校的体育工作。各院、系和年级及学生会也积极组织各种形式的体育比赛和集体活动。尤其是 1983 年 5 月中国政法大学第一届运动会举办以后，学校的体育事业得到了健康有序的发展，校棒球队、垒球队、游泳队、体操队、羽毛球队等相继在全国高校比赛中取得了较好的成绩。

1983 年 10 月 8 日，本科生院、研究生院 83 级田径运动会在刚刚建成的田径场上举行。本科生院副院长张杰在会上致开幕词，认为本次运动会赛事组织工作正规有序，此次运动会的召开和圆满成功，为迎接学校第二届田径运动会打下了良好的基础。

1984 年 4 月，中国政法大学首届"政法杯"足球赛开幕。经过半个月的角逐，81 级一队荣获冠军。1985 年 3 月，第二届"政法杯"拉开战幕。本次"政法杯"比赛引入了一系列新的项目，如足球知识讲座、有奖测试等，并成立了足球俱乐部，以吸引更多同学的参与。经过多年的发展，"政法杯"成为中国政法大学最受欢迎的体育比赛之一。

1984 年 5 月 6 日，在校庆一周年之际，中国政法大学第二届田径运动会举行。司法部教育司司长余叔通、副司长甘绩华及本校领导参加了开幕式。校女子艺术体操队和武术队进行了体操、长拳、剑术表演。经过激烈角逐，按预订计划完成了 47 个项目的比赛，共有 4 项 8 人次打破了校纪录，1 项平校纪录，1 人达到国家二级运动员标准。参加运动会的学生占学生总数的 70%，教职工占教职工总人数的 63%。

1984 年，学校各运动队在北京市和高等院校间的一系列比赛中，取得了优异成绩。校男子棒球队在首届高校棒球邀请赛和第六届北京市运动会上，两次登上了冠军宝座，被评为"精神文明运动队"。校女子垒球队参加高校及第一届全国大学生棒垒球邀请赛，均取得第四名的好成绩。校男女游泳队共获得奖牌 20 多枚。校田径队在高校第 23 届田径运动会上，成功实现零的突破，获得奖牌 10 枚。学校教师岳晓雯在全国第一届花样游泳邀请赛中，获得花样游泳冠军；李巧玲在北京市第六届职工运动会上，一人独得 2 项冠军和 2 项亚军。

1985 年 5 月 4 日和 5 日，学校在本校田径运动场和体育师范学院运动场举行第三届田径运动会。本次运动会进行了赛制的改革，在计算个人成绩的同时，首次以系为单位组织代表队参加比赛，计算团体总分。在运动会前夕，各院、系分别举行了本单位的运动会，选拔运动员参加比赛。经过两天的争夺，有 5 人次打破了 4 项学校纪录，法律系队夺得团体总分第一名。

1986 年 5 月，校田径队参加北京市高校友谊杯邀请赛，取得建校以来的最好成绩。6 月，校武术队在高校武术大赛中取得金、银、铜牌各 1 枚，校游泳队在首都高校游泳比赛中赢得金、银牌各 1 枚，铜牌 4 枚。

1986 年 10 月，为了推动学校足球运动的发展并提高足球水平，校体育运动委员会在校服务公司、律师事务所和出版社的赞助下，举办了"中国政法大学首届足球冠军杯"比赛。经过 3 轮 14 场比赛，法律系二队赢得冠军。

与此同时，学校师生的文化活动也如火如荼地开展起来，大大丰富了老师和同学们的课余生活。

1984 年 4 月 28 日，为纪念五四运动 65 周年和校庆一周年，校团委、学生会在教学楼前联合举办大型篝火晚会。陈卓、云光、张杰等校领导与同学们一起进行了联欢。在优美欢快的乐曲中，青年学生翩翩起舞，展示了 80 年代大学生的青春活力和良好的精神面貌。各年级也在此间举行了丰富多彩的联欢晚会。

1985 年 12 月，为纪念"一二·九"运动 50 周年，在校党委、各院系及学生会的组织下，学校开展了一系列的纪念活动，如讲座、报告会、文艺演出、演讲比赛、朗诵比赛、舞会、电影晚会等。12 月 9 日，全校师生 1000 多人在校礼堂举行纪念大会和歌咏比赛，中顾委委员胡昭衡等领导到会并讲话。来自研究生院、法律系、经济法系、政治学系、基础部和进修学院的 10 支合唱队参加了比赛。

中国政法大学成立后的 80 年代，正是诗歌风行中国社会的时代。中国政法大学也不例外，在一大批诗人和文学刊物的影响下，法大校园里掀起了一阵诗歌阅读与写作的潮流。在《校刊》编辑部几位青年教师和学校里热爱诗歌写作的师生推动下，法大诗歌日益繁荣。1984 年，同学们自发成立了中国政法大学诗社，举办诗歌朗诵会和诗歌讲座，并编辑油印了第一本诗歌刊物《星尘》。作为当时全国高校中重要的诗歌阵地，法大师生的诗歌作品和诗歌刊物逐渐受到主要文学刊物的注意，作品陆续在《诗刊》《中国作家》等刊物上发表。

"诗歌热"也被同学们带到了新建成的昌平校区。在 87 级部分同学的发起和带动下，中国政法大学 345 诗社成立，在昌平校区继续探索诗歌创作，并延续至今。"法大诗歌"作为一种重要的文化现象，丰富了校园文化，活跃了多元思维。同时，其以较高的质量、突出的特点，在全国高校诗歌创作中占有了重要的一席之地。

丰富的体育活动和校园文化生活，不仅活跃了校园气氛，对于培养青年学生健康的体魄和高尚的情操，也起到了积极的推动作用。

第五节　建设昌平校区　开启两地办学

一、积极改善办学条件，选址昌平筹备兴建

中国政法大学成立后，原有校舍的回收工作一直抓紧进行。1983 年，经北京市有关部门协调，北京戏曲学校搬走，腾出部分校舍。然而校园里还有多个单位未腾退出相关校舍，使学校用房极其紧张，也给校园管理带来了极大的不便。

为了改变这种混乱的情况，北京市专门派了副市长封明为来到学校，召集海淀区、中国政法大学和占据校舍的各单位一同开会，研究校园管理问题。会后各方共同成立了一个管理小组，由中国政法大学副校长张廷斌担任组长，海淀区副区长和其他单位各出一个人协调管理。[1]

为了解决校舍被占的问题，学校领导通过当时的北京市副市长张百发、主管文教工作的副市长陈昊苏，以及北京市教委主任等相关领导，终于又要回部分校舍，但仍有相当一部分校舍被其他单位占用，无法要回，以至于 1983 年招录的 125 名研究生中只能有一半学生住在校内。为此，学校只好求助于远离校区几站地的大钟寺生产队，租借了部分农民住宅作为学生宿舍。这些农舍与猪圈、农田毗邻，条件相当简陋。

为了解决校舍问题，学校的基础建设也加紧进行。在 83 级新生入学前不久，一栋新的学生宿舍楼和一座全新的学生食堂落成。新的学生宿舍楼总面积约 7000 平方米，被命名为 7 号楼。学生食堂分为上下两层，总面积约为 2690 平方米。同时，还在教学楼后建成一座活动图书阅览室，面积约 570 平方米，包括学生阅览室和教师阅览室。同时，新的图书馆、家属宿舍楼也陆续动工，师生员工的工作、学习和生活条件得到了一定程度的改善。新的田径运动场也赶在新生入校前建成并交付使用。1986 年 10 月，总面积约 7000 平方米的图书馆全部完工。

同时，学校也继续争取在北京市区征地，以扩大校园的面积，改善办学条件。学校成立的时候，正值中共中央、国务院发布文件，规定大型学校以后一律不许在

---

〔1〕　本节内容主要根据张廷斌先生口述回忆，口述回忆文字整理资料现存中国政法大学档案馆。张廷斌，中国政法大学原副校长，主要负责中国政法大学昌平校区的建设。

北京三环以内修建，征地变得十分困难。经过争取，北京市在学校南侧给中国政法大学批了 29 亩地，即现今明光北里的中国政法大学家属楼 13—18 号楼。北京市将这 29 亩地批给中国政法大学后，土地所在的公社和乡政府却将此地块划归冶金建筑研究院。后来北京市在拓宽西土城路时，占用了学校东面的一部分土地，这 29 亩地才真正拨付给中国政法大学使用。土地拨下来之后，由于缺乏建设经费，采取了由中国政法大学出土地、当时的广播电视部和司法部出钱的形式合建了这几幢家属楼。

由于校舍狭小局促，无法满足教学和生活的需要，也无法满足"将中国政法大学建成中国政法教育的中心"的需要，早在学校筹备成立的时候，就考虑过建设新校区。筹备领导小组决定将新校区设在大兴卫星城，并征到了建设新校区所需要的土地。但是由于该地块地处南苑机场的试飞区，400 米外即铁路线，每天有 200 多趟火车经过，且距离首钢的排污区仅有 1000 米，再加上地处北京的下风口，四周无所遮挡，并不适合作为学校的教学和生活区。而且，当时也未能与大兴县（今大兴区）就拆迁及人员安置问题达成协议，该方案随即被否决。其后，学校先后考察了地处小营的一个劳教所和沙河高教园区，作为建设新校区的校址，但都由于各种原因而放弃。

不久，北京市委决定，将昌平县（今昌平区）建设成为以科研、教育和旅游服务为中心的卫星城。经与有关部门协商，并经北京市政府批准，1984 年中国政法大学最终选定在昌平县择址兴建新校区，拟征地 557 亩，建筑面积 15 万平方米。

在新校区开始建设之前，学校在昌平西环路西环里买了两栋楼 200 多套房子，并动员年轻教师和干部到昌平居住。经过动员，陆续有一部分教师和干部迁到昌平居住，每天坐校车往返于学院路和昌平之间。当时八达岭高速尚未建成，学校只有一辆老旧校车，30 多个座位。居住在昌平的老师们几乎每天都是超负荷地挤在一辆校车上，经过 70 分钟的颠簸，来到学院路上班或上课。这样艰苦的情况一直持续到昌平校区初步建成才有所改善。

学校择址昌平以后，师生中间产生种种不同的看法，许多师生认为昌平距市区太远，甚至有人提出"宁要城里一张床，不要昌平一套房"的说法。针对师生的意见，学校有关部门进行了深入细致的工作。

1984 年 7 月，原在木樨地的中国政法大学进修学院（中央政法管理干部学院）先期迁至昌平。

二、多方关怀加快建设，隆重典礼奠基新校

选址昌平后，学校开始在昌平考察新校址。最初选定的征地位置在今中国石油大学所在的地方，但由于拆迁问题未能达成协议，最终选择了现在的位置。该块地一大部分原来是昌平县松园村村民的宅基地，北京市副市长冯元伟和昌平县委书记杨朝仕直接主持协调松园村的拆迁问题。最终，学校支付了共 250 万元拆迁补偿款，顺利解决了拆迁问题。到 1985 年，征地工作完成，除松园村待拆迁外，其余建筑用地均已投入使用。

1985 年 10 月，第一期 5000 平方米工程破土动工。1985 年 11 月 4 日，北京市副市长封明为、昌平县委书记杨朝仕、北京市司法局副局长孙在雍及北京市委教育工作部、北京市规划局的相关负责人来校座谈，余叔通、甘绩华及部分师生参加了座谈。座谈会上，就师生提出的校舍紧张、昌平校区建设等意见和建议，封明为表示一定帮助学校尽快解决。

新校区建设于 1986 年 4 月正式开工。新校园由国际大地建筑设计事务所设计，兼具中外建筑特点，教学区和学生生活的楼群相互衔接，布局新颖，10 层（最后建成 14 层）的办公大楼与周围的政法会堂（礼堂）、图书馆、体育馆互相呼应。教学楼、学生宿舍楼的朝向均与地球子午线成 45°角，保证了室内的采光。承建单位为北京市建设总公司。

中国政法大学的新校区建设得到了有关部门的高度重视和中央领导同志的热情关怀。1985 年年底，15 万平方米的校园总体规划得到了上级主管部门的审查批准，并列入了国家"七五计划"重点工程项目，要求在三年内建设完成，即在 1989 年全部完工。为了加强对基建工作的领导和监督检查，有关部门专门成立了以中央政法委员会副书记刘复之、北京市副市长张百发为首的中国政法大学建校领导小组。

1986 年 5 月 13 日，在中国政法大学成立三周年之际，邓小平欣然提笔，为中国政法大学题写了校名。

1986 年 6 月 7 日，在中国政法大学昌平新校工地上隆重举行了中国政法大学新校区奠基典礼。中共中央政治局委员、中央书记处书记、中央政法委员会书记、国务院副总理乔石，全国政协副主席雷洁琼，中央政法委员会副书记、公安部部长刘复之，司法部部长兼中国政法大学校长邹瑜，最高人民检察院副检察长冯锦汶，最高人民法院副院长林准，中国法学会常务副会长朱剑明，

▲ 邓小平同志为中国政法大学题写的校名

北京市委常委、教育工作部部长汪家镠，北京市副市长封明为等领导及兄弟院校、北京市、昌平县各界代表和学校部分师生共 500 多人参加了奠基仪式。

▲ 1986 年 6 月 7 日新校奠基，乔石、雷洁琼等在主席台上

司法部党组成员、校党委书记陈卓主持大会，校长邹瑜在大会上讲话。邹瑜指出，成立中国政法大学，是一项具有重大意义的决策，表明了党和国家对法学教育和社会主义民主与法制建设的高度重视，标志着我国法学教育事业的新发展。昌平新校区将建设成为包括大型教学楼、图书馆、电教实验楼在内的，拥有现代化教学设备和完善的生活服务设施的建筑群。新校区落成后，中国政法大学的在校生规模将扩大到 7000—10 000 人。

乔石、雷洁琼及中央各有关部门、北京市的领导为中国政法大学昌平校区挥锹奠基培土。会后，出席会议的领导同志参观了先期开工的第一期工程。国家计委的领导和有关与会领导召开了现场办公会议。《人民日报》《光明日报》《法制日报》等新闻媒体对新校区奠基典礼进行了报道。

中国政法大学新校区奠基典礼的举行，充分体现了中央对中国政法大学的关心，扩大了中国政法大学的影响，动员了有关部门积极支持中国政法大学新校区的建设，激励了师生员工，对中国政法大学的建设与发展起到积极的促进作用。新校区的奠基，标志着中国政法大学开始新的创业，将开始新的飞跃。

三、两地办学雏形初具，首批学子拓荒昌平

1987 年 4 月，昌平新校区已基本完成约 45 000 平方米的主体工程。4 月 17 日，

校党委召集全校中层以上干部和正副教授召开会议，布置两地办学工作。校党委书记陈卓在会上指出，两地办学是学校发展历史上的一件大事，是学校面临的一个新起点，一种新形势。会议指出，当前，学校全体党员干部的任务是同心同德，团结一致，识大局，创大业，建新校，树新风。全体人员要不畏劳苦，勇于开拓，深入改革，勤俭办学，艰苦奋斗。

1987 年 5 月，为了保证在思想上、组织上和物质上做好两地办学的各项筹备工作，经广泛征求意见，学校党委做出了《关于积极筹备两地办学，努力办好昌平新校的决定》。该《决定》指出，昌平校区的建设和招生，是学校贯彻中央创办中国政法大学，并决定把它办成全国政法教育中心的重大步骤，学校今后的工作要适应新的格局，提高教学质量和工作效率，开创一代新风。校党委决定，为了适应两地办学的需要，从现在开始校部机关与各系领导，有关党政部门的注意力要逐步向昌平新校区转移。当年秋季，校部机关和各系的部分人员转移到昌平主持工作；在党委统一领导下，学校分别由一名分管党务、教务和总务的领导到昌平新校区主持工作。校部各职能部门及各系也各有一名正职或副职领导和部分工作人员转到昌平工作。该《决定》还指出，学校的各项工作必须围绕培养"四有"人才这个基本任务进行，具体说就是要搞好教改，提高教学质量，尤其是要以本科生为重点。校党委指出，要加强思想政治工作，进一步统一教职工的思想，充分调动去昌平办学的积极性。

1987 年 6 月，校党委决定，成立以常务副书记杨克为组长，郝双禄（副校长兼中央政法管理干部学院院长）、张廷斌（副校长）、陶髦（副校长）和郭恒友（昌平基建指挥部负责人）组成的五人领导小组，具体负责今后一年的昌平新校工作。

1987 年 7 月，第一期工程完工，昌平校区初步具备了教学配套能力。9 月，当年录取的 800 名本科生和 700 名大专生到昌平校区报到。中国政法大学昌平校区迎来了第一批学生。在招生之前，许多人担心在昌平建设新校区会影响以后中国政法大学的招生情况。但事实证明这种担心是多余的——当年学校在北京市共招生 60 人，结果报名人数达到了 1000 多人。

校园建设同时继续进行，昌平校区的条件仍然十分艰苦。87 级的同学们来到学校之后，主体工程虽然完工，但校园里的道路等相关设施尚不完善，一遇到下雨就泥泞不堪。此时的昌平县也相对落后。学校地处于昌平县城，但道路狭窄，基础设施和通信条件都相对落后。在这样的情况下，昌平县委县政府积极支持学校的工作，在周末专门开通一趟进城的公交车，解决了同学们进城困难的问题，并尽力协助学校解决教职工家属的就业问题。

1987 年 9 月 22 日，学校在昌平新校区举行具有历史意义的新校首次开学典礼。全国人大常委会副委员长陈丕显、彭冲，中央政法委员会副书记刘复之，司法部部长兼中国政法大学校长邹瑜，全国人大常委会法制委员会、著名法学家张友渔，北京市副市长封明为等有关领导出席了开学典礼，并参观了新校校园。

▲ 1987 年昌平新校首届开学典礼

开学典礼由党委书记陈卓主持，邹瑜校长首先讲话，他要求广大同学认真学习马列主义理论和专业知识，注意社会实践和社会调查，做一名合格的法律工作者。陈丕显副委员长在讲话中说，中国政法大学的扩大与发展是一件很有意义的大事。目前法治建设的现状要求我们必须下大力气，加快法学教育的步伐。他希望全体师生员工共同努力，将中国政法大学建设成为法学教育的一流学府，为多出人才，出好人才而努力。

昌平校区第一次开学典礼的举行，标志着中国政法大学正式开始了两地办学的时期。

昌平校区从 1985 年开始建设，一直持续到 1991 年，先后建好了 13 万多平方米的校舍，形成了较为完善的教学和生活设施。[1]整个工程共计费用 1.1 亿元。到 1990 年，海淀校区两个年级的本科生毕业后，全部本科生均转移到了昌平校区。

---

〔1〕 据张廷斌先生口述回忆，昌平校区最初规划建设规模为 15 万平方米，后来减少为 13 万多平方米。

第六章
改革反思　探索前进

（1987—1992）

第一节　深化教育改革　确立十年目标

一、大力加强校风建设，探索高校思政实践

1987 年前后，受资产阶级自由化的影响，北京及部分地方高校发生学潮。学校党委采取积极措施，保证学校的稳定，防止学潮在中国政法大学发生。根据中央的要求和学校的实际情况，学校开展了校风建设和强有力的思想政治工作。

为了加强校风建设，党委在总结以往工作经验的基础上，决定从 1987 年 5 月 1 日起在全校范围内广泛开展班风建设活动，旨在引入竞争机制，把校风建设具体化，以班风建设带动校风建设，从而将党的工作同行政工作、管理工作与学生的自我管理结合起来，实现校风与学风的根本好转。为此，学校专门成立了以江平副校长、解战原副书记为负责人的班风建设领导小组。在活动中，学校出台了《中国政法大学评定优秀班级集体计分标准》《中国政法大学学生宿舍卫生检查细则》，采取了量化标准，通过检查、评比、表彰、批评等一系列活动，建立健全学校有关规章制度，掀起了校风建设的高潮。

5 月 18—28 日，中国政法大学新校首届大型艺术节在昌平校区举行。艺术节期间，举办了大型文艺演出、法大体育周、新校演艺协会精英表演会、优秀墙报大展、书画、集邮、摄影大展、诗歌朗诵大赛等丰富多彩的文艺体育活动，不少项目还邀请了一些知名学者和专业艺术团体，引起了同学们浓厚的兴趣，推动了学校的校风与文化建设。

为了贯彻学校党委"建新校、树新风"和从严治校的精神，不断在实践中探索

做好大学生思想政治工作的规律，学校于 1988 年 3 月举行了为期 3 天的学生纪律教育专题研讨会。校党委副书记杨克、解战原及副校长陶髦，与来自思想政治工作第一线的党员干部一起参加了研讨会。研讨会上，大家就改革开放新形势下加强对大学生纪律教育的重要性和必要性，大学生纪律教育的内容、形式以及目前学生纪律状况的评估、纪律松弛的原因和解决措施进行了讨论，并提出应将严格管理和说服教育、引导相结合，注意将学生的外在控制转化成内在的自我控制，使遵守纪律成为一种自觉的行动。

1988 年 4 月，为了加强对党员和团员骨干、入党积极分子的培训和形势教育，提高党员、团员的素质，学校成立了中国政法大学业余团校。为了增强基层党组织的战斗力，提高党员素质，经书记办公例会研究，决定成立中国政法大学业余党校，业余党校校长由党委副书记解战原兼任。

1988 年 10 月 18 日，中国政法大学业余党校正式宣告成立，首批党员在海淀校区举行了开学典礼。校党委书记杨永林在成立大会上指出，业余党校的主要任务是：对党员进行马列主义、毛泽东思想的教育，共产主义理想和革命人生观教育，党的基本知识和优良传统的教育。通过教育与学习，进一步提高党员干部的素质，增强党组织的战斗力。业余党校由学校的政治理论课教师何长顺、宋振国、邬名扬、常邵舜、宋世昌等人进行讲授，来自基层的 83 名党支部书记参加了培训学习，收到了良好的效果。

1988 年 6 月 1 日，中国政法大学纪律检查委员会召开了纪检工作研讨会。会上就纪检工作在新时期继续发挥保护党员的民主权利，惩处违反党纪的党员，监督党的各级组织特别是领导机关和领导干部，教育党员认真履行党员义务等内容，结合学校的实际和部分案例进行了深入探讨。

二、落实高教会议精神，加快政法教育改革

1987 年 10 月，中国共产党第十三次全国代表大会在北京召开。本次大会第一次阐述了社会主义初级阶段的理论，提出我国目前正处于社会主义初级阶段的重要论断。大会还提出党在社会主义初级阶段的基本路线，即"领导和团结全国各族人民，以经济建设为中心，坚持四项基本原则，坚持改革开放，自力更生，艰苦创业，为把我国建设成为富强、民主、文明的社会主义现代化国家而奋斗"。[1]这条

---

〔1〕 "沿着有中国特色的社会主义道路前进"，中国共产党第十三次全国代表大会报告（1987 年 10 月 25 日）。来源：人民网"中国共产党历次全国代表大会数据库"，载 http://cpc.people.com.cn/GB/64162/64168/64566/65447/4526368.html，最后访问日期：2020 年 9 月 13 日。

基本路线，可以概括为"一个中心，两个基本点"，即以经济建设为中心，坚持四项基本原则，坚持改革开放。大会报告指出，这次大会的中心任务是加快和深化改革。改革开放是振兴中国的唯一出路，是人心所向，是大势所趋，不可逆转。作为本次大会的重要议题，深化政治体制改革和经济体制改革成为下一步工作的重点。

1988 年 1 月 27 日，全国高等教育工作会议在北京召开。会议认真总结了十一届三中全会以来高等教育工作的基本经验，确定了今后高等教育事业改革和发展的目标、方针和任务。本次会议特别强调，要把培养出来的毕业生是否德才兼备、是否真正适应社会主义建设的实际需要，作为衡量学校办学成败的基本标准，作为进一步开展教育改革的重要依据。会议同时要求高校在保证教学科研任务的前提下，有组织地开展各种形式的创收活动，不断改善办学和教职工生活条件。学校党委及时组织师生学习有关决议精神，积极采取措施，探索法学教育的改革之路。

1988 年 2 月 22 日，校党委召开会议传达全国高教工作会议精神，并结合学校实际，探讨如何进一步深化改革，加快改革步伐的实际步骤。2 月 25 日，校党委召开扩大会议，提出了深化和加快学校教育改革的十大措施：①实行校长负责制，成立重大决策审议机构——校务委员会，加快教职工代表大会建设，加强民主管理与监督；②适时召开党代会；③制定切实可行的人员编制和机构设置方案，合理调整各类人员的比例结构；④深化改革，理顺研究生院导师组、研究所与各系、科研处的关系；⑤加强各系建设，使之成为办学实体；⑥加强队伍建设，提高各类人员的政治、业务素质和管理水平；⑦发挥优势，抓好重点学科建设；⑧开展双增双节，压缩赤字；⑨制定相应的分配制度；⑩加强校内民主建设。

1988 年 3 月，为了给我国政法教育的改革和发展提供决策依据，司法部副部长金鉴和司法部教育司司长余叔通等先后来我校召开八次座谈会，听取学校师生的意见，进一步加深了师生对教育改革的认识。

1988 年 4 月 1 日，校党委召开扩大会议，就学生工作、办班创收、有偿服务及机构改革等问题进行了研究。会议提出，1988 年学生工作的主要任务是：使学生工作体制由救火型、事务型向主动型、规范化教育方向转变；根据国家教委《关于高等学校思想教育课程建设的意见》精神，将分别在 1—4 年级本科生中逐步开设《大学生思想修养》等四门思想教育课；成立以党委副书记何长顺、教务长严端等人组成的毕业生分配领导小组，切实贯彻择优分配原则，对双差生不包分配；以新的校长负责制为模式，建立一个功能齐全、结构合理、效能统一的各级行政首长负责制的分权式系统，定任务、定机构、定人员、定岗位、定权利，制定包括下放人、财、教学管理权在内的配套改革措施。

为了建立协调一致、讲求效率的党政管理体系，稳定和加强政工队伍，结合学校的情况，经司法部批准，学校决定从 5 月开始试行党政管理干部岗位津贴制度。津贴发放范围为校部机关、党政管理机构（不含承包单位）、研究生院、法律系、经济法系、政治系等由本单位创收资金中支出。

根据国家教委关于对在校研究生建立必要的筛选制度的精神，研究生院从 1988年上半年起实行硕士研究生筛选制，通过课程综合水平、科研能力、外语水平的考试与考核，最终决定其就读博士学位，或继续攻读硕士学位，或终止学习。筛选制将竞争激励机制引入了研究生教育领域，对于保证研究生的质量具有积极意义。

三、实施系列改革措施，确立十年发展目标

1988 年 4 月，校长邹瑜、党委书记陈卓因工作关系分别辞去原职务。7 月，根据司法部党组的决定，中国政法大学领导班子作重大调整，新领导班子共有八名成员，分别是：党委书记杨永林[1]，校长江平，常务副校长陈光中，副校长张晋藩、张廷斌、陶髦，党委副书记何长顺、党委副书记兼副校长解战原。司法部部长蔡诚在宣布新班子的大会上指出，新班子实行党委领导下的校长负责制，党委书记要管大的方针、教学改革和思想政治工作，校长要以主要精力搞好学校管理、昌平校区工作、教学和科研工作，也要抓好学生的思想政治工作。同时要积极创造条件，落实校长负责制。

1988 年 9 月，校党委召开了一系列会议，制订了部分改革方案，主要有：实行党政分开，强化行政领导作用，克服党委包揽行政事务的弊端，逐步向校长负责制过渡；进行机构改革，压缩编制；深化教学改革，提高教学质量，对学生实行筛选制、淘汰制；积极开展和拓宽有偿服务，开拓创收渠道，加强学生思想政治工作；等等。为了增加透明度，学校还组织中层干部和民主党派人士对方案进行了讨论。

1988 年 10 月，经校党委研究，学校正式通过《中国政法大学机构编制改革方案》。该方案以定职、定责、定员、定编为原则，主要包括机构设置、人员编制、人员流动及编余安置等内容。改革的原则是党政职责分开，精简人员，提高效能；目的是用人和治事相统一，责任和权力相一致，调动全体教职工的积极性、主动性

---

[1] 杨永林（1937—2005），四川成都人。1953 年 3 月参加革命工作，1965 年加入中国共产党。1954—1961 在国务院机要处、人事局任职；1961—1965 在北京政法学院政法系学习；1965—1980 年任职于黑龙江省齐齐哈尔市保卫部、齐齐哈尔市中级人民法院，担任齐齐哈尔市中级人民法院副院长。1980 年 1 月调往司法部，先后担任办公厅秘书、调解司副司长、人事司司长、机关党委书记、党组成员等职务。1988 年 6 月起担任中国政法大学党委书记，1994 年起兼任中国政法大学校长。

和创造性。方案中拟新成立国际法系、法社会学研究所、社会服务办公室等机构，同时撤销一些机构。计划定编后，校本部将从现有的 1351 人中精减 100 多人。同时，校党委责成校机构编制改革领导小组具体研究实施办法，分步骤、有计划地实施改革。

为了搞好后勤系统的管理，提高后勤工作效率，减少后勤工作的扯皮现象，1988 年 12 月，学校对后勤系统机构进行了调整，新成立的总务一处、总务二处和后勤办公室取代了原总务处、房管处、伙食处、基建处（海淀校区）。新成立的总务一处设在海淀校区，处长由魏传军担任，负责学院路校区的伙食、事务、房产等管理；总务二处设在昌平校区，处长由贺进担任，负责昌平校区的后勤工作；后勤办公室主任由檀柏洪担任，负责车队、通讯、设备等工作，并负责协调总务一处、二处的关系及对外工作。

1989 年以后，受政治风波的影响，学校的改革陷入了停顿状态。但是经过反思，中国政法大学师生以更加饱满的热情投入到学校的改革与建设中。

1991 年 12 月 4—7 日，中国政法大学第二届教职工代表暨第八次工会代表大会在昌平校区学术报告厅举行，参加大会的有正式代表 127 人，特邀代表 15 人，校领导及有关方面负责人列席了会议。大会审议并通过了常务副校长陈光中作的《校长工作报告》、上届教代会主席团和工会委员会的工作报告；审议了《中国政法大学十年发展目标和五年工作计划纲要》并通过了审议意见。对《中国政法大学教职工代表大会章程》决定不予表决。大会投票产生了本届工会经费审查委员会、23 名教代会主席团成员和 21 名工会委员会委员。大会通过了《关于授权常设主席团组织专门委员会的决定》。

12 月 17 日，第二届教代会主席团及第八届工会委员会在海淀校区举行第一次会议，以无记名投票方式选举产生了本届教代会及工会委员会主席、副主席人选，主席为康德琯，常务副主席为崔玉臻，副主席为江兴国、朱维究。

本次大会通过的《中国政法大学十年发展目标和五年工作计划纲要》（以下简称《纲要》）提出学校未来十年的发展总目标是：在本世纪末实现党和国家关于把中国政法大学建设成为以法学为主，政治学、经济学、社会学多科系的综合大学，成为我国法学教育中心、法学研究中心和法学图书资料信息中心的要求。

"八五"期间的主要奋斗目标是：①坚持四项基本原则，维护安定团结；端正办学指导思想，以德育为首位，从严治校，树立良好的校风和学风，培养合格的接班人和劳动者。②完成工作重点向昌平校区的转移，合理调整一校两址的布局，稳定规模，有所发展。③理顺各部门关系，合理调整机构设置和教学科研体制，提高行政管理水平和办事效率，促进学校管理的民主化、规范化和制度化。④建设干部和后备干部的合理梯队，努力提高干部的理论和政治素质，不断加强廉政和勤政建设。⑤坚持以教学科研为中心的方针，提高教学科研水平，优化师资结构。合理安排重点科研项目，调整专业结构，加强重点学科建设。⑥不断改善办学条件，努力提高教职工待遇，建设文明校园。

为实现十年总目标和"八五"期间的奋斗目标，振奋师生精神，增强学校活力，学校制定了校训，即"团结、勤奋、严谨、创新"。

《纲要》提出，"八五"期间，在校生总数达到 4200 人，比现有人数大约增加 1000 人；教职工规模控制在 1760 人以下，包括专职教师 500 人、教学辅助人员 140 人、行政人员 300 人、政工人员 60 人、科研人员 70 人、其他专业技术人员 120 人、工勤人员 480 人；进一步优化教师和科研序列的教授、副教授、讲师和助教的比例，前三年实现 1：3：4：2，后二年适当提高教授和副教授的比例，达到 1.5：3.5：3：2，其他专业职务系列正高、副高、中级和初级职称的比例为 1：2：4：3。

《纲要》还从政治思想工作、学校管理、教学工作、科研工作、外事交流工作、改善办学条件、提高工资福利等方面，提出了具体的计划和实施方案。

1992 年 1 月 7—8 日，学校召开本科教学改革座谈会，各系、部党政负责人、各教研室主任、副主任及支部书记参加了会议。杨永林、何长顺、陶髦、解战原等校领导到会。本次会议传达了国家教委《全国高等院校文科教育改革座谈会纪要》等文件，着重讨论了学科清理和教研室建设两个问题，对学科清理与教研室建设的紧迫性、必要性达成了共识，并对如何搞好这两方面的工作提出了意见和建议。

第二节　开展整顿反思　转移办学重点

一、加强学习坚定信念，深刻反思整顿治理

1989 年暑假期间，校党委专门召开会议，对学校开学后的工作做了安排：一是要组织全校师生学习中共十三届四中全会文件，将师生的思想、行动统一到四中全会精神上来；二是坚决彻底地搞好清查工作；三是在进一步清查的基础上，加强党的建设、政工队伍建设和师资队伍建设；四是进一步在法学教育中肃清资产阶级自由化影响；五是加强校风和学风建设。

从 8 月 10 日起，全体学生陆续返校，校园又恢复了往日的生机。8 月 15 日，校长江平主持召开全校教职工大会，校党委书记杨永林作报告，动员全校教职工认真学习十三届四中全会公报，联系学校实际和个人实际，冷静地进行反思，总结经

验教训，旗帜鲜明地反对资产阶级自由化。

根据校党委的决定，从 8 月 28 日至 9 月 10 日，集中两周时间，对在校生进行了一次认真的政治思想教育，并抽调了 159 名政治素质较好的教师、干部跟班辅导学生学习。通过学习，使学生进一步弄清了风波的基本事实，分清了是非，在立场上和感情上有了一个基本转变。

9 月，校党委组成了清查、清理领导小组，由杨永林任组长，何长顺、解战原任副组长；下设清查、清理办公室，由苏炳坤任办公室主任。9 月 8 日，杨永林主持召开清查、清理工作动员大会，解战原传达了中央关于清查、清理工作的有关文件，何长顺就学校清查工作的有关问题进行了部署。

10 月 24 日，司法部副部长鲁坚、司法部教育司司长甘绩华来我校参加清查、清理工作会议，校党委书记杨永林向司法部领导汇报了学校清查、清理工作情况。鲁坚副部长肯定了学校前期工作的成绩，同时指出了其中存在的问题，要求学校集中力量在年底前基本查清。他指出，清查、清理工作是学校当前压倒一切的首要任务。为了加强学校清查、清理工作的力度，司法部还特派工作人员刘群、徐建参加学校的清查、清理工作。

10 月 27 日，学校再次召开清查、清理工作动员大会，司法部副部长鲁坚、司法部教育司司长甘绩华及校领导杨永林、张廷斌、何长顺、解战原等出席了大会。

11 月，校党委连续两次召开党委扩大会议，传达和学习党的十三届五中全会精神。会议指出，要通过学习，将认识统一到《中共中央关于进一步治理整顿和深化改革的决定》的精神上来，并结合学校自身情况，讨论如何牢固树立长期艰苦奋斗的思想，开展双增双节活动。

1990 年 1 月 23 日，司法部副部长鲁坚、司法部教育司司长甘绩华等人分别参加了在海淀校区和昌平校区举行的迎新春茶话会，向全校师生拜年。鲁坚副部长指出，1989 年下半年，中国政法大学的形势是稳定的、正常的。在新的一年里，要进一步搞好东欧形势的教育，从严治校，加强学校内部建设。甘绩华强调，学校在 1990 年的主要任务是稳定形势，治理整顿，深化改革，加强基础教育、德育教育、政治思想教育，整顿成人教育的混乱现象，纠正学生对就业和分配工作的错误认识。

根据国家教委和司法部党组的要求，1990 年 2 月 15—24 日，校党委组织全校师生员工集中进行形势教育。杨永林在动员大会上要求大家高度重视这次学习，把政治学习当成一项任务来抓；要通过学习，提高认识，坚定坚持社会主义道路和坚持党的领导的信念；要意识到稳定是压倒一切的中心任务；要通过学习和大家的努力，使学校在新的一年里保持稳定的局面。司法部副部长鲁坚等人参加了动员大会及部分学习活动。

3月29日，学校党委通过了《学习贯彻十三届六中全会决定的意见》，要求全体党员保持和发扬党与群众密切联系的优势和传统；深入调查研究，学校领导和各部门负责人每月至少一次深入到各自主管的部门、班级参加活动，到现场办公；加强廉政建设，克服各种不正之风和腐败现象，建立健全监督机制；广泛开展学雷锋树新风活动；加强与民主党派的联系，发挥教代会的监督职能，每年召开一次教代会。

5月6日，学校举行"五四"评优表彰大会，国务院研究室主任袁木与司法部副部长鲁坚、学校领导为获奖团支部和个人颁奖。袁木在大会上作了重要报告。报告分为四个部分：一是如何看待苏东局势；二是中国能不能稳定；三是目前经济发展情况；四是党和政府对知识分子究竟如何看待。他希望大家全身心地投入到社会主义现代化事业中来。5月25日，外交部新闻司副司长、外交部发言人李金华到我校作关于国际形势和我国对外关系的报告。

1990年11月17日，学校组织召开了"坚持以马列主义、毛泽东思想为指导搞好教学"主题研讨会。全校各系、部及全体教研室负责人参加了会议，司法部教育司领导和有关校领导到会并发表讲话。副校长陶髦在会上指出，以马列主义、毛泽东思想指导教学，是坚持社会主义办学方向，培养又红又专的接班人的需要，是我校社会主义高等学校的性质和任务所决定的。会议指出，教师首先要认真学习马列主义、毛泽东思想，这是培养师资的根本环节。

1990年6月，根据上级统一部署，中国政法大学开始进行党员重新登记工作。重新登记工作分为个人总结、民主评议、总结验收等阶段，根据党员对政治风波的认识，对照党员标准，总结自己在政治、思想和工作方面的表现。到1990年年底，重新登记工作结束。通过重新登记，增强了党员的党性意识和组织纪律性，消除了矛盾，加强了团结，全校党员的整体素质得到了进一步的提高。

1991年6月18日，中共北京市委对我校党员重新登记工作进行了验收，并正式同意通过。校党委副书记何长顺、宣传部部长贾鼎中代表学校党委进行了汇报，北京市教工委副书记尹栋年、联络员郭德元等参加了验收。验收领导小组认为，中国政法大学的党员重新登记工作是认真的，领导得力，安排周密。今后工作要着重抓好三件事：注重思想建设、抓好班子建设和基层建设。

经过风波的阵痛和深刻的反思，学校党委更加重视党的自身建设。1992年1月，党委通过了《关于聘请党风监督员的决定》，并向党风监督员颁发了聘书。这是学校加强党风廉政建设迈出的重要一步。

为了全面整顿校风，建立良好的育人环境，校党委决定，在 1991 年下半年开学，停课三天集中进行校风、校纪教育活动。9 月 2 日，常务副校长陈光中主持召开全体学生参加的校风校纪教育动员大会。校党委书记杨永林、党委副书记兼副校长解战原出席会议并分别作重要讲话。会议指出，我们要从三个方面建设良好的校风：良好的政治作风、良好的学风和良好的生活作风。会议要求大家学习马列主义，遵守校规校纪，增强反和平演变的能力。

1992 年 3 月，根据中共《关于建立民主评议党员制度》的精神和司法部、北京市的统一部署，学校开展了民主评议领导班子、领导干部和民主评议党员的工作。为了加强对两评工作的领导，校党委成立了民主评议工作领导小组和民主评议工作办公室，制定了两评工作的具体措施。评议工作于 4 月上旬结束。

1991 年 4 月，中国政法大学业余党校第一期入党积极分子培训班开学。当年共举办两期，培训学员 425 人，其中有 150 人当年被吸收入党。从此，学校建立了入党积极分子必须经过党校培训的制度。

1991 年 5 月 25 日，学生工作部主办了"贯彻和落实德育首位"首届学术研讨会。周纪兰、刘大炜、卢少华、徐扬、孙国栋等分别就德育课的开设、学生思想政治工作原则、大学生恋爱、高消费、"厌学风"等问题进行了交流。学生工作部部长李晓全指出，探索新时期高等学校德育教育的新规律，是培养"四有"政法人才的必由途径。这次研讨会的召开，为学校德育工作的深入开展起到积极的推动作用。

1992 年 3 月 14 日，中国政法大学第一期业余团校举行开学典礼，来自 4 个系 3 个年级的 250 名入党积极分子参加了为期两周的学习。

经过了学潮与政治风波中的迷惘和深刻反思，学校党委和全体师生更加坚定了坚持中国特色社会主义道路的信念，迈着更加坚定的步伐，努力开拓法学教育与科学研究的新天地。

二、昌平校区建成投用，办学重点转移新校

自昌平校区招生以来，学校坚持以教学为中心，尽快建立了正常的教学秩序，并不断采取措施，健全管理体制，逐步完善新校的办事机构和工作指挥系统，努力实现新校管理的制度化，初步形成一支管理队伍。到 1988 年 4 月，新校区职工已达 398 人，其中干部 146 人、工人 252 人，有 108 人是从海淀校区调剂来的。[1]

---

〔1〕　参见中国政法大学校史编写组编：《中国政法大学校史》，中国政法大学出版社 2002 年版，第 163 页。

继第一期工程完成之后，经过一年多的紧张施工，昌平校区的澡堂、校门、锅炉房、部分食堂和阶梯教室、3 栋学生公寓楼、2 栋讲师楼和教授楼先后投入使用，设计中的校内主干道路基本建成，全面竣工面积超过 30 000 平方米，完成投资 2200 万元，全校竣工总面积超过 70 000 平方米，实际投资超过 7700 万元，已远远超出全部概算 7400 万元。因此，基建指挥部决定将风雨操场等设施项目停建或缓建。

1989 年 4 月，基建指挥部克服极大困难，坚持建设与生产，保证了学校建设任务的正常进行。

1989 年 8 月，为了加强新校区的工作，适应两地办学的需要，学校决定：由常务副校长陈光中、副校长张廷斌、副书记兼副校长解战原主抓昌平校区工作，校长江平、副校长张晋藩、副书记何长顺主抓海淀校区工作，党委书记杨永林、副校长陶髦统筹两校区工作。学校同时决定，各系领导要有 50% 到昌平校区工作，其中要有一名正职系主任或总支书记，各职能部门中的校办、教务处、学生处、团委的主要领导干部应安排在昌平校区工作。

到 1989 年 11 月，新校已竣工并交付使用的工程面积已达 76 000 多平方米，超过总工程面积的一半。1989 年 12 月，昌平校区电教实验楼竣工。这座实验楼有效使用面积近 6000 平方米。一、二层以刑侦实验室为主，三、四层以电教室为主。它的建成为学校刑侦、电教、计算机等课程教学和科研水平的提高创造了条件。

同时，昌平校区临时图书馆的工作也取得了明显改善。1987 年下半年，昌平校区图书馆仓促开馆，仅有图书 60 000 多册，且多为内容陈旧的图书资料，临时阅览室设在一间中教室内，仅有 120 个座位。图书馆问题成为昌平校区工作的一大难题。为了满足学生借阅的需要，1988 年 10 月，学校将二食堂二楼辟为阅览室，拥有座位 288 个。同时，分门别类地建起了法律书库、文艺书库、综合书库、期刊阅览室等，流通部的书籍增加到 13 万册以上，阅览部的书籍也由不足 6000 册增加到 15 000 册。[1]

1990 年，昌平校区的各项设施基本建设完成。88 级、89 级、90 级三个年级的本科生、大专生全部在新校区学习生活。87 级自 1990 年下半年迁回学院路校区继续学习。1990 年 9 月，昌平校区礼堂投入使用，90 级开学典礼在新的大礼堂隆重举行。

1991 年年初，根据昌平校区基建工程基本完成、办学条件日臻完善、四个年级

---

[1] 参见中国政法大学校史编写组编：《中国政法大学校史》，中国政法大学出版社 2002 年版，第 165 页。

的 2200 多名本科生均集中在昌平校区等情况，学校决定，在当年暑假后，将学校工作的重点转移到昌平校区。为了保证重点转移工作的顺利进行，校党委成立了党委书记杨永林为组长，常务副校长陈光中、总务长郭恒友为副组长的重点转移领导小组，其他成员由党委办公室、组织部、校长办公室、人事处、教务处、后勤办公室、财务处、总务二处、图书馆等部门的主要负责人组成。重点转移领导小组在党委的领导下，制订和组织实施了重点转移方案。

4 月，校党委在 1991 年工作要点中明确提出，要以搞好学校工作向昌平校区转移为中心，改善办学条件。7 月，学校召开了由党政干部、教研室主任等参加的重点转移动员会，为重点转移打下了思想基础。

9 月 17 日，昌平校区图书馆举行开馆剪彩仪式。司法部副部长鲁坚为图书馆开馆剪彩。司法部有关领导和兄弟院校图书馆的负责人参加了剪彩仪式。图书馆的落成，标志着昌平校区基本建设工作基本完成。

1991 年 8 月底，学校办学主体和工作重点转移到昌平校区。根据党委的决定，重点转移的要求是：校系的指挥首脑、机关职能部门迁移到昌平校区。重点转移后，学校党委会、校长办公会、系务会及全校性的重大活动及学校对外交往、联系均在昌平校区进行，使昌平校区成为学校办学的主体和指挥中心。具体做法是：党办、校办、人事处、教务处、财务处、总务二处、组织部、宣传部、后勤办公室、团委和学生工作部及四个系等 17 个单位转移到昌平校区；图书馆、校医院、保卫处、基础部、外事办公室、电教、理论部、外语教学部、科研处等 12 个单位为两地办公，各教研室和资料室暂时留在海淀校区；研究生院、函授部、出版社、律师事务所、老干部处、学报编辑部、总务一处及各研究所等 12 个单位留在海淀校区办公。校领导除张晋藩、何长顺留在学院路校区主持工作外，全部转移到昌平校区工作。

昌平校区的建成和学校办学主体的转移，使全校师生对未来充满了希望和信心。为了全面回顾和总结中国政法大学建校 40 年中在科研、教学及其他方面取得的成绩和经验，同时以校庆为契机扩大学校的影响，推动和促进学校各项工作的进展，学校决定，隆重、热烈地庆祝中国政法大学 40 周年校庆。1991 年 12 月，学校成立了校庆筹备委员会，由杨永林任主任，陈光中、何长顺任副主任，陈光中兼任校庆办公室主任。委员会下设联络会务组、宣传组、科研成果展览与学术讨论组、教学成果展览组、校史展览组、接待组。1992 年 1 月 4 日，校庆筹委会第一次会议通过了校庆筹备工作安排。

1992 年 3 月 5 日至 4 月，昌平校区掀起了全员绿化的热潮。全校师生员工参加了校园义务植树活动，共植树 5000 余株，铺设草坪约 15 000 平方米。校园里充满了崭新的绿意，盛开了缤纷的花朵。

三、迎来四十周年校庆，检阅教学科研成果

1992 年 5 月，中国政法大学迎来了她的第 40 个生日。来自四面八方的校友和全校师生一起，以各种方式向母校献上真诚的祝福。彭真、王汉斌、陈丕显、雷洁琼等党和国家领导人及任建新、刘复之、尉健行等领导为中国政法大学题词。

1992 年 5 月 5 日上午，中国政法大学建校四十周年庆祝大会在昌平校区礼堂隆重举行。这是继 1986 年昌平校区奠基典礼后的又一次重大庆典。中共中央政治局常委乔石打来电话向全校师生表示祝贺。庆祝大会由校党委书记杨永林主持。全国人大常委会副委员长雷洁琼，最高人民检察院检察长刘复之，监察部部长尉健行，全国人大内务司法委员会副主任委员、中国法学会会长邹瑜，司法部部长蔡诚，中央政法委员会副秘书长、最高人民法院副院长祝铭山，国家安全部副部长俞放，司法部副部长鲁坚，全国人大常委会法律委员会副主任委员顾昂然，监察部副部长李至伦，国务院法制局副局长曹康泰，及中国政法大学历任校领导陈卓、曹海波、刘镜西、甘绩华、戴铮、李进宝、郭迪、云光、江平、余叔通、任时、朱奇武、田辉、李殿勋、杨克、张廷斌、宋振国、郝双禄，现任校领导何长顺、张晋藩、解战原、陶髦、郭恒友等出席了庆祝大会。常务副校长陈光中作校长报告，司法部部长蔡诚代表司法部讲话。校友代表李至伦副部长、在校师生代表巫昌祯教授分别发言。兄弟院校代表与校友代表 900 多人与全校师生一起参加了大会。

当天下午，建校四十周年学术报告会在昌平校区礼堂举行。我校校友、辽宁省高级人民法院院长张焕文，中国社会科学院法学研究所研究员郑成思及我校教师应松年、郑禄、马登民等宣读了论文。5 月 5 日晚，学校举行了盛大的文艺演出，歌手刘欢、韦唯等参加了演出。

四十周年校庆还举办了教学、科研方面的成果展览，对中国政法大学建校 40 年来，尤其是北京政法学院复办以来的教学科研成就进行了一次大检阅。到 1992 年 5 月，全校共设有教研室 38 个，其中教授 27 人、副教授 99 人、讲师 215 人、助教 100 人。复办以后共培养学生 11 775 人，其中研究生 922 人、本科生 4217 人、大专生 734 人、双学士 669 人、函授生 4933 人、涉外律师 300 人。[1]

1993 年 1 月，司法部组织了中央、北京市、昌平县和各兄弟院校的有关人员和

---

[1] 参见中国政法大学校史编写组编：《中国政法大学校史》，中国政法大学出版社 2002 年版，第 170 页。

专家，对投资 1.2 亿元的国家重点建设项目——中国政法大学昌平校区工程进行预验收并通过。4 月 1 日，昌平校区工程正式通过国家验收。昌平校区规划中的基本建设至此全部完成。

第三节　响应国家需求　助力法治建设

一、培养涉外法律人才，试行推免招生制度

为了提高教学质量，培养适应经济发展和法治建设需要的专门人才，1988 年 11 月 22 日，教务处组织召开了本科生教学计划研讨会，校党委书记杨永林、副校长陈光中、陶髦及各系主管教学改革的领导和教师代表参加了研讨会。

针对原教学计划存在的课程设置老化、主干课程不突出、课程内容重复、内容与实效不相协调等问题，学校提出了修订教学计划的原则意见：要本着适应社会主义商品经济发展，培养适应性、竞争性、应用型高级人才的思想，把教学计划的现实性、科学性、系统性、长远性结合起来，突出主干课，围绕培养目标，遵循教育规律，突出专业特色，同时减少总课时，选修课与必修课比例为 3：7。根据这一意见，教务处提出具体的教学计划修订意见：在保证学生足够自学时间的前提下，适当减少必修课时。四年授课总时数为 2832 课时，其中必修课 1900 多课时。在授课总时数范围内，四大理论课占 14% 左右，文化基础课占 37% 左右，专业基础课占 15% 左右，专业课占 35%—40%，拓宽知识面的课程占 5%—10%。

随着进一步的改革开放，国家对涉外法律人才的需求量日益增大，1988 年 3 月，学校开始酝酿筹备成立国际经济法系。经过一年多的充分准备，并经司法部批准，1989 年 3 月，中国政法大学国际经济法系宣告成立。3 月 18 日，国际经济法系成立大会在昌平校区举行。汪瑄教授、朱奇武教授及江平、张廷斌、陶髦、何长顺、解战原等校领导出席了成立大会。在成立大会上，江平校长发表讲话，要求国际经济法系以培养"懂外语、懂法律、懂经济"的"三懂"人才为目标，在课程设置和学时安排上突出外语和经济类课程，全系师生要团结一致，在越来越激烈的竞争中创名牌。

新成立的国际经济法系有本科生 299 人、硕士研究生 60 余人、博士研究生 5 人；有教职工 42 人，其中教授 3 人、副教授 7 人。学校任命吴焕宁为国际经济法系主任，赵相林任系党总支书记。

1990 年 2 月，为贯彻培养"懂法律、懂外语、懂经济"的"三懂"人才方针，国际经济法系与外语部第二教研室、教务处协作，首次开办了本科生第二外语

教学。

1987 年以后，中国政法大学的研究生教育得到了迅速的发展。当年毕业研究生 142 人，在校研究生达到 334 人。1988 年 3 月，学校将研究生院管理体制由一级管理变为二级管理，各系建立研究生办公室。1990 年 9 月，各系研究生办公室取消，恢复研究生院集中管理制度。

到 1988 年 9 月，研究生院已设有研究生专业 25 个，研究生共 400 人，其中博士生 8 人。经过调整，到 1992 年，开设专业 15 个，包含 22 个专业方向，开设课程 160 余门。

1987 年，经国务院学位委员会批准，研究生院开始招收国际经济法学专业和刑事诉讼法学专业博士研究生，指导教师分别为汪瑄教授和陈光中教授。1991 年 11 月，经国务院学位委员会批准，中国政法大学民法学专业被定为博士学位授权学科点，江平教授为指导教师。

为了鼓励本科生努力学习，并推动我校研究生教育的发展，1991 年，研究生招生开始采用推荐考试与免试就读的双轨制。当年招收免试研究生 2 人。

1988 年，经国家教委和司法部批准，中国政法大学再次招收第二学士学位生，学制为二年。当年的双学位招生与过去不同：一是培养经费由国家统一划拨；二是开始招收在校应届毕业生。第二学士学位生毕业后，按第二学士学位专业分配工作。

1988 年 1 月，国家教委和司法部批准了中国政法大学函授招生计划，函授教育中增加了思想政治教育专业和法律专业大专起点本科。按该计划，中国政法大学函授班首次在北京地区招收思想政治教育专业大专班 60 人、法律专业大专起点本科班 100 人、法律专业大专班 350 人、经济法专业大专班 290 人、劳改法大专班 140 人，合计 940 人。

1988 年 12 月 9 日，学校召开了首届函授教育研讨会，常务副校长陈光中主持了开幕式，陶髦副校长作工作报告。陶髦指出，函授教育是我国高等教育的重要组成部分，办好函授教育必须树立质量第一的指导思想。大会进行了论文交流，共有 12 名代表宣读论文，对函授管理、教学及学习等有关问题进行深入探讨，并对学校的函授教育提出很多建设性的意见。

1988 年 9 月，监察部、国务院法制局分别与中国政法大学联合举办了监察部法律培训班和全国政府法制干部培训班，学员均为 100 人，为期 4 个月。

1988 年 10 月，司法部委托中国政法大学举办全国司法行政系统人事干部培训班，培训班为期 1 个月。鲁坚副部长和蔡诚部长分别出席培训班的开学和结业典礼，并充分肯定了举办此次培训班的及时性和必要性。

1991年10月13日，中国政法大学成人教育十年研讨会隆重召开，司法部及各地司法局的领导、各地函授站负责人及兄弟院校的代表参加了会议。会议由陈光中副校长主持，陶髦副校长代表学校作了中国政法大学十年来函授工作的总结报告。报告中充分肯定了我校函授教育工作取得的成绩，多层次、多学科的函授教育体系已初步形成。会上，来自河北、内蒙古等地函授站的同志与学校有关人员就函授教学工作进行了交流。

为理顺学校教育管理体制，归口全校的成人教育工作，1992年4月，学校党委决定，在原函授部的基础上成立成人教育部，并任命陈煜兰为首任成人教育部主任。成人教育部的职责范围为：成人函授教学、教师本科班和成人大专班的教学及管理；自己开办或委托开办各类培训班以及审批全校各单位申报的对外开办培训班的资格。

二、首获国家重点学科，科学研究成果显著

"七五"期间，中国政法大学的科研工作取得了重大进展。全校承担"七五"科研项目55个，资助经费756 800元。其中，国家项目6个、国家教委项目7个、国家科委项目7个、社科基金项目5个、司法部项目30个、北京市规划项目1个。另有大批教师和研究人员的著作和科研成果获国家级和部级奖励。

1988年3月，经国家教委法学专家组评审及有关机构审批，中国政法大学法制史学科中国法制史专业被确定为"高等学校重点学科点"，即国家级重点学科点。国家教委在7月正式发文中国政法大学，要求争取用5年左右时间，将其建成国内一流水平、在国际上有一定影响的学科点。法制史专业学科带头人为张晋藩教授。

1988年5月5日，中国政法大学建校36周年学术报告会在海淀校区举行。最高人民法院副院长马原、中国法学会秘书长陈为典、北京市司法局局长孙在雍、北京市中级人民法院副院长王永源等应邀参加了报告会。在报告会上，马原、陈仲、刘金国、应松年等分别就党的十一届三中全会以来我国民主法治建设的理论与实践、信息法、民事案件审理、行政诉讼法等专题作了报告，受到了与会师生的欢迎。同时，学校还举办了《中国政法大学建校36周年主要科研成果展》，共展出23个部门交展书刊545种，同时参加展出的还有大量的获奖证书、论文及相片。同期举行的校庆优秀论文评选于5月18日结束，共评出优秀论文12篇，另有9篇论文获得荣誉奖。

1988年，我校首届博士生、法制史专业博士朱勇编著的《法律与现代社会》

一书获全国优秀畅销书奖。

在全国高等法学教材优秀教材奖发奖大会上，我校教师编写的《中国法制史》《国际法》《刑法学》《国际私法》《民法原理》《民事诉讼法学》《婚姻法学》等教材分别获得了全国优秀法学教材奖和司法部部级优秀教材奖。

1988年9月16日，由中国政法大学法制系统科学研究会、中国经济法学研究会、中国系统工程学会、中国经济体制改革研究会等单位联合主办的全国第二届法制系统研讨会在北京举行，会议的中心议题是"体制改革与法制系统工程"。会议共收到法律、经济、科技等理论与实践部门的学术论文227篇。本次大会的主报告由中国政法大学青年教师熊继宁撰写。

同日，全国政法院校电子计算机教学及教材研讨会在中国政法大学召开。大会为期4天，对计算机教学与科研的现状进行了分析，并就政法院校计算机教学的课程内容、课程设置等问题进行了深入探讨。本次会议产生的政法院校计算机教材编写组很快弥补了计算机教学教材短缺的空白。

1988年12月，由田文昌、郑静仁负责的科研项目"犯罪预测研究"获得国家教委颁发的"资助优秀年轻教师基金"。该项目根据已有的犯罪情况统计，用系统方法对各类犯罪的发展、变化趋势进行定量、定性评估，预测我国某一地区未来3—5年各类犯罪的发案率，为预防犯罪提供依据，对立法、司法决策的科学化、民主化产生了积极影响。

1989年3月31日，由华夏研究院法制心理研究所、《中外法学》《比较法研究》编辑部主办的法律文化研讨会在中国政法大学召开。与会的青年法学工作者围绕法文化领域的"全盘西化"问题和法文化的操作性及相关问题展开了讨论。

1989年12月，刑事诉讼法教研室樊崇义、周士敏、张家春等人共同合作的《模拟法庭为刑事诉讼法教学改革开路》获得国家级优秀教学成果奖；曹子丹、梁华仁、邵名正、宁致远、率蕴铤等15人分别获得市级教育优秀成果奖。

为了活跃学校的学术气氛，提高学生的政治素质和专业水平，1990年3月，学校决定在广大同学中进行一次优秀论文评选活动。经初级评选并由优秀论文评选小组评议、投票，最终确定优秀论文17篇，其中一等奖2篇、二等奖5篇、三等奖10篇。这是我校组织的第一次学生论文评选活动。

1991年1月25日，怀效锋副教授被授予"做出突出贡献的中国博士学位获得者"荣誉称号，受到国家教委和国务院学位委员会的表彰。2月8日，中国政法大学青少年犯罪研究所被评为"关心教育青少年先进单位"，受到国家教委、团中央、全国妇联等单位的表彰。

5月30—31日，由法律系、北京市少管所、北京市关心青少年协会联合主办的"少年违法犯罪及防治对策"学术研讨会在我校召开。研讨会对青少年违法犯罪特点、成因及防治对策进行了探讨，较准确地反映了20世纪90年代初期未满18周岁青少年违法犯罪的特点、心态和成因，为防治青少年犯罪提供了一定的理论依据。

1991年10月，我校张晋藩教授、陈光中教授荣获国务院有突出贡献的特殊津贴奖，这是司法部分管的政法院校中最早获得此奖项的两位教授。11月，在团市委、北京市科协等联合举办的首都大学生课外学术科技作品竞赛活动中，我校陈国平同学的《论张居正改革中的权力和法律》获一等奖，康守玉、李华明同学分别获得三等奖。

1992年3月，中国政法大学罗马法研究中心成立。该中心挂靠在民法教研室，不增加编制，由法律系代管，江平教授任研究中心名誉主任，杨振山教授任主任。4月，中国法律史研究所研究员怀效锋博士荣膺"霍英东教育基金会青年教师研究奖"，律师学教研室主任肖胜喜博士荣获该基金教学奖。

三、对外交流双向频繁，国际合作日益增加

随着学校各项工作的推进，对外交流活动更加频繁。此时，对外交流活动开始呈现出新的特点：不仅在学术交流方面面向更多的国家和国际组织，更多的高校和研究机构，同时，与外方签订了一系列学术合作、交流讲学、联合培训协议，就学生留学、短期办学等人才培养实质性问题取得进展。

1988年9月4日，国际诉讼法协会秘书长、比利时根特大学教授马赛尔·斯托姆先生来校访问，并接受学校授予的名誉教授称号。这是中国政法大学首次授予外国学者名誉教授称号。1988年10月，日本著名刑法学家大塚仁先生来校访问，并作了关于法人犯罪问题的学术报告。

1989年2月13日至3月1日，江平校长接受意大利罗马大学邀请，赴意大利进行了为期半个月的讲学和学术交流活动。

1989年3月14日，英国BBC对外广播部高级节目制作人芮丽女士和鲍威尔先生就中国的公民权利和法院职能等问题采访了学校的部分教授。此次采访旨在制作关于中华人民共和国成立四十周年的系列节目。

1989年3月20日，由意大利公共工程部部长恩里科·弗里博士率领的意大利民间法律代表团访问我校，并与常务副校长陈光中、部分教授和律师座谈。副校长陶髦与弗里博士一起主持了座谈会。校领导向外宾介绍了学校的课程设置、学制等

基本情况，双方就我国民事诉讼、刑事诉讼及法学教育等情况进行了交流。代表团团员共 50 余人，全部由意大利的律师、检察官、法官组成。意大利驻华使馆苏拉托先生出席了座谈会。

应中国政法大学中国法制研究所的邀请，1989 年 3 月 31 日，法国波尔多大学第一副校长兼法学院院长高德松先生来校访问，并进行了为期 10 天的学术交流。在交流期间，高德松先生就国家赔偿制度的问题与应松年副教授主持的《当代中国行政法制建设的理论与实践》课题组进行了广泛的讨论。中国法制研究所还于同期邀请了美国波士顿大学法社会学教授罗伯特·B. 赛德曼和安·赛德曼先生来校讲学。他们主要讲授了西方国家立法学、立法技术咨询和西方国家如何利用法律手段管理经济等课题。

1989 年 8 月 28 日，美国社会科学协会主席、艾森豪威尔基金会董事会主席沃尔冈教授来校访问，就青少年犯罪的有关问题与法社会学与青少年犯罪研究所的研究人员进行了学术交流。

1990 年 4 月 28 日，韩国亚洲经济研究所所长申泰焕为团长率韩国访华代表团来校访问。5 月 9 日，香港善导会学习小组来校访问，并就少年犯罪与劳教问题与我校有关人员进行了座谈。6 月 1 日，美国福特基金会驻京办事处官员一行 4 人来校与副校长陈光中、张晋藩座谈，介绍福特基金会改组情况。6 月 5 日，新加坡国立大学图书馆副馆长余秀斌女士来校访问，并就馆际合作、资料交流等问题交换了意见。6 月 7—8 日，苏联莫斯科国际关系学院政治学、法学博士郭尔松来校访问，与解战原副校长进行了座谈，就校际交流等问题进行了磋商。

9 月 21 日，美华全国协会主席、杜肯大学法学图书馆馆长、美籍华人刘亦宁教授来校进行为期 7 天的访问交流活动。中共中央总书记江泽民委托曾培炎在钓鱼台国宾馆会见了刘亦宁教授。国务院副总理吴学谦、国务院侨办主任廖晖及中国政法大学常务副校长陈光中参加了会见。

10 月 13 日，由中华全国青年联合会、日本青少年交友联合会主办的"北京 21 公里长走大会"在昌平沙河举行。中国政法大学 450 名师生应邀参加了这项旨在促进中日青少年交流与国际友好的"走向 21 世纪"活动，与 90 多名来自日本的朋友一道，历时 4 个多小时，完成了从沙河到定陵的 21 公里徒步旅行，再次展现了中国政法大学师生蓬勃向上的精神风貌，为中日友好作出了贡献。

10 月 29—30 日，美国美中文化教育交流基金会主席周瑟·肯尼迪来校访问，并就美中文化教育基金会选派留学生赴中国政法大学学习等问题与张晋藩副校长进行了磋商，并于 31 日达成了协议。常务副校长陈光中代表学校在协议书上签字。

11 月 3 日，国际犯罪学学会秘书长、法国最高法院检察官比卡先生访问我校，并请我校青少年犯罪研究所、劳改法教研室的部分教师介绍了犯罪学教学与研究情况。11 月 15 日，张晋藩副校长会见了来访的总编巴德尔斯科娃率领的苏联法律出版社代表团。双方就合作翻译并出版《合资企业法》中的问题进行了商讨。代表团向学校赠送了一批新版俄文图书。

1991 年 3 月 9 日，应美国杜肯大学法学院邀请，常务副校长陈光中率团赴美国访问。经与杜肯大学副校长米切尔·韦伯博士等会谈，双方就今后定期进行学者交流讲学达成了协议，双方还就举行国际性学术会议、协助我校图书馆自动化建设等问题进行了磋商。陈光中在杜肯大学就中国民主与法治建设作了演讲，并作了有关中国刑事诉讼法的学术报告。6 月 18 日，米切尔·韦伯博士率杜肯大学代表团访问我校，并正式签署了《中国政法大学与杜肯大学两校友好校际交流协议》。

3 月 29 日，副校长陶髦教授会见了由悉尼大学法学教授郑汝纯率领的澳大利亚就业教育培训代表团。4 月 5 日，常务副校长陈光中教授在学校会见了以美国华盛顿州最高法院法官罗伯特·阿特为团长的美国仲裁与调解访华团。双方就中美律师情况、仲裁与调解状况交换了意见。

5 月 18 日，日本宪法学家、学习院大学教授芦部信喜与横滨国立大学副教授青柳幸一访问我校，并作了关于日本宪法研究状况的学术报告。5 月 29 日，美国亚洲基金会东北亚事务主任谢孝同先生在国家环保局政法司司长胡保林陪同下来校访问，会见了将在北京环境法制培训研究中心任教的教授们，并与我校初步达成由美方提供资助的中美合作培训的五项协议。

6 月 29 日至 7 月 30 日，中美法律教育交流委员会在中国政法大学举办了第六届美国法律暑假讲习班。这项活动是根据中美两国法学教育交流协议，在国家教委、司法部和美中法学教育交流委员会等机构的直接赞助下进行的。

四、校园文化积极活跃，文体活动屡获奖项

经过风波与反思，师生的思想受到了一次洗礼。在校党委的领导下，各部门及团委、工会等组织了丰富多彩的文体活动，营造良好的校园文化氛围。

1989 年 4 月，中国政法大学艺术团成立，其宗旨在于活跃学生校园生活。艺术团由合唱队、乐队、表演队等组成，吸收了有一定艺术水平的教职工和学生参加。艺术团成立以后，多次组织大型文艺演出和系列文艺活动，取得了良好的效果，受到了广大师生的欢迎。

1989 年 12 月，北京市首届大学生文化节·文艺汇演在北京师范大学举行，学校艺术团组织的参赛节目全部获奖。法律系 87 级同学的大合唱、张瑞丁的小提琴独奏均获二等奖，孙华同学的女声独唱获三等奖。

1990 年 4 月 27 日，学校邀请参加第十四届世界法律大会的近百名校友返校参观。这些校友都是在政法工作中做出了一定成绩的，其中相当一部分是省、市高级法院的院长和检察院检察长。校党委副书记何长顺主持了座谈会，欢迎校友回到母校。参加第十四届世界法律大会的中国代表团的 600 名成员中，中国政法大学校友有 140 多名。[1]

1988 年，中国政法大学男子排球队重新组建，同年在北京市高校排球联赛中重新打入乙级队，1989 年获第 4 名。1990 年 5 月，校男排在参加北京市第 8 届运动会高校组排球赛中，克服重重困难，获北京市高校第 9 名及乙级队冠军，取得了学校运动队史上的新突破。

1990 年 7 月，司法部部属 5 所院校"司法杯"足球赛在中国政法大学举行。校男足力克华东、西南、中南、西北四所政法学院的足球队，获得冠军。

1990 年 9 月，第 11 届亚洲运动会在北京举行。中国政法大学师生积极参加了亚运会的服务工作。1990 年 10 月，亚运会组委会群工部、团市委、首都精神文明办公室等 7 家单位联合做出决定，对"亚运交通岗"和"卫生监督岗"活动中的先进单位和个人进行表彰，中国政法大学"双岗"被评为"北京市区县局级全优标准亚运交通岗和卫生监督岗"，法律系被评为市"双岗"活动先进集体，李德平、郭宏斌被评为"先进个人"。另外，中国政法大学文明啦啦队被评为"首都最佳文明啦啦队"，孙艳辉被评为"最佳指挥"，国际经济法系分团委荣获"固定观众组织奖"。

1990 年 11 月 18 日，中国政法大学第四次学生代表大会在昌平校区举行，来自四系及大专班的 233 名学生代表出席大会。大会通过了一系列的报告，选举辛建红、左德起等同学组成了第四届学生委员会。在学代会召开前夕，党委书记杨永林、副书记兼副校长解战原及有关部门负责人与学代会代表和各班班长、团支书座谈，并就学代会的有关提案做出了答复和解释。

1991 年 3 月 14 日，经过三个多月的筹备，中国政法大学学生法学会举行成立大会。以法律系 88 级同学为骨干的 28 名会员出席了成立大会，通过了法学会章程，并以《学生法苑》为会刊，选举产生了会长、副会长，杜世相当选为第一任法学会会长。法学会以提高广大同学的理论水平和实践能力、活跃校园学术气氛为宗

---

〔1〕 参见中国政法大学校史编写组编：《中国政法大学校史》，中国政法大学出版社 2002 年版，第 186 页。

旨，聘请张晋藩、陈光中、陶髦、解战原、巫昌祯等老师为顾问，聘请张佩霖等为指导教师。解战原等出席了成立大会并讲话。不久，中国政法大学法学会发展成为学校最大的学生学术团体。

1991 年 7 月，在大连举行的第二届"宝矿力水特杯"全国女子足球邀请赛上，中国政法大学女子足球队经奋力拼搏，夺得本次比赛季军，队员万蓉、秦庆芳获得体育道德风尚奖。此前，我校女足在第四届首都高校"朝阳锅炉杯"女子足球赛中获得亚军。

12 月 15 日，北京高校 1991 年越野赛在中国政法大学举行，来自首都 22 所高校的 266 名运动员参加了男子 10 000 米和女子 6000 米的比赛。北京市市长助理万嗣全、市体委主任马贵田及司法部教育司、昌平县的领导到会祝贺并为获奖运动员颁奖。中国政法大学同时举行了法大师生"众盼奥运"签名活动，并在颁奖仪式上将 10 米长的法大师生"申办奥运，奔向 2000 年"签名条幅递交北京市 2000 年奥运会申办委员会。

第七章
抓住机遇　发展壮大

（1992—2000）

第一节　走向综合办学　推动建设发展

一、认真总结基本经验，积极拓展办学思路：第五次党代会召开

1990 年 2 月以后，常务副校长陈光中代行校长职责。1992 年 7 月，根据司法部党组文件通知，中国政法大学领导班子进行重大调整。原常务副校长陈光中被任命为校长，原副校长陶髦被任命为常务副校长，原法律系主任王启富被任命为党委委员、常委、副校长。

8 月 8 日，经校党委会研究决定，调整后的校领导班子分工如下：党委书记杨永林全面负责党务工作，分管纪检工作；党委副书记何长顺协助党委书记抓党务工作，党委副书记兼副校长解战原协助书记和校长分管学生工作。校长陈光中全面负责学校行政工作，常务副校长陶髦协助校长抓学校行政工作，副校长张晋藩协助校长抓研究生、科研工作，副校长王启富协助校长抓教学工作，副校长郭恒友协助校长抓后勤工作。

为了更好地发挥校党委的集体领导作用、保证决策的正确，根据《中国共产党章程》以及《中共中央关于加强高等学校党的建设的通知》要求，1992 年 5 月 21 日，校党委通过了《中共中国政法大学委员会议事规则》。该规则规定，中国政法大学实行党委领导下的校长负责制，党委是学校的领导核心，党委实行集体领导和个人分工相结合的制度。凡属学校党政工作的重大问题，由党委按照民主集中制的原则集体讨论决定。根据党政职能分工，有关教学科研和行政管理工作的重大问题，由校长负责组织实施。

1993 年 2 月 24—27 日，中国共产党中国政法大学第五次代表大会隆重召开，110 名党代表代表全校 1135 名党员参加大会。司法部副部长张秀夫、北京市委教育工委副书记尹栋年在大会开幕式上讲话。会议听取和审议了党委书记杨永林作的工作报告，讨论了校长陈光中作的《关于学校教育体制改革方案》的报告，以无记名投票的方式选举产生了新一届党委会、纪委会。

第五届党委会由马改秀等 19 人组成，第五届纪委会由马抗美等 9 人组成。2 月 27 日，第五届党委会召开第一次会议，选举何长顺、杨永林、陈光中、陶髦、倪才忠、康德琯、解战原为党委常委，选举杨永林为党委书记，何长顺、解战原为副书记，并审议通过倪才忠为纪委书记，焦玉学为纪委副书记。

这是 1962 年北京政法学院第四次党代会以来的三十多年中召开的第一次党代会。中国政法大学第五次党代会是在党的十四大闭幕后，在加快改革开放的历史条件下召开的，会议认真总结了过去的基本经验，确定了今后的基本任务，讨论了学校深化改革的基本思路。本次大会的召开，标志着中国政法大学党的建设迈上了一个新的台阶。

为改进领导工作作风，密切联系群众，联系实际，克服主观主义和官僚主义，学校党委决定，从 1993 年 11 月 10 日起重新恢复校领导接待日制度。

1994 年 3 月，司法部党组决定对中国政法大学领导班子进行重大调整。3 月 30 日上午，司法部政治部副主任在全校处级以上干部大会上宣布了调整决定：任命杨永林为中国政法大学党委书记兼校长；任命解战原为中国政法大学常务副书记，免去副校长职务；任命王启富为常务副校长、党委常委；任命马抗美为中国政法大学党委副书记兼副校长；任命陶髦为中国政法大学副校长、兼研究生院院长，免去常务副校长职务；任命赵相林为中国政法大学副校长、党委常委。同时，陈光中、张晋藩等人离开领导岗位。调整后的中国政法大学领导班子由杨永林、解战原、王启富、何长顺、马抗美、陶髦、赵相林、郭恒友、倪才忠、康德琯 10 人组成。

司法部常务副部长张秀夫、副部长肖建章在会上讲话，充分肯定上一届领导班子在学校稳定与建设方面取得的成绩，并指出，中国政法大学在全国法学教育方面是当之无愧的第一，有着举足轻重的作用和重要的地位，希望全校师生克服困难，勇于改革，锐意进取，使学校工作上一个新的台阶，争取进入"211 工程"。

1995 年 8 月 29 日，司法部党组作出决定，由马抗美兼任中国政法大学纪委书记，任命怀效锋为中国政法大学副校长兼研究生院院长、党委常委，任命陆炬为中国政法大学副校长、党委常委。同时，何长顺、陶髦、郭恒友、倪才忠、康德琯等人达到退休年龄，退出领导岗位。9 月 28 日，杨永林主持召开党委常委会，研究了调整后的领导班子分工。根据学校两地办学的实际需要，调整后的领导班子将进一步贯彻执行工作重心向昌平校区转移的方针：杨永林、解战原、王启富、马抗美、赵相林、陆炬等人主要在昌平校区工作，2/3 以上时间在昌平校区办公；怀效锋以海淀校区工作为主。调整后的领导班子由 10 人变为 7 人，平均年龄由 56.4 岁降到50 岁。

1995 年 7 月 5 日，中国政法大学第三届教代会选举产生了第三届教代会主席、副主席，解战原为教代会主席，崔玉臻为常务副主席，李涛、邬宝顺、皮继增为副主席。

二、实行岗位职务聘任，深化管理体制改革

邓小平同志南方谈话和党的十四大的召开，为中国的改革开放事业揭开了新的一页。中国政法大学党委认真贯彻党的路线、方针、政策，在人事改革、后勤改革方面进行了大胆的探索。

1992 年 4 月，中国政法大学改革领导小组成立，由杨永林任组长。领导小组下设办公室，抽调专门人员研究其他学校的改革经验和学校实际，提出学校改革的具体方案。4 月 10 日，改革领导小组第一次会议在昌平校区召开。杨永林主持会议并传达了北京市高校深化改革研讨会的精神和北京市高校改革的一些情况，提出了中国政法大学深化改革的初步设想。杨永林强调，学校发展的根本出路在于改革。要通过改革，引入竞争机制，逐步打破"三铁"，优化教职工队伍，增强学校活力，达到提高办学质量和办学效益的目的。改革是大势所趋，势在必行，要下决心搞好。

4 月 16 日，学校召开全校部门负责人会议，统一对改革的认识，部署下一步的工作。学校强调，各单位负责人应密切配合改革，及时反馈好的意见、建议和方案，争取上半年拿出深化改革的初步方案，在下半年提交党委会和教代会审议，1993 年开始全面实施。

6 月 19 日，中国政法大学第二届教代会主席团暨第八次工会委员会举行第二次会议。会议听取了教代会主席康德琯、常务副主席崔玉臻关于教代会提案落实情况及工会工作的报告。校长陈光中、人事处处长陆炬就学校改革的动态和设想向大会做了通报。通报中说明，学校的改革将以人事制度改革为突破口，专门成立了校领导牵头的人事改革领导小组和房改领导小组等，并提出改革的工作思路，放权让大家办公司、办企业、搞奖励。人事制度改革的目标是压缩编制，定岗、定编、定任务，干部教师进行职务聘任，工人签订聘用合同，此外要改革工资制度，实行校内

津贴，成立人才交流中心等。会议认为，必须加快校内改革步伐，使教学改革、管理体制等方面的工作跃上一个新的台阶。

为了克服平均主义弊端，调动广大教职工的积极性，1993 年 3 月，学校出台了《中国政法大学校内津贴包干办法》。该办法规定，在定机构、定编制、定职能的基础上，各单位对校内津贴实行包干，增人不增津贴，减人不减津贴。校内津贴由学校根据财力和各单位编制，每年核定一次。该办法试行一年。

1993 年 6 月 18—19 日，中国政法大学第二届教代会暨第八届工会代表大会第二次全体会议在昌平校区召开。会议听取了校长陈光中所作的《关于我校改革的进展情况的报告》，提出了《对学校改革进程报告的评价和意见》。意见认为，《关于我校改革的进展情况的报告》符合学校实际，令人鼓舞；同时指出，学校的改革方案要进一步突出以教育和教学改革为中心的指导思想，正确处理创收与教育和教学改革的关系，高度重视教师队伍尤其是青年骨干教师队伍的稳定问题；在定岗、定编方面要加大力度，注意结构的合理及人员素质的提高；要重视和改革后勤创收和校园综合治理等。校党委书记杨永林表示，将认真研究该意见，与广大师生风雨同舟，共同将学校的各项工作做好。

1993 年 12 月开始，根据国家关于机关、事业单位工资制度改革的精神，进行了新工资制的套改和测算工作。新工资制体现了科学分类，引入正常工资增长机制，发挥工资的导向作用等改革原则。

1994 年 4 月 5 日，杨永林主持召开全校中层干部会议，就当年全校工作进行了部署。杨永林强调，要以推行聘任制为重点，继续深化学校内部管理体制改革；聘任制先在中层以上干部进行，取得经验后再全面推广；以实行学分制为重点，在学生中建立激励机制；以建立筛选制为重点，加强学生管理；以稳定教师队伍为重点，努力改善现有的办学条件和环境；在继续完善后期承包制的基础上，加快后勤社会化的探索和实践。

为了适应内部管理体制改革的需要，进一步加强学校各类人才的开发管理和服务，学校决定，成立中国政法大学人才服务中心。该中心为隶属于人事处的科级机构，负责下岗待聘人员的管理、专业技术职称评审和改革、兴办经济实体、提供就业机会等有关工作。

1994 年 10 月，学校制定了《实行党政干部聘任制的暂行规定》及具体实施意见，提出了公开、民主、竞争、择优聘任的原则。该文件规定，从 1994 年 12 月起，凡在学校各部门从事党政管理工作或主要从事党政管理工作的兼做其他工作的正式在编人员，一律实行岗位职务聘任。选聘干部可在全校范围内进行，但学校有权制止不合理的流动。处级领导干部的聘任人选，采取主管领导和群众相结合的办法提名，并在本单位和一定范围内征求意见；科级干部由部门领导提名；一般干部由科长提名。对于未聘人员，由人才服务中心集中进行管理，分四种情况进行分流：一是在一年内自行调出学校；二是经本人申请，按有关规定提前办理退休；三是在半年内由校人才服务中心组织学习和培训，由空编单位聘任上岗；四是组织临时性服务活动。聘任干部科级以上领导职务的一般为三年，一般干部为两年至三年。文件对干部的解聘、辞聘及聘任制干部的待遇均作了相应的规定。同时，学校成立聘任制工作领导小组，开始组织进行党政、后勤职能部门的干部聘任。

1995 年 3 月，工人合同制试点也在校车管理科率先展开。

1995 年 5 月底，中层党政管理干部的聘任工作基本结束。到 6 月 1 日，已完成了 42 个处级机构共 41 名正处级干部和 70 名副处级干部的聘任。本次聘任工作结束后，中层干部的结构有了较大改善：聘任的 111 名处级干部中，30 岁以下的 5 人，占 4%；30—40 岁的 33 人，占 30%；41—50 岁的 33 人，占 30%；51—60 岁以上的 40 人，占 36%。一批德才兼备的年轻干部走上领导岗位，梯级结构更趋合理，干部队伍更富生机和活力。另外，干部的知识结构也有所改善，绝大部分具有大专以上文化程度，其中具有博士学位的 6 人，具有硕士学位的 17 人。

为适应高校后勤工作社会化发展的新形势，针对学校后勤工作中存在的突出问题，1996 年 5 月 2 日，校党委通过后勤管理机构改革方案：撤销校总务一处、总务二处、后勤办公室，成立总务处，下设 9 个职能科室；成立中国政法大学饮食服务中心，下设若干食堂、餐厅及餐饮经营服务部；成立校园国有资产管理办公室，下设 4 个职能科室。

1996 年 1 月，经司法部和地方政府房改办批准，学校全面贯彻国务院和北京市关于房改的决定，正式启动学校的住房改革，实施住房公积金制度，稳步出售教职工单元楼房和调整房屋租金等三项措施。到该年 3 月底，共出售住房 646 套。〔1〕

1992 年 1 月 12 日，中国政法大学公关事务所正式成立并在工商局注册，为由中国政法大学主管的全民所有制单位。7 月 1 日，北京天剑经济技术发展中心成立，法定代表人为校长陈光中，副校长郭恒友任总经理。此后，学校及各部门分别成立了公司或其他咨询中心、信息中心等经济实体 50 多个。〔2〕

---

〔1〕 参见中国政法大学校史编写组编：《中国政法大学校史》，中国政法大学出版社 2002 年版，第 199 页。

〔2〕 参见中国政法大学校史编写组编：《中国政法大学校史》，中国政法大学出版社 2002 年版，第 199 页。

　　这些经济实体成立之初，都开展了一系列的经营活动，取得了一定的经济效益。但是，部分实体由于管理不善，造成亏损，并出现了一些经济纠纷，对学校声誉造成了严重的影响。1994 年 10 月，为了掌握和了解学校各类公司的现状和经营效益，针对存在的问题提出改进措施，校党委决定对各类公司进行全面清理整顿，以保证其健康发展。为此，学校成立了以常务副校长王启富为组长、纪委副书记兼监察处处长焦玉学为副组长的清理公司领导小组，对以学校名义成立的公司进行清理。

　　1995 年 5 月，清理整顿公司（实体）工作取得初步成效。清理中发现：虚报注册资本的占 54%，虚假资金近 900 万元；亏损占 84%，只完成上缴学校任务的 69%；部分公司合同履约率只有 10%。针对存在的问题，清理整顿公司领导小组提出了改善管理体制、健全规章制度、加强企业（公司）领导的建议和意见。经过整顿，52 个公司（实体）中，泰康空调经销部等 13 家实体与学校脱钩，天剑公司等 23 家实体被注销，劳动服务公司、公关事务所等 18 个被保留。经过此次清理整顿，进一步加强了学校对校办产业的领导和管理。

三、设立建设发展基金，大量争取社会捐助

　　随着学校建设速度的加快和办学规模的扩大，以及对外交流的日益广泛，学校在海内外的影响也日益增强。一些有识之士纷纷捐资支持中国政法大学的建设与发展。学校将争取更多的捐助作为学校办学体制改革的重要方面。

　　1993 年 3 月 30 日，金利来集团总裁曾宪梓先生资助中国政法大学 100 万元人民币，捐赠仪式在昌平校区隆重举行。陈光中校长向曾宪梓先生颁发了"中国政法大学顾问"聘书，并代表学校将此项资金命名为"中国政法大学宪梓奖教学基金"。新华社、《法制日报》、北京电视台等媒体对此事进行了报道。

　　1994 年 10 月，中国政法大学校友、香港爱国人士高国忠先生为鼓励学生更加努力地学习，鼓励教师进修和参加科研活动，捐款 10 万元港币，在国际经济法系设立"国忠奖学助教基金"。11 月 17 日，香港英皇集团董事长杨受成先生向中国政法大学捐款 100 万元人民币，设立"中国政法大学杨受成法学教育基金"，以奖励表现卓著的优秀师生，推动学校各项工作的发展。司法部副部长王巨禄出席了捐款仪式。

　　1994 年 12 月，校党委决定成立中国政法大学建设与发展基金，并批准了《中国政法大学建设与发展基金章程》等文件，成立基金理事会。中国政法大学建设与发展基金是用于支持中国政法大学建设与发展的专项基金，其主要来源是校内外、

国内外、海内外各界人士的自愿捐赠。中国政法大学建设与发展基金的设立，将改变以往的单一靠国家投资办学的旧模式，是学校办学投资体制方面的重大改革。

为支持中国政法大学的建设与发展，香港著名律师行——黄乾亨黄英豪律师事务所捐资300万元人民币，用于兴建中国政法大学风雨操场。1994年12月30日，杨永林校长与黄乾亨先生在捐助协议上签字。

1995年6月7日，中国法律服务（香港）有限公司向中国政法大学捐赠协议签字暨首次捐款仪式在昌平校区礼堂隆重举行。中国法律服务（香港）有限公司董事长柳谷书、校党委书记兼校长杨永林分别在捐赠协议上签字，首期第一年100万元捐款仪式也于当天举行。

10月14日，黄乾亨黄英豪律师事务所捐资300万元赞助兴建的启运体育馆落成典礼在昌平校区隆重举行。该项目总预算为498万元，其余部分由学校和司法部筹集解决。典礼由校党委副书记解战原主持。司法部副部长刘飏，香港著名律师、启运体育馆捐助人黄乾亨先生及夫人，校党委书记兼校长杨永林等校领导，黄乾亨先生的部分好友及我校部分师生参加了落成仪式。

▲ 启运体育馆落成典礼

四、修订本科教学计划，迈向综合办学模式

在人事制度改革和后勤改革的同时，学校的教学工作也推出了一系列改革措施。1992年以后，学校在本科生教学方面进行了积极的探索，深入进行教学方式和方法的改革，取得明显的成绩，使学校的本科办学水平得到进一步提高。

1994年8月，学校根据社会需要和实际情况，修订了教学计划。同旧的教学计划相比，新的教学计划调整了课程知识结构，在加强专业基础理论教学的前提下，增加了一些适应市场经济需要的课程，主要是民事法学和经济法学两方面；增加提高学生基本实用技能的课程，主要是外语和计算机；减少必修课，增大选修课的比例，选修课比例由原来的 20%提高到 30%；以学分制代替学年制，视学生个人学分的取得，在校学习时间可提前到三年结束，也可以延长至五年或六年，并且学生可以申请自修或免修某些课程。学校在实施过程中，不断进行修改和完善，使其更具可操作性和科学性。1996 年，学校再次修订教学计划，将各专业额定总学分由 196学分降到了 160 学分左右，为学生提供更多的独立思考和自主学习的时间。

为了适应社会主义市场经济建设的需要，根据全国高教工作会议的精神，学校认为，当前的专业设置已经明显不适应社会的需要和学校发展的要求。为了拓宽专业口径，学校经反复研究和分析论证，于 1992 年 12 月向司法部请示，要求增设本科英语专业，并于 1993 年 2 月得到司法部的批准。新设立的英语专业学制四年，授予文学学士学位，共设有必修课 29 门，2600—2800 课时，选修课若干门。主要专业课有：英语精读、泛读、语音、听力、口语、写作、语法、口译、英美文学、文学史、英文报刊选读、涉外业务英语应用文等。专业培养目标为，培养适应社会主义市场经济建设需要的德、智、体全面发展的精通英语、通晓法律的英语专业人才。业务上要求学生具有扎实的英语语言基础，较强的口译、笔译能力，较强的语言工作和文字工作能力，具有一定的语言理论及教学知识，对英语国家的社会、政治、经济、法律及文化有较广泛的了解，懂得和掌握我国的基本法律规范，初步掌握一门外语。英语专业从 1994 年开始招生，首批招收学生 40 人。

1994 年 9 月 8 日，中国政法大学外语系成立大会在海淀校区举行。英语专业的设立和外语系的成立，是适应我国社会主义经济发展建设的需要，也是中国政法大学外语教学改革的重大举措，标志着中国政法大学由单一的办学模式向综合的办学模式又迈出了新的一步。

1995 年年初，经司法部批准，学校设立了企业管理专业，当年首批招生 40 人。

为适应教育体制改革的需要，根据政治系专业设置的实际情况，1993 年 3 月27 日，经校长办公会研究决定，从 1993 年 5 月 1 日起，政治系更名为政治与管理学系。政治与管理学系设立两个专业三个方向，其中，政治学专业设中国政治方向，行政管理专业设企业行政管理、公关与文秘两个方向。

1992 年 12 月，司法部部属五所政法院校开展课程评估试点。中国政法大学参评的哲学课程和民事诉讼法专业课程均被评为 A 级课程，其中，哲学课程被评为 A级优质课程。

1994 年 5 月，为了加强学校体育教学、科研工作，促进全校性体育活动的开展，经校党委常委会研究，决定成立中国政法大学体育部。体育部的主要任务是担负全校各类学生的体育教学工作，以及与体育教学相关的科研工作，同时作为我校体育运动委员会的日常办事机构，负责全校群众性体育活动的组织协调和开展，统管全校体育运动器材和场所。

为了进一步适应成人教育发展形势的需要，推动成人教育的发展，1995 年 12 月，校党委决定，撤销原中国政法大学成人教育部，成立中国政法大学成人教育学院，作为中国政法大学成人教育管理的职能部门，对外代表中国政法大学开展各类成人教育。郑秦教授被任命为首任成人教育学院院长，任中杰任党总支书记兼副院长，刘金友、赵瑞珍为副院长。1996 年 1 月 4 日，中国政法大学成人教育学院成立大会在海淀校区召开。司法部教育司及各省、市、自治区司法厅（局）的领导、各函授站站长及校领导出席了大会。

1997 年中央政法管理干部学院、中国高级律师高级公证员培训中心与中国政法大学三校合并以后，中国政法大学的成人教育规模空前壮大，除中国政法大学成人教育学院的成人大专班、函授班外，原中央政法管理干部学院的大专班、司法局长班和中国高级律师高级公证员培训中心举办的高级律师高级公证员培训班，涉外律师培训班也成为中国政法大学成人教育的重要组成部分。

1994 年，中央政法管理干部学院举办了第一期自学考试助学辅导班。1995 年，中国政法大学法律系举办了中国政法大学第一期自学考试助学辅导班。1997 年以后，中国政法大学的自考辅导班如雨后春笋，迅速发展，逐渐形成了规模。

1997 年 3 月 18 日，受司法部教育司委托，由中国国际高级法律人才培训中心（北京）承办的"民法及金融法高级师资进修班"在海淀校区举行开学典礼。

10 月 23 日，学校举行"成人教育学院成立十五周年庆典暨研讨会"。司法部副部长刘飏、司法部教育司司长怀效锋及国家教委、最高人民法院、最高人民检察院等单位的代表参加了庆典。

10 月 30 日，我校高级律师高级公证员培训中心（以下简称，"两高"培训中心）第 19 期学员培训班开学典礼在新校举行。司法部公证司司长肖义舜、律师司副司长吴明德及校党委书记兼校长杨永林等出席典礼，副校长兼"两高"培训中心主任魏传军主持典礼。

1998 年 4 月 1 日，第 11 期全国地市司法局长培训班、第 20 期全国高级律师高级公证员培训班在昌平校区举行开学典礼，司法部副部长张耕应邀出席并作重要讲话。

1999 年 3 月 18 日，中国政法大学与中央电视大学签订合作协议，从 1999 年起双方合作开展法学专业专升本的开放教育试点工作。

1999 年 3 月，受司法部委托，由法律系具体承办的司法部律师资格定向班开学。该班是根据司法部机构调整的需要，对机构调整分流人员进行的学习培训。10 月 29 日，定向班结业，司法部副部长段正坤向学员颁发了律师资格证书。

五、推行教学巡视制度，迎接教学水平评估

一系列教学改革取得了明显成效，1994 年 7 月，学校在校学位评定委员会下设学位办公室，为副处级单位，全面负责全校各类学位工作及学位评定委员会交办的有关工作。

9 月，学校根据北京市《关于通过培训使高校青年教师达到硕士研究生水平的意见》，制定了具体的实施办法，决定对 1957 年以后出生的未获得硕士研究生学位的专任教师进行研究生水平的培训，1997 年以前全部完成培训任务。

1995 年 7 月 18—22 日，全校教学工作研讨会在南戴河举行。杨永林、王启富、赵相林等校领导及有关部门负责人参加了会议。

12 月 13 日，我校计算机教学网络工程竣工并通过验收，王启富、赵相林、陆炬等校领导到昌平校区教学楼 C 段（今格物楼）参观了新建成的微机实验室。

11 月 11—12 日，我校法律系劳改法教研室的王顺安副教授代表学校参加了北京市教育工会举办的北京市首届高校青年教师教学基本功大赛，并荣获优秀奖。

1996 年 4 月 3 日，为了督促教学计划的执行，维护必要的教学秩序，保障教学质量，教务处推出聘任教学巡视员的新方案，我校开始试行教学巡视员制度。首批教学巡视员为：倪才忠、钱景兴、李凤琴。巡视员的职责主要是协助主管教学副校长及教学管理部门检查教学计划的执行，听取并反映广大师生对教学工作的意见和建议，总结、推广好的教学经验和教学管理经验，对学校的教学工作提出改进意见。

8 月 21—24 日，我校教代会工作暨教学工作会议在南戴河召开。校党委书记兼校长杨永林同志作了《团结动员全校教职工，为进入"211 工程"，把我校办成国内一流大学而奋斗》的报告。解战原、王启富、赵相林、怀效锋、陆炬等校领导到会。全国教育工会副主席、清华大学党委副书记黄圣伦应邀介绍清华大学工作经验。

11 月 6 日，我校召开各部门负责人会议，准备迎接司法部教学评估专家组对中国政法大学教学水平评价的各项工作。党委书记兼校长杨永林，常务副书记解战原，副校长赵相林及各系、部、处有关负责人出席了会议。杨永林同志对如何做好这次评估工作做了重要指示。11 月 20 日，司法部教学评估专家组和工作组抵达我校，从 11 月 21 日起对我校进行为期 5 天的教学评估。11 月 26 日，司法部高等司

法院校教学水平评估专家组中国政法大学教学工作水平评价通报会在昌平校区召开。会议由专家组代理组长郑昌济教授主持，专家组全体成员、校领导杨永林、解战原、王启富、马抗美、赵相林、陆炬及处级单位负责人参加了会议。专家组认为，中国政法大学在办学过程中坚持正确思想的指导和社会主义办学方向，取得显著成效。办学中，学校在以法学为主的专业设置中，改变了"大法学"的单一模式，教学科研成果显著，积极参加国家立法活动，广泛参与国际交流。同时，专家组指出，学校存在的主要问题是教学经费短缺，教师在教职工队伍中的比例偏低，并建议进一步加强管理队伍建设，尽可能消除影响师资队伍稳定的因素。

1993 年 5 月 20 日，中国政法大学研究生院成立十周年庆祝大会隆重举行。雷洁琼、刘复之等发来贺信。全国人大常委会法律委员会副主任顾昂然，司法部部长肖扬，中国法学会会长邹瑜，最高人民法院副院长祝铭山，我校老领导陈卓、云光及校领导参加了大会。副校长、研究生院院长张晋藩教授总结了研究生院成立十年来的工作成就，并表示在新形势下，中国政法大学将把握法学教育发展的大趋势，明确改革思路，有决心、有魄力将中国政法大学办成国内最高法学学府，将研究生院建成世界先进水平的法学学府。

第二节　合并两校一中心　开启"211"申请

一、优化教育资源组合，迎来合并调整机构

学校的改革与发展引起了中央的关注。1995 年 5 月 18 日，中共中央政治局委员、国务院副总理李岚清来到我校昌平校区视察工作。国家教委副主任韦钰、司法部副部长张秀夫、刘飏及北京市教工委相关负责人陪同李岚清副总理视察了学校。

李岚清深入学生宿舍、教室、图书馆了解学校的相关情况，听取校领导和部分师生代表的汇报，并针对教育体制改革、稳定教师队伍、加强学生思想政治教育等几个方面的问题发表了讲话。李岚清强调，政法教育要为社会主义市场经济建设服务，为社会发展服务，为社会主义治安服务。

李岚清还来到正在上课的第八阶梯教室，对正在上课的同学们讲话。他说："法治建设是社会主义市场经济建设中的一个薄弱环节，要完善法制，严格执法，一个根本的问题就是人才问题。目前政法教育还比较薄弱，需要大力发展，需要提高水平。大家是建立社会主义市场经济的未来和希望，要好好学习，珍惜时光，尽快成才。"

在听取了校领导和教师代表的汇报后，李岚清副总理就教育改革中存在的问题

进行了深入分析。他指出，整个宏观教育结构、管理方法必须改革，办学体制尤其是领导体制要逐步改变。在办学过程中，首先要稳定教师队伍。中国政法大学的专业没有问题，关键是进一步提高教学水平和教学质量。李岚清还就维护学校稳定、安全及学生思想政治工作等问题作了指示。

　　1996 年年初，中央召开了首次全国法学教育工作会议。会议要求法学教育要认真贯彻"三个面向"的教育方针，加大改革力度，全面提高法学教育质量和效益，并提出了"培养具有现代化法律意识、跨世纪的社会主义法治建设的合格人才"的培养目标。会议提出，法学教育改革和发展的指导思想和奋斗目标是：以邓小平同志建设有中国特色社会主义理论和法制思想为指导，认真贯彻《中国教育改革和发展纲要》，以改革为动力，调整教育层次、结构、扩大教育培养规模，使法学教育结构更加合理，质量效益明显提高，最大限度地缓解社会对法律人才的需求。到 2010 年，建立起与社会主义市场经济体制、民主法治建设、社会全面进步相适应的具有中国特色的现代化法学教育体系，实现法学教育管理体制法制化、规范化，促进法律人才的培养规模和质量基本满足社会的需要。首次全国法学教育工作会议为法学教育指明了方向，对面向新世纪的法学教育改革与发展具有重要的指导意义。会议召开后，中国政法大学积极贯彻落实会议精神，继续深化改革，提升人才培养质量，为培养符合社会需要的现代化法律人才、建设有中国特色的法学教育体系而努力。

　　为了进一步提高中国政法大学的办学能力，实现教育资源的优化组合，1997 年 1 月 26 日，司法部党组做出重要决定：中国政法大学、中央政法管理干部学院、中国高级律师高级公证员培训中心合并，对内称中国政法大学，对外保留中央政法管理干部学院、中国高级律师高级公证员培训中心的牌子。领导班子成员根据工作需要，可使用中央政法管理干部学院或中国高级律师高级公证员培训中心的名义对外开展工作。合并以后，组成新的中国政法大学党委和纪委。新的中国政法大学党委由亓东平等 19 人组成，纪委由马抗美等 8 人组成。中国政法大学领导班子由以下人员组成：杨永林任中国政法大学党委常委、书记、校长；解战原任党委常委、常务副书记；王启富任党委常委、常务副校长；马抗美任党委常委、副书记、纪委书记、副校长；赵相林、魏传军、郑禄、怀效锋、陆炬任党委常委、副校长。怀效锋兼任中国政法大学研究生院院长。

　　1997 年 2 月 22 日，司法部党组成员、政治部副主任胡泽君到我校宣布司法部党组关于将中国政法大学、中央政法管理干部学院、中国高级律师高级公证员培训中心合并的决定。

5月8日，校党委书记兼校长杨永林在昌平校区主持召开全校中层干部会议。校党委常务副书记解战原代表校党委宣布《关于中央政法管理干部学院与中国政法大学有关机构合并的决定》和《关于中央政法管理干部学院与中国政法大学机构合并有关干部任职的决定》。王启富、郑禄、怀效锋、陆炬等校领导出席会议。经合并后的校党委常委会研究并报司法部同意，合并后的中央政法管理干部学院对内称中国政法大学管理干部学院，对外仍称中央政法管理干部学院。原中央政法管理干部学院的22个处级机构，其中教务处等8个机构仍保留在中国政法大学管理干部学院，院长办公室等12个机构对口合并到学校的有关处级机构，学院编辑部等2个机构相对独立，设立管理干部学院办公室。杨永林校长在讲话中希望全校教职工充分认识这次机构合并和人员安排的必要性和重要性，要转变观念，更新认识；合并后的政法管理干部学院是中国政法大学的有机组成部分，有关部门要本着相对集中、便于工作的原则做相应调整。

二、开启"211"申请，全面推进后勤改革

1996年12月至1997年1月，中国政法大学第三届教代会暨第九届工代会隆重召开。会议在进行常规程序以外，着重审议了《中国政法大学"九五"建设与发展规划（讨论稿）》。规划在回顾了"八五"期间工作的基础上，分析学校面临的形势和任务，提出学校发展的指导思想和建设的具体措施，为我校的未来发展描绘了一幅宏伟的蓝图。

1996年12月4日，我校《教师聘任制办法（试行）》经校长办公会讨论通过并开始执行。

20世纪90年代初，国家教委开始酝酿重点投资建设一批高校。1990年6月，国家教委在制定全国教育事业十年规划和"八五"计划时，即研究了在"八五"期间集中力量办好一批重点高校的问题。当时提出在2—3个五年计划内，有计划地重点投资建成30所左右高等院校。后考虑到要形成一批行业带头学校，经过多次研究，确定了到2000年前后，重点建设的高等学校为100所左右，并要求将此事当作"面向二十一世纪"的大事来抓。这项发展高等教育的重要措施开始简称为"211计划"，后来确定为"211工程"。1998年1月12日，中国政法大学"211工程"建设领导小组成立，由校长杨永林任组长，解战原、王启富为副组长，其他校领导为领导小组成员。在"211工程"建设领导小组领导下，中国政法大学开始了申请进入"211工程"的工作。

至1998年3月，学校1995年聘任的干部大多数任期已满。根据《中共中国政法大学委员会关于处级党政干部聘任工作实施意见》，校党委决定，1998 年按期进行聘任。本次聘任坚持党的干部队伍革命化、年轻化、知识化、专业化的方针和德才兼备的标准，坚持党管干部、群众公认、平等竞争及公平公正的原则。聘任干部严格执行精简原则。聘任主要采取民主推荐、个人自荐、组织推荐、领导提名和少数单位试行公开招聘等方法、程序上采取组织考试与考核相结合的方法。3 月 18 日，根据党委决定，学校在少数单位公开招聘正处级领导干部。此次公开招聘中，共有 6 人分别应聘人事处处长和保卫处处长，经过竞选演说和群众评议，最后刘秀华被聘为人事处处长，宋惠来被聘为保卫处处长。

1999 年 5 月 29 日，经校学位委员会投票表决，学校决定增列曾尔恕、刘金国、赵旭东、卞建林、宋英辉、朱维究、马怀德、陈桂明[1]、赵相林、王传丽 10 位教师为博士生导师。

1999 年 11 月初，国务院办公厅和国家教委在上海召开全国高校后勤社会化改革会议，李岚清副总理出席会议并发表重要讲话。中央明确，高校后勤社会化改革的具体目标是：用三年左右的时间使后勤有序地、逐步地、规范化地从高校分离出来，实现自主经营，为高校和社会服务。

11 月 23 日，学校召开会议传达上海会议精神，杨永林在讲话中指出，我校后勤社会化改革的客观条件已经具备，有政策依据，也有可供参考的经验，要抓住机遇，积极稳妥，突出重点。会议要求全校各部门认真学习、贯彻落实上海会议精神，共同推进学校的后勤社会化改革。

为了全面推动学校的后勤社会化改革，经校党委常委会研究决定，成立中国政法大学后勤社会化改革领导小组。领导小组由杨永林任组长，王启富、马抗美、魏传军、陆炬任副组长，成员包括相关部门负责人。领导小组下设办公室，陆炬兼任办公室主任。

1999 年 10 月 9 日，校党委常委会决定：成立中国政法大学后勤集团，设立中国政法大学后勤集团董事会，由主管后勤的副校长担任董事长，校长办公室主任等 6 人任董事；设立中国政法大学后勤集团监事会，由纪委副书记等 5 人任监事。后勤集团为企业性质，实行企业化管理，其所属人员与学校事业编制剥离。

2000 年 10 月 8 日，我校后勤集团总经理竞聘大会在昌平校区图书馆四楼学术报告厅召开，招聘领导小组成员、各系及各职能部门负责人、后勤各处下属班、组以上干部 100 余人参加了招聘大会。总务处处长张荣京，总务处副处长陈殿成、张

---

[1]　陈桂明（1961—2010），江苏海安人，著名法学家。我国第一位民事诉讼法学博士，中国政法大学教授。

长虹及校办产业管理办公室副主任嵇子明等 4 人参加了竞聘。经后勤集团董事会建议，经校党委常委会审议决定，聘任张荣京为后勤集团总经理。

2000 年 12 月，经校党委常委会研究决定，自 2001 年 1 月 1 日起，撤销总务处，并将原总务处所属的有关单位及学校相关部门划归中国政法大学后勤集团管理，包括饮食服务中心、运输服务中心、维修中心、热动力一科、热动力二科、校园事务一科、校园事务二科、通讯科、幼儿园、物资采购供应中心、节能办公室、国有资产办公室、校办产业管理办公室及下属单位、学生处公寓管理科及研究生院公寓管理科。学校成立后勤管理处，由后勤管理处作为甲方（中国政法大学）代表负责与后勤集团进行工作协调。

三、探索法学教育改革，调整院系专业设置

第一次全国教育工作会议后，我校全面贯彻会议精神，继续进行教学改革，在院系、专业设置方面进行调整，深入多层次教育的探索。

1997 年 1 月 28—29 日，以"中国政法大学'九五'期间至 2010 年研究生教育与发展"为主要议题的研究生工作会议在海淀校区举行。司法部部长肖扬、司法部教育司副司长霍宪丹到会并发表重要讲话。杨永林、解战原、王启富、马抗美、赵相林、怀效锋、陆炬等校领导参加会议。

1997 年 2 月 21—22 日，中国政法大学 1997 年本科教学工作会议在海淀校区举行。国家教委高教司王志远、中共北京市委教育工委刘世力应邀出席会议。赵相林副校长作题为《深化教学改革、提高教学质量和办学效益，为国家培养高质量的政法人才》的报告，校党委书记兼校长杨永林作大会总结。

1998 年 1 月，学校召开本科教育思想研讨会。常务副校长王启富、副校长赵相林出席会议。来自各系、部、各教研室等部门的主任、副主任及教师代表等 80 位同志参加了研讨。国家教委、司法部、北京市教委有关人员参加了会议。研讨会收到论文 15 篇，张晋藩教授应邀出席并作精彩讲话。会议提出，必须从思想上增强改革意识，进一步深入进行教育思想研究；要抓住关键，改革教育管理体制；确保核心，加大改革力度；继续加强师资培养。

1998 年 6 月初，根据教育部公布的调整后的本科专业目录中法学类原有的六个专业合并为一个专业的情况，我校出台了适应新专业目录而修订的《本科教学计划（征求意见稿）》。

7 月 12—15 日，我校暑期本科生教学工作研讨会在北京举行，解战原、赵相林主持了会议，杨永林、怀效锋、赵相林等校领导分别发表了讲话。会议就我校全面

贯彻第一次全国高校教育工作会议精神、教育部关于修订本科专业目录方案、改革我校教学管理体制等问题进行了深入研讨。根据教育部全日制普通高校本科生专业目录的调整，涉及学校现有本科专业目录变动的是：企业管理专业变为工商管理专业，经济法专业、国际经济法专业取消。因此，会议提出了修订教学计划的初步方案和本科教学管理体制改革的设想：第一步，在一定时期内保留现有的系部不动，对各系教研室适当合并；第二步，在条件成熟的时候，撤销现有系的编制，成立法学院（相应成立政治与管理学院、经济学院、文学院等，基础部、体育部继续保留），学院为实体单位，在法学院下直接设教研室（或教学组），教师根据各自的专业所长，归属不同的教研室。

1999 年 11 月 11 日，经校党委常委会研究决定，撤销原政治与管理学系，成立中国政法大学政治与管理学院，下设政治学、行政管理学和工商管理学三个专业。11 月 28 日，中国政法大学政治与管理学院成立大会在昌平校区举行。学校任命张桂琳教授任政管学院首任院长，胡明同志为党总支书记。

2000 年 6 月 1 日，学校决定，在原中国政法大学管理干部学院的基础上成立中国政法大学文法学院（暂定名）。为加强对文法学院筹备工作的领导，确保文法学院在 2000 年 10 月以前组建完毕，成立中国政法大学文法学院筹备领导小组，由解战原任组长，王启富、郑禄任副组长。领导小组在进行深入调查和论证后，召开了两次专家论证会，暂定新的学院名称为"中国政法大学社会工程学院"，下设社会工作和侦查学两个专业，并向主管部门提出设立新专业和学院的申请。

2001 年 6 月，经上级批准，学校作出决定：中国政法大学管理干部学院更名为中国政法大学社会工程学院。更名后的社会工程学院领导班子由原管理干部学院领导班子成员组成：郑禄（兼）任院长；郭生强任副院长兼党总支书记；庞本、姜小川任副院长。社会工程学院的其他机构和建制可根据需要，在确保原培养任务顺利完成、新培养任务逐步展开的前提下作相应调整。

四、招收第一批留学生，加强涉外办学管理

1994 年，国家教委批准中国政法大学招收外国留学生。为了加强对外国留学生、我国港澳台地区学生的管理，1995 年年初，学校成立了留学生管理处及我国港澳台地区学生管理处。

1994 年，学校招收第一批留学生及我国港澳台地区学生 12 人。1995 年，招收留学生及我国港澳台地区学生共 38 人，包括本科生 7 人、硕士以上学位及高级进修生 12 人、进修生 19 人。1996 年，招收留学生和我国港澳台地区学生共 31 人，

包括本科生 12 人、硕士以上学位生及高级进修生 19 人。

1995 年 7 月，中国政法大学与香港经济日报社联合在我国香港地区举行"中国法律专业进修课程"培训班，历时 3 个月，于 10 月在我国香港地区圆满结束。本次培训班旨在帮助我国香港地区经贸、法律界人士了解内地法律，共招收学员 31 人，分别来自我国香港地区政府立法局和 19 个律师事务所。

为了进一步加强学校对涉外办学的领导和管理，协调校内各部门、各单位在涉外办学方面的工作，1995 年 12 月，经党委常委会研究决定，成立中国政法大学涉外办学领导小组，由常务副校长王启富任组长，副校长赵相林、怀效锋任副组长，同时成立涉外培训中心。涉外培训中心是涉外办学领导小组领导下的涉外办学主管机构。

1995 年 10 月 4 日，中国国际高级法律人才培训中心（北京）成立大会在昌平校区隆重举行。中共中央书记处书记、中央政法委书记、最高人民法院院长任建新发来贺信，全国人大常委会副委员长雷洁琼到会祝贺。司法部部长肖扬、副部长刘飏、最高人民法院副院长唐德华、国家外国专家局局长马俊如、北京市副市长胡昭广，我校党委书记兼校长杨永林及解战原、王启富、马抗美、赵相林、怀效锋、陆炬等校领导，国内外法学界人士出席大会。成立大会由常务副校长王启富主持。

中国国际高级法律人才培训中心（北京）是由司法部和国家外国专家局共同创建，由中国政法大学负责承办，专门培训能胜任国际性法律事务的法官、检察官、律师、公证员和其他高级法律人才的机构。海内外法学理论界对培训中心的成立十分关注，来自美国杜肯大学、悉尼科技大学、罗马第二大学、日本名古屋大学、韩国汉阳大学等近 30 家法学研究机构的学者参加了大会。美国杜肯大学成为中心的第一家国外合作单位。

1998 年 10 月 12 日，我校与美国帕波戴大学法学院联合举办的中美破产法研修班在北京举行开学典礼，"中美破产法培训和研讨"项目是我校 1998 年对外交流项目之一。

1999 年 9 月 7 日，我国第一个中外联合培训法律硕士项目——中国政法大学/美国天普大学法律硕士班第一期开学。它是经司法部和国务院学位办批准的第一个，也是唯一一个在我国境内授予外国法律学位的项目。该项目旨在为法律工作者提供一个进一步深造的机会，培养懂得外国法律、熟悉国际法律业务、掌握外语的高层次法律人才。该班共招收学员 36 人，完成规定学业者将被授予天普大学法学硕士学位。该项目标志着我校对外办学迈出了新步伐。

为充分发挥学校的办学优势，进一步加强对外交流与合作，更好地开展对外培训，强化对留学生及我国港澳台地区学生的管理，1999 年 10 月 14 日，经校党委常委会研究决定，在原留学生管理处、我国港澳台地区学生管理处和中国高级法律人才培训中心（北京）办公室的基础上成立中国政法大学国际教育学院，统一负责全校留学生、我国港澳台地区学生及我校涉外合作办学的管理工作。同时任命陈桂明教授为国际教育学院首任院长。

11 月 12—14 日，中国高级法律人才培训中心（北京）1999 年理事会及中国政法大学国际教育学院成立座谈会在北京怀柔召开。司法部副部长刘飏、司法部法规教育司司长刘一杰及校领导参加了座谈会。中心秘书长兼国际教育学院院长陈桂明向理事会汇报了工作。

2000 年 1 月 10 日，中国政法大学—澳大利亚新南威尔士大学中国法律项目开幕式在海淀校区举行。澳大利亚新南威尔士大学法学院波尔·莱特蒙汉教授、中国政法大学常务副校长王启富教授及司法部外事司副司长郑静仁参加了开幕式。来自澳大利亚新南威尔士大学的 30 名法学专业本科生前来参加冬季中国法律短期培训，本期培训班为期两周。学员除听取学校著名学者主讲的专题讲座之外，还进行了一系列的专业访问。

6 月 30 日至 7 月 14 日，我校与澳大利亚迪肯大学联合举办了中国法律交流项目，共有 40 余名迪肯大学学生在我校海淀校区接受了中国法律培训。7 月 3 日，意大利罗马第二大学 16 名学生到我校参加"中国法律暑期培训班"。此次培训为期 20 天，是根据我校与罗马第二大学签署的校际交流协议而开展的。我校常务副校长王启富参加了开班及结业典礼。

12 月 4 日，我校在海淀校区举行"WTO 争端解决机制高级研修班"开班典礼。司法部副部长刘飏、国家外国专家局副局长杨汉炎、WTO 技术合作与培训部亚洲事务高级顾问雷德蒙·克拉曼拉克、我校常务副校长王启富以及来自全国各地的法律官员、律师、学者出席了典礼。典礼由司法部法规教育司司长刘一杰主持，刘飏副部长在典礼上讲话，王启富同志、杨汉炎局长、雷德蒙·克拉曼拉克先生先后在典礼上致辞。

2001 年 4 月 26 日，中国政法大学与美国天普大学法律硕士项目第一届法律硕士毕业典礼在海淀校区举行。中国政法大学常务副校长王启富教授，博士生导师江平教授，天普大学副校长、法学院院长罗伯特·J. 瑞斯丁教授及有关人员出席毕业典礼。王启富教授和瑞斯丁教授为毕业班同学颁发了硕士学位证书。

第三节　加强德育工作　提升育人环境

一、树立全员育人意识，营造良好育人环境

经过政治风波后的深刻反思，校党委十分注重加强学生思想政治工作和德育工作。学校从认识到位入手，坚持德育首位观念，树立全员德育意识，根据新形势的需要，探索学生思想政治工作的新途径，构建全方位德育格局，营造良好的育人环境。在工作中，校党委充分发挥共青团和学生会组织的作用，通过开展多种形式的活动贯彻落实党的教育方针，取得突出的成绩。

1992 年 6 月 6—7 日，共青团中国政法大学第八次代表大会在昌平校区举行。这是在新形势下总结我校共青团工作的经验教训、明确今后发展方向的一次意义重大的盛会，对推进中国政法大学共青团的工作起到了积极的作用。团中央学校部部长袁纯清、团市委大学中专部部长张建东及中央政法管理干部学院、清华大学、石油大学、昌平团县委、北京市第二毛纺厂、北京手表厂的代表应邀参加了大会。校领导杨永林、陈光中、何长顺、张晋藩、解战原及各系部的相关负责人也出席了大会。会议审议并通过了校团委书记白希代表第七届团委所作的工作报告《团结奋斗，锐意进取，开创中国政法大学共青团工作的新局面》。袁纯清、张建东及北京政法学院第四届团委书记、中央政法管理干部学院党委副书记苏炳坤发言表示祝贺。杨永林书记作重要讲话，充分肯定共青团的工作。7 日，大会选举产生了第九届共青团中国政法大学委员会。新一届团委由于波等 27 人组成。

1995 年 3 月 31 日，我校全体辅导员工作会议在新校召开，会上对即将实施的《中国政法大学学生辅导员工作条例（试行）》作了说明。

4 月 6 日，由公安部发起的全国公安系统"警民同心万里行"英模事迹巡回报告团来我校作报告，校党委常务副书记解战原出席了报告会并讲话。

4 月 15 日，由我校法律系分团委、法律系学生会及法律学会主办并联合北京大学、中国人民大学、中央民族大学、中国人民公安大学及对外经济贸易大学参加的第二次"首都六所高校法律院系联合义务法律咨询活动"在昌平县南邵乡举行。

4 月 23 日，中国政法大学第六次学生代表大会在昌平校区召开。本次学代会共有代表 345 人。校党委常务副书记解战原、常务副校长王启富、党委副书记兼副校长马抗美及学校各职能部门的负责人，全国学联、北京市学联及兄弟院校等单位的代表出席了大会。代表们先后审议并表决通过了《中国政法大学第五届学生会、学委会工作报告》《中国政法大学学生会章程修改报告》《提案工作报告》。最后，会

议选举产生了新一届学生会。

1995年6月30日，中国政法大学向山东平邑县仲村镇捐资建校仪式在昌平校区举行。校党委副书记兼副校长马抗美与仲村镇镇长吴昌力在协议书上签字，校团委书记王江主持了签字仪式。中国政法大学师生共筹集捐款5万多元，捐建小学被命名为"三乐小学"。

12月11日，由中共北京市委教育工作委员会书记陈大白率领的德育工作检查团莅临我校检查德育工作。杨永林、马抗美、赵相林、怀效锋等校领导及学校各职能部门的负责人参加了我校的德育工作汇报会，并陪同检查团参观了我校德育工作成果图片展。

1996年4月5日，我校第一期思想政治教育专业硕士研究生课程班在昌平校区举行了开课典礼。校党委副书记兼副校长马抗美、首都师范大学教务长兼北京市高校师资培训中心主任李春年出席了开课典礼，我校参加这次课程班学习的全体学员参加了典礼。

5月4日，我校青年志愿者总队成立大会在昌平校区举行。校党委副书记兼副校长马抗美向团委授志愿者总队队旗并发表重要讲话，校团委书记王江分别向四系分团委授分队队旗。全国大中学生志愿者总队副总干事、团中央学校部副部长白希及各系、部的有关负责人和部分志愿者200多人出席了青年志愿者总队成立仪式。

1997年以来，学校不断加大学生工作的力度，加强学生工作队伍的建设，提高学生工作、管理人员的素质，狠抓教书育人、服务育人和管理育人，使学生工作不断迈上新的台阶。

为贯彻落实中共中央十四届六中全会精神，确定学校德育工作的新思路，1997年1月15—16日，学校召开了中国政法大学首次德育工作会议。北京市委教育工作委员会副书记夏强、司法部教育司领导及校领导杨永林、解战原、马抗美、赵相林、怀效锋、陆炬等，及有关部门负责人一起参加会议。马抗美副校长在会上作了《总结经验，统一认识，开创我校德育工作的新局面》工作报告。会议以"为培养'四有'政法新人而工作"为主题，提出并明确了学校德育工作的定位，要求全校教职工进一步加强全员德育意识。会议还通过了《中国政法大学关于"三育人"的规定》。3月19—20日，学校召开落实学校德育工作动员大会，校党委副书记兼副校长马抗美主持会议并讲话。

4月15日，校团委向全校青年团员发出了"争做文明法大学子"的倡议，"文明法大人"大讨论活动拉开序幕。该活动持续数月之久。各系积极行动，制定了学生文明公约等规章制度，校园风气得到了明显改善。

4月24日，由校团委负责开展的"青少年创造能力培养与知识产权保护教育"社会调查新闻通报会在中国科技会堂隆重举行。校党委副书记兼副校长马抗美、副校长兼研究生院院长怀效锋出席通报会并作重要讲话。本次活动由全国政协副主席、中科院院士卢嘉锡任指导委员会主任、中国工程院院士刘德培等任顾问。校团委受教育部、团中央及中国科协的委托，承担调查的全部工作。2001年4月26日，"2000年全国青少年创造能力培养社会调查"通报会举行。指导委员会常务副主任马抗美副校长作了《2000年全国青少年创造能力培养社会报告概述》的主题报告，公布了此次调查的最终成果。

8月22日，学校召开1997年度学生工作研讨会。校党委副书记兼副校长马抗美及学生处、团委、各院系负责学生工作的同志参加了会议。会议期间，总结了一年来学校、学生工作的基本情况，并就一年来学校工作的经验与教训、文明离校工作的经验与体会、辅导员队伍建设与管理及今后一个时期学生工作的着眼点及方法等四个专题进行了较为深入的探讨。

1998年6月6日，我校与河北省监狱管理局、河北省承德监狱三方共同签署了"建设现代文明监狱"共建活动的协议，马抗美、赵相林等校领导及河北省监狱局政委李金科、承德监狱监狱长蔡金刚出席了签字仪式。

1999年11月27—28日，中国政法大学第八次学生代表大会在昌平校区召开，来自全校各院系的学生代表337人出席了大会。会议听取并通过了第七届学生委员会和学生会的工作报告及提案工作报告，修改了学生会章程，选举了万建武等27人为新一届学生委员会委员。马抗美副校长在会上作重要讲话。

2000年1月11日，我校共青团工作总结研讨会在昌平校区举行，党委副书记兼副校长马抗美、各有关部门领导出席了会议，会议就如何加强基层团组织建设，如何开展思想教育等问题进行了研讨。

3月31日，我校召开2000年德育工作会。教育部社政司司长顾海良，党委书记兼校长杨永林，中共北京市委教育工委委员、研究室主任张国义，校领导解战原、王启富、马抗美、赵相林、魏传军、郑禄、陆炬等出席了会议，学校各职能部门、各院系负责人，教师代表、学生代表100余人参加了会议。校党委副书记兼副校长马抗美代表学校作德育工作报告，报告全面总结回顾了我校三年来的德育工作，并对未来的工作提出了新的设想，顾海良同志代表教育部在会议上讲话。会议由解战原主持，杨永林作了总结讲话。

12月4日，我校在昌平校区举行文明校园建设暨"三育人"大讨论活动动员大会，校领导解战原、马抗美、陆炬以及各部门负责人出席了大会。

在校党委的正确领导下，在广大教职员工，尤其是学生工作队伍的共同努力下，通过广大青年学生的支持与积极参与，学校学生工作在北京乃至全国多次受到奖励和表彰。

二、重视实践扩大就业，积极倡导文明离校

在学生工作中，学校十分重视社会实践活动的组织，注重对学生实践能力的培养。1992年以来，学校在安排学生进行暑期分散实践的同时，还积极组团进行社会活动，并取得了良好的效果。1992年暑假，学校组织五个社会实践分团，分赴浙江温州、渤海湾沿岸开放城市、福建晋江、长江三峡及北海舰队进行普法调查。赴三峡实践团被北京市团市委评为"暑期

▲ 同学们利用暑期上街进行法制宣传

社会实践先进集体"。1993年寒假，学校组织普法调查组二赴延安进行普法活动。1993年暑假，学校组织了骑自行车"普法万里行"活动。1994年暑假，学校组织了四个团，分别赴贵州安顺、河北博野、辽宁彰武及山东沂蒙山老区进行普法活动。其中，赴贵州安顺、河北博野两个团被列入"首都大学生科技文化服务团"。当年，中国政法大学荣获由中共中央宣传部、国家教委、团中央三家单位联合命名的"全国社会实践先进单位"光荣称号。

为适应社会主义市场经济对政法人才的需要，搞好学校的毕业生就业指导工作，根据北京市高等教育局要求，1995年3月，经校长办公会研究决定，成立中国政法大学毕业生就业指导中心。中心设在学生处，主要职能为：提供毕业生资源及专业使用方向介绍；向用人单位提供就业政策咨询并推荐毕业生；组织毕业生供需见面会，促进用人单位和毕业生双向选择活动；对毕业生进行择业指导和毕业生资格审查确定等。

1995年3月17日，我校95届毕业生供需见面会在我校昌平校区图书馆举行。中共中央办公厅等近50家用人单位和我校800多名应届毕业生参加了这次见面会。校党委常务副书记解战原、党委副书记兼副校长马抗美、副校长赵相林出席了见面会，马抗美代表校党委在见面会上讲话。

1996年3月21日，我校96届毕业生供需见面会在昌平校区图书馆举行，校党

委常务副书记解战原出席见面会并讲话。50 多家用人单位与我校千余名毕业生进行了供需洽谈。

针对毕业生离校前经常发生不文明行为的现象，1996 年 5 月 17 日，由法律系 96 届毕业生发起的"文明离校"活动拉开序幕，校党委副书记兼副校长马抗美在动员大会上讲话。为了在中国政法大学开创文明风气，法律系 96 届毕业生向全体毕业生发出倡议，在校内开展各种形式的义务劳动，用双手回报母校，杜绝一切不文明行为。文明离校活动在首都高校乃至社会各界引起了强烈反响。

从 1996 年开始，此后的每届毕业生都开展了"文明离校"活动，通过义务劳动、主题党日、爱心捐赠等实际行动，回报母校，回报社会，为学校争光。"文明离校"活动每年以不同的主题，培养了毕业生们服务社会的意识和热爱母校的感情，同时也加深了师生感情、同窗情谊，减少毕业离校时的不文明行为，让毕业生们安全、有序、文明地离开学校。在此后的十几年中，"文明离校"活动每年有所创新，也获得历届毕业生的广泛呼应，成为我校的一项品牌活动。

在学校党委的正确领导和团委的指导下，学校社团活动喜结硕果。全校学生社团达到 40 多个。校团委和学生社团管理委员会大力加强社团管理、规范社团活动，并为开展社团活动提供精神和物质上的支持。学生社团已经成为学校校园文化建设的一支生力军，成为大学生展现自我才能、陶冶自我、发展自我的广阔舞台。

三、加强党员干部培训，开展警示教育活动

1997 年以后，国家各项事业的发展日新月异，香港回归、澳门回归、中华人民共和国成立 50 周年、建党 80 周年等大事相继发生，喜事频频。学校结合国家形势的发展和本校特点，有针对性地开展了党的组织建设和思想建设，以进一步提高学校各级党组织的战斗力，增强学校的办学能力。

1997 年 2 月 19 日，社会主义改革开放和现代化建设的总设计师邓小平同志逝世。全校师生以多种方式缅怀邓小平同志的丰功伟绩，表达对邓小平同志深切的悼念之情。学校举办了邓小平生平展览，组织学校师生观看大型纪录片《邓小平》，并举办座谈会，决心化悲痛为力量，加快学校改革与发展的步伐，更快、更好地培养社会主义现代化建设需要的法律人才。

4 月 22 日，为了加强处级以上干部的党风廉政建设，校党委会通过《中共中国政法大学委员会关于处级以上干部报告重大事项的实施办法》。

9 月 24 日，我校召开中层干部大会，传达《中共北京市委办公厅关于印发江泽民同志几个重要讲话的通知》，部署全校学习贯彻中国共产党第十五次全国代表

大会会议精神的工作。校党委书记兼校长杨永林主持会议，党的十五大代表王传丽教授介绍了十五大的盛况及参加大会的体会。

为加强对党员、干部的教育培训，提高党员干部队伍的政治、业务素质，校党委决定，成立中国政法大学委员会党校。党校校长由党委书记或副书记兼任，设常务副校长1人，副校长2—3人，下设党校办公室。1997年12月6日，中共中国政法大学委员会党校正式成立。校党委常务副书记解战原兼任党校校长，聘任胡明担任党校常务副校长，李书灵（党委组织部长）、李秀云（党委宣传部长）为党校副校长（兼）。

1998年7月1—7日，我校举行党员干部培训班。本期培训班共组织讲座六次，座谈讨论七次，还组织培训班学员参观了天津市静海县西双塘村。全校共有68名副处级以上党员干部参加了此次培训。

1999年5月8日凌晨，以美国为首的北约悍然使用导弹对我国驻南斯拉夫使馆发动袭击并造成馆舍毁坏和人员伤亡。消息传来，激起了中国政法大学师生的极大愤慨，不断自发组织示威抗议活动。5月8日，经公安部门批准，中国政法大学2000余名本科生、研究生前往美国驻华使馆举行示威游行。同学们打着"强烈抗议美国霸权主义行径""坚决拥护我国政府严正声明"等横幅，高呼"反对霸权""我们要和平"等口号，愤怒声讨以美国为首的北约野蛮轰炸我驻南使馆的暴行。参加游行的本科生和研究生分别在美国大使馆前宣读了抗议书。

5月9日，学校部分师生在海淀校区举行了"抗议北约轰炸我国驻南使馆野蛮暴行座谈会"。座谈会由副校长赵相林主持，宋世昌、宋振国、朱勇、江兴国、杨荣馨、刘金国等知名学者和国际法专业的全体博士生参加了座谈会。与会人员一致强烈谴责以美国为首的北约对我国使馆进行野蛮轰炸的暴行，坚决支持中国政府在这一问题上的原则立场，同时从国际法、国际关系和国际政治的角度论述了北约导弹袭击中国使馆的非法性。师生们表示，要依法进行抗议活动，防止出现过激行为，维护正常的教学秩序和稳定的社会秩序，以认真学习和勤奋工作的实际行动抗议以美国为首的北约的暴行。5月9日、12日，研究生会再次组织了颇具规模的抗议活动，并进行了抗议签名。在校党委的领导下，全体师生以合理、合法的适当方式表达了中国政法大学师生的强烈愤慨，表达了强烈的爱国热情。

1999年7月，中共中央作出了关于取缔"法轮功"邪教组织的决定。校党委认真落实中央的决定，积极开展"法轮功"问题的处理工作，进一步对广大党员干部进行无神论教育和辩证唯物主义教育，组织师生学习中央有关文件，收看有关录像片、电视片，深入进行反对邪教、崇尚科学的活动。同时，学校积极做好"法轮功"修炼人员转化工作，使大多数人幡然悔悟，与"法轮功"邪教组织彻底划清了界线。

1999年10月1日，在中华人民共和国成立50周年之际，北京举行了隆重的庆祝大会，充分展示了新中国成立50年来、特别是改革开放20年来我国发生的翻天覆地的变化，展现了全国各族人民奋发向上，满怀豪情迈向新世纪的精神风貌。中国政法大学共有710名师生代表参加了庆祝活动，其中560名师生参加了群众游行，150名师生参加了国庆联欢晚会。参加国庆游行和国庆联欢晚会的师生经过了刻苦的训练，坚持高标准、严要求，始终保持着高昂的士气和旺盛的斗志，出色地完成了训练任务，受到了上级部门的表彰，为学校赢得了荣誉。

2000年9月初，根据中共中央、中纪委的指示精神，我校全面开展警示教育系列活动，通过学习、参观、观看系列片等活动，加强我校的党风廉政建设。此次活动由我校纪委、组织部等部门组织。

四、"三讲"教育深入校园，改进领导干部作风

1995年11月8日，江泽民同志在北京视察工作时指出，"根据当前干部队伍的状况和存在的问题，在对干部进行教育当中，要强调讲学习，讲政治，讲正气。全国都要这样做，北京市更要起带头作用"。是为"三讲教育"。11月25日，《人民日报》发表评论员文章《讲学习　讲政治　讲正气》，文章指出，讲学习，主要是学理论，学知识，学技术。首先是学理论。讲政治，包括政治方向、政治立场、政治纪律、政治鉴别力、政治敏锐性。讲正气，就是要继承和发扬我们党在长期革命和建设事业中形成的好传统、好作风，坚持真理、坚持原则，坚持同一切歪风邪气和各种腐败现象作斗争。

1998年11月21日，中共中央印发《关于在县级以上党政领导干部班子、领导干部中深入开展以"讲学习、讲政治、讲正气"为主要内容的党性党风教育的意见》。到2000年年底，"三讲"教育基本结束。这次为期三年的教育活动，发扬了延安整风运动的精神，采取自上而下、分期分批进行、党内的批评和自我批评相结合的方式，使全党同志尤其是领导干部受到了一次深刻的党性党风教育，达到了预期的效果。

2000年10月9日，以陈仁敏为组长、陈世禄为副组长的北京高校"三讲"教育巡视组正式进驻我校开展工作。10月19日，我校"三讲"教育动员大会在昌平校区图书馆学术报告厅举行，全体校领导、"三讲"教育巡视组成员，离退休干部、民主党派、党外人士，以及来自教学、科研和教代会等各方面的代表，各级领导干

部 194 人参加了大会。杨永林代表学校在大会上作了动员报告，巡视组组长陈仁敏作了重要讲话。10 月 21—25 日，按照"三讲"教育的要求，我校校领导进行了为期 4 天的集中封闭学习，完成了对校级领导班子和领导干部的剖析材料。学校分别对剖析材料内容进行书面征求意见。

随着"三讲"教育的深入进行，学校"边整边改工作"部署也顺利展开：进一步改进学校教室、图书馆、阅览室的管理；改善科研部门计算机设备；投资 150 万元购置大客车作为教师班车，增开从西三旗到海淀校区的班车，解决教职工实际困难；改造校园环境等一系列改进措施，受到了师生员工的欢迎。

11 月 22 日，校级领导班子、领导干部民主评议顺利开展，民主测评大会在昌平校区图书馆学术报告厅举行。"三讲"教育巡视组全体成员、校领导全体成员以及离退休干部、教师、教代会代表、处级以上领导干部 217 人参加了大会。杨永林同志代表校党委，陈世禄同志代表巡视组在会上作了重要讲话。

11 月 24 日，学校召开处级领导班子、领导干部"三讲"教育动员大会，全面部署学校处级领导班子、领导干部开展"三讲"教育的各项工作。党委副书记兼副校长马抗美同志在大会上作了动员报告。

12 月 1 日、2 日，我校在海淀校区召开"三讲"教育校级领导班子民主生活会。校领导班子全体成员、"三讲"教育巡视组成员以及教育部人事司高校领导干部处方永生、北京市委教育工委干部处副处长吴武出席了会议。

"三讲"教育改进了领导干部作风，一系列有效措施切实改善了办学条件和校园环境，受到了师生员工的好评，为学校更好地服务师生、保障教学科研中心工作发挥了积极作用。

第四节　繁荣法学研究　贡献法大力量

1992 年以后，学校十分注重科研工作的发展。在体制方面，改变了以往单一的科研模式，以系、教研室为主体成立罗马法研究中心等近十个研究中心，多层面、多角度地开展法学研究工作，为国家立法提供了有力的支持。同时，学校积极组织不同形式的学术活动，其中有很多活动在国内、国际产生深远的影响，使中国政法大学的学术水平和学术地位不断提高。

1997 年以后，学校科研工作进入新的历史时期，学校不仅实施了科研鼓励政策，还与世界各国法学机构和法学界人士进行了广泛的学术交流，不断开拓科研活动的空间和思路。学校频频举行大型的国际学术交流活动，不仅为提高中国政法大学教学科研人员的教学水平和科研能力提供了巨大的动力，也有效地扩大了学校在国际法学界的影响。

一、扩大对外学术交流，积极提升国际影响

随着学校各项事业的发展，学校在国际上的影响力日益扩大，尤其是在学术和图书资料方面在世界法学界产生了一定的影响，学校与世界各国法学教育界、法学研究界的交流也日益广泛，对外交流进入了新的阶段，对外办学开始起步。

1992年5月7日，应中国政法大学邀请，意大利罗马法传播研究组成员、罗马第二大学罗马法主讲桑德罗·斯奇巴尼教授来校访问。他为来自北京各法学高等院校及法学研究机构的专家学者们发表了题为"优士丁尼法典——罗马法法源的典范和近代民法典的楷模"的学术报告，并为我校学生授课，与中国政法大学罗马法研究中心成员们进行了学术交流。中国政法大学授予桑德罗·斯奇巴尼名誉教授称号，并聘任他为中国政法大学罗马法研究中心顾问。6月，校党委副书记何长顺、研究生院副院长王飞等一行五人，前往独联体白俄罗斯国立大学进行友好访问。

1993年5月，应国际经济法系的邀请，美国芝加哥约翰·马歇尔法学院一行七人来校进行国际贸易法学术交流。21日，双方召开了国际贸易法研讨会，就国际贸易法的各种法律制度和观念提交了论文，并进行了热烈的讨论。6月7日至7月6日，美国杜肯大学法学院莫非教授应邀来校进行为期1个月的学术交流活动。莫非教授就美国宪法、国际法等专题与我校师生进行了广泛的交流。

6月28—30日，中国政法大学主办的中国法律史国际学术研讨会在北京举行。张晋藩教授主持了研讨会。会议的主题是"中国法律传统与现代化"。中国、美国、日本等国家及地区的50余名著名学者就中国法律的传统、传统法律文化等论题进行了研讨。

1994年4月18日，以阿根廷司法部部长何塞·路易斯·马约拉诺博士为团长的阿根廷司法代表团来我校参观访问，马约拉诺博士为师生作了《阿根廷的现行政法体制》的学术报告。杨永林校长代表学校聘请马约拉诺博士为中国政法大学名誉法学教授。

1994年5月10日，校庆42周年"市场经济与法治建设"学术研讨会在昌平校区召开。副校长兼研究生院院长陶髦教授主持了研讨会，有关方面专家学者270余人参加了会议，共提交论文40多篇。

8月18—21日，中国政法大学语文教研室主办了全国首届法律语言研讨会。来自全国各地的法学家、语言学家和来自政法院校教学第一线的教师参加了研讨会。

与会代表就法律与语言的关系这一中心议题展开了深入探讨，初拟了法律语言这一学科体系的框架。

10月3日，中国政法大学罗马法研究中心与意大利罗马法传播研究组联合举办的"罗马法·中国法与民法法典化"国际研讨会在北京开幕。开幕式由江平教授主持。全国人大常委会法制工作委员会主任顾昂然，全国政协法制工作委员会副主任林亨远，司法部副部长王巨禄，中国改革报社社长萧英智，意大利宪法法院大法官、参议院议员弗朗切斯柯·奎兹教授，意大利国家科学研究委员会政治法律科学委员会主席路易吉·拉布鲁诺教授，意大利及哥伦比亚驻华大使，中国政法大学校长杨永林、副校长陶髦及著名民商法专家谢怀栻、罗马法专家张佩霖等出席了开幕式。在为期4天的大会中，来自意大利、德国、日本、俄罗斯、墨西哥、哥伦比亚的14位著名罗马法、民商法学者与来自中国政法大学、北京大学、中国人民大学、吉林大学等30多所中国高校的70多位相关专家学者围绕民法法典化问题展开了深入广泛的讨论。大会共收到论文50多篇。中央电视台、《人民日报》《光明日报》等媒体对本次研讨会的盛况进行了报道。

▲ 第二届"罗马法·中国法与民法法典化"国际研讨会

1994年11月14—17日，由中国政法大学法制研究所和《刑事诉讼制度改革研究》课题组共同主办的"1994年北京刑事诉讼法学国际研讨会"在北京举行。中国、美国、德国、日本、意大利等国家及地区的学者代表共100余人参加了研讨会。此次研讨会的主题是"刑事诉讼法的民主化与科学化"。全国人大常委会副委员长雷洁琼、司法部部长肖扬、全国人大常委会法制工作委员会主任顾昂然、最高人民法院副院长王景荣、最高人民检察院副检察长梁国庆、中国政法大学校长杨永林及余叔通等专家学者出席了开幕式。来自美国、英国、法国、德国、意大利、日本等国家及地区的十多位海外教授、专家，与我国近百名代表参加了研讨会。陈光中教授在会上作了《国际刑事诉讼法发展趋势与中国刑事诉讼法修改之展望》的主题发言。本次研讨会是我国首次举办的关于刑事司法制度的国际会议，对我国正在进行的刑事诉讼法修改和完善起到了良好的推动作用。

1995 年 4 月 3—4 日，日本中央大学法学部日本比较法研究所的真田芳宪教授一行访问我校，并与我校及中国人民大学的有关学者就"法律在日本近代化过程中的作用"进行了研讨。6 月 10 日，由中国政法大学公司法研究中心主办的"中国国有企业公司化与国外证券市场研讨会"在海淀校区举行。国家体改委、经贸委、中国人民银行、全国人大常委会法制工作委员会及各大律师事务所、首都高校法律院系代表及我校部分师生参加了研讨会。

9 月 19 日，芬兰最高行政法学院、最高行政法院院长佩卡·赫博格到我校访问，并作《行政与公司权利保护》《关于依法治国经验》及关于芬兰宪法与法律修改的报告。10 月 11—24 日，德国科隆大学法律系主任诺贝特·霍恩教授率代表团对学校进行正式访问。11 月 3—10 日，俄罗斯内务部圣·彼得堡法学院代表团对我校进行了为期一周的教学和科研交流。11 月 11—17 日，由悉尼科技大学法学院院长大卫·费林特教授率领的澳大利亚法学代表团访问我校，并与我校签订了校际交流协议，杨永林校长代表我校在协议上签字。至此，学校仅在 1995 年就与 7 所国外大学签署了交流协议。

11 月 17 日，我校犯罪学专家郭翔教授赴波士顿参加"国际杰出学者奖"颁奖仪式，这是中国学者首次获得这一国际犯罪学界的最高奖项。

1996 年 2 月 9 日，校长杨永林与日本中央大学正式签署了校际学术交流协议。3 月 11 日，副校长马抗美教授率团对美国杜肯大学进行讲学和友好访问，同行讲学的还有王传丽教授和夏吟兰教授。

5 月 13 日、14 日，由中国政法大学刑事法律研究中心主办的"1996 年北京刑事诉讼法学国际研讨会"在北京五洲大酒店召开。参加这次会议的有来自美国、加拿大、法国、韩国等国的代表 9 人，共有近 80 人出席了此次会议。

5 月 15 日，世界法学家组织亚洲主席比多拉先生来我校访问。5 月 22 日，日本友人若林安雄、若林千春夫妇将他们个人收藏的 7000 册日文图书赠送给我校图书馆。此举推动了中国政法大学与日本大阪经济法科大学之间学术交流的进一步发展。11 月 23—28 日，以副院长东布罗夫斯基上校为团长的俄罗斯圣彼得堡法学院代表团到我校访问。双方就学术、行政、外语教学计划、双边交流等问题进行了交流，并就学术、图书资料交流、教员互访等问题达成了初步协议。

12 月 6—7 日，由中国政法大学主办的"1996 年北京公民权利责任与法律保障"国际学术研讨会在我校昌平校区举行。司法部副部长刘飏，司法部外事司、教育司的负责人及我校校领导到会祝贺。会议旨在加强国际法学交流，为各国的立法服务。学者们就人权保障、信息网络中的公民权利与义务等问题进行广泛深入的研讨。

1997 年 10 月 6—9 日，由我校主办的"1997 年北京中德银行法学国际研讨会"在北京举行。司法部副部长刘飏出席会议并致辞。会议中，中德双方的专家、学者就中央银行法律制度、商业银行法律制度、国际金融法律问题进行了交流。12 月 9—10 日，我校与堪培拉大学在堪培拉举行了以"中国商法的新近发展"为主题的年度学术研讨会，我校王卫国教授等出席了研讨会。

1998 年 9 月 24—26 日，我校经济法系、科研处、国际交流处等部门与澳大利亚堪培拉大学共同举办"中国证券法与破产法研讨会"，中外学者四十多人参加了会议。11 月 2—6 日，我校与美国帕波戴大学共同举办了"中美破产法研讨会"，就破产企业的重组等问题进行了深入研讨。11 月 5 日，"中国经济改革与破产法——中美学者论坛"在昌平校区举行，论坛由江平教授主持，王卫国教授、李曙光副研究员以及出席研讨会的美国教授进行了演讲。

1999 年 5 月 25—27 日，由司法部和国家外国专家局主办、中国政法大学承办的"21 世纪法学教育暨国际法学院校长研讨会"在北京友谊宾馆隆重召开。来自美国、加拿大、澳大利亚、韩国、日本、法国等十三个国家和地区的三十六所法学院校和法律机构的四十四位院校长和法学教育专家，及国内十六所高校的五十余位院校长和法学教育专家，围绕各国法律制度与法学教育比较研究、21 世纪的法学教育等议题进行了广泛的研讨。司法部副部长刘飏、国家外国专家局副局长郑怀生、全国人大法律委员会副主任委员周克玉、最高人民法院副院长刘家琛等应邀出席了会议。刘飏、郑怀生及杨永林、王启富等校领导分别在大会的开幕式、闭幕式上致辞。赵相林副校长在会上作了《中国高等法学教育的现状与发展》的学术报告。本次研讨会堪称法学家的盛会，有力地推动了我国与世界各国法学界的交流与合作，加强了中国人民与世界各国人民的了解和友谊。

1999 年 11 月 16 日，由我国和芬兰共和国司法部主办、中国政法大学承办的"中芬 21 世纪司法行政研讨会"在北京举行。司法部副部长刘飏及校长杨永林、副校长王启富与芬兰代表团成员出席了开幕式并致辞。11 月 22 日，"中国法律古籍整理研究的现状与展望"中外学者交流座谈会在我校召开，全国人大常委会副委员长许嘉璐专门为会议发来了贺信。

2000 年 5 月 8 日，我校在昌平校区图书馆学术报告厅举行授予阿根廷前总统、正义党主席卡洛斯·萨乌尔·梅内姆"名誉法学教授"仪式。中共中央对外联络部副部长刘敬钦、党委书记兼校长杨永林、常务副校长王启富以及各界人士一百二十余人出席了授予仪式。杨永林致欢迎词，并将聘书和校徽授予梅内姆先生，梅内姆先生随后发表了答谢演讲。

6 月 26 日，中国政法大学出版社与美国驻华大使馆共同举行了中美法律教育交流暨《美国法律文库》出版项目启动仪式。校党委书记兼校长杨永林，司法部、教育部代表，清华大学、北京大学等单位的法学专家以及美国驻华大使馆的代表共六十余人参加了启动仪式。

8 月 11 日，校长杨永林率团访问澳大利亚。访问期间，杨永林代表我校与维多利亚大学签署了校际交流协议。8 月 24 日，根据我校与澳大利亚迪肯大学签署的协议，五名迪肯大学的学生抵达我校，开始为期三个月的学习。我校也于 2001 年 1 月派遣五名学生前往迪肯大学学习三个月。

9 月 18—22 日，应我校校长杨永林的邀请，美国律师协会法学教育咨询办公室主任詹姆斯·怀特教授对我校进行了为期五天的访问，宾主双方就 2001 年在美国举办第二届国际法学院校长会议的筹备事宜交换了意见。访问期间，怀特教授受到教育部部长陈至立和国家外国专家局局长万学远的接见。

9 月 20 日，我校在友谊宾馆举行授予维多利亚大学法商学院院长罗曼·托玛斯教授中国政法大学荣誉教授称号仪式。校党委书记兼校长杨永林、常务副校长王启富出席了授予仪式。杨永林代表我校对罗曼·托玛斯教授获得我校荣誉教授称号表示祝贺。

二、大量参与立法实践，助力国家法治建设

在 20 世纪 90 年代的立法活动中，中国政法大学积极发挥作用，各学科的优秀代表纷纷参与立法实践，提出政策建议，为国家法治建设提供智力支持。

1992 年 6 月，为满足社会对诉讼证据鉴定的需要，经司法部授权，中国政法大学民政部鉴定中心成立。

1992 年 12 月 1 日，我校宪法教研室举行纪念《中华人民共和国宪法》颁布十周年讨论会，江平、许清等校内外知名学者专家到会并发言，陶髦、王启富等人出席了会议。讨论会积极评价了《中华人民共和国宪法》实施十年来取得的显著成绩，并就有关条款的修改问题进行了热烈的讨论。

1993 年 1 月，经国家人事部批准，我校江平、巫昌祯等八位专家享受 1992 年国务院政府特殊津贴。怀效锋博士被评为 1992 年度有突出贡献的中青年科学家，

技术、管理专家。4月27日，国家"八五"重点出版项目，由中国政法大学出版社出版的《中国经济法律百科全书》被评为"全国十佳经济读物"。6月，由徐杰教授主持的"中国技术合同法制的研究"课题荣获国家科委科技进步奖一等奖。

1993年10月，陈光中教授受全国人大常委会法制工作委员会委托，支持起草《刑事诉讼法》修改建议稿。参加起草研究小组的有严端等多位我校学者。1994年7月，《刑事诉讼法》修改建议稿起草完成，送交全国人大常委会法制工作委员会审议。该建议稿中的大量条款被吸收采纳，对1996年通过的《中华人民共和国刑事诉讼法（修正案）》起到了重要的促进作用。

1995年10月30日，张晋藩教授在人民大会堂作了题为"中国法律的传统与近代化的开端"的讲座。全国人大常委会委员长乔石，副委员长田纪云、王汉斌，全国人大常委会秘书长曹志及全国人大各专门委员会、全国人大常委会各工作机构负责人听取了张晋藩教授的报告。11月1日，张晋藩教授应邀为在京的全国人大常委会委员、全国人大常委会所属各机关的五百余名干部又做了一次讲座。从11月9日开始，张晋藩教授开始接受地方人大的邀请，到全国各地做关于宪法和法律知识的讲座。

12月29日，中国政法大学期货法律研究所举行成立典礼。司法部副部长张耕，全国人大财经委员会副主任、著名经济学家董辅礽教授，江平教授及杨永林校长出席典礼。中国政法大学期货法律研究所是由中国政法大学与北京金鹏期货法律事务中心联合创办的，由江平教授任管理委员会主席。

1996年3月29日，"张佩霖教授学术思想座谈会"在海淀校区图书馆学术报告厅举行。最高人民法院原副院长马原，最高人民法院民庭副庭长周贤奇，中央民族大学教授崔洪夫，中国政法大学常务副校长王启富、法律系负责人和民法教研室教师代表、学生代表以及中国人民大学等学校的学者参加了本次座谈会。

1996年6月6日，由我校张晋藩教授、马建石教授主编的《中华大典·法律典》编纂工作会议在海淀校区举行。中国法学会会长、司法部原部长邹瑜，国家新闻出版署原常务副署长刘杲，我校副校长、研究生院院长怀效锋及全国十余所高校的《中华大典·法律典》编者参加了会议。此后，《中华大典·法律典》的编纂工作历时多年，人员几经变动，在张晋藩教授的不懈努力和尽心主持下，编纂工作得以持续进行。[1]

1998年12月21日，法律出版社在人民大会堂举行《中国法制通史》十卷本

---

[1]　《中华大典·法律典》于2016年正式出版，历时23年。由西南师范大学出版社与巴蜀书社联合出版，内容包括《法律理论分典》《诉讼法分典》《行政法分典》《刑法分典》《民法分典》《经济法分典》6个分典，总计23册，近4200万字。

发布会，我校张晋藩教授作为该书的主编，向与会人员介绍了这套用 19 年时间编写的丛书。全国人大常委会副委员长彭珮云出席了发布会，司法部副部长刘飒出席并讲话。12 月 22 日，我校张晋藩教授应邀到全国人民代表大会为李鹏委员长和各位副委员长讲授题为"中华文明在世界的地位与作用"的法制课，受到各位领导的一致好评。

1999 年 4 月 24 日，由中国法学会宪法学研究会、北京市法学会宪法学研究会和法律系联合举办的宪法学教学改革研讨会在中国政法大学召开。来自北京大学、清华大学、中国人民大学、中国社会科学院和中国政法大学等十四个单位的三十多位宪法教学工作者出席了会议。研讨会由中国法学会副总干事廉希圣教授主持，中国政法大学副校长赵相林教授、中国法学会宪法学研究会副总干事王叔文教授、中国政法大学法律系主任朱勇教授出席会议并致辞。

1999 年 11 月 26 日，经济法系副主任王卫国教授为中共中央举办的 1999 年第二次法制讲座担任主讲。中共中央总书记江泽民主持讲座，政治局常委李瑞环、胡锦涛、尉健行、李岚清等参加了本次讲座。讲座的主题是"依法保障和促进国有企业改革"，江泽民等中央领导同志认真听取了讲座，并就合理配置公司机关职权、完善法人治理结构等保障和促进国有企业改革与发展的法律问题与王卫国教授进行了探讨。

2000 年 2 月 25 日，我校隆重举行纪念活动，纪念我国杰出的政治学家、法学家、教育家、北京政法学院首任院长钱端升先生诞辰 100 周年。本次活动由中国政法大学、中国政治学会、中国国际法学会共同发起，中国政法大学主办，北京大学、中国政治学会、中国国际法学会协办。纪念活动包括三项内容：纪念大会（包括开幕式和学术讨论会）、图片展、出版发行《钱端升先生纪念文集》。全国人大常委会法制工作委员会、民盟中央、司法部、北京大学、中国政治学会、中国国际法学会均派代表出席了大会。雷洁琼及钱端升先生的夫人陈公蕙女士也参加了大会，雷洁琼在纪念大会上致辞。杨永林校长在会上发表题为"缅怀中国政治学的先驱"的致辞。开幕式后，与会代表对钱端升先生的学术思想进行了研讨。

2000 年 5 月 10 日，我校在昌平校区礼堂举行校庆 48 周年学术报告会，赵相林在会上致辞，我校各专业的学者就本学科的科研情况在会上作了介绍，本次会议共收到教师论文 45 篇、学生论文 54 篇。

8 月 21 日，司法部副部长刘飒签发《2000 年部级科研立项、科研成果与法学教授评奖结果的通知》，其中，我校教学科研人员获得部级重点项目 1 项、一般项目 4 项，科研成果二等奖 2 项、三等奖 3 项、优秀论文奖 5 项、优秀教材三等奖 3

项，成为立项及获奖成果较多的单位之一。

2000 年 4 月 4—6 日，著名法学家、我校张晋藩教授执教 50 周年庆祝会在北京友谊宾馆举行。校党委常务副书记解战原教授、常务副校长王启富教授及来自美国、韩国等国家及地区，以及我国各地政法教学研究机构的学者、专家及张晋藩教授的学生等各界人士 200 余人参加了庆祝会。

5 月 26 日，庆贺陈光中教授七十诞辰暨证据法学学术研讨会在北京友谊宾馆举行，最高人民检察院副检察长梁国庆、耶鲁大学法学院教授葛维宝、欧盟代表富博森以及各院校专家学者、陈光中教授的同事和学生共 150 余人参加了大会，校党委常务副书记解战原代表全校师生在庆祝会上致辞。

12 月 28 日，江平教授七十华诞庆祝会在北京友谊宾馆举行，全国人大常委会委员、社科院法学所研究员王家福，我校党委常务副书记解战原、副校长赵相林，江平教授的亲属、同事、朋友、学生及各兄弟院校代表共 100 余人参加了庆祝会，解战原代表学校致辞，江平教授在会上发表了演讲，并为获得"江平法学基金"奖励的同学颁发了奖金。

三、破冰两岸法学交流，研讨协助港澳立法

这一时期，我校与我国港澳台地区的法律交流活动十分活跃。作为大陆（内地）法学高等教育的代表性高校，中国政法大学与我国台湾地区法学界开展了一系列交流活动。同时，恰逢香港、澳门回归前夕，法大学者积极参与回归前的法律准备，廉希圣等法大教授为香港《基本法》和澳门《基本法》的起草贡献了自己的力量。

1992 年 5 月 6—10 日，中国政法大学法社会学与青少年犯罪研究所所长郭翔、助理研究员皮艺军应香港岭南学院的邀请，作为中国青少年犯罪研究会代表团成员赴我国香港地区参加了"社会变迁对青少年观念与行为方式的影响"研究会，并分别提交了论文，受到了与会者的好评。

1992 年 11 月 19 日，应我国台湾地区东吴大学校长章孝慈的邀请，校长陈光中率大陆法学代表团 11 人，赴台北参加海峡两岸法学学术研讨会。

1993 年 8 月 23—25 日，由中国政法大学主办的"1993 年海峡两岸法学学术研讨会"在北京举行，来自海峡两岸的近二百名知名法学家参加了研讨会，包括我国台湾地区代表 60 人。研讨会开幕式在人民大会堂举行，全国人大常委会副委员长王汉斌、雷洁琼，司法部部长肖扬，中国政法大学校长陈光中，我国台湾地区法学家代表团团长、东吴大学校长章孝慈等出席了开幕式。本次研讨会规模大、范围

广，共收到学术论文 35 篇，涉及 16 个议题。两岸法学家本着两岸一家、互相理解、友好相待、求同存异的精神，就两岸法学教育研究、两岸交往中法律适应现状比较研究、两岸投资权益保障、两岸律师合作等一系列需要解决的问题进行了深入、务实的探讨。中共中央总书记江泽民在会议过程中接见了参加研讨会的两岸法学家代表。

▲ 海峡两岸法学学术研讨会

8 月 26 日，中国政法大学与我国台湾地区东吴大学学术交流合作协议签字仪式在北京友谊宾馆举行，陈光中校长和章孝慈校长在协议书上签字。协议内容包括交换法学书刊资料、互派法学教授访问讲学、举办法学学术研讨会、共同从事政法有关专案学术研究、在京举办法学讲习班等。章孝慈校长在致辞中意味深长地说，缔结了"秦晋之好"的两校唯有加强交流、合作无间，方能解"相思之苦"。章孝慈校长还率代表团访问了我校昌平校区，并接受了校刊记者的采访。

1995 年 10 月 26 日，由中国政法大学提议、台湾大学法学院主办的"海峡两岸刑事诉讼法学研讨会"在台湾大学举行。以陈光中教授为团长的大陆法学家代表团参加了研讨会。中国政法大学教授严端、程味秋等参加了本次研讨会并提交了论文。这是海峡两岸刑事诉讼法学界之间首次专门、直接的大型学术交流活动。

11 月 10 日，由中国政法大学主办、我国澳门地区政府法律翻译办公室协办的"澳门过渡时期法律问题研讨会"在北京举行。司法部副部长刘飏、我国澳门地区政府法律翻译办公室主任简秉达出席了开幕式并讲话。国务院港澳台办公室、司法部司法研究所、社会科学院、北京大学、中国人民大学等单位的相关领导和学者，及我校杨永林、王启富、怀效锋等校领导参加了研讨会。本次研讨会的议题是"澳门基本法及过渡时期有关法律问题"。

11 月 13 日，我国香港地区政府律政司国际法律科首席检察官马富善一行对我校进行参观访问，杨永林、王启富等校领导同他们进行了友好会谈。

12 月 22—24 日，以杨永林校长为团长的大陆法学家代表团赴台北参加了第三届海峡两岸法学学术交流会。杨永林还专程看望了病中的东吴大学校长章孝慈先生。

1997 年 11 月 11 日，由我校主办的 1997 年澳门过渡期法律问题研讨会在北京举行。此次会议中，澳门代表团由我国澳门地区政府法律翻译办公室主任贾乐龙先生率领，并由该办公室成员、我国澳门地区司法政务司及澳门大学的法学专家和研究人员组成，来自司法部、国务院港澳办等部门及社科院、北京大学、中国政法大学的专家、学者出席研讨会。

11 月 17—18 日，海峡两岸法律交流研讨会在我校海淀校区召开。福特基金会项目官员、台湾政治大学、中国社会科学院、北京大学、对外经济贸易大学等单位及我校的专家学者参加了研讨会。此次会议标志着中国政法大学与台湾政治大学为促进两岸学术交流而商定的合作项目的开始。项目总体包括公司法比较研究、法学教育与司法制度研究两个部分。项目总负责人为江平教授，执行负责人为方流芳教授。

1998 年 3 月 17 日，国际法专业博士生导师、研究生院副院长周忠海教授指导的首位来自我国台湾地区的国际法专业博士研究生张耿铭顺利通过论文答辩。

1999 年 12 月 21 日，中国政法大学举行"庆澳门回归暨澳门五大法典简体中文本发行仪式"，全国人大常委会副委员长雷洁琼向大会致贺词。"澳门五大法典简体中文本"是中国政法大学与我国澳门地区政府法律翻译办公室合作的一项重要成果，也是中国政法大学向澳门回归的献礼。自 1995 年我校与我国澳门地区政府法律翻译办公室正式建立合作关系以来，特别是 1996 年中国政法大学成立澳门研究中心以来，中国政法大学在我国澳门地区政府法律翻译办公室的协助与支持下，开展了一系列的宣传澳门社会，尤其是宣传澳门法律制度的工作和活动，并取得了内地和澳门法律界公认的成果，得到了积极的肯定和高度的评价。

2000 年 4 月 4—6 日，我校召开"20 世纪中国法律回顾与前瞻"研讨会，我校常务副校长王启富、我国台湾地区法律史学会前会长黄静嘉、香港中文大学法学院院长陈弘毅在会上先后致辞，国内外各高校与研究机构的专家学者 120 余人参加了研讨。

四、首个重点研究基地：诉讼法学研究中心

1999 年 9 月，为加强学科研究和学科建设，根据司法部的要求，经学校研究，决定向教育部申请建立法律史学、诉讼法学、民商法学三个全国人文社会科学基地，同时成立三个相应的研究中心：一是中国政法大学法律史研究中心，由朱勇教

授担任主任，张晋藩教授为名誉主任；二是中国政法大学诉讼法学研究中心，由樊崇义教授担任主任，陈光中教授为名誉主任，杨荣馨教授为顾问；三是中国政法大学民商法学研究中心，由杨振山教授担任主任，江平教授为名誉主任。以上三个研究中心均属一级学术组织，所有人员均由各系、研究所教学科研人员及外聘专家学者组成。同时，学校紧锣密鼓地开始了全国人文社会科学重点研究基地的筹备和申报工作。根据教育部的相关规定，全国共设立 151 个人文社会科学重点研究基地，基地将承担重大研究项目，组织重大课题攻关，产出重大研究成果，还将成为全国中青年学科带头人与学术骨干的培养基地，成为全国的人才库和思想库。

2000 年 7 月，诉讼法学研究中心接受了教育部专家组的实地考察。专家组和教育部社政司领导充分肯定了中国政法大学诉讼法学中心的建设工作，并根据教育部建设重点研究基地的要求，提出了整改意见。9 月，经人文社会科学研究咨询委员会评审通过并经教育部批准，中国政法大学诉讼法学研究中心被列为全国人文社会科学重点研究基地。这是我校第一个全国性的人文社会科学重点研究基地。

我校诉讼法学教学科研团队在陈光中教授的带领下，于 1986 年被批准设立全国第一个诉讼法学博士点，此后诉讼法学科在全国法学院校中一直居于领先地位。此次获批为全国人文社会科学重点研究基地，是我校诉讼法学学科的重大突破，也进一步巩固了我校诉讼法学科在全国法学院校中的龙头地位。

10 月 26 日，中国政法大学诉讼法学研究中心揭牌仪式在海淀校区举行。最高人民检察院副检察长赵虹，司法部法规教育司司长刘一杰，校领导杨永林、王启富、赵相林、郑禄、陆炬以及诉讼法学界多位知名专家出席了揭牌仪式。最高人民法院副院长刘家琛、最高人民检察院副检察长梁国庆、全国人民代表大会常务委员会内务司法委员会副主任委员陶驷驹等发来贺信和贺电。中心主任樊崇义教授在揭牌仪式上表示，中心近期将组织两个重点课题，即诉讼原理研究和证据法立法的研究工作，争取在 2001 年、2002 年取得阶段性研究成果，2003 年完成全部研究工作。

第五节　建设文明校园　共铸法大荣耀

一、体育运动水平提高，文明校园屡获肯定

随着办学条件的不断改善，我校体育运动逐渐兴盛。在同学们的奋力拼搏下，我校各支运动队获得了诸多荣誉，为学校争光。

1994 年 5 月 14 日，中国政法大学第 20 届田径运动会在昌平校区举行，来自 9 个单位的 523 名运动员在 14 个项目中展开角逐。在本次田径运动会中，共有 3 人

次打破两项校运会纪录。8月，中国政法大学藤球队在全国高校藤球比赛中获得亚军。这是当时我校在全国性比赛中取得的最好成绩。

1995年4月27—28日，中国政法大学第21届田径运动会在昌平校区举行。副校长赵相林致开幕词，解战原、王启富、马抗美、倪才忠、康德琯等校领导出席了开幕式。经过激烈的角逐，国际经济法系蝉联冠军，法律系获得亚军。本次田径运动会先后有2人2次打破校运会纪录。校党委副书记兼副校长马抗美在闭幕式上致辞时高度评价了本届运动会。

5月4日，在北京市第五届运动会高校乙组的排球比赛中，我校女子排球队勇夺桂冠，再次进入高校女甲级队行列。女排队员邢桂丽荣获大会授予的"优秀运动员"称号。5月13日，在北京市第八届"金宝杯"高校女足联赛中，我校女足名列第四。8月，中国政法大学藤球队在全国高等学校"鸭溪窖杯"藤球比赛上夺得第三名，并荣获本次大赛的"道德风尚奖"。

1996年5月9日，中国政法大学第22届田径运动会在昌平校区举行。在本次运动会中，经济法系夺取团体总分冠军，共有4人5次打破4项校运动会纪录。

1997年4月24—25日，中国政法大学第23届运动会在昌平校区隆重举行。解战原、马抗美、陆炬等校领导出席开幕式和闭幕式，马抗美致开幕词和闭幕词。4月25日，我校女子篮球队荣获首都高校1997年"斯伯丁杯"冠军。8月10日，我校男子藤球队荣获全国大学生藤球比赛冠军。

1998年5月7—8日，中国政法大学第24届学生暨1998年教职工体育运动会在昌平校区举行，这是三校合并以来举办的第一届运动会。马抗美、赵相林、魏传军、郑禄等校领导出席了开幕式和闭幕式。经济法系荣获团体冠军，共有1人1次打破校运动会纪录。

2000年4月25日，我校在昌平校区举行中国政法大学第26届田径运动会，校领导解战原、王启富、赵相林、陆炬参加了开幕式，赵相林致开幕词，解战原致闭幕词。本届运动会设28个比赛项目，打破2项校运动会纪录。最后，法律系代表队夺得冠军，经济法系、国际经济法系、政管学院分获团体总分第2—4名。10月15日，我校30名同学参加了北京2000年国际马拉松比赛，6名同学进入了各自比赛的前100名。

2001年4月19日，中国政法大学第27届田径运动会举行。来自全校各院系的10个代表队参加了为期2天的比赛。法律系代表队蝉联冠军，1人1次打破校运动会纪录。

1992年，北京市教工委、高等教育局在北京地区高校开展文明校园建设活动。

文明校园建设涉及校园政治环境、教学环境、生活环境及基本建设等各个方面，是学校精神文明与物质文明建设的综合载体。中国政法大学十分重视文明校园建设工作，将其作为一项推动学校各项事业发展的重要工作来抓。1992年3月21日，经校长办公会研究决定，成立以副书记兼副校长解战原为组长的中国政法大学文明校园建设领导小组。领导小组的成立，标志着中国政法大学文明校园建设工作的正式开始。

1994年11月8日，以北京市高等教育局副局长耿学超为组长的北京地区高校文明校园建设专家检查团对我校昌平校区进行了为期一天半的检查。专家们采取听取汇报、检查资料、问卷调查、实地检查、现场评估等方式进行了综合检查，客观、真实地指出了学校工作的成绩与不足。9日，耿学超副局长向学校通报评估结果：中国政法大学基本上达到了文明校园建设标准，专家团代表北京市教工委和高等教育局授予中国政法大学"文明校园"称号。12月21日，中共北京市教育工委和北京市高等教育局联合作出了《关于授予中国政法大学"文明校园"荣誉称号的决定》，中国政法大学成为北京28所文明高校之一。

1995年10月31日，海淀校区通过了北京市高等教育局组织的"文明校园"专家检查团的检查评估。12月2日，我校"文明校园"挂牌仪式在昌平校区举行。

1994年以来，学校十分重视校园绿化工作，制订了校园三年绿化改造方案，先后建成竹子、白蜡、国槐、白杨、樱桃、柿子六个园林，两个泡桐行道和月季、丁香、牡丹三个花园。1996年11月，学校被北京市政府、北京市绿化委员会命名为"花园式单位"。

1997年11月5—6日，由北京市教委、北京市委教育工委组织的北京市高校文明校园复查组对我校进行了全面深入的复查。我校顺利通过复查。

在1999年文明校园建设复查达标后，由于全校师生再接再厉，使学校精神文明建设不断取得新的成绩，经北京市委教育工委推荐，1999年3月，首都精神文明建设委员会授予中国政法大学"首都精神文明单位"称号，并颁发了证书和牌匾。3月11日，学校在昌平校区和海淀校区分别举行挂牌仪式。

二、各项荣誉纷至沓来，师生共铸法大荣耀

1992年以来，在全校师生员工的共同努力下，学校在教学、科研、党建、社会服务、学生竞赛等各项工作中取得了长足的进步，获得了一系列荣誉。

1992年12月，中国政法大学出版社出版的大型工具书《法学大辞典》获第二届中国图书奖。中国图书奖评奖活动是由中宣部和国家新闻出版总署领导、中国图书评论学会主办的，中国图书奖是当时国内最高荣誉的图书综合大奖。1994年5月，中

国政法大学出版社出版的《经济活动中罪与非罪的界限》获全国十佳经济读物奖；《王铁崖文选》《大清律例通考校注》分别获得"泛达杯"全国法律图书评选一、二等奖。

1994 年 10 月 13 日，由中国政法大学具有律师资格的教师组成的北京市第六律师事务所举行建所十周年暨更名庆祝大会。司法部副部长王巨禄、张耕及最高人民法院、最高人民检察院、北京市各级人民法院、北京市各级人民检察院的领导等参加了庆祝大会。全国人大常委会副委员长雷洁琼为大会发来贺信。1984 年，经北京市司法局批准，北京市第六律师事务所正式挂牌成立。北京市第六律师事务所成立之后的 10 年中，共担任了全国 16 个省市近千家国家机关、企事业单位的常年法律顾问，承办 5000 多件各类案件，许多案件是在全国有重大影响的疑难案件。同时，作为兼职律师事务所，该所注重把深厚的治学理论和办案实践相结合，为教学、科研提供了丰富、真实的第一手资料。同时，该所还注意拓宽国际交流空间，与美国、日本、澳大利亚等国家的律师行有密切联系。

1994 年 6 月 30 日，谢觉哉[1]铜像揭幕仪式在中国政法大学昌平校区隆重举行。揭幕仪式由司法部部长肖扬主持。中央政治局委员、中央书记处书记、中央政法委员会书记、最高人民法院院长任建新，全国政协副主席郑天翔为铜像揭幕。这是中国政法大学校园内第一座纪念性的雕像。全国政协、最高人民法院、最高人民检察院、公安部、国家安全部、民政部、司法部、中国政法大学等单位的代表敬献了花篮。马文瑞、郑天翔及谢觉哉的夫人王定

▲ 谢觉哉铜像

---

〔1〕　谢觉哉（1884—1971），字焕南，别号觉斋，湖南宁乡人。"延安五老"之一。早年参加革命，主编中共中央机关刊物《红旗》等杂志。1933 年进入中央苏区，任中华苏维埃共和国临时中央政府秘书长、内务部长等职。1946 年 6 月，任中共中央法律问题研究委员会主任委员。1948 年任华北人民政府委员兼司法部部长。1949 年 9 月，参加中国人民政治协商会议第一届全体会议。中华人民共和国成立后，历任中央人民政府内务部长、中央人民政府法制委员会委员、政务院政法委员会委员、新法学研究院副院长等职。1956 年 9 月，在中共八大上当选为候补中央委员。1959 年 4 月，任最高人民法院院长。1964 年 12 月至 1971 年任政协全国委员会副主席。1966 年 5 月，在中共八届十一中全会上递补为中央委员。主要著作收入《谢觉哉文集》。人物简介根据人民网资料整理。

国等 300 多名老同志参加了揭幕仪式。

1997 年 2 月 7 日，我校致公党党员、外语系副教授陈向荣获"1996 年中国教育电视新闻奖"。5 月 31 日，国务院儿童工作委员会授予我校巫昌祯教授"全国优秀儿童工作者"荣誉称号。11 月 12 日，我校在第五届"挑战杯"全国大学生课外学术科技作品竞赛中获一个一等奖、三个鼓励奖，总分在近 300 所参赛高校中列第 20 位。

1998 年 3 月 2 日，我校陈桂明教授、马怀德副研究员荣获霍英东教育基金会青年教师奖二等奖，李曙光副研究员、李永军副教授获青年教师基金奖。4 月 6 日，我校法社会学和青少年犯罪研究所郭翔教授获国际刑事教育论坛授予的"终身会员"称号。5 月，我校纪委副书记、监察处处长焦玉学被司法部评为"全国司法行政系统纪检监察先进工作者"。7 月，我校管理干部学院经济法系党总支书记王甫廷荣获"首都民族团结进步模范个人"光荣称号。11 月，我校经济法系党总支书记余常汉同志荣获北京市教育系统"德育先进工作者"称号。

1999 年 4 月 1 日，中国政法大学出版社与中央电视台新闻部联合推出《焦点访谈》系列丛书，在《焦点访谈》栏目开播五周年之际，在北京图书大厦举行首发式。校党委书记兼校长杨永林、常务副校长王启富、中央电视台副主编赵立凡及中国政法大学出版社社长兼总编李传敢、中央电视台新闻评论部的有关人员出席了首发式。

1999 年 7 月 8 日，由校党委宣传部负责建设的中国政法大学网站（http://www.cupl.edu.cn）正式在中国教育与科研计算机网上开通。2000 年 11 月 2 日，校党委宣传部开通了部门网站（http://www.etouch.cupl.edu.cn），该网站包括新闻中心、校刊电子版等内容。11 月 9 日，我校举行校园网开通仪式。校领导解战原、王启富、马抗美、赵相林、陆炬以及各院系、各职能部门负责人出席了仪式，赵相林代表学校在开通仪式上讲话。我校校园网建设共自筹资金 350 万元，由太极计算机公司负责提供设备并安装。

下编

七秩辉煌

建设世界一流大学

（2000—2022）

进入 21 世纪，随着中国政法大学整建制划归教育部，学校迎来了新的发展契机，也面临新的挑战：在新的平台上，学校的发展空间更加广阔，同时，在新世纪的教育大发展中与其他高校之间的竞争也十分激烈。

在这样的情况下，学校进一步明确了自我定位和办学目标，即将中国政法大学建设成为多科性、研究型、开放性、特色鲜明的国内一流、国际知名的政法院校，在优势学科上争取达到世界一流，做中国法学学科的代表，成为国家政法教育、法学研究、法学图书信息资料和政策咨询中心。

二十年间，随着一系列改革措施的推进，国际化战略的实施，管理效能的提升，学校的学科建设屡获突破，教学科研水平更上层楼，社会服务能力不断加强，中国政法大学的建设与发展有了质的飞跃，办学软硬件条件大幅改善，教育质量和办学水平上升到新的高度，实现了战略转型和跨越式发展，迎来了办学史上的第三次辉煌。

2005 年，中国政法大学正式进入"211 工程"全国重点建设高校行列，学校由此迎来了新的发展机遇。国内第一家证据科学研究院落成、中欧法学院落户法大、国家级重点研究基地不断增多、钱端升法学研究成果奖设立、"'985 工程'优势学科创新平台"获批、成为"2011 计划"和"111 计划"重点建设高校、全国第四轮学科评估获得 A+、进入"双一流"建设名单……辉煌成绩既是师生员工共同奋斗的结果，也不断激励着法大人向"双一流"迈进。

同时，学校继续推进教育教学改革，创新发展中国特色社会主义法治理论体系，积极参与立法实践，为国家治理建言献策，与立法机关及中央和地方国家机关共建研究机构，大力进行普法宣传，助力脱贫攻坚，为全面依法治国和推动社会进步作出了应有的贡献，提升了学校作为法学教育最高学府的良好形象和社会影响力。

2017 年，习近平总书记考察法大并发表重要讲话，为法大的建设发展指明了方向。法大师生牢记总书记的嘱托，全面贯彻学习习近平总书记考察法大讲话精神，在全面建设社会主义现代化国家的新征程上，扬帆奋楫，再创辉煌！

70 年来，中国政法大学走过了不平凡的道路。在总结 70 年来办学经验和教训的基础上，学校将以习近平法治思想为根本遵循，继续在中国法学教育、法学研究和法治实践的道路上探索挺进，助力全面依法治国，为中国的政治进步、法治昌明、社会发展和文化繁荣作出更多更大的贡献！

第八章
锐意创新　开拓进取

（2000—2005）

第一节　划归教育部　站上新起点

一、整建制划归教育部，领导班子重大调整

1999 年 12 月 22 日，国务院下发了《关于进一步调整国务院部门（单位）所属学校管理体制和布局结构的决定》。[1]高等院校体制改革进行第三次重大调整。

文件指出，除教育部以及外交部、国防科工委、国家民委、公安部、安全部、海关总署、民航总局、体育总局、侨办、中科院、地震局等部门和单位继续管理其所属学校外，国务院部门和单位不再直接管理学校。按照"共建、调整、合作、合并"的方针，在对有关部门和单位所属普通高等学校管理体制调整的同时，调整学校布局结构，优化教育资源配置。少数普通高等学校划归教育部管理或由教育部负责调整，其他普通高等学校实行"中央与地方共建、以地方管理为主"的体制，由地方统筹管理。继续管理普通高等学校的部门和单位，也要加快其所属学校内部体制的改革，积极支持其他部门和单位所属学校的管理体制改革，提高办学效益和质量。

2000 年 1 月 29 日，国务院转发了教育部、国家计委、财政部等部门《关于调整国务院部门（单位）所属学校管理和布局结构的实施意见》。[2]调整方案将 22 所普通高校划转教育部管理；34 所普通高校由教育部负责调整；5 所普通高校取消

---

〔1〕　国发〔1999〕26 号。参见中国政法大学档案馆档案资料。

〔2〕　参见中国政法大学档案馆档案资料。

建制，改为原主管部门的非学历培训机构；97 所普通高校实行"中央与地方共建、以地方管理为主"的体制，并由地方统筹进行必要的布局结构调整；3 所高校继续由主管部门管理。

这项工作从 1999 年 11 月开始酝酿，2000 年 1 月制订工作方案，2 月中下旬开始实施，寒假后所有调整学校按新体制运转，3 月底基本完成资金划转或核定工作，7 月底基本完成有关学校的合并调整。这次调整的完成，标志着我国高教管理体制发生了历史性的深刻变化，部门办学体制基本结束，由中央和省级政府两级办学、以地方管理为主的新体制的框架基本确立。原来由 62 个国务院部门（单位）管理 367 所普通高校，现在变为由十余个部门（单位）管理 120 所左右，其中由教育部直接管理 71 所，其他少数部门管理 50 所左右。

根据文件规定，中国政法大学被列入独立建制划转教育部管理的 22 所普通高校之列，学校的国有资产、人员编制、劳动工资及教育事业费、科学事业费、房改经费等均从 2000 年起划转教育部。根据文件规定，中央政法管理干部学院并入中国政法大学，成为与普通高校合并的 6 所成人高等学校之一。同时，根据教育部和司法部的规定，中国高级律师高级公证员培训中心归司法部管理，成为司法部的司法行政干部培训基地。2 月 26 日，中国政法大学正式与教育部管理接轨。中国政法大学的发展由此进入了一个新的历史时期。

9 月 25 日上午，我校在昌平校区礼堂举行 2000 级本科生开学典礼，校领导解战原、王启富、马抗美、赵相林、魏传军、郑禄、陆炬出席，全校各院系、有关职能部门负责人以及 2000 级本科生参加了典礼。典礼由党委副书记兼副校长马抗美主持，党委常务副书记解战原同志在会上讲话。该年度我校共招生 1872 人，这是我校划转教育部管理后录取的第一届本科生。

2001 年 9 月 24 日，中国共产党教育部党组及教育部作出决定，对中国政法大学领导班子进行重大调整：任命石亚军[1]同志为中共中国政法大学委员会委员、

〔1〕 石亚军，男，1954 年 5 月生，汉族，山东省鄄城县人。教授、博士生导师，2001 年 9 月至 2017 年 7 月担任中国政法大学党委书记。1978 年至 1982 年在贵州大学哲学系读本科。1982 年至 1985 年在贵州教育学院政史系做教师。1985 年至 1988 年在中国人民大学马列所读硕士研究生，任研究生党支部书记。1988 年至 2001 年在中国人民大学工作，1989 年评为讲师，1992 年评为副教授，1999 年评为教授，历任中国人民大学党委组织部组织科科长、副部长、教务处处长、副教务长、校长助理、党委副书记。现任中国政法大学国家治理研究院理事长，中国政府改革和发展研究中心主任、研究员。兼任中国行政管理学会副会长、中国行政体制改革研究会副会长、教育部公共管理类专业教学指导委员会副主任委员、全国高等学校文化素质教育指导委员会副主任、教育部 2013—2017 年普通高等学校本科教学工作评估专家委员会委员。

常委、书记；冯世勇同志为党委委员、常委、副书记；徐显明、朱勇、张桂琳、张柳华同志为党委委员、常委；李书灵同志为党委常委、纪委委员、书记；免去解战原同志党委常务副书记、马抗美同志兼任的纪委书记职务；任命徐显明[1]同志为中国政法大学校长，解战原、马抗美（兼）、朱勇、张桂琳、张柳华同志为中国政法大学副校长；杨永林、王启富、赵相林、魏传军、郑禄、陆炬等同志不再担任领导职务。

9月29日，教育部任命中国政法大学新一届领导班子宣布大会在昌平校区举行。教育部人事司司长李卫红、教育部人事司副司长张兰春、北京市委教育工委委员刘宇辉及中国政法大学上一届领导班子和新一届领导班子全体成员出席大会。

李卫红司长代表教育部党组宣读了《关于中国政法大学领导班子任免的决定》并在会上讲话。她积极评价了上一届领导班子的工作和学校建设所取得的成绩，要求新一届领导班子以"三个代表"重要思想为指导，切实加强学校的党建和领导班子建设；以完善学校各项规章制度为切入点，强化责任意识，切实加强管理，依法从严治校；以制定学校"十五"规划为契机，抓住机遇，深化改革，发挥特色优势，为实现科教兴国的战略目标服务。原党委书记兼校长杨永林同志在会上表示，完全支持和拥护教育部党组的任免决定，感谢全体教职工对上一届领导班子的支持，并希望大家在新领导班子的带领下，创造我校美好的未来。

新任党委书记石亚军和校长徐显明分别发表了热情洋溢的讲话，向全体教职工分析了中国政法大学在全国法学教育领域的地位和面临的形势，提出了学校新的发展目标和思路，并希望大家为把中国政法大学建设成为世界一流的法学大学而共同努力。讲话在全体师生中引起了强烈反响。

经新一届领导班子第一次联席会议研究，决定领导班子的具体分工如下：党委书记石亚军全面负责党委工作；校长徐显明全面负责行政工作；副校长解战原分管行政、校办、人事处、校友会；副书记兼副校长马抗美分管宣传部、组织部、学生

---

〔1〕　徐显明，男，1957年4月生，汉族，山东省莱西市人。法学博士，教授，博士生导师，2001年9月至2009年2月担任中国政法大学校长。1975年参加工作，回乡务农，任生产队长及中学民办教师。1978年考入吉林大学法律系，获法学学士、硕士学位，1999年于武汉大学获得法学博士学位。1985年起执教于山东大学。1991年被破格擢升为副教授。1992年被破格晋升为教授。先后担任山东大学法律系第一副主任、法学院院长、校长助理、副校长兼法学院院长和研究生院院长。2008年11月调任山东大学校长。2013年10月起相继担任中央社会管理综合治理委员会办公室专职副主任、中央政法委员会副秘书长、最高人民检察院副检察长。现任全国人大常务委员会委员、全国人大监察和司法委员会副主任委员、中国法学会副会长、中国人权研究会副会长、中国法理学研究会名誉会长、教育部法学教学指导委员会主任委员、教育部中央政法委卓越法治人才培养计划指导委员会主任委员。

处、团委、党校、文化中心；副书记冯世勇分管党办、统战部、工会、教代会、保卫处、离退休干部处、武装部、综治办、综合档案室；副校长朱勇分管各院系（社会工程学院除外）部、教务处、国际交流处、国际教育学院、图书馆、电教中心、网络中心、培训中心；副校长张桂琳分管财务处、科研处、各研究所、开发、出版社、学报编辑部、社会工程学院；副校长张柳华分管后勤管理处、后勤集团、基建处、校产办、校医院；纪委书记李书灵分管纪检办、监察处、审计处。

▲ 新一届领导班子深入师生进行调研走访

二、确立全新办学定位，推进系列改革创新

站在 21 世纪的新起点上，面对全球经济一体化、信息一体化的趋势，以及中国加入 WTO 后对中国法治建设和法学教育的冲击，特别是学校划归教育部以后，面临来自部属兄弟院校改革发展的压力，这所在中国法学教育中占有特殊地位的高校充满了机遇和挑战。如何抓住机遇、迎接挑战，在新的历史时期抢占法学教育的制高点，是中国政法大学新一任领导班子及每一个法大人共同思考和必须回答的问题。

深化改革是唯一的出路，加快发展是最大的道理。基于这样的共识，新一届领导班子上任伊始，便开展了积极而富有成效的工作。领导班子成员深入到师生中进行调查研究，召开十多次各方代表参加的座谈会，全面了解学校基本情况。10 月 1 日，党委书记石亚军和校长徐显明分别与学校部分师生进行座谈，就学校办学的目标和定位、学科建设、学生培养目标、图书资料建设、学生工作等问题与师生进行了交流。

在开展了深入细致的调查研究后，新班子立即将工作的着力点放在抓班子的思想作风建设，抓学校的全方位改革。新班子第一次常委会的第一个议题就是如何结合自身的思想实际，结合学校改革发展的实际，结合每个人所分管工作的实际，深入学习领会"三个代表"和党的十五届六中全会精神，并将学习体会凝练成了"7加63字"履职理念：以"信"为纲，树信仰，立信念，守信用；以"正"为本，讲正气，行正风，走正道；以"学"为核，重学术，敬学者，育学人；以"公"为系，出公心，谋公利，秉公道；以"法"为范，守法规，遵法纪，循法则；以"干"为责，图实干，促大干，乐苦干；以"进"为志，攀上进，争速进，求续进。这一先进的履职理念为新一届领导班子打开新的工作局面、树立新的工作作风、建立新的工作机制打下了良好的思想基础。

超前的理念、务实的作风、高度的使命感和责任感，使新一届领导班子很快确定了中国政法大学21世纪的学校定位和办学目标，即立志把学校建设成为具有多科性、研究性、开放性、特色性的国内一流、国际知名的政法院校，在优势学科上争取达到世界一流，做中国法学学科的代表，成为国家政法教育、法学研究、法学图书信息资料和政策咨询中心。

为了夯实改革的思想基础，构建新的工作机制，为改革营造良好的舆论氛围和工作氛围，提供队伍保障和组织保障，学校党委决定，实施以加强党建和思想政治工作为主要内容的"十大工程"，即加强各级领导班子建设的"合力工程"、加强各类干部队伍建设的"支柱工程"、加强师生员工思想政治工作的"凝聚工程"、加强宣传工作的"鼓号工程"、加强工会教代会建设的"民主工程"、加强纪检工作的"阳光工程"、加强统战工作的"温馨工程"、加强老干部工作的"夕阳红工程"、加强保卫工作的"安稳工程"和加强学生工作的"成才工程"。校党委书记石亚军先后五次主持专题会议研究工程的设计方案，使制订工程实施方案的过程成为党政部门转变观念、围绕中心工作、确立工作目标和提升工作理念的过程。在各部门的共同努力下，工程的实施方案逐步成熟，党委立志为加强21世纪高校党建与思想政治工作探索出一条创新之路。

围绕着学校的定位和办学目标，领导班子进一步强化了以学科建设为龙头，以教学科研为中心的学校中心工作。以校部机关改革、干部人事制度改革、学科专业调整、教学改革、科研改革、校园规划与建设为主要内容的十一项改革措施随即立项，并相继付诸实施。

三、尊崇礼遇学术大师，聘任五大终身教授

2001 年 10 月 12 日，作为加强学科建设、鼓励科学研究的重大举措之一，学校决定授予江平、陈光中、张晋藩三位教授为中国政法大学终身教授。决定中指出，江平、陈光中、张晋藩三位教授几十年如一日工作在我国政法高等教育事业的第一线，辛勤育人、严谨治学，对民商法学、诉讼法学、法律史学等学科的发展起到了奠基作用。他们为学校培养了高素质的学术梯队，对中国政法大学 21 世纪的建设与发展产生了积极的影响。他们在国内立法活动中取得了突出的成就，他们的学术思想已经产生了跨学科的影响，是学术界公认的大师级专家。从现在起，他们可以根据自身的情况，决定在国内外、境内外招收博士研究生，数量不受限制。同时，学校尽可能为他们的教学、科研及相关的社会活动提供条件，提高对他们的待遇。2006 年和 2009 年，学校又先后聘任李德顺教授、应松年教授为"终身教授"，目前学校共有五位终身教授。

江 平

江平（1930.12—），著名民商法学家、社会活动家。浙江宁波人。现为中国政法大学终身教授、博士生导师。曾当选全国人大代表、全国人大常委会委员，是新中国继宋庆龄、邓小平之后被国外著名大学授予名誉法学博士学位的学者。江平教授是我国民商法学的主要奠基人之一，建树卓著。曾赴比利时根特大学、香港大学、意大利罗马第二大学、日本青山学院大学、美国哥伦比亚大学讲学，获比利时根特大学名誉法学博士，并任秘鲁天主教大学名誉法学教授。

担任过的主要职务有：北京政法学院副院长、中国政法大学副校长（1983—1988 年）；中国政法大学校长（1988—1990 年）；第七届全国人大代表、第七届全国人大常委会委员、第七届全国人大宪法和法律委员会副主任委员（1988—1993 年）；中国法学会副会长（1988—1992 年）；中国经济法研究会副会长；北京仲裁委员会主任；中国国际经济贸易仲裁委员会顾问、仲裁员、专家委员会委员。

江平教授是国务院批准的有突出贡献的专家，享受国务院政府特殊津贴，受到江泽民、朱镕基等党和国家领导人的接见和看望。在担任第七届全国人大常委会委员和法律工作委员会副主任委员期间，他为推动我国的立法工作作出了重大贡献。他主持了"外国法律文库"的翻译工作，曾参加《民法通则》的制定，担任《信托法》《合同法》起草组组长，全国人民代表大会《中华人民共和国民法典》编纂负责人，在《公司法》《合伙法》《合同法》的制定中起了重要作用。

主要著作有：《中国大百科全书法学卷》（编委、民法学科主编）、《罗马法教程》（合著）、《西方国家民商法概要》（独著）、《民法教程》（合著）、《公司法教程》（《新编公司法教程》）（主编、合著）、《法人制度研究》（主编、合著）、《中国采矿研究》（主编）、《中国司法大辞典》（主编）、《商法全书》（主编）、《证券实务大全》（主编）、《商法案例评析》（主编）。

江平教授曾被授予"有突出贡献的中青年专家""全国优秀教师"称号，被收入英国剑桥世界名人录和国内多种版本的著名学者、著名法学家名录。

陈光中

陈光中（1930.4—），著名刑事诉讼法学家。浙江温州人。现为中国政法大学终身教授、博士生导师。1952年7月毕业于北京大学法律系，后长期从事法学教育和科研工作。曾任中国社会科学院法学研究所刑法室主任、中国政法大学研究生院副院长、常务副校长、校长。曾任和现任的社会职务主要有：中国法学会副会长、诉讼法学研究会会长，国务院学位委员会法学评议组成员，国家哲学社会科学法学规划小组副组长，教育部社会科学委员会委员、法学部召集人之一，最高人民法院特邀专家咨询员，最高人民检察院专家咨询委员。1991年被评为有突出贡献的专家，享受国务院政府特殊津贴。

主编或撰写的著作（含教科书）50余部，论文200余篇，主要著作有：《中国古代司法制度》《刑事诉讼法学》《联合国刑事司法标准与中国刑事法制》《中华人民共和国刑事诉讼法修改建议稿与论证》《中国司法制度基础理论问题研究》《证据法学》等。曾荣获北京市哲学社会优秀成果特等奖、教育部优秀成果一等奖。1986年经国务院学位委员会批准，成为全国第一位诉讼法学博士生导师，培养了全国第一批诉讼法学博士；在担任诉讼法学会会长期间，努力推进诉讼法学发展，是我国刑事诉讼法学主要奠基人之一和学术带头人。

陈光中教授多次参加立法工作，1993年受全国人大常委会法制工作委员会委托，主持拟定刑事诉讼法修改建议稿，对1996年《刑事诉讼法》的成功修改起了重要作用。两次参加全国人大常委会委员长主持的宪法修改专家座谈会，力主人权保障载入宪法。此外，陈光中教授还参加了《国家赔偿法》和《律师法》的修订工作，受澳门法律改革办公室委托，主持对《澳门刑事诉讼法》修改的若干重大问题进行研究，并提交了修改建议书供参考。

陈光中教授多次到国外考察、讲学和参加国际会议，多次在国内主持召开国际学术研讨会，在国际法学界有较大影响，被誉为"国际认可的法学大家"。2004年获英国文化委员会颁发的"英中文化交流奖"。1992年首次率大陆法学家代表团赴我国台湾地区访问，并在北京主持召开海峡两岸大型法学研讨会，为促进海峡两岸的法学交流作出了贡献。

陈光中教授曾被收入英国剑桥世界名人录和国内多种版本的著名学者名录。

张晋藩

张晋藩（1930.7—），著名法制史学家。辽宁沈阳人。现为中国政法大学终身教授、博士生导师。1952年7月中国人民大学研究生毕业。曾担任国务院第一届（特约）、第二届（1985—1991年）学科评议组成员、中国政法大学副校长、研究生院院长、中国法制史研究所所长，1987年被评为国家重点学科法制史学学科带头人，教育部人文社科重点研究基地——中国政法大学法律史学研究院名誉院长。1991年获国务院有突出贡献的享受国务院政府特殊津贴专家待遇。主要社会职务有中国法律史学会常务副会长、名誉会长、专业顾问，中国法文化研究会会长等。1986年应邀为中央书记处讲授法律课。1996年、1998年两次为全国人民代表大会常务委员会讲授法学课。1982年以来，多次赴美国、加拿大、德国、以色列、日本、韩国进行讲学活动。

张晋藩教授的一系列主要著作构筑了中国法律史学的基本理论框架，并对中国法律史学诸多基本理论问题作了充分论述。这一理论框架和基本学术观点已为我国法律史学界所普遍接受。代表性论著有：《中国法制史》第一卷，《中国法律传统与近代转型》《中华法制文明的演进》《中国近代社会与法制文明》《镜鉴心语》等。主编多种法制史教材及专著，发表论文二百余篇，部分专著已被译成英、日、韩等多国文字出版。

张晋藩教授先后承担的国家、省、部级研究课题有：《中国少数民族法制通史》（国家社科基金项目）、《中华大典·法律典》（国务院项目）、《中国司法制度史》（司法部项目）和《清史·法律志》（国家重点工程）。主编的《中国法制通史》煌煌十卷本，共计500万字，历时19年，几乎集中了当时国内法律史学界的主要力量。

2006年，在原有三位终身教授的基础上，学校决定聘任李德顺先生为我校终身教授。

李德顺

李德顺（1945.9—），著名哲学家。黑龙江齐齐哈尔人，祖籍河北丰润县。现任中国政法大学终身教授、博士生导师，人文学院名誉院长。曾任中国社会科学院哲学研究所副所长、文化研究中心主任。主要社会兼职有：中国辩证唯物主义研究会副会长、中国价值哲学研究会会长、北京市哲学会副会长、中华炎黄文化研究会理事、中国行为法学会学术委员会委员等，并在国内多所高校和科研机构被聘为客座教授、特聘研究员，被多家期刊聘为编委。曾应邀赴日本一桥大学等多所大学，以及东洋哲学研究院、俄罗斯科学院哲学研究所、意大利意中友好协会等邀请专程讲学。1992 年被评为有突出贡献的专家，享受国务院政府特殊津贴。主要研究领域为马克思主义哲学，重点是哲学原理改革和发展研究、价值论和价值观念研究、当代文化研究。

2009 年 5 月，学校决定聘任著名行政法学者应松年先生为我校第五位终身教授。

应松年

应松年（1936. 11—），著名行政法专家。浙江宁波人。现为中国政法大学终身教授、博士生导师，中国法学会行政法学研究会名誉会长。曾任中国法治研究所所长，国家行政学院法学教研部主任。第九届、第十届全国人民代表大会代表，全国人民代表大会内务司法委员会委员，北京市第十届、第十一届、第十二届人大代表和法制委员会副主任等职，享受国务院政府特殊津贴。1960 年毕业于华东政法学院，后在西北政法学院任教。1983—1995 年任中国政法大学中国法制研究所所长、行政法硕士研究生导师组组长、博士生导师。1995—2009 年任国家行政学院法学教研部主任、教授，中国政法大学兼职教授、博士生导师。

应松年教授致力于行政法学、行政诉讼法教学、研究，是中国第一批行政法硕士研究生导师，是最早的行政诉讼专业博士生导师之一。参与编写中国第一部行政法学教材《行政法概要》，主编法学统编教材《行政法学》《行政诉讼法学》，撰写和主编《行政行为法》《行政法学总论》《国家赔偿法研究》《行政法的理论与实践》《行政法与行政诉讼法词典》《行政法学新论》《行政管理学》等，撰写发表《依法行政论纲》等一批论文。

1986 年起担任全国人大常委会法制工作委员会行政立法研究组副组长，先后组织或参与《行政诉讼法》《国家赔偿法》《行政处罚法》《立法法》《行政许可法》《行政强制法》等的研究和起草工作，并根据全国人大常委会的立法计划，正在组织起草《行政程序法（草案）》和修改《行政诉讼法》和《国家赔偿法》的工作，并承担《卫生法》《农业法》《渔业法》等各部门行政立法的顾问、咨询工作。兼任北京市、天津市政府法律顾问。

四、优化组织改革机构，公开竞聘处级干部

2001 年 10 月 17 日，根据校党委决定，党委书记石亚军在海淀校区礼堂主持召开深化改革动员大会，全体教师、校部机关科级以上干部及民主党派、无党派人士、老干部代表共五百多人参加了大会。全体校领导出席了动员大会。

校长徐显明在讲话中指出，高等教育的根本任务在于培养人；提高教育质量是高等教育永恒的主题；高等教育的中心工作是教学和科研；高等教育的龙头工作是学科建设；高等教育的发展要以改革为动力。要改革，首先要从转变观念开始。中国政法大学要办成多科性、研究型、开放性、特色性的大学，定位为世界知名的高水平大学，在优势学科上争取达到世界一流，就要在办学目标、办学定位、学科建设、育人观念、办学规模、提高教学质量、科研体制、人事观念、管理观念、大学文化的特质等方面更新观念，实现思想上的解放，也就是要更新办学观念，要抓住中心工作，改革管理体制，争创一流学科。徐校长向大家通报了学校党委确定的十一项改革措施及近期工作，受到了大家热烈欢迎。

党委书记石亚军向大家深入分析了全国高等教育改革与发展的形势及我校在这一大背景下所面临的机遇和挑战，使教职工认清了我校改革面临的压力，增强教职工对改革的信心。同时，石亚军指出了当前需要处理的十大关系，即，解放思想与实事求是的关系，理论与实践的关系，坚持马克思主义的指导思想与贯彻"双百"方针的关系，继承与创新的关系，规格与特色的关系，经济效益与社会效益的关系，改革主体与改革客体的关系，局部利益与整体利益的关系，个人作用与集体团结的关系，改革、发展与稳定的关系。他号召全体师生精诚团结，为把我校建成一流大学而奋斗。

为了加强学校的民主管理与民主监督，促进学校的改革与发展，实施"依法治校"，切实抓好校务公开制度的建设与实施，学校决定全面推行校务公开工作。校务公开的内容包括：政务公开、财务公开、人事公开、党务公开、学生教育管理公开、项目资产公开。校务公开通过教代会、校务公开专栏、校园网、广播台、新闻发布等方式进行。校务公开工作的推行，进一步提高了学校的管理水平和运行效益，完善了学校的民主制度，推动了学校的改革、建设与发展。

在广泛征求广大教职员工意见和建议的基础上，参照以往的改革方案，以及积极贯彻落实中央、教育部和北京市委的有关精神，学校拟定了《中国政法大学校部

机关机构改革方案》《中国政法大学校部机关分流人员安置办法》《中国政法大学校部机关和院（系）处级领导干部选拔任用规定》《中国政法大学校部机关和院（系）处级领导干部公开竞聘上岗工作实施意见》，并经校党委常委会会议通过。2001 年 12 月 3 日，校党委作出《中共中国政法大学委员会关于实施中国政法大学校部机关机构改革方案和干部人事制度改革方案的决定》。

该决定指出，中国高等教育发展的迅猛形势、高校间异常激烈的竞争态势，对刚刚进入教育部直属重点大学的我校构成了强大的外部压力，使我们面临更为严峻的挑战。面对当前形势，全体教职员工必须在校党委统一领导下，解放思想、实事求是、抓住机遇、战胜挑战、深化改革、锐意进取、大力创新、加快发展。建立合理、高效、优质的管理体制和管理队伍是我校一切改革与发展的前提和基础。只有优化结构、理顺关系、规范管理、提高素质，才能为人才培养和教学科研工作提供制度保障和组织保障，才能为学校整体改革的推进奠定良好的干部基础和管理基础。学校希望通过本次校部机关机构改革和干部人事制度改革，在我校建立起以教学、科研为中心的人员精干、办事高效、运转规范的管理体制，建设一支具有高素质和一流管理水平的管理队伍，转变校部机关作风，建立起决策科学、管理规范、监督有效的良好运行机制。

根据《中国政法大学校部机关机构改革方案》和《中国政法大学校部机关分流人员安置办法》，校部机关机构改革的指导思想是：以邓小平理论和党的十五大会议精神为指导，贯彻落实《高等教育法》和第三次全国教育工作会议精神以及中组部、人事部和教育部的有关规定，在校党委统一领导下，坚持解放思想、实事求是的思想路线，遵循高等教育发展的客观规律，以理顺管理与教学、科研的关系为着眼点，以转变职能、转变机制、转变作风、提高效率、提高水平、提高质量为目的，在充分发扬民主的基础上，通过撤销、剥离、保留、合并和新建等方式，调整机构，优化结构，整合体系，改变校部机关存在的职能交叉，机构重叠，职责不清，关系不顺，冗员较多，部门与部门、人与人之间推诿扯皮，高消耗，低效率的现象，建立起科学精简、权责明晰、运行顺畅、强化服务、优质高效的机构和职能体系，为学校整体改革的推进奠定良好的组织基础。

校部机关机构改革遵循的原则是：有利于理顺教学、科研、管理和服务的关系；有利于促进学科建设、教学改革和科研改革；有利于校部机关管理职能和人员结构的整体优化，提高效率和管理水平；有利于调动广大教职工的工作积极性和主动性；有利于学校事业的整体发展。

校部机关机构改革的目标是：建立起以教学、科研为中心的人员精干、办事高效、运转规范的机关管理体制；改革用人制度，完善考核、奖惩制度，建设一支高素质的具有一流管理水平的管理人员队伍；使校部机关与经营、服务职能相脱离，建立起决策科学、管理规范、监督有效的机关管理运行机制。

校部机关机构改革的方针是：解放思想，实事求是，加强领导，统一指挥，积极稳妥，分阶段、按步骤地逐步实施。

校部机关机构改革的主要内容和总体思路是：根据教人〔1999〕16 号文件《关于当前深化高等学校人事分配制度改革的若干意见》，人发〔2000〕59 号文件《关于深化高等学校人事制度改革的实施意见》规定，更新观念，破除上下对应和"官本位"的思想，从明确职能入手，对职能重叠、交叉或相近的机构实行撤销、合并或合署办公；对不具备管理职能的单位成建制地剥离校部机关，根据其职能转入教学科研单位或后勤服务集团等部门；对原在机关从事服务工作的人员全部从机关剥离，实行分类管理；根据建设和发展的需要，适当增设对应新职能的新机构。增强机构的综合管理职能，减少层次，理顺关系。通过对处、科级机构职能的调整，使校部机关机构精简为 20 个；校部机关工作人员编制精简为 213 人。机构确定后，对各级党政管理人员进行全员聘任。对在改革中分流出来的人员，建立起校内合理的流动机制，修好畅通的人员流动渠道，使各类人员能够稳得住、流得动、分得走。

校部机关机构改革的具体方案是：

保留的机构有研究生院和 13 个部、处、室：组织部、统战部、纪委办公室（监察处）、宣传部、退（离）休干部管理处、教务处、科研处、学生（部）处、人事处、审计处、后勤管理处、基建处和保卫（部）处。

新组建的机构有 4 个：中国政法大学新闻中心（与党委宣传部合署办公）；机关党总支；资产管理处；中国政法大学教育技术与网络服务中心（由电教中心、外语系语音室和基础部计算机实验室部分人员组成，为教辅单位，由主管副校长直接领导）。

更改名称的机构有 3 个：财务处更名为计划财务处、校培训中心更名为校培训部、国际交流处更名为国际合作与交流处。

撤销 2 个处级机构和 2 个教辅机构：校产业办公室（其管理职能由后勤管理处承担，其下属的经营性、服务性部门划归后勤集团管理）；研究生院研究生工作部（研究生思想政治工作与毕业生指导工作由校学工部承担，研究生会的指导工作由校团委承担）；电教中心（其电化教学职能和音像制作职能由新组建的教育技术与网络服务中心承担）；外语系语音室（其职能由新组建的教育技术与网络服务中心承担）。

合并或合署办公的机构有6个："党办"与"校办"合署办公，组建"学校办公室"；党校与组织部合署办公；武装部、综合治理办公室与保卫处合署办公；校园文化中心并入学工部，为其下设的科级机构；校综合档案室并入学校办公室，为其下设的科级机构；校人才服务中心并入人事处，为其下设的科级机构。

研究生院下设的机构改为正科级，其第一负责人根据本人条件可低格高配。

不具备管理职能，应整建制地剥离校部机关，分清职能，理顺关系，归口管理的有3个处级机构、4个科级机构：国际教育学院从校部机关转入教学序列；第二学位办公室从教务处划归法律系管理；高教研究室从原为独立设置的副处级机构，改为归口学校办公室管理，不具有行政级别，人员按专业技术人员管理；保卫处校卫队不列入校部机关，归口校保卫处管理，负责校园内楼、堂、馆、所的门卫、传达工作，并逐步以保安人员等代替；校办收发科、文印科不列入校部机关，更名为收发室、文印室，不具有行政级别，聘用的负责人按科级干部对待，其他工作人员分类管理，归口学校办公室管理；教务处教材科与研究生院教材科共同组建校教材供应中心，不列入校部机关，是不具有行政级别、自收自支的服务经营部门，归口校教务处管理；老干部处、教务处、学工部、国际合作与交流处中的1个专业技术人员岗位和9个工人岗位不列入机关编制，分别按专业技术人员和普工或技工管理。

把校培训部纳入校部机关，加强本科及本科以下非学历教育的管理。

涉及职能调整的部门有4个：师资队伍建设工作从教务处划归人事处；计划生育工作从校办划归校医院；职工福利经费的管理由人事处、校工会分管改为全部划归校工会管理；教职工培训工作从校工会划归人事处。逐步取消校内二级财务，其财会业务由计财处结算中心承担。

改革后列入学校机关序列的有研究生院和19个部、处：学校办公室（党办、校办）、组织部（党校）、统战部、纪委办公室（监察处）、宣传部（新闻中心）、退（离）休干部管理处、教务处、科研处、研究生院、人事处、国际合作与交流处、学生处（学生工作部）、计划财务处、审计处、保卫处（保卫部）、资产管理处、后勤管理处、基建处、培训部、机关党总支。

列入群众团体的处级单位有2个：校工会、校团委。

为保证校部机关机构改革工作的顺利进行，积极稳妥地做好机关分流人员的安置工作，学校为改革中出现的富余人员广开渠道、妥善安置。根据有关政策，对分流人员提出了如下安置办法：①允许提前退休；②按照"双向选择"的原则，推荐到后勤集团工作；③符合教学、科研工作条件的，按照规定程序，充实到教学科研队伍中去；④转岗培训；⑤鼓励向校外流动。

12月4日，我校在海淀校区礼堂隆重举行校部机关机构暨干部人事制度改革动员大会。校党委书记石亚军、校长徐显明、副校长解战原、副书记兼副校长马抗美、副书记冯世勇、副校长张柳华、纪委书记李书灵等领导出席了大会。学校各院系各教辅单位中级以上的教师、学校有关单位正科以上的干部、校部机关的全体工作人员及各民主党派、教代会、共青团、离退休老干部代表参加了动员大会。会议由校长徐显明主持。

校党委书记石亚军首先作动员报告，分析了我校机构及干部人事制度改革所处的背景和存在的问题。通过对改革指导思想、总体思路、基本原则和评价标准的阐述，石亚军要求全校上下在实施改革方案时要正确处理好改革中的各种关系，并希望大家认清形势，统一思想，按照学校的改革方案参与各项改革工作。副校长解战原在会上作了《关于〈校部机关机构改革方案〉及编制改革问题的说明》的报告，详细介绍了我校校部机关机构改革的背景、依据、现状、具体方案和实施意见。副书记兼副校长马抗美作了《关于处级领导干部选拔任用制度改革方案的说明》的报告，详尽说明了处级干部的聘任方式和程序。在大会结束时，徐显明校长针对改革方案的实施提出了三项要求：要严格纪律、严明程序；共产党员特别是领导干部要在改革中起模范带头作用；各部门要认真讨论，领会会议精神，把思想统一到党委的各项改革决议中来。与会人员普遍认为机构改革符合时代潮流，学校应该进行改革，包括整个教学体系、机构设置、人事制度都要进行改革，希望并支持改革能稳妥地进行下去。

12月11日，处级领导干部公开竞聘演说活动展开。全校共有40余人竞争20个正处级工作岗位。12月19日，正处级领导聘任结束。2002年1月，副处级干部聘任结束。随着新任的19位正处长和21位副处长的全部上岗，标志着校部机关改革和人事改革的基本结束。通过这次精简机构和公开竞聘中层干部，学校机关由39个减为20个，26位同志因年龄等原因离开领导岗位，一批符合干部"四化"标准的中青年教师和干部走上了新的领导岗位。

党委书记石亚军和校长徐显明要求每一位新上岗的领导干部，面对改革发展的严峻形势，要确立新的理念，善于创造性地开展工作。他们对新上任的各部处主要领导干部提出了五个方面的要求：一是要发扬五种精神，即解放思想、实事求是；改革创新、进取向上；艰苦奋斗、扎实工作；团结协作、整体奋进；廉洁自律、模范履职。二是要树立五种意识，即责任意识、竞争意识、法治意识、大局意识、服务意识。三是要端正五种态度，即关心学校发展的态度、落实尊教爱学的态度、维护群众利益的态度、积极解决矛盾的态度、主动纳谏改进的态度。四是要培养五种素质，即把握正确方向的政治素质、捕捉有利机遇的思想素质、实施科学管理的业务素质，履职坚韧不拔的领导素质、待人谦虚友善的心理素质。五是要提高五种能力，即理论思维的能力、驾驭全局的能力、优质高效的能力、群策群力的能力、应对意外的能力。

第二节　同贺五十华诞　共商美好未来

一、"中国法学教育的最高学府"：李岚清视察法大

2002 年 2 月 9 日，农历壬午年春节前夕，中共中央政治局常委、国务院副总理李岚清专程来到我校海淀校区，亲切看望了我校部分老教授和学科带头人，并与他们进行座谈。国务院有关部门负责人高强、吕福源、赵实、廖晓淇陪同看望并参加了座谈活动。

座谈会由校党委书记石亚军主持。马抗美、朱勇、张桂琳、张柳华、李书灵等校领导及我校刑事诉讼法学专家陈光中教授、法制史学专家张晋藩教授、国际法学专家王传丽教授、婚姻法学专家巫昌祯教授、行政法学专家朱维究教授、经济法学专家徐杰教授、刑事诉讼法学专家樊崇义教授、外国法制史专家曾尔恕教授、经济法学专家王卫国教授、政治经济学专家邬名扬教授、中国法制史专家郭成伟教授、刑事诉讼法学专家卞建林教授、民事诉讼法学专家陈桂明教授等参加了座谈会。

座谈会上，党委书记石亚军代表全校师生对李岚清副总理专程来到我校看望老教授并指导工作表示热烈欢迎。石亚军简要介绍了中国政法大学的整体概况、教学科研和人才培养成就。他说，目前我校领导班子紧密团结，广大教职员工士气高昂，正朝着把中国政法大学建设成为以法学为主，兼有多门学科，国际知名、国内一流的全国重点大学而努力奋斗。随后，陈光中、张晋藩、朱维究、王卫国等教授分别就如何进一步加强法学教育、高等教育如何进一步适应国际竞争、如何建立高水平的评估体系、法学教育如何进一步面向经济建设和贴近法律职业等问题作了发言。

在认真听取了情况汇报和教授代表的发言后，李岚清首先向与会的教授拜年，并通过大家向中国政法大学的全校师生员工表示亲切慰问。随后，李岚清发表了重要讲话。他在讲话中强调之所以到中国政法大学来，一是要听取学校对高等教育改革的意见，二要寻求法律援助、法律支援和法律支持。这次到中国政法大学来具有特殊的意义，因为中国政法大学是中国法学教育的最高学府，希望中国政法大学能

够为解决国家改革与发展中的法律问题作出积极贡献，并努力培养出高素质的法律人才，满足经济和社会发展的需求。

李岚清说，随着我国依法治国的不断推进和国际交流日益增多，各方面对高素质、高水平法律人才的需求越来越大，抓紧培养大批既通晓法律，又熟悉经济、人文、外语等知识的高素质、实用型、复合型人才，提高我国法学教育整体水平，为我国法治建设提供智力支持，是摆在中国政法大学和所有政法类高等院校面前的重要课题。

李岚清指出，我国的法制体系还不够健全、不够完善，行政法规和法律之间、民法与刑法之间如何进行有效衔接，都需要政法院校的教授、专家们认真研究和探索，希望中国政法大学努力把学校建设成为全国政法教育和法学研究的中心，为我国的法治建设作出更大的贡献。

李岚清的讲话在与会人员中引起强烈反响，大家表示一定不辜负李岚清同志的殷切期望，发挥学科优势，以强烈的责任感和使命感为"依法治国"提供智力支持。会后，校党委书记石亚军立即主持召开党委常委会，研究如何贯彻落实李岚清同志的重要讲话精神并作出具体部署。

▲ 李岚清视察我校

2002 年 3 月 21 日，教育部副部长张保庆来我校海淀校区视察，听取我校关于中国政法大学建设与发展情况的汇报，并作出重要指示。教育部直属高校办公室主任高文兵、教育部发展规划司副司长韩进、教育部财务司高校财务处处长徐孝民、教育部办公厅秘书处张燕军等人陪同视察。我校校长徐显明、校党委副书记兼副校长马抗美、副校长张桂琳、副校长张柳华、纪委书记李书灵参加了汇报会。

在汇报会上，徐显明校长首先代表学校领导班子就学校的总体情况进行了主题汇报。徐显明说，中国政法大学的 50 年与新中国法治建设的 50 年荣辱与共，息息相关，血脉相连。50 年来，中国政法大学为新中国的法治建设作出了突出贡献。据不完全统计，中国政法大学累计已为国家培养了十余万名不同层次的政法专门人才，他们大部分已成为国家公安、检察、审判、司法行政及政府机关、经济实体的骨干力量或在法学教学科研岗位上担任重要的职务。

在简要回顾了学校的历史之后，徐显明就我校未来发展的总体设想和学校近期发展所面临的困难作了重点阐述。他说，当前中国政法大学办学面临三个背景，一个是"依法治国"的背景，一个是中国加入 WTO 的背景，一个是中国司法考试一元化的背景。在这三个背景之下，中国法治建设对中国法律教育提出了更高的要求，法律高级专门人才的重要性已经成为全社会的共识。中国政法大学应该积极响应这一时代召唤，充分发挥中国法学教育领头人的作用，为国家的法治建设作出更大的贡献。徐显明说，学校"十五"和今后十年的发展目标是力争把中国政法大学建设成为多科性、研究型、开放性、特色性的国内一流、国际知名的政法院校，在优势学科上达到世界一流，成为国家政法教育的中心、法学研究的中心、图书信息资料和政策咨询的中心。学校将通过稳定本科生规模，积极发展研究生教育，提升法学教育的质量，为社会培养大批高素质的政法专门人才。

由于学校历史欠账太多，办学条件落后，使得学校全面发展受到了很大制约。学校从"七五"建设以后，20 世纪 90 年代以来基本没有进行过基础设施建设。按照学校现有规模，学校建筑面积缺 45 000 平方米，根据学校"十五"和今后十年发展规划，建筑面积还缺 246 637 平方米。同时，学校现代化教学手段也相当落后，多媒体教室、网络建设、图书馆数字化建设也刚刚开始，这远远不能满足我校的需求。目前，基础设施严重滞后、教育用地严重不足、教育投入严重短缺、教师住房及津贴待遇相对较低已成为制约我校进一步发展的"瓶颈"。中国政法大学有最好的师资、最好的生源、最好的法学信息资料，但是却没有一流的办学设施。为此，学校希望通过国家在财力上和政策上的大力支持、争取教育贷款、拓宽资金渠道等方式全面解决学校在办学基础设施方面存在的问题。

张保庆副部长在听取了徐显明校长的汇报后，向与会的校领导询问了教师住房条件、学生住宿条件、教职员工的收入、学校收支情况及学校设施改造等问题，张柳华副校长及有关职能部门负责人对张保庆副部长的询问一一作了回答，并介绍了我校两校区法律服务楼、教学综合楼、国际交流中心、法律博物馆、学生活动中心等十项基础设施建设的投入测算情况。

张保庆副部长在听取了汇报后作了讲话。他认为中国政法大学多年来在我国政权建设、法治建设中所取得的成绩应该肯定，他非常赞同李岚清副总理对我校的定位——"中国法学教育的最高学府"，并认为我校是"中国法学教育的第一块牌子"，学校要继续发挥法学教学科研的整体优势，办出自己的特色，特色就是质量。张保庆副部长对我校所确定的定位和稳定本科生规模，发展研究生教育，在人才培育上上层次、上水平的发展观点表示赞同，对我校计划实施的建设项目表示整体认可，但要求两校区的建设要分步骤，建设项目规划要有轻重缓急之分，一些可以合建的项目予以合并建设，而一些急需并能够解决的问题应尽快解决，如教学设备的增加。在谈到学校建设资金的投入时，他表示教育部要加大对中国政法大学的支持力度，在政策上会有所倾斜，在今年扩大对我校资金投入的基础上，从明年起教育部将进一步加大投入，使中国政法大学的面貌在三年内有较大改观。目前学校提出的十余个建设项目所需的资金，国家至少要解决一半，其余部分学校要通过自筹和银行贷款等方式加以解决。

张保庆还指出教师的住房问题应引起学校的高度重视，并应尽快作出规划予以解决。学校在加强硬件建设的同时，特别要注意软件建设，软件建设就是要进行学科建设，就是要加强管理。学校领导要大胆管理，要提高学校管理的整体水平，树立良好的校风和学风。

张保庆还提出，中国政法大学的"211工程"问题是个遗留问题，在国家"211工程"的二期建设中应该得到合理解决。对于即将到来的中国政法大学50周年校庆，教育部也将给予一定的支持。

在得到中央的关怀和教育部的支持后，在接下来的几年间，学校的发展取得巨大的突破，基础设施建设得到一定程度的改善，教师住房条件和学校的教学科研条件也随之有所改善。同时，学校在学科建设、教学科研、人才培养和国际交流等各方面的工作都有了快速的发展。

二、历届校友共襄盛举，校友分会陆续成立

经过紧张的准备和周密的安排，2002年上半年，中国政法大学建校50周年庆典活动陆续展开。2002年1月20日，校党委书记石亚军和校长徐显明联名向海内外校友发出邀请信，诚挚邀请历届校友再次回到母校参观指导，参加庆典活动、校庆学术研讨会议和其他各项活动。

校庆前夕，一系列准备活动相继展开。我校60届校友唐自熙捐资为中国政法大学前身——北京政法学院第一任院长钱端升先生塑铜像一座，以纪念曾为我校建设与发展作出巨大贡献的钱端升院长。唐自熙为我校60届6班学生，在校期间为校学生会主席，现为湖南省长沙市锦星房地产开发公司董事长。我校校友、时任中共中央纪律检查委员会副书记李至伦和夫人王树梅为校庆分别捐款1000元。李至伦和王树梅均为我校政法系66届学生。多年来，李至伦一直关心着学校的建设与发展，曾多次视察学校。在我校40周年校庆时，他代表校友发表了热情洋溢的讲话。

为了进一步推动学校的发展与建设，增强学校的综合实力，改善学校的办学条件，本次校庆在校内外积极开展了筹资募捐工作。2002 年 2 月 27 日，校庆办公室发出了《校庆办公室关于为校庆捐助的倡议》，呼吁全体在校教职员工积极参加到校庆活动的筹备工作中来，倡议广大教职员工在自愿的基础上踊跃捐款，或通过各种合法途径为学校募集捐赠。3 月 1 日，校党委书记石亚军和校长徐显明率先为校庆各捐助 1000 元。副校长解战原、党委副书记兼副校长马抗美、党委副书记冯世勇、副校长朱勇、副校长张桂琳、副校长张柳华、纪委书记李书灵分别为校庆捐款 1000 元。在校领导的带动下，学校其他各部门教职员工也积极响应，掀起了"在校爱校"的高潮，为学校的发展与建设慷慨解囊，表达了自己对学校的关心与浓浓情谊。

早在 2001 年 12 月 31 日，根据《中国政法大学校庆庆典公告（一号）》的精神，中国政法大学校友会广西分会筹委会正式成立。筹委会主任由我校 69 届毕业生、广西壮族自治区人大常委会法制工作委员会主任吴韩丽同志担任。我校 67 届毕业生、广西壮族自治区高级人民法院党组副书记、副院长唐安帮同志，69 届毕业生、广西壮族自治区人民检察院党组副书记、副检察长唐藏清同志，58 届毕业生、广西壮族自治区南宁市中级人民法院原院长王宴华同志，67 届毕业生、广西壮族自治区高级人民法院原纪检组长兼政治部主任孟东宣同志，65 届毕业生、远东律师事务所律师刘炳岩女士，担任筹委会副主任。孟东宣兼任筹委会秘书长。

同一时间，中国政法大学校友会安徽省分会筹委会也正式宣告成立。筹委会主任由我校校友、安徽省人大常委会委员、内司工委副主任陈绪德同志担任。吕振凡、杜非、武巍、崔志东担任副主任。筹委会下设办公室，负责筹委会日常事务工作，由安徽省人大常委会法工委副处长纪荣荣担任办公室主任。

此外，根据校庆筹备委员会的指示，校庆办公室在北京、天津、上海、内蒙古、广东、湖北、海南、黑龙江、吉林、辽宁、河南、河北、福建、山西、四川、甘肃、浙江、香港、青岛等二十余个省、区、市相继成立了中国政法大学校友会分会筹委会。中国政法大学校友会分会筹委会主要负责当地校友资料的收集以及信息收集、发布等工作。在校庆期间，各地校友会分会筹委会负责组织校友返校、参加校庆活动等事宜，以促进校庆的顺利进行。

为了庆祝建校 50 周年，包括《中国政法大学校史》《永远的法大人》《守望法大》《政法评论》（2002 年卷）等在内的"50 年校庆丛书"在校庆前夕由中国政法大学出版社出版。

三、尊师重教风气蔚然，开创奠基功勋永彰

在中国政法大学 50 周年校庆即将到来之际，学校组织评选出了一批"元老教

师""学科建设开创者"和其他优秀教师，以表彰他们多年以来对学校发展所作出的贡献。

为加强学校学科建设，表彰在教学和科研领域为学校的建设与发展作出重大贡献的专家、教授，并进一步促进新一代学术骨干和学科带头人的成长，学校决定授予王名扬教授等11人"学科建设开创者"的称号。

这11位专家、教授均具有深邃的学术思想，并在全国范围内对某一学科起到了开创奠基作用，在学术界具有较高的声望、较高的学术地位和社会知名度；为新中国的法学事业、教育事业和法治建设与学校的教学、科研建设等作出了重大贡献，取得了突出成就，为学校赢得了声誉。此外，他们均担任或曾经担任全国性学术组织或二级学科专业委员会副会长（副主任）以上职务。

本次评选出的11名"学科建设开创者"是由研究生院在听取相关学科意见的基础上提出，经校学术委员会认定，报校长办公会批准。名单如下：行政法学的王名扬[1]教授、法律文书的宁致远教授、民法学的江平教授、中国法制史的张晋藩教授、诉讼法学的陈光中教授、婚姻法学的巫昌祯教授、犯罪心理学的罗大华[2]教授、经济法学的徐杰[3]教授、法律古籍整理与研究的高潮[4]教授、刑法学的

---

〔1〕 王名扬（1916—2008），生于湖南省衡阳县，中国政法大学教授，著名行政法学家，被誉为"行政法学泰斗""新中国行政法学的启蒙者和奠基人"。1953年，获得巴黎大学行政法学博士学位，1958年，在周恩来总理的亲切关怀下，回国到北京政法学院工作。1983年，担任行政法专业硕士研究生导师、中国法学会行政法学研究会顾问，培养出新中国第一届行政法学专业硕士生，并参加了中国第一部行政法统编教材的编写工作。著有《英国行政法》《法国行政法》《美国行政法》，被称为"外国行政法三部曲"，填补了中国对外国行政法研究的空白，是中国行政法研究的经典之作。2006年11月，在庆贺王名扬教授九十华诞的大会上，为表彰他对我国行政法学教育事业作出的巨大贡献，中国政法大学授予他"终身成就奖"。

〔2〕 罗大华（1936—2015），福建武平人，中国政法大学教授、博士生导师，我国当代法律心理学开拓者，犯罪心理学主要奠基人。1983年至1999年担任我校犯罪心理学教研室主任，犯罪心理学研究中心主任，证据科学研究院专职教授，硕士、博士研究生导师。历任中国心理学会理事、常务理事；1983年至2010年担任第一届至第七届中国心理学会法制心理专业委员会主任，曾任中国犯罪学研究会常务理事、犯罪与矫治心理学专业委员会主任。1992年享受国务院政府特殊津贴。

〔3〕 徐杰（1933—2020），出生于江苏省南通市，中国政法大学教授、博士生导师，著名经济法学家，中国经济法学科奠基人、开拓者。1952年考入北京政法学院，1954年提前毕业并留校任教。1980年经司法部教育司批准，徐杰招收了我国第一批经济法方向的硕士研究生；1983年，国务院学位委员会批准中国政法大学由徐杰牵头建立经济法硕士点；1985年，中国政法大学成立了全国第一个经济法系，徐杰出任第一任系主任。1993年，经国务院学位委员会批准，徐杰牵头在中国政法大学设立我国第一个经济法博士点，并于次年开始招生。1993年10月，享受国务院政府特殊津贴；2019年5月被授予"全国杰出资深法学家"荣誉。

〔4〕 高潮（1922—2019），中国政法大学教授。于抗日战争期间参加革命工作，1952年由华北大学调入北京政法学院工作，曾任民法、语文、体育教研室负责人，1984年创建法律古籍整理研究所，任第一任所长。长期致力于法律语言学、法律古籍等教学与研究，著有《中国法制古籍目录学》，主编有《中国历代刑法志译注》《中国古代法学辞典》《中国历代法学文选》《中华律令集成：清卷》等书。

曹子丹〔1〕教授、比较法学的潘汉典教授。

同时，学校决定授予 15 位同志"元老教师"的光荣称号。这些同志均是 1952 年北京政法学院建院时最早到校工作的教师及在院、教研室、年级办公室工作的现职务在局级以上的管理干部。他们分别是：

卢一鹏（1925—2014），教授，1952 年 10 月由华北人民革命大学到我校任教。司局级离休干部。

何秉松（1932—2019），教授，博士生导师，1952 年毕业于北京大学法律系，自 1952 年起在我校任教，主要从事刑事法律研究和教学。

张　浩　1929 年出生，教授，1952 年 11 月由北京大学法律系来我校任教，从事专业教学工作，1995 年退休。

杨鹤皋　1927 年出生，教授，离休干部，1952 年由北京大学来我校任教，几十年如一日地研究中国法律思想史，撰写了 24 部专著和大量书稿，共 300 余万字。

陈光中　1930 年出生，教授，1952 年毕业于北京大学法律系，1952 年调入我校工作至今，历任研究生院副院长、常务副校长、校长，现为我校终身教授、博士生导师。

陈志平（1930—2015），教授，1952 年由清华大学来我校任教，一直从事中共党史、行政管理学的教学工作，1996 年退休。

罗典荣（1921—2007），教授，1947 年毕业于清华大学，1952 年来我校，主要讲授环境法学、自然资源法和专业英语课程，是环境法学的创立者。

苗　巍（1926—2017），1952 年 8 月由华北人民革命大学到我校任教，后到研究生班学习，曾任中国政法大学教务处处长、副教授，司局级离休干部。

高　潮（1922—2019），教授，抗日战争时期参加革命工作，1952 年由华北大学到我校工作，曾任民法、语文、体育教研室负责人和中国政法大学法律古籍整理研究所教授。司局级离休干部。

曹子丹（1929—2019），教授，1952 年从北京大学来我校任教，曾担任法律系

---

〔1〕　曹子丹（1929—2019），出生于湖南永兴，中国政法大学教授，当代刑法学家，国内刑法学奠基人、中国政法大学刑法学科开创者。1950 年至 1952 年就读于北京大学，1952 年冬随院系调整到新成立的北京政法学院，提前毕业并留校任教。1955 年至 1959 年由国家保送赴苏联列宁格勒大学研究生院深造，师从苏联著名刑法学家米·德·沙尔戈罗茨基教授，专攻刑法专业，获副博士学位。曾任广西大学中文系副主任、中国政法大学刑法教研室主任、法律系主任、研究生院常务副院长等职。兼任中国法学会理事、中国法学会刑法学研究会副总干事（副会长）、国际刑法协会中国分会秘书长、中国犯罪学研究会咨询委员、中国律师协会刑事业务委员会顾问、中国人民大学国际刑法研究所特约研究员等职。

主任、研究生院常务副院长，兼任中国法学会第一、二、三届理事，中国刑法学研究会副会长等职，主要从事刑法学的教学和科研工作。

潘华仿（1924—2010），教授，1952年9月由北京大学政治系到我校任教，从事外国法制史教学工作。离休干部。

杨 达（1925—2014），抗日战争时期参加工作，1952年9月由华北人民革命大学到我校工作，曾任宪法教研室主任。司局级离休干部。

崔衍勋（1914—2003），抗日战争时期参加工作，1952年10月来我校工作，曾任教育科科长，教务处负责人、处长。司局级离休干部。

谢润滋（1915—2004），抗日战争时期参加革命工作，1952年10月来我校工作，长期从事行政工作，曾任人事处负责人。司局级离休干部。

戴 铮（1918—2015），是评选时我校唯一一位健在的红军时期参加革命工作的老干部，1952后任北京政法学院筹备组党组书记，1978年任北京政法学院复办筹备组负责人，院党委副书记。

为表彰在教学和科学研究工作中为学校的学科建设作出突出成绩的优秀中青年教师与科研人员，进一步促进新一代的学术骨干和学科带头人的成长，学校决定授予12位教授"优秀中青年学科带头人"的光荣称号。这些受表彰的人员均具备较好的政治素质和良好的品德，教（学）风严谨；具有教授职称及硕士以上学位，年龄一般在55周岁以下；其教学、科研成果获得过国家奖励或多项省部级奖励，曾获得"全国优秀教师"、教育部"跨世纪优秀人才"等称号和奖励，或担任全国性学术组织副会长以上职务等。他们所具有的组织领导教学、科研工作的经历和能力，得到了学校有关学科的广泛认同，其学术地位得到了学校和社会各有关方面的一致认同，并经学术委员会认定。

获得"优秀中青年学科带头人"称号的教授有：主讲行政法学的马怀德教授、主讲诉讼法学的卞建林教授、主讲民商法学的方流芳教授、主讲经济法学的王卫国教授、主讲国际经济法学的王传丽教授、主讲环境法学的王灿发教授、主讲刑法学的曲新久教授、主讲中国法制史的朱勇教授、主讲政治学的张桂琳教授、主讲诉讼法学的陈桂明教授、主讲法理学的舒国滢教授。

在校庆到来前夕，学校教务处、学生处、宣传部和团委联合组织了"最受本科生欢迎的十位优秀教师"评选活动。为此，教务处制定了严格的评选标准。标准要求所选教师必须是：①在教风上严谨治学、作风正派、工作负责；②具有良好的师德，忠诚于人民的教育事业，模范遵守职业道德，为人师表；③在教学方法上，能根据授课目的和教育对象以及课程的环境条件，长期形成独到的教学艺术、教学技能、风格和方法；④在教学效果上，必须是在传授知识、培养技能、提高学生思想认识、端正学生学习目的、提高学生全面素质等方面成效突出；⑤在教书育人上，能够全面关心学生学习成长，对学生在学习、纪律、处世、为人等方面给予指导，参加学生交流或班级活动，做到寓德育于智育之中。

本次评选活动在学生和老师当中引起了广泛的关注，得到了同学们的积极响应，调查评选的结果也具有相当大的代表性。评选活动以本科生投票的形式进行，共发放调查问卷1100份，回收933份，回收率为84.8%，问卷的发放覆盖了各个院系的各个年级。

经统计，最终法理学教研室舒国滢教授、刑法学教研室曲新久教授、民商法学教研室王涌副教授、法制史学教研室张守东副教授、民商法学教研室龙卫球副教授、宪法学教研室焦洪昌教授、民商法学教研室李永军教授、政治学教研室常保国副教授、行政管理学教研室商磊副教授、自然科学教研室刘崇丽讲师获得了"最受本科生欢迎的十位优秀教师"称号。

四、隆重庆典同贺华诞，学术盛宴共商法治

2002年5月4日至7日，庆祝中国政法大学成立50周年系列庆祝活动正式拉开帷幕。5月4日是校友返校日，来自全国各地的中国政法大学历届校友纷纷故地重游，回到阔别多年的母校，和当年的老师和同学再次聚首，并见证学校这些年来的发展和变化。学校也举办了校史展和科研成就展，向校友们展示学校所取得的成就和近年来的发展状况。此外，学校还专门举办了中国政法大学校友（特邀）座谈会，校党委书记石亚军和校长徐显明与校友们一起回顾过去、展望未来，并认真听取了校友们对学校未来发展的建议。

5月5日，中国政法大学建校50周年庆典暨法治与法学教育国际研讨会开幕式在北京人民大会堂隆重举行。时任国家主席江泽民、全国人大常委会委员长李鹏分别题词表示祝贺。江泽民的题词为"弘扬法治精神，培育法学新人"，李鹏的题词为"培养优秀政法人才，建设社会主义法治国家"。

弘扬法治精神
培育法学新人
江泽民
二〇〇二年五月一日

▲ 江泽民题词

培養優秀政法人才
建設社會主义法治國家
热烈祝中国政法大学五十周年
李鹏
二〇〇二年一月十五日

▲ 李鹏题词

中共中央政治局委员、全国人大常委会副委员长姜春云，全国人大常委会副委员长曹志，全国政协副主席任建新、罗豪才、王文元，中共中央纪律检查委员会副书记李至伦，最高人民法院常务副院长祝铭山，最高人民检察院常务副检察长梁国庆，教育部部长陈至立，中央政法委员会副秘书长张耕，全国政协常务副秘书长王巨禄，谢觉哉夫人王定国女士，北京政法学院原党组书记、副院长戴铮，北京政法学院原党委书记、院长曹海波，中国政法大学原党委书记陈卓，中国政法大学原党委书记、校长杨永林，及我校三位终身教授江平、陈光中、张晋藩等人出席了大会并在主席台就座。中国人民大学校长纪宝成、德国弗莱堡大学校长沃尔夫冈·杰格教授等国内外嘉宾，中国社会科学院法学所研究员王家福等来自全国各地的我校历届校友，我校副校长解战原，党委副书记兼副校长马抗美，副书记冯世勇，副校长朱勇、张桂琳、张柳华，纪委书记李书灵等和师生代表共约 6000 人参加了庆典。田纪云、乔石等领导也先后为我校建校 50 周年庆典题词。贾庆林、刘淇、韩

▲ 50 周年校庆庆典大会现场

杼滨等领导同志先后发来贺信。教育部、司法部、北京市教工委等及国内兄弟院校、哈佛大学等国外知名大学也发来贺信表示祝贺。

当天，钱端升先生铜像揭幕仪式在昌平校区举行，全国政协副主席罗豪才、中央政法委副秘书长张耕、钱端升夫人陈公蕙女士及其长子钱大都先生、铜像捐赠人唐自熙先生，以及我校领导石亚军、徐显明、解战原、马抗美、冯世勇、张柳华、李书灵等出席了揭幕仪式。这尊铜像由国家一级雕塑师制作并由我校湖南籍 60 届校友唐自熙先生作为献给母校的生日礼物捐赠，坐落于昌平校区礼堂前，芳草作底，梧桐掩映，与图书馆前的谢觉哉先生铜像相互呼应。近千名钱先生生前的学生、旧友环绕雕像参加了此次揭幕仪式。

当天晚上，由中国广播艺术团和中央电视台联合举办的"庆祝中国政法大学建校 50 周年文艺晚会"在昌平校区隆重举行。众多的演员和法大学子一起在欢声笑语中将校庆文艺晚会推向高潮。随后，一系列高规格的学术研讨活动在我校举行。

5 月 6—7 日，由中国政法大学经济法系、德国科隆大学欧洲与国际合作法律中心合办的"中德银行和资本市场法律研讨会"在北京国宾酒店召开。中国政法大学副校长朱勇教授、德国科隆大学霍恩教授在开幕式上致辞。我校经济法系主任王卫国教授主持了本次研讨会。全国人大财经委副主任委员蒋心雄、华夏银行副总经理李琦、中国人民银行条法司处长文海星、北京大学副校长吴志攀以及德国科隆大学和我校的专家学者，中国银行界、金融界的有关人士参加了这次会议。与会学者、银行家及金融界人士针对目前国内外金融市场的现状及发展趋势提出了许多建设性的意见和建议。

5 月 6—7 日，由中国政法大学刑事法律研究中心主办的"刑事证据法国际研讨会"在北京国宾酒店举行，来自各个国家及地区的二十余名专家教授及国内学者一百余人与会。陈光中教授作了主题发言，发言的还有来自美国的菲尼教授、来自德国的阿尔布莱希特教授，来自我国香港地区的江乐仕检控专员及我校樊崇义教授、卞建林教授。

5 月 6 日，"中国传统国情与法律近代化途径"学术研讨会在我校举行。我校著名学者张晋藩教授、吉林大学法学院院长霍存福教授、中国人民大学法学院郑定教授、南京大学法学院张中秋教授及西南政法大学陈金全教授等人参加了会议。应张晋藩教授邀请，韩国延世大学法学院院长、韩国庆南昌原市昌原大学前院长、香港大学法学院院长等多位著名法学家、社会学家也出席了会议并作了精彩发言。中外学者教授主要围绕"中国传统国情与法律近代化途径"问题发表了自己的观点和研究成果。

5月6日上午，"比较法学与中国法治建设座谈会"在友谊宾馆召开。应中国政法大学比较法研究所邀请，意大利罗马第二大学、日本中央大学、北京大学、中国人民大学、中国社科院法学研究所、清华大学以及南京大学等国内外十余所高校的比较法学专家参加了座谈，我校江平教授、潘汉典教授、廉希圣教授、朱维究教授出席了座谈会。此次座谈会由中国政法大学比较法研究所主办。在中国政法大学举校庆祝建校50周年之际，中国政法大学比较法研究所也迎来了建所15周年和《比较法研究》创刊15周年，比较法研究所组织了这次座谈会，邀请国内外专家共聚一堂，畅谈比较法学对中国法治的建设与发展，特别是改革开放以来比较法学对中国法治建设与发展的深刻影响，探讨我国加入世贸组织后比较法学应该和可能发挥的更大作用。中国政法大学比较法研究所是目前我国高等院校里唯一专门以比较法学为教学研究内容的学术机构。建所15年来，为我校与国外学术机构的交流发挥了桥梁作用，促进了国内外学术活动的开展和学术水平的提高，通过对外国法和比较法学的教学研究，为我国法学及法学教育的发展、立法的完善和整体法治建设的加快提供了经验借鉴和参考。

5月6日上午，"中国政法大学50周年校庆纪念暨犯罪学学科建设座谈会"在北京友谊宾馆举行。出席本次座谈会的除我校犯罪学的教授外，还有来自北京大学法学院、清华大学法学院、中国人民大学、中国人民公安大学、中国青少年犯罪学研究会、司法部预防犯罪研究所等单位的二十余位专家学者。会上，我校王牧教授、魏平雄教授、邵名正教授，中国人民大学法学院卢建平教授、黄京平教授，北京大学法学院陈兴良教授，中国青少年犯罪学研究会戴宜生教授，中国人民公安大学王大伟教授，北京大学张美英教授，河北省社会科学院法学所李学斌教授等分别针对犯罪学学科建设问题发言。

5月6日上午，校庆系列学术研讨会活动之"中日韩古代法律文献比较研究学术研讨会"在北京友谊宾馆举行。研讨会由我校法律古籍整理研究所主办。参加者包括日本皇学馆大学校长大庭修教授、日本皇学馆大学史料研究所所长岛原太雄教授、日本皇学馆大学史料编纂研究所副教授荆木美行博士、韩国庄兆大学校史学科教授严在硕博士、韩国东国大学校法科大学教授孙晟博士、中国社会科学院历史研究所研究员谢桂华教授、中国社科院图书馆善本部史睿博士以及来自法律出版社、复旦大学等三十多位相关领域的国内外专家学者参与了研讨会。

我校副校长张桂琳教授介绍了我校古籍研究学科的特色和优势，对各位专家学者在校庆期间的莅临表示欢迎。日本皇学馆大学岛原太雄教授致辞表示感谢，并传达了愿意将日本皇学馆大学史料编纂研究所与我校法律古籍整理研究所的法律交流关系顺延一年的意向。研讨会上，日本皇学馆大学校长大庭脩教授、副教授荆木美行博士，韩国庆北大学教授严在硕博士分别作了主题报告。研讨会结束后，我校法律古籍整理研究所所长徐世虹教授和岛原太雄教授分别代表我校法律古籍整理研究所和日本皇学馆大学史料编纂研究会出席了两会延长一年法律交流关系的合作签字仪式。

5 月 6 日下午，作为迎接中国政法大学校庆 50 周年系列活动主要组成部分的"法治与法学教育国际研讨会"在北京国宾酒店闭幕。我校党委书记石亚军主持闭幕式，中南财经政法大学校长吴汉东教授，新西兰惠灵顿大学副校长、法学院院长马修·S. R. 帕尔墨教授分别致辞，我校校长徐显明致闭幕词。

本次研讨会参加人数达到 1500 多人，会议期间共收到学术论文 224 篇，参加开幕式人数近 6000 人，来自世界五大洲 20 多个国家的代表参加了这次会议，国内有 20 个法学院派出了代表参会。本次"法治与法学教育国际研讨会"历时一天半，共分五节举行（其中法治主题两节、法学教育主题三节），每节邀请中外主持、评论人各一名，另请 4—5 名专家作主题发言。江平教授、张晋藩教授、应松年教授、张文显教授、陈光中教授分别作为中方会议主席参加了研讨会。

5 日下午，来自英国牛津大学、德国科隆大学、德国马普研究所、美国印第安纳大学以及中国社会科学院法学研究所、北京大学、吉林大学、司法部等共计 50 余所大学、行政机构的专家学者，分别围绕法治与法学教育两个议题发表了自己的观点。研讨会上，来自国内外著名大学和研究机构的 24 位专家学者作了主题发言，10 位专家学者对主题发言进行了评论。本次研讨会议题广泛，无论是主题发言还是评论都很有学术价值，研讨会所取得的成果将会对中国法律制度的完善及法学教育产生深远影响。

5 月 6 日下午，"21 世纪行政法与行政法学研讨会"在北京邮电大学科技大厦举行。这次研讨会由中国政法大学主办，中国政法大学宪法与行政法学导师组、中国政法大学中国法制研究所承办。我国行政法学精英、老中青四代人欢聚一堂，庆祝法大 50 华诞，探讨新世纪行政法与行政法学的前景。列席研讨会的有方彦教授、高家伟教授、薛刚凌教授、刘莘教授、刘善春教授等。

国家行政学院法学部主任、中国政法大学博士生导师应松年教授作了题为"21 世纪初的中国行政法与行政法学"的主题发言。浙江大学副校长胡建淼教授，苏州大学法学院院长杨海坤教授等人分别作了发言。中国政法大学马怀德教授和张树义教授分别作了"行政诉讼制度的发展前景"和"行政法学的研究现状及发展方向"的精彩发言。我校宪法与行政法导师组组长朱维究教授针对行政法教学提出了建议。潘汉典教授、中央军委法制局法制员肖凤城大校和清华大学于安教授进行了简短发言。在本次研讨会上，学校聘任王名扬教授和潘汉典教授为我校特聘博士生导师。

5月7日上午，作为校庆系列研讨会之一的"中日民商法研讨会"在北京国宾酒店举行。活动由我校日本法研究中心主办，我校校长徐显明教授、日本大使馆公使宫家邦彦先生、日本贸易振兴会北京办事处江岷先生、国际基金交流会北京事务所所长三崎先生、日本学士院院士星野英一先生、一桥大学名誉教授崛口亘先生等十多名专家学者出席了研讨会。与会的专家学者就民商立法、司法、实务、教学科研等问题发表了各自的看法。研讨会结束后，中国政法大学日本法研究中心向星野英一、崛口亘等17位专家颁发了日本法研究中心研究员证书。最后由星野英一教授和崛口亘教授为中国政法大学日本法研究中心揭牌。本次研讨会促进了中日法学家的交流，对我国民法典的制定提供了有益的理论借鉴意义，并对我校的民商法教学与研究水平的提高起到了推动作用。

5月7日下午，"法学教育国际论坛"在我校昌平校区举行。此次论坛由我校方流芳教授与美国印第安纳大学法学院教授兼美国律师协会法学教育终身顾问詹姆斯·怀特教授主持，来自国内外多所著名大学的教授出席了论坛。我校部分师生到场聆听了专家们的报告。论坛以英语为工作语言。美国培普戴茵大学法学院院长理查森·林恩教授以"21世纪的美国法学教育"为题拉开了当日论坛的序幕。牛津大学法学院主席迈克·史本森教授介绍了在英格兰和威尔士做律师的三条途径。澳大利亚新南威尔士大学法学院院长利昂·特拉克曼教授认为，随着国际关系与国际贸易的发展以及合理的国内需求的增加，我们有必要扩大教育范围。他认为我校50周年校庆标志着教育从孤立走向世界，预示着"国际化大学时代"的到来。新西兰维多利亚惠灵顿大学副校长、法学院院长马修·帕尔金教授联系新西兰的法律体系及法律观念，向与会师生介绍了新西兰重视社会大环境的法律教育。德国慕尼黑大学法学院副院长迈克·寇伊斯特教授详细介绍了德国基于二阶段模式的法学教育。

日本东京大学法学部部长渡边浩教授在用汉语向我校50周年华诞致贺词后，又用英语介绍了日本的司法制度改革和"法科大学院"计划。香港大学法学院院长陈弘毅教授简单介绍了香港法律教育的历史发展及现今存在的问题。论坛的最后，我校王卫国教授以"法学教育要贴近法律职业"为题作了发言，他指出法学教育的任务概括地说就是要培养有正义精神、理性思维和专业技能的法律职业人士，因此法学教育要贴近法律职业。发言过后，教授们又就各自提出的问题进行了探讨和交流。

第三节　把握新形势　推动新发展

一、实施党建十大工程，切实保障中心工作

为促进学校中心工作的开展，推动学校的各项改革，加强党的建设和思想政治工作，2002年，校党委正式推出"党建与思想政治工作十大工程"。10月15日，全面实施党建与思想政治工作十大工程动员大会在昌平校区召开。校党委书记石亚军、校长徐显明、副校长解战原、党委副书记兼副校长马抗美、党委副书记冯世勇、副校长朱勇、副校长张桂琳、副校长张柳华、纪委书记李书灵出席了动员大会。校部机关、各院部、后勤集团的分党委、党总支书记和行政负责人参加了大会。

校党委副书记兼副校长马抗美就"党建与思想政治工作十大工程"方案的制订和批准情况做了说明，马抗美、冯世勇、李书灵分别对各自主管的工程的指导思想、总体思路、基本框架和运作模式进行了介绍。

中国政法大学"党建与思想政治工作十大工程"自2002年2月27日提出以来，在集中了全校各级党组织和党员智慧的基础上，十易其稿，最后经校党委常委会讨论批准通过。这十项工程分别是：①加强思想理论建设的"鼓号工程"；②加强各级干部队伍建设的"支柱工程"；③加强各级领导班子建设的"合力工程"；④加强干部作风建设的"阳光工程"；⑤加强思想工作的"凝聚工程"；⑥加强学生培养的"成材工程"；⑦加强工会、教代会建设的"民主工程"；⑧加强统战工作的"温馨工程"；⑨加强老干部工作的"夕阳红工程"；⑩加强校园安全保卫工作的"安稳工程"。

校党委书记石亚军在动员大会上就"党建思想政治工作与中心工作的关系""十大工程究竟解决什么问题""如何保证十大工程的实施""中层领导在十大工程的实施中应该发挥什么样的作用"等几个方面全面深刻地论述了作为对高校党建与思想政治工作新的方式和方法进行探索的"十大工程"的意义、途径和作用。石亚军指出，将党的建设与思想政治工作十个方面的建设称为"十大工程"，是因为这些建设对促进学校的中心工作，对推动学校的各项改革和发展至关重要。实施"十大工程"，关键在于狠抓落实，狠抓落实又是在处理好学校的一系列关系中实现的。

"十大工程"的整体理念是"党性为魂，主流至上，标本兼治，虚工实做"。"十大工程"的战略目标是，经过若干年的努力，建设好政治强、思想新、作风过硬、团结协作、奋发向上的各级党政领导班子；各级党组织建立起结构合理、素质

优良、效果明显、动态发展的各级党政领导干部队伍；营造出有利于统一意志、善于化解矛盾的思想政治工作的机制；构建成风气正、心气高、士气盛、人气旺的校园合力。

站在新世纪的新起点，适应实施"依法治国"方略的要求，抓住我国加入WTO后需要培养大量强素质、高水平法治人才的机遇，必须继续解放思想、实事求是、深化改革、锐意进取、大力创新、加强发展，在学科建设、教学和科研改革中形成高点布局、宽径着力、深度推进、强势发展的态势。而这一切的实现，必须取决于通过加强党的建设和思想政治工作，提供有力的思想、组织、干部、制度、作风和舆论的保障。"十大工程"是系统化与集约化相结合的建设工程，是思想性与可操作性相结合的建设工程，是前瞻性与现实性相结合的工程。[1]

2003年春，一场突如其来的公共卫生危机突然降临。2003年5月15日，校党委召开书记办公会扩大会议，就学校抗击"非典"期间党建与思想政治工作"十大工程"的建设落实问题进行了专题研究。校党委书记石亚军、副书记兼副校长马抗美、副书记冯世勇、纪委书记李书灵出席了会议，党委机关各部门、各分党委、党总支、直属党支部负责人列席了会议。

会议的主题是：理顺防控"非典"工作与"十大工程"建设的关系，促进两个互动，即"非典"防控工作与"十大工程"建设的互动，党委机关工作与学院分党委工作的互动，研究通过加强防控工作助推"十大工程"建设的前进和突破，通过加强"十大工程"建设更好地做好防控工作的思路和措施。

会议就"夕阳红工程""民主工程""安稳工程""温馨工程"在"非典"防控中建设落实的系列问题进行了研究和讨论。校党委副书记冯世勇对以上四个工程在"非典"防控中的目标和措施作了说明，各单位、各院部的负责人就这四个工程在自己本部门落实和开展的有关问题进行了专题发言。

这次会议既是党建与思想政治工作的研讨会，也是我校研究加强防控"非典"的工作会议，学校党委领导、党委机关领导与各单位分党委领导进行了深入广泛的、直接的交流和研讨，从学校的宏观、中观和微观三个角度和方面整体分析了防控工作和"十大工程"建设的结合点和着力处，大家相互启发、相互促进，进一步明确了通过两种互动，既为做好防控工作提供了有力的政治、思想、制度、组织和作风保障，又加强了我校各级党组织的各项建设的重要意义，进一步明确了促进这两种互动的努力方向和现实任务，充分实现了党建与思想政治工作在抗击"非典"

---

〔1〕 参见《中国政法大学学报》2002年10月20日（总第425期），第1版。

期间的"虚功实做"，是自 2002 年"十大工程"启动以来，我校党的建设与思想政治工作"十大工程"向前推进的一个新阶段。

2003 年 9 月，在 2002 年度北京市教育系统"教育创新工程"评选中，我校党委推出的"党的建设和思想政治工作'十大工程'"获得北京市教育系统"教育创新工程"优秀成果奖。同时，我校魏冬梅、郭成伟、王灿发三位同志荣获北京市教育系统"教育创新工程标兵"称号。在过去的一年中，他们三人分别在不同的岗位上充分发挥自己的聪明才智，创造性地开展工作，为我校的教学科研工作作出了积极贡献，表现突出，为我校乃至北京市教育系统的教育创新工作树立了榜样。

二、自主设置本科专业，首次开展自主招生

根据《教育部关于印发〈关于做好普通高等学校本科学科专业结构调整工作的若干原则意见〉的通知》精神，教育部于 2002 年 3 月 14 日正式发文决定，赋予中国政法大学自主设置本科专业的审批权。这是继北京大学、清华大学、北京师范大学、武汉大学、浙江大学、上海交通大学之后，教育部批准自主设置本科专业的第七所全国重点高校。文件下发后，学校随之制定了相关的制度和规范，作为自主设置本科专业的依据和标准。

教育部文件同时要求，新设本科专业应严格按照《中国政法大学本科专业设置管理暂行办法（试行）》执行。学校年度设置、调整本科专业，要按照《高等学校本科专业设置规定（1999 年颁布）》中设置程序、申报时间及所需材料等有关要求报教育部备案。如新设涉及国家安全和意识形态等领域的本科专业，须事先征得教育部同意后，方可申报备案。申报的年度新设本科专业，以教育部公布的备案专业名单为准。

其后，校学术委员会召开多次会议，研究讨论如何更好地利用教育部赋予的自主设置本科专业的审批权，促进学科的发展，为建设多科性、高水平大学创造充分的条件。

经过讨论，学术委员会认为，在使用自主设置本科专业审批权时，应遵循四个原则：

第一，专业的调整和设置必须符合社会的需要。在目前的形势下，专业基础扎实、具有交叉学科知识结构的人才受到普遍欢迎，具有较强的竞争力。因此，今后的专业调整将在加强通识教育和交叉学建设上下功夫，培养出精通法律与英语、法律与管理、法律与计算机、法律与贸易等类型的人才。在总教学课时数不变的情况下，学校将对教学方法进行改进，在课堂教学中实现由单纯传授知识向传授知识与提高学生学习能力相结合的转变，通过释放一定的原有课时空间来实现跨学科培养计划。

第二，新专业的设置必须遵循科学性原则，即新专业的设置必须符合学科体系发展的内在逻辑，而不是单纯地适应市场，进行简单的职业培训。

第三，根据学校现有情况，在新专业的设置上进行内部的强强联合，注重学科内涵的发展。在设置新专业时，学校将充分考虑现有的师资力量、图书资源、教学计划和培养方案等因素，利用既有优势进行优势重组。

第四，学校将严格依照相关程序来设置新专业。在校学术委员会下设一个专业设置的专门委员会，并制定出相应的管理办法。在管理办法中既包括新专业设置的标准，也包括完善的审批论证程序。任何一个新专业的设置，都将充分听取校内外专家甚至实际部门相关专家的意见。

当年，学校分别组织相关专家对拟新设置的五个专业：哲学、经济学、法制新闻、国际政治、公共管理进行了充分的论证。2002年，上述五个专业正式设立并开始招生。

2003年新设立两个专业，分别是汉语言文学专业和国际商务专业；改造了一个专业，即将原来的社会工作专业改造为社会学专业。其中新设立的汉语言文学专业属于专业目录内专业，国际商务专业属于专业目录外专业，改造后的社会学专业属于专业目录内专业。

两个新专业的设立，进一步充实了我校以法学为首的五大学科门类，为学生的成长提供了更加深厚的学术背景，为法学这一特色学科的发展提供了更有力的学科支撑。汉语言文学专业的设立，改变了我校人文学院没有文学专业的状况，使我校的专业布局更加合理；国际商务专业的设立，则使我校成为全国第一所设立国际商务专业的大学，我校商学院成为全国唯一开设国际商务专业的商学院。这进一步适应了加入WTO后，我国对国际商务专业人才的迫切需要；将社会工作专业改造成社会学专业，则扩大了该专业的覆盖面，增强了该专业学生的社会适应性。

本次专业设置是我校作为全国首批获得本科专业设置自主权的高校后第一次自主设置专业。截至2003年，我校的专业数目增加到了14个，向"多科性"大学的目标又迈进了一步。

2004年，根据本科专业自主设置权，我校又新增思想政治教育专业和德语专业两个新专业。其中，新设置的德语专业招录英语、德语语种的考生，实行五年双学位和二年硕士连读的培养模式。该专业学生在入学的前五年学习德语专业和法学专业课程，获得文学学士和法学学士两个学位后，直接进入学校中德法学院，成为中德比较法学研究生，经过两年学习（其中一年时间在德国著名大学的法学院学习）后获得法学硕士学位。

2003 年 2 月 27 日，教育部批准我校为全国 22 所高等院校自主选拔录取改革试点院校之一。这是继 2002 年我校被教育部批准为自主设置本科专业的全国重点高校后，招生工作的又一个重大进展。

高等院校自主选拔招生录取试点工作是教育部深化高等学校招生录取制度改革、进一步扩大高等学校招生自主权的一项重要改革措施。根据教育部教学厅〔2003〕2 号文件的有关规定，自主选拔录取改革试点工作要认真贯彻党的教育方针，体现教育创新、素质教育的要求，遵循公平、公正、公开、择优录取的原则。按照文件要求，我校制定了《中国政法大学自主选拔录取本科学生暂行办法》，自主选拔录取考生的工作严格按照该办法执行。

根据有关规定，在 2003 年的招生总计划中，学校预留出 60 个招生指标用来录取在高中阶段政治思想等方面有突出表现及具有文体特长的考生。2003 年 4 月 19—20 日，我校首次自主选拔录取招生考核工作在昌平校区举行。为了做好本次自主招生工作，学校各有关职能部门做了大量细致的准备工作。按照既定方案，各考核小组对报名的考生进行了分组考核。该年度共有 109 名考生参加了我校自主选拔录取考核，其中文艺特长生 28 人，体育特长生 29 人，政治思想表现突出及单科优秀考生 52 人。为确保考核工作的公开、公平、公正，学校纪委为每个考核小组委派一名巡视员，自始至终参加考核工作。当年，我校首次自主招生工作顺利结束，招录的 60 名优秀学生也于 2003 年 9 月入学。

三、实行校院二级管理，推进院系专业调整

为了提升学校行政管理水平、提高工作效率，进一步深化改革，促进学校的发展，从 2002 年年初开始，学校开始筹备酝酿全校的院系专业调整，并在院系调整完成之后，实行校院两级管理。

2002 年 4 月 22 日，我校院系专业调整领导小组举行第一次会议。学校院系专业调整领导小组组长徐显明、副组长解战原，党委副书记兼副校长马抗美，副校长朱勇、张桂琳、张柳华及领导小组成员近三十人参加了本次会议。

在前一阶段工作中，教务处多次召集校部机关有关部门和院、系、部负责人召开专题会议，就院系专业调整广泛征求了意见。各部门和院系对此项工作都十分重视，一些院、系、部和科研处还专门提交了书面建议。至此，教务处已经收集了院系专业调整的多种方案，并对这些方案进行了初步的比较和研究，下一步还将继续

听取广大师生员工的意见，充分酝酿，集思广益，收集更多的建议和方案。

张桂琳教授、陈光中教授、张晋藩教授、潘汉典教授、王卫国教授、王传丽教授、邬名扬教授、龙梦辉教授、郭成伟教授等人分别就院系专业调整中整体或具体的问题充分发表了自己的意见，提出了许多良好的建议。

校长徐显明在认真听取了领导小组成员的发言后，就院系专业调整的原则、内容和程序发表了讲话。徐显明认为，调整工作必须遵循几个主要原则：一是要有利于人才的培养，这是最高的原则，即我们培养的学生能适应市场的需要，要有竞争力、有特色；二是有利于增强我校的学科竞争力，从有利于专业的发展转到有利于学科的发展，这是调整的核心问题。此外，院系专业调整还应该有利于建立科学的校、院（系）二级管理体制，使教学、科研和学科建设工作重点向院系转移，使管理更有效率。

此后，院系专业调整工作又经过多种形式的讨论，在半年时间内进行了上百人次的调研，以院、系、部及校部机关、科研系统为单位广泛征求了全校师生员工的意见。

经过充分的讨论，5月29日，我校院系调整方案（讨论稿）初步确定，并向全校师生公布。根据该方案，学校设立13个院系，分别为：①国际法学院（或者国际经济法学院），包括国际公法学、国际私法学、国际经济法学等；②民商法学院（或者民商经济法学院），包括民商法学、民事诉讼法学、经济法学、知识产权法学、环境资源法学、财税金融法学等；③刑事司法学院（或者社会工程学院），包括刑事侦查学、法医学、司法鉴定学、狱政学、犯罪学、犯罪心理学、社会学等；④公法学院（或者基础法学院、理论法学院、公共法学院、法学院），包括法理学、法史学、宪法与行政法学、行政诉讼法学、刑法学、刑事诉讼法学、律师学、司法文书等；⑤政府学院（或者政府管理学院），包括政治学、国际政治、行政管理、公共事业管理等；⑥商学院（或者经济学院），包括经济学、工商管理、数学等；⑦人文学院（或者文学院、新闻学院），包括哲学、语文、艺术等；⑧外国语学院；⑨马列主义学院；⑩基础教学部，包括自然科学、计算机等；⑪体育教学部；⑫成人教育学院；⑬国际教育学院。

各院系（部）与学校在教学、科研、学科建设、研究生培养等方面形成校、院两级管理体制，为二级管理的实体机构，负责院（部）内全面管理工作。院以下按专业分系，为虚设机构，仅负责组织本专业教学。以研究所取代原有的教研室，为我校建设研究型大学提供实体上的支撑。各院（部）的管理机构为：党政办公室、教学工作办公室、科研外事工作办公室、研究生教育工作办公室、学生管理工作办公室。各院、系、部、所、中心教师的流动本着"人跟着学科课程走，学科课程跟着专业走"的原则进行。法学科研人员按其所在学科分流，凡二级学科可涵盖的研究领域及研究人员转至有关院、系，凡二级学科不能涵盖的研究领域以及已形成特色的优势学科则予以保留，或组建研究所而由学校直属。

根据"厚基础、宽口径、高素质、重创新"的原则，新设法学特色专业的课程体系为：政治理论课+公共基础课（含外语课）+14门法学主干课+若干门专业特色课，其中专业特色课学分占总学分的10%—15%。

该讨论稿公布后，学校再次广泛征求师生员工的意见，并根据实际情况做了一定的调整。6月20日，中国政法大学院系调整方案正式确定并公布实施。根据这一方案，全校共设立十个学院，分别是：法学院、民商经济法学院、国际法学院、刑事司法学院、政治与公共管理学院、商学院、人文学院、外国语学院、继续教育学院、国际教育学院；设立两个教学部，分别是科学技术教学部、体育教学部；设立两个中心，分别是马克思主义理论教学研究中心、现代教育技术中心。除校部机关外，我校共有10个学院、2个教学部、2个中心，以及出版社、图书馆、学报共16个处级院（部）和教辅单位。

院系专业调整方案出台以后，6月21日，院（部）行政领导竞聘上岗工作随后展开。继校部机关机构暨干部人事制度改革之后，院系调整和院（部）行政领导竞聘上岗是学校的又一项重大改革。此次院（部）行政处级领导竞聘上岗工作的主要依据是：根据中央和教育部的有关精神制定的《中国政法大学校部机关和院（系）处级领导干部选拔任用规定》及《中国政法大学校部机关和院（系）处级领导干部公开竞聘上岗工作实施意见》两个文件。

本次院（部）处级干部选拔工作在党委的统一领导下进行，成立了由马抗美兼任主任的学校公开竞聘工作办公室，全面负责本次公开竞聘工作；成立由朱勇为组长的院（部）处级行政领导干部公开竞聘上岗工作组，负责院（部）处级行政领导干部公开竞聘工作；成立由张桂琳为组长的教辅单位处级行政领导干部公开竞聘上岗工作组，负责教辅单位处级行政领导干部的公开竞聘工作。

公开竞聘的程序为：①公布岗位职数和任职条件、资格；②公开报名；③资格审查；④竞聘演说和民意测验；⑤组织考察；⑥校党委常委会集体研究并作出领导干部聘任决定；⑦任前公示；⑧签发任职通知。本次处级干部选拔工作以选任、直接委任和公开竞聘上岗三种方式进行。

根据要求，院（部）行政负责人的配备坚持高标准，各院（部）行政第一责任人必须具有博士学位，是博士生导师，并且是该学科的学科带头人。院长的主要责任是抓学科建设，由专业建设转变为学科建设，为各院系、为学校延揽更高层次的人才，建设一流的师资队伍和一流的学科，促进我校建设"研究型、多科性、开放性、特色鲜明的世界知名的高水平大学"目标的实现。

为理顺校院两级关系，优化资源配置，强化学院职能，使学院成为充满活力的办学实体；以学科建设为龙头，提高教学科研水平；推进教育创新，提高教育教学质量和办学效益，学校决定推行校、院二级管理体制改革。

为推动改革的顺利实施，学校成立了校院二级管理体制改革领导小组，由解战原副校长任组长，朱勇副校长、张桂琳副校长任副组长，成员有学校办公室、组织部、人事处、教务处、科研处、研究生院、计划财务处、学生处、资产管理处等。

为借鉴其他高校二级管理的成功经验，2004年1月5—8日，副校长解战原率领学校办公室、人事处、科研处、财务处、教务处等部门相关负责同志赴浙江工业大学进行考察调研。此次考察以二级管理为重点，兼顾校内其他管理体制改革，通过采用集体座谈、对口部门交流、与学院领导座谈等方式，全面、深入、直接地考察、了解了浙江工业大学二级管理的运作机制和成功经验。在调研的基础上，结合我校实际，起草制定了《中国政法大学校院两级管理体制实施办法》（讨论稿），并下发各院征求意见，几经修改完善，最终形成《中国政法大学校院二级管理体制改革纲要（试行）》。随后，相关职能部门根据纲要的要求，分别制定出学科建设、教学管理、科研管理、队伍建设、财务管理、学生管理、资产管理等改革实施细则。经2004年第10次校长办公会研究决定，先将法学院和商学院作为试点，开始进行改革试点的准备工作。2004年第17次校长办公会研究决定，改革试点工作正式启动。

改革领导小组与试点学院负责人就试点工作所面临的困难与问题进行了反复研究，并达成了共识。校院二级管理体制改革的主要目的是：改革过去办学体制中权力过于集中在学校，院系一级办学单位责任过大而权力太小的格局，通过改革最终将学校的办学权下放给各二级办学单位。其中，教学、科研、学科建设、国际交流等权力将较大幅度下放，而财务、资产和人事等权力将部分下放。本次改革的突破口是拨款制度改革，学校根据学生人数并以专业设置、学科建设和教学任务等为主要依据最大限度地将经费拨付给各办学单位。实施二级管理后，各学院的办学经费较改革前将会成倍提高。同时，学院教职工的待遇也会有明显改善。

在学校第六次党代会精神的指导下，这次改革对充分发挥学院办学的积极性与能动性，为全面提升学校综合办学实力，实现学校开创跨越式发展新局面的战略目标发挥了重要作用，对于学校的发展有着十分重要的意义。

四、稳妥开展住房改革，理顺后勤保障工作

住房问题是事关学校改革发展的大事，关系到学校的队伍建设，也关系到教职工生活质量的提高，是广大教职员工非常关心的问题，也是党委的一项重要工作。2002年12月20日，校党委书记石亚军主持召开第30次党委常委会，专题研究我校住房改革工作。为了更好地做好住房改革工作，学校专门请来了中国人民大学资产处副处长林建荣博士，介绍了中国人民大学房改工作的经验。

党委常委会在听取了校资产处有关我校住房调整的工作进展情况后，经过集体讨论，重申了房改工作中应该坚持的五项原则和总体思路，五项原则是：一是普遍改善的原则；二是住房调整本着国家、集体、个人共同分担的原则；三是一揽子解决的原则；四是好事办好的原则；五是要使绝大多数人满意的原则。总体思路是：实践"三个代表"重要思想，维护广大教职工住房利益和落实其住房待遇，根据国家有关法规政策，采取在统一规格、统一标准的前提下，捆绑式通盘解决，国家、学校、个人共同负担等方式普遍改善教职工住房条件，提高教职工居住质量，建立与社会主义市场经济相适应的新的住房制度。同时，校党委常委会责成房改领导小组和有关职能部门根据该总体思路和有关原则，在认真深入研究的基础上，调整住房改革的方案，修改若干文件，然后按议事程序广泛深入地征求广大教职员工的意见，积极稳妥地推进此项工作。

为做好住房改革方案征求意见工作，推进房改工作顺利进行，2003年9月2日，校住房制度改革与住房调整领导小组（以下简称房改领导小组）在昌平校区召开了《中国政法大学深化住房制度改革实施方案（讨论稿）》（以下简称房改方案）征求意见工作部署会。副校长、房改领导小组组长张柳华和校党委副书记、校工会主席、房改领导小组副组长冯世勇出席了会议，各处级单位负责人、各分工会主席参加了会议。

张柳华就房改工作的进展情况作了说明，并指出住房制度改革事关全校教职工的切身利益，校党委和校行政部门高度重视，要求充分发扬民主，做好征求意见工作。房改领导小组办公室负责人周栓喜向与会者介绍了房改方案的修改情况。

校党委副书记、工会主席冯世勇要求各部门负责人思想上高度重视，充分保障每个教职工的知情权、参与权和发表意见的权利。各单位要将房改方案及时发到每一位教职工手中，组织参加讨论的教职工要有各方面的代表，广泛听取各个方面的意见。

2004年2月，在广泛征求意见之后，经北京市房改办批准，我校房改领导小组

逐步制定、实施了房改方案。本次房改工作本着公开、公平、公正的原则进行，学校纪检监察部门也直接参与了选房工作。至此，房改方案正式进入实施阶段，海淀校区新建塔楼选购工作于同年 2 月 20 日开始进行。有关职能部门经过周密计划，认真组织实施，顺利完成了新建塔楼的选购工作。新建塔楼共有 144 套房，当天有 91 名教师职工进行了选房，这是我校实施房改方案的第一步，其后又陆续进行了房改工作的第二步和第三步，即昌平校区职工住宅选购工作、腾退旧房的调整工作和住房补贴的计算工作。

自 1999 年 11 月全国高等学校后勤社会化改革工作会议召开以来，后勤改革成为全国各高校改革与发展工作的一个重点。2000 年 9—11 月，我校后勤改革正式启动，成立后勤管理处和后勤集团，后勤社会化改革迈出重要一步。

为贯彻国办发［2000］1 号文件和京政办发［1999］91 号文件精神，进一步深化我校后勤社会化改革，理顺后勤管理体制和运行机制，根据学校实际情况和后勤社会化改革的需要，2002 年 12 月，我校成立了中国政法大学后勤改革领导小组、后勤改革领导小组办公室、监察领导小组。后勤改革领导小组组长为张柳华副校长，成员有李淑荣（学校办公室主任）、高浣月（人事处处长）、牟虹斐（计财处处长）、张奇（学生处处长）、邬宝顺（工会常务副主席）、周栓喜（资产管理处处长）、杨业贵（后勤管理处处长）、张荣京（后勤集团总经理）。后勤改革监察领导小组组长为李书灵（纪委书记），成员有范分社（监察处处长）、胡楠（审计处副处长）。后勤改革领导小组办公室主任为杨业贵（后勤管理处处长）。后勤改革领导小组办公室设在后勤管理处，具体负责后勤改革的日常事务性工作。

2002 年 12 月 26 日，中国政法大学后勤改革领导小组、监察领导小组召开了第一次工作会议。本次会议宣告我校深化后勤改革工作正式启动。在此次会议上，后勤改革领导小组成员做了分工，吸取了兄弟院校后勤改革的经验，安排在全校范围内广泛征求意见，多种渠道听取教职工对我校深化后勤改革的设想。后勤改革是学校改革的重要方面，是继学校人事制度改革、校部机关改革和教学科研改革后的又一阶段性的改革工作。

2003 年 1 月 14 日至 15 日，学校连续召开三次会议，分别在学院路校区召集部分教职工、离退休教师代表，在昌平校区召集部门负责人及离退休人员座谈后勤改革，广泛听取了全校师生对后勤改革的意见。后勤管理处向与会代表发放了《中国政法大学深化后勤改革调查问卷》。问卷内容涉及改革目标、思路、后勤社会化、管理体制模式、服务中心设置方案、后勤实体运行机制、经济核算体制、两校区家属区的管理方式、建立和完善竞争机制等 23 个问题。后勤集团总经理张荣京将

《后勤集团服务工作简介》发给大家，并详细介绍了后勤集团的情况。与会代表在听取了后勤部门的通报之后，畅所欲言，在充分肯定目前后勤工作成绩的同时，也提出了一些意见和建议，如关于后勤部门人员的素质、关于引入竞争机制、关于体制与管理的关系、关于学校对后勤工作的支持、关于利用社会资金问题、关于经济实体的平等法律关系等问题。

15日，第三次后勤改革征求意见会在昌平校区召开。副校长张柳华出席会议，校办主任李淑荣、人事处处长高浣月、校工会常务副主席邬宝顺及后勤集团各中心主任、副主任等参加了座谈。与会者从后勤机构设置、基础设施的配套、建立高素质队伍、改革后在岗人员的待遇等问题发表了自己的意见。

这一系列举措标志着我校深化后勤改革工作全面启动。

自学校后勤机构改革以来，后勤系统机构的设置和职责发生了很大的变化。到2003年，学校后勤系统的三个机构分别为后勤管理处、资产管理处和基建处，分别负责学校的后勤管理、资产管理和基本建设工作。后勤集团是学校后勤机构改革后由原学校总务处转制而来，原总务处管理职能划转新组建的后勤管理处，后勤服务职能则保留在后勤集团，并按企业化运行，按照与学校签订的合同进行后勤服务保障工作，和学校建立起的是服务与被服务的合同关系。

2003年12月，我校出台后勤系统各机构工作职责及后勤实体和校产业单位服务范围，进一步规范后勤服务保障工作。后勤管理处作为学校机关，其工作职责主要有：制订学校后勤发展规划，负责学校维修改造项目计划预算、招标、管理、检查、监督；代表学校作为甲方与后勤服务实体签订后勤服务合同，监督其合同的履行；代表学校与校产企业签订经营合同，监督其合同的履行。自2001年起，开始实行甲乙方合同式的后勤管理服务。根据国务院、教育部和北京市关于高校后勤服务改革的有关精神，学校将大部分后勤服务项目和设施交给后勤集团，并由其承担主要的后勤服务工作。

2004年4月13日，在我校昌平校区和海淀校区分别召开了深化后勤改革会议。改革小组组长、主管后勤的副校长张柳华，改革小组办公室主任、后勤管理处处长杨业贵，改革小组成员、资产处处长周栓喜，基建处处长姜言发，后勤集团总经理张荣京等出席了会议。动员会上，为了有利于后勤资源的合理配置，更好地引用竞争机制提高竞争效率，保证正常运转，积极改革，深化后勤改革小组向与会员工发放了调查问卷，鼓励员工参加关于如何选择改革模式的讨论，并对改革提出宝贵意见。

此次后勤深化改革旨在明确学校的所有权，落实后勤使用、管理，保证国有资产的保值增值，改革坚持以为同学服务为方向，实现社会效益和经济效益的统一。改革主要包括管理体制改革、运行机制转换、财务制度改革、人事制度改革、分配制度改革和产权制度改革等方面。在管理方面，规范服务标准，使后勤服务制度化、规范化，应当适当引入竞争机制，从而提高服务效率。至此，我校饮食、运输、通信、公寓已实现独立核算，但这还不能达到建立以"成本核算"为核心的企业财务管理制度的目标。后勤集团改革前实行基本不增加编制的政策，但后勤实体内部机构设置不合理，中心过多，人浮于事，管理成本过高。有些中心职能相同或相近，遇事容易互相推诿，不利于搞好服务。改革后人事方面将实行"老人老办法"，新人按合同聘任编制竞争上岗，并保证学校正式员工的工作岗位。改革后员工的收入将由基本工资、岗位工资和绩效工资组成，实行按劳分配。

2004 年 7 月 1 日，在深入调查、科学设计、反复酝酿和充分征求各方意见的基础上，我校深化后勤改革方案正式出台。该方案对我校深化后勤改革的指导思想、总体目标、主要内容及后勤改革的模式都给予了详细的说明和严格的规定。按照该方案的要求，我校后勤社会化改革以小机关多实体的模式进行。

改革后，原学校后勤管理处予以撤销，成立后勤工作委员会，全面负责学校的后勤事务。后勤工作委员会由主管后勤工作的副校长担任主任，成员有校工会常务副主席、学校办公室、后勤工作委员会办公室、计财处、资产处、基建处、学生处负责人和后勤党总支书记，下设办公室。原后勤集团予以撤销，将后勤集团原有的 14 个中心一级单位进行调整，通过撤销、合并、保留重组为 6 个中心、1 个幼儿园，并新设 1 个中心，共 8 个后勤服务实体。重组的 6 个中心是：饮食服务中心、运输服务中心、绿化保洁服务中心、学生公寓管理服务中心、修缮动力管理服务中心、电信服务中心。新设的 1 个中心为商业服务中心。各服务中心设主任 1 名，主任助理 1—2 名，主任通过竞聘产生，工作人员实行全员聘任。校医院的改制随国家医疗制度改革同时进行。[1]

改革后，后勤服务实体的财务由学校集中管理，分中心核算。学校设立后勤结算中心，对各服务中心进行成本核算和会计结算工作，业务上接受学校计财处指导，属二级财务。后勤系统设立党总支、分工会、共青团组织。党总支设专职党总支书记 1 名。原后勤管理处、资产处、基建处党支部及原后勤集团党总支所属各支部划归后勤党总支。

随着后勤改革的深化，后勤服务社会化逐步实现，学校与后勤实体之间建立起

---

[1] 参见《中国政法大学学报》2004 年 9 月 1 日（总第 475 期），第 1 版。

以经济核算为核心的合同制关系。后勤实体以服务学校、服务师生为宗旨，依靠优质服务占领校内外市场，通过一定时间的资金积累，不断壮大自身实力并逐步走向社会，成为真正的市场经济主体。

2004年7月9日，我校再次召开深化后勤改革动员会。会上宣布了有关后勤改革的文件，包括实施《中国政法大学深化后勤改革方案》的通知和方案，《中国政法大学后勤实体负责人聘用实施细则》及中心主任、主任助理职数，《深化后勤改革期间后勤集团、劳服中心财务管理规定》《深化后勤改革纪律要求》。

规定颁布后，饮食服务中心、幼儿园、运输服务中心、绿化保洁中心、电信服务中心、学生公寓中心、维修中心、商业服务中心等中心主任（园长）和主任助理等后勤集团实体负责人开始竞聘上岗。至7月27日，在纪委和学校监察处的指导和监督下，各中心主任全部聘任完毕。

第四节　锐意改革创新　收获系列成果

一、推进本科教学改革，创新人才培养模式

2002年12月14日，我校教学改革会议召开。校党委书记石亚军、校长徐显明、副校长解战原、副书记兼副校长马抗美、副书记冯世勇、副校长朱勇、副校长张桂琳、副校长张柳华等人出席会议。教育部高教司刘凤泰副司长应邀出席会议。来自校部机关、各学院、教学部（中心）、研究所、教研室的负责人、教授、研究员等二百七十余人参加了会议。

在开幕式上，党委书记石亚军首先致辞。石亚军指出，在我国加入WTO、制定了全面建设小康社会的发展目标的新形势下，政法高等教育将承担起培养治理国家的栋梁之材、培养高级司法人才、培养适应21世纪需要的法学研究领军人才的重任，我们应该对此充满

▲ 2002年12月我校召开教学改革会议

未来的自豪感和现实的责任感。实现人的全面发展是我们人才培养的最终目标，我们应该培养出适应社会发展需要的具有复合型、创新型、创业型、续发型特点的人才。石亚军结合教育部本科教学评估小组对多所高校进行的本科教学合格评估、随机评估、优秀评估的情况指出，目前全国高等学校本科教学改革呈现出高、宽、深、新、特、亮的特点，呈现出战略高点式发展、跨越式发展、主动适应性发展、内外交叉循环式发展等趋势，实现了教育的信息化、教学的现代化和高附加值培养。全体从事教学和教学管理与服务的同志们应当树立起主流意识、机遇意识、资源意识、强势意识、创新意识，努力工作，锐意进取，探索出适应中国高等法学教育的人才培养模式，实现人才培养的网络式、立体化、非线性。

在 14 日上午举行的大会上，朱勇副校长代表学校作了《开拓创新，实事求是，全面推进我校教学改革》的主题报告。报告在全面肯定我校几十年来教学工作、人才培养所取得的成绩的基础上，重点提出了目前在教学活动中还存在的问题和困难，如学科专业不完整，专业之间轻重失衡；人才培养模式单一，不利于因材施教；课程体系需要调整，课程门数偏少；教学组织形式单一；学校硬件建设相对滞后，人员结构比例失衡等。

报告提出，卓有成效的法律教育应该是精英教育，是一种高起点、高层次的教育，换句话说，应该是本科毕业后的学历教育。为了体现整体推进、特色发展的双重战略，我们可以也应该把人才培养目标与“法学”紧密相连。具体设想为：让每一位考入我校的学生均有机会接受系统、良好的法学教育。让非法学专业学生接受系统、良好的法学教育，在获得其本专业学位的同时，再获得一个法学学位，如采用“提供一种五年读两个学士学位的选择”的方法，让我们培养的人才具有基础素质、法学专业素质、人文素质。

报告在如何有效实施完全意义上的学分制、如何实行课程体系改革等方面提出了一些有待大家思索研讨的课题，例如如何用学分制进行管理、建立合理的制度，让学分制成为学校教学活动的中心，从而有效地保证教学质量的提高；又如减少学生课堂学习的总学分，留给学生多一些自学和独立思考的时间；加大基础课程的学分；基础课与专业课都有一定比例的必修课程与选修课程；优化专业课程内容；增加学校课程的总门数。报告提出，学校将确立教师的教学工作规范，建立教学督导制度，建立学生评教和学生资讯员制度，建立学院本科教学工作评估制度，加强对于教学事故的认定和处理。

12 月 14 日下午、15 日上午，与会人员分成四组，对教学改革的理念、目标、人才培养模式及《中国政法大学本科课堂教学质量评估暂行办法》《中国政法大学教学督导组工作条例》《中国政法大学教学事故认定及处理办法》《中国政法大学本科生培养模式暂行规定》《中国政法大学学分制管理条例》进行分组讨论。

校长徐显明在闭幕式上作总结发言。徐显明认为，学校办学的第一个特色是我们办了一个特色性的大学，这体现在法学学科上；第二个特色是我校有全国最强大的法学家集团，我校始终与国家的命运紧紧相连，而法大的师生也始终关心国家政治，关心民族发展；第三个特色是既注重理论教学，也注重实践教学。徐显明提出，学校上下要树立三种观念，即在教育教学关系上以学生为主体，在办学上以教师为本位，在现代大学教育制度构建上以学生为中心。

本次教学改革的最终目标是，经过十年左右的努力，在我校初步形成体现时代特征和法大特色的现代教育思想；初步形成具有多样化的培养模式、弹性的培养方案、优化的课程结构、完善的教学组织形式、现代启发式教学法和良好的教学工作条件，以及多学科互补的、有利于学生成长的生态环境；初步形成能充分调动教师"教"和学生"学"两个积极性的、充满生机和活力的教学运行机制，使我校教学质量有明显提高，并在提高学生素质、加强创新能力培养和注重个性化发展等方面取得突破性进展，培养和造就一大批富有中国政法大学特色的、能适应 21 世纪我国社会主义法律文明和政治文明建设需要的、具有国际国内优势竞争力的复合型、高素质人才。

教学改革的近期目标是，用 3—5 年的时间转变教育教学思想，更新教育教学观念，走近主流意识；加大经费投入，大力改善办学条件，提高教师待遇；进行配套改革，理顺体制，调整教职工队伍结构；建构"一人多课，多人一课"的教学制度，淡化专业、强化课程，促使教学内容的现代化和国际化，规范教学过程，减轻学生听课负担，初步完成以学科建设为依托，从专业建设向课程建设的转变，建立高效的具有柔性的教学运行机制。

教学改革会议结束之后，学校教学改革的相关制度措施逐步得到落实。2003年 5 月 23 日，我校正式成立教学督导组，并聘任了首批教学督导员。教学督导员负责对学校的教学和教学管理工作进行督促和指导，促进教学质量的提高。首批聘任的教学督导员由多年担任教学任务和管理工作的四位退休教授沈国峰、魏平雄、黄勤南和马改秀组成。

教育部《关于加强高等学校本科教学工作提高教学质量的若干意见》颁布后，我校陆续建立了学生评教、管理人员听课等一系列教学质量监控制度。专家督导制度是教学质量监控的重要环节，督导组的成立标志着我校专家督导制度的初步确立。该制度将在实践中不断完善，并在我校教学质量监控体系中发挥应有作用。

6月12日，学校教学督导组成员与来自八个学院的十余名学生代表进行了座谈。座谈会由督导组组长沈国峰教授主持，教务处处长兼校教学评估办公室主任陈桂明教授出席了座谈会。

沈国峰教授向同学们介绍了建立教学督导制度的背景和经过，以及学校教学督导组开展教学督导工作的初步设想。针对学生普遍要求自由选择专业以及关于课程设置和教学计划方面的问题，陈桂明介绍了我校将要实施的双学位、双专业人才培养模式，以及学校教学改革的进程，并着重介绍了正在进行的教学计划修订情况。他特别说明，教学计划修订的主要意图是要淡化专业，拓宽口径，强化通识教育，变传统专业教育为专业教育与通识教育相结合，所以修订后的教学计划适当扩大了非专业课和选修课的比重。

我校的教学督导员有三个特点，即他们都是所从事专业领域的专家，这就使他们的工作更在行、更科学；他们都是退休人员，这就使他们很超脱，更公正；他们具有权威性，可以保证督导工作取得实效。

2003年9月，我校酝酿已久的"双专业双学位"培养模式开始实施，每一位进入中国政法大学的学生都有机会接受法学专业教育，并获得法学学士学位的设想成为现实。2003年9月，新学期伊始，我校首次实行双专业双学位的人才培养模式，该年度双专业双学位培养模式的试行范围为2001级非法学专业的学生。该培养模式为满足非法学专业学生学习法学的迫切要求开辟了一条新的途径，受到了同学们的广泛欢迎。2003年暑假，学校教务处下发双专业双学位报名通知，至当年8月29日止，申请修读法学专业双专业双学位的学生人数达221名，占2001级非法学专业学生总数的40%。

本次双专业双学位人才培养模式的实施是为贯彻落实2002年教学改革会议精神，实现我校人才培养目标，提高人才培养质量的重要举措。双专业双学位培养模式是指本科生在修读入学专业的同时，修读第二专业第二学位，达到教学计划规定的要求，毕业时取得两个专业的毕业证书和两个（或相应）学位证书的培养模式。其基准学制为五年，修业年限为5—7年。修读双专业双学位时，学生必须达到第二专业必修课和专业选修课的最低学分要求。

对于双专业双学位培养模式的实施，学校高度重视。教务处在广泛征求学生和教师意见的基础上，拟订了《中国政法大学双专业双学位人才培养模式实施办法（试行）》，并经学校研究颁布实施，作为该培养模式实施的具体依据。该办法规定，学生只能从大三开始修读双专业双学位；同时规定，尽量让第二学位的学生与第一学位的学生在同样的课堂上课，接受同样的考试。在修读双专业双学位的人才培养质量上，学校要求双专业双学位学生要掌握好第一专业的知识，同时也要掌握好第二专业的知识，成为真正的复合型人才。

为了积极稳妥地推进这一人才培养模式，本次双专业双学位人才培养模式试行只允许2001级非法学专业的学生根据自愿原则，申请修读我校的法学专业。

2004年，根据前一阶段双专业双学位人才培养模式的试行效果，学校进一步扩大了该培养模式的试行范围。自当年起，不仅非法学专业的学生可以选择修读法学专业的课程，法学专业的学生也可以选择修读本学科门类的第二个专业，或者其他学科的专业课程。具体来说，就是学生在完成入学专业全部学分的2/3以后，选择双专业培养模式的学生可以同时选修第二专业（和入学专业应属于同一学科门类）的课程，毕业时可以获得两个专业的毕业证书和法学学士学位；选择双学位培养模式的学生可以同时选修第二专业（和入学专业应不属于同一学科门类）的课程，毕业时可以获得两个专业的毕业证书和学位证书。

二、国家级重点研究基地：法律史学研究中心

2003年5月20日，国家重点学科的依托单位——法律史学研究中心在科研处的协助下将申报重点研究基地建设的材料正式报送教育部，这是我校继诉讼法学科被教育部确定为重点研究基地后，又一次向教育部提出建立重点研究基地的申请。

本次补充申报重点研究基地，是教育部进一步加强人文社会科学研究工作的重大举措，是根据《普通高等学校人文社会科学重点研究基地管理办法》关于重点研究基地"竞争入选、定期评估、不合格淘汰、达标递补"的动态管理要求确定的。为此次申报，教育部制定了严格的申报条件和评审程序。

基地的初步申报工作开始于2002年。中心全体人员在张晋藩教授的率领下，兢兢业业，苦练内功，在学术成果、研究课题、队伍建设、学术交流、资料建设、教学与研究相结合等方面做了大量工作，取得了丰硕的成果，为基地的进一步申报打下了坚实的学术基础。根据教育部制定的申报要求，为了搞好申报工作，在朱勇副校长的主持下，在张晋藩教授的指导下，科研处多次召集法律史研究中心负责人制订、研究申报方案，并提出了准备材料的具体步骤。

重点研究基地建设作为一种加强学科建设的重大举措，通过我校诉讼法研究中心两年来的发展，无论从运行机制，还是所取得的科研成就方面，都充分显示出了发展活力。

2004年9月20日，教育部专家组对我校法律史学研究中心进行了实地考察，通过了中国政法大学法律史学研究中心入选教育部人文社会科学重点研究基地的决议。

教育部人文社会科学重点研究基地是教育部为推动高等学校人文社会科学研究的一项重要举措，其目的在于深化科研体制改革，促进科学研究事业的繁荣与发展。通过重点研究基地的建设，建立在本学科领域居于国内领先地位的国家级学术平台，为整体推动学术发展、推进学科建设起到规划、领军作用。就我校而言，重点研究基地的建设具有重要意义，基地的建设促进了相关学科的繁荣和发展，在整体上提升了我校的研究实力，提高了我校的学术地位。

我校法律史学科作为教育部评定的第一批、第二批国家级重点学科，自 20 世纪 80 年代中期以来，在著名法学家、当代中国法律史学科的奠基人、我校终身教授、法律史学科学术带头人张晋藩先生的率领下，经过 20 年的建设与发展，取得了丰硕的成果，在国内法律史学界取得了良好的声誉，并为进一步发展奠定了坚实的学术基础。

中国政法大学法律史学研究中心的前身是中国政法大学中国法律史研究所。1988 年，中国政法大学法制史学科被国家教委评定为首批全国唯一的法律史学国家级重点学科，张晋藩教授为该学科的带头人。2000 年，该学科再次被教育部评定为国家级重点学科。2002 年 10 月，在原中国法律史研究所的基础上，成立中国政法大学法律史学研究中心，由张晋藩教授任名誉主任，朱勇教授任主任，林乾教授任副主任。

1985 年以来，在张晋藩教授的带领下，中国政法大学法律史研究所承担并完成了数十项国家级、省部级科研项目，发表了一大批具有较高学术价值和影响的研究成果，如《中国法制通史》《中国法律的传统与近代转型》《中华法制文明的演进》《中国近代社会与法制文明》《清代宗族法研究》《中西法律文化比较研究》等，其中获奖成果 20 余项。此外，国家重大项目"中华大典·法律典""清史·法律志""中国少数民族法制通史""中国近现代司法改革研究""中国民法近代化研究""中西法律文化比较研究"等也受到国内外学界的关注。中心研究人员共出版学术著作 90 余部、教材 20 余部、工具书 10 余部，发表专业学术论文 400 余篇。

▲ 重大标志性科研成果
《中国法制通史》

三十多年来，法律史学研究中心的法律史学研究已经形成了鲜明的特色：注重历史与现实的结合，以优秀成果为当代法治建设提供借鉴和智力支持；注重法史学研究与文献资料的整理；不断开拓新的领域，积极开展国内外学术交流活动。中心还承担了博士后、博士、硕士研究生以及本科生的教学及培养工作，毕业生中有的已成长为学术骨干，有的在国家机关担任较为重要的领导职务。

此次我校法律史学科入选重点研究基地之列，对于学校战略发展目标的最终实现、对于法律史学科的发展，都产生了重要的推动作用。法律史学研究中心成为我校继诉讼法学研究中心之后的第二个教育部人文社会科学重点研究基地。

2005 年 4 月 19 日，教育部人文社会科学重点研究基地·中国政法大学法律史学研究中心揭牌典礼在海淀校区举行。中国政法大学副校长兼法律史学研究中心主任朱勇教授，副校长张保生教授，中国政法大学终身教授、法律史学研究中心名誉主任张晋藩教授等人出席了揭牌典礼。张保生副校长和张晋藩先生为基地正式揭牌。同时，南京大学法学院张中秋教授调任中国政法大学法律史学研究中心常务副主任。

三、学科建设重大进展，博士后流动站获批

2003 年 8 月，在全国第九次博士、硕士学位授予点评审工作中，我校取得了重大突破。新增一级学科博士点一个：法学；新增二级学科博士点一个：政治学理论；新增硕士点七个，分别是：马克思主义哲学（哲学）、中外政治制度（政治学）、国际关系（政治学）、马克思主义理论与思想政治教育（政治学）、应用心理学（教育学）、企业管理（管理学）和行政管理（管理学）。本次评审经过各大学申请、相关部门的形式审查、专家通讯评审、学科评议组评审、国务院学位委员会和北京市学位委员会批准通过和公示等严格程序。

至此，我校共有博士点十个，分别是：法律史学、民商法学、诉讼法学、经济法学、国际法学、法学理论、宪法学与行政法学、刑法学、环境与资源保护法学、政治学理论；硕士点二十个，分别是：法学理论、法律史学、宪法学与行政法学、刑法学、民商法学、诉讼法学、经济法学、环境与资源保护法学、国际法学、逻辑学、政治经济学、政治学理论、法律硕士、马克思主义哲学、中外政治制度、国际关系、马克思主义理论与思想政治教育、应用心理学、企业管理、行政管理。

"九五"以来，我校本科专业设置在继承原有法学专业基础的前提下，先后新增英语、社会学、侦查学、政治学与行政学、国际政治、公共事业管理、经济学、工商管理、新闻学、哲学、国际商务、汉语言文学等多个专业，专业布局逐渐趋向

合理，为我校建设多科性大学打下了良好的基础。

本次博士、硕士学位授权点取得的重大突破，有助于提高我校综合实力和办学水平，为把我校建设成为多科性、研究型、开放性、特色鲜明的国内一流、世界知名大学，使我校成为中国的法学教育中心、法学研究中心、法学信息资料中心及国家立法和政策咨询中心奠定了坚实的基础。

2003 年 10 月，继我校获得法学一级学科博士点和政治学理论博士点授予权之后，我校学科建设又获重大突破——国家人事部博士后管理办公室于 10 月底批准了我校建立博士后流动站（法学）。

我校建校 50 年来，虽然在学科建设方面取得了重大成就，但由于种种原因一直没有取得建立博士后流动站的资格，这与我校在法学界的声誉和地位极不相称。自 1985 年我国建立博士后流动站制度以来，我校一直致力于建立一个法学一级学科博士后流动站。2001 年后，学校便把博士后流动站的建立作为我校学科建设的一项重头工作，积极努力多方争取，终于在 2003 年实现了博士后流动站零的突破。这次博士后流动站的建立是我校教学改革的重大突破，使得我校进行高层次人才培养、师资力量建设迈上了新平台，扩大了教学交流的领域。

2003 年 12 月 27 日，中国政法大学博士后流动站在海淀校区正式挂牌成立。2004 年 3 月，我校成立博士后工作领导小组，由朱勇副校长担任组长。同时，在领导小组之下设立了博士后管理办公室，负责博士后流动站的日常工作。各相关学院也设立了博士后工作小组，以协助学校博士后管理办公室从事日常管理工作。2004 年 4 月至 5 月，学校分别在光明网和校园网刊登了招收首批博士后研究人员的启事。招收专业包括：法学理论、法律史、宪法学与行政法学、刑法学、诉讼法学、民商法学、经济法学、国际法学。涉及我校法学院、刑事司法学院、民商经济法学院、国际法学院四个相关学院。经过我校几个月的审议，并报国家人事部博士后管理办公室批准，最终有 13 人入站，其中诉讼法学 5 人、法律史学 2 人、法理学 1 人、刑法学 1 人、民商法学 2 人、经济法学 1 人、行政法学 1 人。2004 年 11 月 2 日，首批引进的 13 名来自北京大学、中国人民大学等学校的博士后研究人员正式进驻我校博士后流动站。

博士后流动站制度是挑选刚刚获得博士学位的优秀人员入站工作 1—2 年，以学术研究为主的一种集研究制度、学科设立制度、人事制度、人才培养制度于一体的复合制度。第一批博士后研究人员的进驻，对我校的学术发展具有重要意义，使我校在人才培养、科研建设方面提升了一个层次，有利于培养高层次、高素养人才，催生高水平、高质量的科研成果，并对实现把我校建设成为多科性、研究型、开放性、特色鲜明的一流大学的战略发展目标具有重要的促进作用。

2003 年 11 月 6 日，中国政法大学军事法学研究中心成立大会暨军事法学研讨会在北京邮电大学科技大厦举行。副校长解战原教授出席会议，我校学者马怀德教授、薛刚凌教授、焦洪昌教授、朱维究教授、周忠海教授、王成栋教授、高家伟教授、曲新久教授、薛晓健教授、吴平教授、刘长敏教授、王万平教授、王进喜教授等及部分在校博士生、硕士生到会；中央军委法制局副局长宋丹、军事法院副院长苏勇及军事检察院、国防科工委法制办、军事科学院、国防大学、西安政治学院、南京政治学院、中国人民大学的专家学者出席成立大会并参加了研讨会。

军事法研究中心挂靠于我校法学院，主要依托该院和其他学院的科研力量开展工作。中心主任为薛刚凌教授。

军事法研究中心的成立是贯彻党的十五大依法治国的精神，实现邓小平军事理论思想所要求的军队建设现代化、法治化的需要。中心的成立旨在探索军事法律制度、实现依法治军、填补军事法学研究的空白，为我国军事法的建设作出贡献。军事法研究中心的成立是我校发展历程中的重要举措，开拓了新学科的研究领域，标志着我校学科更加体系化、多样化，这对学校的发展和建设具有重大意义，同时也对军事法学的研究具有重大意义。

军事法研究中心成立以后的主要工作为：教学方面，将建立军事法学博士点，开设军事组织法、军事立法法、刑法、武装冲突法等课程；科研方面，将汇集军事法学的专家学者，发挥各自优势，深入全面地研究军事法学；培训方面，为军地两用人才的培训、对外合作交流提供平台。

随后，朱维究教授主持了以"军事法学的学科地位及研究现状"为内容的研讨会，与会学者就自己的研究向会议做了介绍，并就"军事法学的结构框架与研究方向""军事法学研究的交流与合作"等议题进行了深入讨论。

四、创新研究生教育体制，培养研究型人才

2004 年 6 月 5 日，我校隆重召开"中国政法大学研究生教育改革研讨会"。适逢中国研究生教育改革的关键时刻，针对我校研究生规模不断扩大的实际情况，在新形势下如何在科学发展观的指导下办好研究型大学的研究生教育，如何实现我校研究生内部结构尤其是研究生培养质量的可持续发展，成为研究生教育改革亟须考虑的问题。

国务院学位办公室副主任郭新立、最高人民检察院副检察长孙谦、我校终身教授张晋藩先生、我校党委书记石亚军、校长徐显明、副书记兼副校长马抗美、副书

记冯世勇、副校长朱勇、副校长张桂琳、副校长张柳华、纪委书记李书灵等人出席大会。大会还邀请了我校各院、处负责人，各研究所所长、中心主任，教师及部分研究生代表共二百余人参加。

在研讨会上，朱勇副校长作了题为"改革创新，建立研究型研究生教育新体制"的主题发言，发言主要包括三个方面：我校研究生教育改革的背景和条件、我校研究生教育改革的目标定位和我校研究生教育的基本思路。从具体的层面上，整体性地总结了我校的研究生教育改革并为今后的改革指明了道路。

此次研讨会紧紧围绕"总结我校研究生院 21 年来的研究生教育的传统教育理论，结合国家提出的人才强国战略和我校新的发展目标定位，就我校将来在研究生教育工作中如何守护传统、弘扬特色，在新的形势下如何创造新的办学理念，实现研究生的教育创新"等主题，就学校研究生学科建设规划、研究生招生工作、培养模式及学位工作等改革方案进行了充分讨论。

本次研讨会的目的是研究我校研究生的教育管理体制，提高我校研究生教育教学质量，增强我校竞争力，为我国的经济建设和发展，培养高层次的人才。此次会议的规格之高、涉及面之广以及即将进行的改革力度之大、对未来的影响意义之深远，是我校研究生教育史上的第一次。

研究生教育改革会议结束以后，学校相关的研究生教育改革措施也稳步进行。总体而言，学校注重改善研究生与本科生的结构比例，实现本科生与研究生比例的协调与平衡，保持本科生总量大体稳定、研究生数量有较大发展的方针。为实现研究型大学的目标，学校将在今后的工作中加大改革力度，进一步健全完善导师遴选制度和人才培养模式。

在导师遴选制度方面，从以下几个方面加大工作力度：淡化导师身份性，强调其岗位理念；提高导师遴选门槛，将科研成果和实践课题作为考察因素；相应地加大实践经费和科研经费的比例，解决资金问题。

在人才培养模式方面，朝着学科布局建设合理化，重点学科、强势学科和新兴学科统一协调发展的方向发展。具体来说，要缩短研究生在读时间，尽快实现研究生就业，实现理论和实践的结合；应引进研究生弹性学分制，相应地解决好教学经费、教学资源的协调配合；要改善研究生培养模式，引进课程学习和课题研究相结合的模式，为研究型人才的培养提供最佳渠道。

五、大力引进优秀人才，加强师资队伍建设

2001 年以来，学校对人才引进工作非常重视，并将这项工作与学校的战略发

展联系到一起。

2002 年 1 月，学校及时出台了《优秀人才引进办法（试行）》（以下简称《办法》），并专门成立优秀人才引进工作领导小组，由主管人事工作的副校长担任组长，主管组织工作的副书记和主管教学、科研的副校长担任副组长，组员为主管组织、人事、教学、科研、研究生院、资产等职能部门的负责人。领导小组负责审议并通过人才引进的政策，制订人才引进规划和年度计划，最终确定人才引进的人选，并报校长办公会、常委会批准。学校设立人才引进工作办公室，负责日常工作。各院部（所、中心）由主要党政负责人负责本单位的人才引进工作，并确定专门的经办人员。

《办法》明确今后学校重点引进的对象包括三类：第一类，一级学科享誉国内外的著名学者；第二类，二级学科优秀的学科带头人，在本学科保持国内外同行公认的领先水平；第三类，有发展潜力的优秀中青年学者，具有学术上的创新思想，学术研究位居国内外前沿，在学术界有一定的知名度，论文或专著获得过较高级别的国内外学术奖励或者荣誉称号。凡获得国务院颁发的有突出贡献的国务院政府特殊津贴者，教育部"跨世纪人才工程"入选者，七部委"百千万人才工程"第一、第二层次入选者，以及海外学成归来的优秀学者等，优先予以引进。

《办法》还规定对引进的优秀人才必须通过学术能力评价等程序。成立学术能力评价委员会，负责对拟引进人才进行学术能力评价，并根据考核、评价结果和校内外专家的鉴定意见，提出推荐意见，提交学校人才引进工作领导小组。通过校内各学科学术骨干的广泛参与，达成对将要引进人员的学术能力的公正评定和学科分布上的均衡，尽可能地将学校有限的资源用在最需要发展的学科上。鉴于高校在人才引进上的激烈竞争，学校在资金异常紧张的情况下，专门为引进人才拨出 1000 万元，作为安置经费。如此大力度地引进人才，在中国政法大学的历史上是空前的。但与国内其他高校相比，我们还有较大差距。

从 20 世纪 90 年代中期，特别是第三次全国教育工作会议以后，教育部启动实施了以"长江学者奖励计划"为主的高层次人才计划，许多地方和高校都结合本地和本校实际设立了相应的人才计划或人才工程，相继建立了省内特聘教授等制度。同时，许多高校还建立了校内特聘教授制度或者其他优秀拔尖人才的支持计划。全国各地的高校都在吸引人才、使用人才、保护人才上大做文章，积极采取切实有效措施，加紧制定和调整人才资源特别是高层次人才资源的开发战略，构筑人才高地、抢占人才制高点。

在严峻的形势下，中国政法大学积极运作、加大投入，从战略发展的高度将人才引进工作作为头等大事。校党委书记石亚军和校长徐显明以及所有的校领导亲自领导这项工作，甚至直接参与到这项工作中。无论是在国内还是在国外，走到哪里，他们都极力地宣传学校全新的办学思路，以学校崭新的形象、未来发展的强劲势头，吸引、延揽海内外的优秀人才。在这项工作中，学校各部院的领导、各学科的骨干、各职能部门识大体、顾大局，在人才引进的工作中发挥了关键作用。有些院部在学校引进优秀人才的政策之外，制定了本部门的特殊优惠政策；有些学院的负责人四处奔波，为引进的优秀教师解决困难；有些学科骨干教师在学校工作多年，但为了学校人才引进的大局，将学术带头人的位置让给比自己更加优秀的学者。

在人才引进工作中，学校根据学科建设的发展目标和师资队伍的建设需要，坚持有所为、有所不为的原则，重点支持、重点投入，将有限的资源用在最急需和最关键的地方；同时兼顾现有师资队伍的稳定，对现有骨干力量进行保护。如考虑到多年来学校住房紧张，许多教师对新住房已排队等候多年，所以在制定人才引进政策时，采取货币安置的方式，以缓和住房供需上的矛盾。

学校通过人才评价程序引进的优秀人才有：乐国安（社会学，原南开大学教授、博士生导师），王人博（宪法、行政法学，原西南政法大学教授），崔永东（法律思想史学，原清华大学副教授），丛日云（政治学，原辽宁师范大学教授），张楚（知识产权法学，原北京邮电大学教授），许传玺（比较法学，原耶鲁大学法学院中国法中心专职研究员），蔡拓（政治学，原南开大学教授、博士生导师）。

除此之外，还有一些刚从国外归来的优秀学者，如毕业于日本早稻田大学的法学博士张凌等。当年通过正常调动程序来到我校的优秀教师还有中国社会科学院社会学所的应星博士、北京大学的博士后李东方、中国劳动保障科学研究所的郑尚元博士、中央戏剧学院的祁志锐老师等。这些优秀人才的到来，为学校师资队伍的建设注入了新的活力，在很短的时间内，使我校的某些学科从无到有、从弱到强，为我校未来学科建设的发展作了坚实的铺垫。

六、实施科研发展战略，改革制度振兴学术

2002 年 9 月 28 日，以"求上乘精品，问大道学术"为主题的中国政法大学科研发展论坛举行。校党委书记石亚军、校长徐显明、党委副书记兼副校长马抗美、副书记冯世勇、副校长朱勇、副校长张桂琳、副校长张柳华、纪委书记李书灵，学校各院、部、所、研究中心及校部机关负责人，全体教授和部分中青年教学科研骨干，以及各教学单位教学科研秘书共一百八十余人参加了论坛。全国哲学社会科学规划办公室主任董京泉、司法部法规教育司司长刘一杰、教育部社政司副司长黄百炼、北京市哲学社会科学规划办公室主任王新华、北京市教育委员会科研处处长孙善学出席了会议并分别做了发言。

科研水平是一个学校办学实力的核心指标，是学校社会地位的重要标志，是教学质量的关键支撑。此次科研发展论坛的召开，是我校各项改革向纵深发展的重要标志。举办这样一次全校性的科研发展论坛，专门讨论科研发展规划和科研发展措施，这在我校历史上尚属首次。

副校长张桂琳以"慎独格物，卓越创新——开创中国政法大学科研工作新局面"为题向大会做了主题报告。报告指出，中国政法大学经过50年的发展，由弱到强，现已逐步发展成为国内外知名、拥有十余个学院的学术重镇；已从单纯的法学、政治学学科发展成为包括特色学科、关联学科、支撑学科三位一体的学科体系，拥有了一些有影响力的研究机构，培养出一批学术大师和国内外知名的学者，一支高素质、专业化的教学科研队伍已经形成，并成为国家民主与法治建设的主力军，为国家建设不断地提供智力支持，日益发挥着思想库、智囊库的重要作用。与此同时，我校的科研建设还存在严重的问题，主要表现在缺乏科研优先发展的理念，对科研在学科发展中的基础地位和支柱作用估计不足，缺乏一套激励科研发展的制度机制，缺乏年度或特定时期具体的科研发展规划，也未形成科研发展的校园文化氛围。

主题报告提出，未来我校的科研发展必须从战略上加以把握，从宏观上加以规划。中国政法大学科研发展战略的总体思路是以学科建设为龙头，以制度创新为动力，以学科的学术评价为导向，以科研投入为保障，以争取科研项目和加大科研评奖为激励手段，培养学术精英，提升核心竞争力，推出原创性学术精品，以扩大在国内外的学术影响，促进我校科学研究的突破和发展。

报告还提出贯彻实施科研发展战略的八项措施：①加强重点学科建设与扶植基础学科相结合；②建立科学的评价机制；③完善考核机制；④以争取项目和基金为核心，有层次、分步骤地促进我校各个学科的发展；⑤加强学术交流，提升核心竞争力；⑥积极参与立法、政策咨询或其他研究型公益活动；⑦规范管理制度，提供科研保障；⑧建立学术梯队，培养青年学者。

在为期两天的会议中，通过大会、分组讨论会、会下交流等多种形式，与会代表针对科研处拟定的《中国政法大学科研发展战略》《中国政法大学学术规范》《中国政法大学科研评价办法》《中国政法大学科研考核办法》《中国政法大学教学科研人员科研定额规定》及科研管理制度等方面的文件，结合我校的科研现状进行了热烈讨论。

这次科研发展论坛既统一了思想，又使全校教师对我校的科研现状、未来的科研发展有了深刻的认识，同时也收集了大量针对我校科研发展方向、措施、制度等方面具有重要价值的意见和建议。这些意见和建议成为此后学校制定科研发展战略和科研改革发展的重要依据。

为了营造良好的学术氛围，继 2002 年 9 月顺利举行科研发展论坛之后，学校于 2003 年 5 月 30 日召开了主题为"分析学术研究现状，唤醒危机意识，共商对策，振兴法大学术"的科研工作会议。徐显明校长、张桂琳副校长，全校 15 个院、部、所、研究中心的正副职负责人，人事处、教务处、研究生院的主要负责人和科研处全体人员共计三十余人参加了会议。

自 2002 年科研发展论坛召开以来，我校各学院对于科研建设工作进行了积极的引导和支持，加大了科研投入，科研资金投入比上年增长了 6%。在科研管理工作中，从科研考核入手，注重论文和专著精品导向，发掘我校科研潜力，加强科研工作的改革和创新，为科研工作提供各种信息包括动态信息，推出代表学校品牌的学者。

在此次科研工作会议上，张桂琳向与会人员通报了学校即将出台的《中国政法大学学术规范》等科研改革文件。科研处处长郭成伟从数据角度对我校的科研现状进行了简单的说明和分析，并探讨了改革的方向和出路。他以朱苏力的《从引证材料来看中国法学的发展》为例，说明了学校出现的严重学术断层和青黄不接的局面。

徐显明校长进行了总结发言。他强调，本次会议的目的首先是让大家了解我校科研方面的基本情况，做到心中有数，通过比较分析在科研方面我校处于什么位置，由此引发一些思考。其次是推行我校即将实施的科研评价和科研奖励制度，同时听取大家的意见，共商对策，以营造法大良好的科研氛围。

2003 年 6 月，汇编了我校科研管理各项规章制度的《中国政法大学科研管理典》正式出台。2004 年 6 月，学校又对该科研管理典进行了修订。该典在规范我校的学术活动、科研机构的建设与运作、科研项目的申请与经费的使用、科研成果的认定与科研业绩的考核等方面发挥了积极的政策导向作用，不仅充分调动了广大教师从事科研的积极性，而且加强了科研管理部门对科研活动的管理，使科研管理工作走上了规范化、制度化的道路。《中国政法大学科研管理典》已经成为学校广大教师从事科研活动的制度依据，成为学校科研管理部门服务于教师的重要制度保证。

第五节 确立奋斗目标 建设法科强校

一、钢铁堡垒红色尖兵，全力预防控制"非典"

2003 年 3 月，一场突如其来的非典型肺炎（以下简称"非典"或"SARS"）疫情在短时间内席卷了全国大部分省市，严重威胁了人民群众的身体健康和生命安全，也影响了我国的经济发展、社会稳定和国际交往。

面对"非典"疫情的肆虐，在谣言四起、人心不稳的时刻，在校党委的坚强领导下，师生们经受住了考验，积极投入抗击"非典"疫情的工作中，配合学校的各项措施，不仅做好了"非典"期间全校疫情防控工作，同时也灵活变通，采取多种多样的教学方式，有力保证了教学工作的正常进行。

2003 年 4 月 16 日，在北京市"非典"预防工作全面开展的情况下，为了更好地做好我校"非典"预防工作，加强组织领导，学校专门成立了以校长徐显明为组长的预防"非典"工作领导小组。领导小组成立后，马上投入工作，多次组织各单位负责人召开会议，对预防"非典"工作进行了细致部署。

在向全校教职工和同学传达部署预防"非典"工作时，领导小组副组长张柳华、校医院院长田万和等与各院学生会主席和学委会主任进行了座谈，向同学们传达了有关预防"非典"的知识。同时，学校通过校内各媒体加大了对预防"非典"的宣传力度，校报以专版形式刊登了有关防治的文章，校广播台连续广播预防"非典"的注意事项，网络中心在网上发布了有关的防治方法，学校橱窗也张贴了宣传资料。校医院、后勤等相关单位组织人力对我校办公楼、学生宿舍、教室、图书馆、礼堂以及学生食堂进行了全面、经常性和彻底的消毒。校医院也为师生准备了预防"非典"的药物。后勤部门加强了食堂、公寓服务人员的自我防治工作，工作人员在上岗时都戴上了口罩、手套等。

4 月 17 日，校党委书记石亚军主持召开了党委常委扩大会议。会上，学校预防控制"非典"工作小组副组长张柳华汇报了我校目前预防"非典"工作的有关情况。石亚军传达了教育部有关教育系统预防控制"非典"工作的会议精神，并介绍了兄弟院校在预防控制"非典"工作方面的经验。

此次常委扩大会议决定，新增党委副书记兼副校长马抗美和副校长朱勇为学校预防控制"非典"工作小组副组长，学校预防控制"非典"工作小组下设两名专职工作人员和六个工作组，分别是：宣传与政治思想工作组，组长：马抗美；信息组，组长：冯世勇；卫生保障组，组长：张柳华；教学工作协调组，组长：朱勇；

救护组，组长：张柳华；综合治理组，组长：冯世勇。

石亚军在肯定了前一阶段学校在预防控制"非典"工作方面所取得的成绩后，指出预防控制"非典"工作在思想上要高度重视，切实加强组织领导。全面预防、严密排查、切断传染链、深入宣传、减少交往、果断处理是我们今后一个时期预防控制"非典"工作所要完成的六项任务。

4月18日，我校紧急召开部署预防控制"非典"工作会议。校领导石亚军、解战原、马抗美、冯世勇、朱勇、张柳华等出席了会议，来自各院的党政负责人及各部处负责人三十余人参加了会议。

校党委书记石亚军、副校长解战原分别传达了中央政治局常委会、教育部、北京市委等上级部门有关预防"非典"工作的会议精神，要求全校上下高度重视预防"非典"的工作。会上，宣传与政治思想工作组组长马抗美，信息组、综合治理组组长冯世勇，卫生保障组、救护组组长张柳华，教学工作协调组组长朱勇分别通报了各组预防"非典"工作的预案。

石亚军向各级党政干部提出了"非典"工作的相关要求，要求各级党政领导要重视"非典"的预防工作，要把这项工作作为重点工作抓实、抓好；要实施责任制，对宣传、预防、通报等工作进行具体布置；要加强宣传教育，进行有关防治知识的宣传，提高师生对预防工作重要性、必要性的认识，使师生正确认识"非典"，不必恐慌；要求各单位制定本部门的预案；明确要求师生不要外出到群集和不通风的地方；各单位对于疫情要早发现、早报告、早隔离、早救治，要做好对其他人员身心的安抚工作。

4月19日，北京市教工委保密保卫处处长张德育来我校视察"非典"防控工作。校领导石亚军、徐显明、马抗美、冯世勇、朱勇、张柳华等参加了工作汇报会。张德育在听取了我校领导的工作汇报后表示，中国政法大学对"非典"防控工作很重视，措施得力，效果不错。同时，他也建议学校要关注师生动态，维护学校稳定；要把已经落实的措施形成制度，并在落实过程中查找漏洞；在"五一"期间的工作总原则应是尽量减少交往和人员流动，建议师生不要离京、不要离校。

4月20日，我校在昌平校区召开了由各院、部负责人和相关职能部门领导参加的"非典"防控领导小组扩大会议，徐显明校长向到会人员传达了4月19日北京市教工委召开的首都高校"非典"防控紧急会议的精神。会议指出，目前高校的形势已十分严峻，各校要将防控"非典"工作作为重中之重，采取扎实有效的措施，遇到问题果断决断，全力以赴做好此项工作。会议对各高校的防控工作提出了具体要求：对学生每天进行体温测试，学校要清楚掌握控制学生人数，根据具体出现的问题不断修正预案，实事求是上报情况等。

4月22日，为进一步推动各单位落实"非典"工作的开展，切实抓好防控工作，学校预防"非典"工作领导小组分七个小组对全校四十五个单位的防控工作进行了检查。检查小组首先听取了各单位防控"非典"领导小组负责人关于本单位落实情况的汇报，检查了各单位防控预案、值班表及值班记录等文字材料。各单位主要负责人汇报了"非典"防控领导小组的人员安排、值班情况安排和信息报送等项工作。

通过检查，各单位切实落实了校党委关于防控"非典"工作的部署，采取了一系列行之有效的措施，在防控领导小组的建设、预防"非典"知识的宣传、信息报送、人员管理等方面都取得了较好的成果。

随后，校党委常委会、学校预防控制"非典"工作领导小组及下设的专门工作组多次召开专门会议，研究部署我校预防控制"非典"各项工作。其间，校领导多次到院、部、处及食堂、学生宿舍、外籍楼、军都服务楼等单位检查预防控制"非典"的落实情况。

为了更好地发挥党员的先锋模范作用，与"非典"作长期而持久的战斗，2003年5月5日，校党委正式启动"钢铁堡垒"及"红色尖兵"行动计划。当日，中国政法大学"学生党员重温入党誓词暨'非典'防控誓师大会"在昌平校区体育场举行。校党委书记石亚军，副书记冯世勇，校纪委书记李书灵及校党建督导组、党政各职能部门、分党委、党总支负责人出席了大会，我校本科生在校学生党员及各院分团委、辅导员老师参加了宣誓大会。

学生党员代表、入党积极分子代表分别作了发言。他们庄严承诺，在这场抗击"非典"的战斗中，全体学生党员及积极分子会以坚定的信念、团结的精神团结在校党委周围，以理性的态度和良好的心态面对"非典"，在我校抗击"非典"的各个岗位上积极工作，带动周围同学迎战"非典"，发挥党支部的战斗堡垒作用，积极开展各类活动，努力成为我校抗击"非典"的先锋卫士。大会还宣读了全体学生党员倡议书，倡导全体学生党员以科学的精神迎接考验。

石亚军在讲话中指出，校党委带领全体学生党员在前期的"非典"防控工作中已经取得了良好成绩，为抗击"非典"作出了重要贡献。为了巩固这一形势，保证同学们在学校能够认真学习、科学锻炼、健康娱乐，需要进一步动员各方面的力量，形成学校与院系相结合、部署与落实相结合、自律与他律相结合的防范和保障体系。因此，学校党委决定实施"钢铁堡垒"与"红色尖兵"行动计划，全面发动学生党支部，动员全体在校学生党员，充分发挥党支部的战斗堡垒作用和共产党员的先锋模范作用，在防控"非典"工作学生群体中筑成一道冲不垮的坚实堤坝和形成一支骁勇善战的突击部队。

党委组织部部长胡明带领在场全体党员同志宣读了入党誓词。在宏伟的国际歌中，面对庄严的党旗，全体党员举起右手，再次庄严宣誓："我志愿加入中国共产党……"斗志昂扬的誓词充分表达了大家团结一心、众志成城、抗击"非典"的决心和信心。

为了响应校党委"认真学习、科学锻炼、健康娱乐"的号召，全面落实校党委的"钢铁堡垒"及"红色尖兵"计划，在各院分党委的带领下，各基层党支部纷纷结合自身实际开展了一系列活动，进一步发挥了党员的先锋模范作用，在"非典"时期，关爱同学们的生活、学习和健康。

4月29日，应北京市卫生局的要求，我校校医院抽调三名医务工作人员前往北京市防控"非典"第一线参加工作。当晚接到通知后，校医院吕宪华、杜飞、董桂芝三位同志当即主动要求第一批赶赴防控一线，其他同志得知此事后也纷纷报名参加。

5月1日上午，我校医务人员赴防控"非典"工作第一线欢送仪式在昌平校区举行。校党委书记石亚军、副书记冯世勇及学校办公室、宣传部、校工会、后勤管理处、后勤集团、校医院等部门负责人出席了仪式。校工会常务副主席邬宝顺代表全校教职工对三位医务工作者表达了崇高的敬意和深深的祝福。校工会还向三位"最可爱的人"献上了鲜花。面对鲜花与祝福，吕宪华代表三位医务工作者向大家表决心，她表示："我们一定圆满完成任务，胜利归来和大家重逢！"

石亚军向在校防控"非典"工作中做出努力的校医院所有医务工作人员表示感谢，并高度评价了此次应征前往更加艰苦"战场"的三位医务人员强烈的责任意识和崇高的职业道德。同时，他也代表学校对三位医务人员表示崇高的敬意，并期望他们保护好自己，圆满完成任务，早日归来。

为了落实我校《关于调整教学方式进行教学活动的通知》，使同学们能够在抗击"非典"的非常时刻保持正常的学习状态，全校各教学单位及时调整教学，积极采取"撰写研习论文""空中课堂""网上教学""露天讲座""现场答疑""户外实验""广播教学"等灵活多样的教学方式，有力地保证了我校"非典"期间教学工作的正常进行。

其中，研究生院为了让同学们在非常时期也能够与导师面对面交流、得到导师的指导，开设了研究生"露天课堂"。在"露天课堂"上，导师们对研究生就毕业论文、学年论文写作过程中遇到的问题进行指导，同学们也就自己目前所关心的问题与导师进行了交流。同时，研究生外语教学开通了"空中课堂"，外语课通过"空中课堂"进行讲授。

法学院在教学活动中也采取了多种不同形式的教学方式，以保证正常教学秩序的开展：①教案上网，即教师把讲义、教案的讨论分析公布上网，便于同学们根据相关的进程来安排自己的学习；②露天上课；③教师网上、电话答疑；④"空中课堂"，即教师在广播台统一录好音，通过广播播放给同学们听。这时，露天上课、"空中课堂"和网上交流成为教学活动的重要形式，保证了"非典"时期教学活动的正常开展。

二、全面建设法科强校：第六次党代会召开

2004 年 11 月 19—20 日，中共中国政法大学第六次代表大会在昌平校区召开。本次党代会是自 1993 年 2 月以来，时隔十一年我校召开的又一次党代会。2000 年正式划归教育部之后，在新一届领导班子和全校教职员工的共同努力下，学校的面貌发生了巨大的变化。随着教学改革、科研改革、管理体制改革、院系和专业调整、人事制度改革、住房改革、后勤工作改革等一系列改革措施的施行和深化，学校的各项工作取得了喜人的成绩。在高等教育新的形势下，总结经验，展望未来，长远规划，开拓进取，使学校工作再上一个台阶，是摆在我们面前的紧迫任务。在这样的情况下，第六次党代会的召开，对学校的改革和实现跨越式发展具有十分重要的意义。

在第六次党代会召开前夕，为充分发扬民主，凝聚共识，校党委分别就《中共中国政法大学第六次代表大会报告》（讨论稿）召开"民主党派人士代表座谈会""离退休干部座谈会""学生代表座谈会""教师代表座谈会""工人代表座谈会"，广泛征集全校师生员工对党代会报告的意见。与此同时，党代会报告（讨论稿）还由党委组织部以党支部为单位征求全校党员的意见，由学校办公室征求全体校领导的意见。

根据校第六次党代会筹备工作安排，按照校党委统一部署，在校党委组织部的组织、指导下，经过各选举单位酝酿提名代表候选人和正式选举，产生了参加我校第六次党代会的 190 名代表。他们分别来自全校 17 个分党委、党总支和直属党支部，代表全校三千余名党员参加校第六次党代会。

这次选出的代表是各院、部、处、所、中心能密切联系群众，有威信、有能力的党员，他们岗位业绩突出，先锋模范作用明显，在群众中有较高的威信，有较强的议事能力，具有显著的先进性和广泛的代表性。在 190 名代表中，在职教职工代

表 160 人，占代表总数的 84.2%；离退休代表 19 人，占 10%；学生代表 11 人，占 5.8%。在代表中，教师及专业技术人员代表 98 人，占代表总数的 51.6%；党政领导干部与职工代表 62 人，占 32.6%；女代表 64 人，占 33.7%；少数民族代表 8 人，占 4.2%。在代表中，具有高级专业技术职务的代表 127 人，占 66.8%；具有本科以上学历的 175 人，占 92.1%，其中具有硕士学位的 47 人，占 24.7%，具有博士以上学位的 35 人，占 18.4%；有 122 人获得过校级（含）以上表彰或奖励，占 64.2%，有 76 人受到过校级（不含）以上表彰或奖励，占 40%。

在代表选举的整个过程中，既充分发挥党内民主，又执行民主集中的原则，尊重广大党员的民主权利，体现党员的意志与愿望。本次代表选举工作是对全校党员增强党性、坚持民主集中制的一次教育，为第六次党代会的胜利召开奠定了良好的组织基础。

经过精心筹备，11 月 19 日，中共中国政法大学第六次党代会正式开幕。

大会的主题是：高举马克思列宁主义、毛泽东思想、邓小平理论和"三个代表"重要思想伟大旗帜，牢牢把握立党为公、执政为民的立场，紧紧抓住加强党的执政能力建设这一关键，承上启下，与时俱进，确定全面建设法科强校的奋斗目标，确立聚焦发展、聚众改革、聚力创新的思想观念、宏观战略、根本任务和行动步骤，切实依靠全校师生员工的力量，加快推进学校各项事业的现代化进程，为开创我校跨越式发展的新局面而奋斗！

▲2004 年 11 月 19 日，党委书记石亚军在第六次党代会上作主题报告

大会的任务是：充分发扬党内民主，集中全校党员的智慧，共同谋划全面建设法科强校的改革大计和发展蓝图；充分发扬党内民主，集中全校党员的意志，选举

产生新一届党委和纪委领导班子。大会的目标是：统一思想，振奋精神，团结凝聚，开拓奋进。

这次党代会应到代表190名，实到代表182名，列席和特邀的我校老领导、党外人士和有关部门领导25名。石亚军代表第五届校党委向大会作了《全面建设法科强校，开创我校跨越式发展的新局面》的报告，报告共分三个部分：①过去11年的工作及基本经验；②建设法科强校、实现跨越式发展的奋斗目标；③全面加强、改进党的建设和思想政治工作。李书灵代表纪律检查委员会向大会作了《以"三个代表"重要思想为指导，深入开展党风廉政建设和反腐败工作，为全面建设法科强校保驾护航》的报告，报告共分三个部分：①我校第五次党代会以来党风廉政建设和反腐败工作的回顾；②抓好党风廉政建设工作的基本经验和几点体会；③今后加强党风廉政建设和反腐败工作的建议。

在两天的时间里，本届党代会代表分成十个代表团对学校"两委"的工作报告进行了充分讨论。

11月20日，代表们以无记名投票方式，选举产生石亚军、徐显明等19名校党委委员，选举产生李书灵等9名校纪律检查委员会委员。大会表决通过关于第五届校党委工作报告的决议，大会批准石亚军代表第五届校党委所做的工作报告。大会通过了关于校纪律检查委员会工作报告的决议。

当天，中共中国政法大学纪律检查委员会召开第一次全体会议，选举李书灵为校纪律检查委员会书记，范分社为校纪律检查委员会副书记。中共中国政法大学第六届委员会召开第一次全体会议，以无记名投票的方式选举产生校党委常务委员会委员、校党委书记、副书记。石亚军、徐显明、解战原、马抗美、冯世勇、朱勇、张桂琳、张柳华、李书灵九位同志当选为校党委常委，石亚军当选为校党委书记，马抗美、冯世勇当选为校党委副书记。会议通过了中共中国政法大学纪律检查委员会全体会议选举产生的书记、副书记人选。

三、各地校友齐聚母校，法大校友总会成立

2002年我校50周年校庆前后，全国各省、市、自治区纷纷成立中国政法大学校友分会。2003年1月26日，"全美法大校友会"正式宣布成立。与此同时，中国政法大学校友会的筹备工作加紧进行。2003年4月11日，中国政法大学校友会筹备委员会会议在昌平校区召开。副校长解战原在会上汇报了校友会筹备工作情况和今后的工作思路。

50周年校庆的举行回忆了传统，凝聚了人心，扩大了我校的影响，促进了校

友会的筹备。全国的校友为 50 周年校庆的成功举办作出了很大贡献，成立校友会正逢其时。作为校友之家，它成为校友与母校之间的联络窗口、联谊处、接待处和交流处。学校将邀请学有所成的校友回校做讲座、座谈，表彰为社会作出巨大贡献的校友，并为校友提供交流、访问的机会。

2003 年 10 月 11 日，我校各级校友代表自祖国各地纷纷赶赴法大，齐聚昌平校区礼堂，满怀对母校的热爱，参加了中国政法大学校友会成立大会。

校党委书记石亚军代表学校党委向各位莅临大会的嘉宾表示最诚挚的欢迎，并向与会嘉宾简略介绍了我校崭新的办学理念和未来的发展方向。他在致辞中说道，我校在 51 年中以自强不息的校风为社会政法战线以及各行各业培育了济济人才，今天中国政法大学强大的凝聚力让法大校友再次走到了一起，成为母校校友会的一员。校友会必将成为学校和社会的互动桥梁，为法大的繁荣发展提供坚实支持。

副校长解战原作了校友会筹备工作报告。他详细介绍了我校校友会的筹备情况和发展方向。随着法大的日渐繁荣和校友工作成绩的日趋辉煌，我校自 2001 年就开始着手校友会的筹备工作。2001 年 10 月以来，学校积极支持各地校友分会的建设，团结海内外校友，为总会的成立做了充分筹备，并在此期间制定了我校《校友会成立草案》。在今后的校友会工作中，学校将建立理事会会议制度，建立校友网站，编辑校友通讯录，并以给校友邮寄新年贺卡、校刊等方式来强化校友们的母校情结，充分调动海内外各位校友的积极性，促进法大与广大校友同进步、共发展。

在工作人员宣读校友会章程和理事会候选人名单后，与会各位成员以热烈的掌声一致通过。至此，中国政法大学校友会总会正式成立。

中国政法大学校友会会长、校长徐显明作了总结发言。徐显明说，校友是学校最大的财富，是学校最有力的名片，是学校办学质量的一面镜子，是学校发展的中坚力量。作为世界上最大的法学家集团所在地，我们应该继承优良传统，发扬光大，争取再创辉煌！

四、促进中美法学交流，推动法学教育改革

为了探讨和研究中美两国在法学教育领域共同关心的问题，并在两国法学院校之间建立更加广泛和密切的联系，进一步加强两国间法学教育的合作与交流，2005 年 4 月 1 日，由教育部高等学校法学学科教育指导委员会与美国法学院协会共同举办、中国政法大学承办的"2005 年中美法学院院（校）长会议"开幕式在北京国宾酒店隆重举行。

出席会议的嘉宾有全国人大常委会副委员长蒋正华、最高人民法院院长肖扬、

最高人民检察院常务副检察长张耕、教育部副部长章新胜、司法部副部长张军、中国法学会常务副会长刘飏、国家行政学院副院长袁曙宏、中国法学教育指导委员会主任曾宪义、中国政法大学校长徐显明和美国法学院协会执行主任卡尔·蒙克、美方筹委会主席罗伯特·瑞因斯坦，以及教育部、司法部、外国专家局、北京市政府有关司局领导和美国驻华使馆的官员。

中美两国110余所法学院共170余人参加了会议。他们中有来自美国法学院协会、美国律师公会和包括哈佛大学、加州大学伯克利分校等40多所美国大学法学院的院长、副院长及相关专家学者，也有来自北京大学、清华大学、中国人民大学、吉林大学、复旦大学、浙江大学、武汉大学、中山大学等国内64所大学的校长、副校长、法学院院长和中美交流项目相关负责人。我校副校长朱勇、副校长张保生、法学院院长马怀德、刑事司法学院院长王牧、中美法学院院长许传玺、研究生院常务副院长卞建林等应邀参加了会议。大会开幕式吸引了中央电视台、《人民日报》《光明日报》《中国教育报》《法制日报》等十余家国内重要媒体的关注。

校长徐显明致辞表示，中国法学教育在经过改革开放二十多年的探索之后，随着社会主义市场经济的进一步发展和依法治国方略的实施，现已进入了历史上最好的发展时期，有中国特色的法学教育体系已基本形成。中国的法学教育界已清楚地预见到未来世界范围内的法律改革与法学教育发展的走向，并为应对这种走向而进行努力。本次研讨会的主题"两国现行教育体制下的法学院评估机制和评价标准"与这种探索密切相关。本次会议还将就法律硕士及法律博士教育、教师交流、学生互换培养等内容进行共同研讨，以期能寻找到法学教育高层次人才培养中有益的共同规律。

最高人民法院院长肖扬致辞表示，本次中美法学院院（校）长会议必将对中美两国未来法学教育的交流与合作起到极大的推动作用，希望中美两国的法学教育家不断探索和发现法学教育的内在规律，并运用这些规律把法学教育事业进一步发扬光大，使之臻于新的境界。

教育部副部长章新胜在致辞中说，改革法学教育，培养创新型法律人才是当代中国发展与法治现代化建设的时代要求，在新形势下中国法学教育必须进一步深化改革，尤其是加强与世界各国法学教育界的合作与交流，培养具有国际视野和交往能力的法律人才。希望借这次会议能将中美法学教育的交流与合作推向一个新的高度。章新胜高度评价了作为本次会议承办方的中国政法大学，提出中国政法大学拥有一流的师资和生源，必将在中美法学教育和法学研究的交流与合作中发挥积极而重要的作用。

全国人大常委会副委员长蒋正华用流利的英语为大会作即席讲话，美方筹委会主席罗伯特·瑞因斯坦、中国法学教育指导委员会主任曾宪义、美国法学院协会执行主任卡尔·蒙克先生也分别在开幕式上致辞。

与会的中美法学院院长和法学教授就上述议题提交论文、发表演讲，并展开了热烈讨论。在两天的时间里，与会的中国与美国代表围绕美国法学院评估和中国法学院评估，经济全球化影响下的法学课程设置变化，法律硕士及法律博士教育，教师交流、学生交流和远程教育等现有合作交流项目的回顾，以及法学院院长地位和作用五个方面的议题纷纷发表精彩的演讲和独到的见解，展开热烈的讨论。

闭幕式由中国政法大学副校长张保生主持。美国法学院协会执行主任卡尔·蒙克、美方筹委会主席罗伯特·瑞因斯坦、北京大学副校长吴志攀及中国政法大学校长徐显明在闭幕式上致辞。

本次中美法学院（校）长会议中，中美两国100多所法学院的院长们共同回顾了二十多年来两国在法学教育领域交流的历史与经验，探讨了如何共同面对21世纪全球化对法律提出的新挑战，共同规划未来，酝酿今后长期开展定期交流。这次会议的成功举办不仅为中美两国法学院共同研讨两国现行教育体制下的法学院评价机制和评价标准等共同关心的问题提供了论坛，并创设了推动中美两国法学教育领域进一步交流与合作的新平台。

会议结束后，中美两国共同设立了中美法学教育交流与合作协调委员会，以此为开端建立中美法学教育交流合作的常设论坛，每年分别在中国和美国举办会议，并由不同的法学院承办。

为加强中美两国之间的法律教育交流活动，使两国法学院建立起稳定的合作关系，2006年12月13日，由中国教育部法学学科教学指导委员会与美国法学院协会共同倡议，中国政法大学承办的中美法学教育研讨会在人民大会堂拉开帷幕。会上宣布成立中美法律教育联合委员会。该委员会由中国教育部法学学科教学指导委员会、美国法学院协会发起，旨在使中美法学院之间建立全面的相互联系，使中美律教育者能够以此为平台，进行观点与经验的交流，提倡、计划与协调中美两国之间的法律教育交流活动等。中国政法大学校长徐显明教授当选为首届中方联席主席。首届美方联席主席由美国纽约大学法学院法学教授弗兰克·阿普海姆担任。吉林大学党委书记张文显教授、北京大学党委常务副书记吴志攀教授、武汉大学副校长黄进教授、中国政法大学中美法学院院长许传玺教授、上海交通大学党委副书记郑成良教授当选为首届中方委员。

第九章
战略转型　高速发展：建设世界知名法科强校
（2005—2010）

第一节　顺利进入"211 工程"　办学迎来新突破

一、以"211 工程"建设为契机，加快推进学科建设

2005 年 9 月 8 日，我校正式被教育部批准成为"211 工程"重点建设高校。9月 20 日，经校长办公会研究决定，我校正式成立"211 工程"建设领导小组，由徐显明校长和石亚军书记担任领导小组组长，负责我校"211 工程"建设的有关事宜。领导小组下设"211 工程"建设与学科建设办公室，负责我校"211 工程"建设的实施、管理和监督工作。

经过一个多月的专家论证，教育部于 10 月 16 日发函批复，通过了对我校"211 工程"建设方案及资金使用预算的审核。[1]批复指出，中国政法大学 2005 年"211 工程"项目总体建设目标是：以重点学科建设为核心，以高层次人才培养为根本，以师资队伍建设为关键，实现重点学科建设的跨越式发展，产生以法科为主的标志性成果，建设以法治建设和法学研究为中心的科学、合理、完善的公共服务体系，保持和发展学校特色和优势，为把中国政法大学建设成为国内一流高水平大学奠定坚实的基础。至此，我校"211 工程"建设全面启动。

在 2006 年 1 月召开的国务院学位委员会第二十二次会议上，我校一批新的博士、硕士学位授权学科、专业经审核获得通过。其中包括博士学位授权学科、专业

---

[1]　《中华人民共和国教育部关于中国政法大学 2005 年"211 工程"项目建设方案的批复》（2005年 10 月 16 日），文件现存中国政法大学档案馆。

3个：世界经济、中外政治制度、马克思主义中国化研究；硕士学位授权一级学科2个：政治学、马克思主义理论；硕士学位授权学科、专业10个：中国哲学、外国哲学、经济史、世界经济、产业经济学、社会学、英语语言文学、新闻学、中国近现代史、会计学。

至此，我校学位点设置已涉及七大学科门类，涵盖人文社会科学的全部学科门类领域，包括哲学、经济学、法学、教育学、文学、历史学、管理学。另外，2005年底，我校向国务院学位委员会申报备案，在法学一级学科范围内自主增设了三个学科、专业，分别是人权法学、证据法学和法律语言学。

截至当年，我校共拥有博士学位授权一级学科1个；硕士学位授权一级学科3个，博士学位授权学科、专业18个，硕士学位授权学科、专业45个（包括2个专业学位），实现了我校学科发展的跨越式新突破。

2006年1月19日，北京市哲学社会科学重点研究基地——中国政法大学法治政府研究基地正式成立。北京市哲学社会科学规划办公室主任陈之昌、北京市教委科研处处长叶茂林共同为研究基地揭牌，并向研究基地学术委员会委员颁发聘书。北京市哲学社会科学规划办公室、北京市教委及我校科研处、法学院等相关单位的领导和学者参加了揭牌仪式。中国政法大学法治政府研究基地是以"推进依法行政、建设法治政府"理论和实务问题为研究对象的专业研究机构，汇集了国内宪法和行政法方面的一流专家，旨在通过学术研究与实践活动，为立法、司法、行政机关以及教学、研究机构提供以知识更新为主要内容的短期培训，不断培养和造就高素质的宪法和行政法杰出人才，充分发挥宪法和行政法学科人才库的作用。研究基地由我校行政法专家马怀德教授领衔。

2006年3月17日，我校"211工程"建设领导小组第一次工作会议在昌平校区召开。会议就我校"211工程"各项目建设情况作了总结，并就下一步规划进行了研讨。校党委书记石亚军，副校长朱勇、张柳华、张保生、高浣月等"211工程"建设领导小组成员出席会议。

朱勇向与会人员介绍了我校"211工程"建设的整体情况。按照教育部要求，"211工程"建设主要包括学校整体部署、重点学科发展和公共服务体系三个方面。我校"211工程"建设项目启动以来，确立了以重点学科建设为主、公共服务体系为辅的原则，其中重点学科建设以我校现有的国家级重点学科和北京市重点学科为主，兼顾有发展潜力的校内重点学科。2005年我校以两个重点课题和两个公共服务体系为基础申报了四个项目："转型时期中国法制完善""和谐社会与法治国家""图书文献信息资料源建设"以及"法学教育科研信息平台建设"。其中重点学科建设项目是 2005 年我校"211 工程"建设的核心。

我校"211 工程"自建设启动以来，总体进展顺利，图书项目启动、法学信息平台计划完成、《"211 工程"财务管理办法》出台、"211 工程"工作会议定期召开、部分子项目管理办法出台以及与项目负责人签订合同书等工作在"211 工程"资金到位后进展明显。公共服务体系下设的图书和信息平台建设工作已全面展开。法学教育信息平台包括法学教育、精品课程、电子实习法庭、远程会议资源共享以及高校法学院联盟等。

2007 年 8 月，教育部公布国家重点学科名单，我校法学一级学科被确定为"国家重点学科"。国家重点学科是国家根据长期发展战略与重大社会需求、择优确定并重点建设的培养创新人才、开展科学研究的重要基地，在高等教育学科体系中居于骨干和引领地位，在学术研究、人才培养、对外交流、社会服务等方面代表国家水平。

长期以来，我校仅有诉讼法学、法律史学两个二级国家重点学科。此次法学一级学科被确定为国家重点学科，是我校近年来全面落实高等教育主流意识，坚持"学术立校、人才强校、特色兴校、依法治校"的治校理念，坚持以学科建设为龙头带动全校各项工作办学思路的直接结果，是国内学术界对我校近年来强化学术研究、人才培养、对外交流以及社会服务方面的充分肯定，也是我校在学科建设上取得的又一重大成就。

学校决定以法学一级学科被确定为国家重点学科为契机，全面加强学科建设工作，加大对于全校各学科的建设力度，保证全校各学科重点突出、协调发展。

2007 年 9 月，人事部、全国博士后管委会公布批准新设立博士后科研流动站名单，我校政治学一级学科被批准设立博士后科研流动站，正式开展博士后培养工作。

本次政治学博士后科研流动站的设立，改变了自 2003 年以来我校仅有法学博士后科研流动站的局面。这既是我校政治学一级学科科研实力、师资力量构成等综合实力的成果体现，也是我校积极落实"将学校建设成为多科性、研究型、开放性、特色鲜明的世界知名法科强校"办学理念的成果体现，对于增强我校政治学科研力量、优化学校学科体系、培养和吸收年轻高层次学术人才起到了重要作用。

学校决定，以政治学博士后科研流动站的设立为契机，充分认识博士后工作的重要意义，积极落实《博士后工作"十一五"规划》，并按照《博士后管理工作规定》的要求，认真做好政治学博士后合作导师遴选和研究人员的招收工作，注重提高博士后培养质量，全力推进政治学学科建设，促进学科协调发展。

2008 年 1 月，我校在法学一级学科范围内自主设置的法学二级学科专业——知识产权法学经国务院学位办审核获得批准备案。至此我校法学博士学位授权二级学科专业达到了 15 个。为了加强学科建设，促进新兴、交叉学科的发展，根据人才需求状况调整学科专业结构，自我校法学一级学科于 2003 年获得博士一级学科授权以来，先后在法学一级学科内自主增设了比较法学、法律与经济学、人权法学、证据法学、知识产权法学五个学科专业。知识产权法学学科专业获准建立后，学校"211 工程"与学科建设办公室会同研究生院，有效整合我校知识产权法学的相关师资资源，明确该专业博士、硕士研究生的招生方向，并于 2009 年开始招生。

2009 年度，我校 MBA 硕士学位点申报成功。至此，我校已拥有 MPA、MBA 和 JM 三大专业学位教育平台，从而进一步完善了学科结构布局，促进了学科之间的融合。

二、首个部级重点实验室：证据科学研究院

在大力整合校内外资源的基础上，经过周密设计、详细论证，由我校申请建设的证据科学教育部重点实验室于 2006 年 1 月顺利通过教育部组织的专家评审，获正式批准立项。这是我校历史上第一个部级重点实验室，也是教育部在文科院校设立的第一批两个综合实验室之一。

重点实验室是国家科技创新体系的重要组成部分，是国家组织高水平基础研究和应用基础研究、聚集和培养优秀科学家、开展学术交流的重要基地。重点实验室的任务是根据国家科技发展方针，面向国际科技前沿和我国现代化建设，围绕国民经济、社会发展及国家安全面临的重大科技问题，开展创新型研究，培养创新型人才，其目标是获取原始创新成果和自主知识产权。

证据科学教育部重点实验室的立项建设，标志着我校已跻身国家科技创新体系，对推动证据法学和法庭科学技术的交叉融合及向纵深发展、解决我国司法实践中面临的重大科技问题、培养理论与实践相结合的司法鉴定创新人才，以及加快我校建设世界高水平知名大学的步伐，均具有十分重要的意义。

此前，学校利用《全国人大常委会关于司法鉴定管理问题的决定》颁布的契机，抢抓机遇，积极谋划，主动出击，将北京市高级人民法院所属的北京市法庭科学技术鉴定研究所顺利并入我校。这在很大程度上弥补了我校法庭科学技术力量的不足，对证据科学教育部重点实验室的申报起到了有力的促进作用。

证据科学教育部重点实验室主要围绕法医学、物证技术学、电子证据学、心理学、证据法学、证据科学规范、证据科学教育模式等进行深入研究，通过设立法庭

科学专业和证据法学博、硕士点，培养法庭科学高层次专门人才；通过积极承揽国家或部委重点、重大课题和国际合作项目等开展科学研究，力争解决我国证据科学研究中的若干重大问题；通过对证据科学新的技术手段、技术标准、技术规范等展开研究和开发，力争获得原始创新成果和自主知识产权；通过积极开展司法鉴定服务，为首都法治建设作出应有的贡献。

此后，学校根据教育部重点实验室的建设要求及其自身发展需要，通过加大投入、给予特殊政策等措施，将其建成一个集人才培养、科学研究、技术开发和社会服务四大功能于一体的综合实验室。

2006 年 5 月 20 日，国内第一家证据科学研究院——中国政法大学证据科学研究院正式成立。最高人民检察院常务副检察长张耕、教育部副部长赵沁平、司法部副部长郝赤勇、中国法医学会会长暨中科院院士刘耀、北京市高级人民法院院长秦正安、北京市人民检察院副检察长甄贞、我校校长徐显明，终身教授陈光中，副校长张桂琳、张保生、高浣月，校长助理王卫国以及最高人民法院，教育部科技司、社科司，司法部司法鉴定体制改革工作办公室、北京市中级人民法院、北京市教委、北京市鉴定机构代表、北京市律师协会、兄弟高校的代表、我校各职能部门负责人等近百人出席了成立大会。

▲证据科学研究院成立大会合影

教育部副部长赵沁平、司法部副部长郝赤勇为中国政法大学证据科学研究院揭牌。最高人民法院院长肖扬，北京市委副书记强卫以及司法部、中国人民大学等领导和单位向大会发来贺信，对中国政法大学证据科学研究院的成立表示热烈祝贺。

肖扬在贺信中指出，证据是实现司法公正的基石，加强证据科学研究对于有效维护广大人民群众的合法权益，保证国家司法机关公平、公正地行使自己的权力，实现社会主义民主与法治，具有特别重要的意义。他希望证据科学研究院紧密联系中国司法改革的实践，积极探索，扎实工作，办出特色和水平，为构建社会主义和谐社会作出应有的贡献。

张保生作为证据科学研究院首任院长就研究院的成立情况作了工作汇报。他从证据科学的交叉学科性质，证据科学研究院的主要研究领域、方向和预期研究目标，证据科学研究院的主要任务，证据科学研究院的体制创新和开放思想四个方面汇报了证据科学研究院成立的有关情况。

本次大会的召开宣告我校证据科学研究院正式成立，为我校实现全面建设法科强校的目标奠定了坚实的基础。

中国政法大学证据科学研究院是我国第一所专门的证据科学研究机构，学校结合"211 工程"建设，保证在人力、资金和政策方面对证据科学教育部重点实验室的投入，以证据科学研究院的成立为契机和新起点，面向国家经济建设和社会发展的重大需求，特别是法学研究和司法实践的重大需求，凝练学科方向，汇聚创新人才，组建创新平台，积极组织开展重大攻关研究，努力把证据科学研究院建设成为高水平的科技创新、高层次人才培养和学术交流基地，并力争在 5—10 年内将其建成国内第一、世界知名的证据科学研究机构。

2007 年 12 月 5 日，由教育部组织的证据科学教育部重点实验室（中国政法大学）验收会议在我校召开。验收专家组由中国人民公安大学校长王彦吉教授任组长，北京师范大学发展心理学研究所林崇德教授任副组长，成员包括北京师范大学认知神经科学与学习国家重点实验室主任罗跃嘉教授、吉林大学分子酶学工程教育部重点实验室主任冯雁教授、中国刑警学院院长王世全教授、北京大学法学院陈瑞华教授、华中科技大学同济医学院法医学系主任刘良教授。我校副校长高浣月教授以及科研处、教务处、研究生院、财务处、人事处、资产处等部门相关负责人出席验收会议。证据科学教育部重点实验室学术委员会主任、中国工程院院士刘耀，证据科学教育部重点实验室名誉主任樊崇义教授以及证据科学研究院全体教职工参加了会议。

专家组听取了我校副校长兼证据科学研究院院长张保生教授所作的实验室建设

情况汇报，进行了现场考察，并对实验室验收报告、建设计划任务书执行情况等进行了认真审议与讨论。专家们对实验室建设期的工作给予了充分肯定，并就存在的问题提出了中肯的意见和改进建议。证据科学教育部重点实验室通过教育部专家组验收。

2010 年，我校证据科学研究院申报的"证据科学研究与应用"创新团队入选 2009 年度"长江学者和创新团队发展计划"。以证据科学研究院团队为核心的法大法庭科学技术鉴定研究所被评为国家级司法鉴定机构。

三、填补国内空白：独具特色的国际儒学院

为了深入研究儒学，弘扬儒学精神，促进儒学发展，培养儒学研究人才，推动儒学走向世界，本着"资源共享、优势互补、平等协商、共同发展"的精神，2006 年 6 月 18 日，校长徐显明与国际儒学联合会副会长刘忠德在北京友谊宾馆共同签署了关于合作创办"中国政法大学国际儒学院"的协议书。副校长朱勇、张保生，国际儒学联合会副会长杨波，国际儒学联合会学术委员会主任周桂钿，国际儒学联合会编辑出版委员会主任钱逊、副理事长赵毅武以及我校和国际儒学联合会的相关人员等出席了仪式。

国际儒学联合会（International Confucian Association，ICA）由中国、韩国、日本、美国、德国、新加坡、越南等国家及地区与儒学研究有关的学术团体共同发起，于 1994 年 10 月 5 日在中国北京正式宣告成立，1995 年 7 月在中国民政部注册登记，是具有法人地位的国际性学术团体。国际儒学联合会的永久会址设在中国北京。

2006 年 6 月 25 日，随着国际儒学联合会会长、全国政协原常务副主席叶选平与我校校长徐显明共同揭开国际儒学院铜牌上的绸布，国内首家国际儒学院正式宣告成立，这是我校成立的第 15 个学院。

作为国内第一个以儒学思想作为研究方向的学院，国际儒学院的成立得到了国际儒学联合会的大力支持，同时也受到了国内外各界人士的关注。当日，国际儒学联合会常务副会长、文化部原部长刘忠德先生，副理事长、新加坡国立大学教授陈荣照，韩国中央大学教授梁承武，我国香港地区孔教学院院长汤恩佳莅临大会并致辞。我校副校长朱勇、张桂琳、马怀德，校长助理陆炬、王卫国，终身教授、国际儒学院常务副院长李德顺，我校各学院、部门负责人及校内外专家学者一百余人出席了成立大会。

全国人大常委会副委员长许嘉璐向大会发来贺电，对我校与国际儒学联合会合

作成立国际儒学院表示祝贺。

叶选平代表国际儒学联合会致辞，他引用宋代儒家学者张载的话指出儒学教育的终极目标："为天地立心，为生民立命，为往圣继绝学，为万世开太平"。这种教育的精神和受教育者应该达到的境界超越了历史和地理的局限，可以成为儒学与其他思想平等交流的原则和基础，也是创办国际儒学院的原则和基础。他指出，国际儒学院虽然规模很小、人数很少，而且刚刚开创，但它的目标会得到认同和支持，从思想和精神的层面来说，它为推动世界文明的对话和国际社会的和谐建设所作出的贡献，将是不可限量的。

作为以法学为特色的高校，我校其他学科的建设也取得了新的突破，在政治学、经济学、管理学等传统学科不断进步的同时，先后创办了人文学院、社会学院等人文社会科学方面的学院，填补了学科的空白。国际儒学院的创办更是在拓展我校学科领域的同时填补了国内空白，标志着我校在创办多科性、研究型、开放性、特色鲜明的世界知名高水平大学的道路上又迈出了坚实的一步。

国际儒学院成立后，作为我校的二级学院，其宗旨为"从事儒学教育，培养儒学人才，开展儒学研究，弘扬儒学精神"。理事会是国际儒学院的领导机构，也是唯一的决策机构。理事会人选由我校与国际儒学联合会商议决定。国际儒学院设名誉院长1人，由我校和国际儒学联合会共同聘请；设院长1人，常务副院长1人，副院长3人，院长、副院长由理事会提名，校长任命。

国际儒学院的学生分为两类：学历教育学生在学校研究生院的统一管理下，由国际儒学院自主制订培养计划、设置课程和开展培养工作；非学历教育学生由国际儒学院根据实际需要开设儒学研修课程和开展培训。非学历教育方面的招生和管理工作，由国际儒学院全权负责。我校终身教授李德顺出任国际儒学院第一任常务副院长。

四、重大课题屡获突破，科研立项硕果累累

在学校各项改革的推动下，尤其是进行科研改革以来，我校的科研工作取得了可喜的进展。截至2005年年底，我校共申请获得省部级以上科研项目47项，比上年度增长51.6%，争取资助经费达368.5万余元，比上年度增长25.3%，课题立项数和资助金额均创历史最高水平。其中，国家级项目达到了13项，包括国家社科基金重大招标项目1项、国家社科基金一般项目10项、全国艺术科学"十五"规划项目1项、全国教育科学"十五"规划项目1项，特别是以赵旭东教授为首席专家的国家社科基金重大项目是截至当年我校获得的最高规格的国家级项目。

教育部人文社会科学一般项目共有 14 项，为历年最高。以王灿发教授为首席专家的课题组获得了教育部重大课题攻关项目 1 项，这是自教育部 2003 年设立重大招标课题以来，我校第三年中标。司法部法治建设与法学理论研究部级科研项目共有 9 项，立项数已连续三年排全国第一。

与前几年相比，2005 年我校的立项课题除了在数量上的增长幅度较大，还有两个显著特点：一是高级别课题占有很大比重，表明我校教师的科研实力和水平显著提高；二是课题的学科覆盖面打破了过去法学学科一枝独秀的局面，扩展到了政治学、经济学、语言学、历史学、教育学等，表明我校在"学术立校"发展战略的推动下，多科性、综合性特点已得到鲜明体现。

2006 年 10 月 28 日，司法部在北京召开了第二届"全国法学教材与科研成果奖"颁奖大会，对获评的成果和作者进行了隆重表彰。我校共有 16 项法学教材与科研成果获奖，其中一等奖 1 项、二等奖 9 项、三等奖 6 项。

我校王灿发教授 2005 年发表于《现代法学》的学术论文《跨行政区水环境资源管理立法研究》获得一等奖，这是经济法和环境资源法两个学科作为一个学科组评出的唯一一个一等奖。该论文对我国跨行政区水环境管理的立法进行了全面系统的考察，首次制作了我国跨行政区水环境管理立法体系图；在研究现状的基础上，深刻分析了我国跨行政区水环境立法存在的问题，例如缺乏完整的跨行政区水环境管理政策、法规体系不健全、管理制度不完善、管理体制不能适应实际管理的需要和对法律的执行缺乏公众监督机制等，并针对这些问题提出了切实可行的对策。

"全国法学教材与科研成果奖"是司法部为推动我国法治建设与法学理论研究事业的发展，于 2002 年设立的奖项。本届评奖活动于 2005 年 12 月 10 日开始，2006 年 1 月 10 日截止，共有 5000 多名专家的 932 项成果参评。评奖按照法理学、法史学等 11 个学科分类。为保证评奖过程和结果的客观公正，司法部制定了严格的评审程序和评审规则，邀请了 108 位专家学者，先后进行了初评、通讯评审和专家会议复审三个阶段，对申报材料进行评审，最终评出获奖成果 149 项，并将评审结果在新闻媒体和相关网站公示一个月，接受社会监督。

与往届司法部评奖相比，我校在获奖与申报数量上均有较大提高，成果质量、学科分布与学者年龄构成也有较大改善。

2006 年 10 月，经全国哲学社会科学规划领导小组批准，我校石亚军教授投标的"中国行政管理体制现状调查与改革研究"和马怀德教授投标的"法治背景下的社会预警机制和应急管理体系研究"两个课题获得 2006 年度国家社科基金重大项目立项。这是我校自 2005 年参加国家社科基金重大项目投标以来获得的第二、三个项目，是我校争取国家级重大科研项目的又一轮重大突破。

2006 年年底，我校 2006 年申报教育部科研项目获得全面丰收，共计获得各类科研项目 18 项，其中教育部哲学社会科学研究重大课题攻关项目 3 项，教育部人文社会科学重点研究基地重大项目 2 项，教育部人文社会科学研究一般项目 12 项，教育部哲学社会科学研究后期资助项目 1 项。

我校 2006 年度教育部哲学社会科学研究重大课题攻关项目有三项课题中标，被正式批准立项，分别是张保生教授为首席专家的"证据科学的理论体系与应用研究"，获得资助 60 万元；李曙光教授为首席专家的"国有资产法律保护机制研究"，获得资助 50 万元；常林教授为首席专家的"医疗纠纷解决机制的法律问题研究"，获得资助 40 万元。这是我校历年来申报教育部哲学社会科学研究重大课题攻关项目被批准立项最多的一年，仅当年的立项数就占前三年立项总和的 75%，彰显了我校科研力量在国家重大理论和应用问题研究中的地位。

2006 年，我校申请的教育部其他项目也收获颇丰。法律史学研究院林乾教授和诉讼法学研究院杨宇冠教授获得教育部人文社会科学重点研究基地重大项目的资助，被资助的项目分别为"中国古代权力的法律规制"和"死刑案件的程序控制"。

在司法部 2006 年 152 项获准立项的科研项目中，我校共获得 12 项，其中重点课题 2 项、一般课题 4 项、中青年项目 1 项、专项任务 5 项，占立项总数的近 10%，在所有申报单位中名列第一。2006 年度司法部科研项目申报取得的新突破，再一次彰显了我校在司法部科研项目申报中的实力，也使我校 2006 年立项项目总数达到了历年的最高峰。

在 2006 年度司法部科研项目申报中，我校共申报 73 项课题，立项数占总申报数的近 20%。从中可以看到如下特点：从申报人员上看，一批中青年学术骨干异军突起；从学科上看，基本涵盖所有法学二级学科。这不仅说明我校各教学科研单位申报热情普遍提高，也有力地证明了我校在巩固法学学科优势地位的同时，学科分布与人才梯队结构更趋合理。

2007 年 3 月，北京市第九届哲学社会科学优秀成果奖获奖成果正式公布，我校 6 项成果奖，其中卞建林教授主编的《刑事证明理论》获一等奖，樊崇义教授所著的《刑事诉讼法修改专题研究报告》等 5 项成果获得二等奖。

经全国哲学社会科学规划领导小组批准，我院教师王建芳博士申请的 2007 年度国家社会科学基金项目"当代西方悖论研究的新趋势：情境语义学解悖方案研究"获准立项，资助总额为 8 万元。这是自国家社会科学基金后期资助项目于 2004

年设立以来，我校第一次获得此类科研项目。

在 2007 年度教育部哲学社会科学研究重大课题攻关项目竞争激烈的招投标活动中，我校副校长朱勇教授和副校长张桂琳教授分别投标"社会转型与法律变革研究"（第 13 号招标课题）与"我国公共文化服务体系构建"（第 21 号招标课题），经教育部组织专家评审中标，被正式批准立项，批准经费均是 50 万元。这是我校继 2006 年获得 3 项教育部哲学社会科学研究重大课题攻关项目之后，在此类项目申报中的又一重大收获。截至当年，我校共获得 9 项教育部哲学社会科学研究重大课题攻关项目。

2008 年 1 月，经全国哲学社会科学规划领导小组批准，由全国哲学社会科学规划办公室组织的国家社会科学基金重大招标项目评审结果揭晓。以我校薛刚凌教授为首席专家的"法治视野下的政府权力结构和运行机制研究——决策权、执行权、监督权的制约与协调"课题获得批准立项（批准号：07&ZD029）。

2008 年 2 月，国家社会科学基金公布 2007 年度项目。经全国哲学社会科学规划领导小组批准，以我校知识产权研究中心张楚教授为首席专家的"贯彻落实科学发展观与知识产权战略实施机制研究"课题获 2007 年度国家社会科学基金重点研究项目立项。

五、荣列"部级奖"：钱端升法学研究成果奖设立

2006 年 3 月 14 日，钱端升法学研究成果奖励基金理事会第一次会议在海淀校区举行，这标志着以我国当代著名法学家钱端升先生的名义设立的"钱端升法学研究成果奖"评选工作正式启动。

钱端升教授是北京政法学院（中国政法大学前身）的首任院长，同时还是我国著名的政治学家、法学家和教育家，中国现代政治学和比较宪法研究的开创者之一，在中国当代法学发展历史中，乃至在国际上都具有重要的影响。以他的名义设立该奖项，旨在纪念钱端升先生对我国法学研究的巨大贡献，通过在全国范围内开展法学优秀成果的评奖活动，激励后人在法学研究领域推出一批具有重要影响和更多更好的有学术价值的科研成果，通过对这些成果的宣传推广，促进中国法学研究的繁荣发展，推动国家法治建设的进程。

钱端升法学研究成果奖励基金首届理事会共由 13 名理事组成，我校校长徐显明担任理事长，高浣月副校长、张桂琳副校长、张万钧先生担任副理事长，张保生副校长担任秘书长，科研处处长崔永东担任副秘书长兼办公室主任。理事会第一次会议经过讨论，一致通过了《钱端升法学研究成果奖励基金理事会章程》《钱端升

法学研究成果奖奖励办法》《第一届钱端升法学研究成果奖奖励委员会名单》和《第一届钱端升法学研究成果奖奖项设置和奖金数额的建议》等一系列文件。

设立钱端升法学研究成果奖得到了钱端升先生家属的大力支持，钱端升先生的长子钱大都先生来到学校参加了会议。与此同时，该奖项还得到了我校校友和社会各界的大力支持。2005 年 5 月，我校校友周国平、王秀红夫妇为钱端升法学研究成果奖提供了第一笔捐赠 1500 元。山东磐古工具有限公司董事长张万钧先生慷慨捐助 80 万元，以襄助本奖的评选。

2006 年 3 月 18 日，钱端升法学研究成果奖第一届奖励委员会第一次会议在北京友谊宾馆召开。继 3 月 14 日钱端升法学研究成果奖励基金理事会第一次会议之后，这次会议的召开标志着该奖项评选活动正式启动。

开幕式后，由钱端升法学研究成果奖第一届奖励委员会主任——中国社会科学院法学研究所王家福教授主持奖励委员会第一次会议。全体委员在听取了奖励委员会秘书长张保生所作的《关于钱端升法学研究成果奖奖励办法起草工作的报告》和《关于钱端升法学研究成果奖第一届评奖工作安排的报告》后，进行了深入讨论。与会委员高度评价设立钱端升法学研究成果奖的重要意义，对《钱端升法学研究成果奖奖励办法》和《钱端升法学研究成果奖第一届评奖工作安排》逐条进行了审议，并提出了重要的修改意见，一致通过了这两个文件。

第一届钱端升法学研究成果奖奖励委员会共由 18 位委员组成，汇聚了全国著名法学家。奖励委员会主任由著名民商法学家王家福教授担任，副主任包括曾宪义教授（中国人民大学法学院名誉院长、教育部社会科学委员会副主任）、张文显教授（吉林大学党委书记、教育部法学教学指导委员会主任、教育部理论法学重点研究基地主任）、徐显明教授（中国政法大学校长）、江平教授（中国政法大学终身教授）；委员包括吴汉东教授（中南财经政法大学校长、教育部知识产权重点研究基地主任）、李林教授（中国社会科学院法学研究所所长）、黄进教授（武汉大学副校长、教育部国际法重点研究基地主任）、龙宗智教授（西南政法大学校长）、何勤华教授（华东政法学院院长〔1〕）、王利明教授（中国人民大学法学院院长）、陈兴良教授（北京大学法学院副院长）、朱勇教授（中国政法大学副校长、教育部法律史学重点研究基地主任）、张明楷教授（清华大学教授）、张保生教授（中国政法大学副校长、证据科学教育部重点实验室主任）、姜明安教授（北京大学教授、教育部宪法与行政法重点研究基地主任）、樊崇义教授（中国政法大学教授、教育

---

〔1〕 2007 年 3 月，教育部正式批准华东政法学院更名为华东政法大学。

部诉讼法重点研究基地主任）、崔永东教授（中国政法大学科研处处长）。

在本次会议上，与会委员一致认为，设立钱端升法学研究成果奖是繁荣法学研究的一项善举，是一件大好事，以我国著名法学家钱端升先生的名义命名该奖，具有公信力，能为全国法学界所接受，也表明了中国法学界政治上的成熟。与会委员一致表示，一定要认真履行职责，把好事做好，把钱端升法学研究成果奖打造成全国知名品牌。

经过充分讨论，会议就以下事项达成了一致意见：①为保证评奖结果的公正性，奖励委员会委员一律不申报评奖，该建议补充写入奖励办法；②考虑到本次属于钱端升法学研究成果奖第一届评奖，参评成果的出版发表时间确定为1979年1月1日至2005年3月31日；③申报评奖的人员范围包括普通高校教师，法学研究机构研究人员，国家立法、行政和司法机关及社会法律服务机构的法律工作者；④参评成果的形式为学术专著、学术论文和咨询报告。

设立钱端升法学研究成果奖得到了教育部有关部门和领导的大力支持。教育部社政司于2005年发文批复了《中国政法大学关于设立钱端升法学研究成果奖的请示报告》，并委派社科司科研处副处长何健作为观察员全程评估钱端升法学研究成果奖的评奖工作。

第一届钱端升法学研究成果奖评奖公告于2006年3月底在全国新闻媒体发布，4—5月受理申报。

2007年1月19日，由我校主办的首届中国法治论坛暨首届钱端升法学研究成果奖颁奖大会在人民大会堂隆重召开。全国人大常委会副委员长顾秀莲，教育部副部长吴启迪，全国人大常委会法制工作委员会副主任信春鹰，国务院法制办副主任张穹，司法部副部长张苏军，中国法学会党组书记、常务副会长刘飏等应邀出席了会议。我校校长徐显明，副校长朱勇、张桂琳、张保生、高浣月以及来自中央和国务院有关部门、高等学校、中国社会科学院、法院和检察院系统等国内百余家单位的代表，首届钱端升法学研究成果奖奖励委员会委员、获奖者等二百余人参加了会议。

首届中国法治论坛以"法治与和谐社会"为主题。围绕这一主题，钱端升法学研究成果奖奖励委员会主任、中国社会科学院王家福教授，教育部法学教学指导委员会主任、吉林大学张文显教授，钱端升法学研究成果奖一等奖获得者、北京大学朱苏力教授，以及司法部副部长张苏军分别发言，从理论和实践相结合的角度阐述了法治与和谐社会的关系。

顾秀莲副委员长在会上发表了重要讲话，她首先回顾了我国改革开放以来的立法成就与法学界为之作出的贡献。她指出，进行社会主义现代化建设需要不断推进社会主义民主法治建设，全国人大立法的历史也是法律界人士全面参与国家建设的历史，法学教育界在其中发挥了不可替代的作用。新中国的历史告诉我们，我国的法治现状与法学教育息息相关，法治兴则法学兴，法治衰则法学衰。和谐社会的构建，必将带来法治和法学教育与研究的真正春天。

顾秀莲等领导为朱苏力等首届钱端升法学研究成果奖获奖者颁发了奖励证书及奖金。开幕式结束后，为期两天的首届"中国法治论坛"在国家行政学院继续举行，与会的专家学者围绕"法治与和谐社会"的主题进行了深入研讨。

2007年12月，根据教育部办公厅《关于做好2007年全国普通高等学校人文、社会科学研究统计年报工作的通知》和全国普通高等学校人文社会科学研究管理系统使用说明，钱端升法学研究成果奖被列入全国普通高等学校人文、社会科学研究统计范围，与霍英东奖、安子介奖、孙冶方奖、吴玉章奖、陶行知奖并列"部级奖"。

钱端升法学研究成果奖的设立和评奖，对于推动法学研究，促进法治建设有着重要的意义，受到了法学界的关注。自2007年第一届钱端升法学研究成果奖颁奖以来，每年一次的评奖成为法学界的盛会。

第二节　构建党建新体系　推动事业新发展

一、保持党员先进性，促进改革新发展

根据党的十六大和十六届四中全会精神，为进一步加强党的执政能力建设，全面推进党的建设新的伟大工程，确保党始终走在时代前列，更好地肩负起历史使命，2004年11月7日，中共中央发布《关于在全党开展以实践"三个代表"重要思想为主要内容的保持共产党员先进性教育活动的意见》，决定从2005年1月开始，用一年半左右的时间，在全党开展以实践"三个代表"重要思想为主要内容的保持共产党员先进性教育活动。

2005年9月14日，我校在北京市大学生体育馆召开保持共产党员先进性教育活动动员大会。党委书记石亚军、校长徐显明、副校长解战原、党委副书记兼副校长马抗美、党委副书记冯世勇、副校长朱勇、副校长张桂琳、副校长张柳华、党委副书记兼纪委书记李书灵、副校长张保生，北京市委保持共产党员先进性督导组组长吕焕卿以及我校全体党委委员、纪委委员出席了大会。全校二千六百余名党员参加了本次动员大会。

校党委书记石亚军作了题为"突出重点、求真务实，使保持共产党员先进性教

育成为有力推动学校事业新发展的群众满意的工程"的动员报告。报告阐述了我校先进性教育活动的指导思想、主要目标和基本原则。石亚军说，开展保持共产党员先进性教育活动是全面贯彻"三个代表"重要思想和推进全面建设小康社会进程的重大举措，是提高我校党员素质，增强党组织创造力、凝聚力和战斗力，加强我党执政能力建设的基础工程。石亚军指出，我校的保持共产党员先进性教育要把握好三个切入点和落脚点，即进一步深入学习、实践"三个代表"重要思想，把保持共产党员先进性教育活动落实到坚持我校的社会主义办学方向，实现"建设法科强校"的奋斗目标上来；进一步加强党组织的战斗力和凝聚力建设，把保持共产党员先进性教育活动落实到构建和谐校园上来；全面提高党员党性修养和素质，把保持共产党员先进性教育活动落实到全面推进我校德育新体系的实施上来。

党委副书记兼副校长马抗美在动员大会上对我校保持共产党员先进性教育活动的工作做了具体部署，她要求各级党组织、党员必须严格按照实施方案中的规定时间完成各项任务。

动员大会的最后，校长徐显明要求各分党委、党总支、直属党支部认真学习并落实《中共中国政法大学委员会关于在全校党员中开展保持共产党员先进性教育活动的实施方案》，使我校的保持共产党员先进性教育活动真正取得成效和成为群众满意工程。

我校保持共产党员先进性教育活动从 2005 年 9 月 14 日正式开始，至 12 月 17 日告一段落，分为学习动员、分析评议、整改提高三个阶段，各阶段都有具体详细的实施方案。

10 月 8 日，中共北京市委教育工委保持共产党员先进性教育活动领导小组以"改革发展的动力，党组织建设的契机——中国政法大学在先进性教育活动中提出'六个好机会'的理念"为题，以简报的形式印发了我校的经验。

10 月 18 日，中央先进性教育活动办公室在第 584 期保持共产党员先进性教育活动简报中，以"中国政法大学　扎实开展分析评议　切实解决突出问题"为题，推介了我校的先进经验。

12 月 22 日，校党委在昌平校区召开了中国政法大学保持共产党员先进性教育活动总结表彰大会。全校共计 1600 余名党员代表参加了本次总结表彰大会。北京市委保持共产党员先进性教育活动督导组副组长徐土旺出席大会。

党委副书记兼副校长马抗美宣读了《中共中国政法大学委员会关于表彰先进党支部、优秀共产党员和优秀党务工作者的决定》。校部机关分党委团委党支部等 25 个支部获得先进党支部的荣誉称号；王明宇等 25 人获得优秀共产党员的荣誉称号；

刘秀华等 17 人获得优秀党务工作者的荣誉称号。获奖党支部、党员代表就本次先进性教育活动的工作做了汇报和发言。

石亚军作了题为"在学习中明确方向，在评议中找到差距，在整改中实现提高"的总结报告，就这一时期开展的保持共产党员先进性教育活动做了总结。他指出，对于此次保持共产党员先进性教育活动，校党委进行了周密的部署，建立了完整的工作机制；提出以"抓住六个好机会""选好三个切入点"为主线，凸显了具有我校特色的工作思路；在处理好"八种关系"的基础上，让保持共产党员先进性教育活动真正取得成效和成为群众满意工程；充分发扬民主，广泛征求意见，认真查找问题，深入开展评议；边学边议边整改，想群众所想，急群众所急，坚持整改工作贯彻于始终，落实到实处。

石亚军要求全校党员要进一步总结保持共产党员先进性教育活动中的经验，继续落实党建和思想政治工作"十大工程""八个样板"和德育新体系的各项措施，努力探索广大党员"长期受教育、永葆先进性"的长效机制，形成党员先进性教育和党组织先进性建设的常态机制，使党的建设和思想政治工作成为全面有力推动中心工作和改革发展的坚实的政治、思想、组织、制度和作风保障，为实现法科强校的战略目标发挥强劲的作用。

徐显明对此次保持共产党员先进性教育活动进行了总结。他指出，在这次活动中，学校党委实现了预期目标，取得了丰硕成果，有力地推动了学校各项事业的发展，但保持共产党员先进性教育的工作依然任重而道远，他要求大家在总结表彰大会后，能够以保持共产党员先进性教育活动的总结为新的起点，向受到表彰的先进党支部、优秀党务工作者和优秀共产党员学习，进一步巩固和扩大保持共产党员先进性教育的成果，继续落实各项整改措施，努力探索广大党员"长期受教育、永葆先进性"的长效机制，并进一步把保持共产党员先进性教育活动的各项成果转化成推动学校各项工作进步和事业发展的智慧和力量，为实现建设法科强校的目标而努力奋斗。

二、构建党建新体系，创新思政新模式

为进一步推动学校党的先进性建设，充分发挥全校各级党组织的政治核心作用和党员的先锋模范作用，根据中共中国政法大学委员会第六次代表大会提出的"建设坚实厚重、卓有成效的党建新体系"的要求，在有关部门的努力下完成了党建新体系的实施方案，校党委常委会会议于 2006 年 6 月 2 日研究通过《中国政法大学党建与思想政治工作党建新体系》，我校党建与思想政治工作翻开了新的一页。

党建新体系结合了我校发展战略和文化特色，全面总结了保持共产党员先进性教育活动中的成功实践经验和创新理论，以校院两级领导班子、基层党组织、党员队伍和干部队伍为主体，构建一套先进的价值理念体系，建立一个完整的理论建设、思想建设、作风建设制度体系，汇集一系列观念新、形式新、内容新、措施新的党建新项目，搭建一个系统的监督评估平台。这一体系整合原有资源，理顺工作关系，明确责任目标，体现时代性、把握规律性、富于创造性、着力于实践，在体系内形成了一体化的运行机制。

党建新体系在五个方面进行了大胆创新。

第一，突出观念创新，建立完善的、稳定的核心价值观念体系，使各级党组织和全体党员把握正确的价值取向，树立起新时期共同的理想信念和精神支柱。党建新体系以正确的理想信念为指南，确立了全校各级党组织和全体共产党员应该树立的十大价值观念：以"理想信念"为核心的坚定的党性观念，以社会主义荣辱观为主体的正确的荣辱观念，以"法科强校"为目标的科学的发展观念，以"精神家园"为载体的主流文化观念，以"依法治校"为方略的牢固的法治观念，以"恪尽职守"为原则的高度的责任意识，以"乐于奉献"为体现的全面的大局意识，以"执政为民"为宗旨的自觉的群众意识，以"人文关怀"为理念的全景的服务意识，以"求真务实"为指导的强烈的创新意识。

第二，突出目标创新，坚持以党的队伍建设，尤其是各级领导班子建设、干部队伍建设、基层党组织建设和党员队伍建设为基础，提出了不同队伍建设的总体要求和具体目标，建立起涵盖党的建设各个层面的高素质的队伍，夯实党建新体系的组织基础。

第三，突出制度创新，建设并不断完善党建制度体系，共涉及4个方面、22个主题和77项制度，实现各级领导班子建设、干部队伍建设、基层党组织建设和党员队伍建设的制度化、规范化与科学化，建立保证党组织保持并发挥战斗力、凝聚力、创新力的常态机制和保证广大党员"长期受教育、永葆先进性"的长效机制。

第四，突出项目运行创新，建立全新的项目建设体系，在"十大工程"和"八大样板"两个整体项目建设的基础上，全面实施涵盖领导班子建设、基层党组织建设、党员队伍建设、干部队伍建设4个方面的16大项目、51个措施，把整体项目与具体项目相结合，确保党建新体系真正落实到实际工作中。

第五，突出质监机制创新，建立一套以校党委、党建督导组、基层党组织、民主党派和广大师生为主体的，党建督导与党建评估相结合的质监评估体系。通过加强全程监督指导和定期评估，促使各级党组织充分发挥政治核心作用、战斗堡垒作用和共产党员的先锋模范作用，保障我校教育教学的各项改革事业顺利进行。

2006 年 8 月，由北京市委教育工委组织的"2004—2005 年北京高等学校党的建设和思想政治工作优秀成果及创新成果"评选结果揭晓，我校党建与思想政治工作"八大样板"荣获优秀成果三等奖。

2004 年以来，校党委立足于学生党建与思想政治工作的现状，从学生成长成才的实际需要出发，全面推进学生党建与思想政治工作"八大样板"的建设与推广，分别确立不同的学院对党支部建设、辅导员队伍建设、党员先进性教育、团员先锋作用培育、学风建设、德育建设、素质教育、创新精神与实践能力培养八个方面进行重点建设，大力促进了学生党建与思想政治工作的创新与独特发展。两年多来，校党委不断加大对学生党建与思想政治工作的投入，不仅逐步探索出了与学校特色相适应、与学生要求相结合、与学生个性发展相映衬的学生党建工作新模式、新思路、新方式、新平台、新载体，还在全面实施"八大样板"的过程中总结出一整套学生党建与思想政治工作的新经验，并通过"样板"效应不断在全校推广好的做法、好的制度。我校通过"八大样板"的建设对学生党建与思想政治工作进行了全面的创新，使全校学生党建与思想政治工作的内容丰富、形式多样、效果突出，呈现出全新的发展局面，有效地推动了中共中央、国务院《关于进一步加强改进大学生思想政治教育的意见》精神在全校的贯彻落实。

三、迎评促建创优秀：党建与思政工作评估

为迎接北京市党建与思想政治工作评估，2006 年 6 月 16 日，校党委副书记兼副校长马抗美主持召开党建与思想政治工作评估部署会议，就我校如何做好评估准备工作做了统一部署。校部机关各部门负责人和各分党委（党总支、直属党支部）负责人出席了会议。

组织部部长胡明向与会人员介绍了兄弟院校开展党建与思想政治工作评估的经验，并就新调整的评估指标体系、评估内容、我校评估安排、各部门分数分解等内容作了简要说明。

马抗美强调，此次党建与思想政治工作评估，根据北京市委教育工委的相关规定，各部门在迎评工作中要明确责任人，严格一把手负责制；党建与思想政治工作评估是一项全局性工作，是对全校工作的一次检查，在评估过程中某一环节或者某一部门出现的问题都有可能影响全局。各部门要严格执行校党委制定的评估方案，在时间上、内容上、任务上要实现三统一，确保我校评估工作的顺利进行；各部门要提高思想认识，高度重视评估工作对我校各项工作的正面意义，要边查、边整、边改、边建，通过对党建与思想政治工作的评估，以评促改，以评促建，建立党建长效机制，通过此次迎评工作促进我校的党建工作。

会议指出，此次参评工作任务重、时间紧，希望与会人员从即刻起动手做相关准备，抓好评估要求的各项工作。各部门要严格要求，认真对照检查、查找差距，并做好整改以及评估的各项准备工作。

为了迎接北京市党建与思想政治工作评估，校党委专门成立了由党委书记石亚军担任组长，党委副书记兼副校长马抗美、副书记冯世勇、纪委书记李书灵担任副组长，院部机关负责人担任成员的评估工作领导小组，统一领导全校党建与思想政治工作评估，同时还成立了设在组织部的评估工作领导小组办公室，负责评估工作的具体事务。

党建与思想政治工作评估全面启动以来，学校各分党委（党总支、直属党支部）、校部机关各部处和教辅单位根据校党委统一部署于6月16日至7月3日就有关档案材料进行了分类整理。7月3日至6日，党建评估工作领导小组办公室重点根据《中共中国政法大学委员会迎接党建与思想政治工作评估工作方案》的相关要求，采取工作沟通与抽检查阅材料相结合的方式，对各分党委、各部门进行了认真检查和深入的工作交流。

7月7日，我校召开党建和思想政治工作评估检查总结会。党委副书记兼副校长马抗美主持会议，各分党委、各部门负责人参加了大会。针对各部门存在的问题和产生问题的原因，马抗美强调在下一步工作中，要从校党委、校部机关各职能部门、分党委、党总支、党支部等各个层面上采取相应措施，解决现存问题，切实将党建和思想政治工作评估的各项要求落到实处。她指出，各单位首先要深刻认识党建与思想政治工作评估的重要意义；其次要建立严格的责任制，层层落实责任制；再次要认真学习文件，严格按照评估要求查漏补缺；最后要加强各单位间的相互协作。

9月7日，我校召开党建和思想政治工作部署会，校党委副书记兼副校长马抗美传达了"《北京普通高等学校党建和思想政治工作基本标准》达标检查工作部署会"的会议精神。会议指出，党建和思想政治工作评估的目的是通过全面检验高校的党建工作，总结经验，查找问题，探索规律，推进党建和思想政治工作的规范化、制度化和科学化。会议要求各高校要高度重视、理解评估工作的重要性，加强统筹协调，认真研究落实，结合本校实际，抓基层、打基础，推进学校各项工作，达到抓党建、保中心的作用。会议强调，在评估工作中，要坚持不走过场，不搞形式主义，不搞官僚主义，在提炼好经验、好做法的基础上，查找问题和不足，通过整改真正解决问题，求得实效，为全面推动党建和思想政治工作打下基础。

党委组织部部长胡明做了具体工作部署，他要求各学院、各部门负责人对党建和思想政治工作的材料做进一步调整、补充和完善。同时，各单位要做好广泛的动员和宣传，根据本单位实际情况，召开各层次动员大会，学习党建和思想政治工作综合报告，了解评估时间、内容与要求，营造人人知道、人人参与的氛围。

2007年9月18—19日，我校正式迎来了北京市委教育工委对我校进行的党建与思想政治工作评估。9月18日，由北京市委教育工委副书记、市教委副主任线联平带队的北京高校党建和思想政治工作检查组一行12人进驻我校。在为期两天的评估工作中，检查组分为整体工作组、党建工作组、思想政治工作组三个工作组，分别听取汇报，审阅材料，进行座谈、访谈、看基层、看现场、看特色等工作。经过两天的检查评估，我校最终获得了检查组的肯定，取得了"优秀"的好成绩。

在本次迎接党建和思想政治工作评估的过程中，学校抓住党建和思想政治工作评估的有利契机，充分动员各级党组织和全体党员，积极开展"以评促建""以评促改"工作。学校上下紧紧围绕党建和思想政治工作的科学化、规范化、制度化建设进行了积极的研究探索，力求把多年来学校在党建和思想政治工作中的成功做法和经验从理论上加以提炼和升华，在理念、制度等方面取得成效：一是全面梳理和总结了学校党建和思想政治工作，凝练出了党建和思想政治工作的理念、传统、特色，为今后的工作奠定了坚实的基础；二是学校党建和思想政治工作得到了广泛深入的宣传，学校党建工作深入人心，广大师生充分认识到了学校党组织在学校改革发展中起到的巨大作用，形成了高度的认同感；三是学校加强了对各层面工作的制度建设，建立起了一套系统的党建和思想政治工作制度体系；四是强化了档案材料建设工作，建立起内容丰富、分类科学的工作材料，形成了比较完备的工作资料库；五是总结推出了一大批特色鲜明、成效突出的实践成果，形成了整体递进、点面结合的创新项目；六是通过评估锻炼了党务工作队伍，提高了意识、素质、能力，进一步增强了战斗力、创新力。

通过党建和思想政治工作评估，学校也全面深入地掌握了我校党建和思想政治工作的情况，既总结出了好的经验与做法，也清楚地认识到了工作中的薄弱环节。在校党委的领导下，在各单位、部门和全体师生的共同努力下，学校圆满完成了"迎评促建"的各项工作。学校党建和思想政治工作、发展稳定等工作得到了北京市委教育工委的充分肯定和高度评价。

四、组建教学督导组，迎接本科教学评估

20世纪90年代初期，中国高等教育改革进入新的发展阶段，教育部的宏观管理职能发生了重大变化，对教育质量的宏观监控成为教育部的一项重要职能。1994年，教育部开始在全国范围内开展高等教育评估工作。当时教育部提出，要对全国的1000余所大学进行评估，主要是针对专业和高等教育办学的基本要素进行评估。从1995年开始，教育部启动针对高等学校某项教学工作的整体评估，即本科教学工作评估。

本科教学工作评估分成三种：一是改革开放以后新成立的108所大学，针对这类大学的评估为合格评估；二是教育部和中央各部委直属大学，针对它们的评估为优秀评估；三是介于这两种类型中间的学校，针对它们的评估为随机性水平评估。

2000年，教育部统合这三种类型的本科教学工作评估，统称为本科教学工作水平评估，评估结果分为四种：优秀、良好、合格、不合格。2003年，教育部再次发布文件，自当年起，每5年一个周期，对全国1089所大学当中的500余所大学进行一轮本科教学工作水平评估。

2002年10月，为了更好地开展"迎评促建"工作，根据校党委、校行政的决定，学校成立了"迎评促建"领导小组，确定了"迎评促建"领导小组在校党委、校行政的领导和指挥下，具体负责"迎评促建"组织工作。为统筹"迎评促建"具体工作，成立了教学评估办公室。同时，根据"迎评促建"方案以及工作要求，各学院成立了"迎评促建"工作小组，并分别展开"迎评促建"工作。为落实校党委关于加强"五风"建设的部署，配合"迎评促建"工作，学校组建了教学督导组，聘请教育、教学专家为教学督导员，并明确教学督导组的职责，由其负责对我校的教学和教学管理工作进行检查、监督和指导。2003年9月，针对"迎评促建"工作性质及工作要求，成立了"迎评促建"专家组、宣传组和材料组。

与此同时，学校有关"迎评促建"工作的各个文件也制定完成。2003年6月，学校出台《中国政法大学迎评促建工作方案（草案）》。该方案包括评估目的及基本原则、评估组织机构、评估机构工作职责、评估工作要求和评估工作进程等部分。校教学评估办公室完成了《中国政法大学本科教学工作水平评估分解任务书》的起草，对全校各学院、教学部、处、室在此次"迎评促建"活动中的具体任务及任务指标作了明确界定。此外，校教学评估办公室还起草了《中国政法大学本科教学工作水平自评评估等级》，就教育部《普通高等学校本科教学工作水平评估指标体系》《普通高等学校本科教学工作水平评估指标等级标准及内涵》等规范要求，结合我校实际情况以及"达标优秀"的评估目标，就各项具体指标设定了相应标准。

当年，全校所有院、部、处、室均根据学校的工作安排完成了自评，并由学校自评专家组对此次院部自评工作具体情况做了详细的评估报告，提出整改意见和建议。

2005 年，学校本科教学工作水平评估工作从"迎评促建"阶段转入"评建创优"阶段，并成立"评建创优"工作领导小组。2006 年 4—5 月，全校各单位进行自查并完成了"评建创优"工作报告。6 月，学校对各单位、各部门进行检查，并总结交流评建工作经验。7 月，学校修订"评建创优"工作方案，并进行下一阶段的"评建创优"工作。

2006 年 8 月，教育部高等教育教学评估中心明确通知我校，教育部教学评估专家组将在 2007 年 10 月 28 日至 11 月 2 日进驻我校，对我校本科教学工作水平进行实地考察、评估。按照教育部高等教育教学评估中心的要求，我校应提前一个月完成学校自评报告等迎评材料并寄送评估中心。

2006 年 8 月 30—31 日，我校召开本科教学工作水平评估工作部署会，对 2006—2007 学年我校本科教学"评建创优"工作进行了深入动员和全面部署。会议的主题是：统一思想，提高认识，树立信心，直面挑战，全力以赴高质量地推进"评建创优"各项工作，创建本科教学工作水平优秀学校。此次会议的召开标志着我校本科教学"评建创优"工作进入了临战状态。

校"评建创优"工作领导小组办公室常务副主任、教务处处长李树忠代表校评建创优工作领导小组作了本科教学工作水平评估阶段自评报告。报告对 2002 年 10 月以来我校本科教学工作的主要成绩和评估工作的开展情况进行了全面梳理，着重说明自评检查中发现的主要问题，进一步阐明了 2006—2007 学年度我校"评建创优"工作的建设方向。报告认为，在校领导的高度重视和校本科教学评建专家组与各院部处室的共同努力下，我校前三轮自评工作得到了扎实开展，自评结果比较客观。

会议提出，我校"评建创优"工作的指导思想是：坚持"三个代表"重要思想，坚持三个面向，坚持以人为本，坚持教育创新，坚持发展是办学兴校的第一要务，坚持人才培养这一根本任务，实现中国政法大学本科教育教学工作水平的全面提升，加速全面建设法科强校的进程。

我校"评建创优"工作的总体思路是：以教育部本科教学工作水平评估为契机，以"以评促建，以评促改，以评促管，评建结合，重在建设"二十字方针为指导，以本科教学工作水平评估体系为标准，遵循现代高等教育规律和发展趋势，在法治化、市场化、国际化背景下，全面总结我校本科教学工作的成绩、问题和不足，深入查找影响本科教学工作的各种因素，深化改革，加强建设，完善管理，深入解决学校本科教学发展中存在的主要问题，形成学校可持续发展的管理机制，构建理论教学、实践教学和创新训练平衡发展的教学体系，高素质复合型人才的培养模式体系，完善保障教学有序进行的规范制度体系，凝练我校本科教学的特色项目，把我校本科教学工作推向一个新的更高水平。

2006年10月20日，我校召开"评建创优"工作转段大会，全面部署本科教学"评建创优"第二阶段工作。校"评建创优"工作领导小组办公室常务副主任、教务处处长李树忠教授代表校"评建创优"工作领导小组对学校"评建创优"第一阶段工作作了总结，并重点对学校"评建创优"第二阶段工作作了全面部署。

会议提出了我校"评建创优"第二阶段的基本任务和工作目标：完成规划、完善保障、健全制度。"完成规划"是指要在2006年11月15日前完成学校教育事业发展规划、学科专业建设规划、师资队伍建设规划和校园建设规划这四大规划的制定工作，在2006年12月31日以前完成各教学院部相关规划的制定工作，建立起科学合理的学校发展战略规划体系。"完善保障"是指学校和各二级单位要全力以赴，加快进度，全面加强软件、硬件建设，在2006年12月31日以前，建立起完善的教学工作保障体系。"健全制度"是指学校各单位在评建创优第二阶段工作过程中，要全面加强制度建设。各单位都要拟订制度建设方案，抓紧建设，并且在12月31日前，完成所有制度建设工作，建立起学校教学与人才培养工作的规范体系和全校科学、规范、完善、成套的制度系统。

会上印发了《中国政法大学评建创优第二阶段工作方案》，方案包括阶段目标、评建机构、基本任务、实施要求四部分内容，对学校"评建创优"第二阶段工作做了明确的规定。

2007年1月10日，我校正式启动对教学院部和职能处室"评建创优"第二阶段工作的全面检查。5月21日，"评建创优"校内验收工作全面展开。副校长朱勇、张桂琳分别带领本小组成员，对商学院、社会学院、政治与公共管理学院、图书馆、民商经济法学院、人文学院、法学院、外国语学院八个单位的"评建创优"工作进行验收指导。此次校内验收是对学校启动迎评以来四年多工作的全面梳理与总结，是在6月中旬教育部评估专家来校预评前的模拟演练。

2007年10月29日，教育部对我校的本科教学工作水平评估正式开始。当天，我校本科教学工作水平评估汇报会在昌平校区举行。评估工作专家组组长、吉林大学党委书记张文显教授，专家组副组长、山东大学副校长樊丽明教授，专家组成员、西南财经大学副校长刘灿教授，大连外国语学院院长孙玉华教授，华东政法大学副校长王立民教授，东华大学副校长陈田初教授，复旦大学教务处处长陆靖教授，北京大学副教务长李克安教授，四川大学党委宣传部部长蒋晓丽教授，专家组秘书方鸿琴、马丹，我校领导石亚军、徐显明、马抗美、冯世勇、朱勇、张桂琳、张柳华、李书灵、张保生、马怀德、高浣月，校长助理陆炬、王卫国等出席大会。学校各职能部处、各学院负责人，教学督导员代表和师生代表近 400 人参加了汇报会。

校长徐显明代表学校，从学校基本概况、办学指导思想、本科教学工作、本科教学改革、办学特色、评建创优工作、努力方向七个方面对本科教学工作情况作了全面汇报。汇报中说，我校是一所年轻但是有着深厚历史底蕴的大学，在 55 年的办学历程中始终与共和国的法治建设唇齿相依、兴衰与共，始终奋进在国家法治建设和法学教育的最前沿，形成了鲜明的办学特色。学校始终把提高本科教育教学质量放在工作的首位，把提高本科教育教学质量看作一项系统工程，在生源质量、专业设置、培养模式、课程体系、教学管理等具体环节进行严格规范的管理。通过几十年的建设，学校已形成了以法学为主体，以政治学、管理学、社会学、经济学为关联，以人文、艺术及部分自然科学为支撑的，覆盖了 7 大门类、13 个一级学科的有着显著内在联系的学科体系，这一独具特色的强大学科和专业体系成为支持本科教育质量不断提高的坚实而优质的平台。

会后，专家组开始对我校本科教学工作水平开展全面考察。2007 年 11 月 2 日，专家组结束对我校的考察，并举行了意见反馈会。

在为期五天的实地考察评估中，专家组认真审阅了中国政法大学本科教学工作水平评估自评报告、支撑材料和原始档案，听取了徐显明校长关于中国政法大学本科教学工作情况的报告，考察了昌平校区的侦查学实验中心、国家大学生文化素质教育基地等教学科研设施和学生食堂、学生公寓等生活设施；走访了法学院等 12 个教学单位，走访了学校办公室等相关职能部门，参观了大学生素质教育成果展、第五届本科生学术十星颁奖典礼、校史展览，召开了学校领导座谈会、教师座谈会、学生座谈会等八个座谈会；进行了三场基本技能测试，分别考察了 102 名学生的计算机基本操作技能、法律知识运用能力和基本技能、英语基础知识及应用技能；听课 29 门次，抽查了 25 门课程的 1695 份试卷，调阅了 9 个专业的 1149 份毕业论文、设计，调阅了相关学院和专业教学改革建设和管理的有关文件和教材，在全面考察调研的基础上，专家组以教育部《普通高等学校本科教学工作水平评估方案（试行）》及相关文件为依据，经过认真研究和讨论，形成了关于中国政法大学本科教学工作水平评估意见。

在评估意见中，专家组高度肯定了中国政法大学在本科教学工作中取得的成绩。评估意见认为，中国政法大学在55年的办学实践中，主动适应国家政治、经济、文化和社会建设的需要，传承促进"法制昌明、政治进步、社会繁荣"的办学传统，始终奋进在我国法学教育的前列，为法学教育的发展、法学理论的创新、法治事业的兴旺、法律文化的传播作出了重大贡献。进入新时期以来，学校抓住国家实施依法治国方略和高等教育跨越式发展的历史机遇，以划归教育部为契机，顺应高等教育改革和发展的趋势，正确处理规模、结构、质量、效益的关系，认真总结办学经验，不断凝练办学思想，合理配置办学资源，优化办学体系和办学机制，大力推进教育教学改革，学校的综合办学实力和核心竞争力不断迈上新的台阶。党政领导班子一贯重视本科教学工作，牢固确立本科教学教育的基础地位、教学工作的中心地位、教学改革的突出地位和教学投入的优先地位，致力于构建以提高本科教学工作的长效机制，形成了围绕本科教学高效运行的工作体系，人才培养质量稳步提高。学校高度重视本科教学水平评估工作，把"评建创优"视为改革发展的重大机遇，认真贯彻"以评促建，以评促改，以评促管，评建结合，重在建设"的方针，教学主体的积极性进一步发挥，教学改革措施进一步落实，教学工作规范化程度进一步提高，教学生态环境进一步优化，教学建设成效进一步显现，学校的教学面貌发生了根本转变。

评估意见还以高度的责任感，就办学条件的改善、校园规划和建设、新办专业建设、法学与非法学专业间的融通等提出了宝贵的建议，并表示将向教育部和北京市政府相关部门反映我校办学过程中存在的实际问题，申请政策性支持。

2008年4月，教育部下发《关于公布北京大学、清华大学等198所普通高等学校本科教学工作水平评估结论的通知》，正式通知我校本科教学工作水平评估结论为"优秀"。

我校自2002年年底启动"评建创优"工作以来，始终贯彻"以评促建，以评促改，以评促管，评建结合，重在建设"的方针，坚持以评建创优为契机，认真梳理和总结学校55年的办学历史和办学特色，不断解放思想，拓展办学思路，明确未来发展方向。通过评建，教学工作中心地位、本科教育教学的基础地位和教学质量的灵魂地位得到进一步明确和巩固，办学条件明显改善，教学改革、教学管理改革持续深入，确立了围绕本科教学高效运行的工作体系，人才培养质量稳步提高，学校综合办学实力和核心竞争力不断迈上新台阶。

第三节　实施国际化发展战略　建世界知名法科强校

一、看望法大学子：温家宝总理的关怀和期望

"作为法大学子，我们真诚地希望您能从百忙之中抽空来到我们的校园，希望与您一同漫步于'宪法大道'，一同走进'明法楼'，一同在'法治广场'欢笑，我们希望能聆听您对法治明天的期许，聆听您对将要成为中国法治建设者的大学生们的指导与期望。而这一切，也将成为法科大学生们，以及立志于，正在，并将尽其一生致力于法治建设的法律人最大的精神号角，鼓舞我们奋进！再一次，我们对总理提出最诚挚的邀请！"

这是 2007 年 11 月全体法大同学给温家宝总理致信中的一段话，表达了法大人对温总理的盛情邀请和殷切期待。2007 年正值"依法治国"方略提出十周年，我校的一位同学有感于温总理对依法治国所做的一系列努力，决定给温总理写一封信，邀请温总理到"法学教育的最高学府"来走一走、看一看，并和法大学子共话法治建设的明天。这个想法提出来以后，得到了周围同学的广泛赞同。同学们经过反复思考和多次修改，写好了这封意义非凡的信。最终，这封代表法大学子共同心声的信件被送到了温家宝总理的手上。

▲2008 年五四青年节温家宝总理到我校看望学生

2008 年 5 月 4 日，应我校同学的热情邀请，中共中央政治局常委、国务院总理温家宝来到我校海淀校区，亲切看望青年学生，与法大学子共度五四青年节，代表党中央、国务院向广大青年朋友表示亲切的慰问，致以节日的祝贺。中共中央政治局委员、国务委员刘延东，教育部部长周济，国务院研究室主任魏礼群，我校党委书记石亚军、校长徐显明等全程陪同。校领导马抗美、冯世勇、朱勇、张桂琳、张柳华、张保生、李书灵、马怀德、高浣月参加了接见。

在石亚军、徐显明等领导的陪同下，温家宝总理一行走向图书馆，面对围上前来欢迎的学生，温家宝总理热情地与他们握手，饶有兴趣地询问了他们的专业、年级和学习、生活情况，并祝大家节日快乐！温总理还不停地招手向教学楼里的同学们频频致意。

在法学图书馆一层古籍善本室，温总理与江平、陈光中、张晋藩、潘汉典、巫昌祯等一批终身在中国政法大学从事教育、研究的老专家、老教授一一握手，并关切地询问专家、教授们的身体情况。中国政法大学法学图书馆不仅藏有全国最丰富的现（当）代中文法律图书，还有清末民初版珍贵的法律图书，温总理认真观看古籍善本，并不时向专家们询问法律历史方面的问题。

张晋藩教授代表 70 余位专家将历时 19 年编纂的《中国法制通史》赠送给温家宝总理。温总理表示："我们一定要依法行政。"在了解到中国政法大学对国家法治的贡献后，温总理指出，中国政法大学是全国最高的培养法律人才的学府。我国已经把法律提到治国的层面，把依法治国作为基本方略，因此培养法律人才就是非常紧迫而具有长远意义的任务。中国政法大学是我国政法教育中心、培训中心、科学研究中心和资料中心。中国政法大学要成为培养法律人才的教育中心、培训法律干部的培训中心、对全民进行普法教育的普法中心。

随后，温总理欣然提笔，在留言册上签上自己的名字、写上日期。

紧接着，温总理分别来到海淀校区图书馆二层阅览室、新二号楼学生公寓一层的学生宿舍，和同学们进行了亲切的交谈。温总理说，2007 年 11 月收到了中国政法大学全体师生的信，感受到了法大同学的热情和对法治精神的追求，今年是提出"依法治国"方略十周年，所以就在今天来看望法大的同学，与同学们交流一下对法治建设的看法。当天中午，温总理来到学生食堂和广大青年学子坐在一起用午餐，并对近期物价上涨对学生的影响表示关心。温总理说，针对物价上涨，最近对普通在校大学生每月发 20 元生活补贴，特困生每月 40 元，我们要努力做到让大学生的生活水平不因价格上涨而下降。

温总理对法大的视察，不仅是对法大作为法学教育最高学府的充分重视，还表明了中央领导集体对中国法治建设的高度关注。

二、创世界一流法学院：中欧法学院落户法大

作为中欧法律合作的重要项目，中欧法学院被各方寄予厚望，其归属受到各界的关注。经过一年多的博弈，最终，中欧法学院落户中国政法大学。

早在 2000 年，中欧双方就启动了中欧法律和司法合作项目，专门为中国法官、检察官和法律专业人员设计欧洲的培训方案。作为中国最大规模的法律合作项目，欧盟委员会在随后的 6 年里为该项目提供了 1300 万欧元的资金。2005 年该合作项目即将结束，中国政府和欧洲委员会达成初步协定，希望在该合作项目的基础上建立一个长期的机构，即法学院，以进一步加强中欧在法律方面的合作。2006 年 9 月，中欧在芬兰首都赫尔辛基召开第 9 次中欧峰会，会后双方发表共同声明，其中一项就是"双方领导人赞同合作举办中欧法学院，欢迎欧方的赞助。双方有关部门将继续就此协商尽快达成协议"。2007 年 1 月，中国政府与欧洲委员会签署了旨在组建中欧法学院的"财务协议"，协议规定用招标方式确定中欧法学院项目的承担者。

早在 2006 年 7 月 7 日，校长徐显明在应邀访问欧盟欧洲委员会驻华代表团时，便向赛日·安博大使表示法大有意参与中欧法学院项目竞标，希望获得与项目有关的更多信息。在中欧双方达成项目协议后，2007 年 4 月，中国政法大学组建中欧法学院筹备工作领导小组，徐显明校长任组长和召集人，成员有：全国政协常委、全国政协社会和法制委员会主任、司法部原部长张福森先生，中国政法大学党委书记石亚军，中国政法大学副校长朱勇，中国政法大学副校长张柳华，中国政法大学副校长张保生和方流芳教授。筹备工作领导小组授权方流芳教授负责"筹备工作组"的日常事务，包括参与项目竞标、对外协调和申报中外合作办学等。

4 月 5 日，徐显明、朱勇、方流芳、许兰等与德国汉堡大学前任校长卢策先生、汉堡大学法学院院长图汉斯教授、德国技术合作公司尤翰林教授会晤，双方就组建中欧法学院项目的竞标团队初步达成合作共识，并将就细节问题进行进一步磋商。所以当 4 月 28 日欧洲委员会在其网站公布《中欧法学院项目资助申请招标指引》时，法大已经提前做好准备。

2007 年 8 月底，我校与德国汉堡大学等十五所中外院校组成合作团队，参与竞标。2007 年 11 月 26 日，在欧盟委员会举行的中欧法学院项目招标中，"汉堡大学—中国政法大学团队"在竞标中胜出。汉堡大学代表全体团队成员与欧洲委员会签署了资助协议。2007 年 11 月 28 日，国务院总理温家宝在北京出席第四届中欧工

商峰会时发表重要讲话，称"中欧工商管理学院已成为众多优秀管理人士的摇篮，我们期待即将启动的中欧法学院培养出大批学贯中西的法律人才"，代表中国政府正式宣布中欧法学院项目启动。

2008年2月，我校和德国汉堡大学联合向教育部提出组建中欧法学院的申请。2008年6月2—3日，教育部就中欧法学院中外合作办学事宜举行专家评议会。徐显明向与会专家、官员报告了中欧法学院的组建情况、合规性操作和面临的问题。方流芳和考雷尼克分别向与会专家、官员介绍了中欧法学院项目的背景、筹备进展、合规性操作、财务制度、治理结构、招生培养计划等方面的情况。与会专家对中欧法学院项目给予充分肯定和高度评价，同时提出了建设性建议。6月至9月，在召开三次中欧法学院项目工作会议后，中国政法大学向教育部提交了各种补充材料，就中外合作办学事宜、学院名称、颁发学位、管理委员会组成和联席院长制等向教育部进行了详尽的说明。

2008年9月17日，教育部正式作出《关于同意设立中国政法大学中欧法学院的批复》，批准设立中国政法大学中欧法学院，学院名称的英文译文为"China—EU School of Law in China University of Political Science and Law"。

2008年10月23日，中国政法大学中欧法学院成立庆典在我校昌平校区隆重举行。中共中央政治局常委、国务院副总理李克强和欧盟委员会主席巴罗佐莅临庆典并致辞。

出席庆典的有全国人大法律委员会主任委员胡康生、教育部副部长章新胜、全国政协社会和法制委员会主任张福森、司法部副部长张苏军、中国法学会副会长胡忠、外交部部长助理翟俊、国家留学基金管理委员会秘书长刘京辉、欧盟驻华大使赛日·安博、法国驻华大使苏和、德国汉堡大学校长莫妮卡·库茨教授、汉堡大学法学院院长图汉斯教授、欧盟委员会中国区总负责及对外关系主管弗兰兹·杰森、欧盟委员会对外关系副主管吉奥·阿古阿·马萨多、巴罗佐主席内阁成员安德森·马赫、欧盟委员会中国代表团副团长麦克·普什、欧盟委员会礼宾处主管德·宾茨、中欧法学院欧方联席院长高美莲教授、我校校长徐显明教授和中欧法学院中方联席院长方流芳教授。

教育部、外交部、商务部、清华大学、北京师范大学、国家法官学院等相关部门、兄弟院校的嘉宾代表及我校师生代表1000余人参加了庆典。庆典仪式由我校党委书记石亚军主持。

李克强在致辞中表示，在中欧领导人的高度重视和积极推动下，中欧全面战略伙伴关系取得了长足的进步。中欧法学院作为中欧双方在教育领域合作的重要项目，不仅是在中国举办的、是中欧合办的，同时也是面向世界的，中欧法学院将成为一流的法学院。

欧盟委员会主席巴罗佐在致辞中对中欧法学院的新生表示祝贺，并表示，中欧法学院的成立是中国和欧盟伙伴关系发展中的重要时刻，是中欧双方良好合作的证明，设立中欧法学院的目的不仅是研究不同的法律体系，更重要的是推动中欧之间进一步的理解和合作。他希望中欧法学院的首届学生能够不断进取，以自己的所学服务于社会。

徐显明教授致辞表示，中欧法学院的成立在中国法学教育历史上、在中国法治进程中、在中欧文化交流以及我校办学历史中都具有伟大意义。中欧法学院将以其高起点、国际化、一流水平和中西合璧等特点成为中国法学教育的骄傲。中欧法学院必将成为中欧法律文化交流的桥梁与平台。希望通过中欧双方合作伙伴的共同努力，在较短的时间内把中欧法学院发展成为中国最好、世界一流的法学院。

典礼上，李克强与巴罗佐共同为中欧法学院揭牌，中国政法大学中欧法学院正式成立。

中欧法学院是我国改革开放三十年来在法学教育领域最大的中外合作办学项目，是我国高校与欧洲著名大学合作培养高端国

▲中欧法学院揭牌仪式

际法学人才的学术机构，它的成立开启了中欧法学教育的新纪元，具有广阔的发展前景。李克强副总理和巴罗佐主席亲临中欧法学院成立庆典代表我国政府和欧盟表达了对办好中欧法学院的期待。

当年10月，我校中欧法学院首届双硕士项目录取工作顺利结束。10月20日，中欧法学院双硕士课程开班仪式在昌平校区举行。出席仪式的欧方代表有欧盟驻华大使赛日·安博、中欧法学院欧方院长高美莲教授及相关工作人员，中方代表有司法部原部长、全国政协社会和法制委员会主任、中欧法学院中方管理委员会主任张福森，我校校长徐显明，中欧法学院中方院长方流芳教授及相关工作人员。72名

刚刚被录取的中欧法学院首届双硕士项目学生参加了开班仪式。

徐显明致辞指出，今天是中国政法大学历史上很特殊的一天，是载入史册的一天，今天参加仪式的同学是中欧法学院这一项目的首批受益人，也是开拓未来的中坚力量。徐显明回顾项目的发起，对张福森先生和安博大使这两位第一贡献人表示了感谢。"中国法学教育的整体状况是法学院的数量多，但高质量的法学院少，我们站在这样的十字路口，我们需要改革，而改革的捷径之一就是借助国外优质的法学师资，我们今天建立的中欧法学院就是这样一条捷径。"

安博大使在致辞中说，中欧法学院要办成世界一流的法学院，创优（Excellency）是中欧法学院的目标，这就是欧盟要和中国（而不是和其他国家）合作创办这样一所法学院的原因。安博大使表达了他对中欧法学院的乐观期待，他希望在座的同学成为杰出的、优秀的法律职业人士，担负起时代的使命。为了让与会人员更加了解欧盟，安博大使还从基本情况、发展概况、一体化进程、主要机构、成功和不足等方面介绍了欧盟，特别是对欧洲法院的职责和权力、欧盟立法程序进行了生动的解说。

当天，首届双硕士项目学生开始了在中欧法学院的第一堂课。

三、实施国际化战略，提升国际化办学水平

2009 年 2 月 19 日，我校在昌平校区学生活动中心学术报告厅举行教师干部大会，教育部党组成员、副部长李卫红代表中共教育部党组在会上宣布了关于黄进[1]任中国政法大学校长、徐显明不再担任中国政法大学校长职务的决定。

教育部人事司司长吴德刚、北京市委教育工委副书记刘建、武汉大学党委副书记骆郁廷等领导出席了会议。校党委书记石亚军、前校长徐显明、新任校长黄进以及学校党政领导班子全体成员，老干部代表，各学院、部门、中心负责人，教师代

---

〔1〕　黄进，男，1958 年 12 月生，汉族，祖籍荆州松滋，生于湖北利川。1975 年至 1978 年在湖北利川县凉务公社插队，并在县知识青年办公室工作；1978 年至 1982 年在湖北财经学院法律专业学习并获法学学士学位，1982 年至 1988 年在武汉大学国际法专业学习，先后获法学硕士、法学博士学位，是 1949 年以来中国第一位国际私法博士学位获得者。1987 年晋升为讲师，1988 年晋升为副教授，1991 年晋升为教授；历任武汉大学国际法研究所副所长、所长，法学院副院长、校长助理、校长助理兼教务部部长、副校长，兼任教育部人文社会科学研究基地武汉大学国际法研究所所长。2009 年 2 月至 2019 年 4 月担任中国政法大学校长。主持和参加中外科研项目 30 多项，出版专著、主编或参编的著作 50 余部，在中外刊物上发表中英文论文、译作 170 多篇。曾获首届中国"十大杰出青年法学家"称号、宝钢教育奖优秀教师特等奖、教育部"高等学校优秀青年教师奖"等，2004 年入选首批"新世纪百千万人才工程国家级人选"。现任中国法学会副会长、中国国际法学会会长、中国国际私法学会会长、中国人权发展基金会副理事长、中国政法大学全面依法治国研究院院长。

表，民主党派负责人等共 200 余人参加了会议。

▲2009 年 2 月 19 日，教育部副部长李卫红与新任命的黄进校长及班子成员合影

　　李卫红在讲话中指出，教育部党组高度重视中国政法大学的领导班子建设，因工作需要，中央已决定徐显明担任山东大学校长。此次对中国政法大学校长职务调整的决定是教育部党组在听取各方面意见的基础上，着眼于深化干部制度改革，推动干部交流，通盘考虑直属高校领导班子建设和中国政法大学领导班子建设的实际情况，经过反复酝酿并与中共北京市委慎重研究后做出的。

　　李卫红说，中国政法大学具有光荣的办学历史和办学传统，经过半个多世纪的办学和发展，已经成为一所以法学为特色，多学科协调发展，进入"211 工程"的国家重点建设的高等学府。改革开放以来，特别是高等教育管理体制的布局结构调整以来，学校党政领导班子坚持党的教育方针和社会主义办学方向，团结和带领师生员工积极投身社会主义民主法治建设和依法治国的伟大进程，始终站在我国法学教学、科研的前沿，为国家培养和输送了一大批优秀人才，对我国法学教育事业和社会主义民主政治建设、民主法治建设作出了突出的贡献。这些成绩的取得，饱含学校历届领导班子和几代法大人的辛勤汗水，也凝聚着徐显明同志的心血和汗水。李卫红还结合中国政法大学的实际对学校的发展提出了具体的意见。

　　黄进在讲话中对教育部领导给予的信任表示感谢，对徐显明同志为中国政法大学作出的杰出贡献表示感谢。黄进表示，作为新一任校长，他感到无上荣光，更感到重任在肩、责任重大，任重而道远，在今后的工作中，将努力去了解法大、认识法大、读懂法大、融入法大，尽快成为一个真正的法大人，希望法大师生员工能以和平共处、和衷共济、和而不同、和谐发展的理念推动法大在特色发展、现代化发展、国际化发展的道路上更上一层楼。

2009 年 5 月 22 日，我校 2009 年外事工作会议在昌平校区举行。教育部国际合作与交流司司长张秀琴、国家外国专家局教科文卫专家司副司长雷风云、教育部国际合作与交流司来华留学工作处处长赵灵山、国家留学基金管理委员会规划发展部主任曹士海、北京市教委国际合作与交流处处长邱晓平、北京市外事办公室出入境管理处副处长谢约等有关部门的领导应邀出席会议。我校党委书记石亚军，校长黄进，副校长朱勇、张柳华、张保生等校领导及学校各部门负责人、各教学科研单位外事秘书等共 80 余人参加了会议。

副校长朱勇作外事工作报告。朱勇在回顾和概括学校外事工作情况的基础上，就今后一个时期的国际合作与交流工作提出了几点基本思路，计划通过六个方面全面落实科学发展观，提升学校国际化水平，强化规范归口管理：第一，更新观念，明确国际化发展战略；第二，培养国际化学者，扩大学生海外交流；第三，搭建交流平台，推进国际合作；第四，扩大资源渠道，共享优质资源；第五，实现学科综合发展，构建"大外事"工作格局；第六，严格归口管理，提升服务水平。

校长黄进在会上作了题为"实施'国际化战略'，把法大建成世界知名法科强校"的总结讲话。黄进从工作理念、工作机制、工作方针、工作思路和重点四个方面全面阐释了如何理解国际化以及如何在我校实施国际化战略等重要问题。黄进指出，国际化有两大战略目标：一是培养师生的国际意识、国际视野、国际交往能力、国际竞争力；二是提升学校的国际影响力和国际竞争力。为了实施国际化战略，实现战略目标，黄进提出"大外事""外事项目管理"及"外事归口管理"三位一体的工作机制，提出"加强策划、拓宽渠道、扩大规模、提高层次、突出重点、增强效益"的工作方针，并提出以下几点工作思路与重点：一是把学生的国际合作培养作为重中之重；二是继续扩大留学生的招生规模；三是增聘高层次外国专家；四是推进科研的国际合作；五是全面参与国家汉语国际推广工作；六是改善条件，强化管理，做好服务。

本次会议以"开拓创新，科学规范，探索高校国际化战略"为主题，旨在具体落实在学习实践科学发展观活动中学校党委提出的全面推进学校事业发展的要求，开拓创新，提升学校的国际化水平，并根据外事工作的要求和我校外事工作的特点，强化外事工作的规范化管理和归口管理。本次会议的成功召开，统一了思想认识，确立了我校的国际化发展战略，为今后一段时期学校的外事工作明确了思路，指明了方向，奠定了必要的理论基础，为学校各项事业的全面发展注入了新的活力。

2009 年 10 月 12 日，2009 年国家建设高水平大学公派研究生项目工作会议在国家教育行政学院召开。我校校长黄进、副校长兼研究生院院长朱勇、研究生院常务副院长李曙光、国际合作与交流处处长许兰参加会议。会议期间，黄进校长代表中国政法大学与国家留学基金委员会签署《合作开展"国家建设高水平大学公派研究生项目"协议书》。该协议书的签署标志着我校被国家留学基金管理委员会纳入国家建设高水平大学公派研究生项目实施院校。

经国务院批准，国家建设高水平大学公派研究生项目于 2007 年起实施，2007—2011 年计划每年派出 5000 名研究生出国留学，国家留学基金管理委员会与各高校以签署协议的形式确定各校的年度选派计划。截至 2009 年国家建设高水平大学公派研究生项目工作会议召开，全国共有 49 所"985 工程"院校和部分"211 工程"院校被定为项目实施院校。根据两年来各高校国家公派研究生专项项目的执行情况，为配合人才强校战略的实施，进一步支持学校高层次人才队伍建设和重点学科建设，经教育部批准，国家留学基金管理委员会决定从 2010 年起，将包括中国政法大学在内的 11 所院校纳入国家建设高水平大学公派研究生项目实施院校。根据协议，国家留学基金管理委员会每年资助我校 50 名研究生出国留学，选派类别包括攻读博士学位研究生和联合培养博士研究生。

2009 年 11 月 11 日，我校在海淀校区召开首批"国家建设高水平大学公派研究生项目"工作部署会。研究生院常务副院长李曙光介绍了这一项目的基本内容、指导思想及工作目标，指出我校要通过建立"国家建设高水平大学公派研究生项目"的联动机制，充分发挥学校、学院、学者、学生的积极性，明确任务，积极行动，多方努力，协作共进，促进拔尖创新人才的培养，促进我校与更多国际一流大学建立战略合作伙伴关系，打造国际人才培养交流平台，构建公派出国项目的长效机制。李曙光还介绍了选派计划的要求以及学生申请条件和选拔办法、程序。2010 年，我校计划选派 50 名研究生出国留学，包括攻读博士学位研究生和联合培养博士研究生，按照 120% 的比例向国家留学基金管理委员会推荐优秀学生。与往年相比，此次选派规模更大，选派对象有所扩展，且更加注重学生的外语水平。

国际合作与交流处处长许兰对"国家建设高水平大学公派研究生项目"的资格确认、自我定位、资源利用、确定方向、联络导师、准备材料、及时申请等对外联络工作进行了清晰的讲解。她建议学生针对项目简章确认是否具有申请资格，针对语言、专业等条件进行自我定位，根据自身长处确定方向，积极联络中外导师，最后准备完整材料，及时提出申请。

校长黄进回顾了我国改革开放以来公派留学工作的发展历程，突出了"国家建设高水平大学公派研究生项目"的重要地位，明确指出这是我校实施国际化战略、实现跨越式发展的难得机遇。黄进强调，我校要抓住这一机遇，实施国际化战略，培养具有世界眼光和国际竞争力的高层次拔尖创新人才，把优秀的人才和科研成果推向世界，提高学校的国际影响力，同时要积极建立"大外事格局"和项目外事机制，切实推进学校的国际化办学。

此外，2009 年我校还成功申获欧盟伊拉斯谟项目，加入了"中国政府奖学金来华留学生项目"，成功接待了欧盟前主席、意大利前总理、博洛尼亚大学教授罗马诺·普罗迪来访，并利用大使论坛、博闻论坛等品牌活动积极邀请国外著名学者、政要来校访问，同时积极"走出去"学习国外大学先进的办学经验，这些措施大大推动了我校实施国际化战略，提高了我校的国际影响力，对于我校培养具有世界眼光和国际竞争力的高层次拔尖创新人才、把优秀的人才和科研成果推向世界具有十分重要的意义。

2009 年 10 月 26 日至 11 月 4 日，校长黄进率团对奥地利维也纳大学、德国汉堡大学、德国科隆大学、意大利博洛尼亚大学、意大利罗马第一大学、意大利罗马第二大学六大欧洲著名高校，以及当地政府、文化及学术机构进行了为期 10 天的友好访问。此次访问旨在加强我校与欧洲著名学府间的联系，加深与欧洲高校、政府及学术机构间的相互理解，特别是深化与中国政法大学中欧法学院的欧方合作伙伴大学的双边合作、培养长期战略合作伙伴、拓展新的合作交流领域。

在维也纳大学，双方就两校正式启动双边合作，特别是就接收我校公派研究生、双边学生交换、学者互访、互派教师讲学、联合举办学术研讨会等领域合作进行会谈并达成了具体合作意向。黄进代表中国政法大学与维也纳大学正式签署了两校双边校际合作协议。在汉堡大学，双方愉快地回顾了中欧法学院一年来所取得的成就，并就如何更好地实施该项目交换了意见。同时，双方就如何进一步深化双边合作进行了深入交流。在科隆大学，双方对两校自 1996 年建立校际合作关系以来持续发展的良好合作关系，以及在学生交换、学者互访、共同举办国际学术研讨会、合作开展暑期项目等领域的成功合作表示满意。双方还就共同关心的设立孔子学院、开办中国法律海外研究中心、联合举办德国法律国际暑期班等项目进行了深入讨论。

在博洛尼亚大学，双方在会谈结束后续签两校合作协议，并就两校在法与经济学领域开展合作交流达成具体合作意向。在罗马第一大学，双方愉快地回顾了自 2008 年签署两校合作协议以来所开展的合作交流，并就如何发展法学交叉学科进行了探讨。双方就接收我校公派研究生、参与中欧法学院项目等方面达成合作意向，并签署了两校《中国法学人才培养与法典化研究中心实施协议》。

2010年6月8—19日，应莫斯科国立大学、圣彼得堡国立大学、莫斯科国立法律大学、基辅国立大学、布达佩斯考文纽斯大学和罗兰大学的邀请，校党委书记石亚军率团对俄罗斯、乌克兰和匈牙利的上述六所世界著名大学进行了为期12天的访问。此次出访旨在进一步推进我校国际化战略，在与西欧、南欧和北欧高校已开展的合作基础上，开拓我校与东欧名校的合作，实现我校与欧洲各名校全面合作的战略布局。

在访问过程中，石亚军向三个国家的六所大学充分阐述了我校的学科特色、办学理念、学术成就和社会地位，详细介绍了我校在国际合作与交流中的优势平台——中欧法学院的发展与定位。被访院校均表示愿意在法学、政治学、管理学、新闻学、社会学、经济学、语言学等人文社会科学领域和我校开展合作与交流。合作形式包括交换本科生和研究生、交换教师，就双方感兴趣的题目举办研讨会，就两国法律举办暑期培训班等。此次访问达到了开拓新的国际合作领域、建立新的校际合作关系的预期目的，除与圣彼得堡国立大学已有校际合作协议外，分别与莫斯科国立法律大学、基辅国立大学、布达佩斯考文纽斯大学和罗兰大学四所大学签订了长期校际合作协议。

代表团在对俄罗斯、乌克兰和匈牙利三国的著名高校进行访问的同时，还分别会见了我国驻俄罗斯大使馆教育处公使衔教育参赞裴玉芳、驻圣彼得堡总领事馆总领事谢小用、驻乌克兰大使馆临时代办张维利和驻匈牙利大使馆教育处负责人王庆年。在与我国驻外使领馆官员的会谈当中，石亚军分别通报了我校国际合作的基本情况和代表团访问所取得的成果，并全面了解了各驻在国高等教育的整体发展情况和与我国高校的国际合作情况。

本次出访对很多学校的访问均属首次，具有开创性意义。在与各高校的交流中深刻感受到国际化是大学的发展趋势，所访问的学校在谈到学校的发展时，都表现出强烈的国际化发展需求与愿望。我校确立的"开放式、国际化、多科性、创新型"发展目标与世界诸多名校发展方向不谋而合。

四、法学学科"走出去"：比较法学研究院成立

比较法学是19世纪末以来在国际上逐步发展起来的综合法学学科，到20世纪末，它已成为当今世界人文社会科学的一门显学。各国之间的交往，特别是法律文化和法律实务的交流已经离不开比较法学，各国自身法律制度的发展进步都与比较法学密切相关。在某种程度上，比较法学已经能够表明一个国家对外交往和认识的深度，并且直接关系到一个国家的政治、经济和法律利益。

　　中国政法大学比较法学研究院正是在这种历史、人文和思想背景下成立的，是专门以比较法学为中心和特色的教学科研机构。改革开放以来，中国政法大学在比较法学领域的独特积累和学术地位已得到国内法学界公认，其学术成果和学术团队已形成中国政法大学独有、与国内其他高校相比具有相对优势的一个学科品牌。

　　中国政法大学的比较法学研究具有良好的传统，在发展建设过程中，先后成立比较法研究所、中德法学院、中美法学院和欧盟法研究中心，分别针对不同的重点对中外法律制度进行比较研究，取得了一系列成果。2009 年，为了更好地整合资源，推进比较法学的教学科研工作，我校正式成立比较法学研究院。

　　2009 年 12 月 5 日，中国政法大学比较法学研究院成立大会暨"比较法：中国与世界"研讨会在北京召开。会议授予中国政法大学终身教授江平先生比较法学研究院名誉院长一职，并聘任中国政法大学潘汉典教授、台湾大学王泽鉴教授、澳门特别行政区检察院检察长何超明为学院研究顾问。

　　全国政协原副主席罗豪才先生，中国政法大学终身教授江平先生、陈光中先生、张晋藩先生、李德顺先生，台湾大学王泽鉴教授，中国政法大学潘汉典教授，中国法学会比较法研究会秘书长张少瑜出席成立大会。中国政法大学党委书记石亚军、校长黄进、副校长张保生、比较法学研究院院长米健以及全校各院部领导和100 多名研究生代表参加了会议。

　　石亚军代表校党委向比较法学研究院的成立表示祝贺。他指出，比较法学研究院的成立不仅仅是全校师生的一件大事，更是在中国法学发展史上"留下了重要的一笔"。他希望，新成立的比较法学研究院要建成一个完整的比较法学学科体系，有一支代表我国比较法学研究水平的教师队伍，推出在国内外理论界、实务界具有影响力的学术成果，在原有教学研究平台上，进一步加深与国内外院校和科研机构的战略合作关系，培养"有朝气、有人气、有正气"的比较法学人才。

　　黄进校长代表校领导班子再次向比较法学研究院提出殷切期望。他指出，学院要进一步加强二级学科的建设，在已搭建的国内最好的比较法学科平台上，打造可持续发展的比较法学师资队伍，拓展跨法系、跨国家、跨地区、跨学科的比较法学研究新领域，培养具有国际视野、国际交往能力、国际竞争力的高质量比较法学人才，达到较高的学术研究水平，让该院成为我校乃至中国比较法学界名副其实的"金字招牌"。

　　成立大会后，由中国政法大学廉希圣教授、香港城市大学顾敏康教授、北京航空航天大学龙卫球教授主持，到场的各位学界同仁以"比较法：中国与世界"为主题召开了研讨会。

中国政法大学比较法学研究院的成立受到了社会各界的普遍关注。来自北京大学、清华大学、中国人民大学、中国社会科学院、上海社会科学院、香港城市大学、澳门特别行政区检察院、德国技术合作公司、美国印第安纳大学、《法制日报》《检察日报》《中国社会科学报》《京华时报》等二十多家单位的专家、学者和记者赶到活动现场，共同见证这一盛事。台湾政治大学、香港大学、香港城市大学等单位分别发来贺电和送来花篮。

中国政法大学比较法学研究院的成立是在多方充分论证的基础上整合资源后，搭建起的学术培养研究平台，它不仅标志着中国比较法学研究逐步走向成熟，更预示了该学科的发展将展开更加美丽的画卷。

比较法学研究院是在中国政法大学原比较法研究所、中德法学院、中美法学院和欧盟法研究中心四个机构整合的基础上成立的，是我国高校和科研机构中唯一一个以比较法学为中心的专门的教学科研机构。比较法学研究院下设机构 6 个：比较法学研究所、中德法学研究所、中美法学研究所、欧盟法研究中心、《比较法研究》编辑部和《中国法学文档》编辑部，院长为米健教授。当时有教职员工 38 人，其中科研教学人员 32 人，包括教授 5 人，副教授 20 人，讲师 7 人；其中获得法学博士学位的教师有 27 人，占全部教学科研人员的 84%；获得美国、德国、意大利、俄罗斯博士学位的教师 13 人，占全部获得博士学位人员的 48%。研究院以培养高层次法学人才为基本教学目标，包括博士和硕士研究生。当时全院在读研究生 187 人，毕业学生 81 人，其中已经获得国外硕士学位的有 29 人，正在国外攻读博士学位的有 17 人。

比较法学研究院建设与发展的总体目标是实现中国人文社会科学"走出去"，即胡锦涛同志指出的，为"切实担负起自己的历史责任，瞄准学术发展前沿，打开认识视野，拓展思维空间，既立足当代又继承传统，既立足本国又学习外国，大力推进学术观点创新、学科体系创新和科研方法创新，努力建设具有中国特色、中国风格、中国气派的哲学社会科学"的战略思想指导下，在我校比较法学既有各项资源和学术成果的基础上，加快推进我校比较法学发展，强化其在国内学术界的领军地位，扩展法律与法学的对外交流，力行我校走向研究型大学的长远计划，扩大我校的国际影响，通过一个学术领域的建设与发展，实现我国哲学社会科学走向世界的局部突破。

为实现上述目标，比较法学研究院将承担起比较法学的研究中心、人才培养中心和学术交流中心三重任务。

比较法学研究院在科学研究方面，以中外法学比较研究为重点，构建以大陆法系、普通法系、其他代表性法系、跨法系研究以及地区法律比较研究为重点的比较法学研究大平台，在巩固比较法学研究国内领先地位的基础上，力争通过 5—10 年的建设达到世界先进水平。在人才培养方面，比较法学研究院以促进我校高水平研究型大学建设为任务，适应中国对外经济和文化交往以及中国国际地位迅速提高的需要，面向海内外，培养兼具中国法、外国法和国际法知识背景和国际视野的法学高级人才。

比较法学研究院通过学术交流，以促进中外法学国际学术交流为取向，积极落实国家的人文社会科学"走出去"战略，积极传播中国法律文化，开展多种形式和多层次的国际性法律学术交流，有计划、有步骤地建设成为国际上承认的中国法律专家培养中心。

第四节 创新人才培养模式 引领法学教育改革

一、研究生首超本科生，人才培养结构变化

进入"211 工程"和办学理念的重大调整，为法大的发展带来一系列变化。为了实现"把中国政法大学建设成为多科性、研究型、开放性、特色性的国内一流、国际知名的政法院校，在优势学科上达到世界一流，成为国家政法教育的中心、法学研究的中心、图书信息资料和政策咨询的中心"的目标，学校在人才培养方面不断进行改革，以符合社会发展对高素质法治人才的需求。

为了认真贯彻落实国务院、中央军委《关于建立依托普通高等教育培养军队干部制度的决定》，进一步改善武装部队干部队伍结构，提高干部队伍整体素质，推进武警部队人才建设，我校与武警部队进行了商谈，就为武警部队培养干部有关问题达成了协议并互换了议定书。2005 年 5 月 20 日，中国政法大学与武警部队正式签订《武警部队依托中国政法大学培养干部协议书》，其中商定，从 2005 年起，我校以招收国防生、从在校生中选拔国防生、直接接收应届毕业生入伍、选送现役干部入学深造四种模式，为武警部队培养干部。当年 9 月，我校迎来第一批 54 名国防生，分入刑事司法学院，我校招收和培养国防生的序幕正式开启。

根据校长办公会和党委常委会的决议，我校于 2006 年 8 月起全面停止自考班招生，并将于最后一批在校生学业期满后终止自考班办学。这是我校继 2002 年全面整顿自考班以来，在调整对外办学布局上的又一重大行动。由此，我校也成为全国首个停办自考班的高校。

自考班是高等教育自学考试助学辅导班的简称，产生于 20 世纪 90 年代中期，

是高校在当时计划内招生名额少，大量落榜考生渴望接受高等教育的情况下，适应社会需求、挖掘办学潜力而举办的。自考班的出现，对于缓解国家高等教育资源与社会需求的矛盾、维护社会稳定，发挥了积极作用。高校也通过这种市场化办学在一定程度上缓解了办学经费不足的矛盾，稳定了师资队伍。十年来我校自考班圆了无数年轻学子的大学梦，为社会输送了大量人才。事实证明，自考班对我校和社会都起到了一定的积极作用。

自我校法律系于1996年首次举办法学专业自考班以后，其他高校纷纷效仿，短短几年间，自考班事业蓬勃发展。在这种形势下，我校各单位办班热情高涨，一时间打着中国政法大学旗号的自考班遍布昌平城区。其间，一些外单位和个人采取种种形式，利用甚至盗用我校名义，在自考班招生和办学过程中不择手段牟取利益，一度对我校声誉造成负面影响。2002年，我校采取果断措施，全面整顿自考班办学，使这种情形得以遏制。其后，学校对自考班实行统一管理，规范招生，优质办学。

随着国家高等教育事业迅速发展，高校招生数量大幅度增加，供需矛盾显著缓解。特别是《中华人民共和国民办教育促进法》颁布后，民办高校迅速发展，而自学考试助学辅导班已成为这些学校获取生源的主要办学项目。与此同时，我校自2000年划归教育部直属后，办学条件逐步改善，办学层次稳步提高。为尽早实现建设"多科性、研究型、开放性、特色鲜明的世界知名高水平大学"的目标，我校需要将有限的办学资源集中到高层次的办学项目上，这也适应了公办教育与民办教育合理分工，利用各自资源优势服务社会的发展趋势。

适应形势变化，逐步退出自考班办学，是我校早已设定的目标。因此，我校自考班办学规模逐年缩减，办学点从2002年的21个减少到2006年的6个。2006年4月，学校领导班子经过认真研究，认为我校全面停止自考班招生的条件已经成熟。本着"迅速收缩，稳步退出，降低成本，平衡利益"的思路，学校对自考班停止招生后的在校生继续培养及相关的政策问题进行了慎重考虑，决定将现有办学点进一步合并，以降低成本，保证停止招生情况下延续办学的收支平衡。为此，学校确定了"全面停招，推动合并，让利于院，确保稳定，自善其后"的方针，并制定了一系列推动合并的措施，如办学单位的存量办班经费自主支配，下一学年起所收学费全部用于办学，合并后撤点单位的20%教职工岗位津贴享受学校补贴等。同时，学校对合并和延续办学期间的稳定工作也提出了严格要求。

我校此次关于自考班停止招生的决策，是审时度势、着眼发展的果断举措，引起了教育界和社会各界的广泛关注，也获得了广泛好评。

为促进教育公平，构建和谐社会，2006 年，学校对招生制度实行重大改革，本科分省招生计划首次按人口比例划分。2006 年，学校本科招生计划是 2000 名，招生指标按照各省人口比例进行分配后，山东、河南、四川三个人口大省的招生人数都历史性地突破百人。我校是第一所按人口比例下达分省招生指标的高校。

从孔子"有教无类"的朴素教育公平思想，经几千年演变，教育公平已是社会公平内涵中的一个重要方面，是社会公平的基础，是事关一个人终身发展的公平。教育公平应是受教育者在受教育的起点、过程、结果的公平，是一个有机的统一体，也是一个递进的关系。科学合理地把招生计划下达各省，使考生在接受高等教育的时候，能够站在同一起跑线上，从而实现"起点的公平"。

2006 年度中国政法大学在各省的招生指标计算方法为：用本年度学校计划招生的 2000 个指标，除以 13 亿，再乘以各省的人口数。在这一基础上，再根据国家开发西部的政策、生源质量和地域因素等进行适当微调，确定了该年度的本科招生分省计划。

2006 年 12 月 30 日，法学院举行军事法学博士学位论文答辩会，中国第一位军事法学博士在我校诞生。当日上午，中国政法大学为全国第一位军事法学博士研究生曾志平召开了博士学位论文答辩会。经过一个上午紧张激烈的思想交锋，由中国人民解放军军事科学院雷渊深少将，中国政法大学周忠海教授、薛刚凌教授，中央军委法制局肖凤城大校，中国人民解放军国防大学钱寿根教授等国内军事法学领域一流专家和学者组成的答辩委员会，一致通过了曾志平的博士学位论文答辩。

曾志平是中国政法大学 2003 年 11 月获得军事法学博士专业学位授予点后招收的首位此专业博士研究生。在服役 20 余年并从事多年的军事法学教学研究后，他从众多优秀考生中脱颖而出，于 2004 年 9 月考入我校，攻读军事法学博士学位。2006 年 11 月，他向学校提出了提前毕业并进行博士学位毕业论文答辩的申请，经过一系列严格的审查程序终于成功进入了最后的答辩阶段。答辩委员会认为，其学位论文《论军事权》从选题到核心观点和结论都具有重大意义，是一篇优秀的博士学位论文。

第一位军事法学博士的诞生，标志着中国军事法学教学与研究迈出了重要的一步，对于中国军事法学的繁荣与发展具有重要的意义。

在本科教学和课程建设方面，学校也不断加大改革和优化力度。2006 年，由我校张晋藩教授和张桂琳教授分别主持的《中国法制史》和《西方政治思想史》2 门本科课程被评为国家级精品课程。这是我校首次获评国家级精品课程，并同时实现了法学专业和法学以外专业"零"的突破。2007 年，我校又有两门课程——由马怀德教授和赵旭东教授分别主持的《行政法与行政诉讼法》和《商法学》被评为国家级精品课程。2008 年，我校王卫国教授主持的《民法学原理》本科课程被评为 2008 年度国家级精品课程。至此，我校共有 5 门国家级精品课程，其中，4 门为法学专业课程，1 门为政治学专业课程。这标志着我校的教学改革和人才培养工作迈上了新的台阶。

2004 年以来，学校在深化教学改革过程中，优化了本科课程体系，不断加强课程建设，将精品课程建设作为课程建设的龙头工作，并以此带动其他课程的建设。学校加大了课程建设的投入力度，建立健全课程建设的各项规章制度和评价机制，使精品课程建设不断获得新的成绩。截至 2006 年年底，我校已建设有 40 门校级精品课程，5 门课程获评北京市级精品课程。

2008 年 11 月，我校张桂琳教授负责的政治学基础课程教学团队被评为国家级教学团队。这是我校实施本科教育质量工程，加强师资队伍与教学团队建设取得的一个重大突破。2010 年 9 月，朱勇教授负责的法制史教学团队被评为国家级教学团队。这是我校法学专业获评的第一个国家级教学团队。至此，我校共有法制史教学团队与政治学基础课程教学团队 2 个国家级教学团队，以及 9 个北京市优秀教学团队。

2007 年，为了吸引优秀生源报考我校研究生，学校实行推荐免试研究生改革，2008 年接收推荐免试研究生比例扩大为 30%。为了鼓励本科生努力学习，并推动我校研究生教育的发展，1991 年，研究生招生开始采用推荐考试与免试就读的双轨制。当年招收免试研究生 2 人。在多年的推荐免试研究生录取工作中，学校不断总结经验，改进措施，录取了全国各地法学院的一大批优秀学子。

2008 年 9 月，经 2008 年第 8 次校长办公会研究，第 10 次党委常委会会议决定，我校新闻与传播学院正式成立。学校对新闻与传播学院采取新的管理模式，由学校提供建院启动资金，其他所需经费由学院通过自筹资金的方式解决。学校允许学院采取成立董事会、理事会等形式，为学院的建设和发展广泛争取社会资源。作为我校的第 19 个学院，新闻与传播学院的成立更加有利于我校法治新闻人才的培养及全校学生媒介素养的提高。

2009 年，我校研究生招生数量首次超过本科生，这标志着我校人才培养结构上的重大变化。当年，我校硕士研究生入学人数 2157 名，博士研究生入学人数 215 名，总计 2372 人，首次超过本科招生人数，创造了我校历史上招收研究生人数的新高。

二、创新法学教育模式，立格联盟引领发展

我校历来重视法学专业人才培养模式的创新与改革。继实行学分制和课程体系改革之后，大力推行实践教学，着重培养法学专业人才职业技能，这是学校推出的又一项教学改革措施。2008 年 5 月，经过很长时间的准备和努力，我校首次在民商经济法学院招收法学实验班学生，率先开展法学教育模式的改革试点工作。

本次我校法学教育模式改革方案是在借鉴美国、英国、德国、日本等国家高校法学教育模式的基础上，对我国法学教育慎重思考、"问诊号脉"的成果。总结各主要国家法学教育的共性，科学知识和人文素养的培养不再是作为职业教育的法学教育的核心，对于职业道德和职业技能训练的大学专业学习，以及承担职业培训和指导的法律实务部门实习，成为法学教育的重中之重。在我国当前的法学教育中，教育机构复杂多层次、学生质量参差不齐、对于职业道德和职业技能训练的严重忽视，已经对我国的社会经济发展和改革深化产生了负面影响。重新定位我国法学教育的培养目标，改革当前的法学教育模式，变成职业性为主的法学教育，改法学专业教育为法学职业教育，已是刻不容缓。

此次实验班的培养模式，也重在体现法学教育的职业性特征。实验班的学生将用六年时间完成本、硕连读，在完成学业时取得法律硕士学位。该模式的人才培养分为两个阶段——基础学习阶段和应用学习阶段。基础学习阶段共四年，第一学年主要为人文和科学素养的培养课程，该类课程在第一学年结束后继续贯穿于基础学习阶段。第二至第四学年为专业基础学习阶段。第五、第六学年的主要学习内容则为实务部门固定实习基地实习（一年）和集中学术方向、按专业重点进行学习。在此期间，所有实验班同学还将在应用学习阶段参加司法考试，一对一的全程导师制度也成为实验班的亮点。

类似于临床医学专业学生在医院实习，法学专业学生的实习同样必不可少。凸显法律实务界在法学教育中的地位是这次改革方案的又一重点，固定实习基地实习作为培养计划的重要组成部分，得到了方案制订专家的一致认同。根据方案设计，法学实务界将作为法学教育机构的组成部分，立足于增强现有培养模式中缺乏的知识应用和职业技能训练，承担职业技能训练及指导实习的任务。

法学实验班全新的教育模式注重培养学生忠于国家、忠于人民、忠于法律的政治道德和公平正义的价值观，在奠定坚实的法律理论基础的同时，将强化知识的应用和职业技能训练。学生毕业后将成为高素质的法律职业工作者，更加适应全球化背景下，中国社会经济发展与改革深化的需要和建设法治国家的需要。

2008 年 9 月，首届法学实验班的 50 名学生来到民商经济法学院注册报到，他们来自广东、四川等十个省市。由于法学实验班教学上的优越性和前瞻性，此次招收的实验班新生大部分成绩优秀，在各自省市里名列前茅。

2008 年 11 月，为了对法学实验班学生进行更好的培养，民商经济法学院决定为实验班专门设立学术导师，由该院 8 个研究所各委派 1 名专业教师担任，对实验班学生进行单独辅导。8 名学术导师都是各研究所的精干力量，不仅在学术上有深厚造诣，对学生的培养工作也倾尽心力。11 月 7 日，8 名学术导师参加了实验班学术导师会议。11 月 12 日，民商经济法学院学术导师与法学实验班学生召开了集体见面会。8 位导师的到来受到了学生们的热烈欢迎，8 名导师与学生分成 4 个小组进行了热烈讨论，各位导师也热情地解答了学生提出的各种问题。

2010 年 11 月，我校"高级法律职业人才培养体制改革"与"推进大学内部治理结构改革，完善大学章程建设"两个项目正式获批为国家教育体制改革试点项目。这对深化我校培养体制改革，创新人才培养模式，提高法律职业人才培养质量，以及探讨新形势下实现依法治校和完善大学内部治理结构的新路径具有重要的意义。

2010 年，根据教育部《关于批准有关高等学校开展专业学位研究生教育综合改革试点工作的通知》，我校获批成为全国首批"专业学位研究生教育综合改革试点"院校，法律硕士专业学位获准开展专业学位研究生教育综合改革试点工作。当年，我校试点工作全面启动，学校认真研究并制订了综合改革试点的实施方案，根据教育部的要求，在选拔制度、培养方案、培养模式、师资建设、考核与评价方法等方面，积极开展试点，大力推进改革。

一系列人才培养的改革探索，彰显了我校作为法学教育排头兵的担当，也为不断改革和发展法学专业人才培养奠定了基础。在改革与探索中，我校联合"五院"中的其他 4 所政法院校，发起成立全国政法大学"立格联盟"，以此为平台引领法学教育改革发展。

2010 年 5 月 30 日，以"培养具有国际视野的法律高端人才"为主题的首届政法高校书记、校长论坛在华东政法大学召开。司法部司法鉴定管理局局长霍宪丹，上海市教委副主任王奇，中国政法大学党委书记石亚军、校长黄进，西南政法大学党委书记张国林、校长付子堂，中南财经政法大学副校长陈小君，西北政法大学校长贾宇，中央司法警官学院副院长王明泉，华东政法大学党委书记杜志淳、党委副书记兼副校长张智强、副校长叶青、校长助理兼组织部部长应培礼等出席。与会人员围绕本届论坛的主题作了交流发言，并就中国政法大学、西南政法大学、中南财经政法大学、华东政法大学、西北政法大学五所政法高校建立合作机制、共享优质教育资源、共同推进我国法治建设达成了共识。

位于北京的中国政法大学、位于重庆的西南政法大学、位于上海的华东政法大学、位于武汉的中南财经政法大学和位于西安的西北政法大学五所名牌政法院校，都具有光荣革命传统，办学历史悠久，适应国家培育政法人才的战略布局的要求，在培养高素质政法人才、开展学术研究和服务社会等方面发挥了重要作用。在长期的发展中，各方密切联系、互相支持，结成了良好的合作关系和深厚友谊，为了充分发挥五所政法大学法学教育的优质资源，交流探讨法学人才培养模式，促进各校之间的交流与合作，增强办学实力和水平，为区域经济、社会发展作出更大的贡献，经五所政法院校充分协商，建立全国政法大学交流研讨平台——"立格联盟"。

所谓"立格"，由英文 Legal 音译而来，其一，为国家的"立格"作出贡献，即要一如既往地为依法治国、建设社会主义法治国家而担当重任，努力奋斗；其二，也为中国法学教育的"立格"，即为法学教育的规范化、为中国法律人才培养质量的提高贡献力量。

"立格联盟"在推进法学教育改革的同时，还将就学科专业、师资队伍、科学研究、图书文献和学校行政管理等方面工作定期开展校际互访与经验交流活动，开展学术合作，优势互补，共同促进学校的发展。在成立至今的十余年中，"立格联盟"每年在不同的高校召开高峰论坛，先后吸收甘肃政法大学[1]、上海政法学院、山东政法学院、河南财经政法大学等政法类院校，不断发展壮大。同时，陆续举办"立格联盟"研究生院院长联席会议、商学院院长联席会议等。

2011 年 7 月，全国政法大学"立格联盟"第二届高峰论坛在西北政法大学举行。来自中国政法大学、西南政法大学、华东政法大学、中南财经政法大学、西北政法大学五所高校的党委书记、校长和教育部、司法部、中国法学会、陕西省教育厅等部门领导围绕"卓越法律人才的培养"这一主题展开研讨。当年，教育部"卓越法律人才教育培养计划"正式启动。早在当年 4 月，教育部"卓越法律人才教育培养计划"专家咨询组、专家工作组成立暨第一次工作会议在中国政法大学昌平校区召开，我校校长黄进担任"卓越法律人才教育培养计划"专家工作组组长，学校多位学者参加该组工作。

"卓越法律人才教育培养计划"是新中国成立以来教育行政主管部门实施的第一个关于法学高等教育的改革发展计划，也是继《国家中长期教育改革和发展规划

---

[1] 2019 年 6 月，甘肃政法学院更名为甘肃政法大学。

纲要（2010—2020 年）》颁布实施后，教育部在社会科学领域最先实施的卓越人才培养计划。该计划围绕提升人才培养质量的核心任务，针对法学教育面临的问题与挑战，以提高法律人才的实践能力为重点，采取多种举措，加大应用型、复合型法律人才的培养力度，努力培养、造就一批适应社会主义法治国家建设需要的卓越法律职业人才。

2012 年 7 月 12 日，在全国政法大学"立格联盟"第三届高峰论坛上，《"立格联盟"章程》正式发布。2015 年，全国政法大学"立格联盟"第六届高峰论坛首次在中国政法大学举行。2017 年 7 月，全国政法大学"立格联盟"第八届高峰论坛在济南举行，主题为"坚持立德树人、德法兼修，培养高素质法治人才"，本届高峰论坛正式发布《中国法学教育状况（2015）》白皮书及《立格联盟院校法学专业教学质量标准》。

《立格联盟院校法学专业教学质量标准》共十个部分，从培养目标、培养规格、课程体系、教学规范、教师队伍、教学条件、教学效果和质量保障体系等方面确立标准，每个部分具体对应"立格联盟"院校法学专业人才培养的一个环节，整体上构成了"立格联盟"院校教学质量的标准体系。其制定目的是创新"立格联盟"院校法治人才培养机制，深化法学专业教学改革，规范法治人才培养标准，提高法治人才培养质量。《立格联盟院校法学专业教学质量标准》的制定坚持改革、调整、创新的法治人才培养思路，基本依据是《国家中长期教育改革和发展规划纲要（2010—2020 年）》与教育部《全面提高高等教育质量的若干意见》，并参考《法学类专业教学质量国家标准》的研究制定工作，同时结合了"立格联盟"院校法学专业教学的实际情况。

三、牢记艰苦奋斗传统：恢复招生三十周年

2009 年是我校恢复招生 30 周年。1966 年后，政法教育遭到严重破坏，同年，我校的前身北京政法学院停止招生。1970 年 11 月，北京政法学院被撤销；1971 年初，迁往安徽省；1972 年 4 月，全体教师、干部被分配到安徽等省市。党的十一届三中全会以后，国家进入新的历史发展时期，社会主义法治建设大大加强，政法教育得到迅速恢复和发展。为了适应新时期法治建设的需要，1978 年 8 月 5 日，国务院批准复办北京政法学院。1979 年秋，在物质条件非常困难的情况下，学校恢复招收本科生和研究生。1979 年 9 月，满目疮痍的校园迎来了复办后的第一批学子。2009 年，我校迎来恢复招生 30 周年。

2009 年 10 月 17 日，中国政法大学恢复招生 30 周年纪念大会在昌平校区礼堂

举行。我校 79 级研究生代表、最高人民检察院常务副检察长张耕，司法部教育司原司长、中国政法大学原常务副校长甘绩华，中国政法大学原校长、终身教授江平，中国政法大学原校长、终身教授陈光中，79 级研究生代表、中国政法大学原副校长解战原教授，复办时期老教师代表巫昌祯教授，79 级校友代表庞继英，85 级校友代表郭恒忠，全体在京校领导以及部分 79 级、85 级校友共同出席了纪念大会。

校长黄进代表学校致辞，向与会的领导和校友们介绍了我校复办 30 年来所取得的成就和经验。回忆起 30 年前法大在艰苦条件下的复办历程，黄进感慨道，正是因为有了老一辈学校领导和广大师生的共同努力，法大才走出了今天这样一条艰苦奋斗、自强不息的道路，树立起法大人的崇高理想。

30 年峥嵘岁月，弹指一挥间，历经一代代法大人的努力，法大取得了令人瞩目的成就——人才培养规模不断扩大，师资力量不断提升，办学条件不断改善，合作交流层面不断拓宽。随着中外合作办学项目的实施，学校培养国际型法律人才的格局、规模已经初步形成。同时，我校还拥有像江平、陈光中、张晋藩等老一辈学术泰斗，以及一批年轻有为的中青年骨干教师，他们都在为法大的发展默默地耕耘奉献。

法大多年来的发展受到了党和国家领导人的亲切关怀。全国人大常委会原副委员长李铁映同志曾赞扬中国政法大学为"全国人大最得力的助手"。2008 年，温家宝总理和李克强副总理曾先后到法大视察，亲切关怀法大师生，并关注法大的发展。

▲黄进校长等参观恢复招生 30 周年回顾展

尽管已经取得了令人瞩目的成就，但依然会遇到种种困难，法大人任重而道远。总结 30 年来的发展经验和教训，学校始终坚持发展是第一要务，审时度势制定教育方针，坚持社会主义办学方针不动摇，同时与国家政治进步、法治昌明相结合；坚持教育改革发展纲要，积极推动教育改革、开拓创新；坚持学术立校、人才强校、依法治校；坚持完善民主办学机制；坚持以人为本，构建和谐校园，致力于师资队伍建设，良好师风学风文化建设；坚持加强党的建设，发挥党的领导作用。学校铭记前辈提出的推动法治昌明、社会进步的训导，感恩所有教师为传道授业做出的努力，传承厚德、明法、格物、致公的精神，忠于法治天下的信念，携起手来开拓创新，埋头苦干，与时俱进。

最高人民检察院原检察长、第十三届中国共产党中央顾问委员会委员，亲手组建中国政法大学并任首届校长的刘复之同志因故不能到会，他特意向广大师生校友问好，并向学校题词：继续努力，夺取新胜利。

其间，学校分别举办了校友论坛、"中国政法大学恢复招生30周年回顾展"等一系列庆祝活动。

四、大力改善办学条件，营造美丽校园景观

由于校园面积的限制，学校的硬件设施始终是制约学校发展的一大难题，基本建设的相对滞后对学校的战略发展形成了阻碍。随着招生规模的扩大，学生宿舍、教学楼、食堂、澡堂等生活学习设施及相关配套设施越发紧张。

2000年学校划归教育部管理以后，为了满足办学需求，学校将主要精力放在寻找土地建设新校区和编制海淀校区整体建设规划上。2005年，海淀校区整体建设规划获得北京市批准，而由于北京土地紧缺和国家调整土地政策，学校一直未能找到合适的土地建设新校区。2007年年初，经学校教代会同意，学校确立了"立足现状，就地发展，周边拓展，滚动开发，加速现有校园建设"的思路，开启了新的校园建设历程。

2000年以后尤其是成为"211工程"重点建设院校以后，在教育部的大力支持下，学校共建设完成各类用房154 091.05平方米，不仅解决了老师们办公、同学们生活学习等基本问题，大大改善了办学条件，还增加了许多配套设施和景观设施，海淀校区和昌平校区经过几年的改造和扩建，真正实现了大变样。

2001年7月，海淀校区天然气锅炉房动工，建筑面积810平方米，经过努力保证当年正常供暖。该项目的建成完成了北京市治理大气污染第一阶段的任务。

2003年9月，昌平校区教学楼E段竣工交付使用。该项目建筑面积5400平方米，高17.75米，共4层。昌平校区教学楼E段的建成，使教学楼B、C、D段教学楼形成"十"字交叉布局，之间通过连廊连接，连廊首层架空，形成学校内独特的风景线。为突出学校的办学理念和特点，昌平校区的教学楼改用校训"厚德明法，格物致公"来命名，其中教学楼E段更名为明法楼。2008年9月起，明法楼成为中国政府与欧盟共同举办、中国政法大学承办的中欧法学院的教学场所。

2004年4月12日，昌平校区10号、11号学生公寓竣工交付使用。该项目总建筑面积8336平方米，高19.43米，共6层，有宿舍206间。昌平校区10号、11号学生公寓的落成缓解了昌平校区学生住宿紧张的局面，为法律硕士学生迁入昌平校区学习、生活创造了条件，为学生提供了一个舒适、干净的生活环境。2007年，学校将学生宿舍楼命名为梅、兰、竹、菊四园，其中10号、11号学生公寓分别为兰园3号和4号学生公寓。

2004年10月，昌平校区学生活动中心交付使用。昌平校区学生活动中心为我校同学在教室和图书馆外提供了真正意义上的"第二课堂"，为我校的素质教育开展提供了物质支持和空间保证。

2005年9月，海淀校区新2号楼学生公寓竣工交付使用。海淀校区新2号学生公寓是在学校投资拆除原明光村近70户的基础上建设的，彻底改变了校园南部西侧的环境。新2号学生公寓的落成，为学校持续扩大研究生招生规模创造了条件，有效改变了海淀校区研究生的住宿紧张和住宿条件差等情况，为学生的日常生活提供了有力保障。

2007年6月20日，我校图书馆分馆文渊阁在昌平校区北区正式落成。文渊阁由原第三食堂改建而成，扩建面积约1463平方米。文渊阁建成以后，原图书馆改名为法渊阁，专门馆藏法学、政治、经济类及2003年以前的图书；同时，新落成的人文图书馆在听取多方意见的基础上，采用了由校领导选定的馆名——文渊阁，主要收藏2003年以后法学以外各学科的图书，藏书大概有40万册，此后其他人文方面约30万册新书也落户文渊阁。

▲2007年国际交流中心竣工

2007 年 9 月 30 日，昌平校区国际交流中心竣工并交付使用。该项目是我校"十一五"期间的重点建设项目之一，位于昌平校区家属院南门东侧，与校医院相对。国际交流中心的建成和交付使用进一步改善了我校的硬件设施条件，缓解了昌平校区学生公寓、办公用房和对外接待用房匮乏的局面。

2009 年 5 月 27 日，海淀校区新 1 号学生公寓正式交付使用。该项目是我校"十一五"期间的重点建设项目之一，2007 年开工建设。新 1 号学生公寓的落成，使海淀校区研究生的住宿条件得到根本改善，同时也为海淀校区的滚动开发，特别是科研楼的建设创造了条件。

2010 年 1 月，昌平校区科研楼交付使用。昌平校区科研楼的建设获得教育部邵氏基金 600 万港元的支持，以香港著名人士邵逸夫先生的名字命名为"逸夫楼"。逸夫楼的建成有效缓解了昌平校区教学科研资源紧张的局面，结束了我校教授没有个人办公室的历史，为师生交流提供了良好环境。

▲ 2010 年交付使用的逸夫楼

2010 年 3 月，海淀校区综合科研楼开工建设，至 2010 年 11 月 11 日，主体结构封顶。在该楼建成之前，海淀校区由于校园狭小，学校办公及科研用房主要在 20 世纪五六十年代建成的旧楼里，办公条件简陋。建成后的综合科研楼有效改善了海淀校区的办公条件，为海淀校区的滚动开发提供了有力的支持和保证。2010 年 8 月，海淀校区配套服务用房开工建设，12 月底完成结构验收。该项目建成后有效改善了社区环境，彻底解决了海淀校区缺少离退休老同志活动用房的问题，方便附近师生生活、活动，也为学校的发展提供了有力的保障，并为学校下一步校园建设创造了条件。[1]

除了生活、学习和办公用房，学校整体的校园景观也在几年间有了喜人的变化。2005年，校党委宣传部专门成立了校园文化建设办公室。经过几年的努力，陆续在校园里增设了法镜、校训宝鼎、孔子圣像、法治广场等人文景观，校园文化氛围有了明显改观。

2007年5月，在学校55周年校庆期间，由我校83级校友捐赠的校训主题雕塑"法镜"在昌平校区揭幕。8月，由北京大成律师事务所捐赠的校训宝鼎在昌平校区落成。校训宝鼎的创作主旨是以"法"为核心，借助中国传统文化中具有特殊意义的象征性礼器"鼎"的形象，将校训融合其中，由此表现整座雕塑的庄严感、艺术感和神圣感，彰显学校在中国法学教育领域的重要地位。校训宝鼎上镌刻着我校法律古籍整理研究所所长徐世虹教授撰写的铭文："吾学之兴历五十余载，训育之初无所定。然大学精神，递传不替。二零零二年四月，校训初成。厚德明法，格物致公。恒追高远，永为义则。吾学之宗，由是灼然。今铸鼎勒铭，明著来者。"

同年8月，由香港孔教学院院长汤恩佳先生捐赠的孔子圣像在昌平校区文渊阁前落成。孔子圣像高3.6米，为青铜质地。底座高0.8米、长1.4米、宽1米，为黑色大理石质地。孔子圣像在我校的落成，美化了校园环境，使师生们能够仰慕圣像，缅怀孔子，弘扬中华传统文化的精华，为我校学生提高人文素质创造了良好的氛围。

▲法字墙

[1]　以上校园建设相关材料由中国政法大学基建处于2011年12月提供。

▲孔子圣像

▲校训宝鼎

此外，法渊阁里气势恢宏的"法字墙"，生机勃勃的运动场，端庄肃穆的钱端升先生铜像和谢觉哉先生铜像，以及面积不大却寓意深刻的法治广场，小小校园里的每一个角落、每一个细节，无不彰显着法大的宏大气魄、优良传统和独特文化。

在持续进行校园建设的同时，2010年6月，《中国政法大学"十二五"基本建设规划》（以下简称《十二五基建规划》）编制完成，并上报教育部。

《十二五基建规划》总结了《十一五基建规划》的执行情况，分析了执行成效和不足。"十二五"期间，我校基本建设总体目标是：围绕学校"十二五"事业发展目标，以科学发展观为统领，力争到"十二五"末，使两校区九项校舍缺额面积减少至175 283平方米，接近"92定额"的要求；学生住宿条件继续改善；教学、科研、行政等用房能够满足学校事业发展要求；彻底改善学校办学条件，全面提升和优化硬件条件和校园环境，全力打造"现代化、学术化、园林化、人性化、智能化"的和谐校园，为学校培养高素质人才、开展高水平科学研究和高层次社会服务、实现学校的办学目标提供强有力的条件支撑。

"十二五"期间，我校校园建设的基本思路是：立足于对现有两校区的合理改造、优化和拓展，把现有校区建设成为精致而富有文化内涵的高等学府。集中力量加速海淀校区改造，力争完成海淀校区校园规划项目，打造全新的校区环境；继续美化昌平校区教学区，加快置换家属区进度，积极开发周边资源，进一步拓展发展空间，为"十三五"基本建设工作创造条件。

"十二五"期间，我校拟建项目主要包括：海淀校区综合科研楼、住宅配套服务楼、图书馆、教学楼、学生食堂、国际学术交流中心、法律服务大厦、管线道路基础设施改造；昌平校区家属院置换、地下通道、学生宿舍、综合体育馆；花园路住宅等。

《十二五基建规划》的编制贯彻了科学发展、合理定位、实事求是、突出重点、科学决策、把握节奏、规避风险等规划编制基本原则，统筹考虑学校事业发展规划、学科和师资队伍规划、校园建设总体规划和学校的筹资能力。经教育部确定的《十二五基建规划》将成为"十二五"期间审批我校新建项目的重要依据，为学校在此期间继续改善办学条件、美化校园打下坚实基础。

五、全面推进依法治校，积极贡献服务社会

为了充分发挥教代会在民主参与、民主管理、民主监督学校事务中的作用，落实校务公开制度、创新民主建设机制，更好地调动教代会代表在民主管理学校事务中的积极性，我校先后于 2005 年 3 月、2006 年 6 月出台并实施了《中国政法大学教代会代表列席校长办公会制度》和《中国政法大学接待教代会代表日制度》，在全国高校率先实行了教代会代表列席校长办公会。

两项制度的实施，大大提升了教职工在学校事务管理中的参与度。教代会代表参加校长办公会是教职工行使民主监督权的重要方式。校长办公会的全部活动向教代会公开，在教代会的监督之下，不仅仅是在年终做一个报告，日常也应有监督；教代会代表参加校长办公会是加强学校与教职工沟通的重要渠道。通过教代会代表在校长办公会上的发言，了解教职工在想什么，了解教师的基本想法，基本意愿；教代会代表参加校长办公会是学校信息公开和政务公开的重要体现。教代会代表代表民意在会上充分发表意见建议，见证、监督并现场评议学校决策，提高了学校工作的透明度和公信力。

2006 年 4 月，《中国政法大学接待教代会代表日办法（试行）》经校长办公会议通过并实施。接待教代会代表日是为了充分发挥教代会代表的作用，拓宽谏言献策渠道，切实保障教代会闭会期间代表权利的行使，学校在每个法定工作月安排一天作为接待教代会代表日，由教代会主席、副主席根据代表提出的问题，邀请相关校领导及职能部门负责人当面听取并予以答复。在接待日前一周，学校工会通过校园网发布通知，要求接待的代表要提前三天提交所反映的问题，学校工会根据问题邀请相关校领导及职能部门负责人前来解答。对于代表提出的问题、意见和建议，

能够当时解决的，当时解决；当时解决不了的，说明情况及解决时间；无法解决或不符合规定的，说明原因。

作为高等院校民主管理工作的有益探索，教代会代表列席校长办公会议制度、接待教代会代表日制度真正实现了学校领导与教代会代表的直接沟通，是对教代会制度的有益探索，更是民主政治建设的新突破。2007 年 7 月，北京市委教育工委、北京市教育工会在我校举办了北京高校民主管理现场会，我校教代会代表列席校长办公会制度、接待教代会代表日制度被大会推广。同年 11 月，全国教科文卫体育工会在武汉举行全国教育系统教代会制度工作交流会。我校党委副书记冯世勇代表北京市高校参加，并在大会上围绕我校首创并实施的教代会代表列席校长办公会制度和接待教代会代表日制度，在全国教育系统内介绍我校在创新高校教代会工作制度上的成功经验。2008 年 4 月，中国高校工会第 12 次宣传思想工作研讨会在重庆西南大学召开，我校工会齐湘泉在会议上介绍了我校教代会代表列席校长办公会制度，引起了强烈反响。

此后，我校继续完善相关制度，相继实施教师代表、学生代表列席校长办公会制度，党委委员、纪委委员、党代会代表列席党委常委会制度，畅通师生意见表达渠道，保障利益相关者的知情权与参与权。

2007 年 10 月 26 日，我校产生了建校历史上第一部办学章程。作为北京市依法治校示范高校，我校多年来在依法治校方面做出了许多具有示范性的工作，收到良好的效果。此次通过的《中国政法大学章程》是学校办学治校的"根本大法"，对学校的功能、地位、定位、性质、机构、师生员工的权利义务等方面做出了系统化的制度安排，使我校办学进入更加法治化的轨道。

学校高度重视《中国政法大学章程》的起草工作，组织我校优秀法学专家进行充分论证，并广泛征求教职工意见。为进一步加强《中国政法大学章程》的起草工作，2006 年 11 月，校长办公会决定成立以石亚军书记、徐显明校长任组长，全体校领导任委员的《中国政法大学章程》起草委员会，同时成立了起草专家工作组。11 月 7 日，《中国政法大学章程》起草专家工作组在昌平校区举行第一次工作会议。起草专家工作组组长马怀德副校长及成员方流芳教授、郑永流教授、李树忠教授、曹义孙教授、高家伟教授、吴平副教授、王敬波副教授参加讨论。至 2007 年 9 月，起草专家工作组共举办三次工作会议，进行深入研讨。同时，学校组织召开多次《中国政法大学章程（草案）》征求意见会，广泛征集各方面意见。

2007 年 10 月 26 日，在中国政法大学第四届教代会暨第十届工代会第五次全体会议上，《中国政法大学章程（草案）》获得全票通过。2008 年，《中国政法大学章程》正式颁布，我校成为全国较早制定章程的高校之一。

2010 年，《中国政法大学章程（修正案）》经第五届教代会暨第十一届工代会第二次全体会议审议通过，对学校英文名称、办学定位、国际化发展战略、教授委员会等条款进行了修改。2013 年，依据教育部《高等学校章程制定暂行办法》的要求，我校启动章程的修改工作。通过前期深入调研，在广泛征求师生员工、专家学者意见和建议的基础上，2013 年 11 月形成公开征求意见稿，并面向校内外公开征求了意见。2014 年 5 月，在学校第六届教代会暨第十二届工代会第一次全体会议上对《中国政法大学章程（修正案草案）》进行了讨论并征求意见。2014 年 11 月，经校长办公会议审议，党委常委会审定上报教育部提请核准。2015 年 7 月，《中国政法大学章程》经教育部高等学校章程核准委员会评议，2015 年第 22 次部务会议审议通过，正式予以核准。这标志着我校依法治校、现代大学制度建设取得重要进展。

核准后的《中国政法大学章程》共 11 个部分 74 条，9000 余字，分为：序言，第一章“总则”，第二章“学校功能”，第三章“组织机构”，第四章“教职员工”，第五章“学生”，第六章“校友”和“校友会”，第七章“学校与社会”，第八章“资产、经费和后勤”，第九章“学校标识”，第十章“附则”。

通过此次章程修改工作，学校系统梳理和诠释了校训、办学理念、办学使命和办学目标，形成了富有法大特色的办学治校理念。《中国政法大学章程》按照政校分开、管办分离的原则，明确界定和厘清了学校与举办者的关系；《中国政法大学章程》细化了党委领导下的校长负责制各项规定，规范了校党委常委会、校长办公会议的具体职责范围；进一步完善了学术治理体系、大力推进教授治学，确立学术委员会为校内最高学术机构；明确了办学自主权的运行机制，厘清各项权力边界，不断优化校院两级资源配置，形成了较为成熟的内部治理结构；在保障师生合法权益方面，明确规定了教职工和学生权益保护机制条款。增加“学校与社会”一章，将学校在社会合作方面的实践和探索成果用制度明确下来，促进构建社会参与、支持和监督学校发展的长效机制。

学校不断完善学生管理、科研管理、基建修缮采购监督、信息公开等制度，全面实施“阳光工程”，提升管理透明度，大力推进依法治校，积极探索现代大学管理制度，促进高等教育法治化、规范化。

在加强内部管理、完善规章制度的同时，学校也不断加大社会服务力度，从立法、智库报告、普法宣传、社会合作等各个方面作出自己的贡献，为法治建设和社会进步助力。

2006 年，我校著名行政法学家、博士生导师朱维究教授被聘任为国务院参事。朱维究教授是中国政法大学行政法学专业的创始人之一，为我国行政法治建设和行政法学科的发展作出了杰出贡献。受聘为国务院参事后，朱维究教授积极参政议政、建言献策，为民主法治建设、政府决策贡献力量。同年，我校王灿发、夏吟兰、皮艺军、薛刚凌教授受聘为北京市"五五"法制宣传教育讲师团成员；"百名法学家百场报告会"中央国家机关专场报告会在京举行，我校校长徐显明应邀作"和谐社会与法治"专题报告。

2008 年 2 月 28 日，《中国的法治建设》白皮书正式发布。白皮书以大量事实向国际社会全面介绍了新中国特别是改革开放以来我国法治建设取得的巨大成就，在海内外引起强烈反响。3 月，中央有关部门及中国法学会分别致函我校，对我校徐显明、蒋立山和王卫国三位教授在白皮书的撰写和发表过程中所作的贡献表示衷心感谢。据悉，徐显明教授参与了白皮书的策划、框架的确立、内容撰写和宣传报道等工作，并多次参加讨论、修改，提出许多好的意见和建议。蒋立山、王卫国教授也参与了白皮书的讨论、部分内容起草和对外宣传工作。

2008 年 3 月 29 日，为推动学习型领导班子和学习型干部队伍建设，切实提升全区广大干部建设一流现代化城市发展新区的能力和水平，昌平区"领导干部进高校"大讲堂活动启动仪式在我校昌平校区举行。我校党委书记石亚军为学员讲授了第一课——"大部制改革与服务型政府建设"，昌平区 300 余名局级和处级领导干部作为学员参加了学习。我校与昌平区委组织部密切协作，精心组织课程设置与教师遴选工作，收到了较好的效果。

汶川"5·12"特大地震灾害发生后，我校迅速召开抗震救灾支援灾区工作部署会，会议要求全校各单位部门紧急行动起来，投入到全国抗震救灾工作中。我校师生党员情系灾区，踊跃交纳特殊党费。6 月，由我校法治政府研究院与《中国应急管理》杂志社共同主办的"抗震救灾中的公共应急法制"学术研讨会在我校海淀校区举行，二十余位来自理论界与实践界的专家学者齐聚一堂，为中国应急法制的完善和汶川地震的灾后重建工作出谋划策。此外，我校法与经济学研究中心席涛教授于 2008 年，陪同国务院和有关部委领导两次赴四川汶川地震灾区，实地调研地震对灾区及中国经济、社会、环境的影响。经过两次讨论和论证，我校法与经济学研究中心向国务院和有关部委提供了"四川汶川地震对中国经济、社会、环境影响的分析报告"，并提供了国际上 3 份有关风险与监管的法律和规范性文件（经济合作与发展组织的《风险监管和风险管理战略问题》、英国的《风险、责任和监管》、加拿大的《风险基准审计指引》）。全国人大财经委、国家发展改革委、财政部、中国人民银行、商务部、中国银行业监督管理委员会、清华大学、北京大学和中国人民大学的有关专家学者参加了分析报告的讨论和论证。

2008 年 8 月，国务院法制办致函我校，对马怀德教授为负责人的法治政府研究院"行政法规审查清理"课题组表示感谢。2007 年年初，受国务院法制办的委托，我校法治政府研究院组成以马怀德教授为负责人的课题组对部分行政法规进行审查并提出修改意见。经过半年多的研究，课题组对所负责审查的行政法规进行了认真的审查和研究，并提出了清理建议。2008 年 1 月 15 日，国务院第 516 号令公布了《国务院关于废止部分行政法规的决定》，不少行政法规的清理结果参照了课题组的意见。

2008 年 10 月，受澳门特别行政区政府法律改革办公室邀请，陈光中教授率领专家组前往我国澳门地区参加"修订《澳门刑事诉讼法典》专题座谈会"，为《澳门刑事诉讼法典》修订提供建议书。在"一国两制"下，由内地专家为特别行政区法律修改提供建议书尚属首次。

2009 年 6 月，联合国难民署驻华代表处成立 30 周年暨首部《国际难民法》教材发布仪式举行。蓝逎益先生代表联合国难民署向我校捐赠了《国际难民法》教材。《国际难民法》教材是联合国难民署的一个重要项目，我校国际法专家梁淑英教授在联合国难民署的支持下完成了该书的创作。

2008 年 8 月 19 日，随着奥运会铁人三项比赛落下帷幕，作为铁三场馆的主责高校，我校圆满完成赛事的志愿服务工作；9 月，我校圆满完成残奥会公路自行车赛、奥林匹克公园公共区、开闭幕式看台观众互动等各项赛事的志愿服务工作，受到了社会各界的广泛好评。

2009 年 10 月 1 日，在庆祝中华人民共和国成立 60 周年活动中，以我校师生为主体的第二十三方阵"依法治国"方阵参加群众游行，1396 名同学经过艰苦训练和周密准备，圆满完成这次重大任务，为学校赢得了荣誉，为祖国增添了光彩。

第十章
提质增效　科学发展：服务全面依法治国
（2010—2017）

第一节　贯彻"高教三十条"推动内涵式发展

一、改革创新推动发展，抓住机遇实现跨越：第七次党代会召开

继第六次党代会之后，时隔六年，在《国家中长期教育改革和发展规划纲要（2010—2020 年）》颁布之际，我校第七次党代会于 2010 年 11 月 19 日在昌平校区召开。

第七次党代会是我校在新世纪召开的第二次党代会，肩负着承前启后、攀登新高的重要使命，具有深远的历史意义。大会的主题是：高举中国特色社会主义伟大旗帜，以邓小平理论和"三个代表"重要思想为指导，深入贯彻科学发展观，全面落实全国教育工作会议精神和《国家中长期教育改革和发展规划纲要（2010—2020 年）》，坚持改革创新、内涵发展、以人为本、兼容并蓄、和谐有序，同心同德为取得法科强校建设的新成就而努力奋斗。

教育部人事司副巡视员谢志敏、北京市委教育工委常务副书记刘建、北京市委教育工委联络员吕焕卿、北京市委教育工委组织处副处长李丽辉、教育部人事司干部韩春勇等嘉宾出席了开幕式。全校 187 名正式党代表出席会议，学校老领导和老教授代表、民主党派和无党派代表人士、各级人大代表和政协委员、有关部门和院系负责人应邀出席了大会。

大会执行主席、校长黄进致开幕词。黄进指出，学校自第六次党代会召开以来的六年是跨越式发展的六年，学校的各项事业都取得了长足的进步。第七次党代会恰逢学校"三步走"发展战略的前两步的转换期，是在改革开放以来的第四次全国

教育工作会议刚刚召开以及《国家中长期教育改革和发展规划纲要（2010—2020年）》刚刚颁布并开始全面实施的背景下召开的，我们要认清形势，把握契机，为把我校建设成开放式、国际化、多科性、创新型的世界知名法科强校打下坚实的基础。

谢志敏宣读了中共教育部党组向大会发来的贺信。贺信肯定了我校自第六次党代会以来取得的各项成就。贺信中说，中国政法大学是我国法学教育的最高学府，秉承办学精神，坚持改革创新，锐意发展进取，为国家科教兴国战略、依法治国方略的实施和法学教育改革作出了特殊的贡献。教育部党组希望学校新一届党委团结和带领全校师生员工，紧紧抓住新一轮教育改革发展的战略机遇，继续发扬优良传统，进一步突出办学特色，增强内涵发展能力，提升开拓创新水平，不断培养更多德才兼备的高素质人才，为建设社会主义法治国家和人力资源强国作出更大贡献。

刘建在大会上讲话。她代表中共北京市委教育工委和北京市教委，对我校第七次党代会的召开表示热烈的祝贺，向我校党员和师生员工表示诚挚的问候。她肯定了我校过去六年发展所取得的成绩，对学校今后的工作提出了要求和希望。

石亚军代表中共中国政法大学第六届委员会作了题为"坚持改革创新 推进科学发展 同心同德为取得法科强校建设新成就而奋斗"的工作报告。报告指出，今后五年是我校法科强校建设历程中极其关键的历史机遇期和战略挺进期。学校要抓住历史机遇，实现战略挺进，需要我们确立起深远的审势眼光、高度的谋略境界、宽阔的办学胸怀、坚定的质量意识，将高等教育发展的新要求、经济社会发展赋予我校办学的新使命、全体师生员工的新期待紧密结合起来，坚持抓改革、促创新，坚持高水平、有特色，坚持重包容、树品位，坚持增活力、创拔尖，坚持谋统筹、求协调，坚持富民生、保和谐，扎扎实实地工作，实实在在地发展。

报告强调下一步学校的总体目标将着力实现三个转变，即发展模式由外延式数量扩张向内涵式质量提升的转变，资源配置体系由松散型点状分离向集约型面状整合的转变，主体动力机制由被动性外推向主动性内驱的转变。在转变的基础上，推动学校的整体发展朝着开放式、国际化、多科性、创新型的世界知名法科强校的目标实现又一次历史性跨越。

胡明代表中共中国政法大学第六届纪律检查委员会作了题为"健全惩防体系 创新工作机制 努力开创我校反腐倡廉工作新局面"的工作报告。

在校领导的高度重视下，此次党代会的准备非常充分，从党代表选举、会议组织、会议程序到两委报告的起草、两委委员候选人的酝酿提名，本着"发扬民主、倾听民声、集中民智"的精神，处处体现着民主，充分体现了全体党员的意志。在两委委员候选人的酝酿提名过程中，学校各级党组织充分发扬党内民主，采取自下而上、自上而下、上下结合的方法，做到"三上三下"，广泛听取广大党员同志的意见，保证了提名工作的圆满完成。本次党代会采用党代表提案制和任期制，进一步扩大党内民主，充分发挥党代表在学校改革发展中的作用，与历届党代会有很大不同。

经过两天的代表团分组讨论，11月20日，第七次党代会进行大会选举并顺利闭幕。大会选举坚持公正、公开，选举产生了中共中国政法大学党委第七届委员25名，中共中国政法大学纪律检查委员会委员9名。党委委员为马抗美、马怀德、王立勇、王立艳、王明宇、卞建林、石亚军、冯世勇、曲新久、朱勇、刘长敏、刘秀华、杜新丽、李秀云、李树忠、李淑荣、李曙光、吴平、张柳华、张保生、张桂琳、胡明、高浣月、黄进、薛刚凌。纪委委员为王小平、阮齐林、李晓、李玺文、杨军、范分社、胡明、宣增益、彭祥林。

11月20日下午，在我校第七次党代会胜利闭幕后，新选出的党委会举行第一次全体会议，会议一致选举石亚军、黄进、马抗美、冯世勇、朱勇、张桂琳、张柳华、张保生、马怀德、高浣月、胡明11名同志为党委常委。选举石亚军同志为党委书记，冯世勇、高浣月、胡明同志为党委副书记。11月20日下午，新一届纪律检查委员会举行第一次全体会议，会议选举胡明同志为纪委书记，范分社同志为纪委副书记。

这次党代会是在全国高等教育步入改革发展新阶段，我校建设法科强校步入关键的历史机遇期和战略挺进期的背景下召开的具有重要意义的大会，肩负着承前启后、继往开来的使命，对学校改革、建设与发展产生了重要而深远的影响。

二、建立现代大学制度：探索成立校董事会

在2010年发布的《国家中长期教育改革和发展规划纲要（2010—2020年）（公开征求意见稿）》第二十一章"重大项目和改革试点"中明确提出，要组织开展现代大学制度改革试点，制定、完善学校章程，探索学校理事会或董事会、学术委员会发挥积极作用的机制。为了加强学校与社会的联系，扩大社会参与学校管理，吸引社会资金，进一步推动学校的建设与发展，我校决定成立中国政法大学董事会。

2010年3月25日，中国政法大学董事会成立筹备会议在昌平校区召开。会上，副校长马怀德向与会人员介绍了我校筹建董事会的相关情况。我校从2009年下半年开始筹建董事会，目前董事会筹建工作进展顺利。董事会的筹建工作不仅得到了众多知名校友的热情支持，也得到了国家及省部级有关领导的关心。发展规划与学科建设处处长杨阳向与会人员介绍了今后操作中可能遇到的问题，并同与会人员进行了交流与探讨，就具体实施细则及基金管理等事项进行了解释。

校长黄进在讲话中首先希望与会人员正确认识这项工作的意义。他指出，筹建董事会有利于扩大社会参与学校建设，增加社会与学校之间的联系；有利于改善学校现有条件，为广大师生提供更好的工作和学习环境；有利于实现学校开放性发展的战略，为学校中长期的发展建设奠定基础。

2010 年 12 月 12 日，中国政法大学董事会成立大会在国家会议中心举行。这既是学校贯彻落实《国家中长期教育改革和发展规划纲要（2010—2020 年）》的具体举措，也标志着学校在深化办学体制改革，不断扩大开放合作，加快推进产学研结合方面又迈出了重要步伐。

全国人大宪法和法律委员会副主任委员洪虎，全国政协社会和法制委员会主任张福森，全国政协教科文卫体委员会副主任张耕，黑龙江省政协主席王巨禄，教育部部长助理、党组成员林蕙青，全国政协社会和法制委员会副主任张穹，北京市委常委、海淀区委书记、中关村科技园管理委员会党组书记赵凤桐，上海市高级人民法院院长应勇，吉林省高级人民法院院长张文显，天津市人民检察院检察长于世平，吉林省人民检察院原检察长索维东，教育部政策研究与法制建设司司长孙霄兵，北京市教委副主任付志峰，昌平区委书记侯君舒，中国社会科学院学部委员、法学研究所终身研究员王家福，我校终身教授、原校长江平，我校终身教授、原校长陈光中，中国人民大学常务副校长、中国人民大学董事会副会长袁卫，北京市高级人民法院党组副书记、副院长贺荣等嘉宾及我校党委书记石亚军、校长黄进出席大会，我校所有在京校领导、各学院及职能部门负责人、学生代表参加了大会。

石亚军致辞表示，中国政法大学董事会隆重成立，是一件对学校未来的发展具有重要意义、值得庆贺的大事。他表示，董事会应该跟学校构成一种合力，形成一种新的办学的坐标系，学校的力量是横坐标，董事会的各种成员构成的另外一种力量是纵坐标，董事会的成员可以自身经历、做法、经验、方法和技术，为调整学校的发展战略、调整教学科研的具体目标提出好的建议。

面对现代高等教育昂贵的办学成本，资金不足问题几乎摆在了所有大学面前。面对知识经济的挑战，中国高校要持续保持自身的发展力和竞争力，实现改革发展和创新，仅仅依靠政府的支持和投入是不够的。20 世纪 90 年代，随着我国社会主义市场经济的深入发展，高等教育改革的日益加速，一些高校开始探索以政府投入为主、多渠道筹措经费的教育投入机制。在一些知名高校，如北京大学、浙江大学、南京大学等，社会募集资金已成为学校办学资金的重要组成部分，广纳社会资源已成为世界各国高校办学的共同趋势。高校董事会立足于筹措资金，吸纳社会各界对学校的捐款和资助，符合当前我国高等教育改革提出的多渠道办学的政策。

中国政法大学董事会成立后，负责对学校发展战略规划、学科建设、人才培养、科学研究及社会服务等重要事务进行咨询、指导和评议，并代表学校与政府机关、企事业单位及社会组织开展沟通和联络，致力于社会服务与人才培养，筹措学校教育发展资金，支持学校改革与发展事业。

三、立足创新开拓进取，大力推进学科建设

在第七次党代会精神的鼓舞下，学校锐意创新，开拓进取，各项工作取得良好的成效。几年间，学校相继获准成为"985 工程优势学科创新平台"项目高校，牵头的"司法文明协同创新中心"入选首批教育部"2011 计划"（高等学校创新能力提升计划），参与的"国家领土主权与海洋权益协同创新中心"入选第二批教育部"2011 计划"，"证据科学创新引智基地"入选国家"111 计划"（高等学校学科创新引智计划），学科建设不断获得新的突破。

为建设创新型国家、加快推进社会主义现代化建设，并充分发挥高等学校学科的综合优势，尤其是行业特色型大学在所属行业领域全国顶尖的学科优势，2006年，国务院决定建设"985 工程优势学科创新平台"，由教育部和财政部共同负责。

2011 年 6 月 8 日，根据教育部、财政部、国家发展改革委的正式通知，我校所申请的"985 工程优势学科创新平台"项目获准立项。"985 工程优势学科创新平台"项目建设的主要任务是以国家和行业发展急需的重点领域和重大需求为导向，围绕国家发展战略和学科前沿，重点建设一批优势学科创新平台，其建设采用"985 工程"科技创新平台建设模式，这对我校学科建设、人才培养、科学研究、社会服务等工作的创新开展具有重要意义。

2011 年 4 月，胡锦涛同志在庆祝清华大学建校 100 周年大会上发表重要讲话，明确提出坚定不移走以提高质量为核心的内涵式发展道路。他指出，要积极推动协同创新，通过体制机制创新和政策项目引导，鼓励高校同科研机构、企业开展深度合作，建立协同创新的战略联盟，促进资源共享，联合开展重大科研项目攻关，在关键领域取得实质性成果，努力为建设创新型国家作出积极贡献。2012 年 5 月，高等学校创新能力提升计划工作部署视频会议召开，强调协同创新的"2011 计划"启动实施。"2011 计划"以人才、学科、科研三位一体的创新能力提升为核心任务，以高校、科研机构、企业协同创新中心为载体，以创新发展方式转变为主线，

推动深化高校机制体制改革。

为贯彻落实胡锦涛同志在庆祝清华大学建校 100 周年大会上的重要讲话精神，积极推动高等学校协同创新能力，依据教育部、财政部《关于实施高等学校创新能力计划的意见》和教育部《"高等学校创新能力提升计划"实施方案》，2012 年 7 月，由中国政法大学牵头，中国政法大学、吉林大学、武汉大学共建的司法文明协同创新中心在北京签约成立。7 月 11 日，司法文明协同创新中心签约揭牌仪式在北京举行。最高人民法院副院长张军、教育部党组成员顾海良、最高人民检察院副检察长孙谦、公安部科信局局长厉剑以及来自各协同单位的代表 60 余人出席了仪式。

中国政法大学、吉林大学和武汉大学均拥有法学国家级重点学科，并以教育部重点研究基地——中国政法大学诉讼法学研究院、中国政法大学证据科学教育部重点实验室、吉林大学理论法学研究中心、武汉大学环境法研究所为培育组建司法文明协同创新中心的实体，体现了教育部关于"强强联合"的要求。三校共建的司法文明协同创新中心，通过优势互补和分工协同，开展司法文明理论、司法文明史、诉讼法学、证据法学、法庭科学、侦查学、检察学、环境司法、军事司法、国际司法、司法伦理学、知识产权司法鉴定、司法会计学等学科和创新团队建设。

同时，中国政法大学还与最高人民法院研究室、最高人民法院中国应用法学研究所、最高人民检察院法律政策研究室、最高人民检察院检察理论研究所、公安部物证鉴定中心、原环境保护部环境规划院、中华全国律师协会、北京仲裁委员会、国际红十字会签约。除上述签约单位外，三校共同培育组建的司法文明协同创新中心，还与司法部有关司局及地方人民法院、人民检察院、公安局、律师事务所等签订协同创新协议。司法文明协同创新中心还与国际诉讼法协会、国际证据科学协会、德国马克斯·普朗克研究所（刑事）、美国西北大学法学院、美国马里兰州法医局、瑞士洛桑大学、德国弗莱堡大学、意大利帕维亚大学等国外学术机构签订合作协议。

三校共同培育组建的司法文明协同创新中心，按照"国家急需、世界一流"的要求，以机制体制改革为核心，吸收人类司法文明的一切优秀成果，全面提升协同各方人才、学科、科研三位一体的创新能力，为落实党的十七大提出的"深化司法体制改革，建设公正高效权威的社会主义司法制度"提供强有力的理论支持和人才支持，构建司法理论研究的学术高地，推进法治国家建设。其主要任务包括：①开展本科生、研究生司法文明相关课程的共同开发，教师互聘、学生课程互选等人才培养工作；②开展司法领域相关学科和专业课程体系建设；③开展司法文明相关课题的合作研究及研究成果的转化应用；④开拓司法领域的国际学术交流与合作；

⑤举办司法文明学术研讨会；⑥开展面向司法系统的法律咨询、培训工作；⑦其他协同创新工作。

同年 7 月 25 日，由我校与中南财经政法大学、北京大学共建的"知识经济与法治发展协同创新中心"在京正式成立。12 月 9 日，我校参与了由武汉大学牵头的国家领土主权与海洋权益协同创新中心揭牌仪式。12 月 28 日，中国政法大学、武汉大学、厦门大学、南开大学和对外经贸大学共建全球治理与国际法治协同创新中心签约暨揭牌仪式在京举行。

2013 年 4 月 11 日，教育部发布《关于 2012 年度"2011 协同创新中心"认定结果的公示》，由我校牵头成立的司法文明协同创新中心成功通过认定，成为全国首批 14 个"2011 协同创新中心"之一。2014 年 10 月 11 日，由武汉大学牵头，我校作为核心协同单位之一参加申报的国家领土主权与海洋权益协同创新中心成功通过第二批"2011 协同创新中心"认定。

2014 年 11 月 4 日，司法文明协同创新中心海外合作研究机构"中国法律与比较司法制度研究所"挂牌仪式暨首届"中国法律论坛"在美国印第安纳大学摩尔法学院（布鲁明顿）举行。11 月 5 日，由中国司法文明协同创新中心和美国马里兰州法医局联合建立的中美法庭证据科学研究中心在马里兰州法医局正式揭牌，这是中美两国在司法鉴定和法庭科学领域的首个合作项目。在此次仪式上，中国政法大学与马里兰大学签署了联合培养双学位硕士的合作协议。

司法文明协同创新中心成立后，立足创新，加强协同，取得了丰硕的成果。2015 年，司法文明协同创新中心司法文明指数项目组开发的"司法文明指数"正式发布。

《中共中央关于全面推进依法治国若干重大问题的决定》把"保证公正司法，提高司法公信力"作为推进全面依法治国的六大任务之一。公正司法既是法治建设的重要任务，又是法治的根本保证。司法文明意味着"司法进步"，即更先进的司法理念、司法制度、司法行为和司法文化。从愚昧司法、野蛮司法到文明司法，是司法文明"否定之否定"的螺旋式上升运动。在"世界法治指数"9 个一级指标中，与司法相关的一级和二级指标分别占了 1/3 和 17/47（36%）的比重。这表明，司法文明是法治文明的基本标志。在《中共中央关于全面推进依法治国若干重大问题的决定》中，"法治"一词出现了 111 次，而"司法"一词出现了 73 次，凸显了司法公正是"法治的生命线"。

"司法文明指数"是一种显示各地司法文明程度的量化评估工具，其主要功能是为法治建设提供量化评估，为司法文明建设提供一面"镜子"，并体现人民群众对司法工作的满意程度。

2015 年 3 月 2 日，《中国司法文明指数报告 2014》在中国政法大学发布，这是我国首个全国性的司法文明指数报告，作为司法文明协同创新中心司法文明指数项目组的倾力之作，为我国法治建设提供了量化评估工具。

2013 年 10 月 14 日，教育部和国家外国专家局联合组织的 2014 年度"高等学校学科创新引智计划"（简称"111 计划"）评审工作结束，中国政法大学"证据科学创新引智基地"作为 2014 年度建设项目予以立项。截至 2016 年年底，全国共有 88 所高校获批"111 计划"引智基地立项，我校"证据科学创新引智基地"是历年来唯一获批的法学类引智基地。

"111 计划"是自 2006 年起由教育部、国家外国专家局联合实施的旨在推进我国高校建设世界一流大学进程的高端项目，瞄准国际学科发展前沿，以国家重点学科为基础，从世界排名前 100 位的大学及研究机构的优势学科队伍中，引进、汇聚 1000 余名优秀人才，建设 100 个左右世界一流的学科创新引智基地。

"111 计划"证据科学创新引智基地，坚持以"国家急需、世界一流"为核心要求，以文理交叉、法学与自然科学交叉为特色，努力培养造就一批具有国际影响力的科研成果和学科人才，为中国政法大学强化办学特色、建设法学国际一流学科、扩大国际知名度与美誉度贡献中坚力量。经过持续建设，在中外专家团队的共同不懈努力下，"证据科学创新引智基地"成绩斐然，收获了多项成果：2015 年 7月，第五届证据理论与科学国际研讨会在澳大利亚阿德莱德市召开，这是自 2007年在北京成功举办首届研讨会以来，首次走出中国、走向世界，标志着其在树立国际学术品牌、提升国际影响力方面取得了突破性进展；2015—2016 年，中瑞证据科学国际研讨会成功召开，在积极推动中瑞两国在证据科学领域开展高层次学术交流合作以及中国证据科学发展方面作出了突出贡献；30 余位海外名师应邀赴我校授课，均采取全英文教学方式，为我校学生提供了宝贵的学习和开阔国际视野的机会；罗纳德·J. 艾伦教授荣获 2014 年度中国政府"友谊奖"。

四、隆重迎来甲子校庆，达成系列高端合作

2012 年，我校迎来建校 60 周年。在 60 年的办学历程中，中国政法大学始终致力于为新中国的法治建设培养优秀人才，坚持改革创新，服务国家战略，服务社会发展，各项事业取得了辉煌的成就。在 60 周年校庆到来之际，学校系统总结了 60年的办学成果，并以校庆为契机，达成了一系列重要合作。

经过精心筹备，2012 年 5 月，包括 60 周年校庆庆典、高端学术论坛、校庆晚

会、艺术展、音乐会、文化交流节、研讨会、成果展等一系列活动相继举行，充分总结我校建校 60 周年以来所取得的成就，展示我校的学术水平、学术特色和学术成果。

5 月 16 日上午，庆祝中国政法大学建校 60 周年大会在昌平校区礼堂隆重举行。中共中央政治局常委、第十一届全国人大常委会委员长吴邦国，中共中央政治局委员、国务委员刘延东，第十一届全国人大常委会副委员长李建国等发来贺信和题词表示祝贺。第十一届全国人大常委会副委员长周铁农，最高人民法院院长王胜俊，最高人民检察院检察长曹建明，第九、十届全国人大常委会副委员长成思危，第九届全国政协副主席罗豪才，全国人大常委会法制工作委员会主任李适时，全国政协社会和法制委员会主任张福森，中央政法委员会副秘书长、中央综治办主任陈训秋，全国人大宪法和法律委员会副主任委员洪虎，全国政协教科文卫体委员会副主任张耕，中国法学会党组书记、常务副会长陈冀平，中国法学会常务副会长刘飏，司法部原部长兼中国政法大学校长邹瑜，全国政协社会和法制委员会副主任张穹，武警部队政治部副主任张继钢等出席大会。

中央和国家机关有关部门领导，各省市领导，国内外知名学者代表，国内外著名大学校长代表，对中国政法大学发展作出重要贡献的来宾代表，国内 30 余家媒体，中国政法大学校友代表和师生代表等 1600 多人参加了大会。此外，还有来自 15 个驻华大使馆、驻华机构以及驻京机构的 22 位外交官及代表出席我校 60 周年校庆。

吴邦国在贺信中指出，中国政法大学是我国法学教育的最高学府，60 年来为国家培养了一大批高素质优秀人才，为弘扬社会主义法制文化、建设社会主义法治国家作出了重大贡献。他希望中国政法大学能以 60 周年校庆为新起点，秉承"厚德明法，格物致公"的校训精神，为推进我国政治进步、法制昌明、经济发展、文化繁荣和社会和谐作出新的贡献。

中国政法大学校长黄进发表讲话表示，60 年来，法大与法治荣辱与共，将自身发展融入国家法治建设的历史进程，形成了鲜明的办学特色和优势，成为国家实施依法治国方略的重要依托；始终是社会主义法治精神的大力弘扬者、社会主义法治理念的忠实践行者、社会主义法治国家的积极建设者和中国特色社会主义事业的坚定捍卫者。

教育部副部长、党组成员杜占元，北京市委常委、市委教育工委书记赵凤桐，第九、十届全国人大常委会副委员长成思危，清华大学校长陈吉宁，罗马第二大学校长罗纳托·劳罗分别致辞对中国政法大学甲子华诞表示祝贺。中国政法大学校友代表、天津市人民检察院检察长于世平，教师代表、终身教授江平，学生代表 2009 级本科生杨志在大会上发言。

在 60 周年校庆之际，学校决定集体嘉奖 1952 年建校时的全体教职工，向他们致敬，并对仍然关注和支持学校发展的老一辈教职工们予以表彰。

校庆前后，我校与中国科学院研究生院、加拿大西安大略大学毅伟商学院等达成一系列重要合作。

在 5 月 16 日建校 60 周年大会上，我校与中国科学院研究生院签署了《中国政法大学与中国科学院研究生院协同创新暨联合举办"成思危现代金融菁英班"战略合作协议》。"成思危现代金融菁英班"以我国著名经济学家，第九、十届全国人大常委会副委员长，中国科学院研究生院管理学院院长成思危教授冠名，充分利用中国政法大学与中国科学院大学双方的优质教育资源，根据优势互补的原则，由双方共同选派高水平专家联合承担人才培养工作。"成思危现代金融菁英班"以"四维人才知识结构"为指导思想，量身定制与国际接轨的现代金融课程体系和培养方式，着力于学生在专业的深度、基础知识的广度、哲学的高度和远见方面的教育，培养具有创新思维、国际化视野、深厚的现代金融理论素养，掌握数理分析工具、能够从事现代金融相关工作的高级专门人才。同时，"成思危现代金融菁英班"将整合国内外顶尖的学术机构、金融机构的专家，为学生授课、举办讲座，为学生提供较高比例的免试读研、出国深造、金融机构实习和就业机会。

当年 10 月 9 日，"成思危现代金融菁英班"开学典礼在我校昌平校区举行，成思危教授为"成思危现代金融菁英班"全体学生讲授了精彩的第一课。他针对"怎样学好金融学"向同学们提出几点要求：一是要明确目标，朝着目标方向坚持努力；二是要培养学习动力，要有上进心、责任感和求知欲；三是要培养创新、钻研的精神，善于发现问题，执着钻研思考，不断开拓进取。

5 月 16 日，我校商学院与加拿大西安大略大学毅伟商学院签订《中国政法大学商学院与加拿大西安大略大学毅伟商学院 EMBA 项目合作协议》，建立了合作关系。根据协议，12 月 3 日，中国政法大学商学院与加拿大西安大略大学毅伟商学院高端教育项目开课仪式在京举行。双方开展高端教育项目，意味着要在中国高端培训市场里举起一面大旗，将加拿大西安大略大学毅伟商学院的全案例教学优势与我校法商管理优势高度融合，培养具有法商智慧的新时代的管理者。学员将通过这个项目收获新的思想、理念，在这个高价值平台寻求更多机会与发展，助力中国企业健康稳定发展。

5 月 15—16 日，我校分别与国外五所大学签署了合作协议：与西班牙巴塞罗那自治大学签署了两校合作框架协议；与意大利罗马第二大学交换了两校校长签署的科学文化合作协议，并交换了与罗马第一大学、罗马第二大学、罗马国家科研委员会文化研究部联合续签的关于"建立罗马法体系背景下的中国法典化和法学人才培养研究中心"的四方协议；与韩国法制研究院院长金裕焕教授签署了合作框架协议；与荷兰蒂尔堡大学法学院签署了两校合作框架协议、学术及人员交流协议、博士生奖学金项目协议；与加拿大圣托马斯大学签署了两校合作框架协议及学生交换协议。

校庆当天，学校还分别与中国法学会、北京法政实业集团签署《中国法学会与中国政法大学共建"中国法学会国际法研究中心"合作框架协议》《北京法政实业集团有限公司捐建中国政法大学学院路校区国际交流中心工程项目协议书》。

校庆之际，2012 年 5 月 15 日，党和国家的卓越领导人、社会主义法治的主要奠基人彭真铜像在我校揭幕。全国人大宪法和法律委员会主任委员胡康生、全国人大常委会法制工作委员会副主任王胜明、中共中央文献研究室秘书长闫建琪、全国人大宪法和法律委员会原主任委员杨景宇、全国人大常委会法制工作委员会原主任顾昂然、全国人大宪法和法律委员会原副秘书长许孔让、全国人大宪法和法律委员会原副秘书长刘政、全国人大宪法和法律委员会原副秘书长王厚德、全国人大常委会法制工作委员会原副主任张春生，彭真亲属付彦、付洋等参加揭幕仪式。

彭真铜像是中国政法大学管理干部学院校友分会筹资设立的，是继谢觉哉先生铜像和钱端升先生铜像之后法大的第三座铜像。2012 年也是彭真同志诞辰 110 周年。彭真同志作为党和国家的卓越领导人，我国社会主义法治的主要奠基人，为建立健全社会主义民主和法治作出了重大贡献。同时，彭真同志是中国政法大学的前身之一中央政法干部学校的首任校长；为北京政法学院师生开设讲座，鼓励师生学好法律；1980 年，始终重视政法干部培养的彭真提议创办中国政法大学，成为中国政法大学成立的重要契机。彭真铜像的落成，既是缅怀彭真同志对中国法治事业、法学教育的重要贡献，也是弘扬赓续革命血脉，发扬伟大精神，继承革命事业，激励法大师生继续为全面依法治国贡献力量。

校庆期间，学校各院、部、处、所及全球各地的校友分会纷纷举办各类庆祝活动、学术研讨会等一系列活动，庆祝学校迎来甲子华诞。

五、落实"高教三十条"，全面提升培养质量

2011 年 4 月 24 日，胡锦涛同志在清华大学百年校庆重要讲话中强调，不断提高质量，是高等教育的生命线，我国高等学校要把提高质量作为教育改革发展最核心最紧迫的任务，始终贯穿人才培养、科学研究、社会服务、文化传承创新各项工作之中。

为了深入贯彻落实胡锦涛同志在庆祝清华大学建校 100 周年大会上的重要讲话精神和《国家中长期教育改革和发展规划纲要（2010—2020 年）》，大力提升人才培养水平、增强科学研究能力、服务经济社会发展、推进文化传承创新，全面提高高等教育质量，2012 年 3 月 16 日，教育部发布《关于全面提高高等教育质量的若干意见》（以下简称"高教三十条"），针对束缚高等教育内涵发展、影响和制约质量提高的薄弱环节和突出问题，努力体现改革创新的要求，围绕大力提升人才培养水平、增强科学研究能力、服务经济社会发展、推进文化传承创新，提出了全面提高高等教育质量的 30 条具体措施。

"高教三十条"为高等院校进一步深化改革指明了方向，为高校吹响了创新驱动的行动号角。为积极贯彻落实"高教三十条"，大力推动内涵式发展，中国政法大学多次召开专题研讨会和工作部署会，结合我校的实际情况，出台了一系列务实、创新、高效的措施。

2012 年 6 月 6 日，学校召开工作动员会，就贯彻落实"高教三十条"和教育部、财政部《关于实施高等学校创新能力提升计划的意见》进行工作动员和部署。张桂林介绍了"高教三十条"的背景、意义和框架，并对我校进一步贯彻落实这一文件进行了细致的工作部署。校长黄进提出，当前要努力完成由外延式发展为主向内涵式发展转变，由注重数量扩张向注重质量提升转变，由粗放式管理向精细化管理转变。党委书记石亚军提出，贯彻落实"高教三十条"和教育部、财政部《关于实施高等学校创新能力提升计划的意见》是我校的重要契机，只有不断提升才能做出标志性成果。我校务必抓住机遇，在重点领域和关键环节上不断创新，抢占先机，引领我国高等教育法学学科的发展，在推进我国高等教育未来的发展中扮演重要角色。

"高教三十条"以提高质量为主题，以加快转变高等教育发展方式为主线，突出把人才培养作为提高质量的首要工作，把内涵式发展作为提高质量的核心要求，把体制机制改革作为提高质量的根本出路。"高教三十条"的主要创新点体现在人才培养创新，科学研究、社会服务和文化传承创新，教育管理创新三个方面。

2012 年 8 月 28 日，我校召开了落实"高教三十条"工作会，对贯彻落实"高教三十条"进行了详细部署。石亚军在会上指出，我校的改革步入了深水区，"高教三十条"为我校进一步深化改革指明了方向。建设法科强校是我校的目标，内涵式发展是我们朝着目标行进的路径，创新驱动则是我们沿着内涵式发展路径实现建设法科强校这一目标的动力所在。为此，我校改革发展要完成三个转变：切实转变学校发展方式，切实转变学校发展轨迹，切实转变学校发展动力。校长黄进作了题为"坚持走内涵式发展道路、全面提升人才培养质量"的主题报告，提出，居安思危，抓住高等教育改革发展中可以大有作为的历史机遇，坚定不移地走内涵式发展道路，坚定不移地把提高人才培养质量作为学校工作中最核心、最紧迫的任务。

在本次工作会上，我校确定了以提升高等教育质量、走内涵式发展道路为目标，明确了协调发展、内涵发展、特色发展、创新发展、开放发展和可持续发展的前进方向，学校将全面提高人才培养质量定为核心工作，并从加强科研能力建设、提高社会服务能力、推进文化传承创新、提升人才培养水平等方面为全面提高人才培养质量提供坚实基础和有效保障。

学校相关职能部门、学院就贯彻落实"高教三十条"、推动内涵式发展，分别从学科建设、本科教学、研究生培养、科学研究、师资队伍建设、国际交流合作、学生工作等方面进行了具体的工作安排。

2012年9月，我校首个"墙幕式多功能视频教室"正式改造完成，实现了远程直播、视频会议、网络跨校跨国研讨课程、现场课程录播等课程、研讨专用教室的信息化升级，在多方面改变了我校现有的传统教学模式，实现教学、研讨的信息化转型。教务处启动"本科生学业规划指导"计划，助力学生学业修读的质量提升，举行"本科生学业规划指导"系列讲座。为贯彻落实"高教三十条"，创新我校法学人才培养模式，法学院在《法学人才培养模式改革实验班培养方案》的基础上，创新实验班应用学习阶段专业实习方案，加强同司法实务部门的协调合作，积极探索应用型法律人才培养模式。12月26日，我校建立了全国高校第一个司法案例原始卷宗复印副本阅览室——中国政法大学检察案例卷宗副本阅览室，其后，相继建立多个司法案例卷宗副本阅览室。2014年1月，我校建成司法案例卷宗电子阅览室，这是我校同步实践教学与信息化手段结合的最新成果，是我校在实践教学工作中充分利用信息化手段将原汁原味的司法资源引入课堂呈现到学生面前的创新成果，在国内高校中属于首创。

第二节　以党建引领发展　加强思想政治工作

一、加强党性作风建设，开展群众路线教育

党的十八大以来，中央自上而下加强党性教育和作风建设，从党的领导干部到全体党员，开展了党的群众路线教育实践活动、"三严三实"、"两学一做"等一系

列学习教育实践活动。根据中央、教育部党组的统一部署，学校党委高度重视，认真落实，在学习教育实践中检查问题、整改提升、建章立制，充分发挥领导核心作用，以党的建设促进中心工作，以思想政治工作保障学校各项事业快速发展。

2013 年 6 月 18 日，中共中央召开党的群众路线教育实践活动工作会议，对全党教育实践活动进行动员部署。党的群众路线教育实践活动按照"照镜子、正衣冠、洗洗澡、治治病"的总要求，着力整治形式主义、官僚主义、享乐主义、奢靡之风问题，使广大党员普遍受到一次马克思主义群众观点和党的群众路线教育，使党在群众中的威信和形象进一步树立，党心民心进一步凝聚，形成了推动改革发展的强大正能量。

根据中央、教育部党组的统一部署，按照教育部党的群众路线教育实践活动的要求，我校自 2013 年 7 月中旬起，以"转变工作作风、凝聚师生力量、促进科学发展、建设法科强校"为主题，深入开展党的群众路线教育实践活动。校党委全面总结近年来学校党建和思想政治工作特点，充分借鉴深入学习实践科学发展观、创先争优活动的成功经验，并结合教育部巡视组的巡视工作情况，制定了《中共中国政法大学委员会关于深入开展党的群众路线教育实践活动实施方案》。

7 月 10 日，学校召开动员大会，对党的群众路线教育实践活动进行全面动员部署，明确了党的群众路线教育实践活动的总体要求和工作目标、基本原则、主要内容、方法步骤和工作要求，对各个阶段的具体工作进行详细安排，正式启动党的群众路线教育实践活动。教育部党的群众路线教育实践活动督导二组组长、中国人民大学原党委书记程天权，副组长、中南财经政法大学原党委书记徐敦楷，副组长、中国教育发展基金会秘书长张中原等督导组全体成员到场。

9 月 4 日，校党委理论学习中心组就党的群众路线教育实践活动开展集体学习。石亚军就我校开展党的群众路线教育实践活动阶段性工作情况向教育部党的群众路线教育实践活动督导二组进行了汇报，各位党委常委结合自身工作谈了开展党的群众路线教育实践活动的学习体会，程天权代表教育部向我校校级领导班子提出了相关要求。程天权指出，中国政法大学是一所非常重要的大学，责任重大、使命光荣。他要求学校通过党的群众路线教育实践活动既能解决学校在"四风"方面存在的主要问题，又能解决师生群众反映强烈的个别问题；特别是在思想理论阵地，在巩固马克思主义指导地位、巩固中华民族伟大复兴的思想基础方面，学校应有所作为、引领社会。

11 月 29 日，按照中央、教育部党组的统一部署和学校党的群众路线教育实践活动总体安排，我校召开了校领导班子专题民主生活会。教育部思想政治工作司司长冯刚，教育部党的群众路线教育实践活动督导二组组长程天权，副组长徐敦楷、张中原，成员王晓燕、郭立琼、李召斌出席会议。在专题民主生活会上，党委书记石亚军代表学校汇报了校领导班子对照检查情况以及查摆出来在"四风"方面存在的突出问题，并从理想信念、宗旨意识、党性修养、作风建设等方面进行了深层次剖析，同时明确了今后努力方向和整改措施。校领导班子全体成员本着高度责任感和使命感，结合各自分管工作以及学校改革发展实际，逐一进行了对照检查，开展了深刻的自我批评和坦诚的相互批评。

同时，全校各分党委、党总支、直属党支部按照《中共中国政法大学委员会关于深入开展党的群众路线教育实践活动实施方案》和动员大会要求，结合单位特点制订了本单位的实施方案，组织召开了本单位的动员部署会，确保每一名党员和领导干部能够深刻认识开展党的群众路线教育实践活动的重要意义和主要内容。各级党组织把集体学习研讨作为开展学习的重要方式和检验自学成果的重要手段，在暑假期间，积极创造条件开展集中教育。此外，各单位还重视结合暑期社会实践，组织教职工党员围绕群众路线开展实践调研，组织学生党员实践团，深入农村、社区、街道、灾区等，开展了志愿服务、社会调查等丰富多彩的教育实践活动。

为找准学校在"四风"方面存在的问题，学校通过下基层走访、召开座谈会、个别访谈、发放调查问卷、开通邮箱电话，采取"面对面""背靠背"相结合的方式，广泛听取了中青年教师、学生代表、党外代表人士、处级干部、行政管理干部、老干部、辅导员、校友、学生家长、校外合作单位等方方面面的意见、建议。校领导深入联系点，注重与一线师生员工进行互动，通过组织33个座谈会，面对面听取了600余人的意见、建议。院、部、处负责人根据单位职能和服务对象，与党支部书记、教师、学生等开展座谈，广泛征求不同群体对本部门和对学校的意见、建议。在"面对面"交流的过程中，各级领导用好引导式、剖析式、求证式的谈话方法，取得了良好的效果。

随后，《中国政法大学党的群众路线教育实践活动专项整治工作方案》《中国政法大学党的群众路线教育实践活动建章立制实施计划》相继出台，针对文山会海、公款吃喝、超标公务用车办公用房、内部规章制度清理等问题，把专项整治作为整改落实的重要举措，一项一项整治、一个一个攻坚，抓住重点，层层落实，全心全力，扎实推进专项整治、建章立制的有效开展，确保教育实践活动取得实效。学校在行政管理、教务服务、后勤服务、海淀校区综合治理等方面推出一系列整改措施，取得了良好成效，获得广大师生的认可。

2014年3月9日，习近平总书记在参加第十二届全国人民代表大会第二次会议安徽代表团审议时，关于推进作风建设的讲话中提出"既严以修身、严以用权、严以律己，又谋事要实、创业要实、做人要实"的重要论述。2015年4月10日，中共中央办公厅印发《关于在县处级以上领导干部中开展"三严三实"专题教育方案》，对2015年在县处级以上领导干部中开展"三严三实"专题教育作出安排。

2015年5月15日，我校在昌平校区召开"三严三实"专题教育活动动员部署会，对我校"三严三实"专题教育活动进行工作部署。会议指出，"严以修身、严以用权、严以律己，谋事要实、创业要实、做人要实"，是共产党人最基本的政治品格和做人准则，也是党员干部的修身之本、为政之道、成事之要。"三严三实"是在清醒把握现状基础上对党员干部改进作风提出的新要求。开展"三严三实"专题教育，是党的群众路线教育实践活动的延展深化，是持续深入推进党的思想政治建设和作风建设的重要举措，是严肃党内政治生活、严明党的政治纪律和政治规矩的重要抓手，对于进一步增强党的创造力、凝聚力、战斗力，推进全面建成小康社会、全面深化改革、全面依法治国、全面从严治党，具有十分重要的意义。

继"十大工程""八大样板""党建新体系""德育新体系"后，结合学习贯彻党的十八届四中全会精神，校党委2015年研究出台了关于一体化推进党建、党建工作责任制、宣传思想工作责任制、全面推进依法治校工作等方面的制度，进一步加强了党建工作的顶层设计。全校各单位把从严治党和"三严三实"专题教育结合起来，采取一系列措施，通过专题民主生活会、专题教育党课、征集意见座谈会、专题教育辅导报告会等方式，毫不松懈地抓好领导作风、工作作风、生活作风的进一步规范和优化，把我校"三严三实"专题教育活动引向深入，作出了成效。学校出台《"三严三实"专题民主生活会整改工作方案》，并统筹协调、认真抓好整改落实工作，切实解决事关师生员工切身利益的问题，建立健全作风建设的长效机制，巩固和推进"三严三实"专题教育的成果，真正把教育活动落到实处。

2016年2月，中共中央办公厅印发了《关于在全体党员中开展"学党章党规、学系列讲话，做合格党员"学习教育方案》，并发出通知，要求各地区各部门认真贯彻执行。开展"两学一做"学习教育，是面向全体党员深化党内教育的重要实践，是推动党内教育从"关键少数"向广大党员拓展、从集中性教育向经常性教育延伸的重要举措。

2016年4月28日，我校举行"两学一做"学习教育工作部署会。本次会议是学校按照中共中央关于在全体党员中开展"学党章党规、学系列讲话，做合格党员"学习教育的部署，对我校开展"两学一做"学习教育作出安排。会议指出，要准确把握开展"两学一做"学习教育对于我校的特殊意义。高校承担着立德树人的根本任务，是实现教育强国、人才强国、科技强国的重要阵地。开展"两学一做"学习教育是加强基层党建和思想政治工作，落实一体化推进党建各项要求的良好契机，是推进依法治校和综合改革，实现世界一流法科强校建设的有力保障。要通过深入开展"两学一做"学习教育，以问题为导向，发现学校在深化教育改革中的难点和重点问题，找准问题产生的症结，提出切实可行的整改举措，真正推动学校各项事业朝着发展具有中国特色、世界水平的现代教育的目标迈进。

全校各院、部、处、所纷纷开展各类活动，加强学习，锤炼党性，在全校师生党员中开展学习教育活动。通过各级党组织专题民主生活会、集体学习、博士生宣讲团、学生党员先锋工程、主题展览、参观走访等多种形式，在全校党员中进行了一场深刻的党性教育，收到了良好的效果。

二、贯彻党的十八届四中全会精神，全面推进依法治国

党的十八届四中全会于 2014 年 10 月 20 日至 23 日在北京召开。会议首次专题讨论依法治国问题，通过了《中共中央关于全面推进依法治国若干重大问题的决定》。

2012 年 11 月 8 日召开的党的十八大对全面推进依法治国作出重大部署，强调把法治作为治国理政的基本方式。2013 年 11 月召开的党的十八届三中全会通过了《中共中央关于全面深化改革若干重大问题的决定》，对加强社会主义民主政治制度建设和推进法治中国建设提出明确要求。中共历次四中全会多聚焦于党风建设，而十八届四中全会主题则落脚于全面依法治国，在中国共产党党史上尚属首次。

党的十八届四中全会，是对我们党法治思想、法治实践的总结，更掀开了"全面推进依法治国"的崭新一页，为党治国理政提供了根本遵循。

会后，我校迅速掀起学习热潮，先后召开了"贯彻四中全会，建言依法治国"师生座谈会、"依法治国与青年使命"全国法学院校学生研讨会、首届"法治中国论坛""光明讲坛：黄进校长解读十八届四中全会决定精神""全面推进依法治国与法治政府建设"研讨会，并召开会议专题研讨贯彻落实党的十八届四中全会精神的具体举措。各学院也纷纷开展学习活动，全校掀起了学习贯彻落实党的十八届四中全会精神热潮。

2014 年 10 月 24 日，在党的十八届四中全会胜利闭幕之际，中国政法大学召开师生专题座谈会，与会师生代表齐聚一堂，畅谈"依法治国"，献策法治中国建设。与会专家学者围绕"依法治国与依法行政""依法治国与国家治理体系、国家治理能力的现代化""依法治国与司法体制改革""依法治国与民法法典化""依法治

国、'负面清单'与公权力边界的界定""依法治国与法治反腐""依法治国与人权保护""依法治国与党的领导""依法治国与环境保护""依法治国的本土资源与中国法制传统"等议题对如何全面推进依法治国进行了探讨，并发表了自己的见解。

会议提出，中国政法大学在国家全面推进依法治国的过程中，具有非常特殊的、重要的责任，我们要全面准确深入学习领会党的十八届四中全会精神，并在深化改革中贯彻落实。中国政法大学对《中共中央关于全面推进依法治国若干重大问题的决定》提出的四大法治体系建设，即法治规范体系、法治实施体系、法治监督体系、法治保障体系建设，另外四支队伍建设，即立法队伍、行政执法队伍、司法队伍、法律服务队伍的建设，承担着重大的责任。中国政法大学作为以培养卓越法律人才为己任的中国法学最高学府，作为以繁荣法学研究、创新法学理论为目的的中国法学学术重镇，作为以弘扬法治精神、追求法治天下为使命的中国法治文化堡垒，应借国家全面推进依法治国的东风，特别是结合我校法学学科特色和优势，充分发挥法学师生的积极性、创造性和能动性，开展一系列的学习、宣传、教学、研究活动，在全校师生中掀起深入学习贯彻党的十八届四中全会精神的热潮，从而进一步在师生中坚定法治信仰、坚守法治理念、坚持法治精神，进一步加强法学理论研究，探索依法治国、建设法治中国的重大现实问题。

为深入学习研究党的十八届四中全会关于全面推进依法治国的会议精神，鼓励青年大学生为建设中国特色社会主义法治体系、建设社会主义法治国家的总目标努力奋斗，10月24日，由中国政法大学学生委员会、学生会发起并举办的"依法治国与青年使命"全国法学院校学生研讨会在中国政法大学研究生院召开。中国政法大学、北京大学、清华大学、中国人民大学、北京师范大学、中南财经政法大学、西南政法大学、华东政法大学、西北政法大学等19所高校法学专业学生代表参与研讨。会议以"依法治国与青年使命"为主题，深入学习研究党的十八届四中全会精神，与会学生代表结合自身学习、实践经历，从贯彻社会主义核心价值观、校园法治文化建设、社会法律援助活动、司法实务实习等多个角度讨论了依法治国的理念与青年的时代任务。

会上，19所高校学生自治组织联合向全国大学生发出倡议：号召青年大学生坚守和践行社会主义核心价值观、拥护法治理念、信仰法治精神、捍卫法治权威，主动作为、勇于担当，积极履行建设社会主义法治国家的时代使命。倡议青年做社会主义法治的忠实崇尚者、自觉遵守者、坚定捍卫者，在社会主义核心价值观的引领下，德法兼修、明法笃行，弘扬法治精神、共筑法治梦想，建设中国特色社会主义法治体系，为实现中华民族伟大复兴的中国梦提供有力的法治保障。青年应坚定不移走中国特色社会主义法治道路，坚决维护宪法法律权威，用生动的青年实践为法治国家、法治政府、法治社会一体建设助力护航。

10月26日，由光明日报社和中国政法大学联合主办、"明政智库"承办的首届"法治中国论坛"在中国政法大学举行。中纪委常委、最高人民法院副院长江必新，全国人大常委会委员、财经委员会副主任委员辜胜阻等来自首都各界的专家、学者，就刚刚闭幕的党的十八届四中全会精神进行了深入研讨。中国政法大学师生及光明日报社采编人员近200人出席论坛。

与会专家一致认为，这是我们党首次在中央全会上专题研究依法治国议题，具有深远历史意义和重大现实意义。全会关于"全面建成小康社会、实现中华民族伟大复兴的中国梦，全面深化改革、完善和发展中国特色社会主义制度，提高党的执政能力和执政水平，必须全面推进依法治国"的精辟论断，从国际国内面临的重大机遇和挑战出发，准确、鲜明地阐明了全面推进依法治国战略的重大意义，向全党、全军、全国各族人民和全国各条战线发出了向全面依法治国进军的动员令。

中国政法大学"明政智库"同日举行揭牌仪式。"明政智库"是光明日报社和中国政法大学充分发挥双方优势和特长，着力在中国政法大学打造的一个为党和政府科学决策提供高水平智力支持的综合型研究智库。"法治中国论坛"作为"明政智库"的重要学术活动和资政平台，每年举办一次。

为学习贯彻落实党的十八届四中全会精神，全面推进依法治国与法治政府建设，中国行政法学研究会于2014年10月31日在中国政法大学召开"全面推进依法治国与法治政府建设研讨会"。研究会会长马怀德，副会长姜明安、青锋，秘书长薛刚凌，会员代表何兵、王万华、金国坤、高秦伟等以及《人民日报》、《光明日报》、《法制日报》、中国网等媒体代表，共30余人参加会议。与会专家学者围绕"全面推进依法治国与法治政府建设"展开热烈讨论。

为学习贯彻落实党的十八届四中全会精神，助力全面依法治国，我校师生开展了一系列的学习、宣传、教学、研究活动。我校知名学者在主流媒体纷纷发声，我校师生举办各类普法宣传活动，为推进全面依法治国作出自己的贡献。

三、加强高校思政工作，创新思政工作实践

全国高校思想政治工作会议于2016年12月7—8日在北京召开。习近平总书记发表重要讲话指出，高校思想政治工作关系高校培养什么样的人、如何培养人以及为谁培养人这个根本问题。要坚持把立德树人作为中心环节，把思想政治工作贯穿教育教学全过程，实现全程育人、全方位育人，努力开创我国高等教育事业发展

新局面。

校党委根据《中共中央、国务院关于加强和改进新形势下高校思想政治工作的意见》，于 2016 年年底制定了我校《关于进一步加强和改进思想政治工作的意见》，先后召开党委全委扩大会议、分党委书记会、处级干部会，全面传达学习习近平总书记重要讲话和全国高校思想政治工作会议精神，并进行了工作部署。

12 月 12 日，学校召开党委全委扩大会议，传达学习习近平总书记重要讲话和全国高校思想政治工作会议精神。

12 月 16 日，学校再次召开专题传达学习会，由校党委书记石亚军结合自己参加全国高校思想政治工作会议的亲身体会，向全校各分党委书记、院部处负责人传达了习近平总书记重要讲话精神，并就加强和改进学校思想政治工作提出工作要求，作出工作部署。会议指出，全国高校思想政治工作会议是在以习近平同志为核心的党中央实施"四个全面"战略布局关键时刻召开的一次极为重要的会议，对中国高等教育后续发展具有里程碑式的意义。召开如此大规模、高规格的全国高校思想政治工作会议，在新中国历史上是第一次，表明新形势下加强和改进高校思想政治工作非常重要、非常迫切，表明以习近平同志为核心的党中央对高校思想政治工作高度重视。会议强调，全校各级各部门要根据习近平总书记重要讲话精神，切实深化对做好高校思想政治工作重大意义的思想认识。要按照习近平总书记的要求，坚持社会主义办学方向，不断改革创新思想政治工作，传播马克思主义科学理论，培育和弘扬社会主义核心价值观，促进学校和谐稳定，培育优良校风和学风，培养中国特色社会主义合格建设者和可靠接班人。

2017 年 4 月 13 日，我校召开全国高校思想政治工作会议精神落实推进会。各相关院部负责人主要围绕本部门加强和改进思想政治工作方案的制订及实施情况、方案实施过程中取得的实际成效和下一阶段的规划设想、在工作落实推进中的重点难点问题三方面作了工作汇报，并针对具体工作思路与举措进行了交流。

为全面深入贯彻习近平总书记在全国高校思想政治工作会议上的重要讲话精神，贯彻落实中共中央、北京市委相关文件精神要求，根据市委的统一部署，由市委教育工委、市教委、市政府教育督导室领导带队，对全市高校贯彻落实全国和北京高校思想政治工作会议精神的情况进行专项督查调研，重点检查高校对加强和改进高校思想政治工作的学习宣传、总体部署和任务落实情况。

2017 年 7 月 12 日，贯彻落实全国和北京高校思想政治工作会议精神专项督查调研组到我校督查调研。督查调研组由北京市政府教育督导室副主任冯义国任组长，北京林业大学原党委副书记周景、北京市教育委员会职业教育与成人教育处调研员杨颉、北京市教育委员会职业教育与成人教育处吕轮超陪同调研。督查调研采取集中汇报、提问交流、审阅材料、与基层院系负责人和党员代表座谈等方式进行。督查调研组成员对学校 2016 年 12 月 7 日以来学习贯彻落实全国和北京高校思想政治工作会议精神的相关工作材料进行了查阅，并与院系党政负责人、教研室主任、教师党支部书记、党员师生代表进行了座谈，多角度检查我校加强和改进思想政治工作的部署和工作落实情况。

为深入贯彻落实党的十九大精神与全国高校思想政治工作会议精神，进一步推动学校第八次党代会报告中关于学校思想政治工作下一步的规划，2017 年 11 月 14 日，中国政法大学思想政治工作会在昌平校区召开。胡明以"全面贯彻习近平新时代中国特色社会主义思想 构建中国政法大学思想政治工作新格局"为题作了大会主题报告。胡明指出，思想政治工作会议，是深入学习贯彻党的十九大精神、全国高校思想政治工作会议精神和习近平总书记考察我校重要讲话精神的重要举措，也是落实第八次党代会关于思想政治工作有关内容的动员会、推进会和部署会。

胡明要求，下一步学校思想政治工作，要将学习宣传贯彻习近平新时代中国特色社会主义思想作为主线，结合习近平总书记考察法大重要讲话精神，在一体化从严治党下围绕立德树人这一中心，将思想政治工作与党的建设工作结合起来，将严格要求和灵活方式结合起来，把解决思想问题和教学科研、学习就业等实际问题结合起来，始终坚持中国特色的办学道路，坚持马克思主义在意识形态领域的指导地位，牢牢把握意识形态工作的领导权，积极推进党的十九大精神和习近平新时代中国特色社会主义思想进教材、进课堂、进头脑，推进思想政治理论课建设。建立健全以"法大精神"为核心的校园文化体系，发挥校园文化的育人功能。以专业化、职业化建设，完善选拔、培养、激励机制等举措，加强专门队伍建设。

高浣月对《中共中国政法大学委员会关于进一步加强和改进思想政治工作的实施意见及其落实方案》进行了解读。为学习好、贯彻好、落实好全国高校思想政治工作会议精神，校党委签发《关于学习贯彻落实全国高校思想政治工作会议精神的通知》，使全校上下明确学习内容、建立学习机制、创新学习形式、开展调查研究、推进会议精神贯彻落实，敦促学校各级单位加强组织领导和统筹协调，围绕"如何加强和改进新形势下学校思想政治工作"研究制定切实可行的改进措施和实施方案，科学制定时间表和任务书。此外，为了不断加强和改进学校思想政治工作，学校党委出台了《关于进一步加强和改进思想政治工作的实施意见》作为全校推进思想政治工作的统领性文件，其中明确了 8 个方面的重点工作，对全校思想政治工作的改进提出了总体部署和要求；对照中心工作，进行工作分解，落实 8 个方面重点工作的责任主体，分别制定改进措施和实施方案，推进加强和改进学校思想政治工作落到实处。

第三节　建设高端智库　服务国家战略

一、统合学科资源，成立法大智库

党的十八届四中全会首次专题讨论依法治国问题，并通过了《中共中央关于全面推进依法治国若干重大问题的决定》，开启全面依法治国新篇章。自建校以来，中国政法大学始终与共和国同呼吸、共命运，矢志不渝地投身法治建设和社会进步。贯彻落实党的十八届四中全会精神，助力全面依法治国，是中国政法大学义不容辞的历史责任，也是学校服务国家战略的光荣使命。

为了更好地助力全面依法治国，我校不断加强智库建设，提升智库建设水平，与国家机关及公检法等实务部门加强合作，建设多个新型智库机构，为国家重大决策提供理论参考和政策建议。2016 年，学校决定整合全校各类智库资源，构建承接重大项目的总平台，组建国家智库"中国政法大学国家治理研究院"。

2011 年 4 月 2 日，教育部和国务院新闻办公室决定在我校共建国家人权教育与培训基地，我校由此获得"国家人权教育与培训基地"资格，系入选国家人权教育与培训基地的首批高校。2011 年 10 月 13 日，由教育部和中央对外宣传办公室共同主办的授牌仪式在京举行。第十届全国政协副主席、中国人权研究会会长罗豪才出席授牌仪式。教育部副部长李卫红、中央对外宣传办公室副主任董云虎出席仪式并讲话。我校校长黄进教授、党委副书记高浣月教授带队出席并代表我校接受了基地匾额。

入选首批国家人权教育与培训基地建设的三所高校分别为：中国政法大学、南开大学和广州大学。建立国家人权教育与培训基地是教育部与中央对外宣传办公室密切合作，围绕国家重大需要，服务国家战略，推进协同创新，落实《国家人权行动计划（2009—2010 年）》的重要举措。

2011 年 12 月 5 日，中国政法大学人权研究院（国家人权教育与培训基地）揭牌仪式在我校举行，第十届全国政协副主席、中国人权研究会会长罗豪才与中央对外宣传办公室副主任董云虎出席共同为基地揭牌。

中国政法大学人权研究院（国家人权教育与培训基地）院长由中国政法大学校长兼任，拥有科学研究、人才培养、学科建设、社会服务和学术交流等多项职能，主要任务是开展人权理论研究，推动大学人权教育，组织实施面向教师和实际工作者的人权培训，向公众传播普及人权知识，为政府部门和社会团体提供咨询服务，与国内外相关机构和个人进行学术交流与合作。2012 年 6 月 30 日，中国政法大学人权研究院首届院学术委员会成立，主任委员为徐显明教授，副主任委员为班文战教授、夏吟兰教授和郑永流教授，委员为白桂梅教授、黄进教授、齐延平教授、杨宇冠教授和张伟副教授。

为贯彻《中央宣传部、司法部关于在公民中开展法制宣传教育的第六个五年规划（2011—2015 年）》和教育部发布的《全国教育系统开展法制宣传教育的第六个五年规划（2011—2015 年）》，教育部政策法规司与中国政法大学合作建立教育部青少年法制教育基地，并在中国政法大学设立青少年法制教育研究中心。2012 年 4 月 10 日，教育部青少年法制教育基地暨中国政法大学青少年法制教育研究中心在我校成立。这是教育部在全国设立的第一个法制教育基地，对于转变教育观念、拓展教育职能、加强青少年法制教育、预防青少年犯罪、研究青少年法制教育新特点具有重要意义。青少年法制教育基地是我校继诉讼法学研究院、法律史学研究院、人权研究院、证据科学研究院之后的第五个教育部重点研究基地（重点实验室），也是包括法治政府研究院在内的我校第六个省部级重点研究基地。

青少年法制教育研究中心立足国家需求，整合全国资源，主要承担青少年法制教育理论研究，开展青少年法制教育培训及青少年法制教育宣传工作。教育部政策法规司和中国政法大学共同为研究中心的工作提供科研经费、办公场所、人员编制等必要条件。

智库是国家"软实力"和"话语权"的重要组成部分，新型智库建设是高校深化综合改革的一个引领性发展方向。2014 年 2 月，教育部推出《中国特色新型高校智库建设推进计划》，打造高校智库品牌，带动高校社会服务能力的整体提升。高校新型智库建设是继"2011 计划"之后的又一个重要战略部署，将引导高校教育资源的重新整合和优化配置。

教育部印发的《中国特色新型高校智库建设推进计划》指出，高校智库应当发挥战略研究、政策建言、人才培养、舆论引导、公共外交的重要功能，围绕完善和发展中国特色社会主义制度，推进国家治理体系和治理能力现代化的总目标，结合高校优势和特色，统筹规划高校各类科研机构、人才团队和项目设置，凝练智库建设的主攻方向，力求在经济建设、政治建设、文化建设、社会建设、生态文明建设、党的建设、外交与国际问题、"一国两制"实践与推进祖国统一等关键领域、关键环节以及亟待解决的问题上取得重大突破。

长期以来，我校充分利用自身法学优势学科资源，一直在为国家科学立法、严格执法、公正司法提供智力支持，已经在国家法治建设中起到了智库的重要作用。对于国家推进中国特色新型智库建设，我校高度重视，并迅速作出决策和部署，集中力量整体打造"法大智库"品牌。2013 年 12 月，我校通过《中国政法大学智库建设若干意见》，随后又出台《法大智库研究团队支持办法》，明确提出把"法大智库"建设成"国家级智库"的目标。

2014 年 4 月 10 日，"法大智库"团队建设工作会议召开，中国法学会副会长、学术委员会主任张文显、中国社会科学院法学所所长李林、我校党委书记石亚军、副校长张保生、马怀德、我校终身教授陈光中、张晋藩、李德顺、应松年，以及智库研究团队首席专家及成员出席了会议。与会专家各抒己见，结合自身的经验，对我校新型智库建设提出了宝贵的建议和意见。会上公布了学校关于智库研究团队的遴选结果，"司法改革与司法文明建设研究团队"等 10 支研究团队入选"智库"研究团队资助计划，建设期限为 4 年；"经济体制改革与金融市场体系建设研究团队"等 5 支研究团队入选"智库"研究团队培育计划，培育期限为 2 年。以"法大智库"作为学校整体智库面世，各"法大智库研究团队"是"法大智库"的一部分；同时，以突出在法治建设领域的咨政育人启民作为"法大智库"的鲜明特色。智库研究团队实行首席专家负责制，首席专家负责制订和实施智库研究团队建设方案。每个智库研究团队每年提交的咨询建议稿件不少于 10 篇。学校统一编制《法大智库建议》，成立编委会，统筹智库研究团队咨询建议的报送工作。

在集中力量建设"法大智库"的同时，学校重点打造"司法文明协同创新中心智库"，使其成为"法大智库"的拳头产品，并全力支持教育部《高校智库专刊》政治法律编辑室的工作，将《高校智库专刊》政治法律编辑室设在中国政法大学，形成"三位一体、协同创新"的格局，即"法大智库""司法文明协同创新中心智库"和"教育部《高校智库专刊》政治法律编辑室"三者协调发展，各司其职、各负其责，互相配合，有效运行。

在"法大智库"建设过程中，学校坚持以问题为导向，以服务国家经济社会发展，特别是以服务全面建设小康社会、全面深化改革、全面推进依法治国、全面从严治党的新要求为目的，以提升服务决策、传承文明、创新理论、资政育人能力为重点，以学校法学和政治学优势学科和重点研究基地为主要依托，充分整合校内外学术资源，着力培育和建设一批高水平的智库研究团队，加强重大理论和实践问题的深入研究，力争取得高质量、高水平、高品位的研究成果，为建设中国特色社会主义法治体系，建设社会主义法治国家，推进国家治理体系和治理能力现代化，实现中华民族伟大复兴的中国梦献计献策。

二、加强深度合作共建，贡献一流智力成果

在推进智库建设过程中，我校积极拓展合作，与司法机关、中央部委、中央媒体等开展一系列深度合作，共建研究基地、智库机构。

2014年4月29日，我校与光明日报社合作共建的"光明新闻传播学院"签约暨揭牌仪式在京举行。在此基础上，10月26日，我校与光明日报社共同建设的"明政智库"正式成立。这是双方按照共建协议内容，认真学习、贯彻、落实习近平总书记关于"加强智库建设"重要批示精神，组合、集成双方的研究、传播力量和资源，在中国政法大学共同建设的一个为党和政府科学决策提供高水平智力支持的综合型研究智库。《光明日报》总编辑何东平与中国政法大学党委书记石亚军共同为"明政智库"揭牌。

根据"明政智库"章程，"明政智库"系《光明日报》与中国政法大学共建的公益性研究机构，将组成由《光明日报》副总编辑沈卫星、光明新闻传播学院院长陆小华担任联合院长的智库管理组织团队。智库下设若干研究中心作为成果研究与转化、推广平台，先行设立的"新媒体传播研究中心""政法舆情研究中心""新闻评论研究中心""公共传播研究中心"四个中心同时宣布成立。"明政智库"将积极与各地党委、政府部门、各类智库及社会组织等展开合作，共同组成专项课题组、联合研究体、协同创新同盟、成果转化发布联盟；将广泛吸纳《光明日报》、中国政法大学记者、编辑、教师、学生参与课题研究和成果转化；同时面向社会建设开放性研究平台，积极聘请国内外各界专家、学者、权威人士、中青年才俊作为驻院研究人员或特约研究人员，领衔或参与重大课题的研究、转化与传播、推广。

同日，由光明日报社和中国政法大学联合主办的首届"法治中国论坛"在京举行。"法治中国论坛"将作为"明政智库"的品牌性活动，作为双方共同打造的重要学术研讨平台，特别是促进全面依法治国进程的各界建言、资政平台，每年举办一次年度论坛，并将根据国家决策咨询、学校科研教学和报社新闻传播需要，不定期举办依法治国课题研讨、成果发布等活动。

2015年7月8日，为响应国家关于"一带一路"的倡议和建设，为"一带一路"的推广和全面实施提供有力的司法服务和保障，最高人民法院"一带一路"司法研究中心在京成立，我校被授予"最高人民法院'一带一路'司法研究基地"，黄进教授被聘为最高人民法院"一带一路"司法研究中心副主任和研究中心学术委员会主任，我校国际法学院周忠海教授和孔庆江教授被聘为最高人民法院"一带一路"司法研究中心研究员。

最高人民法院院长周强、中国法学会会长王乐泉出席了该中心的成立仪式并发表重要讲话，外交部、交通运输部、国家发展改革委等有关部门负责人，以及国内知名高校的专家学者参加了本次成立仪式。在成立仪式上，周强、王乐泉共同为中心揭牌，为各研究基地授牌，并为研究中心学术委员会委员、研究员和最高人民法院涉外商事海事审判专家库专家颁发聘书。

周强、王乐泉强调，要认真学习贯彻习近平总书记关于"一带一路"建设系列重要讲话精神，将"一带一路"司法研究中心建设成为一流智库，促进涉外司法理论研究，提升涉外审判工作水平，为"一带一路"建设提供智力支持。

中国国际私法学会会长、中国政法大学校长黄进教授在发言中指出，在"一带一路"建设中，司法部门应在提升自身公信力、发挥司法职能、协调法律冲突、开展司法合作协助、参与国际规则制定等方面发挥作用。他强调，中国司法要让国际社会信服，发挥国际影响力，提升国际公信力。

2016 年 7 月 5 日，校党委常委会审议并原则通过《中国政法大学国家治理研究院建设方案》。我校组建"中国政法大学国家治理研究院"国家智库，并以其为核心整合学校各类智库资源，构建承接重大项目的总平台；"马克思主义与全面依法治国"协同创新中心、法与经济学研究院、制度学研究院、绿色发展战略研究院、全国首个"信访数据实验室"、"一带一路"法律研究中心等新型科研机构相继成立。

2016 年 5 月 6 日，在北京高校中国特色社会主义理论研究协同创新中心授牌仪式暨中国特色社会主义政治经济学创新发展论坛上，由我校牵头，联合中国社会科学院马克思主义研究院、南开大学、河北大学、北京工商大学四家单位共同申报的"'马克思主义与全面依法治国'协同创新中心"获批授牌。7 月 2 日，我校"'马克思主义与全面依法治国'协同创新中心"正式揭牌。该中心以马克思主义理论和全面依法治国有机结合为研究方向，以服务全面依法治国战略为中心导向，按照"一个中心、三个维度、九大平台"的总布局开展协同研究。

为推动法与经济学交叉学科的发展，经法和经济学研究中心申请，2016 年 6 月经校长办公会审议批准，法和经济学研究中心更名为法与经济学研究院。法和经济学研究中心成立于 2005 年 3 月，经教育部备案批准。中国政法大学法律与经济学二级学科是我国首家设立的法学二级学科，也是首家被授予法学硕士学位和博士学位的学科点。2008 年 1 月，法与经济学学科被评为北京市交叉学科重点学科。2016 年 10 月 18 日，法与经济学研究院在海淀校区揭牌。

2016 年 10 月 23 日，由我校"一带一路"法律研究中心、四川省企业联合会、四川省企业家协会、四川省律师协会主办，北京隆安（成都）律师事务所承办，四川省司法厅等单位共同指导的"法律助力四川实施国家'一带一路'倡议座谈会"在成都市举行。会上，我校"一带一路"法律研究中心正式揭牌。中心旨在集中各方优势，从理论到实务不断探索"一带一路"建设中的相关法律问题，以及法律背后的历史、文化和经济政治问题。

2016年10月24日，由北京市信访办、中国政法大学联合设立的全国首个"信访数据实验室"揭牌仪式在京举行。该实验室是以北京市信访矛盾分析研究中心"信访数据深度挖掘与决策支持系统"和中国政法大学"民意研究实验室"为依托，国内首个以信访和社会矛盾数据为支撑，集科研、教学、信息资源功能于一体，服务于政府决策的综合性大数据实验室。中国政法大学"民意研究实验室"由教育部资助，集教学、科研、信息资源功能于一体，是服务于包括政治学、行政管理、新闻、社会学以及法律等多个专业教学与科研的综合实验室。"信访数据实验室"的成立，填补了相关领域的空白，是大数据背景下信访数据量化研究的新突破，也是信访理论与实践结合的有益探索。

2016年11月26日，中国政法大学制度学研究院正式揭牌成立。这是全国首家以制度为研究对象的学术研究机构，目前已出版《中华人民共和国制度典》《习近平谈制度建设》《共产党员制度必读》等系列研究作品。李树忠教授担任研究院院长，李铁教授担任研究院执行院长。

根据国务院印发的《统筹推进世界一流大学和一流学科建设总体方案》，以"国家急需、世界一流"为根本出发点，由中国政法大学发起，与民革河南省委、国际投资促进会（香港）和深圳市创意谷投资有限责任公司于2016年5月16日在北京签署共建协议，就成立研究院达成初步共识。经2016年7月16日第十三次校长办公会、2016年7月17日第十二次党委常委会审议，《中国政法大学绿色发展战略研究院建设方案》获得通过。7月18日，学校发布《中国政法大学关于成立绿色发展战略研究院的通知》，中国政法大学绿色发展战略研究院正式成立。

2016年11月1日，中国政法大学绿色发展战略研究院揭牌仪式在海淀校区举行。第十一届全国人大常委会副委员长周铁农，第十一届全国政协副主席厉无畏，河南省政协副主席、民革河南省主委李英杰，国际投资促进会会长、深圳市创意谷投资有限公司董事长王平，以及中国政法大学校长黄进、副校长冯世勇、副校长时建中出席了本次活动并共同为研究院揭牌。来自民革中央及民革河南省委、中国政法大学、国际投资促进会的相关领导、学者和企业家共100多人参加了本次活动。

中国政法大学绿色发展战略研究院是由中国政法大学设立，与民革河南省委、国际投资促进会、深圳市创意谷投资有限公司共建，集科学研究、社会服务、人才培养和学科建设于一体的新型在编研究机构。研究院由周铁农担任名誉理事长，厉无畏担任名誉院长，我校教授侯佳儒担任院长，王平担任研究院理事会理事长。

第四节　拓展对外合作　推进国际化办学

一、共建特色孔子学院，促进中外文化交流

自国际化战略提出和实施以来，我校国际化发展进程大大加快，与世界知名高校的校际合作持续增加，国际化水平不断提升，国际交流与合作开启了新格局。同时，学校响应国家战略需求，在国家汉办的支持下，与海外各大高校合作共建了三个孔子学院，办学成果显著，获得了一系列荣誉。

孔子学院是中外合作建立的非营利性教育机构，致力于适应世界各国（地区）人民对汉语学习的需要，增进世界各国（地区）人民对中国语言文化的了解，加强中国与世界各国教育文化交流合作，发展中国与外国的友好关系，发展儒家文化，促进世界多元文化发展，构建和谐世界。

我校于 2009 年年底向国家汉办/孔子学院总部表达了建立海外孔子学院的愿望，获得国家汉办的充分肯定和支持。后经与多所国外大学反复洽谈，最终确定与英国北威尔士地区班戈大学合作共建。2011 年 3 月，班戈大学校长约翰·休斯教授率团访问我校，就双方合作建立孔子学院等事宜深入交换了意见。同年 10 月 27 日，我校校长黄进教授在北京参加了国家汉办/孔子学院总部、英国威尔士政府和班戈大学四方会谈，就共建事宜作进一步磋商。此后，班戈大学向国家汉办/孔子学院总部提交了班戈大学校长亲笔信，正式申请在班戈大学设立具有法律文化特色的孔子学院。紧接着，班戈大学又递交了《关于和中国政法大学合作设立孔子学院的计划书》。2012 年 2 月 27 日，国家汉办/孔子学院总部邮件通知该计划书已被通过，将于近期正式签署合作协议。

伦敦当地时间 2012 年 4 月 17 日，正在英国进行正式友好访问的中共中央政治局常委李长春率领随行的部分代表团成员，同英国外交部签署了中英两国在商务、文化、出版和教育等领域的 6 个合作协议。其中包括我校和英国班戈大学已拟定并获国家汉办/孔子学院总部批准的共建孔子学院的合作协议。我校副校长张桂林代表学校参加签约仪式。英方的签约代表由英国外交大臣黑格率领，班戈大学校长约翰·休斯教授和班戈大学国际发展部主任吴新宇博士出席了签约仪式。

英国当地时间 2012 年 9 月 10 日 18 时（北京时间 9 月 11 日凌晨 1 时），我校与

英国班戈大学合作建立的英国班戈大学孔子学院揭牌仪式，在英国北威尔士地区班戈大学隆重举行。黄进校长率团出席揭牌仪式，并发表热情洋溢的致辞。

英国班戈大学孔子学院是我校与英国班戈大学合作建立，也是我校在国家汉办支持下在海外建立的第一所孔子学院，旨在进行汉语国际推广和文化交流。该孔子学院同时也是世界上第一所凸显法律文化特色的孔子学院。我校派出国际法学院张丽英教授担任首任中方院长。

我校代表团还参加了英国班戈大学孔子学院举行的"中国文化周"系列活动。黄进校长在"中国文化周——中国论坛"中用英文作了题为"中国国际私法的新视野"的主题演讲；民商经济法学院王卫国院长用英文作了题为"中国传统法文化的几个特点"主题演讲；新闻学院王天铮副教授用英文在"媒体与文化"国际研讨会上作了主题发言。

紧随其后，2013年3月19日，黄进校长应邀访问国家汉办/孔子学院总部，与布加勒斯特大学就两校共建孔子学院一事进行磋商，并出席了随后举行的布加勒斯特大学与孔子学院总部的签约仪式。参加会谈的有国家汉办主任、孔子学院总部总干事许琳，国家汉办副主任静炜，罗马尼亚布加勒斯特大学校长米尔卡·杜米特鲁，大学董事会主席伍拉德·尼斯特，副校长李维·帕帕迪马，副校长玛利亚·沃妮亚等。

罗马尼亚当地时间2013年11月22日，我校与布加勒斯特大学共同组建的布加勒斯特大学孔子学院揭牌仪式及庆典在罗马尼亚布加勒斯特举行。黄进校长率我校代表团参加布加勒斯特大学孔子学院揭牌仪式及庆典。

罗马尼亚总理维克托·蓬塔，中国驻罗马尼亚大使霍玉珍，罗马尼亚教育部长雷穆斯·普罗科皮耶，罗马尼亚外交部、文化部官员、布加勒斯特大学校长米尔卡·杜米特鲁，布加勒斯特大学孔子学院中方院长薛小建、罗方院长白罗米，罗马尼亚侨领、华人代表、华商代表等百余人出席布加勒斯特大学孔子学院揭牌仪式。国家汉办主任、孔子学院总部总干事许琳向布加勒斯特大学孔子学院发来贺信。罗马尼亚总理维克托·蓬塔、中国驻罗马尼亚大使霍玉珍、布加勒斯特大学校长米尔卡·杜米特鲁以及我校校长黄进共同为布加勒斯特大学孔子学院剪彩并在揭牌仪式上致辞。

11月25日，我校与布加勒斯特大学共建的孔子学院召开了建院理事会议。黄进校长率理事会中方成员及代表出席会议。当天下午还在布加勒斯特大学举行了第一届中罗论坛。

2015年，我校共建的第三所孔子学院——巴巴多斯西印度大学凯夫希尔分校孔子学院签约成立。当地时间2015年4月20日，西印度大学凯夫希尔分校孔子学院成立剪彩仪式举行。出席揭牌成立仪式的有中国驻巴巴多斯大使王克，巴巴多斯教育部长罗纳尔多·琼斯，外交与外贸部长玛克辛·麦克林，凯夫希尔分校校长希拉里·贝克尔斯爵士，中国政法大学校长黄进，各国外交使团代表、巴巴多斯政府机构代表等百余人。凯夫希尔分校校长希拉里·贝克尔斯爵士、中国政法大学校长黄进、中国驻巴巴多斯大使王克以及巴巴多斯教育部长罗纳尔多·琼斯分别发表致辞。当日下午，双方大学举行孔子学院第一届理事会大会。大会由黄进和希拉里·贝克尔斯爵士共同主持，理事会成员（或授权代理人员）共11位参加。会上讨论了孔子学院2015—2016年度工作计划、年度经费预算以及两校在法学、人文学科等领域的合作，通过了孔子学院启动经费及孔院标识设计方案，并就其他事项交换了意见。当天晚上，该孔子学院举办庆祝文艺汇演及中国文化展。

应英国女王伊丽莎白二世邀请，我国国家主席习近平于2015年10月19日至23日对英国进行国事访问。英国当地时间2015年10月22日，习近平主席一行出席由伦敦大学教育学院举办的全英孔子学院和孔子课堂年会开幕式，并亲切接见了与会代表，我校校长黄进应邀参加。

此后，我校及共建孔子学院多次获得孔子学院总部表彰，获得"孔子学院先进中方合作机构""先进孔子学院"等多项荣誉。

二、携手世界一流名校，开启国际化新格局

学校高度重视国际化发展战略，致力于培养具有国际视野、国际教育背景、国际组织实习工作经历、跨文化沟通能力突出的国际型专业人才。

2011年8月30日，我校正式签署了加入欧亚太平洋大学联盟的协议。欧亚太平洋大学联盟于2000年成立，总部位于奥地利萨尔斯堡市，是由奥地利联邦科学研究部及该国教育主管部门资助的学术交流机构，也是欧洲目前最大的大学联盟。

截至当时，已有来自奥地利、中国、俄罗斯、印度、韩国等14个国家和地区的142所高校及研究机构加入联盟，包括北京大学、复旦大学、武汉大学、吉林大学、中山大学、南开大学、同济大学等54所国内知名高校。欧亚太平洋大学联盟宗旨是推动各成员间的多边科学合作、共同开发研究项目、召开学术会议、实行教师和学生互换，并提供资金支持。

根据欧盟委员会教育与文化司"让·莫内"项目办公室2011年7月8日的通知，包括中国政法大学在内的国内三所大学（其他两所为四川大学和广东外语外贸大学）获得了2011年度欧盟"让·莫内"项目的支持。2011年共有来自全世界的

617 个项目参加竞争，经过严格的评审程序，最后有 160 项获得欧盟评审专家委员会的通过，通过率为 26%。同年 9 月，校长黄进代表学校和欧盟教育与文化司"让·莫内"项目办公室签订了项目合同。

"让·莫内"项目于 1989 年创立，以第二次世界大战后欧洲一体化运动的"总设计师"、享有"欧洲之父"美誉的法国人让·莫内的名字命名，其宗旨是在全世界范围内资助有关高等教育机构推广欧洲一体化的教学、研究和讨论，以促进欧盟与世界其他地区的关系以及人民与文化间的对话，并提升对欧洲一体化的理解和认识。

2015 年，我校再获欧盟"让·莫内"项目的支持。当年共有来自全世界的 611 个项目参加竞争，经过严格的评审程序，最后有 129 项通过欧盟评审专家委员会的评审，通过率约为 20%。我校欧洲研究中心主任、比较法学研究院张彤教授主持申请的项目总评分为 89 分（满分 100 分），且其因在欧洲一体化与欧洲法律教学和科研等方面的突出学术成就获评欧盟"让·莫内讲席教授"，是截至当年我国唯一获评欧盟"让·莫内讲席教授"的两位法学学者之一。

为了全面贯彻落实我校建设"开放式、国际化、多科性、创新型世界知名法科强校"的办学目标，全面提升本科人才培养的国际化程度，打造具有中国政法大学（CUPL）特色和品牌的国际化人才培养模式和平台，经校长办公会研究决定，我校从 2013 年开始，在传统的春季学期和秋季学期之外，设置暑期"国际小学期"，我校的教学周期将正式分为春季学期、秋季学期和暑期国际小学期三个学期。

2013 年的暑期国际小学期中，具体的教学和实践内容由四部分组成：面向全球开放的国际暑期学校 5 个、国际暑期访学研修项目 17 个（含我国港澳台地区项目 3 个）、国际暑期实习实践项目 2 个和外国留学生暑期来校访学项目 4 个。

国际暑期学校网罗了全球多所著名高校、政企机构的知名教授和学者，通过在我校召开为期两周的外文课程，让学生不出校门、不出国门即能领略名师风采。5 个国际暑期学校分别为："证据科学""美国刑事诉讼：制度与实践""全球视野中的政府治理""中西文化比较""人权法"双语暑期学校。

国际暑期访学研修项目的目的在于让本科生走出国门、走进世界名校，开阔眼界、接纳新知、磨炼意志、提高能力。国际暑期实习实践项目则让学生在海外实习过程中开拓视野、增长阅历，与海外实习生一起进行实践活动，互相交流、取长补短。外国留学生暑期来校访学项目旨在让来自全球的学子与我校学生同堂求学、交流互动、讨论切磋、取长补短、共同提升。

当年暑假，中国政法大学 2013 年暑期国际小学期正式启动，从 7 月 1 日至 8 月

9 日历时 40 天。在正式启动年度化、制度化的暑期国际小学期之后，学校的学期结构发生了重大变化，在传统的两个学期（"春季学期"＋"秋季学期"）的基础上，增加了一实一虚两个"第三学期"。

2013 年 10 月 25 日，首届中国—欧洲法律论坛在京举行。本届论坛由中国法学会、国家开发银行和中国政法大学联合主办，我校中欧法学院承办。来自中国、奥地利、英国、塞浦路斯、芬兰、法国、德国、匈牙利、意大利、马耳他、荷兰、挪威、波兰、斯洛伐克、西班牙、瑞典 16 个国家的近百位代表参加了论坛。中欧嘉宾围绕法律在中欧经贸交流中的作用以及中欧经贸合作相关法律问题，特别是知识产权法律制度、中欧对外投资以及 WTO 下的市场准入与市场监管等进行了探讨。论坛通过了《中国—欧洲法律论坛北京宣言》。本次论坛上，我校中欧法学院加入了《法律外交战略伙伴计划》，并且我校中欧法学院与中国法学会对外联络部签署了《学生实习基地协议》。其后，第二届、第三届、第四届中国—欧洲法律论坛分别在维也纳、罗马、北京举行。

2014 年 1 月 20 日，我校与英国诺丁汉特伦特大学正式签署了《中国政法大学和诺丁汉特伦特大学免修学分协议》，两校历史性地开创了按照"3＋1＋1"模式联合培养本科生的合作模式。根据协议，我校和诺丁汉特伦特大学相互承认对方学校相关课程的学分。中国政法大学的全日制法学专业本科生，按照我校本科培养方案指导性教学进度表顺利完成前三学年课程学习且成绩及格，符合英语成绩要求的，可以被诺丁汉特伦特大学录取修读法律学士课程，在大四赴英国诺丁汉特伦特大学 1 年修读英方培养方案要求的课程（此前在我校修读的所有课程和学分，可以冲抵英方培养方案中的相关课程），毕业时同时获得我校的学士学位和诺丁汉特伦特大学的学士学位。顺利获得学士学位的学生，可以直接被英国诺丁汉特伦特大学录取为硕士研究生，继续攻读硕士学位。

2014 年 9 月 22—24 日，在由教育部主办、中国教育国际交流协会和天津市教委承办的"第二届中国—中东欧国家教育政策对话"期间，来自 10 个中东欧国家的 12 所高校与 16 所中方高校签署了《中国—中东欧国家高校联合会成立宣言》。我校副校长朱勇代表中国政法大学签署《中国—中东欧国家高校联合会成立宣言》，成为首批加入"中国—中东欧国家高校联合会"的 14 所国内高校之一。"中国—中东欧国家高校联合会"旨在通过搭建中国与中东欧高校间的合作伙伴关系与合作平台，发挥成员高校的主动性与积极性，整合与共享资源，深化中国与中东欧各国的教育交流与合作。

为配合国家战略、教育领域综合改革，培养更多满足经济社会发展现实需要和战略需求的创新型、紧缺型、复合型国际化人才，国家留学基金管理委员会启动了创新型人才国际合作培养项目，资助高校进行多种形式的创新型国际化人才的培养活动。我校以西班牙语法律人才培养项目申报了 2016 年创新型人才国际合作培养项目，并于 2015 年 11 月 24 日在昆明理工大学进行了现场答辩。

2016 年，我校以西班牙语法律人才培养项目申报的 2016 年创新型人才国际合作培养项目成功获批，这是我校第一次获批创新型人才国际合作培养项目，也是本次获批的所有项目中唯一一项本科生获批项目，实现了零的突破。这一获批有效助推了我校本科生国际化战略的三大转向、三大多样化：一是派出地区由英美国家转向西班牙语国家，实现了派出国家的多样化；二是派出形式由单纯的访学活动转向课程学习、实习实践相互交叉的创新型国际化人才联合培养模式，实现了派出形式的多样化；三是派出方式由单个项目的零星派出转向成建制、成规模的集体派出，实现了派出方式的多样化。

2016 年 8 月 29 日，校长黄进与政府间国际组织"海牙国际私法会议"（HCCH）秘书长克里斯托弗·贝卢斯科尼（Christophe Bernasconi）先生签署合作协议。同年，我校与亚非地区唯一的政府间法律协商组织"亚洲—非洲法律协商组织"签署全面合作协议。

2016 年 10 月，我校与世界银行下属机构国际金融公司签署了人才培养实习项目合作备忘录。合作备忘录载明，我校与国际金融公司共同设立海外实习项目：我校将在 2016 年至 2019 年的三年里，每年挑选优秀学生前往位于美国华盛顿特区的世界银行国际金融公司总部的首席经济学家办公室进行实习。每年遴选并派出 2 期（每期最多 6 名）在校优秀学生参加该实习项目，每期实习约为 4 个月。在实习期间，我校将为派出学生提供经费保障。

该实习项目将成为我校本科人才培养国际化内容的重要充实。本次合作的开展，标志着我校本科生国际交流项目派出活动由"课程学习"向"实习实践"进行转变、派出目标由"境外高校"向"国际组织"进行转变。这两个转变，标志着我校国际化发展战略的丰富与深化、我校国际型人才培养模式的创新与提升。

仅 2016 年一年，学校新签署国际合作协议 47 份，合作国家和地区增至 45 个，合作高校增至 215 所；共派出 790 名学生赴国外交流，其中，获批国家留学基金委"优秀本科生国际交流项目"35 个，位列全国高校第六位；2016 年度列入国家公派留学的研究生 83 名，同比增长 26%。

第五节　推进综合改革　创新培养模式

一、深度融合协同发展，创新模式合作共建

2013 年 12 月，为深入实施卓越新闻人才教育培养计划、创新新闻传播人才培养机制、提高新闻传播人才培养质量，中宣部、教育部启动各省、市、自治区党委宣传部门和中央主要新闻单位与高等学校共建新闻学院工作，要求各共建单位经过数年努力，形成高等新闻传播教育与新闻实践相互贯通、深度融合、协同发展的新格局。

2014 年 4 月 29 日，我校与光明日报社共建"光明新闻传播学院"签约揭牌仪式在海淀校区举行，这是我国中央媒体与高校共建新闻传播学院的首例。揭牌仪式的成功举办，标志着我校在高等新闻传播人才培养机制改革创新方面，迈出了里程碑式的步伐。光明日报社总编辑何东平、副总编辑沈卫星，我校党委书记石亚军、校长黄进，以及相关院部负责人出席了签约揭牌仪式。部分教师代表、学生代表和多家社会媒体参加了签约揭牌仪式。

黄进与何东平分别代表中国政法大学与光明日报社签署《光明日报社、中国政法大学共建新闻传播学院框架协议》，并为"光明新闻传播学院"揭牌，双方将在共建管理机构、精品课程、骨干队伍、实践基地、研究智库等方面展开深度合作。

此次我校与光明日报社的合作，基于共建双方的独特优势与合作潜力，将按照资源共享、互助共赢的合作思路，着力突出"光明新闻传播学院"的办学定位与发展重点，着力创新办学思路与合作机制。根据共建协议，双方将共同组成"中国政法大学光明新闻传播学院院务委员会"，沿着更加注重马克思主义新闻观统领、更加注重学科交叉融合、更加注重职业道德培养、更加注重现代技术运用的方向，深度加强业界与学界互动、教学与科研贯通、理论与实践结合，抢占新闻传播数字化教育和媒体融合研究先机，力争把"光明新闻传播学院"建成"媒体融合教学研究水平领先、在一些研究领域有突出优势和重大理论与应用性成果"的全国示范性新闻传播教学研究基地。

为深入贯彻党的十八届三中全会关于"深化教育领域综合改革"的部署，2014年 6 月 27 日，北京市教委召开高等院校参与北京市中小学发展工作推进会，会议提出高校支持附中附小建设协作联盟倡议。包括我校在内的 23 所高校成为首批加盟高校。根据联盟协议，北京高校附中附小学生可以走进大学校园、选修大学课程，高校教师与附中附小教师将合作开展教研和课程设计。

在深化教育领域综合改革的大背景下，根据国家和北京市关于高校支持中小学教育的相关要求，依据《昌平区教育委员会与中国政法大学合作办学战略框架协议》《北京市高等院校支持中小学发展实施意见（草案）》等内容，昌平区教委综合考虑中国政法大学和昌平区中小学校办学特点、地理位置等外在条件，推荐前锋学校与我校共同建立中国政法大学附属学校。

高校与中小学合作办学，是北京市政府推进城乡教育统筹发展，促进优质教育资源协调发展，构建北京新教育地图的战略新举措。按照北京市的工作部署，昌平区前锋学校与中国政法大学签署合作协议，开展深度对接合作。

2014 年 12 月 16 日，我校与北京市昌平区前锋学校签署合作共建协议，双方共建中国政法大学附属学校。我校校长黄进、昌平区前锋学校校长李小奇及两校相关部门负责人共同出席了签约仪式。

根据协议，在未来的几年内，我校将利用自身的影响力和优势教育资源，创新合作模式，加强附属学校品牌建设，提升附属学校品牌知名度；借力我校先进办学理念和依法治校成果，统筹规划附属学校的整体发展，健全内部管理机制，不断提高附属学校内部治理水平；借助我校的学科优势和科研力量，推进附属学校学科建设，重点开发特色课程，通过将法治教育纳入中小学教育体系，深化教学研究，提高附属学校的研究能力和教学水平；发挥我校的师资优势，加强对附属学校师资的专业培训、专题研修，提升附属学校的整体师资水平；建立适应双方学生发展的实习、实训基地，开展丰富多样的学生互动交流活动，提高附属学校学生的综合素质，助力学生成长成才。

2015 年 3 月 2 日，中国政法大学附属学校正式揭牌。我校校长黄进、副校长马怀德和昌平区人民政府副区长刘淑华、区教育工委书记隋彦玲、区教委主任李成旺、前锋学校校长李小奇等出席仪式。

根据双方协商制订的《2014—2015 学年合作实施方案》，我校本着"优势互补、互惠互利、真诚合作、共同发展"的原则，在国内合作处、宣传部、团委等部门的密切配合下，与前锋学校开展了一系列师生交流活动。2014 年 10 月 31 日，前锋学校师生一行来我校参观交流，深入体会我校校园文化及学习氛围；2014 年 12 月 16 日，双方共建中国政法大学附属学校签约仪式正式举行；2014 年 12 月 19 日，我校民商经济法学院优秀学生前往前锋学校开展"正青春——优秀大学生进校园"活动，为初三及高三学生就如何提高复习效率、选择志愿填报等内容进行经验介绍；2015 年 3 月 26 日，前锋学校五年级学生及家长来到我校观看俄罗斯伊尔库茨克青少年艺术团专场演出。

与此同时，我校立足于自身法学特色和法学学科优势，未来将从更深层次方向上与前锋学校开展合作共建工作，具体体现为：一是结合自身优势，开发特色课程，推进学科建设。我校将结合自身课程资源优势，依据中小学国家课程标准，结合前锋学校实际和师生发展需求，引领前锋学校强化学科建设，支持前锋学校开发有关校本课程，并积极开发建设中小学法治教育课程体系。二是选派外籍教师，助力师资培养，深化教学研究。我校将选派外籍教师为前锋学校学生授课或开展英语沙龙，提高前锋学校学生英语教学水平，同时充分发挥我校师资优势，通过专业指导、专题研修、听课交流等形式，提升前锋学校师资水平，提升前锋学校教学研究能力和课堂教学水平。三是积极开放资源，开展校际交流，共建校园文化。我校在保障正常教学活动的前提下，向前锋学校开放图书馆、体育场所、实践基地等资源，实现两校资源融通共享，并在两校间开展校际工会、团委、学生社团间的广泛交流活动。相应地，前锋学校也将优先接收我校昌平校区教职工子女入学，解决昌平区教职工子女入学方面的问题，并为我校建立大学生就业实习、实训基地创造有利条件，实现双方互利共赢。

二、推进高校综合改革，科学编制发展规划

党的十八届三中全会通过的《中共中央关于全面深化改革若干重大问题的决定》对全面深化改革作出重大部署，其中围绕党的十八大报告提出的"深化教育领域综合改革"总体要求，明确了教育改革的攻坚方向和重点举措，对于促进教育事业科学发展、努力办好人民满意的教育具有重要指导意义。一是深化教育领域综合改革必须坚持立德树人基本导向；二是深化教育领域综合改革必须有利于促进公平提高质量；三是深化教育领域综合改革必须构建政府、学校、社会新型关系。高校综合改革被纳入党的十八大以后"四个全面"推进治国理政的大框架，也是教育部推进中国高等教育综合改革的一个部分。

为推进综合改革，我校成立以党委书记石亚军、校长黄进为组长的综合改革领导小组。2014年9月，我校召开"高校综合改革方案起草动员会"。此次会议是为了深入学习中共十八届三中全会提出的"深化教育领域综合改革"精神，响应教育部对高校进行综合改革的号召，向建设现代化大学的目标迈出重要的一步。其后，学校多次召开综合改革专家咨询会，广泛征集意见。经过调研、座谈、起草、反复修改、校长办公会、党委常委审议，以及教代会主席团扩大会议审议等民主程序后，学校综合改革方案于2015年年初上报教育部。

2015年6月24日，我校召开中国政法大学综合改革动员部署会，全面部署综

合改革方案确定的改革任务。《中国政法大学综合改革方案》在具体内容上分三大部分、九个方面改革措施，提炼分解出 58 项重要的改革任务，并确定 2015 年为学校综合改革年，提出 17 项最紧迫的改革任务。具体内容包括："优化学科专业体系和结构""深化本科教育教学改革""深化研究生培养体系改革""创建继续教育发展新模式""大力推进国际化水平，提升国际竞争力""完善人才培养质量评估体系""创新科学研究机制""创新队伍建设机制""健全完善内部治理机构"。

同年，《中国政法大学综合改革方案》正式实施，并着力在人才培养、科学研究、师资队伍建设、学科建设、行政管理、社会服务等方面全面深化改革，解决制约学校发展的问题和弊端。2015 年，学校提出党政工作"八项工作三个全面"，推进综合改革。

2015 年 9 月 30 日，学校综合改革研究工作会议在昌平校区召开。会议由校党委书记石亚军主持，综合改革领导小组全体成员参加。会议听取了《三学期制综合改革方案》《法律硕士学院实体化改革方案》并进行了讨论，同时确认了综合改革方案 58 个任务分工。

2015 年 10 月 24 日，国务院印发《统筹推进世界一流大学和一流学科建设总体方案》，要求按照"四个全面"战略布局和党中央、国务院决策部署，坚持以中国特色、世界一流为核心，以立德树人为根本，以支撑创新驱动发展战略、服务经济社会发展为导向，坚持"以一流为目标、以学科为基础、以绩效为杠杆、以改革为动力"的基本原则，加快建成一批世界一流大学和一流学科。

建设世界一流大学和一流学科是党中央、国务院作出的重大战略决策，对于提升我国高等教育发展水平，把我国从高等教育大国建设成为高等教育强国，奠定国家长远发展基础，具有十分重要的意义。国务院《统筹推进世界一流大学和一流学科建设总体方案》提出，国家将鼓励和支持不同类型的高水平大学和学科差别化发展，总体规划，分级支持。

2015 年 11 月 26 日，学校召开建设世界一流学科工作会，与会人员纷纷发表了对世界一流大学和一流学科建设的认识，就我校学科建设目标、建设方向、注意问题、建设方案起草方式和方法、建设重点等方面展开讨论，明晰了学科建设思路。

作为一所以法学学科为特色和优势的多科性大学，中国政法大学"双一流"建设立足法学学科专业的传统优势和深厚底蕴，坚持"大学以人才培养为中心"的基本理念，从法学本科教育改革创新入手，夯实法学本科教育，强化法学研究生教育，着力将法学学科建设成为世界一流学科，并以法学学科为龙头和示范，通过跨学科人才培养、多学科交叉融合等方式，系统谋划、稳步推进，不断寻求创新和突破，带动与法学相关的学科专业的联动提升，从而总体上提升中国政法大学各个学科专业的综合实力和核心竞争力，最终把中国政法大学打造成为开放式、国际化、多科性、创新型的世界一流法科强校。

同一时期，学校集全校之力，历时一年半，十几易其稿，编制《中国政法大学"十三五"事业发展规划》，于2016年7月17日经党委常委会审议通过，并提交教育部。

"十三五"时期是全面建成小康社会的决胜阶段，是协调推进"四个全面"战略布局的关键时期，以"五大发展"理念为主线的新思路指导国家各行业发展新实践，作为"立国之本、强国之基"的教育适时提出了深化综合改革要求和"双一流"建设。"双一流"既是我国由大国变强国的必然需要，同时也意味着教育的一场深刻变革，如何抢占先机，由"跟随者"变为"引领者"，成为摆在高校面前迫切需要解决的问题。

2015年3月，学校启动"十三五"发展规划编制工作。其间多次召开专题会议和专家论证会，对学校"十三五"发展规划编制有关事项进行研究，广泛征求校领导、各职能部处、各学院、学科带头人、教师代表、各民主党派等的意见。国务院《统筹推进世界一流大学和一流学科建设总体方案》全面启动后，根据新的精神和新的提法，经初步征求相关部门、专家意见，学校"十三五"事业发展规划又进行了多次修订完善。

"十三五"时期是学校"双一流"建设的第一个五年，是学校抢抓"双一流"建设良好契机进行"二次创业"的奠基阶段，迫切需要以新思想、新观念、新思路指导具体实践，以更好地适应、把握、引领新常态。《中国政法大学"十三五"事业发展规划》以实现"十三五"良好开局，助推"双一流"持续建设为出发点和立足点，围绕一流学科和一流大学建设，坚持以创新发展激发改革新动力，以协调发展开拓改革新领域，以绿色发展开辟改革新境界，以开放发展拓展改革新格局，以共享发展强化改革新导向，奋力开创学校事业发展新局面，助力学校发展新腾飞。

三、开展教育改革试点，创新人才培养模式

2010年，教育部下发《关于批准有关高等学校开展专业学位研究生教育综合改革试点工作的通知》，我校法律硕士成功获批专业学位研究生教育综合改革试点。此次综合改革试点工作的周期为2010年9月至2013年6月。

开展专业学位研究生教育综合改革试点工作是深入贯彻落实科学发展观和建设

人力资源强国，落实《国家中长期人才发展规划纲要（2010—2020年）》《国家中长期教育改革和发展规划纲要（2010—2020年）》的重要举措，对于推动专业学位研究生教育科学发展，加快培养经济社会发展亟须的高层次应用型人才具有重要意义。

随后，我校试点工作全面启动。研究生院认真研究并制订了综合改革试点的实施方案，并根据教育部的要求，在选拔制度、培养方案、培养模式、师资建设、考核与评价方法等方面，积极开展试点，大力推进改革。主要任务和具体措施包括以下十个方面：一是进一步建立健全体制，为综合改革试点提供组织保障；二是进一步明确办学思想与培养目标；三是改革法律硕士专业学位研究生招生制度，吸引一流生源；四是探索多元化的培养模式，实现法律硕士专业学位研究生特色培养；五是加强课程建设，丰富课程结构，着力提高法律硕士专业学位研究生的整体素质；六是加强基本建设，提高教学效果；七是加强师资队伍建设，构建"双师型"法律硕士师资队伍；八是完善评价标准和评价机制，发挥评价的导向性作用；九是进一步加强交流与合作平台建设；十是进一步加强学生管理工作。

2015年11月，我校被教育部确认为深化专业学位研究生教育综合改革试点单位。在2015年10月至2020年9月的试点期间，我校以法律硕士学院实体化建设为抓手，在专业学位研究生特别是法律硕士专业学位研究生教育的办学管理体制、培养模式、评价机制等方面实现新突破。

根据文件要求，我校按照《深化专业学位研究生教育综合改革任务书》，结合学校办学优势和办学特色，以学生成长成才和培养质量提高为目标，加强顶层设计和组织协调，建立制度保证机制，合理配置资源，创新选拔机制、创新培养模式、创新评价体系，推进法律硕士学院实体化建设，力争在专业学位研究生特别是法律硕士专业学位研究生教育的办学管理体制、培养模式、评价机制等方面实现新的更大突破。

2016年1月20日，经校长办公会审议，学校通过了《研究生导师招收博士研究生条件认定办法》和《研究生导师指导硕士研究生条件认定办法》。这两份文件的通过标志着学校研究生导师岗位聘任制度改革正式开始。

2016年3月30日，"2015级法学学术精英人才培养实验班"开班。法学学术精英人才培养实验班是我校法学人才培养模式改革的一个创新，以"特色化、小班化、国际化、导师制"为特点，面向对法学学术研究、法学教育研究有兴趣的学生因材施教，设立单独的培养机制。

法学学术精英人才培养实验班在全校法学专业学生中选拔一批具有浓厚学术兴

趣、有志于从事理论研究且有较好外语基础的本科生，适用独立的培养方案，重点强化学术研究能力的训练，培育一批理论功底扎实、具有一定发展潜力的未来法学精英；鼓励、引导其在毕业之后继续进行学术深造，投身于法学教学或科研工作，成为未来中国法学教育和法学研究的重要力量。

实验班在坚持传统法学教育的基础上，注重学术视野的拓展、强调学术研究方法的传授与研究能力的培养。学校为实验班打造了独立的培养方案，在课程设置上，强化和增加法学理论专题研讨、经典著作选读、法学研究方法、研究辅导等课程。实验班特聘 10 名导师，每名导师指导 3 个学生，学生将在学术导师的指导下学习、读书，培养学术研究的兴趣，并通过参与专项学术研究，接受学术研究方法训练。学校为实验班的学生安排了国际小学期专门课程，强化直接利用外语文献开展学习和研究的能力。为拓展学术视野和提升外语水平，学校还建立了激励机制，鼓励实验班的学生参加各种类型的外语考试，并选拔成绩优异的学生，在本科学习阶段到国外知名院校进行学习交流，积极创造条件，鼓励实验班的学生在本科毕业后继续进行海外提升和学术深造。

2017 年 7 月，我校首次运行夏季学期，共为期 1 个月。在此期间，我校共有 131 名教师为本科生开设 151 门次课程。2016—2017 学年夏季学期涉及在校本科生总人数为 6468 人。

学期制改革是学校综合改革的重要组成部分，着眼于学校人才培养质量的提升与教育能力的现代化，是涉及教学周期、教学内容、教学组织形式、教学辅助服务、学校管理制度和后勤保障等多个方面的全面系统改革。

改革后，教学运行周期的安排为一学年由秋季学期、春季学期、夏季学期三个学期构成。秋季学期、春季学期的教学周次安排为 16 周教学周和 2 周考试周，夏季学期教学周为 4 周。全年教学周次总数不变。在同学们比较关注的开学时间和寒暑假时间问题上，秋季学期、春季学期开学时间不变（9 月初、3 月初），夏季学期在春季学期结束后立即开始，时间为 7 月初。暑假时间为 5 周，寒假时间为 7 周，假期时间总数不变。

在教学安排上，除原有的国际小学期课程外，课程以国际课程、创新创业课程、实务课程、专题研讨课、专题案例课、实验课为主，同时开展多种形式的实践、实习教学活动。夏季学期排课形式灵活多样，可以多天连排，也可以多课时连排、线上线下连排进行混合式教学等，以适应不同课程的需要，提高授课效果。

2017 年 5 月 16 日，我校"三学期制改革"本科教学工作部署会召开。会议详细解读了《中国政法大学三学期制改革实施方案》，系统地介绍了我校三学期制改革的背景以及三学期制改革的重大意义。会议认为，三学期制改革首先能够激活教师、教室、课程等教学资源，提升校园国际化人才培养水平；三学期制改革进一步拓展了学生、教师的自由选择空间，充分发挥了学生、教师的主体性；三学期制有助于我校课程资源的丰富，有助于国际课程、创新创业课程、翻转课堂等特色课程的开发和建设；三学期制有利于我校与当前国内外主流的教学周期对接，进一步促进学生交流、推免等工作的开展。

当年 9 月，中国政法大学正式运行三学期制。2017 年 7 月，夏季学期首次进入实际运行。

四、培养卓越法律人才，喜获国家级教学奖

在全面推进高校综合改革、推动内涵式发展、建设一流法科强校的进程中，我校师生积极进取，探索创新，取得了一系列可喜成绩，为学校增光。

2011 年 8 月，经北京市教育委员会评选，我校李永军教授、商磊教授获评第七届北京市级教学名师。9 月 8 日，王卫国教授获评第六届国家级教学名师并出席表彰大会。

2011 年 11 月 4 日，俄罗斯联邦总统梅德韦杰夫授予我校黄道秀教授"友谊勋章"，以表彰她为促进中俄两国法学交流作出的突出贡献。黄道秀教授自 1962 年 9 月起在北京政法学院任教，20 世纪 80 年代曾在苏联喀山大学进修法律。她致力于中俄两国高校之间的交流，翻译了《俄罗斯联邦民法典》《俄罗斯联邦刑法典》《俄罗斯联邦民事诉讼法典》《俄罗斯联邦仲裁程序法典》《俄罗斯联邦刑事诉讼法典》《俄罗斯联邦刑事执行法典》《俄罗斯联邦刑法典释义》《俄罗斯刑法教程》《俄罗斯刑事诉讼教程》《苏维埃行政法》等约 1000 万字的译著，是我国著名的俄罗斯法律研究学者。

2012 年，为表彰为我国社会主义法学理论体系建设和法治建设作出杰出贡献的老一辈法学家，造就党和人民满意的政治强、业务精、作风正的法学理论队伍，中国法学会决定授予 25 位同志"全国杰出资深法学家"称号。我校江平、巫昌祯、张晋藩、陈光中、潘汉典五位教授被中国法学会授予"全国杰出资深法学家"称号。

2012 年 12 月 6 日，中国外文局和中国翻译协会在北京举行"全国翻译工作座谈会暨中国翻译协会成立 30 周年纪念大会"。我校潘汉典教授被授予"翻译文化终身成就奖"荣誉称号。潘汉典教授是我校比较法研究所创建人、原所长，是我国著名比较法学家和外国法律法学翻译的奠基者，精通英、法、日、德、俄等多种语

言，多年来一直致力于比较法研究与探索，翻译了一系列著作与文章，发表和出版了大量的法律法学译著，包括马基雅维利的名著《君主论》《比较法总论》《英格兰状况》等，为新中国法学的创建作出了巨大贡献。

2014年9月9日，庆祝第三十个教师节暨全国教育系统先进集体和先进个人表彰大会在京举行。中共中央总书记、国家主席、中央军委主席习近平在人民大会堂亲切会见受表彰代表，代表党中央、国务院向受到表彰的先进集体和先进个人表示热烈祝贺，向全国广大教师和教育工作者致以节日的问候。我校副校长张桂琳教授作为第七届国家级教学成果奖一等奖的获奖代表参加表彰大会，受到了党和国家领导人的亲切接见，代表学校领奖。这是学校建校以来首次获得国家级教学成果奖一等奖。

我校教学成果《创建"即时共享 协同融合 学训一体"同步实践教学模式，培养卓越法律人才》喜获一等奖（完成人为黄进教授、张桂琳教授、李树忠教授等）。这一成果是学校为了适应培养"应用型、复合型、创新型、国际化"卓越法律人才的需要而创立的人才模式改革与实践的高度总结与凝练。该成果明确提出并构建了完整的"法学同步实践教学模式"，在法学本科人才培养的教育教学理念创新上取得了重大突破，实施效果突出，示范引领作用显著，受到了高校同仁和社会的广泛认可，改革思路和创新举措受到了教育部、北京市教委等主管部门的高度重视和充分肯定。

"法学同步实践教学"的基本理念和内容是，以高校、法律实务部门等的深度"协同融合"为基础，以司法实践前沿的动态"即时同步"为平台，实现法学人才培养中优质教育资源的即时共享、法学人才培养职责的共同承担，实现法学人才培养过程中的全程"学训一体"，落实培养卓越法律人才的基本目标。该模式从根本上改变了"实践教学"在法学人才培养中的定位：它在人才培养中与"理论学习"的关系从传统的"先后关系"跃升为"同步进行关系"，从一种学生"检验"理论知识的手段提升为人才培养的核心抓手，从人才培养的末端环节提升为贯穿人才培养的全过程。

2015年，巫昌祯教授因在反家暴立法领域作出的巨大贡献，当选央视年度法治人物。巫昌祯教授于1955年参与《民法》起草，1979年、1997年参与《婚姻法》修改，1989年任《妇女权益保障法》起草小组副组长，2002年任《妇女权益保障法》修正案草案专家组组长，终其一生为保护妇女权益、反家暴立法作出了重要贡献。

2015年8月22日，中国行政法学研究会成立三十周年纪念大会暨2015年年会举行。纪念大会上，中国行政法学研究会名誉会长、中国政法大学终身教授应松年被授予中国行政法学"终身成就奖"。

中共中央政治局于 2016 年 12 月 9 日就我国历史上的法治和德治进行第三十七次集体学习。中共中央总书记习近平在主持学习时强调，法律是准绳，任何时候都必须遵循；道德是基石，任何时候都不可忽视。在新的历史条件下，我们要把依法治国基本方略、依法执政基本方式落实好，把法治中国建设好，必须坚持依法治国和以德治国相结合，使法治和德治在国家治理中相互补充、相互促进、相得益彰，推进国家治理体系和治理能力现代化。中国政法大学法律史学研究院院长朱勇教授就这个问题进行讲解，并谈了意见和建议。

此外，我校学子在全国和国际赛场上不断斩获佳绩，取得了诸多荣誉，在"挑战杯"、模拟法庭比赛、数学建模、计算机设计、创业大赛等全国性或国际比赛中挑战顶尖水平，拿下多个冠军和一等奖；在乒乓球、女足、排球等重要体育赛事中也不断获得好成绩，一次次站上领奖台，书写"法大荣耀"。

第十一章
奋进一流　再启新程：培养高素质法治人才

（2017—2022）

第一节　牢记总书记殷切嘱托　贯彻习近平法治思想

一、立德树人德法兼修：习近平总书记考察法大

2017 年 5 月 3 日，在五四青年节来临之际，在中国政法大学建校 65 周年前夕，中共中央总书记、国家主席、中央军委主席习近平来到中国政法大学考察。习近平总书记代表党中央，向全国各族青年致以节日的问候，向全国广大教育工作者、青年工作者、法治工作者致以诚挚的问候。他强调，全面推进依法治国是一项长期而重大的历史任务，要坚持中国特色社会主义法治道路，坚持以马克思主义法学思想和中国特色社会主义法治理论为指导，立德树人，德法兼修，培养大批高素质法治人才。[1]

习近平总书记强调，中国的未来属于青年，中华民族的未来也属于青年。青年一代的理想信念、精神状态、综合素质，是一个国家发展活力的重要体现，也是一个国家核心竞争力的重要因素。当今中国最鲜明的时代主题，就是实现"两个一百年"奋斗目标、实现中华民族伟大复兴的中国梦。当代青年要树立与这个时代主题同心同向的理想信念，勇于担当这个时代赋予的历史责任，励志勤学、刻苦磨炼，在激情奋斗中绽放青春光芒、健康成长进步。

5 月 3 日上午 9 时 20 分，习近平总书记一行首先来到逸夫楼一层大厅，参观校

---

〔1〕　本小节主要参考新华社 2017 年 5 月 3 日报道，载 http://www.xinhuanet.com/2017－05/03/c_11209 13310.htm，最后访问日期：2021 年 10 月 21 日。

史及成果展。他对中国政法大学在人才培养、学术研究、社会服务、文化传承、国际交流合作、特色课程教育等方面取得的成就表示肯定，希望学校总结经验、改革创新，更好整合资源，更好找准着力点，把教学、科研、育人各项工作做得更好。

在展厅内，习近平总书记亲切会见了张晋藩、廉希圣、李德顺、王卫国、卞建林等几位资深教授，同他们一一握手，亲切交谈。参与新中国法治进程的教授们讲述了他们对法治精神和治学方法的思考，习近平总书记感谢他们为法治理论研究和法治人才培养作出的贡献，希望他们继续贡献才智，祝他们生活愉快、身体健康。参观结束时，习近平总书记同中国政法大学领导班子成员和几位教授合影留念。

在学生活动中心一层大厅，民商经济法学院本科二年级 2 班团支部正在开展"不忘初心跟党走"主题团日活动。习近平总书记来到他们中间，同学们报以热烈掌声。几位同学从不同角度畅谈观看电影《焦裕禄》的体会，习近平总书记认真倾听，并参与讨论。习近平总书记语重心长地对同学们说，新中国成立以来，我们党和人民一路筚路蓝缕、艰苦奋斗走来，使国家越来越富强、民族越来越兴盛、人民越来越幸福，其中很重要的一条就是有无数焦裕禄这样的优秀党员、干部为党和人民无私奉献。焦裕禄同志的事迹归结到一点，就是坚定跟党走，他一生都在为党分忧、为党添彩。焦裕禄精神跨越时空，永远不会过时，我们要结合时代特点不断发扬光大。希望大家矢志不渝，用一生来践行跟党走的理想追求。共青团是党的助手和后备军，要始终保持先进性，广大团员青年坚定跟党走，就是初心。不忘这个初心，是我国广大青年的政治选择，也是我国广大青年的人生航向。习近平总书记勉励同学们珍惜韶华，潜心读书，敏于求知，做到德智体美全面发展，毕业后为祖国和人民施展自己的才华，实现自己的人生价值。

之后，习近平总书记来到学生活动中心三层会议室，同中国政法大学师生和首都法学专家、法治工作者代表、高校负责同志座谈。中国政法大学党委书记石亚军、终身教授张晋藩、民商经济法学院学生潘辉和北京市朝阳区人民法院奥运村法庭庭长刘黎先后发言。他们结合实际，谈教育管理、教书育人、学习生活、法治实践。

在听取大家发言后，习近平总书记发表重要讲话。

习近平总书记在中国政法大学考察时的重要讲话[1]

习近平指出，全面依法治国是坚持和发展中国特色社会主义的本质要求和重要保障，事关我们党执政兴国，事关人民幸福安康，事关党和国家事业发展。随着中国特色社会主义事业不断发展，法治建设将承载更多使命、发挥更为重要的作用。推进全面依法治国既要着眼长远、打好基础、建好制度，又要立足当前、突出重点、扎实工作。建设法治国家、法治政府、法治社会，实现科学立法、严格执法、公正司法、全民守法，都离不开一支高素质的法治工作队伍。法治人才培养上不去，法治领域不能人才辈出，全面依法治国就不可能做好。

习近平强调，没有正确的法治理论引领，就不可能有正确的法治实践。高校作为法治人才培养的第一阵地，要充分利用学科齐全、人才密集的优势，加强法治及其相关领域基础性问题的研究，对复杂现实进行深入分析、作出科学总结，提炼规律性认识，为完善中国特色社会主义法治体系、建设社会主义法治国家提供理论支撑。

习近平指出，法学学科体系建设对于法治人才培养至关重要。我们有我们的历史文化，有我们的体制机制，有我们的国情，我们的国家治理有其他国家不可比拟的特殊性和复杂性，也有我们自己长期积累的经验和优势，在法学学科体系建设上要有底气、有自信。要以我为主、兼收并蓄、突出特色，深入研究和解决好为谁教、教什么、教给谁、怎样教的问题，努力以中国智慧、中国实践为世界法治文明建设作出贡献。对世界上的优秀法治文明成果，要积极吸收借鉴，也要加以甄别，有选择地吸收和转化，不能囫囵吞枣、照搬照抄。

习近平强调，法学学科是实践性很强的学科，法学教育要处理好知识教学和实践教学的关系。要打破高校和社会之间的体制壁垒，将实际工作部门的优质实践教学资源引进高校，加强法学教育、法学研究工作者和法治实际工作者之间的交流。法学专业教师要坚定理想信念，带头践行社会主义核心价值观，在做好理论研究和教学的同时，深入了解法律实际工作，促进理论和实践相结合，多用正能量鼓舞激励学生。

习近平指出，中国特色社会主义法治道路的一个鲜明特点，就是坚持依法治国和以德治国相结合，强调法治和德治两手抓、两手都要硬。法学教育要坚持立德树人，不仅要提高学生的法学知识水平，而且要培养学生的思想道德素养。各级领导

---

[1]　新华社 2017 年 5 月 3 日报道，载 http://www.xinhuanet.com/2017-05/03/c_1120913310.htm，最后访问日期：2021 年 10 月 22 日。

干部要做尊法学法守法用法的模范，以实际行动带动全社会崇德向善、尊法守法。

习近平强调，青年处于人生积累阶段，需要像海绵汲水一样汲取知识。广大青年抓学习，既要惜时如金、孜孜不倦，下一番心无旁骛、静谧自怡的功夫，又要突出主干、择其精要，努力做到又博又专、愈博愈专。特别是要克服浮躁之气，静下来多读经典，多知其所以然。

习近平指出，青年时期是培养和训练科学思维方法和思维能力的关键时期，无论在学校还是在社会，都要把学习同思考、观察同思考、实践同思考紧密结合起来，保持对新事物的敏锐，学会用正确的立场观点方法分析问题，善于把握历史和时代的发展方向，善于把握社会生活的主流和支流、现象和本质。要充分发挥青年的创造精神，勇于开拓实践，勇于探索真理。养成了历史思维、辩证思维、系统思维、创新思维的习惯，终身受用。

习近平强调，青年在成长和奋斗中，会收获成功和喜悦，也会面临困难和压力。要正确对待一时的成败得失，处优而不养尊，受挫而不短志，使顺境逆境都成为人生的财富而不是人生的包袱。广大青年人人都是一块玉，要时常用真善美来雕琢自己，不断培养高洁的操行和纯朴的情感，努力使自己成为高尚的人。

习近平指出，全国高校思想政治工作会议以来，各级党委、教育系统和各高校抓紧会议精神贯彻落实，工作成效明显。要强化基础、抓住重点、建立规范、落实责任，真正做到"虚"功"实"做，把"软指标"变为"硬约束"。高校党委要履行好管党治党、办学治校的主体责任，把思想政治工作和党的建设工作结合起来，把立德树人、规范管理的严格要求和春风化雨、润物无声的灵活方式结合起来，把解决师生的思想问题和教学科研、学习就业等实际问题结合起来，使高校始终充满积极向上的正能量、洋溢蓬勃向上的青春活力、展现改革创新的时代风采。

考察结束时正值下课时间，闻讯而来的师生们站满校园道路两旁，习近平总书记沿路同师生们热情握手，向远处的师生们挥手致意。

5月3日下午2时40分，学校召开大会传达学习习近平总书记考察法大重要讲话精神。全体校领导、教代会代表、学生代表、老干部代表、民主党派代表参会。党委书记石亚军向与会人员传达了习近平总书记在师生代表座谈会上的重要讲话精神，并就学校下一步以总书记重要讲话精神为指导，深入学习宣传贯彻习近平总书记讲话精神作动员。

石亚军认真传达了习近平总书记的重要讲话精神，他介绍道，习近平总书记的重要讲话立意高远、思想深邃、主题鲜明、内涵丰富，从"全面推进依法治国"

"法治人才培养工作""青年成长成才"三个方面提出了新的更高的要求和希望，对法学教育、青年工作、法治建设，都具有极其重要的指导意义。石亚军特别强调，习近平总书记的重要讲话充分肯定了我校的办学成果以及为我国立法工作和法治建设所作出的贡献，为学校下一步的办学和发展指明了方向。

学校党委从讲政治的高度深刻理解和把握习近平总书记考察我校重要讲话精神的历史意义、精神实质和丰富内涵，不断增强政治定力和战略定力，把长期坚持深入学习贯彻习近平总书记考察我校重要讲话精神作为一项重大政治任务，作为学校管党治党、办学治校的根本遵循和师生干事创业、共谋发展的行动指南。

随后，学校开展一系列活动，学习贯彻习近平总书记考察法大重要讲话精神。印发《关于认真学习贯彻习近平总书记在我校考察时重要讲话精神的通知》；组织召开党委全委（扩大）会议、纪委全体会议、处级干部大会、院级党委书记会、党外代表人士通报会、青年教师座谈会、学生代表座谈会等实现了学习传达全部覆盖、工作部署全面动员、组织实施全员参与；学校党委领导班子坚持深入政府部门、司法机关、科研院所、基层联系点通过座谈会、宣讲会等形式宣传阐释讲话精神的丰富内涵；师生先后接受《人民日报》、《光明日报》、新华社、中央电视台等媒体采访报道，校内专家学者相继发表理论文章、研究成果。全校各院、部、处、所也纷纷举办各种形式的活动，学习、宣传、贯彻习近平总书记考察我校精神。

二、牢记嘱托不负使命：创新发展法治理论体系

习近平总书记在考察我校时指出，全面推进依法治国，法治理论是重要引领。没有正确的法治理论引领，就不可能有正确的法治实践。总书记将中国特色社会主义法治理论体系研究的重大项目交予中国政法大学，嘱托其为完善中国特色社会主义法治体系、建设社会主义法治国家提供理论支撑。

几年间，学校深入贯彻习近平总书记重要指示精神，把落实推进"创新发展中国特色社会主义法治理论体系研究"作为一项重大政治任务和义不容辞的责任，不断提高政治站位，强化使命担当。作为一所以法学为特色优势，以"经国纬政、法治天下"为办学使命的国家"双一流"建设高校，中国政法大学充分利用学科齐全、人才密集优势，以高度的使命感引领理论攻坚，集全校之力、聚顶尖人才，立足中国实践、扎根中国大地，凸显理论自信，努力书写一份令中央满意、学界认可的合格答卷。

习近平总书记考察我校后不到一个月，我校即成立了由党委书记、校长为组长，其他党委领导班子成员为副组长的领导小组，全程把握项目研究的方向、进度

和质量。2017 年 6 月 2 日，中国政法大学专门设立中国政法大学中国特色社会主义法治理论体系研究院，集聚校内外专家的智慧，统筹推进重大课题的研究工作。2017 年年底，中国政法大学第八次党代会提出要"集全校之力，顺利完成重大课题，为全面依法治国贡献法大智慧和法大方案"。党委常委会先后进行了数十次研究，审议重大课题工作方案、听取重大课题进展情况报告，还通过各级各类会议进行动员、部署和推进，不断提高全校师生参与和推进重大课题研究的思想行动自觉。

由中国法学会党组成员、学术委员会主席张文显教授领衔，中国政法大学、北京大学、中国人民大学等有关单位的专家学者组成理论报告组，作为课题研究龙头团队。以中国政法大学终身教授张晋藩先生为首席专家，以校内优秀一线研究人员为班底，组建课题核心团队。由各领域各单位专家组成，吸收全国理论界和实务部门的优质研究力量，组建十个支撑团队，支撑重大课题的研究。此外，还成立了由法学理论界、法律实务界的高水平专家学者组成的课题专家咨询委员会。

在组织大量的学习研讨、集中创作之外，在课题研究的关键阶段，还专门邀请全国人大、中央政法委、最高人民法院、最高人民检察院、司法部、中国社会科学院法学所和北京大学、中国人民大学等单位的专家学者对课题研究成果进行论证；团队成员深入走访省市和司法实务部门、研究机构，围绕全面依法治国的理论探索和司法实践开展广泛调研；团队成员分赴广东省、湖北省、辽宁省、四川省、宁夏回族自治区和上海市，深入省市和基层司法实务部门、学术研究机构，围绕地方落实全面依法治国情况、面临的问题、改进的建议等方面开展广泛的实证调研。

2020 年 4 月 30 日，习近平总书记考察中国政法大学三周年暨"创新发展中国特色社会主义法治理论体系研究"学术研讨会在中国政法大学召开。会议回顾了三年来中国政法大学取得的研究成果，对"创新发展中国特色社会主义法治理论体系研究"理论与实践意义进行集中总结，由中国政法大学承担的"创新发展中国特色社会主义法治理论体系研究"重大课题正式结项。

课题报告坚持历史和现实相贯通、国际和国内相关联、理论和实践相结合，从理论上总结了党的十八大以来中国特色社会主义法治理论的思想来源、实践基础和逻辑体系，阐释了中国特色社会主义法治理论的精神实质、核心要义和实践要求，着力创新发展党的法治理论。课题报告深刻阐释了中国特色社会主义法治道路、法治理论和法治体系，系统提炼法治建设的中国理念、中国智慧和中国方案，为建设法治中国作出了重要的学术贡献。

2018 年 5 月 3 日，在五四青年节来临之际，中共中央总书记、国家主席、中央军委主席习近平委托工作人员，向中国政法大学民商经济法学院 1502 班团员青年致以节日的问候，对同学们立志"不忘初心，用一生来践行跟党走的理想追求"予以充分肯定，勉励他们坚定信仰、砥砺品德、珍惜时光、勤奋学习，努力成长为有理想、有本领、有担当的社会主义建设者和接班人，为法治中国建设、为实现中华民族伟大复兴中国梦贡献智慧和力量。

2017 年 5 月 3 日，习近平总书记到中国政法大学考察时，参加了民商经济法学院 1502 班团支部"不忘初心跟党走"主题团日活动，对团员青年成长成才提出了殷切期望。2018 年 4 月 2 日，1502 班团支部全体同学给习近平总书记写信，汇报一年来贯彻落实总书记重要讲话精神，在理想信念、学习生活、成长成才等方面的进步成果。信中说，一年来，同学们牢记总书记教诲，自觉用行动践行"不忘初心跟党走"的誓言。大家积极向党组织靠拢，一些同学正式入了党，一些同学成为预备党员和入党积极分子。发起的"不忘初心跟党走，青年立志做大事"倡议活动，得到几千名法大学子的响应。大家还积极参加普法、支教等志愿服务活动，到梁家河和兰考县参观学习。通过深入的思考和实践，同学们进一步坚定了永远跟党走、为国作贡献的决心。

2018 年 6 月，在 1502 班的同学们即将毕业离校之际，"1502"新时代青年知行社成立，将把青年学子们的共同理想、使命与担当传递、延展下去。6 月 27 日，经中国政法大学党委常委会研究决定，作为学习贯彻习近平总书记重要讲话精神和回信精神的长效机制，由 1502 班学生发起的"1502"新时代青年知行社正式获批成立。知行社将在由 1502 班全体团员青年组成的基础上，逐步吸收全校更多政治坚定的青年学生加入，开展丰富的致知、笃行系列学习实践活动，拓展思维，深入社会，以此培养格局高远、视野开阔、能力出众、知行合一的青年卓越人才。

中国政法大学"1502"新时代青年知行社面向全校选拔政治坚定、品格向善、热心公益、学业优秀、富有责任感和使命感的学生，致力于培养信仰坚定、理想远大、服务社会、德法兼修的青年法治人才，引导青年以实际行动践行习近平总书记的嘱托。

几年来，知行社成员多次赴兰考学习实践，通过参观焦裕禄同志纪念馆、与裕禄小学师生座谈交流等方式，进一步了解历史、接受焦裕禄精神的洗礼。回校后，他们采取多种形式引导全校学生理解焦裕禄精神的内涵和本质，将焦裕禄精神内化于心。同学们组建了焦裕禄精神宣讲团、拍摄了"永恒灯塔——我们心中的焦裕禄精神"微视频、编演了大学生话剧，让这位 20 世纪 60 年代的榜样人物在"95"后学生的心中活了起来。

2019 年 4 月，中国政法大学与兰考县合作共建焦裕禄精神教育实践基地正式签约。学校特别调整出昌平校区的一块场地用于建立焦裕禄精神教育实践基地，并将其作为学习、研究和传播焦裕禄精神的载体和平台，在法大校园内向师生永久地传播和弘扬焦裕禄精神。

三、进教材、进课堂、进头脑：学习贯彻习近平法治思想

中央全面依法治国工作会议于 2020 年 11 月 16—17 日在北京召开。会议明确习近平法治思想在全面依法治国工作中的指导地位。11 月 18 日上午，我校第一时间召开工作会议，学习传达中央全面依法治国工作会议精神。11 月 18 日下午，我校召开"学习领会习近平法治思想"专家学者座谈会。学校党委书记胡明，校长马怀德，及各校部机关、院、所负责人和专家学者出席会议，进行座谈交流。

会议要求，全校师生要把认真学习贯彻习近平法治思想作为一项重大政治任务，在中国特色法学教育实践中不断丰富完善、创新发展。我校专家以习近平总书记重要讲话为基础，结合各自的研究领域及学科优势对于贯彻落实习近平法治思想的方向展开深入探讨。

马怀德校长作为中央全面依法治国工作会议参会代表，传达了会议精神。中央全面依法治国工作会议提出和确立的习近平法治思想内涵丰富、论述深刻、逻辑严密、系统完备，从历史和现实相贯通、国际和国内相关联、理论和实际相结合上深刻回答了新时代为什么实行全面依法治国、怎样实行全面依法治国等一系列重大问题。习近平法治思想是顺应实现中华民族伟大复兴时代要求应运而生的重大理论创新成果，是马克思主义法治理论中国化最新成果，是习近平新时代中国特色社会主义思想的重要组成部分，是全面依法治国的根本遵循和行动指南。

全校师生要把认真学习贯彻习近平法治思想作为一项重大政治任务，在中国特色法学教育实践中不断丰富完善、创新发展。一是要在学习领会上下功夫。制订计划、周密安排，在全校范围内掀起学习的热潮，引导全校党员干部吃透精神实质、把握核心要义，切实用习近平法治思想武装头脑、指导实践、推动工作。二是要在宣传阐释上下功夫。要把习近平法治思想纳入党校、团校和干部师生培训的重要内容，积极推动习近平法治思想进教材、进课堂、进头脑；整合资源，集中对习近平法治思想进行全方位宣传、多角度阐释、深层次解读；组织讲师团和理论宣讲志愿者队伍，深入校内外开展专题宣讲；依托我校人才资源和学科优势开展理论研究、发挥智库作用，为服务全面依法治国提供理论支撑。三是要在常态推进上下功夫。将习近平法治思想融入日常、抓在经常，并将其贯穿管党治党、办学治校全过程。

建立健全长效机制，一体化推进习近平法治思想落地落实与世界一流大学规划建设，为办好人民满意的法学教育、服务全面依法治国作出新的贡献。

中国政法大学把深入学习宣传和研究阐释习近平法治思想作为一项重大政治任务，从学习宣传、理论研究、成果转化等多方面入手，积极推进习近平法治思想进教材、进课堂、进头脑，先后成立中国政法大学习近平法治思想研究院、中国政法大学习近平法治思想学生学习中心，开设中国政法大学《习近平法治思想概论》课程、开展习近平法治思想普法宣传学习系列活动。

2021年1月16日，由光明日报社、中国政法大学联合主办的"学习习近平法治思想，贯彻落实习近平总书记考察法大重要讲话精神"座谈会在中国政法大学召开。中国法学会党组成员、学术委员会主任张文显，全国人大常委会委员、全国人大监察和司法委员会副主任委员、教育部法学教学指导委员会主任委员徐显明，最高人民法院党组成员、副院长贺小荣，最高人民检察院党组成员、副检察长陈国庆，中国法学会副会长甘藏春，光明日报社副总编辑赵建国，中国社会科学院学部委员李林研究员，中央党校（国家行政学院）政法教研部主任周佑勇教授，《中国法学》总编辑黄文艺教授，光明日报社原副总编辑、中国政法大学光明新闻传播学院院长沈卫星教授，中国人民大学法学院冯玉军教授以及中国政法大学党委书记胡明、校长马怀德等出席会议。

会上，中国政法大学习近平法治思想研究院正式揭牌。张文显、徐显明、胡明、马怀德一同为中国政法大学习近平法治思想研究院揭牌，并为研究院理事会成员、学术委员会主任及委员、首席专家及特聘专家颁发聘书。

为了组织全校学生深入学习贯彻习近平法治思想、开展学习习近平法治思想系列活动，将理论学习、实践锻炼和素质养成有机结合，教育引导青年学子积极投身全面建设社会主义法治国家的生动实践，中国政法大学的同学们在学生处指导下成立了习近平法治思想学生学习中心。2021年3月9日，中国政法大学习近平法治思想学生学习中心成立大会暨习近平法治思想学生学习小组寒假学习成果分享会在线上召开。习近平法治思想学生学习中心成员、习近平法治思想学生学习小组负责人等50余人参加成立大会。

在全面深入学习贯彻落实习近平法治思想的背景下，学生学习中心的成立在我校学生中掀起了习近平法治思想的学习热潮。中国政法大学习近平法治思想学生学习中心将致力于构建青年学子学习和践行习近平法治思想的重要阵地，在教育引导青年学生为法治中国建设、为实现中华民族伟大复兴的中国梦贡献智慧和力量方面发挥重要作用。

为帮助本科学生及时、准确地把握习近平法治思想的核心内容，2021 年春季学期，学校开设《习近平法治思想概论》课程。本门课程以习近平法治思想为主题统领，以全面依法治国的政治方向、重要地位、工作布局、重点任务、重大关系、重要保障为基本板块，以"十一个坚持"为主要授课内容，在把握当下法治建设重点和尽量避免授课内容重复的考虑下，初步设计了 11 个授课主题。课程由校长马怀德、法学院院长焦洪昌等我校知名教授联合授课。2021 年 3 月 11 日，中国政法大学《习近平法治思想概论》课程开放选课，并于 3 月 26 日正式开课。

2021 年 11 月，为贯彻落实中央全面依法治国工作会议精神，全方位宣传学习、多角度阐释、深层次解读习近平法治思想，中国政法大学、"学习强国"学习平台、人民网、新华网、《法治日报》、法治网各方发挥资源优势，联合开展"习近平法治思想"普法宣传学习活动。相关课程在各大中央媒体平台同步上线，旨在帮助各级领导干部、各界人士全面准确学习领会习近平法治思想，牢牢把握全面依法治国政治方向、重要地位、工作布局、重点任务、重大关系、重要保障。

"习近平法治思想"普法宣传学习活动依托中国政法大学优质的法治教育资源以及"学习强国"学习平台、人民网、新华网、《法治日报》、法治网强大的宣传力和广泛的社会影响力，为认真学习领会习近平法治思想提供学习平台，切实把习近平法治思想贯彻落实到全面依法治国全过程，奋力推进新时代法治中国建设。

四、加快涉外法律体系建设，加强涉外法治人才培养

在中央全面依法治国工作会议上，习近平总书记强调："要坚持统筹推进国内法治和涉外法治。"党的十八大以来，习近平总书记围绕涉外法治和国际法治发表了一系列重要论述，不仅对中国特色社会主义法治理论作出重大贡献，而且对国际法理论和实践也具有重要意义。习近平总书记在中央全面依法治国委员会第二次会议的重要讲话中强调，要加快推进我国法域外适用的法律体系建设，加强涉外法治专业人才培养。统筹国内、国际两个大局是我们党治国理政的基本理念和基本经验，在法治建设和法治发展领域，体现为统筹推进国内法治和涉外法治，更好维护国家主权、安全、发展利益。

中国政法大学始终把涉外法治人才培养放在突出位置，秉承鲜明的国际化办学战略，对标培养复合型、应用型、创新型、国际型的"四型"涉外法治人才。近年来，我国法学教育取得了巨大成就，但涉外法治人才培养不足，成为明显短板。据了解，目前能够熟练从事涉外业务的律师仅 7000 余名，可从事"双反双保"业务的律师仅 500 余人，可在 WTO 机构独立办案的只有 300 余人，这与国家发展战略

和社会需求相比，还有很大提升空间。因此，培养国家亟须的高素质涉外法治人才是当务之急，也是包括中国政法大学在内的国内知名高校责任所在。

为了加强涉外法治人才培养，中国政法大学与北京外国语大学在教育部及北京市委的指导下，于 2020 年 9 月签订了两校涉外法治人才本硕贯通培养合作协议。9 月 4 日，我校与北京外国语大学国际法学人才联合培养工作会在北京外国语大学举行。会上，北京外国语大学校长杨丹与我校校长马怀德分别代表双方签署了《北京外国语大学与中国政法大学涉外法治人才本硕贯通培养合作协议》。

根据协议，双方将充分发挥各自的学科、专业和资源优势，以现有培养模式为基础，以培养"外语法学双精通"的高端涉外法治人才为目标，创新本科生和研究生跨校贯通培养模式，开展推荐优秀应届本科毕业生免试攻读硕士学位研究生项目。双方将建立工作联系制度，定期会商工作计划，研究协调合作中的重大事宜，积极创新人才培养合作模式，不断扩大合作领域，提升涉外法治人才的培养水平。

经过考察和选拔，2020 年有来自北京大学、南开大学、北京外国语大学、北京语言大学和我校等 20 余所高校的 49 名学生被"涉外法治人才实验班"录取，其中录取北京外国语大学优秀推免生 17 人。2021 年 9 月起，这些学生分别就读于我校国际法学院和比较法学院。

2021 年 5 月，两校进一步签署了《中国政法大学—北京外国语大学"法学+英语"联合学士学位培养项目合作协议》，共同培养"法学+英语"涉外法治人才。5 月 20 日，北京市学位委员会印发了《北京市学位委员会关于公布 2021 年度双学士学位复合型人才培养项目及联合学士学位项目名单的通知》，批准我校与北京外国语大学联合设置"法学+英语联合学士学位项目"。2021 年 9 月，该项目迎来了首批 30 名同学。9 月 5 日，中国政法大学和北京外国语大学涉外法治人才联合学士学位培养班正式开班。

2020 年 11 月 26 日，中共中央政治局委员、中国法学会会长王晨到我校就加强涉外法治人才培养工作进行调研。他强调，中央全面依法治国工作会议明确了习近平法治思想在全面依法治国中的指导地位，这是我国社会主义法治建设进程中具有里程碑意义的大事。习近平法治思想内涵深刻、论述精辟、逻辑严密、系统完备，是全面依法治国的根本遵循和行动指南。广大法学法律工作者要认真学习研究、深入贯彻落实习近平法治思想，自觉用以指导法学研究和法治实践，以更大力度扎实推进涉外法治人才培养，更好服务党和国家工作大局。

调研期间，王晨一行参观了我校涉外法治人才培养成果展，胡明、马怀德对我校建校历史、涉外法治人才培养模式、学生就业等情况作了介绍。王晨一行与国际法专业双硕士学位班师生开展交流，在模拟课堂中，我校师生就《区域全面经济伙伴关系协定》的文本分析展开讨论，展示了我校全日制涉外法治研究生的课堂形式。听取同学们发言后，王晨寄语同学们要认清身上肩负的职责，牢记党和国家的重托，要珍惜当下、刻苦学习、积累知识、提升才干。要增强斗争精神，提高斗争本领，坚定维护国家主权、安全和发展利益。

王晨指出，长期以来，法学院校加大涉外法学教育力度，在学科建设、培养模式、国际合作、学习实践等方面做了大量探索，取得了积极成效。王晨强调，要深刻认识加强涉外法治人才培养的重大意义，坚持党的教育方针，坚持立德树人，坚持问题导向，补短板、强弱项，为加快涉外法治工作战略布局提供有力人才支撑。加强法律储备和人才储备，努力培养大批政治立场坚定、专业素质过硬、跨学科跨领域、善于破解实践难题的一流涉外法治人才队伍。健全国际法学科体系，建立以实践为导向的涉外法治人才培养机制，主动服务国家战略，服务重点领域、新兴领域、涉外领域立法，为提升我国在国际法律事务和全球治理方面的话语权和影响力作出积极贡献。

2021年4月30日，在习近平总书记考察中国政法大学四周年来临之际，"深入学习贯彻习近平法治思想　坚持统筹推进国内法治和涉外法治"座谈会在我校召开。全国人大监察和司法委员会副主任委员徐显明，中国法学会副会长兼秘书长张鸣起，最高人民法院副院长杨万明，最高人民检察院副检察长陈国庆，以及法律实务界和学术界的30余名专家学者出席座谈会。会议系统回顾了我校贯彻落实习近平总书记考察我校重要讲话精神取得的成绩，深刻阐释了"创新发展中国特色社会主义法治理论体系研究"重大课题积淀的成果，并围绕"坚持统筹推进国内法治和涉外法治"进行了座谈，为深入践行习近平法治思想、勇担新时代法治使命凝聚了智慧和力量。

此外，我校还积极加强普法教育和高端培训，积极推进司法部涉外律师培养项目，举办涉外知识产权高端人才公益教育培训班，成立全国首家"涉外法治高端人才培养联盟"，大力推进涉外法治人才培养。

第二节　高举旗帜跟党走　不忘初心向未来

一、科学谋划战略愿景，擘画事业发展蓝图：第八次党代会胜利召开

2017年7月10日，中国政法大学教师干部大会在海淀校区召开。教育部党组成员、中纪委驻部纪检组长王立英，北京市委教工委常务副书记郑吉春，教育部人

事司副司长吕杰，北京市委教育工委委员、干部处处长陈江华出席了会议。会议由党委副书记、校长黄进主持。王立英代表教育部党组宣布中国政法大学党委书记任免决定，胡明〔1〕同志任中国政法大学党委书记；因年龄原因，石亚军同志不再担任中国政法大学党委书记职务。

王立英指出，结合中国政法大学班子建设和社会改革发展的实际情况，教育部党组经过反复考量，充分酝酿，慎重研究，并与北京市委商得一致，作出上述决定。王立英在讲话中对中国政法大学 65 年来发展取得的成绩给予了充分肯定。她指出，胡明同志 32 年来一直在法大工作生活，从普通教师成长为领导干部，他政治敏锐性强，党务工作经验丰富，坚持原则，敢于担当，纪律规矩意识强，工作思路清晰，善于沟通协调，工作务实，执行力强，作风正派，心胸豁达，待人坦诚，对自己要求严格。教育部党组认为，胡明同志能尽快转换角色，与黄进同志一道团结带领全体班子成员，紧紧依靠广大教职员工，齐心协力，继往开来，推动学校各项事业再上新的台阶。

胡明在讲话中首先感谢上级党组织的信任，他表示自己深感责任重大、使命光荣，将会认真学习、贯彻、落实习近平总书记在我校的重要讲话精神，落实好上级党组织的希望和要求，绝不辜负习近平总书记对法大的期望和嘱托，也绝不辜负组织的信任和广大师生的期待。

学校现任领导班子成员，近期退出校领导班子的老领导，以及各部处与学院负责同志，北京市级以上党代会代表、人大代表、政协委员，民主党派、群众团体负责人，教师代表、离退休教职工代表、学生代表等参加了会议。

2017 年 11 月 10 日，在党的十九大胜利召开之际，中国共产党中国政法大学第八次党员代表大会开幕。这是自我校第七次党代会以来，时隔七年再次召开的一次重要会议。中国共产党中国政法大学第八次党员代表大会，是在我校全面贯彻落实党的十九大精神和习近平总书记考察我校重要讲话精神、奋力创建中国特色世界一流法科强校的关键时期召开的重要会议，具有承前启后、继往开来的重要意义。

大会的主题是：高举中国特色社会主义伟大旗帜，坚持以习近平新时代中国特

---

〔1〕　胡明，男，汉族，生于 1962 年 4 月，江苏徐州人，1985 年 6 月加入中国共产党，1985 年 7 月参加工作，毕业于南开大学，研究生学历、法学博士学位，教授。长期从事哲学教学与研究。1985 年 7 月任中国政法大学政治系哲学教研室教师，历任副主任、主任；1997 年 11 月任中国政法大学党校常务副校长；1998 年 6 月任中国政法大学党校常务副校长兼理论部副主任；1999 年 12 月任中国政法大学政治与公共管理学院党总支部记兼副院长、理论部副主任；2001 年 12 月任中国政法大学组织部部长兼党校副校长、政治与公共管理学院党总支部记兼副院长、理论部副主任；2002 年 7 月任中国政法大学组织部部长兼党校副校长、校部机关分党委副书记；2009 年 8 月任中国政法大学党委副书记、纪委书记。

色社会主义思想为指导，全面贯彻落实党的十九大精神、全国高校思想政治工作会议精神和习近平总书记考察我校重要讲话精神，始终坚定"四个自信"，牢固树立"四个意识"，紧密围绕"四个全面"战略布局，扎根中国大地办大学，聚焦人才培养创一流，凝心聚力、锐意进取，为把学校建设成为开放式、国际化、多科性、创新型的世界一流法科强校而努力奋斗。

教育部思想政治工作司副司长张文斌，北京市委教育工委常务副书记郑吉春、北京市委教育工委组织处处长李丽辉出席开幕式。全校187名正式代表出席会议，学校老领导、民主党派和无党派代表人士、各级人大代表和政协委员、有关部门和院系负责人应邀出席了大会。

校长黄进致开幕词。他指出，学校自第七次党代会召开以来，各项事业都取得了长足的进步。第八次党代会的召开恰逢党的十九大胜利闭幕，是在深入学习贯彻落实党的十九大精神、全面贯彻落实全国高校思想政治工作会议精神、扎根中国大地办大学的重要时期，在深入学习贯彻习近平总书记考察我校重要讲话精神和奋力建设世界一流法学学科、世界一流法科强校的关键时刻召开的会议。大会的召开是我校师生员工政治生活中的一件大事，对于学校坚持党的领导，牢牢把握社会主义办学方向，推进全面从严治党，充分发挥各级党组织和广大党员作用，加快推进世界一流法学学科、世界一流法科强校建设具有重要意义。中国政法大学已经进入了在新的历史条件下奋力建设世界一流法学学科、世界一流大学的新时代。新时代要有新气象、新作为、新担当。作为中国法学教育的最高学府和人文社会科学学术重镇，持续不断提高人才培养质量和办学水平，加快构建具有自身特质的哲学社会科学特别是法学学科体系、学术体系、话语体系，引领高等教育特别是法学教育创新，为国家培养大批德法兼修、德才兼备的高素质人才，是时代赋予法大的光荣使命。

胡明代表中共中国政法大学第七届委员会作题为"加快'双一流'建设 推动内涵式发展 为建设中国特色世界一流法科强校而努力奋斗"的工作报告。

报告指出，自第七次党代会召开以来，学校党委紧紧围绕"取得法科强校建设新成就"的奋斗目标，通过落实全面从严治党，持续深化综合改革，认真实施五年规划，扎实推进依法治校，逐步构建起新形势下一体化推进党建工作的新格局，推动学校党的建设和事业发展取得了全新局面。

报告用"八个必须"阐述了七年来学校积淀并形成了推动改革事业发展的普遍共识和基本经验：必须坚持党的领导、必须坚持社会主义办学方向、必须坚持以人为本、必须坚持立德树人、必须坚持改革创新、必须坚持依法治校、必须坚持艰苦奋斗、必须坚持内涵发展。

报告强调，今后五年，是我校法科强校建设进程中极其关键的历史机遇期和战略挺进期，学校要把学习宣传贯彻党的十九大精神作为首要政治任务，深入学习领会习近平新时代中国特色社会主义思想，与贯彻落实习近平总书记考察我校重要讲话精神紧密结合，切实肩负起在全面建成社会主义现代化强国进程中的新责任、新担当和新使命，筑牢人才培养的坚强阵地。

学校下一步要全面贯彻党的教育方针，全面深化综合改革，全面加强党的建设，加快"双一流"建设，推动内涵式发展，按照"三步走"的战略构想逐步实现中国特色世界一流法科强校的总体发展目标，坚持以"十个新"为着力点和突破口，不断取得法科强校建设的新成就：党的建设开创新局面；学科建设跨入新阶段；人才培养再上新台阶；科学研究释放新动能；师资队伍建设实现新突破；社会服务建立新体系；文化传承创新焕发新活力；国际交流合作构建新格局；管理服务展现新面貌；综合保障能力取得新提升。

"党的十九大对教育工作提出了新使命、新目标、新任务、新部署、新要求，为全面建设教育强国、加快实现教育现代化奠定了坚实基础。推进全面依法治国为学校事业发展赋予了新使命，高等教育强国战略为全面深化综合改革注入了新动力，'双一流'建设为学校内涵式发展创造了新机遇，推进全面从严治党为加强党的建设提出了新要求，全国高校思想政治工作会议精神为思想政治工作指明了新方向。"报告号召全体党员干部和师生员工，要更加紧密地团结在以习近平同志为核心的党中央周围，不忘初心，牢记使命，奋力谱写中国特色世界一流法科强校建设的崭新篇章。

大会书面审议了中共中国政法大学第七届纪律检查委员会工作报告和党费收缴、使用和管理情况的报告。11月10日下午，各代表团将按照大会的日程安排，分别讨论党委工作报告和纪委工作报告。大会选举胡明等25人为中共中国政法大学第八届委员会委员。11月11日下午，中国共产党中国政法大学第八届纪律检查委员会召开了第一次全体会议。经过投票选举，新选出的中共中国政法大学第八届委员会25名委员召开了第一次全体会议。经过投票选举，会议一致选举马怀德、冯世勇、刚文哲、李树忠、时建中、胡明、徐扬、高浣月、黄进、常保国等11名同志为党委常委（以姓氏笔画为序）。选举胡明同志为党委书记，黄进、刚文哲、高浣月、常保国为党委副书记。会议通过了中共中国政法大学第八届纪律委员会第一次全体会议选举结果，刚文哲同志当选为纪委书记，范分社同志当选为纪委副书记。

2019 年 5 月 22 日，中国政法大学在学术报告厅举行干部教师大会。教育部人事司司长张东刚，北京市委教育工委常务副书记郑吉春，以及教育部、市委教育工委相关部门负责人出席会议。大会宣布教育部党组关于学校校长任免的决定，马怀德〔1〕任中国政法大学校长、党委副书记；黄进不再担任中国政法大学校长、党委副书记。

张东刚在会上宣读了教育部党组关于马怀德、黄进同志职务任免的决定。他在讲话中指出，学校这次校长调整，是部党组统筹考虑中国政法大学领导班子建设的实际，在广泛听取学校多方面意见的基础之上，经过通盘考虑、慎重研究，并与北京市委商得一致后做出的决定，充分体现了教育部党组对中国政法大学领导班子建设和事业发展的高度重视。

张东刚指出，马怀德同志政治素质好，大局观念强，政策理论水平高，综合素质全面；视野开阔，思路清晰，熟悉高等教育规律和法治人才培养规律；组织协调能力强，工作勤勉尽职，学术造诣深厚，在法学界享有很高声誉；为人谦和，作风民主，团结同志，廉洁自律。

郑吉春在讲话中表示，中国政法大学作为我国著名法学高等学府，始终将学校建设与发展融入国家政治文明建设和依法治国的历史进程，在人才培养、学术研究、社会服务、文化传承创新、国际交流与合作等方面都取得了可喜的成绩。

马怀德感谢教育部党组和北京市委的信任和重托。他表示将在上级领导的关心支持下，在学校党委的领导下，与班子成员同心同德、密切配合、恪尽职守、开拓奋进，为把法大建设成为受人尊重的一流大学而不懈努力，不辜负组织的信任和师生的期待。作为新一任校长，马怀德表示，在今后工作中，要按照教育部党组的要求，深入学习贯彻党的十九大精神和全国教育大会精神，以习近平新时代中国特色社会主义思想为指引，树牢"四个意识"，坚定"四个自信"，做到"两个维护"，书写好新时代教育改革发展的"奋进之笔"。具体做到五个方面：一是坚持社会主义办学方向，落实好"立德树人"这个根本任务；二是坚持"以师生为中心"的理念，认真倾听师生员工意见，充分发挥师生智慧，为教职员工发展和学生成长成才创造良好的环境和条件；三是坚持"问题导向和目标导向相结合"，准确把握制

---

〔1〕 马怀德，男，汉族，生于 1965 年 10 月，青海循化人，1987 年 6 月加入中国共产党，1993 年 7 月参加工作，毕业于中国政法大学，研究生学历、法学博士学位，教授，博士生导师。我国首位行政诉讼法学博士，中国法学会行政法学研究会会长，直接参与《国家赔偿法》《行政处罚法》《立法法》《行政许可法》等国家多部重要法律的起草工作。曾为中央政治局集体学习讲授"行政管理体制改革和完善经济法律制度"。2017 年入选 CCTV"中国法治人物"。

约学校发展的短板，以学科建设为龙头，强化师资队伍建设，完善内部治理结构，奋力推动学校综合改革和"双一流"建设；四是坚持"以服务求发展"，积极服务国家战略和社会需求，争取各级政府部门和社会各界的支持帮助，力争解决好制约学校发展的难题；五是坚持树好风气、带好队伍、廉洁自律、接受监督，踏实工作、勤勉敬业，全身心投入学校的建设与发展，做好尽职的校长。

胡明在讲话中表示，学校党委坚决拥护教育部党组的决定，并向教育部、北京市长期以来对学校事业发展的关心、指导和帮助致以衷心的感谢。胡明表示，马怀德同志是我校培养的全国首位行政诉讼法学博士，具有过硬的政治本领、深厚的学术造诣、扎实的群众基础和较高的领导水平。教育部党组选派马怀德同志担任校长，充分体现了教育部党组对法大事业发展的关心与厚爱。学校党委将深入贯彻执行党委领导下的校长负责制，全力支持马怀德同志开展工作，团结和带领党政领导班子和全体师生，不断推动学校事业发展再上新台阶。

二、加强党史学习教育，同庆建党百年盛典

党的十九大决定，以县处级以上领导干部为重点，在全党开展"不忘初心、牢记使命"主题教育。2019 年 5 月 31 日，"不忘初心、牢记使命"主题教育工作会议在北京召开，对主题教育活动进行动员部署。中共中央总书记、国家主席、中央军委主席习近平出席会议并发表重要讲话。

2019 年 9 月，中央"不忘初心、牢记使命"主题教育领导小组印发《关于开展第二批"不忘初心、牢记使命"主题教育的指导意见》。根据意见，第二批主题教育从 2019 年 9 月开始，到 11 月底基本结束。主要包括中管高校和其他高等学校，市、县机关及其直属单位和企事业单位，乡镇、街道和村、社区，非公有制经济组织、社会组织和其他基层组织，未参加第一批主题教育的中央和国家机关、中管金融企业、中管企业的派出和分支机构。

根据中央和教育部党组统一部署，9 月 12 日，我校召开"不忘初心、牢记使命"主题教育动员部署会，深入贯彻落实习近平总书记在"不忘初心、牢记使命"主题教育工作会议上的重要讲话精神，严格按照中央和教育部党组对主题教育的部署要求，对全校主题教育进行全面动员与重点部署。校党委书记胡明，校长马怀德，教育部直属高校主题教育第四巡回指导组组长甘晖、副组长赵丽芬出席动员大会。教育部直属高校主题教育第四巡回指导组成员、学校党委和行政领导班子成员、校部机关各部门和院系主要负责人，以及教授党员代表、教职工党员代表、学生党员代表等参加会议。

胡明指出，深入开展"不忘初心、牢记使命"主题教育，意义重大、影响深远。我们要更加紧密地团结在以习近平同志为核心的党中央周围，以坚韧顽强的斗争精神，较真碰硬的工作态度，务实创新的工作作风，在部党组的指导下，开展好主题教育，引导广大党员干部更加自觉地践行党的初心和使命，更加奋发有为地推动学校改革建设事业的发展，从而推动我校世界一流法科强校建设迈上新台阶。

自党中央 2019 年 5 月决定开展"不忘初心、牢记使命"主题教育以来，学校党委一直高度重视，为组织开展好主题教育，学校党委提前谋划，组织征订相关学习资料、研讨主题教育实施方案，在暑期举办"不忘初心、牢记使命"专题读书班，进行集中学习研讨，为开展好主题教育奠定了良好的思想基础和工作基础。

全校各级党组织纷纷开展领导班子民主生活会、集中学习、党支部专题组织生活会、民主评议党员工作、主题班会等一系列活动，切实推进主题教育，引导广大党员践行初心使命，确保主题教育取得实效。

2020 年 1 月 11 日，中国政法大学"不忘初心、牢记使命"主题教育总结大会召开。学校主题教育领导小组组长、党委书记胡明对学校主题教育开展情况进行全面总结，教育部直属高校主题教育第四巡回指导组组长甘晖出席会议并讲话，指导组副组长赵丽芬，党建工作联络员方国良和指导组成员牛跃平、刘金艳到会指导。

自我校开展"不忘初心、牢记使命"主题教育以来，学校党委深刻认识和领会开展主题教育的重大意义，坚持系统思维，加强顶层设计，通过加强组织领导，履行主体责任；坚持理论联系实际，将学习教育贯穿始终；聚焦内涵发展，把调查研究贯穿始终；广泛征求意见，把检视剖析贯穿始终；坚持立行立改，把整改落实贯穿始终等主要做法，精心组织全校 26 个院级党组织、372 个党支部、6000 余名党员参与主题教育，确保主题教育扎实开展。

甘晖代表教育部第四巡回指导组对我校主题教育的开展成效予以充分肯定。他指出，主题教育开展以来，中国政法大学领导班子在党委书记胡明同志、校长马怀德同志的带领下，深入学习贯彻习近平新时代中国特色社会主义思想，坚决贯彻落实习近平总书记关于开展主题教育的一系列重要指示精神和党中央决策部署，认真落实教育部主题教育领导小组及办公室的安排，精心组织开展主题教育各项工作，紧密结合学校实际，始终聚焦主题主线主旨，牢牢把握根本任务，全面贯彻落实总要求，突出目标导向和问题导向，学习教育系统深入，调查研究求真务实，检视问题精准深刻，整改落实扎实有效，切实做到了"四个到位"，领导班子和干部队伍的精神面貌发生了积极变化，学校改革发展稳定各项工作呈现新局面，中国政法大学的主题教育取得了明显成效。

2021 年 2 月，在中国共产党即将迎来建党 100 周年之际，中共中央印发《关于在全党开展党史学习教育的通知》，就党史学习教育作出部署安排。3 月 9 日，教育部召开党史学习教育动员大会。教育部党组书记、部长、部党史学习教育领导小组组长陈宝生出席会议并作动员讲话。我校党委书记胡明在主会场参会，校长马怀德，副校长冯世勇，党委副书记、纪委书记刚文哲，党委副书记高浣月，副校长李双辰、李秀云，党委副书记王立艳及我校相关院部主要负责人在分会场参加会议。

为深入学习贯彻习近平总书记在党史学习教育动员大会上的重要讲话精神，落实教育部党史学习教育动员大会的工作部署要求，对全校党史学习教育进行动员部署，2021 年 3 月 24 日，中国政法大学召开党史学习教育动员大会，印发了学校《党史学习教育工作方案》，成立了学校党史学习教育领导小组，对学校各级党组织开展党史学习教育进行指导和监督。随后，我校紧紧围绕"学党史、悟思想、办实事、开新局"要求，多措并举，切实推进党史学习教育走深、走实。

校党委带头领学开展党史学习教育，校党委理论学习中心组围绕党史专题开展了多次专题学习研讨，学习形式涵盖专家辅导、读书班等。研讨专题包括学习习近平总书记在党史学习教育动员大会上的重要讲话精神和习近平总书记在全国脱贫攻坚总结表彰大会上的重要讲话精神，学习《论中国共产党历史》《论党的宣传思想工作》等。

为强化党员领导干部和师生的理想信念，学校邀请中央宣讲团成员、天津大学马克思主义学院院长颜晓峰作辅导报告；邀请延安儿女故事团成员、前空军 34 师机械师、科技参谋、总后司令部参谋吴时锋和前石化部先进工作者、高级工程师、中央国家机关优秀共产党员吴持生为师生宣讲革命故事；邀请开国上将赵尔陆将军之女赵珈珈、开国上将杨得志将军之女杨秋华作为讲述人，为法大学子讲述革命故事和闪耀荣光的革命历程。

结合党史学习教育，党委书记胡明为干部师生讲授党史学习教育专题党课，校长马怀德为学生讲授《习近平法治思想概论》第一讲；成立由师生组成的党史学习教育宣讲团，带领师生从百年党史中感悟初心使命；开展以"探寻百年历程　传承红色基因"为主题的"教师观世界"系列活动；成立习近平法治思想学生学习中心；举行由知行社成员和青春讲师团为宣讲成员的党员青年师生学习交流活动；组织开展"讲红色故事·读革命家书"活动、"学党史　强信念　跟党走"系列学习实践；邀请中国交响乐团来校演奏《红色经典》合唱音乐会；带领师生赴昌平烈士陵园缅怀革命先烈；组织学生开展"故土丹心，薪火相传——追寻家乡红色印记"Vlog 大赛、"看电影学党史　心里话对党说"活动等，以此激发师生奋斗激情和担当，教育引导青年学生发扬红色传统、传承红色基因，赓续共产党人的精神血脉。

各院级党委（党总支、直属党支部）结合工作实际和特色开展了形式多样的主题系列活动，离退休干部党委组织召开"我看建党百年新成就"座谈会，科研单位党委赴冀热察挺进军司令部旧址开展党史学习教育，后勤党委、信息办直属党支部联合主办迎接建党100周年集体植树主题党日活动，国际法学院开展"红色照片征集"及"我和党的故事分享活动"，马克思主义学院党委举办党史知识竞赛，外国语学院开展了"红歌嘹亮"庆祝建党100周年红歌传唱活动等。

为搭建学校党史学习教育统一宣传展示平台，学校集合融媒体之力发掘展示法大红色基因，开设了学校党史学习教育的专题网站；充分挖掘党史中的优秀人物、典型事迹，发扬时代精神，开设"永远跟党走"专栏，报道展示法大校友中优秀党员事迹；推出"庆祝中国共产党成立100周年""党史故事""法大红色记忆""学党史　学校史　扛使命　勇担当""党史百年""十三五巡礼"等栏目。

6月28日，庆祝中国共产党成立100周年文艺演出《伟大征程》在国家体育场盛大举行。7月1日，庆祝中国共产党成立100周年大会在天安门广场隆重召开。我校师生283人参加文艺演出合唱团，240人参与文艺演出志愿服务，71人参加庆祝大会合唱献词团，111人参加庆祝大会观礼。

为持续深入推进党史学习教育，学校积极开展"我为师生办实事"实践活动，促进2021年度"十件实事"落实落地，集中力量解决师生"急难愁盼"问题，完成海淀校区东校门改造、周边绿地改造及校园交通单循环系统建设，海淀校区开设大型生活超市、完成老旧小区电梯加装，昌平校区增设自习空间、扩建学生浴室，投诉建议平台迭代升级等，尽最大努力便利师生的学习和生活。积极争取海淀区人才公租房并完成配租，与北京市第十九中学签署合作协议并加挂中国政法大学附属实验学校，解决教职工住房和子女入学问题取得明显成效。

2022年1月10日，学校召开党史学习教育总结大会。教育部党史学习教育高校第四巡回指导组组长王芳，副组长万志建、田维义，指导组成员朱琳、许瑞，党委书记胡明，校长马怀德，副校长冯世勇，党委副书记高浣月，副校长李双辰、时建中、李秀云，党委副书记王立艳出席会议。党建督导员、全体处级干部、师生代表参加会议。胡明代表学校党委作《中国政法大学党史学习教育总结报告》，从五个方面对学校党史学习教育作了全面的总结。胡明表示，"学党史、悟思想、办实事、开新局"永远在路上，学校党委将持续推进学习贯彻党的十九届六中全会精神走向深入，弘扬伟大建党精神，进一步推动党史学习教育走深、走实、走心，将党史学习教育成果转化为立德树人、培养高素质法治人才的强大动力，让全校师生员工切实感受到党史学习教育的显著成效，为建设中国特色世界一流大学凝聚磅礴精神力量，以优异成绩迎接党的二十大胜利召开。

三、从严治党纵深推进，把脉问诊整改提高

2017年11月30日，《北京普通高等学校党建和思想政治工作基本标准》检查组一行来到我校，通过听取汇报、审阅资料、交流座谈、实地走访等形式，全面检查学校近五年来贯彻落实《北京普通高等学校党建和思想政治工作基本标准》、开展党建和思想政治工作情况。

校党委书记胡明作题为"求真务实　开拓进取　全面构建党建工作新格局　不忘初心　牢记使命　创造法科强校建设新成就"的报告，从学校概况、工作思路、主要做法与成效、基本经验以及存在的问题与改进措施五个方面对我校党建和思想政治工作进行了总结。

汇报会后，检查组认真审阅了我校五年来党建和思想政治工作有关材料。审阅材料结束后，检查组分成整体组、党建组、宣教组3个专项工作组，分别召开了党政职能部门负责人座谈会、教授座谈会、学院党政负责人座谈会、党支部书记和党员座谈会、宣传思想工作和群团工作负责人座谈会、青年教师和学生座谈会六场座谈会，听取党员干部师生的意见，并了解有关情况。

随后，检查组实地走访了民商经济法学院、国际法学院、刑事司法学院、商学院、人文学院、马克思主义学院、光明新闻传播学院，深入了解、检查基层党建和思想政治工作，查看了学生课堂、自习室、实验室，并对保密室、机要室、监控指挥中心、学生活动中心、教工之家、智慧教室、食堂等进行了实地考察。

在检查反馈沟通会上，检查组组长、北京市委教育工委副书记刘建代表检查组反馈了检查情况。她指出，五年来，学校党委牢牢把握社会主义办学方向，认真贯彻党的基本路线和教育方针，认真落实中央和北京市委的各项工作部署和要求，结合学校的特点和办学优势，全面加强学校党建和思想政治工作，有力推动学校的科学发展，为中国特色社会主义法治建设作出了重要贡献。在肯定我校党建工作取得丰硕成果、形成丰富经验的同时，检查组也提出了要抓住机遇促发展，加强基层制度的监督落实，发挥基层党组织政治核心作用，解决基层党组织建设不平衡、党支部作用需进一步发挥、进一步加强思想政治工作针对性等建议和意见。

按照教育部党组统一部署，2019年4月19日至5月30日，教育部党组第一巡视组对中国政法大学党委进行了巡视。巡视组以习近平新时代中国特色社会主义思想为指导，坚决落实政治巡视要求，坚守政治巡视职能定位，突出政治建设，强化

政治监督，把"两个维护"作为根本政治任务，按照政治巡视"六个围绕一个加强"和"五个持续"总体要求，重点检查学习贯彻习近平新时代中国特色社会主义思想和党的十九大精神，学习贯彻《中共中央关于加强党的政治建设的意见》，落实党对教育工作全面领导情况；学习贯彻全国教育大会精神和习近平总书记在学校思想政治理论课教师座谈会上的重要讲话精神，落实立德树人根本任务情况；学习贯彻全国高校思想政治工作会议精神，落实意识形态责任制等情况。

2019年4月22日下午，教育部党组第一巡视组巡视中国政法大学党委工作动员会召开。会前，教育部巡视工作办公室负责同志主持召开与学校主要负责同志的见面沟通会，传达了习近平总书记关于巡视工作的重要论述、重要要求以及中央和部党组的工作要求。会上，教育部党组第一巡视组组长郑德涛就即将开展的巡视工作作了动员讲话，教育部巡视办负责同志就学校配合做好巡视工作提出要求。中国政法大学党委书记胡明作表态发言，党委副书记、校长黄进主持会议。

教育部党组第一巡视组组长郑德涛指出，党的十八大以来，以习近平同志为核心的党中央高度重视巡视工作，突出政治巡视的职责定位，实现了全覆盖目标，巡视工作理论、实践、制度创新取得丰硕成果，充分体现了党中央坚持管党治党、全面从严治党的坚定决心。党的十九大指出，"深化政治巡视，坚持发现问题、形成震慑不动摇，建立巡视巡察上下联动的监督网"，对巡视巡察工作提出新的更高要求。习近平总书记多次对巡视工作发表讲话，作出重要指示。教育部党组坚决贯彻党中央关于巡视工作的决策部署和习近平总书记关于巡视工作的重要指示要求，贯彻中央巡视工作方针，把巡视监督作为加强政治建设和推进全面从严治党的重要抓手，不断深化政治巡视，强化政治监督，把"两个维护"落实到具体行动中。

中国政法大学党委书记胡明表示，教育部党组对学校开展巡视，是学校政治生活中的一件大事，学校党委坚决拥护教育部党组的决定，把接受巡视当作全面从严治党工作的"政治体检"，当作党的建设的"把脉会诊"，当作党员干部理想信念的"集中补钙"。一是提高政治站位，统一思想认识，以高度的政治责任感自觉接受巡视。二是端正工作态度、积极主动配合，以履职尽责的实际行动全员配合巡视。三是站稳党性立场，坚持靶向发力，以踏石留印、抓铁有痕的劲头全力整改落实。胡明表示，学校党委将以接受此次巡视为契机，高标准查找差距、高要求真抓实干、高质量推动发展，把巡视整改落实工作与深入学习贯彻习近平新时代中国特色社会主义思想和党的十九大精神紧密结合起来，与全面贯彻落实习近平总书记考察学校重要讲话精神结合起来，不断推动学校中国特色世界一流法科强校建设迈上新台阶。

巡视期间，巡视组召开领导班子见面会和动员会，听取工作汇报，开展问卷调查，开展个别谈话，受理群众举报，调阅有关文件资料，抽查核实有关情况，走访相关部门单位，深入了解情况，发现问题、形成震慑，顺利完成巡视任务。

2019年7月10日，教育部党组听取了巡视组的巡视情况汇报，并对整改工作提出了明确要求。7月18日，巡视组向学校提出巡视反馈意见，在充分肯定学校近年来各项事业取得成绩的基础上，指出了学校在领导班子建设、学科发展等方面存在的不足和问题，并提出了中肯的意见建议。胡明表示，学校党委完全认同、全部认领、诚恳接受巡视组指出的各项问题，严格按照教育部党组提出的整改要求，认认真真、扎扎实实做好巡视整改的"后半篇文章"。学校将从三个方面做好整改落实工作：一是坚持以高度负责的政治担当，增强巡视整改的自觉性。学校党委将把抓好巡视整改作为当前和今后一个时期的重要政治任务，把政治标准和政治要求贯穿巡视整改全过程，把党的政治建设摆在首要突出位置，坚持以"四个意识"导航、"四个自信"强基、"两个维护"铸魂，用习近平新时代中国特色社会主义思想和党的十九大精神武装头脑、指导实践、推动工作，切实增强巡视整改的政治自觉、思想自觉和行动自觉。二是坚持以履职尽责的实际行动，保证巡视整改的全面性。学校党委将全面落实巡视整改的主体责任，坚决摒弃"过关思想"，充分发挥"关键少数"的引领带头作用，引导全校党员领导干部牢固树立"整改不力是失职、不抓整改是渎职"的意识，带动整改工作不断深化，真正把问题改到位、改彻底，最大限度地实现存量问题应清尽清、应改尽改、全面整改。三是坚持以求真务实的工作作风，确保整改工作的实效性。对于巡视中发现的问题和不足，学校党委将强化整改责任，改进整改作风，坚持从严抓整改，坚持从实抓整改，坚持久久为功、善作善成，以钉钉子精神推动巡视反馈意见和整改要求落地生根，努力把巡视整改成果转化为全面从严治党和推动高质量发展的实际成效。

当日，我校立即召开党委常委会专题研究巡视整改工作，并第一时间成立巡视整改工作领导小组，针对巡视整改反馈意见立即制订了整改方案和台账，涉及56项问题和192条整改措施。

2019年6月，我校2019年巡察工作正式启动。6月10日，我校2019年巡察工作动员部署会在昌平校区召开，成立党委第一巡察组和第二巡察组，于2019年6月中下旬对法学院党委和马克思主义学院党委开展巡察。

党委副书记、纪委书记刚文哲首先传达了中央和教育部巡视工作会议的指示精神和任务要求。党的十八大以来，以习近平同志为核心的党中央高度重视巡视工作。党的十九大以来，习近平总书记多次对巡视工作发表重要讲话，作出重要指示。今年教育部党组召开教育部巡视工作会议暨 2019 年巡视工作动员部署会时指出，教育系统巡视巡察工作要聚焦"三个重点"，一是重点检查了解学习贯彻中央关于加强党的政治建设意见、落实党对教育工作全面领导情况。二是重点检查了解学习贯彻全国教育大会精神和习近平总书记在学校思政课教师座谈会上的重要讲话精神、落实立德树人根本任务情况。三是重点检查了解学习贯彻全国高校思政工作会议精神、落实意识形态责任制情况。

党委书记胡明在讲话中强调，我校首次巡察工作的主要任务是深入学习贯彻习近平新时代中国特色社会主义思想，落实全国巡视工作会议和教育部巡视工作会议暨 2019 年巡视工作动员部署会精神，全面部署和推进我校巡察工作。胡明从四个方面对此次巡察工作提出明确要求：

一是要提高政治站位，坚守职能定位。全校各级党组织和全体党员必须从全面从严治党的高度，充分认识政治巡察的意义，坚持用"四个意识"导航、用"四个自信"强基、用"两个维护"铸魂，把思想和行动统一到中央要求和校党委部署上来，以高度的政治自觉，提高政治站位，推进政治巡察。二是要以发现问题为生命线，以推动解决问题为落脚点。巡察的各环节都必须坚持问题导向，聚焦发现问题。同时也要做好巡察的"后半篇文章"，要在巡察整改上发力，强化整改落实和成果运用。对于巡察中发现的问题和不足，被巡察单位要虚心接受、深刻反思、查找根源、举一反三，认真研究解决对策，精心制订整改方案。对于巡察整改主体责任不落实，问题整改不彻底，整改成效不明显的，必须严肃问责追责。三是要协调同步发力，凝聚发展合力。为了确保巡察工作取得实效，要进一步压紧压实政治责任。党委巡察办必须严格履行职责要求，精心组织、服务和保障；巡察组必须切实承担起巡察监督的责任，依靠被巡察单位党委开展工作，发现问题、直指问题；被巡察单位各级党组织和全体党员必须从讲政治的高度对待巡察，全力支持、配合巡察，认真落实整改责任。四是要严谨规范履职，确保工作实效。严肃的政治工作必须有严格的程序规范和纪律要求做保障。按照党章要求和上级部署开展政治巡察，在我校是第一次。虽然面临着一些困难，但是配合完成好学校党委的巡察任务，是二级单位党组织和巡察组共同的政治责任。巡察必须严肃认真地开展，确保巡察工作顺利推进。

为了切实做好巡察整改"后半篇文章"，2021 年 9 月，学校明确由党委巡察办承担巡察整改的日常督促检查责任。2021 年 10 月 29 日，校党委常委会审议通过《中共中国政法大学委员会巡察整改督查工作办法（试行）》，明确在校党委统一领导下，分层次、有重点地开展巡察整改督查，我校巡察工作进入整改阶段。

2019 年以来，学校党委共进行了八轮政治巡察工作，成立了 16 个巡察组对二级单位党组织进行巡察。在校党委的充分规划、合理部署下，圆满完成各轮巡察工作。其间，为了规范化、高质量做好巡察工作，学校举办多期巡察干部专题培训班，巡察二级单位主动配合，积极整改，取得了良好的效果。

四、固本强基行稳致远，党建引领保障有力

加强党的政治建设是保持和发展党的先进性和纯洁性建设的内在要求、是继承和弘扬党建优良传统的时代要求、是解决当前高校党建突出问题的迫切要求。根据上级统一部署，学校党委多次举行校领导班子、理论学习中心组专题学习，学习《中共中央关于加强党的政治建设的意见》以及《中共北京市委贯彻〈意见〉的措施》《中共北京市委关于加强高校党的政治建设的若干措施》，积极贯彻中央和北京市委要求，有力推进党的政治建设工作。

2019 年 9 月 12 日，我校召开加强党的政治建设动员部署会，党委书记胡明对学校加强党的政治建设工作进行了部署。他指出，在巡视整改工作进入深入实施、综合改革不断深化、"双一流"建设加快推进的关键阶段，紧紧围绕加强学校党的政治建设进行动员和部署，对于统筹推进学校党的建设和事业改革发展具有十分重大的政治意义和实践意义。要深刻了解加强党的政治建设的主要背景，认真贯彻落实中央和北京市关于党的政治建设的决策部署，把加强党的政治建设作为当前一项重要的政治任务，抓紧抓实、抓出成效。

胡明强调，要充分认识加强党的政治建设的重大意义。要认识到加强党的政治建设是保持和发展党的先进性和纯洁性建设的内在要求、是继承和弘扬党建优良传统的时代要求、是解决当前高校党建突出问题的迫切要求。学校要全面落实教育部党组政治巡视时反馈的意见和整改要求，增强政治意识、提升政治能力、提高政治站位、增强政治自觉、强化政治担当，做到坚持以加强党的政治建设为统领，重点整改、全面整改。

要毫不动摇地坚持党委的领导核心地位，准确把握加强党的建设的核心要义，坚定正确的政治方向。党的政治建设是党的根本性建设，党的政治建设的核心是"讲政治"，首要任务是坚决做到"两个维护"，党的政治建设的功能定位是"发挥统领作用"，把党的政治建设作为党的根本性建设，充分发挥其对党的思想建设、组织建设、作风建设、纪律建设、制度建设和反腐败斗争的统领作用。

面对当前的新形势、新任务、新要求，我们必须把党的政治建设摆在首位，不断增强旗帜鲜明讲政治、加强党的政治建设的思想自觉和行动自觉。要坚持把党的

领导贯穿到办学治校的全部过程，要坚持推进习近平新时代中国特色社会主义思想武装师生头脑全面覆盖，坚持深化党的建设和综合改革全面发力，坚持以钉钉子精神推动政治建设责任的全部落实。

加强党的政治建设是一项重大艰巨的政治任务，事关学校事业发展全局。要进一步增强推进党的政治建设的自觉性和坚定性，加强组织领导、强化责任担当，深度把握加强党的政治建设与推进巡视整改工作、"不忘初心、牢记使命"主题教育一脉相承的内在联系和相互关系，坚持以党的政治建设为统领，全面加强党的建设，推进全面从严治党向纵深发展，并把党的建设的政治优势不断转化为法科强校的科学发展优势，真正打好政治建设的攻坚战，取得学校事业发展的新胜利。

校长马怀德在总结讲话中指出，学校要深入学习贯彻落实中央和北京市委关于加强高校党的政治建设的有关文件、会议精神，以钉钉子精神持续加强学校党的政治建设，进一步深化综合改革，加快"双一流"建设。

2019 年 9 月至 11 月，校党委根据中共中央、北京市委、北京市委教育工委的要求，对照学校的实际情况，制定了我校加强党的政治建设的工作任务和工作台账以及专门的"实施要点"，成立了学校加强党的政治建设工作领导小组。自"不忘初心、牢记使命"主题教育开展以来，根据上级部署要求，校党委又制订了 26 项关于"党的政治建设方面存在的突出问题"的整改方案。学校党委常委会召开 3 次关于党的政治建设工作专题研究会议，对学校党的政治建设工作作出了部署，又通过走访调研等形式督查督办工作推进情况。

为落实中共中央、北京市委、北京市教育工委关于加强党的政治建设的重要部署，根据学校党委的工作安排，2019 年 11 月 15 日，我校党的政治建设推进会在海淀校区举行。胡明在讲话中表示，学校加强党的政治建设动员部署会召开以来，各部门扎实推进、密切合作，取得了一系列成效。他强调，下一阶段要处理好"四组关系"，不断推动党的政治建设走向深入。一是要处理好"专项工作"与"日常工作"的关系。要把党的政治建设这一"专项工作"的要求吃准吃透、落细落实，认真对标对表，精准聚焦推动。要深入思考、系统谋划，在与日常工作相互结合、彼此融入的基础上，拿出有针对性的措施，做到真做实做、真改实改。二是要处理好"规定动作"与"自选动作"的关系。上级要求的"规定动作"要按时按点、保质保量完成，各部门也要结合工作实际，创造性地开展一些特色工作，充分发挥典型示范和引领带动作用，形成有效管用的长效机制。三是要处理好"重点攻关"与"统筹推进"的关系。要充分把握党的政治建设的系统性，坚持以点带面、点面结合，在工作覆盖面上下功夫，也要坚持上下联动、持续发力，在工作深入度上下功夫，以重点攻关辐射带动工作全面铺开、整体推进。四是要处理好"自查自纠"与"督导检查"的关系。要把发现问题和解决问题作为推动事业发展的根本动力，把"自查自纠"作为自我更新、自我改进的内在驱动，把"督导检查"作为传导压力、追责问责的重要手段。通过内外结合、上下互动，确保党的政治建设的目标任务和整改措施落地生根、取得实效。

同时，为进一步加强党的政治建设，推进全面从严治党向基层延伸，学校先后实施基层党建重点难点攻坚行动、基层党建质量年、院级党委书记抓基层党建、述职评议考核等一系列措施，扎实推进基层党建，全面提升基层党组织党建工作质量。

2021年12月7日，在全国高校思想政治工作会议召开5周年之际，为深入贯彻落实党的十九届六中全会精神和第二十七次全国高校党建工作会议精神，中国政法大学党建与思想政治工作会议在昌平校区举行。高浣月以"党建引领　思政铸魂　推动构建党建和思政工作新格局"为题介绍了近年来学校党建和思想政治工作的基本情况。李秀云宣读了《关于中国政法大学基层党建项目培育创建入选单位的决定》。为进一步加强党的建设，校党委将当年定为"基层党建质量年"，并以党史学习教育为契机，建设一批符合学校实际、突出学科特点、具有学院特色的基层党建工作项目。

胡明在总结讲话中指出，在高等教育加快推进现代化的关键阶段，在学校"十四五"规划和新一轮"双一流"建设开局起步的重要时期，召开全校党建和思想政治工作会议，对于认真贯彻落实党的十九届六中全会精神和第二十七次全国高校党的建设工作会议精神，切实提升管党治党、办学治校能力和水平，开创新时期学校事业发展新局面，具有十分重要的意义。胡明强调，加强学校党建和思想政治工作，是推动全面从严治党向纵深发展的必然要求，是全面落实立德树人根本任务的必然要求，是促进学校内涵式高质量发展的必然要求，是新时期维护学校安全稳定的必然要求。

为今后进一步加强和改进学校党建和思想政治工作，胡明提出五点要求。一是要坚持"一个统领"，更加坚定地把政治建设摆在首位。要坚持学懂弄通做实，用习近平新时代中国特色社会主义思想武装头脑、指导实践、推动工作；坚持下先手棋、打主动仗，认真落实意识形态工作责任制；坚持抓执行、促落实，确保各项决策部署落地见效。二是要坚守"两份主责"，更加自觉地推动党建工作与事业发展深度融合。要认真履行管党治党和办学治校的主体责任，在加快推进"双一流"建设的过程中凸显党建工作的"向心力"、在日常管理服务的过程中凸显党建工作的

"凝聚力"、在管党治党和办学治校的过程中凸显党建工作的"战斗力"，做到党建工作和事业发展一体推进、深度融合。三是要加强"三个建设"，更加有力地推进基层党组织建设全面过硬、全面进步。要加强基层党建标准化、规范化、创新化建设，筑牢组织基础、强化政治属性、凸显示范引领。四是要把握"四个环节"，更加主动地推动学校思想政治工作守正创新。要突出政治引领的"先导性"地位，课堂教学的"主阵地"作用，队伍建设的"协同性"要求，日常教育的"全链条"覆盖，全面提升学校思想政治工作质量。五是要压实"五种责任"，更加努力地开创学校事业发展新局面。要进一步压紧压实党委主体责任、纪委监督责任、党组织书记第一责任、领导班子成员"一岗双责"和领导班子任期目标责任，不断强化党组织的政治功能、巩固基层党支部的战斗堡垒作用和党员的先锋模范作用，推动党建和思想政治工作责任落细、落实、落地。

为了认真学习传达落实好此次会议精神，马怀德提出三点要求。第一，要深化思想认识。把学习贯彻党的十九届六中全会精神、习近平总书记"七一"重要讲话精神以及关于高校党的建设和思想政治工作的重要论述，作为一项重大政治任务。围绕立德树人根本任务，不断增强做好学校党建和思想政治工作的政治思想行动自觉，争做党建和思想政治工作的先进高校。第二，要强化责任担当。坚持层层传导压力、压紧压实责任，创新方式方法，全力以赴推动我校"十四五"规划落地落实，为建设中国特色世界一流大学提供坚强的保障。第三，要认真推动落实。各单位要认真学习传达会议精神，确保有关要求落实到每一个支部、每一名党员。

五、"三全育人"深化改革，"国之大者"厚植于心

2017年2月27日，中共中央、国务院印发《关于加强和改进新形势下高校思想政治工作的意见》提出，坚持全员全过程全方位育人。该意见要求，高校要把立德树人作为根本任务，融入思想道德教育、文化知识教育、社会实践教育各环节，把思想政治工作贯穿教育教学全过程，把思想价值引领贯穿教育教学全过程和各环节，形成教书育人、科研育人、实践育人、管理育人、服务育人、文化育人、组织育人长效机制。

2018年9月，我校民商经济法学院受教育部委托，成为开展首批"三全育人"综合改革试点院（系）。在试点工作中，民商经济法学院党委坚持党建筑基、师德为魂、学风为本，加强党的政治建设，严把政治关，发挥党的核心作用，构筑以党的领导为核心的坚强思想阵地；把师德师风建设放在教师队伍建设的首要位置，从多角度打牢教师思想政治工作的制度基础，推进落实教师思想政治建设长效机制；

注重形成学生学风建设长效机制，将学风建设与学生人格塑造相结合。先后制定了《民商经济法学院分党委关于加强教师队伍思想政治建设的工作方案》《民商经济法学院分党委关于形成"学风建设"长效机制的工作计划》等系列文件，为实现立德树人的根本任务，完成"三全育人"的核心目标，提供了坚实有力的制度基础。不断完善体制机制，丰富育人内容和形式；牢记总书记谆谆教诲，发挥"1502"新时代青年知行社的示范辐射效应；弘扬优良师德师风，融合师生思想政治工作，激发教师育人新活力；打破体制壁垒，整合法学教育理论和实践资源，培养知行合一的实干家；强化理论育人，引导师生读原著、学原文、悟原理；加强"三全育人"整体规划设计，助力"三全育人"综合改革实践的扎实推进，使思想政治工作体系贯通学科体系、教学体系、教材体系、管理体系，让教师思想政治工作体系和学生思想政治教育体系实现融合发展。

2019 年 6 月，我校民商经济法学院成功举办教育部"三全育人"综合改革试点学院（系）协同论坛。论坛的成功举办，搭建了各试点院（系）间的沟通交流平台和长效机制，便于各院（系）交流在试点过程中的新思路、新方法，并希望以此解决试点任务中遇到的困难和问题，全面、高效地推进"三全育人"综合改革进程，贯彻落实改革内容。在会议过程中，13 所参会学院宣布共同作为发起单位，建立"全国高校院（系）立德树人知行联盟"。该联盟将以立德树人为目标，秉持共享、互益、开放的宗旨，致力于建设全国"三全育人"综合改革试点院（系）成员之间的沟通联系机制以及双边、多边合作机制。论坛取得的这一重大成果，将集各高校院（系）之力，更大地推动育人模式的改革，写下立德树人目标下"三全育人"改革的奋进之笔。

2020 年，全国高校院（系）立德树人知行联盟开展思政"全"课堂建设，联盟内学院根据自身学科特点和专业特色，挖掘思政元素，首批推出 11 门思政"全"课堂课程，涵盖管理学、法学、理学、工学、农学、医学类等专业。

立德树人、明法笃行，厚植家国情怀、服务"国之大者"。在国家重大活动中，始终活跃着法大学子的身影。他们精神昂扬、服务专业，在一次次重要活动中留下"法大名片"。

2019 年，世界园艺博览会（以下简称世园会）在北京举行。自 2019 年 3 月世园会筹备工作开展以来，766 名志愿者报名参加志愿服务工作。通过筛选、考察、综合评定等环节，最终共 215 名志愿者前往世园会园区提供志愿服务。7 月 21 日，北京世园会中国政法大学志愿服务队 215 名志愿者前往 2019 年北京世园会园区，正式开展为期 7 天的志愿服务工作。本次中国政法大学志愿服务队共负责国际馆、生活体验馆、拓展一部（国际展园）、新闻中心、制证中心、政府总代表办公室六个区域的志愿服务工作，并参与园区志愿者巡查岗、宣传岗、志愿讲解岗等岗位工作，协助志愿服务工作的有序开展。

在为期7天的志愿服务过程中，我校志愿服务队以耐心细致的服务收获了园区工作人员及游客的一致好评。志愿讲解岗生动精彩的讲述、问询引导岗热情周到的服务、岗位巡查岗严谨细致的考核，各岗位的志愿者用实际行动践行了"奉献、友爱、互助、进步"的志愿服务精神，以切身行动向社会各界展现法大精神。

2019年10月1日10时，中华人民共和国成立70周年庆祝大会、阅兵式、群众游行在北京天安门广场隆重举行。1063名法大师生参加了以"同心共筑中国梦"为主题的群众游行，与来自北京市直机关大队的人大代表、政协委员、民主党派和无党派人士、宗教界人士、公务员等1236名首都各界群众，构成国庆70周年群众游行第二十二方阵——"民主法治"方阵走过天安门广场。此外，还有73名师生加入千人合唱团，参与晚间举行的广场联欢活动。

自2019年7月以来，参与活动的师生放弃了原定的暑假安排，学校党委成立专项工作领导小组，由校团委牵头分阶段分批次地组织开展教练员训练、骨干训练、全员训练；组织外出演练13次，其中，骨干外出训练3次、彩车合练1次、全员合练和预演共9次。学校作为方阵主责单位，通过有效训练，充分落实"自由、生动、欢愉、活泼"的情感表达要求，以实际行动展现法大人的家国情怀和新时代大学生的青春风采。

2019年10月1日晚上20时，经过46天训练，7次合练、2次预演的73名法大师生在天安门广场参加了首都国庆联欢活动，完成三个篇章"我们走在大路上""在希望的田野上""领航新时代"，四个主题《好儿好女好家园》《山笑水笑人欢笑》《新天新地新时代》《同欢同乐同祝愿》，共计16首曲目的演唱，用歌声与现场群众一同为祖国献上美好的祝福。

学校高度重视国庆70周年群众游行的相关保障工作，在为期近3个月的训练保障过程中，校党委书记胡明、校长马怀德等校领导多次组织、参加动员慰问活动，并作出重要指示、勉励参训师生。学校各部门全力支持方阵训练组织工作，积极为方阵训练和开展工作创造有利条件，为师生顺利、愉快训练提供了坚实保障。

2021年6月28日，庆祝中国共产党成立100周年文艺演出《伟大征程》在国家体育场盛大举行。7月1日，庆祝中国共产党成立100周年大会在天安门广场隆重召开。我校师生283人参加文艺演出合唱团，240人参与文艺演出志愿服务，71人参加庆祝大会合唱献词团，111人参加庆祝大会观礼。

　　学校党委高度重视服务保障庆祝活动，始终将其作为重要的政治任务，于4月成立专项工作领导小组，全面统筹、全盘调度、全力保障，确保安稳、高效、有序推进落实各项任务。教务处、后勤保障处、保卫处、校医院、校团委等部门协同配合，制订疫情防控、校园生活管理等专项工作方案，合理调整教务考务安排，做实做细生活服务保障，学校基金会通过公益基金项目专门为全体参训师生提供防暑防疫物资。6月11日，学校召开服务保障中国共产党成立100周年庆祝活动动员大会，校党委书记胡明对参与服务保障任务的全体师生致以衷心感谢。6月28日、30日，校党委书记胡明、校长马怀德、副校长李秀云一同慰问即将参加活动的师生，并与师生合影。马怀德为文艺演出合唱团、文艺演出志愿者分别做行前动员讲话，他感谢参演参训师生，在三个多月的时间里，克服夏日高温、做好疫情防控、兼顾学习考试、辛勤排演训练，在各级考核验收中均取得优异的成绩，体现出法大学子良好的政治素养和综合素质。

　　2022年2月，北京冬奥会、冬残奥会开幕，我校共有190名师生志愿者参与国家体育场开、闭幕式演出和场馆服务保障，在志愿者、赛事服务、场馆通信、票务、交通5个业务领域贡献法大志愿者的青春力量。

　　从2022年1月15日到3月16日，我校志愿者在国家体育场参与服务保障北京2022年冬奥会和冬残奥会的开、闭幕仪式，全员累计上岗2060人次，志愿服务总时长19 770小时，圆满完成国家体育馆志愿者、票务、交通、场馆通信、赛事服务5个业务领域的服务保障工作，充分展现了"新鸟巢一代"的青春风采。

　　自2020年3月启动冬奥志愿者招募以来，学校党委高度重视，2020年10月正式成立冬奥志愿者工作领导小组，下设综合协调组、宣传教育组、生活保障组、交通安保组、卫生防疫组、教学保障组6个工作组别，全力保障我校冬奥志愿服务工作的圆满完成。

　　学校积极推进志愿者培训工作，提高志愿者服务技能，并通过"暖心礼包"等形式向志愿者提供物资保障。学校陆续开展"奔向冬奥　志愿者在准备"综合素质提升计划、"冬奥志愿大PK"、新春"友思（youth）"学习圈、寒假特别版"经典阅读"等主题活动，通过冰雪运动体验、冬奥手势舞教学等将冰雪文化融入学生生活。

第三节　加快"双一流"建设　实现高质量发展

一、推进一流学科建设，进入"双一流"建设名单

2017 年 4 月 23 日至 27 日，教育部本科教学工作审核评估专家组一行 12 人莅临我校，开展审核评估进校考察工作。审核评估专家组由中山大学原党委书记李延保教授任组长，中国人民大学常务副校长王利明教授任副组长，中南财经政法大学副校长刘仁山教授、西南政法大学原副校长孙长永教授、武汉大学人文社会科学研究院院长沈壮海教授、浙江大学本科生院教学研究处处长夏强教授、西南财经大学研究生院院长李永强教授、复旦大学外国语言文学学院马秋武教授、最高人民法院司法改革领导小组办公室胡仕浩主任为专家评审组成员，教育部高等教育教学评估中心郑觅、中山大学屈琼斐、淮阴师范学院胡元林作为项目管理员和秘书全程参加审核评估工作。

根据教育部高等教育教学评估中心的安排，专家组于 2017 年 4 月 23 日至 27 日在我校开展了本科教学工作审核评估。在校期间，9 位专家共进行访谈 75 人次，走访 60 部/处次，涉及学校所有校领导、主要职能部处以及全部教学单位，专家还走访了智慧教学楼、侦查学实验室、网络犯罪实验室、墙幕式多功能视频教室、审判案例卷宗副本阅览室、国际仲裁庭模拟法庭、法大文库等。听课 37 门，涉及 18 个专业；调阅试卷 2590 份，涉及 15 个专业；调阅论文 464 份，涉及 12 个专业。此外，专家组共举行座谈会 11 场，走访校外实践基地（用人单位）3 个，并调阅了学校"十三五"规划、综合改革方案、常委会纪要等材料。

2017 年 1 月 24 日，教育部、财政部、国家发展改革委联合印发《统筹推进世界一流大学和一流学科建设实施办法（暂行）》，"双一流"建设正式步入实施阶段。2017 年 9 月 20 日，教育部、财政部、国家发展改革委印发《关于公布世界一流大学和一流学科建设高校及建设学科名单的通知》，公布世界一流大学和一流学科（以下简称"双一流"）建设高校及建设学科名单。我校顺利进入"一流学科建设高校"名单，法学入选"双一流"建设学科名单。

自 2015 年 10 月国务院颁布《统筹推进世界一流大学和一流学科建设总体方案》以来，我校积极部署、调整优化，不断加强学科建设，推进人才培养、科学研究、社会服务、文化传承和国际交流与合作各项工作，取得了丰硕的成果。

为推进法学一流学科建设与发展，2017 年 7 月我校成立"双一流"建设工作办公室，12 月成立"双一流"建设领导小组，在广泛听取校内各方意见、充分吸

收校内外专家论证意见基础上，于 2018 年 1 月编制完成《中国政法大学打造中国特色法学学科体系学术体系话语体系实施办法》和《中国政法大学一流学科建设高校建设方案》，为法学一流学科建设统一了思想、明确了目标、指明了方向。

为了进一步明确法学一流学科的建设路径和总体目标，2017 年年底，学校领导班子成员分别带队对所有 18 个法学二级学科和 12 个法学以外一级学科进行专项调研。先后举办调研座谈会 22 场次，400 余位教师参与了座谈。在对学科发展中存在的困难和问题进行深入摸底后，根据自身发展情况结合各学科制定了"学科建设三年振兴计划"，为我校学科建设工作再上新台阶作出积极努力。

为了构建适宜一流学科发展的内生环境，提升学科治理能力和治理水平，促进一流学科的高质量建设，学校以法学一流学科建设方案确定的建设目标为统领，以明确和细化法学各二级学科的建设任务和阶段性建设目标为路径，参考国际权威机构评价指标体系和教育部学位与研究生教育发展中心第四轮学科评估指标体系等，探索建立了具有中国特色的世界一流法学学科建设指导与评估体系。

为全面贯彻落实习近平总书记考察我校重要讲话精神，加快构建具有中国特色的法学一流学科体系，推进一流学科建设，2017 年 9 月 28—29 日，我校考察团赴复旦大学、上海交通大学和华东政法大学深入调研，就一流学科建设、学科交叉融合发展、法学学科体系完善、师资队伍建设及高校人事制度改革等问题进行交流学习。

通过此次调研，我校考察团进一步了解了三所高校在"双一流"建设和学科交叉融合方面的先进做法与成功经验，不仅开阔了工作视野，也加强了我校与上海高校的密切交流与合作。在调研基础上，学校立足实际，创新发展思路，坚持内涵建设，采取有力措施，加快探索建构具有中国特色的法学一流学科体系，完善学科交叉融合发展的平台机制，全面推动法学一流学科的建设和发展，为把学校建设成为一所开放式、国际化、多科性、创新型的世界一流法学强校奠定坚实基础。

2017 年 11 月 2 日，中国政法大学全面推进"双一流"建设大会在昌平校区召开。时建中介绍了中国政法大学一流学科建设方案中提出的"双一流"建设总体目标，到 2020 年法学一流学科建设，学校整体建设的任务、举措、预期成效，以及学校下一步开展"双一流"建设的整体思路。学院学科代表法学院院长焦洪昌、社会学院院长应星、人文学院院长文兵与职能部门代表人事处处长吴平、科研处副处长栗峥、财务处处长李国强分别就学院发展、学科建设、学术研究、人事队伍建设、科研考核标准、财务管理制度等方面进行了报告与交流。

本次大会就"双一流"建设工作进行再动员、再部署、再推动，使全校上下在

"双一流"建设方面能够明确目标、统一思想、上下一心、真抓实干，瞄准世界一流，汇聚优质资源，培养一流人才，产出一流成果，加快走向世界一流。

2017年12月26日，在由光明日报社和中国政法大学联合主办的"法治中国论坛"上，进入法学学科"双一流"建设名单的6所高校———北京大学、中国人民大学、清华大学、中国政法大学、武汉大学和中南财经政法大学共同协商，由中国政法大学牵头提出了《组建法学一流学科建设联盟倡议书》。该倡议书提出，要携手国内各法学一流学科高校、法治实践部门以及所有致力于推动法学一流学科建设发展的专家学者，共同探讨中国特色世界一流法学学科建设的内涵和标准，协同构建中国特色世界一流法学学科体系、学术体系和话语体系。服务于全面依法治国伟大战略，为实现中华民族伟大复兴的中国梦共同奋斗。

同时学校还积极加强国际合作，努力提升一流学科国际影响力。2018年以来，学校多次参加QS及泰晤士高等教育举办的国内及国际峰会，并与QS亚洲总部合作承办"中国顶尖大学高峰论坛"，联合泰晤士高等教育机构举办"泰晤士高等教育中国大学高峰论坛"，对推进我校"双一流"建设与学科发展、提升学校的国际合作平台和国际影响力具有重要意义。

二、学科建设屡获突破，法学学科跃居首位

2017年12月28日，教育部学位与研究生教育发展中心公布了第四轮学科评估结果，中国政法大学有9个一级学科参评并全部上榜，其中法学学科进入A+档，政治学、马克思主义理论、社会学等学科也取得了较好的成绩。

从2002年开始，教育部学位与研究生教育发展中心组织的学科评估迄今已进行了四轮。第四轮学科评估于2016年在95个一级学科范围内开展（不含军事学门类等16个学科），共有513个单位的7449个学科参评。第四轮学科评估首次采用"分档"方式公布评估结果，不公布得分、不公布名次，不强调单位间精细分数差异和名次前后。采用按百分位进行分档的方式。根据"学科整体水平得分"的位次百分位，将前70%的学科分为A+、A、A-、B+、B、B-、C+、C、C-9档公布。

本轮学科评估结果的公布，标志着我校以法学为特色和优势的多科性大学建设取得了阶段性成果，开启了我校以法学为主体的世界一流学科建设的新征程。我校以"双一流"建设为契机，坚持社会主义办学方向，坚持中国特色、世界一流，坚持内涵发展，采取有力措施，全面加强以法学为核心的学科体系建设，力争使法学学科早日进入世界一流学科行列，其他学科的整体实力和核心竞争力明显提升，力争到21世纪中叶，法学学科进入世界一流学科前列，部分学科进入世界一流学科行列，学校建设成为开放式、国际化、多科性、创新型的世界一流法科强校，迈入世界一流大学行列。

2017 年 9 月，中国政法大学人权研究院入选国家高端智库第二批建设培育单位。2019 年 11 月 7 日，国家新闻出版署"关于创办《人权研究》期刊的批复"送达我校。历经一年的有序筹备，《人权研究》顺利获批。《人权研究》是中国政法大学主办的一本有国内统一刊号和国际标准刊号的人权学术季刊，由中国政法大学人权研究院负责编辑出版，旨在充分发挥国家高端智库培育单位和国家人权教育与培训基地的作用，通过提供国际人权领域的理论动态和专业分析，助力我国人权研究和宣传，推动中国人权话语和理论体系的建构与发展。

2017 年 11 月 10 日，中国社会科学院中国社会科学评价研究院发布《中国智库综合评价 AMI 研究报告（2017）》。中国政法大学法治政府研究院作为高校智库 A 类入选社会政法领域专业性智库榜单，是入选该领域榜单的 16 家智库之一。

本次评选以中国社会科学评价研究院研发的"中国人文社会科学评价 AMI 指标体系"为大纲，以"国家高端智库综合评价指标体系"为基础，遵循智库工作流程，从吸引力、管理力、影响力三方面对国内智库进行综合分析与评价。本次发布的《中国智库综合评价 AMI 研究报告（2017）》由总报告和分报告两部分组成，其中分报告就综合性智库、专业性智库、企业智库和社会智库四大类分别进行了评价研究，最终选出了 166 家智库进入"中国智库综合评价核心智库榜单"。

2017 年，我校在国家社科基金重大项目获得 5 项立项，取得了我校历史最好成绩；本次国家社科基金重大项目法学选题共立 25 项，我校立项数目占全国总数的 20%，位列全国第一。2017 年我校纵向科研项目立项数为 93 项，较之 2016 年的 58 项，同比增长超过 60%。

2018 年 1 月 12 日，教育部、国家外国专家局联合发布了 2018 年"高等学校学科创新引智计划"（简称"111 计划"）新建基地立项名单。我校"法治与全球治理学科创新引智基地"入选，这是继"证据科学创新引智基地"后，我校获批立项及经费支持的第二个学科创新引智基地。

2018 年 3 月 22 日，国务院学位委员会印发《关于下达 2017 年审核增列的博士、硕士学位授权点名单的通知》，我校理论经济学获批成为博士学位授权一级学科，金融、国际商务、新闻与传播获批成为硕士专业学位授权点。我校博士学位授权一级学科从 3 个增至 4 个，分别是：法学、政治学、马克思主义理论、理论经济学。硕士专业学位授权点从 5 个增至 8 个，分别是：法律硕士、公共管理硕士、工商管理硕士、翻译硕士、社会工作硕士、金融硕士、国际商务硕士、新闻与传播硕士。

至此，我校共拥有 34 个博士学位授权点、78 个硕士学位授权点、8 个专业硕士学位授权点。法学、政治学、马克思主义理论、理论经济学为博士学位授权一级学科，哲学、应用经济学、社会学、心理学、外国语言文学、新闻传播学、中国史、工商管理、公共管理为硕士学位授权一级学科，其中，法学为一级学科国家重点学科，政治学为一级学科北京市重点学科。此次增列使我校的学科专业领域进一步拓宽，学科结构和布局得到进一步优化，学科体系得到进一步完善，为我校专业学位研究生教育的快速发展奠定了坚实的基础。

2019 年 5 月中旬，北京市教委公布首批北京高校高精尖学科建设名单，我校申报的证据科学成功入选。11 月 9 日，北京市首批重点建设马克思主义学院名单公布，我校马克思主义学院成功获批。

学校启动实施"新兴学科培育计划"和"交叉学科繁荣计划"，打造"法+"学科群；着力打破学科间体制机制壁垒，打造重点明确、层次清晰、结构协调、互为支撑的学科体系。形成了法学学科优势更加突出，政治学、社会学、马克思主义理论发展势头强劲，比较法学、法与经济学、人权法学、社会法学、法律职业伦理等新兴学科不断涌现，法治文化、犯罪心理学、全球学、国家监察学等交叉学科繁荣发展，证据科学等高精尖学科协同培育的新态势。

2019 年，法学、政治学与行政学、行政管理、社会学、思想政治教育、新闻学6 个本科专业入选首批"国家级一流本科专业建设点"；法学、政治学与行政学成功获批北京高校"重点建设一流专业"；法律职业伦理设置为法学目录外二级学科；监察法学成为新增招生学科；理论经济学博士后流动站成功获批，博士后流动站增至 4 个；建立学科建设与指导联席会议制度，探索学科资源整合新路径；在 2019年软科发布的"中国最好学科排名"中，我校法学学科位列全国第一。

2019 年，学校以科研改革为契机，以服务国家重大战略需求为导向，推动学术质量建设，提升科学研究水平。全年共获纵向科研立项近百项，其中获得国家社科基金法学年度项目立项数位列全国第一、获得司法部国家法治与法学理论研究项目立项数位列全国第一，新获国家社科基金重大项目 3 项；横向科研项目经费实现大幅增长；智库成果显著增加；权威期刊和重要核心期刊论文数量与质量大幅增长；张保生、张晋藩等四名教授的科研成果获得北京市社科成果一、二等奖。

2020 年，学校以法学一流学科建设为引领，辐射带动政治学、社会学、马克思主义理论等学科快速发展，进一步充实"法+"学科群内涵。学位授权审核工作取得阶段性成果，哲学等 5 个博士学位授权一级学科，以及审计等 3 个专业硕士学位点通过北京市评审并向国务院学位委员会推荐。高质量完成"双一流"周期总结和建设任务。顺利完成"十三五"规划任务，启动编制学校"十四五"规划。在2020年软科中国大学和最好学科排名中，我校位列政法类高校第一，法学学科蝉联最好学科排名榜首。同时，学校积极服务国家重大战略需求，持续推出高水平智库成果，撰写的多份要报和咨询建议获得党和国家领导人批示；获得10项国家社科基金重大项目和教育部重大课题攻关项目；荣获18项第八届高等学校科学研究优秀成果奖（人文社会科学），其中张晋藩教授和蔡拓教授的2项成果获评一等奖。

2021年10月25日，国内专业教育评估机构软科发布最新"2021软科中国最好学科排名"，我校上榜学科数由7个提高至8个。其中法学学科以唯一的千分成绩（总分1214分）连续三年问鼎全国之首。我校坚持高质量发展导向，心怀"国之大者"，充分发挥以法学为优势、多学科协同发展的办学特色，加快建设中国特色世界一流大学，为笃学践行习近平法治思想、服务全面法治中国建设和全面建设社会主义现代化国家作出更大的贡献。

2021年，全国哲学社会科学工作办公室公示的国家社会科学基金年度项目和青年项目立项名单中，我校共获批32项，创历史最好成绩。其中，庞金友《当代西方国家政治极化的源起与影响研究》与贾文华《中欧贸易与投资关系的跨学科研究》获批为重点项目。根据教育部公布的2020年度国家级和省级一流本科专业建设点名单，我校申报的7个专业中哲学、经济学、国际政治、英语、国际商务、公共事业管理6个专业入选"国家级一流本科专业建设点"；申报的汉语言文学、应用心理学、工商管理3个专业全部入选"省级一流本科专业建设点"名单。2020年11月，我校申报的审计、汉语国际教育、应用心理等硕士专业学位授权点成功获批。

在数字化时代，大数据、云计算、区块链、人工智能以及5G等数字技术日新月异。数据及其运用对经济发展、社会治理和政府管理均产生了巨大的影响，引发了一系列新的法律问题，需要在学理层面进行深入研究以指导数据法治实践，支撑数字经济、数字政府和数字社会建设。2016年，中国政法大学将数字技术引发的法律问题研究确定为科研战略，产生了一大批科研成果、科研项目；2019年，学校将数据法学作为新兴交叉学科进行培育建设；2020年，学校申请数据法学为法学目录外二级学科，获教育部备案；2021年3月16日，引入了16位国际专家的"数据法治学科创新引智基地（'111计划'）"获教育部、科技部批准；2021年5月，与中国司法大数据研究院签署协议共建"智慧法治联合实验室"；2021年6月，为高质量建设数据法学学科，学校批准成立"数据法治研究院"。

2021 年，我校申请的"中国政法大学数据法治实验室"获准首批试点建设。这是学校科研事业再上新台阶、迈向新阶段的又一重要标志。作为教育部哲学社会科学实验室，数据法治实验室立足于数字时代学术前沿，服务建设数字经济、数字社会和数字政府的国家战略，推进法学与其他学科的交叉融合，创新法学研究范式和方法，充分利用现代信息技术和先进实验手段，开展战略性、前瞻性、实践性研究，探索中国特色哲学社会科学实验室建设之路，推动法学研究的现代化，着力解决我国数字时代的重大法学理论和法治实践问题。

三、以本为本强研创优，提升人才培养质量

2017 年，我校第一个工科专业——法治信息管理专业正式设立，首年招生 30 人。法治信息管理专业是我校历史上第一个与法学学科紧密结合的工科专业，也是在最高人民法院支持下协同人才培养的创新举措，在学科门类上实现了大的突破，更好地支撑了我校法学学科的优势和特色。

2016 年 11 月 10 日，最高人民法院复函我校，支持我校设立法治信息管理专业，并对我校在创新法治人才培养机制、参与人民法院信息化建设等方面提出了进一步的要求。

我校建设法治信息管理专业是根据当前社会对法治数据信息人才的需求，构建有特色的"法治+信息+管理"的人才培养模式和课程体系，特别是要确立培养符合国家需求的法治信息管理人才的目标，既构建多学科交融的综合理论培养模式和课程体系，又构建多层次多角度嵌入的务实实践培养模式和课程体系。我校还将法治信息管理专业建设与学校现有学科专业进行有机结合，与法学专业结合开设法学理论课程组，与侦查专业合作开发电子证据学、网络安全技术、法律信息系统课程，与经济学专业合作开发应用经济数学课程，与商学专业合作开发电子支付安全课程等。

2017 年 9 月 6 日，法治信息管理学院成立仪式暨 2017 级开学典礼在昌平校区举行。我校校长黄进，最高人民法院信息中心主任、法治信息管理学院联席院长许建峰，最高人民法院信息中心数据管理处处长、法治信息管理学院实务副院长陈奇伟，北京大学计算机科学技术研究所所长、北京大学大数据学科委员会委员郭宗明，北京交通大学信息管理系主任张润彤以及学校相关职能部门负责人出席仪式，法治信息管理学院全体师生参加仪式。黄进与许建峰共同为法治信息管理学院揭牌。黄进向许建峰颁发兼职教授聘书、联席院长聘书，向陈奇伟颁发实务副院长聘书。

　　许建峰在致辞中表示，中国政法大学法治信息管理专业在全世界范围内是首个结合法学和信息管理学的专业，展现了法大不断探索、勇于创新的精神，也符合习近平总书记提出的，要把司法规律、司法体制改革和现代科技运用紧密地结合起来，不断完善和发展中国特色社会主义司法制度的要求，他感谢法大给予自己这个艰巨的任务，并表示决心与法大领导和师生共同合作、共同努力，办好法学信息管理学院和法治信息管理专业。

　　法治信息管理专业的培养目标为：本专业根据"厚基础、宽口径、高素质、强能力"的人才培养要求，依托我校法学专业的优势资源，培养具备法学、现代管理学理论基础和计算机科学技术知识及应用能力，掌握系统思想和信息系统分析与设计方法以及信息管理和信息处理等方面的知识与技能，能在国家司法机关、行政部门、企事业单位、科研机构等单位从事法治信息管理以及法治信息系统分析、设计、实施、管理和评价等方面的高素质复合型人才。

　　法治信息管理专业的专业特色为：信息管理与信息系统专业（法治信息管理方向）由最高人民法院与我校合作共建，拥有优秀的教学、科研和实践条件，旨在培养国家法治信息化亟需的既具有法学基本素养又掌握计算机信息技术和现代管理知识的复合型人才。实行"信息管理技术+法学"的"4+1"双专业双学位培养模式，学生在5年内完成信息管理与信息系统专业培养方案和法学专业培养方案，获得工学和法学两个学士学位，学生可以在第8学期选择退出修读法学专业学习。

　　主要就业方向为：在全面依法治国及信息化社会的大背景下，对法治信息管理人才的需求尤为迫切。本专业培养的人才适合国家司法机关、行政部门、企事业单位、科研机构等单位从事法治信息化的建设、管理、研究工作。

　　随着互联网、云计算、大数据时代的到来，在法治信息管理领域亟须大量既懂得现代信息技术、大数据信息管理又懂法治运行规律的专业人才。我校以此为契机，在最高人民法院的大力支持下，在已建立网络法二级学科硕士点和博士点的基础上，筹建法治信息管理专业，并成立法治信息管理学院。

　　为加快建设一流本科教育、全面提高人才培养能力，2019年3月14日，学校正式印发《中国政法大学建设一流本科教育行动方案》（以下简称《行动方案》）。《行动方案》涵盖了本科教育教学各项内容，提出了本科教育教学改革的全面举措，彰示我校坚持"以本为本"，落实"四个回归"的坚实行动，展现我校提升人才培养质量、建设一流本科教育的恢宏战略。

　　制订一流本科教育行动方案、打造一流人才培养体系，是贯彻落实全国教育大会精神、习近平总书记考察我校重要讲话精神、新时代全国高等学校本科教育工作会议精神的重要内容。《行动方案》的制订立足对标教育部《关于加快建设高水平本科教育全面提升人才培养能力的意见》，密切结合学校"十三五"规划、"双一流"建设方案。

学校高度重视推动《行动方案》的拟定与落实，制订过程充分研究、广泛调研、深入讨论。2018年12月6日，学校召开本科教育教学工作会议，针对《行动方案》初稿中的内容，广泛召集各部处、教辅机关、教学院部、科研机构以及基层教学组织研究讨论，全面向教学督导、教师和学生代表征求意见。

学校在《行动方案》制订过程中，一方面继续在思想上树立以本为本意识，在行动上践行以本为本理念，创新发扬本科教学的既有优势、成熟经验。持续贯彻学术立校、人才强校、质量兴校、特色办校、依法治校的办学理念，走以质量提升为核心的内涵式发展道路，努力建设开放式、国际化、多科性、创新型的世界一流法科强校；始终秉持人才培养在各项工作中的中心地位，突出本科教育在人才培养中的基础地位，推行"五位一体"的健全人格教育。

另一方面着重把握新时代本科教育的任务要求，审视学校本科教育教学过程中存在的实际问题，务求对症下药、落到实处。近年来，学校的法学教育不断进步，教学成果屡创佳绩。然而在新时代一流大学和一流学科建设背景下，我校的本科教育也面临着全新的挑战，比如教学资源配置的优化、人才培养体系建设的完善、信息技术与教育教学的深度融合、质量保障体系的升级等。

《行动方案》的中心任务是建设一流本科教育，全方位围绕高水平本科人才培养和高质量本科教育教学。《行动方案》强调两个根本：一是培养社会主义的建设者和接班人是高等学校的根本任务；二是把立德树人的成效作为检验学校一切工作的根本标准。

《行动方案》聚焦全面建设本科教育的7项内容，重点实施30条行动计划，其拟定思路主要基于"十个一流"的全面建设目标，即以中国特色、世界一流法科强校建设为统领，瞄准一流人才培养体系、一流学科专业建设、一流科学研究、一流师资队伍、一流课程体系、一流课堂教学、一流教材体系、一流国际化人才培养、一流学生管理服务、一流质量保障体系，全面提高我校本科人才培养能力。

在切实落实"十个一流"的全面建设目标中，通过将思想政治教育贯穿教育教学、全面深化教育教学改革、着力提升教师教书育人能力、推进现代信息技术与教育教学深度融合、打造多种形式的协同育人模式、完善质量保障体系等七项重点内容，支撑一流本科教育的建设。

2018年12月20日，中国政法大学研究生教育工作会议召开。会议深入学习贯彻党的十九大精神，习近平总书记考察我校重要讲话精神和全国教育大会精神，聚焦研究生教育教学改革，深入探讨今后一个时期建设高水平研究生教育的总体思路和行动方案。会议提出，要通过创新研究生教育体制机制和人才培养模式，全面提升我校研究生人才培养质量，奋力打造与世界一流法科强校建设目标相适应的高水平研究生教育，谱写中国特色世界一流法科强校建设的新篇章。

会议介绍和解读了《中国政法大学建设高水平研究生教育行动方案（2019—2023）》（征求意见稿）的形成背景和具体内容。方案明确了学校研究生教育指导思想和总体要求，分析和提出了研究生教育发展面临的机遇、挑战和主要任务，从九个方面对建设高水平研究生教育提出了 36 条具体举措。2019 年 3 月中旬，学校正式印发《中国政法大学建设高水平研究生教育行动方案》。

四、探索人事制度改革，建设一流人才队伍

2017 年以来，我校深入贯彻落实习近平总书记考察我校重要讲话精神，坚持教书和育人相统一、言传和身教相统一、潜心问道和关注社会相统一、学术自由和学术规范相统一，对标"双一流"建设方案和学校党政部署，坚持以《一流人才队伍建设行动方案》为总揽，全面实施师德师风建设、高层次人才队伍建设、人才梯队建设、教师队伍国际化建设、人才体制机制改革"五大工程"，努力建设一支政治素质过硬、业务能力精湛、育人水平高超的一流师资队伍，为学校"双一流"建设提供坚强的人才保障。

为了提升人才队伍质量，学校出台有关人事调配管理、岗位聘任、考核激励、师资培养等方面的规范性制度文件数十项，健全以创新能力、质量、实效、贡献为导向的人才评价体系，破除障碍形成了具有吸引力和校际竞争力的人才制度体系。尤其是第八次党代会召开以后，学校对过往的经验进行总结，并对未来几年的发展建设作出规划，系统分析了改革发展面临的机遇与挑战、存在的问题与不足。推进"人才强校"战略，建设一流人才队伍成为"双一流"建设的重要内容之一。

为积极贯彻落实习近平总书记考察我校时关于"法治工作队伍重要性"的重要讲话精神，加大在法治人才培养中承担基础和核心地位的教师队伍建设，进一步加快我校"双一流"建设进程，2017 年 5 月 11 日，我校召开"双一流"建设背景下的教师队伍建设论坛，该论坛也是我校校庆活动之一。

清华大学副校长王希勤、北京航空航天大学人事处处长肖志松对两校的人事制度改革与人才队伍建设进行经验分享。王希勤在《清华大学人事制度改革情况简介》主题报告中，从回归社会的角度解读了国际高等教育的发展趋势，从高校与产

业的关系方面解读了国内高等教育发展趋势，并针对人、财、物的管理，人才的聘用和管理，人事制度具体内容等方面介绍了清华大学内部治理结构改革的相关经验。肖志松以"鲲鹏逐天　精谋实为　加快推进人才队伍建设与人事制度改革"为题作了主题报告。他表示，北京航空航天大学在深化人事制度改革的过程中，按照"创新制度、分类卓越，实施准聘长聘机制"的思路，沿着"找问题、明思路、定方案"的路径，制订"鲲鹏逐天计划"，在人事制度改革中搭建了全新平台，取得了一定突破。两位兄弟院校嘉宾作为各自学校的人事制度改革"操刀手"，发言内容翔实、条理清晰，对我校人事工作具有启发与借鉴意义。

我校法学院院长焦洪昌、人文学院院长文兵、民商经济法学院副院长赵旭东就人事制度改革当中的优秀人才引进与培养、考核评价与问题导向等问题，结合各自学院的特点，发表了看法、意见和建议。

2018年9月，经过长期的酝酿，学校正式实施《中国政法大学钱端升杰出学者支持计划》，按照"育引并举""梯队式分类""薪酬激励""岗位绩效管理"的原则，注重成果和贡献，区分教师层级进行分类培养，按"钱端升特聘讲座教授""钱端升讲座教授""钱端升学者""钱端升青年学者"实行分类支持，岗位数量占教师总数的30%，面向国内外、校内外公开招聘。

2018年9月29日，我校钱端升杰出学者支持计划及2018年专业技术岗位聘任工作布置会召开，会议对《中国政法大学钱端升杰出学者支持计划》进行了详细解读。这标志着该计划正式实施。

2020年1月11日，为全面贯彻党的十九大精神，习近平总书记关于人才工作的系列重要讲话精神和考察我校重要讲话精神，我校召开中国政法大学人才工作会议。会议详细解读了《中国政法大学建设一流人才队伍行动方案（征求意见稿）》。

党委书记胡明在讲话中强调，学校召开专题人才工作会议，是加快推进"双一流"建设的重大举措。要坚定不移地建设一支师德高尚、业务精湛、充满活力的高素质专业化教师队伍，为学校各方面事业提供人才支撑和智力保障。

校长马怀德指出，学校始终将人才工作作为推动学校发展的核心动力，造就了一支政治素质好、师德高尚、业务精湛、结构合理、充满活力的人才队伍，开创了人才工作和事业发展的新局面，取得了良好成效。

《中国政法大学建设一流人才队伍行动方案》根据《关于高等学校加快"双一流"建设的指导意见》《关于深化人才发展体制机制改革的意见》《关于全面深化新时代教师队伍建设改革的意见》等文件精神，结合学校第八次党代会确定的发展战略制定。其主要内容是：以薪酬制度为抓手，扎实推进"六项建设"，即以师德师风建设为根本，以高层次人才队伍建设为引领，以学校软环境建设为基础，以中青年骨干教师队伍建设为重点，以管理服务队伍专业化建设为支撑，以评价考核制度建设为主线，有效提升教师的教育教学能力、科研学术能力、社会实践能力、国际竞争能力四种能力，造就一批学科领军人才，建设一支高素质教师队伍，建设一支高水平管理服务队伍。具体措施为：深入落实，持续推进师德师风建设；育引并举，加快推进高层次人才队伍建设；机制创新，重点推进中青年骨干教师队伍建设；培评结合，大力提升教师教育教学能力；多措并举，全面提升教师科研学术能力；协同创新，有效推动教师提升社会实践能力；交流合作，注重提升教师国际竞争能力；严格管理，深化评价考核制度建设；立足发展，积极推进管理服务队伍专业化建设；提升认同，扎实推进学校软环境建设；薪酬激励，健全以绩效为导向的薪酬制度。

五、主动布局国际办学，对外合作再获突破

2017 年以来，我校深入贯彻落实习近平总书记关于教育的重要论述和考察法大重要讲话精神，坚持以服务国家重大战略为导向，围绕建设中国特色世界一流大学为目标，树立国际化办学理念，创新国际化办学机制，实施"请进来"与"走出去"双驱动发展"五大工程"，全力打造高水平、全方位、立体式、彰显法大特色和优势的国际化办学格局。这"五大工程"分别是：实施"战略伙伴工程"，优化国际办学布局；实施"高端平台工程"，融合国际优质资源；实施"留学海外工程"，加大国际人才培养；实施"海外提升工程"，推进国际人才强校；实施"汇聚法大工程"，提高国际办学成效。

2017 年，学校新签署国际合作协议 58 份，新增合作伙伴 23 所；累计接待来自 32 个国家和地区的 118 个代表团，其中各国政要及国际组织领导 8 位。获批国家留学基金委"优秀本科生国际交流项目"46 个，位列全国高校第五；国家公派研究生项目录取人数 91 人，同比增长 9.7%，再创历史新高；学生赴境外交流和实习项目数量同比增长 13.7%。学校入选北京市"一带一路"国家人才培养基地项目，设立"一带一路"国家人才培养与法律研究院；发起联合成立"内地与港澳法学教育联盟"，秘书处设在法大；与联合国环境署合作，设立"联合国环境署—中国政法大学环境法研究基地"。

2017 年 12 月 12 日，第十二届全球孔子学院大会在西安开幕，国务院副总理、孔子学院总部理事会主席刘延东出席会议，作主旨演讲，并为全球 25 个先进孔子学院等奖项颁奖。我校共建罗马尼亚布加勒斯特大学孔子学院、巴巴多斯西印度大学凯夫希尔分校孔子学院同时荣获"2017 全球先进孔子学院"称号。这是我校孔子学院建设发展中的重大历史性突破。

2018 年，我校被评为"孔子学院先进中方合作机构"，全国仅 10 所高校获此殊荣。2019 年，我校再次获评"孔子学院先进中方合作机构"，合作共建的罗马尼亚布加勒斯特大学孔子学院理事会外方理事长、布大校长荣获全球"孔子学院先进个人"。

2018 年，学校签署国际以及涉我国港澳台地区合作协议 54 份，新增合作伙伴 23 所；累计派出 171 个团组，309 人次赴国（境）外开展学术、校际交流活动；累计接待来自 26 个国家和地区的 83 个代表团；获批国家留学基金委"优秀本科生国际交流项目"47 个，继续稳居全国前列；联合成立"德国大学中国项目办公室"，覆盖 36 所德国大学及高校。

2019 年，与美国圣路易斯华盛顿大学的合作办学项目获教育部批准；获全国首批国家公派国际组织后备人才培养项目资助；合作高校及国际组织和机构总数增至 267 所，合作国家和地区增至 54 个；派遣千余名师生出国（境）交流；接待联合国副秘书长苏亚雷斯和斯里兰卡总检察长贾亚苏利亚等高访团组和数百名境外师生。2019 年 7 月，亚洲法律学会（Asian Law Institute，ASLI）理事会通过中国政法大学加入 ASLI 的申请，我校正式成为其成员单位。

2020 年，学校克服疫情影响，积极深化国际交流，合作高校、国际组织和机构总数增至 283 个，合作国家和地区增至 54 个。续签中欧法学院的延期办学协议，与美国圣路易斯华盛顿大学国际法双硕士中外合作办学项目招收第一批学生。承办国家留学基金委"联合国机构宣讲活动"，全年国家公派赴联合国等国际组织和机构实习学生人数位列全国第二。

2020 年 2 月 14 日，校长马怀德代表学校在北京签署了我校与英国牛津大学圣艾德蒙学院之间的三份合作协议。协议约定，我校将与牛津大学圣艾德蒙学院在以下四个方面开展合作：我校教师赴牛津大学开展研修项目，访问学者、客座教授项目，牛津大学与我校共同设立"牛津法大高端学术论坛"系列讲座项目，我校学生赴牛津大学进行研修项目。协议的签署标志着我校与世界一流大学的实质合作又跨上一个新台阶。牛津大学表示，这"确实是值得载入牛津和法大史册的一件大事"。

六、积极发挥学科优势，建设智库服务社会

2017 年以来，学校实施一系列改革，在全体师生的共同努力下迎来高速发展，

在学科建设、人才培养、科学研究、社会服务、文化传承、国际交流与合作等各方面都取得了丰硕成果。在"双一流"建设过程中，学校积极拓展资源，广泛开展合作，为国家建设贡献力量。

为了进一步推动世界一流大学和一流学科建设，进一步推动新型研究机构发展，促进我国纪检监察学研究，2017年7月5日，校长办公会、党委常委会议审议通过了《中国政法大学国家监察研究院建设方案》，决定成立中国政法大学国家监察研究院。11月1日，中国政法大学印发《中国政法大学关于成立国家监察研究院的通知》，并附上了国家监察研究院的建设方案。

国家监察研究院为在编新型研究机构，不设行政级别，首任院长由张桂林教授担任。研究院集科学研究、人才培养、学科建设和社会服务于一体，将研究院建设为国内顶尖、有一定国际影响的高端智库型研究机构，建设成为纪检监察高端人才培养、培训基地以及国内廉政建设数据中心；将与最高人民法院、最高人民检察院、地方国家监察机构合作，建立大型廉政建设数据库，并与中央和地方的纪检、国家监察机构合作，培养纪检监察人才，培训国家监察系统干部。

2013年，经国务院学位办批准，我校设立了高校首个纪检监察学研究生专业，截至2018年，已招收40余名硕士和博士研究生，其中，硕士21人，博士22人。2018年，经批准纪检监察学专业更名为国家监察学专业。

2017年10月，由教育部政策法规司与中国政法大学共建的教师法治教育研究中心成立仪式暨教师法治教育研讨会在京举行。教师法治教育研究中心的成立，旨在设立研究基地，推进青少年法治教育工作；参与教育立法，促进教育法律制度科学化；开展教师培训，提升教师法治教育能力和水平；编撰法治教育教材，解决法治教育系统性不强等问题。

2017年12月18日，"北京市教育法治研究基地成立仪式暨《北京教育法治年度报告》编写研讨会"在北京师范大学举行。在成立仪式上，北京市人大常委会法制办公室、北京市人大教科文卫体办公室、北京市教育委员会、北京市政府法制办公室分别与中国政法大学、中国人民大学、北京师范大学、北京外国语大学签订共建协议，依托以上四所高校成立"北京市教育法治研究基地"。我校作为四个基地之一，将就北京市教育法治的理论与实践开展研究，并主要承担北京市教育行政立法的研究起草、教育行政执法操作规范化、青少年法治教育资源建设、教育疑难行政案件研究等任务。

"完善法律援助制度"是党的十八届三中全会、四中全会提出的全面深化改革的内容之一，也是新时代中国特色社会主义法治建设的历史使命和时代需求。2018

年 1 月 19 日，中国政法大学国家法律援助研究院正式成立。党的十九大报告指出，我国社会主要矛盾已发生了历史性变化，法律援助作为满足人民群众日益增长的法律服务需求的重要途径，也成为人民群众法治生活中的重要组成部分。国家法律援助研究院的成立，顺应了法律援助工作的新形势新要求，是推动我国法律援助事业发展和相关制度完善的重要举措，也是推动法律援助领域国际合作交流的重要载体，将为全球治理提供中国智慧和中国方案，不断增强中国特色社会主义制度的软实力。

2019 年，我校继续发挥学科优势，推进智库建设，积极服务社会。8 月 30 日，最高人民检察院研究基地授牌仪式暨检察理论工作座谈会在最高人民检察院举行，我校成为"最高人民检察院检察公益诉讼研究基地"。9 月 11 日，我校与国家广播电视总局战略合作框架协议签署暨"广播电视政策法规研究基地"揭牌仪式在我校举行。10 月 10 日，我校与国家市场监督管理总局签署"国家市场监管法治研究基地"合作框架协议。10 月 17 日，我校与最高人民法院、最高人民检察院"应用型法学博士"合作协议签署仪式暨培养工作座谈会召开。自 2012 年、2013 年分别与最高人民检察院、最高人民法院签署"应用型法学博士"招录培养合作协议以来，我校已从检察院、法院系统招录 75 名应用型法学博士生。11 月 8 日，我校与应急管理部共建"法律与政策研究基地"签约暨揭牌仪式举行。12 月 6 日，北京市人大常委会与中国政法大学签署合作框架协议，共同建立"中国政法大学立法研究院"暨"北京市人大常委会立法研究基地"。

2020 年 6 月 17 日，最高人民检察院与中国政法大学合作共建未成年人事务治理与法律研究基地签约仪式暨"未成年人事务治理现代化"研讨会在我校召开。最高人民检察院党组副书记、常务副检察长童建明与我校校长马怀德共同为研究基地揭牌。最高人民检察院第九检察厅厅长史卫忠与我校副校长时建中签署共建协议，并为特聘主任兼首席专家及 5 位专家代表颁发聘书。

2020 年 8 月，全国人大常委会法制工作委员会在我校设立高校唯一的"立法联系点"，我校服务国家立法迈上新台阶。为深入推进科学立法、民主立法、依法立法，贯彻落实党的十八届四中全会和十九届四中全会的决定要求以及全国人大常委会工作部署，2020 年 8 月 3 日，"全国人大常委会法制工作委员会立法联系点"启动会在我校召开。全国人大常委会委员、全国人大常委会法制工作委员会主任沈春耀为我校颁授"全国人大常委会法制工作委员会立法联系点"标志牌，党委书记胡明、校长马怀德代表学校共同接受授牌。立法联系点作为一项重要的立法工作内容，将在宣传国家法治、回应社会诉求、畅通民意反映和表达渠道、实现全过程人民民主等方面发挥重要作用。

此外，2020年，我校与国家部委、各级政法机关、党政部门签订多项战略合作协议或共建高端研究基地。9月24日，我校与国家体育总局战略合作协议签署仪式在国家体育总局机关举行。9月28日，司法部与我校签订合作框架协议，围绕深化法治理论研究、法治实践发展、法治人才培养、法治资源共享等领域开启全面合作。12月30日，我校与国家药品监督管理局签署药品监管法治研究战略合作协议，共建中国政法大学药品监管法治研究中心，作为国家药品监督管理局药品监管法治研究基地。此外，福建省高级人民法院、北京市第三中级人民法院、西城区人民政府等十余个政法机关和党政部门与我校签署战略合作协议，共建法学教育实践基地。

2021年4月1日，中国政法大学与法治日报社签署法治教育战略合作协议。中国政法大学和法治日报社为全面依法治国贡献了重要力量。在"十四五"规划开局之年、迎来建党100周年的历史特殊时期，两家单位牵手合作，宗旨就是要贯彻落实习近平法治思想和习近平总书记考察中国政法大学重要讲话精神，大力加强领导干部法治教育工作，打破高校和社会之间的体制壁垒，促进法学理论和法治传媒实践有机结合，通过"强强联合"结出更多成果，在新时代不断把法治中国建设向前推进。

2021年5月30日，中国政法大学检察基础理论研究基地启动。9月28日，在全国退役军人工作理论研讨会上，我校被授予"退役军人事务研究基地"牌匾；同日，我校与新疆维吾尔自治区高级人民法院签署战略合作框架协议。2021年，我校还与青海、四川、山西、黑龙江、甘肃等省级政府签署战略合作协议。10月22日，我校与北京金融法院签署协同共建战略合作协议，并为"中国政法大学法学教育实践基地"和"中国政法大学全国领导干部法治教育合作基地"揭牌。12月13日，与教育部中外语言交流合作中心合作共建国际中文教育法律研究基地，也是该领域全国首个法律研究基地。同时，我校深化与中国人民公安大学、北京邮电大学、北京建筑大学等院校合作，拓展与中国残疾人联合会、中国红十字会、中国互联网协会等组织合作，合作共建、服务国家建设取得丰硕成果。

第四节　完善内部治理体系　提升服务保障水平

一、深化管理体制改革，推进目标责任制

为进一步深化学校管理体制改革，推动现代大学治理体系和治理能力建设，校党委实施了处级领导班子任期目标责任制，力图通过发挥考核的导向、激励和监督作用，真正把全校上下凝聚到"双一流"建设中来，从而写好世界一流法科强校建

设的"奋进之笔"。

2018 年 11 月 20 日，中国政法大学召开党建工作会议，学习传达全国教育大会精神、教育部直属系统警示教育大会精神，全面部署加强作风建设、实施目标责任制工作。机关作风建设是实现学校根本任务和"双一流"建设的重要保障，是提升学校管理水平和服务质量的重要举措，是全面从严治党的基本要求。2018 年 10 月 19 日，校党委常委会审议通过了《中共中国政法大学委员会关于进一步加强和改进机关作风建设的实施方案》。

胡明在总结讲话中指出，加强机关作风建设、实施目标责任制是法科强校建设的必然要求，是全面深化改革的重要保障，也是干部队伍建设的有效载体。通过系统谋篇布局、科学目标分解、精准施策发力、优质高效落实，为加快"双一流"建设、促进内涵式发展提供强大动力，也为激励广大领导干部在法科强校建设新阶段新担当新作为提供坚强保证。

为了进一步强化对处级领导班子的考核考评，加快校院两级管理体制改革，促进学科整合与融合，确保世界一流法科强校建设目标的顺利完成，校党委研究决定实施处级领导班子任期目标责任制。学校成立目标责任制工作领导小组，制定了一系列配套的规章制度，形成定量与定性相结合的考核指标体系，探索建立起目标责任制、行政考核制、绩效奖励制"三位一体"的协调运行机制，并在工作中加强监督与指导，推进工作落实，认真组织考核工作，完善考核指标体系，科学调整目标任务。

2018 年 12 月 29 日，学校召开落实目标责任制工作部署会。会上，党委书记胡明、校长黄进代表学校与各二级单位签署了目标责任书。会议要求，要实现建成中国特色世界一流法科强校的办学目标，同样需要一代又一代法大人的承前启后、薪火相传，要一棒接着一棒接力跑下去。各单位要根据目标责任，制定具体的工作时间表、任务书和路线图，切实把工作落到实处。通过签署目标责任书建立激励问责机制，充分调动全校师生员工的积极性，全面推进学校各项工作再上新台阶。

2019 年 3 月，校党委相继召开相关学院和校部机关、后勤、教辅单位落实目标责任制情况推进会，各单位负责人从任务书的工作分解、保障措施、工作实效等方面进行了汇报。各单位领导班子高度重视目标责任制的实施工作，认真编制目标责任制任务书，研究制订落实目标任务的具体计划，通过强化目标管理，明确工作举措，实行责任到人，积极推进各项工作按时保质保量完成。

2019 年 7 月 5 日，学校举行目标责任制签约会，与研究生院、法律硕士学院、中欧法学院等 14 个单位签订任务书，切实推进目标责任制落实。为进一步深化学校管理体制改革，推动现代大学治理体系和治理能力建设，学校自 2018 年实施了处级领导班子任期目标责任制，并完成了两批次共 44 个单位任务书的签约工作。至此，目标任务书的签约阶段全部结束，各单位均进入了目标实施、责任落实的推进阶段。

目标责任制实施以来，全校上下协调一致，明确目标、统筹推进、举措有力，在推进学科建设、学生和党政管理等方面取得了明显成效。为全面掌握学院实施目标责任制的情况，及时发现问题、总结经验、解决困难，2020 年年初，校领导连续组织专题调研会，分别与法学院、民商经济法学院、国际法学院、刑事司法学院、政治与公共管理学院、人文学院、社会学院 7 个单位的领导班子，基层教学组织党政负责人进行了充分交流。在专题调研会上，7 个单位的党政负责人就目标责任制的实施情况、下一步的工作思路等进行了汇报。各学院参会人员，对目标责任制的实施，从不同角度提出了意见建议。相关职能部门负责人对提出的问题进行了回应。

2020 年 5 月 27 日，学校召开目标责任考核工作总结部署会，对一年多来实施目标责任制的情况进行总结，并对下一阶段工作进行部署。

民商经济法学院院长于飞、刑事司法学院院长汪海燕、马克思主义学院执行院长邰丽华、科研处处长栗峥四个单位的负责人，围绕统一思想认识、压实主体责任、层层分解任务、提升发展质量等方面做了经验交流。为了把工作做实、做细，民商经济法学院党政领导班子与所有研究所所长、党支部书记签订责任书，将任务分解到每位教师；刑事司法学院根据不同类型的教师，制定个性化措施，提升教师教学科研水平；马克思主义学院注重高标准推进，加大课程质量建设力度，提升学科建设水平；科研处大力挖掘学校教师科研潜力，加强对科研成果的动态监测。各单位紧紧围绕目标任务，多措并举，努力推进目标责任制落到实处。

此次考核工作总结部署会的召开，是对实施目标责任的再部署、再推进。面对新形势新任务，学校要求，各级领导班子要按照中央、教育部的部署，坚持"两手抓、两手硬"，围绕学校党政工作要点，团结带领全校师生员工克服疫情带来的不利影响，全力推进目标责任制的实施工作，为学校"双一流"建设作出新的贡献。

二、推进依法治校，优化内部治理

作为北京市"依法治校"示范高校，我校多年来在依法治校方面做出了许多具有示范性的工作，各项制度持续完善，内部治理不断优化。

为深入贯彻落实习近平总书记关于教育的重要论述和习近平法治思想，落实教育部印发《关于进一步加强高等学校法治工作的意见》《高等学校法治工作测评指标》的相关要求，2021 年 9 月 28 日，我校在昌平校区学术报告厅召开了全校推进依法治校工作部署会。

校长马怀德在讲话中指出，作为法学教育最高学府，学校高度重视依法治校工作，出台了系列规章制度，学校法治工作和治理水平取得长足进步，有力支撑了我校"双一流"建设。学校落实教育部要求，在全国高校中率先出台了《加强和改进依法治校工作的实施意见》和《推进依法治校工作台账》，对加强依法治校工作从宏观到具体进行了研究部署，并试点开展了校内自评。从理论到实践，法大正在为高校法治工作供给可参考、可借鉴的样本。

党委书记胡明在讲话中强调，长期以来，我校依托法学学科的特色优势和浓郁的校园法治文化，形成了运用法治思维和法治方式深化改革、化解矛盾、促进发展的良性生态。面对高等教育发展的新形势、新任务、新要求，要切实把依法治理作为学校治理的基本理念和基本方式，融入、贯穿学校工作全过程和各方面。在"十四五"开局之际对依法治校工作作出全面部署，对于新时期全面推进依法治教、依法办学、依法治校具有十分重要的意义。

胡明强调，依法治校是推动学校治理体系和治理能力现代化的必然要求，全校上下要协同配合、凝心聚力，切实把法治工作各项任务落实到位，推动引领全校法治工作迈上新台阶，为学校改革发展稳定作出新贡献。

2019 年 6 月，经 2019 年第 9 次校长办公会审议通过，学校印发了《中国政法大学投诉建议处理办法（试行）》。该办法对规范投诉建议工作提出明确要求，明确办理投诉建议事项的受理范围、工作流程、工作要求、工作保障等。办理投诉建议由学校办公室统筹协调，各部门分工办理，坚持统一归口、各负其责，依法依规、规范高效。成立行政投诉中心，整合分散在各部门的各类反映问题渠道，建立统一的"网上投诉建议专栏"平台，实现线上线下结合，全程可溯。在学校校园网主页设置投诉建议专栏，及时反馈和解决师生投诉事项，以公开、透明、交互的方式，积极回应师生关切，彰显学校管理服务的公信力。根据投诉建议的内容，明确办理部门和答复时限，要求及时处理、说明情况，保障按时答复率 100%，及时在基层化解各类矛盾纠纷，增强投诉建议答复的规范性和统一性，形成稳定的预期和常态化的操作规程。

同时，优化管理模式，更新服务理念，提高行政效能，全面推进依法治校。加强对投诉建议事项信息的综合分析，对师生员工反映的普遍性、政策性问题进行分析研究，提出意见建议，定期形成报告供校领导和相关部门决策参考。坚持校领导接待日制度，校领导定期联系、接待干部师生来访，保障干部师生与校领导面对面交流，及时反馈和解决合理合法诉求。修订议事规则，完善各类代表列席学校决策会议制度，使广大师生参与到学校事业决策中，充分了解学校办学情况和发展规划。落实教代会代表日制度，发挥教代会代表作用，拓宽建言献策渠道，保障教代会代表权利行使，增强学校决策的科学化、民主化和针对性。

此外，还采取网络、电话、约谈、实地督办等形式，对投诉建议事项进行全程跟踪督办。通过网上办事大厅，公开网上申请、受理、办理等全流程，实现服务流程透明化、进度可视化、工作网络化，确保师生及时了解办事进程，提升管理服务效率。将投诉建议办理情况纳入学校《月度督办情况通报》进行专项通报，督促牵头部门按时高效办理，提高师生对学校各项改革举措的认同感和满意度。

《中国政法大学投诉建议处理办法（试行）》的出台是学校不断优化管理模式，更新服务理念，提高行政效能，全面推进依法治校的具体工作举措之一。统一的投诉建议平台建成后，进一步畅通了诉求表达渠道，及时反馈和解决学校师生员工的投诉建议，做到"师生有所呼，学校有所应"。

为进一步优化学校投诉建议工作机制，全面落实学校"接诉即办"工作，切实解决师生"急难愁盼"问题，2021 年 12 月 22 日，我校召开投诉建议工作部署会。学校相关部门负责人和各部门投诉建议联络员参加此次会议。会上，相关部门负责同志对投诉平台启用以来的相关工作情况、投诉建议工作纳入绩效考核指标、监督问责等情况进行了介绍。会议强调基于投诉建议工作机制转变，各部门要高度重视，从"接诉即办"向"未诉先办"转变；投诉建议联络员要及时反馈投诉建议事项，畅通意见建议反馈渠道；要重视数据分析总结工作，从投诉建议中发现本部门薄弱环节，找到解决措施，改进部门工作。

三、抓好疫情防控，守护校园净土

面对突如其来的新冠疫情，学校党委认真贯彻落实习近平总书记重要指示精神和党中央决策部署，迅速响应教育部、北京市各项疫情防控要求，成立疫情防控及应急处置领导小组，把师生的生命安全和身体健康放在第一位，扎实做好疫情防控各项工作。

2020 年 1 月 23 日，学校召开疫情防控工作紧急部署会，会上成立疫情防控及应急处置领导小组，党委书记胡明、校长马怀德任组长，其他全体校领导任副组长，相关部处负责人为成员。防控领导小组制订工作方案，明确责任单位，确定工作职责，细化工作分工，强化监督机制。时值寒假，学校通过同步视频会议等方式，数日内先后召开党委常委会扩大会及防控领导小组4次工作会议，传达教育部及北京市疫情防控工作精神和要求，研讨各类工作方案，周密部署工作安排，并成立了综合协调组、学生工作组、教职员工工作组、后勤保障组、宣传工作组、教学保障组、校园管理组、物资保障组8个专项工作组。学校党政主要领导和分管领导每天在岗带班工作，相关部处及二级学院积极行动，按照上级部署和党委要求，认真开展疫情防控工作，形成了师生信息报送、医疗观察隔离、后勤物资保障、校园封闭管理、宣传教育、值班值守等一系列联防联控的有效举措和工作机制。

2020年1月23日开始，学校启动每日信息摸排汇报工作，学校对全校师生员工的行程及健康情况进行全面排查。各归口单位组织相关数据统计，各二级单位积极响应，学校办公室统筹汇总，完成每天数据统计工作。

2020年1月24日、27日，学校先后以致师生的"一封信"的方式，发布延期开学消息，提醒师生员工要做好自我防护，了解学校相关工作安排。为了做好延期开学相关工作，共同抗击疫情，学校各部门相继出台一系列帮助师生共同度过疫情时期的专项举措。高水平艺术团招生、博士研究生复试时间推迟，公费医疗师生可选择就近医疗机构就医、为全校师生开通应对疫情心理服务热线、图书馆发布校外访问电子资源攻略等，全校各部门群策群力，共同为师生在特殊时期提供贴心关怀与服务，全力支持和配合疫情防控工作的开展。

2020年1月27日起，学校两校区实行封闭管理，严格人员进出登记及体温测量等工作。严禁未经批准的外部人员或车辆、有发烧发热症状或未佩戴口罩的师生员工进入校园，学生宿舍、教学楼等校内建筑物的人员出入实行严格管理和信息登记工作。全力保障在校师生食堂就餐的菜品供应，通过精细管理、广泛倡议等方式确保就餐安全。加强卫生保洁工作，提高校园清洁频次，开展日常消毒防控，做到全面覆盖、不留死角。设立医学观察隔离点，对外地提前返校的、去过疫区的学生采取隔离措施。校医院制订防控工作医疗保障方面相关方案，指导全校做好专业防控工作，组织医护人员及窗口服务人员的防控知识培训，采购防疫物资，保障防疫工作人员的防护工作，着力做好基础预防、医疗救护和知识培训。

学校压实二级单位党委责任，充分发挥基层党组织战斗堡垒作用和共产党员先锋模范作用。全校各级党组织和广大党员统一思想，以实际行动践行初心、担当使命。各学院各部门成立专项工作组，全面了解本部门师生情况，发出疫情防控倡议书，很多党员干部放弃休假，奋战在学校疫情防控一线，大家广泛动员，联防联控，全力以赴、科学有效地做好疫情防控工作，切实保障师生生命健康，为坚决打赢疫情防控这场特殊战役提供坚强的组织保证。

2020 年春季学期，受疫情影响，学校延期开学。学校第一时间发布公告，安抚分散在全国各地的师生，并采取各种措施，保障在校师生的健康安全。同时，坚持"以课为天"，防疫抗疫不放松，教育教学不停摆，开展我校历史上最大规模的线上授课。

2020 年 2 月 24 日，我校 2019—2020 学年春季学期教学周正式开启，我校师生在因新冠疫情延期返校上课的第一天积极完成线上课堂教学任务。老师们按照学校前期的教学预案采取错峰备课、提前通知学生教学安排、提前上传录播音视频等学习资料、安排教学任务点、布置作业测验等方式开展教学，达到了预期的教学效果。

为保障特殊时期本科教学工作的顺利开展，在学校的领导下开展了研拟方案、发布通知、整合平台、培训教师、师生咨询等大量工作，从制度、技术到服务全方位保障线上本科教学工作，组织各教学单位高效完成教学准备工作。学生处、网络安全和信息化办公室等部门积极配合，为本科线上教学顺利开展提供了学生组织、技术支撑及资源方面的保障。全校师生积极响应学校"不返校、不停学"方案，计划开课的 1188 门次课程教师均积极进行了针对性备课，根据网络授课特点灵活规划课堂组织形式并及时与学生互动。

除了在线课堂教学，学校师生依托网络平台完成毕业论文"云答辩"和硕士研究生复试工作，"云"直播毕业典礼，开展线上就业指导，组织网上招聘会，在疫情条件下圆满完成教学、学习、就业等一系列工作。

因北京疫情形势和防控要求，2020 届毕业生无法返校，数千名毕业生的个人物品滞留学校无法取回。2020 年 7 月 3 日，我校成立 2020 届毕业生物品整理服务工作领导小组，由党委副书记、副校长常保国，副校长李秀云牵头，学生工作部、后勤保障处等相关部门统筹保障，二级学院包干负责。在前期充分调研、了解学生需求的基础上，通过多次召开线上线下专题会议，反复研讨，制订《中国政法大学2020 届毕业生物品整理服务方案》，明确了"充分沟通、精准分类、协同高效、总体推进"的工作原则，力求细致且稳妥地做好毕业生物品的整理、打包、寄送工作，让学生切实感受到学校的温暖和关怀。

从 2020 年 7 月 11 日开始，全校 19 个学院积极行动，先后多次召开会议对行李寄送相关事宜进行慎重商讨；召开党政联席会议，对所有院领导、各系主任、支部书记、全体辅导员和行政人员等进行相关行李打包工作的部署安排；随后，毕业班辅导员通过"一对一，点对点"的方式做好学生摸底工作，在充分尊重学生意愿的前提下，做到"一生一策"。自 7 月 11 日起，共有 450 名教师、600 余名学生志愿者参与了1100多间宿舍以及几万件行李物品的打包工作。

2020年秋季学期，学校精准有效抓好常态化疫情防控的有关要求，认真做好各项疫情防控和开学复课工作，确保了开学期间常态化疫情防控、教育教学、科研等各项工作有序运行。同学们在疫情防控条件允许的情况下迎来返校，校园恢复了往日的热闹和繁忙。

学校各级党组织充分发挥党组织的战斗堡垒作用和党员的先锋模范作用，为坚决打赢疫情防控阻击战和推进事业发展提供了坚实保障。各级党组织充分利用网站、微信公众号、学习强国等平台，加强舆论引导、学习交流，在做好健康防疫知识普及的同时，进一步弘扬主旋律、激发正能量。结合学校《关于开展"担当守初心、抗疫践使命"主题党日活动的通知》，各级党组织利用新媒体新技术，实施党员先锋行动、讲好微党课、创设特色活动等，为党员发挥作用搭建平台。

与此同时，我校师生积极配合家乡的疫情防控，参与社区志愿服务，为抗击疫情作出自己的贡献。许多身在疫区的老师和同学成为社区志愿者、义工，协调联络物资需求、搬运物资、对接医院、服务社区，以无私的奉献彰显了法大人的风采。

在抗击疫情中，学校充分调动学校法学学科优势资源，学校各职能部门、各学院利用多形式、多平台、多方位宣传普及疫情相关法律知识，及时回应公众对抗"疫"法律问题的关切，并积极为全面提高依法防控、依法治理能力提供坚实有力的智力支持。我校学者积极发声，以"疫情防控公开课""普法战'疫'"等形式接受主流媒体采访、发表文章，帮助大家更好地了解疫情防控的相关法律知识，分享疫情防控的法治观察。

疫情防控非一日之役，守护校园非一夕之功。自疫情暴发至今的两年多时间里，学校始终高度重视疫情防控工作，一手抓疫情防控，一手抓事业发展，将全校师生员工的生命健康放在首位，守土有责、守土尽责、守土担责，守护法大校园一方净土。

四、聚焦急难愁盼，强化民生保障

学校第八次党代会报告明确提出，要"以师生重大关切为导向，全面改善学校软硬件环境，坚持以人为本，着力改善民生，不断提升综合保障能力和后勤工作服务水平，为师生愉快生活、工作、学习创造有利条件，在法科强校建设的过程中增强师生的获得感、幸福感"。

自2017年以来，学校从师生的重大关切出发，大力关注民生，推动落实"十件实事"，集中力量解决师生工作生活的实际问题，取得了良好的成效。

2018 年，两校区 24 小时自助办事大厅同期建设完成，办事大厅集合了多项师生常用的功能：一卡通自助充值挂失补办、本科生学位学历复印件及翻译件和事业单位法人证书（副本）打印机、财务票据打印机、本科教务复合打印机、人事系统打印机等多台自助打印机设备整齐排列，学校通过梳理各项窗口服务事项，优化工作流程，使用全新技术革新，为师生办事提供最大的便利。此外，昌平校区喷泉改造、两校区食堂改造、浴室优化、学生宿舍更换窗户等二十余项更新修缮工作陆续展开，环境提升效果显著。

2020 年 9 月，历经多年建设，我校海淀校区教学图书综合楼正式启用。该楼作为我校近年来建设落成的综合性建筑，包含了图书馆、礼堂、教学用房等多重功能。其中的新图书馆解决了海淀校区老图书馆建筑老旧、空间有限的问题，新礼堂恢宏大气，解决了我校研究生多年来露天或借用其他学校礼堂举行开学、毕业典礼的问题。此外，整幢建筑中预留了大量的公共空间，为广大师生增加了生活、学习的活动空间。

2021 年，在推进党史学习教育的过程中，学校紧扣"实"字，积极开展"我为师生办实事"实践活动。为了让我校师生都能感受到更加安全、安静的校园环境，切实解决上下班高峰期校门前车辆及人流拥堵情况，根据学校总体工作安排，2021 年暑期，学校对海淀校区校门及门卫室进行改造。原本的校门扩建后，保障了东门车辆与行人的顺畅通行，消除了安全隐患。门卫室的建筑风格与周边环境相统一，整洁清爽的大片绿地，极大提升了我校形象。同时，对海淀校区架空电线入地改造、禾谷园及环境周边改造、文化楼北侧围墙改造等，优化了校园环境，引导人车分流，使海淀校区更加整洁有序。

2021 年 5 月，北京市发布《关于北京市第三批历史建筑的公告》，我校海淀校区主教学楼入选公告名单，予以保留。我校海淀校区主教学楼始建于 1953 年，建筑面积 7885 平方米，是学校前身北京政法学院的第一批建筑。主教学楼见证了一代代法大人传道授业、求学问道，从这里走出了一大批优秀校友，成为共和国法治建设和经济社会发展的中流砥柱，一砖一瓦都浸润着法大师生的情感与回忆，镌刻着法大人筚路蓝缕、艰苦创业的奋斗精神和与国同行、法治天下的家国情怀。主教学楼是中国法学教育历史变迁的重要实物见证，也是法大校友缅怀青春、回首芳华的重要历史场所，是老一辈政法学人砥砺拓荒的精神象征。2019 年 12 月，我校海淀校区 1 号、2 号、3 号楼作为"近现代建筑群"，成功入选"中国 20 世纪建筑遗产名录"，主教学楼作为同批建成、风格统一的配套建筑得以保留，构成了相对完整的法大法学教育历史建筑群。

除此以外，学校响应同学们的需求，积极推进昌平校区增设自习空间、扩建学生浴室，海淀校区开设大型生活超市等一系列民生工程，大大提升了校内生活学习的便利性。目前，海淀校区学生食堂正在全力建设中。

2020年12月29日，中国政法大学附属小学在中关村第四小学揭牌。为深入贯彻落实习近平法治思想，认真践行习近平总书记考察中国政法大学重要讲话精神，全面推进新时代青少年法治教育，深入落实立德树人根本任务，我校和中关村第四小学举行签约合作协议。我校校长马怀德、副校长冯世勇，海淀区政府党组成员、副区长林剑华，海淀区教工委书记尹丽君，教委副主任吴谨，中关村第四小学校长李晓琦、副校长王斌出席签约暨揭牌仪式。仪式由海淀区工委委员、教委副主任史怀远主持。会上，马怀德与李晓琦分别代表中国政法大学和中关村第四小学签署合作协议，马怀德、冯世勇、林剑华、尹丽君、李晓琦共同为"中国政法大学附属小学"揭牌。

2021年1月15日，中国政法大学附属实验学校在北京市第十九中学揭牌。我校党委书记胡明、校长马怀德、副校长冯世勇，海淀区教工委书记尹丽君，北京市第十九中学校长高新桥、副校长陈雪芬出席了签约暨揭牌仪式。仪式由海淀区教育工委委员、教委副主任史怀远主持。会上，马怀德与高新桥分别代表中国政法大学和北京市第十九中学签署合作协议，胡明、马怀德、冯世勇、尹丽君、高新桥、陈雪芬共同为"中国政法大学附属实验学校"揭牌。

在推进落实年度"十件实事"的过程中，财务处深化"放管服"改革，积极推动智慧财务，不断提升服务水平，成立资金监管及科研经费管理科，实现科研财务工作一站式服务，积极探索简化报销流程新制度；设立二级科研财务助理，逐步建立学生科研财务助理队伍；不断推动服务模式创新，丰富财务处公众号服务内容；建设"智慧财务统一收费综合管理与服务平台"，实现全部非税收入票据的电子化；撰写《中国政法大学财务服务手册》，为新职工提供财务指引，为教职工提供税务优化方案；上线财务处"机器人"，启用电子发票查验真伪并自动填报电子发票信息小程序。

网络安全和信息化办公室积极推进"4+1"智慧学习环境建设、网上办事大厅建设、数据中心建设、基础网络升级、自助办事大厅揭牌、校园一卡通平台建设与邮件系统升级、校园网提速降费等多项服务。加快推进"一表通"工作平台与工作模式建设，实现各类基础数据的标准化和数据采集的规范化，确保基础数据一次填报、多处高度共享，为各类考核、评审等提供高质量的数据和平台支撑。截止到目前，智慧法大已经与学校28个业务系统实现了统一身份认证，数据中心与学校43个业务系统实现了数据对接，累计共享了 587 张数据表。

资产管理处回应师生关切，主动联络对接属地管理部门等方式，积极争取人才公租房房源，让老师们实现住有所居；在海淀区政府针对既有多层住宅增设电梯项目政策支持下，学校积极申请到了学院路校区明光北里 17 号楼的电梯加装项目，在资产管理处与校内有关部门及属地管理部门的通力配合下，经过前期挨家挨户的摸底调查、征求每一户住户的意见并签署协议、协调电力改造增容和电梯公司进驻施工等流程后，2021 年 9 月该楼电梯正式投入使用，全面提升了离退休教职工的生活品质。海淀校区 15 号楼增设电梯工作也加速推进中。此外，积极协助解决住房制度改革过程中部分教职工的产权证办理问题，优化办公用房分配，加强共享办公空间建设等一系列措施，切实解决了教职工的困难。

在即将迎来 70 周年校庆之际，我校昌平校区新学生宿舍项目全面启动。2022 年 3 月 2 日，学校召开昌平校区学生宿舍项目启动会，会议就全面启动项目建设进行安排部署。新建的学生宿舍楼计划施工位置位于昌平校区逸夫楼东侧，原网球场和藤球场所在地。学生宿舍项目被列为北京市重点建设项目，全校瞩目，建成后将解决昌平校区学生宿舍紧张问题，并在硬件、软件两方面有实质性提升，对于我校校园优化、打造宜人环境具有重要意义。

五、服务乡村振兴，开展定点帮扶

2019 年起，我校承担定点帮扶内蒙古自治区通辽市科尔沁左翼中旗（以下简称科左中旗）扶贫任务。定点扶贫工作是党中央、国务院作出的重大决策部署，中国政法大学定点帮扶科左中旗是一项光荣而艰巨的政治任务，是分内之责、本职之事，义不容辞、责无旁贷。学校党委高度重视，深化认识、深入调研，根据扶贫点实际需求与学校特色，党政合力、制订方案、优化机制、全面发动，凝聚各方力量，进行精准把脉，助力科左中旗实现脱贫摘帽，出色地完成了国家规定的扶贫工作任务。

自承担定点扶贫工作以来，学校把脱贫攻坚和定点扶贫工作纳入党委履行主体责任的组成部分，列入党政工作要点的重要内容，融入学校管党治党、办学治校一体化推进。截至 2020 年 12 月，学校共召开 7 次党委常委会、2 次校长办公会、2 次科左中旗扶贫工作座谈会、2 次科左中旗扶贫工作推进会、1 次扶贫工作领导小组会议等专题研究扶贫工作。

2020 年 4 月上旬，学校结合《中央单位定点扶贫责任书（2020 年度）》工作要求、科左中旗实际需求和自身特色与优势，研究制定了《中国政法大学定点扶贫工作 2020 年实施方案》《中国政法大学关于赴内蒙古自治区通辽市科尔沁左翼中旗定点扶贫挂职干部和驻贫困村第一书记选派工作的实施意见》等，为深入实施定点扶贫提供坚实的制度保障。

《中国政法大学定点扶贫工作 2020 年实施方案》制定后，学校动员全校师生、协调各方力量，发挥校董、校友优势，充分利用学校社会资源、调动学校合作单位，于 2020 年 6 月 12 日前超额完成责任书量化指标任务。全年向科左中旗投入自筹资金 200 万元（完成率 100%）、引进帮扶资金 340 万元（完成率 170%）、培训基层干部 5140 人次（完成率 1713.33%）、培训专业技术人员 583 人次（完成率 194.33%）、购买农产品 206.48 万元（完成率 103.24%）、帮助销售农产品 312.25 万元（完成率 156.13%）。

学校主要领导和分管领导多次带队赴科左中旗实地考察调研，深入了解科左中旗实际需求，进行精准把脉。2020 年 6 月 5 日，党委书记胡明，副校长冯世勇带队赴科左中旗考察调研，并就推进定点扶贫工作与科左中旗进行座谈。胡明一行先后调研了协代苏木西毛都嘎查嘎嘎布贝扶贫车间、协代中心校、努日木镇努合吐嘎查丽红养殖合作社、努日木镇千亩生态扶贫产业园、千亩沙棘基地和万亩甜菜基地、保康镇前浩坦额仁嘎查生态扶贫苗圃、保康镇巨宝山村爱心超市和村级光伏供暖项目，走访慰问了协代苏木龙合吐嘎查建档立卡贫困户。

2020 年 10 月 16 日，在第七个国家扶贫日到来前夕，中国政法大学校长马怀德、副校长冯世勇一行来到科左中旗专项推进定点扶贫工作，先后深入协代苏木哈久嘎查蒙深农产品扶贫车间，详细了解了带贫减贫机制及运行模式、线上销售等情况；实地了解了协代苏木中心校教育教学及援建科技楼项目建设情况；现场查看了协代苏木千亩元宝枫基地建设情况，详细了解了发展经济林产业助力脱贫攻坚情况；现场了解了智慧党建平台建设及运行情况；看望慰问了保康二中中国政法大学研究生支教团。

此外，我校结合科左中旗实际情况和学校特色，选派扶贫挂职干部、驻村第一书记、研究生支教团学生；帮助科左中旗建设集政治建设、思想建设、组织建设、作风建设、制度建设、廉政建设和精神文明建设于一体，专注于党务管理和党建创新的"智慧党建平台"；根据科左中旗法律援助信息化建设现状专门制订了《法律援助系统解决方案》，着力法律援助管理系统建设；制订《科左中旗打造法治化营商环境实施方案》，打造法治化、国际化、便利化的营商环境，促进全旗经济社会高质量发展，为科左中旗法治社会发展及乡村振兴提供了坚实的法治建设基础；实施"法援小组进社区"等法治特色项目，充分彰显了学校及全体法大人服务国家战略的责任担当。

2021 年 5 月，中央农村工作领导小组印发了《关于 2020 年中央单位定点扶贫工作成效评价情况的通报》，通报了 307 家中央单位 2020 年定点扶贫成效评价结果，在承担定点扶贫任务的 64 所直属高校中，我校评价结果为最高等次"好"。

2021 年，脱贫攻坚目标任务完成后，学校继续承担科左中旗定点帮扶工作任务，推动巩固拓展教育脱贫攻坚成果同乡村振兴有效衔接。学校各级党组织按照《中国政法大学定点帮扶工作 2021 年实施方案》《中国政法大学 2021 年乡村振兴创新试验工作方案》《中国政法大学 2021 年定点帮扶工作重点任务落实方案》，广泛动员全校师生、校友、校董参与帮扶活动，为脱贫地区产业兴旺贡献力量。

从 2001 年 6 月开始，教育部分三批共安排了 15 所部属高校全面对口支援新疆地区的 11 所本科高校。2005 年 4 月，教育部启动"援疆学科建设计划"，在一些国家重点建设高校中，每个学校选择 3 个左右的国家级重点学科，分别对口支援新疆高校中符合学科结构调整需要，需发展又具有一定基础的相应学科。我校积极响应并参加了教育部对口支援新疆地区大学的计划。从 2003 年开始，我校重点对口支援新疆石河子大学的法学学科。

2017 年 9 月，教育部印发通知《关于对口支援兰州城市学院等高校工作的通知》，确定我校对口支援甘肃政法学院，并列入教育部对口支援西部地区高等学校计划。为贯彻落实教育部《关于进一步推进对口支援西部地区高等学校工作的意见》和上述通知精神，我校与甘肃政法学院根据新的有关政策，结合双方实际情况，在已开展合作的基础上，就下一阶段的对口支援与合作工作进行了充分的协商并达成协议。根据协议，双方将在联合培养人才、提升师资水平、共建学科平台、共享信息资源以及国际交流合作、干部相互挂职等方面进行合作。9 月 27 日，中国政法大学对口支援甘肃政法学院协议签订仪式在兰州市举行。

自 2018 年开始，我校与中国石油大学（北京）克拉玛依校区建立对口支援关系，长期支援校区学科建设工作。2018 年 6 月，我校 2018 年第 10 次校长办公会审议通过了《中国政法大学关于选派优秀教师对口支援中国石油大学（北京）克拉玛依校区教学工作的实施意见》。2018 年 9 月，我校 2018 年第 14 次校长办公会审议通过了《关于选派优秀教师对口支援中国石油大学（北京）克拉玛依校区教学工作实施意见补充规定》。

自 2018 年以来，学校多次选派优秀法学教师到中国石油大学（北京）克拉玛依校区开设多门法学课程，填补了克拉玛依校区法学专业空白，为校区法学学科专业建设、课件设计、学科发展、系统规划打下了坚实的基础。

对口支援工作是服务国家"一带一路"倡议的政治任务，也是促进新疆经济社会发展的重要任务，学校党委高度重视并采取一系列保障措施推进和落实对口支援工作顺利开展。学校根据自身学科优势、结合校区建设需要，选派教师赴校区参与对口支援工作，进一步探索和出台新的政策，解决对口支援工作中的难点问题，为促进边疆地区教育事业发展及地方经济社会发展贡献积极力量。

2019年11月4日，我校与海南大学对口支援与合作框架协议签约仪式在海南大学举行。我校副校长时建中与海南大学副校长王崇敏代表双方签署了《中国政法大学、海南大学对口支援与合作框架协议书》。与会人员就对口支援与合作的具体内容进行了充分交流、探讨。

多年来，我校持续对口支援西部地区高校，在提高人才培养质量、提升师资队伍水平、建设学科平台、共享信息资源以及干部挂职交流等方面贡献自己的力量，支持新疆石河子大学、中国石油大学（北京）克拉玛依校区、甘肃政法大学、海南大学等兄弟院校建设，为西部地区发展作出贡献。

结　语
七秩辉煌共庆华诞　凝心聚力共创未来

在实现第一个百年奋斗目标，全面建成小康社会，向着第二个百年奋斗目标迈进，开启全面建设社会主义现代化国家新征程的历史交汇点上，国家迎来一系列大事喜事——中华人民共和国成立70周年，中国共产党成立100周年，全面建成小康社会。同时，世界迎来百年未有之大变局。2020年以来，肆虐的新冠疫情又严重影响了经济社会发展。

对于中国政法大学来说，高校综合改革、大力推进"双一流"建设，"十三五"规划完美收官、"十四五"规划开局，在高等教育加快推进现代化的关键阶段，在学校"十四五"规划和新一轮"双一流"建设开局起步的重要时期，学校迎来建校70周年校庆。

喜迎七秩校庆之际，学校各项工作硕果累累，为70周年校庆献上一份份喜人的成绩单。

2017年，马怀德教授当选CCTV"2017年度法治人物"；汪海燕教授入选第八届"全国十大杰出青年法学家"；冯晓青、王万华教授入选2017年文化名家暨"四个一批"人才；李立教授荣获中国政法大学"励道教学杰出贡献奖"。

2018年10月，我校推荐的《"四型人才"导向的"四跨"卓越法治人才培养模式》获国家级高等教育教学成果奖一等奖，《"学训一体"法律职业伦理教学模式的开创实践与创新推广》获国家级高等教育教学成果奖二等奖。获奖成果中，法学教育获奖成果全国总计八项，我校获得两项，为全国法学院校之最，是建校以来取得的最好成绩。在北京市教学成果奖评审中，学校六项成果获一等奖，六项成果获二等奖；"四大工程"（铸魂工程、暖心工程、添翼工程、思源工程）资助育人体系项目，成功入选教育部"高校思想政治工作精品项目"。

2019 年，我校应松年、徐杰两位教授荣获"全国杰出资深法学家"、5 人入选部级优秀人才计划及青年人才计划；1 人荣获"北京教学名师奖"，2 人荣获"宝钢教育奖"优秀教师奖。

2020 年，我校 9 门课程获评首批国家级一流本科课程；2 篇案例入选"全国百篇优秀管理案例"；4 本教材获评北京高校优质教材；喜获 10 项国家社科基金重大项目和教育部重大课题攻关项目；荣获 18 项第八届高等学校科学研究优秀成果奖（人文社会科学），其中张晋藩教授和蔡拓教授的两项成果获评一等奖。焦洪昌、徐世虹两位教授分别受聘国务院参事、中央文史研究馆馆员；栗峥教授荣获第九届"全国十大杰出青年法学家"称号，李建伟、霍政欣两位教授获提名奖。罗翔教授当选 CCTV"2020 年度法治人物"；马怀德教授荣获"中国年度影响力人物评选"之"2020 年度法治人物"。

2020 年年底，教育部、北京市人民政府联合签发《教育部　北京市人民政府关于共建中国政法大学的意见》，决定共建中国政法大学。这标志着我校进入省部共建高校行列，也是我校建设发展的重大突破，学校发展进入新阶段。根据该意见内容，部市双方通过建立共建协商机制，定期组织工作互访交流，研究提出共建工作的意见建议和具体措施，切实加强对我校学科建设、人才培养、科学研究、校园建设等各项工作的领导与支持。

2021 年，我校在 2021 年度国家社会科学基金重大项目中斩获 6 项，创历史最好成绩，继国社科基金年度项目之后，再次刷新我校纵向项目历史数据；在全国范围内，我校法学学科获批 4 项，继续保持绝对优势；法学以外学科取得重大突破，政治学获批 2 项；全学科立项数与北京大学、清华大学等综合高校并列，全面跻身第一梯队。

此外，在学科、体育、文化各类竞赛中，法大学子也斩获一系列荣誉，为学校争光。

70 年来，法大走过了不平凡的道路。从 1952 年的艰难创业，到 70 周年校庆，无数的法大先贤，一批又一批优秀的教师、学者、辅导员、管理人员付出辛勤努力，一届又一届的法大学子从这里走向国家建设的各个岗位。70 年来，正是所有法大人的艰苦奋斗、矢志不渝、共同努力、探索创新，才造就了法大辉煌的今天。

如今的法大，已经成长为一所以法学学科为特色和优势，兼有政治学、经济学、管理学、文学、历史学、哲学、教育学、理学、工学等学科的"211 工程"重点建设大学，"'985 工程'优势学科创新平台""2011 计划"和"111 计划"（高校学科创新引智计划）重点建设高校，国家"双一流"建设高校，直属于教育部，由教育部与北京市共建，正致力于建设世界一流大学和一流学科。

法大被誉为"中国法学教育的最高学府"，在 70 年的办学历程中，学校为国家培养了各类优秀人才 30 多万人。学校是国家法学教育和法治人才培养的主力军，参与了自建校以来国家的几乎所有立法活动，引领国家法学教育的创新、法学理论的革新和法治思想的更新，代表国家对外进行法学学术和法治文化交流。同时，学校多学科和跨学科的人才培养模式也为社会输送了一大批人文社会科学高级专门人才，成为国家政治、经济、社会、文化等领域人才培养的主力军。

法大是"中国人文社会科学领域的学术重镇"，尤其是法学研究的重要阵地，是全国人大常委会法制工作委员会唯一的高校"立法联系点"。学校设立了习近平法治思想专门研究机构——习近平法治思想研究院，现有国家高端智库培育单位、国家人权教育与培训基地 1 个（人权研究院），教育部人文社会科学重点研究基地 2 个（诉讼法学研究院、法律史学研究院），教育部重点实验室 1 个（证据科学研究院），北京市哲学社会科学研究基地、教育部青少年法制教育基地、教师法治教育研究中心、全国法学教师培训基地 1 个（法治政府研究院），教育部"高等学校创新引智计划"创新引智基地 3 个（"证据科学创新引智基地""法治与全球治理学科创新引智基地""数据法治学科创新引智基地"），教育部高校古籍整理研究工作委员会直接联系单位 1 个（法律古籍整理研究所），北京市习近平新时代中国特色社会主义思想研究中心中国政法大学基地 1 个，北京高校中国特色社会主义理论研究协同创新中心 1 个，与最高人民检察院等省部级以上国家机关共建高层次研究基地 8 个。另有比较法学研究院、法与经济学研究院、全球化与全球问题研究所等重要研究机构 9 个，新型研究机构 13 个。

法大先后与 54 个国家和地区的 283 所知名大学、科研机构和国际组织建立了合作交流关系，加入欧亚太平洋联盟、全球法学院联盟、中国—中东欧国家高校联合会、亚洲法律学会等国际团体，发起成立内地与港澳法学教育联盟。学校中欧法学院，是中国政府和欧盟在法学教育领域最大的合作项目。学校与美国圣路易斯华盛顿大学合作举办国际法专业双硕士学位项目，搭建了中外合作办学中美法学教育的高端平台。学校先后在英国、罗马尼亚、巴巴多斯共建 3 所海外孔子学院。

祝愿法大 70 岁生日快乐！

附　录

附录一
中国政法大学校训

厚德　明法

格物　致公

附录二

中国政法大学标识

▲校花

▲校徽

▲校名

附录三

中国政法大学历任校领导名录 [1]

一、历任书记

戴　铮：临时党组书记。任职时间：1952 年 8 月至 1953 年 1 月。

武振声：党组书记。任职时间：1953 年 1 月至 1954 年 11 月。

刘镜西：党组书记。任职时间：1954 年 11 月至 1957 年 1 月。

刘镜西：党委书记。任职时间：1957 年 3 月至 1966 年 5 月。

曹海波：党委书记。任职时间：1979 年 6 月至 1982 年 12 月。

云　光：党委书记。任职时间：1982 年 12 月至 1983 年 2 月。

陈　卓：党委书记。任职时间：1983 年 2 月至 1988 年 6 月。

杨永林：党委书记。任职时间：1988 年 6 月至 2001 年 9 月。

石亚军：党委书记。任职时间：2001 年 9 月至 2017 年 7 月。

胡　明：党委书记。任职时间：2017 年 7 月至今。

二、历任校长

钱端升：院长。任职时间：1952 年 8 月至 1958 年。

曹海波：院长。任职时间：1979 年 3 月至 1982 年 12 月。

刘复之：校长。任职时间：1983 年 2 月至 1984 年 12 月。

邹　瑜：校长。任职时间：1984 年 12 月至 1988 年 6 月。

江　平：校长。任职时间：1988 年 6 月至 1990 年 2 月。

陈光中：校长。任职时间：1992 年 5 月至 1994 年 3 月。

杨永林：校长。任职时间：1994 年 3 月至 2001 年 9 月。

徐显明：校长。任职时间：2001 年 9 月至 2009 年 2 月。

黄　进：校长。任职时间：2009 年 2 月至 2019 年 4 月。

马怀德：校长。任职时间：2019 年 5 月至今。

---

〔1〕 本名录以中国政法大学官方网站公布的任职时间为准。

附录四
中国政法大学 70 年大事记

1952 年

8 月 23 日，根据中央命令，由中央政法委员会、华北行政委员会、最高人民法院华北分院及北京大学、清华大学、燕京大学等单位的代表于振鹏、刘昂、朱婴、严景耀、陈传纲、夏吉生、程筱鹤、费青、钱端升、戴铮、韩幽桐 11 名委员组成北京政法学院筹备委员会，钱端升担任筹备委员会主任委员，韩幽桐担任副主任委员。筹备委员会在 3 个月内举行了 4 次会议。最终筹委会第四次会议宣告筹备工作完成。

9 月 16 日，教育部向中央人民政府政务院文化教育委员会呈报成立"北京政法学院"；9 月 27 日，政务院文化教育委员会批复"拟予同意"。

10 月 28 日，中苏友好协会北京政法学院分会成立。

11 月 2 日，北京市教育工会北京政法学院委员会成立。

11 月 12 日，中国新民主主义青年团北京政法学院总支委员会成立。团市委大学工作委员会指定亚伯、潘华仿、孔熙忠、陈碧四人为团总支委员。

11 月 13 日，北京政法学院 1952—1953 学年第一学期开始，师生开始正式上课。

11 月下旬，中华人民共和国主席毛泽东为北京政法学院题写了校名。

11 月 24 日，北京政法学院成立典礼在沙滩北京大学礼堂举行，全院师生员工参加了典礼。内务部部长谢觉哉、教育部部长马叙伦，最高人民法院副院长张志让，中央政治法律委员会副主任张奚若和彭泽民、秘书长陶希晋，法制委员会副主任许德珩，华北行政委员会副主席刘秀峰，最高人民法院华北分院副院长韩幽桐，中国人民大学校长吴玉章、北京大学副校长汤用彤等莅临大会。谢觉哉、马叙伦、张奚若、彭泽民、吴玉章、汤用彤、刘秀峰等人分别致辞，祝贺北京政法学院成立。

12月25日，中国共产党北京政法学院总支委员会成立。党总支书记为王润，副书记为张子培、郭迪，委员有：解润滋、欧阳本先、涂继武。

12月，北京政法学院学生会成立。

1953 年

1月15日，院工会举行第一届会员大会，选举基层委员会。

1月16日，政务院政务会议通过提请中央人民政府委员会批准钱端升任北京政法学院院长、武振声任副院长。

3月23日，全院师生共904人开展了贯彻《婚姻法》的学习，学院成立贯彻《婚姻法》学习办公室。

4月5日，经上级党委批准，中国共产党北京政法学院委员会成立。党委书记为王润，副书记为张子培、张亚民，党委委员有：亚伯、张文林、郭迪、欧阳本先、武振声。

4月10日，为加强对教职工政治学习的领导，学院成立学习委员会。委员会主任为雷洁琼，副主任为张子培，委员有：楼邦彦、张亚民、任群。

4月28日，《人民日报》总编辑邓拓来校作关于《中国人民政治协商会议共同纲领》的序言和总纲的报告。

5月6日，中央政法委员会秘书长陶希晋来校作关于"三年来的政法工作和目前任务"的报告。

6月8日，内政部部长谢觉哉来校作关于"中华人民共和国的国家基本制度的选举法"的报告。

7月1日，北京政法学院新校舍（学院路）开工兴建。

7月20日，北京政法学院举行第一届毕业典礼，司法部副部长魏文伯莅会并讲话。首届383名毕业生顺利毕业。

9月14日，新学年开始，本学年除原有专修科二年级学生252人之外，新招收专修科新生301人，第二期调干班学员225人。专修科教学方式改原来的单元制为多科并进。

9月，新学年开始调整部分组织机构，教研室增设国家法律理论政策等三个，及研究组、国文、俄文、体育四个组。行政处下设的房产管理科合并于事务科，党、团工作与教务处分开。

10 月 10 日至 12 月 20 日，专修科二年级同学至唐山、保定、邯郸、邢台等地参加普选实习和粮食统购工作。

11 月 24 日，全院师生员工和返校校友参加学院成立一周年集会。

12 月 18 日，专修科一年级同学及部分教职工迁至学院路新校舍。

1954 年

1 月 26 日，新校舍全部竣工。至 2 月 12 日，北京政法学院全部迁入新校舍。

3 月，北京政法学院青年团举行团员大会，选举产生新的团总支委员会，亚伯、严振生、张玉洁、黄德照、王继超当选为团总支委员。

3 月 30 日，学院调整部分组织机构。取消教务处下设的教育、组织两科，改设教务处办公室，下设教务、组织、学生、编译四个组；增设政治辅导处，下设人事、青年、组织、宣教四个科。

5 月 17 日，举行"中共党史专题报告会"，地质部部长何长工主讲。其后分别于 5 月 21 日、11 月 11 日、11 月 18 日由何长工、水利部副部长冯仲云、著名历史学家侯外庐主讲。听众包括本院师生、其他兄弟院校的教师及科学研究机关干部共 2000 余人。

6 月 8 日至 24 日，全院学习《中华人民共和国宪法（草案）》。此后，学院增设宪法课。

6 月 24 日，举行北京政法学院第二届毕业典礼，本届毕业生 467 人顺利毕业。

9 月 1 日，新学年开始。从本学年开始，根据全国政法教育会议的决议，二年制专修科改为四年制本科，招收本科一年级学生 243 人。原有专修科二年级学生仍有 295 人。招收第三期调干班学员 289 人。

9 月，新学年调整教研室组织。取消经济建设问题教研室，改马列主义教研室为马列主义基础与政治经济学教研室，另设中共党史与哲学教研室、民刑法教研室。与原有的国家法权理论与国家法教研室，语文、俄文、体育三个教研组，共为 4 个教研室、3 个教研组。

9 月，北京政法学院从由华北行政委员会领导改为由中央司法部领导。

9 月 4 日，举行 1954—1955 学年度开学典礼，中央司法部魏文伯、陈养山副部长莅会指导并讲话。

9 月 24 日，举行第三期调干班开学典礼，中央司法部陈养山副部长莅临指导，勉励学员认真学习。

9 月 29 日，经高校党委批准，中国共产党北京政法学院委员会由王润担任党委书记，郭迪任党委副书记，李耀西、王绪之、张召南、崔衍勋、赵吉贤、高柳城、张子培、亚伯、卢一鹏任党委委员，王润、郭迪、李耀西、王绪之、赵吉贤为党委常委。

10月9日，全校性指导学习刊物《教学简报》第一期出刊。

10月14日至20日，经上级团委批准，决定将青年团北京政法学院总支委员会改为团委会，青年团北京政法学院委员会成立；举行全院团员大会，选举赵吉贤、张玉洁、严振生、潘华仿、林绍庭、刘忠亚、张嘉修、高瑞石、张广育为团委委员。

10月17日，举行北京政法学院第一届田径运动会。274名男女运动员参加本届运动会。

11月5日，院工会举行第二届代表大会，选举产生新的基层委员。

11月，为使教职工系统地进行政治理论学习，成立马列主义夜大学。王润任校长，郭迪任副校长兼办公室主任，高柳城、任群任办公室副主任，设教员和干事若干人。

11月27日，庆祝建院两周年，举行游艺晚会，并欢送专修科二年级同学下乡参加生产实习。次年1月21日，专修科二年级同学离校，分赴北京、天津、太原、保定、通县等地法院、检察院实习。

12月29日至次年1月5日，开展反对美蒋条约的宣传运动。全体师生员工写信给《人民日报》，坚决反对"美蒋共同防御条约"。

1955 年

1月12日，为开展群众性体育运动，成立体育锻炼委员会。雷洁琼任主任委员，金德耀任副主任委员，赵吉贤、李国铭、朱子南为委员。

1月31日，国务院第四次会议通过任命刘镜西为北京政法学院副院长，并免去武振声副院长职务。

3月27日，学院59名运动员前往北京航空学院参加北郊区三院（航空、政法、北医）第一次田径对抗赛。4月17日，在北京政法学院举行北郊区三院第二次田径对抗赛。

3月31日至4月21日，举行中国共产党北京政法学院第一次党代表大会，总结党委会两年来的工作，通过"关于保证完成教学工作的决议"，选举王润、郭迪、张召南、赵吉贤、张文林、高柳城、欧阳本先、杨达、杜澄、刘镜西、刘廷杰、张子培、李僧为党委委员，并选出郭迪、石山、洛萍、郝景文四人出席中共北京市第一次党代会。

5 月 23 日，举行第三届毕业典礼，内务部部长谢觉哉莅临指导。本届毕业生 552 人顺利毕业。

6 月 9 日，开展反对胡风反革命集团的运动，于 6 月 9 日和 14 日举行全院师生员工大会，声讨胡风反革命集团的罪行。

7 月 9 日，师生员工 841 人参加肃清一切暗藏反革命分子的运动，揭发和交代出历史反革命分子郑焕荣等政治性问题 22 件、文件等 47 件，破获以林文虎为首的反动小集团，并逮捕反革命分子刘自强和反动小集团首要分子林文虎。

8 月 25 日至 28 日，苏联专家楚贡诺夫、克依里洛娃抵达学院，全院师生员工热烈欢迎。

9 月 5 日，自本学年起停办二年制专修科和调干班，增设研究生班，招收首届研究生 75 人（为各政法院校培养师资 30 人）。除本科二年级学生 251 人外，本学年招收本科一年级新生 499 人。

9 月，本学年组织机构进行调整。撤销教务处办公室，将该室原有四个组改为教学研究、教务行政两科和编译组；教研室由原来的 7 个分设为 9 个；撤销政治辅导处；设立人事处，下设人事、学生两科；建立级办公室；院长办公室下设专家工作组。

9 月 7 日，北京政法学院学术委员会成立。主席为钱端升，副主席为刘镜西，委员有：王润、王禹夫、余叔通、高潮、凌力学、徐敬之、张杰、张鑫、张子培、张召南、张亚民、曾炳钧、程筱鹤、雷洁琼、赵先、刘昂、鲁直、欧阳本先、严景耀。

9 月 8 日，举行 1955—1956 学年度开学典礼暨欢迎苏联专家大会，中央司法部闵刚侯副部长、中央高等教育部综合大学教育司李云扬司长莅会指导。

9 月 24 日，院工会举行第三届代表大会，产生新一届基层委员会，选举杜澄等 13 人为基层委员，张守蘅等 3 人为经费审查委员会委员。

10 月 15 日至 11 月 19 日，全院师生员工开展对第一个五年计划的学习。党委、行政、工会共同组成五年计划学习委员会，领导本次学习。

10 月 25 日，苏联专家楚贡诺夫对全体教师作关于高等学校组织科学研究工作的报告。

11 月 16 日，苏联专家、高等教育部政治理论顾问德古金来校指导政治理论教学工作。

11 月，学院开始在二年级部分同学中实行学年论文制度。

12月22日至29日，北京政法学院团委会举行第一届代表大会，选举赵吉贤、任群、张玉洁、赵振宗、张嘉修、苏炳坤、张景岳、张崇绶、方峰龙、陈秀昌、覃振东、王振纲、刘玉婵13人为团委委员。

1956 年

1月4日至5日，学院开始制定12年远景规划，规划包括教学工作、科学研究工作、人事工作、总务工作及基本建设工作等。规划制定于6月全部完成。

3月24日，院学术委员会由21人增加到24人，人员也做了调整，增加了杨达、于振鹏、吴恩裕、孙丙珠、费青、罗典荣、金德耀7人。

3月31日，举行奖励先进集体和优秀生大会，司法部副部长郑绍文、司法部教育司司长宋子成出席大会。郑绍文发表讲话，副院长刘镜西向获奖者颁奖。

4月17日至19日，苏联专家巴甫洛夫在学院教职员和研究生大会上作"关于苏联共产党中央委员会向第二十次代表大会的总结报告中的几个理论问题"的报告。

5月24日至6月8日，举行中国共产党北京政法学院第二次代表大会，会议检查和总结了一年来党委的工作，反对和批判右倾保守思想，并选举刘镜西、刘昂、徐敬之、鲁直、王润、张杰、张亚民、修恒生、张子培、赵先、张召南、崔衍勋、郭迪、赵吉贤、杜澄、杨达、侯冠儒、司青峰、欧阳本先为党委委员，徐敬之、杜澄、王持、张文林、司青峰为监察委员会委员。

5月27日，学院举行第一次科学讨论会，参加讨论会的论文共9篇。同时举办本院教师、研究生科学著作展览会，展出论文和其他作品117篇。本院师生及最高人民法院、外交部、司法部、中国政法学会、外交学会及中国人民大学、北京大学、中央政法干部学校等单位代表400余人参加了讨论会。

6月2日至31日，学院开展首次学衔（职称）评定工作，评出讲师18人、助教37人。

7月19日，院学术委员会举行第12次会议，通过1956—1957学年度教学工作计划，并授予吴恩裕、张子培、徐敦璋等人科学论文作者奖金。

9月1日，根据北京市委的指示，为加强对高等学校的领导，学校实行党委领导制。

10月11日至26日，全院师生员工学习中国共产党第八次全国代表大会文件。

11月16日，国务院全体会议第四十次会议通过李进宝担任北京政法学院副院长。

1957 年

2 月 27 日，院刊《政法院讯》第一期出版，成立院刊编委会，李进宝任主任委员，赵吉贤、雷洁琼任副主任委员，成员有文天谷、王革、任群、司青峰、刘裕中、刘鸿年、吴春瑞、杜澄、周仁、崔衍勋、程味秋、赵振宗、赵德洁。

3 月 15 日至 24 日，全员师生员工轮流为兴建教学大楼义务劳动。

4 月 27 日至 29 日，举行第二次科学讨论会，共讨论论文 16 篇。公安部、司法部、中国人民大学、北京大学、中国政治法律学会等 30 余个单位的代表及本院师生参加了讨论会。

5 月 4 日，院学生会举行第五届代表大会，并于 5 月 17 日选出新的学生会委员周慎芳等 11 人。

5 月 9 日，院党委邀请民主党派和无党派人士举行座谈会，以揭发本院工作中尤其是党领导工作中的官僚主义、宗派主义和主观主义，并开展整风运动。

5 月 18 日，院党委书记刘镜西向全院师生员工作关于整风的报告，号召师生员工积极帮助党整风。为加强对整风的领导，成立整风领导小组，由刘镜西、李进宝、刘昂、徐敬之、鲁直、修恒生、刘少农、郭迪组成；成立整风办公室，郭迪兼任办公室主任。

6 月 1 日，院工会举行第四届代表大会。杜汝楫、祁文斌等在会上发表尖锐意见，引起激烈争论。大会于 6 月 22 日暂时休会。

6 月 23 日，学院举行大会，欢送苏联专家楚贡诺夫和克依里洛娃。7 月，我院第一批 75 名研究生毕业。

7 月 1 日，学院设立"自由讲台"，接连举行全院师生员工大会，批判钱端升、于振鹏、杜汝楫、周仁等人及学生中的"右"派分子。至 11 月 18 日共揭发右派分子 125 名。

9 月 4 日，1957—1958 学年度开始，本学年招收本科新生 230 人，原有二、三、四年级共计 1184 人。

9 月 6 日，国务院全体会议第 57 次会议通过任命周俊烈为北京政法学院副院长。

10 月 22 日，在反右派斗争的基础上，继续开展整风运动。院党委向全院师生员工作关于整改的动员报告，鼓励师生员工大胆鸣放，积极帮助党整风。各单位召开鸣放座谈会，共贴出大字报 3075 张，提出问题和意见 11 077 条，并就重大问题展开辩论。

11月20日，为适应教学及科学研究工作发展的需要，《教学简报》更名为《政法教学》，由刘镜西、王仲元、宁致远、严景耀、姜达生、赵吉贤、凌力学、苗巍、涂继武、张杰、张鑫、张子培、曾炳钧、杨达、鲁直15人组成编委会。

12月11日至19日，院工会第四届代表大会继续举行。工会副主席杜澄作"对加强工会工作的几点意见"的报告，副院长李进宝代表党委在会上讲话。会议一致通过了"中国教育工会北京政法大学委员会第四届代表大会决议"，并选举亓瑞华、王仲元、王继暹、杜澄、庚以泰、赵吉贤、唐鸿琴、涂继武、许淑娴、张振美、张佩霖、冯玉贞、戴克光13人为基层工会委员会委员，选举方彦、李如、张芝兰3人为第四届工会经费审查委员会委员。

12月24日，举行全院大会，欢送首批下放干部共46人离校，前往京郊雷家桥乡参加劳动锻炼。

1958年

2月5日，副院长刘镜西在全院师生员工大会上，传达"中共中央、国务院关于在国家薪给人员和高等学校学生中的右派分子处理原则的规定"。2月9日，召开右派分子会议，李进宝副院长宣布中央处理右派分子办法。

2月24日，我院举行第三届田径运动会。女子有5项11人次打破院纪录，男子有4项5人打破院纪录，三年级12班获得总分第一名。

3月3日，副院长刘镜西作关于"反浪费、反保守"双反运动的动员报告。在学生中积极开展积肥、勤工俭学等活动。

4月6日至16日，我院1073人参加修建十三陵水库的劳动。其中男969人、女104人，共分为5个中队、26个小队，劳动时间共计10天。

5月至6月，学习社会主义建设总路线。5月29日，全院师生员工听取吴冷西"关于总路线"的录音报告。5月31日，召开全院大会，院党委书记刘镜西作关于社会主义建设总路线问题的报告。6月7日，召开全院师生员工贯彻总路线誓师大会，院党委书记刘镜西号召全院"比干劲、比倡议、比自我革命、比揭发、比整改"。

6月30日，全院师生员工听取中共中央委员、公安部部长罗瑞卿大将的重要报告，报告分为三个部分：党的社会主义总路线；政法工作；形势问题。

7月1日，我院举行"纪念七一，向党献礼"大会。院党委公布我院《1958—1962年跃进规划纲要（草案）》，副院长李进宝受院党委的委托，对跃进规划纲要草案作了说明。

7月31日，我院学生、教职员工650人分别去丰台火车站、卢沟桥农场参加劳动。另有200人参加军事露营。8月，留校员工积极响应党委号召，在校内大办工厂，兴办了烧砖、造纸等20多个工厂。

8月31日，召开庆祝海淀区东升人民公社成立大会，我院副院长刘镜西兼任东升公社党委书记，全院师生员工均参加公社，成为社员。

9月12日，举行1958—1959学年度开学典礼。开学后我院师生员工赴东升人民公社劳动，

10月14日，北京政法学院民兵赤卫团举行成立大会，全院共1344人参加民兵团，共编为5个营、15个连。周俊烈任团长，刘镜西任政委，郭迪任副政委，赵吉贤任政治部主任，任群任副主任，赵凤桐任参谋长。

10月20日，全院人员到东升人民公社参加秋收。

10月23日，院党委召开二、四年级各班党支书和教职工、体训队各党支部会议，周俊烈副院长代表党委布置了我院炼钢任务，号召大搞"小、土、群"。

10月30日，召开全院师生员工大会，公布我院《1958—1959年跃进规划（草案）》，副院长刘镜西作"我院一年跃进规划（草案）说明"。学院二、四年级学生从东升公社回学校参加炼钢。我院共炼钢16 885公斤。

11月8日，我院四年级一、二、五班共一百多名学生在鲁直、张杰等人领导下参加了"北京志政法篇"的编写工作。

11月21日，召开全院师生员工大会，院团委书记任群传达北京市委文化工作会议精神，党委宣传部部长赵吉贤宣读院党委1959年文化工作规划草案。副院长周俊烈发表讲话。会上宣布成立政法民兵赤卫团政治部文工团及政治部领导下的文艺制作委员会，出版文艺刊物《红流》。

11月24日，我院四年级部分同学赴密云钢铁公社参加炼钢劳动。

12月27日，召开师生员工代表会议，宣布对右派分子钱端升的处理。钱端升在处分决定上签字。

1959 年

3月5日至21日，我院第一批下放干部陆续返校。3月24日，学院召开欢迎下放干部归来的座谈会，院领导、各单位负责人、各单位代表和全体下放干部参加会议。张守蘅代表下放干部汇报了劳动情况。

3月23日，举行挖建人工湖（小滇池）誓师大会，人工湖建设正式开工。

4月13日至19日，举行第四届田径运动大会。五公里竞走打破上届高校田径

运动会纪录，男子跳远、女子标枪、女子三项全能、男子五项全能均打破院纪录。

4月29日，我院第二批下放干部28人到东升人民公社劳动锻炼。副院长刘镜西、党委副书记郭迪及各单位代表欢送下放干部。第二批下放干部于1960年6月11日全部返校。

5月23日至25日，学院召开科学研究工作会议。副院长刘镜西、副教务长雷洁琼分别讲话。审判法、政治经济学等有关科室负责人汇报了科学研究工作情况。

6月11日至15日，全院共有760名师生分别参加北郊农场平西府管理区和东升公社的麦收劳动，于15日全部返校。

6月18日，开始实行"党委领导下、以院长为首的院务委员会负责制"。北京政法学院院务委员会正式成立。经北京市人民委员会第18次行政会议通过和批准，院务委员会主任委员为刘镜西，副主任委员为李进宝、周俊烈，委员有刘少农等23人。当日，院务委员会举行首次会议，讨论教学计划和下学期课程安排。

7月2日，举行院务委员会第二次会议，主任委员刘镜西对新的教学计划草案作了说明，副教务长雷洁琼就学生的科研、爱惜图书与图书管理两个问题作了发言。会议通过教学计划和下学期教学安排。

7月3日，最高人民法院院长谢觉哉来我院作报告，全院师生员工听取了报告。报告分为三个部分：①司法工作的重要性；②党的方针政策和群众路线；③司法工作中的几个具体问题。会前谢觉哉与我院应届毕业生合影留念。

7月13日至20日，召开学院第三次党的代表大会，本次党代会共有正式代表86人，列席代表23人，院党委书记刘镜西作工作总结报告。大会选举刘镜西等24人为党委委员，徐敬之、刘少农、王绪之、崔衍勋等5人为监察委员会委员。

10月6日，我院举行第三次科研讨论会，副院长刘镜西、副院长李进宝、全体教员和部分同学参加了讨论会。副教务长雷洁琼主持会议并讲话。

10月11日至19日，全院师生员工970余人赴东升公社参加秋收劳动。

10月24日至25日，我院召开第二届共青团代表大会，党委副书记郭迪致开幕词，党委副书记李进宝讲话，团委书记任群作工作总结报告。大会选举任群等19人为团委委员。

12月9日，为配合教学，北京市西城区人民法院在我院开庭审判盗窃案。

12月21日，为专门研究和指导下公社工作，院党委成立"下公社学习锻炼指导小组"，指导小组由刘镜西、刘少农、修恒生、张杰组成。25日，刘镜西副院长向全体下公社的师生作关于劳动锻炼和参加整社工作的报告。

1960 年

3 月 1 日至 4 日，召开第五次（扩大）院务会议，原则通过我院 1960 年至 1962 年跃进规划，并通过了院群英会代表选举办法。

3 月 11 日至 14 日，召开北京政法学院先进集体、先进人物代表大会，评选出先进工作者 28 人，大学部优秀生 81 人，中学部优秀生 2 人；积极分子教职工 43 人，大学部 91 人，中学部 8 人；总计 253 人。

4 月 23 日至 24 日，我院举行第五届田径运动大会。1043 名师生员工参加了本届运动会，7 名运动员突破 5 项院纪录，附中女生班获团体总分第一。

5 月 7 日至 7 月 7 日，全院师生开始学习"列宁主义万岁"等 3 篇文章。5 月 7 日，党委书记刘镜西在全院师生大会上作"批判修正主义"的动员报告，全院开展反修正主义运动。7 月 7 日，党委副书记徐敬之作"批判巴人修正主义"的总结报告。运动告一段落。

6 月 14 日，我院第三批下放干部 16 人赴清河公社清河大队劳动锻炼。

7 月 1 日，全院师生员工大会，庆祝中国共产党成立 39 周年，邀请北京军区后勤部部长吴先恩中将来院作关于中国工农红军二万五千里长征（秋收起义）的报告。

7 月 8 日，成立"北京政法学院生活管理委员会"，由刘镜西担任主任委员。

9 月 20 日至 26 日，为支援农业生产，大学部师生员工参加为期一周的农业生产劳动，到清河人民公社 800 人，到房山 300 人。

10 月 3 日至 23 日，副院长、中国政法学会理事刘镜西参加中国法律工作者代表团，到保加利亚出席第七届国际民主法律工作者大会。

11 月 29 日，全院选民参加海淀区人大代表选举。我院选区共有选民 1843 人。我院金菊耀当选为海淀区人大代表。

1961 年

4 月 12 日，公安部办公厅主任刘复之来院作关于当前政法工作的报告。

4 月 21 日至 6 月 10 日，我院四年级学生下公社实习，参加贯彻"农业 60 条"的工作。

6 月 8 日至 10 日，我院二、三年级全体学生及部分教职工到公社参加插秧及麦收劳动。

8 月 10 日，我校第七届全体毕业生到人民大会堂参加首都毕业生大会，听取陈毅副总理的报告。

11月3日，召开第十一次院务（扩大）会议，讨论如何贯彻"高教60条"的问题。

11月8日至11日，我院政法系二、三年级，政教系二年级学生赴东升公社参加收获大白菜。

11月20日，召开第一次院行政会议，参加者为院长、教务长、各处处长，副院长刘镜西主持。会议决定，行政会议召开时间为每周二上午，院行政会议的基本内容为：研究解决不需要由院务委员会会议解决的一般行政工作问题；为召开院务委员会会议做准备；贯彻执行院务委员会会议的决议。

11月21日，院党委书记刘镜西宣布摘掉钱端升的右派分子帽子。

12月3日，我院政法系一年级学生赴东升公社实习，参加公社的整社工作。政法系四年级赴北京市政法机关实习。

1962 年

3月6日至10日，召开北京政法学院第四次党代表大会，出席会议的正式代表119人，列席代表42人。党委副书记徐敬之代表上届党委作工作报告。大会选举于峰等24人为党委委员，王绪之等7人为监察委员会委员。

5月12日，召开院庆10周年筹备委员会第一次会议。会议由副教务长雷洁琼主持，主要讨论院庆活动计划和筹备机构。

6月27日，最高人民法院院长谢觉哉给我院毕业生作报告，中国人民大学法律系、北京大学法律系各有200人参加。

6月28日，副院长刘镜西参加北京政法学院附属中学第一届毕业典礼，发表讲话并与毕业生合影。

7月22日，我院第八届毕业生142人到人民大会堂听取彭真同志报告。

9月5日，召开第21次行政会议，副院长刘镜西传达关于明确我院领导关系的指示、政教系和北京政法学院附中高中的问题。中央决定，我院归教育部直接领导，公安部在业务上予以协助，主要为供应资料、审查讲义和安排专业实习。会议决定，政教系从1963年起不再招生。

11月23日，举行北京政法学院建院10周年庆祝大会。最高人民法院院长谢觉哉、公安部部长谢富治、最高人民检察院副检察长张苏、中共中央华北局文教办公室副主任赵为一及135名我校校友参加了大会。谢觉哉和谢富治分别发表讲话。教育部部长杨秀峰上午因故缺席，于当日下午来校。

12 月 30 日，接公安部通知，北京政法学院在政法方面的领导关系，今后由最高人民法院负责，公安部协助。

1963 年

年初，根据党的八届十中全会精神及北京市委、高等教育部的指示，院党委提出，1963 年学校的总任务是：继续全面正确贯彻高教工作 60 条，不断提高教育质量，加强党内外政治思想教育，深入进行反修正主义学习和开展向雷锋同志学习的活动。加强党的建设工作，提高党在学校中的领导作用，推动各项工作的开展。

3 月，学院提出控制学生晚婚的办法，在全体人员中尤其是青年学生中普遍进行晚婚和节育教育。

4 月 22 日，学院作出了关于开展"五反"运动的计划。为了加强对"五反"运动的领导，在党委常委的直接领导下，成立"五反"办公室。办公室由党委常委、人事处长刘少农同志担任主任，亓瑞华任副主任。

从本年度开始，政教系停止招生。

1964 年

8 月 5 日、26 日，在周恩来总理和彭真同志向首都高校应届毕业生分别作报告后，为加强对毕业生的思想政治教育，学院对毕业生进行集训，提倡毕业生树立马克思主义的世界观，自觉走无产阶级革命化、劳动化、和工农相结合的道路。

9 月 14 日，学院组织师生 530 人，在党委副书记、副院长李进宝的带领下赴河北香河县农村参加"四清"运动。当年，学院参加四清工作队的人数达到 1062 人。

10 月，根据最高人民法院和高等教育部指示，北京政法学院作为试点单位，在各院校中首先实行半工半读，学制为四年。学院制订了新的教学方案，即"北京政法学院半工半读教学方案"。

1965 年

7 月，院党委讨论了学院党外教授的安排问题。经上级党组织批准，学院成立研究室，由雷洁琼任研究室主任，专门编译有关资产阶级政治、法律方面的资料。研究室作为学院的一个学术性机构，在名义上归中国社会科学院法学研究所领导，由北京政法学院代管。

9 月 15 日，经北京市委批准，《政法院讯》复刊。复刊后的《政法院讯》改名为《北京政法学院校刊》。

12 月 1 日，为了加强学院党委的领导，学院设立了政治部，作为党委的工作机构。政治部由吕子明任主任，下设办公室、组织部、保卫部、宣传部、调研组、武装部和校刊编辑室等机构。

1966 年

2 月 8 日，学院师生共 280 人来到了位于大兴天堂河罗奇营村的半工半读试点基地，开展半工半读试点工作。

6 月 1 日，最高人民法院司法行政厅一领导到校，了解全国第一张大字报播发后北京政法学院的反应。

6 月 5 日，最高人民法院司法行政厅宣布，学院成立四人工作组，接管党政一切权力，并号召全院师生员工起来"造反"，大胆揭发"当权派"的问题。

7 月 29 日，北京政法学院工作组撤销。

10 月，宣布撤销全院所有机构，学校工作几乎瘫痪，教学科研等工作也陷入了停顿。

当年，学院停止招生。

1967 年

7 月，学院开始复课闹革命。部分在外串联的师生陆续返校上课。

9 月，工人毛泽东思想宣传队进驻学院。

1968 年

2 月，解放军毛泽东思想宣传队进入北京政法学院。

高等教育部撤销，北京政法学院下放给北京市代管。

1969 年

10 月，全院师生疏散到延庆。

1970 年

年底，北京政法学院被宣布撤销。

1971 年

年初，在工宣队、军宣队的主持下，学院搬迁到安徽濉溪县五铺农场。

5 月，学院在安徽开始恢复党组织生活。

7 月，成立以军宣队政委卢华（原解放军第二炮兵部队宣传部部长）为组长，原学院党委书记、副院长刘镜西为副组长，刘丰、靳智富、李进宝为组员的党的核心小组，并成立领导小组，以卢华为组长，刘镜西、靳智富为副组长，组员有刘丰、李长林、李进宝、张子培、杨清桂、王波。

1972 年

年初，在军宣队领导下成立了革命核心领导小组，为军宣队的撤离做准备。主要成员有刘镜西、李进宝、郭纶、赵先、崔洪富、王波（女），由刘镜西担任组长。

4 月，部分教师和干部回京，部分教师和干部调回原籍，33 人分配到安徽省直机关，94 人分配到安徽各高校，52 人分配到安徽省各市，141 人分配到安徽省各地区及基层各县。

4 月，成立在安徽的北京政法学院留守处和北京的留守处合并，处理学院撤销后的遗留工作。留守处领导小组由刘镜西任组长，组员包括李进宝、郭纶、赵先等人。

6 月，留守处由安徽迁回北京，继续处理有关善后工作。

1973—1977 年

（无）

1978 年

7 月 6 日，由最高人民法院、最高人民检察院、公安部、教育部联合向国务院提交了《关于恢复北京、西北政法学院的请示报告》。

8 月 5 日，国务院批准了北京政法学院复办的报告。

8 月 5 日，最高人民法院、最高人民检察院、公安部、教育部联合下发了《关于国务院批准恢复北京、西北政法学院的通知》（［78］法司字第 82 号），就北京政法学院复办的有关问题作了安排。

8 月，根据上级部门指示，以北京政法学院留守处领导小组为基础，成立了北京政法学院筹备领导小组。领导小组由刘镜西、戴铮、李进宝、郭纶、赵先、沈兰村、曲文阁等人组成。

9 月 6 日，从教育部、北京大学、北京语言学院等处调回陈光中、张杰、吕子明等教职工 36 人。

9 月 19 日，从外交部、中央党校等中央机关和国务院所属部委调回钱端升、卢一鹏、任群等教职工 54 人。

9 月 19 日，从北京市教育局、北京师范学院等北京市属机关、学校和部分双管大专院校调回江平、徐敬之、孙丙珠等教职工 131 人。

1979 年

6 月 21 日，最高人民法院党组根据中共中央组织部的批准，正式任命曹海波为北京政法学院党委书记兼院长。学院的各职能部门也相继恢复，建立了院办公室、人事处、教务处、总务处、科研处、研究生工作部、图书馆等行政办事机构、教学科研管理机构和教学辅助机构。

8 月，学院参加当年的全国统一招生。当年共招收本科生 403 人，研究生 35 人。

10 月 24 日，学院在冶金建筑研究院礼堂举行第一次开学典礼，全院师生员工 800 人参加了典礼。最高人民法院院长江华，副院长王维刚、何兰阶，最高人民检察院检察长王甫、副检察长陈养山，司法部副部长李运昌及民政部有关领导出席了典礼。彭真向学院全体师生致函祝贺。

1979—1981 年，学院认真进行了拨乱反正、正本清源的工作。本着实事求是、有错必纠的原则，及时、积极、主动地落实党的各项政策，在 1979 年年底前基本上平反了反右派、反右倾等运动的冤假错案。

1980 年

1 月，学院改由司法部领导。

6 月 17 日，司法部同意出版《北京政法学院学报》，限国内发行。

9 月，80 级新生入学，由于校舍紧张，75 名北京学生实行走读，部分学生住在临时腾出来的教学楼底层图书馆里。

1981 年

学院修改教学计划，将培养目标确定为"培养坚持四项基本原则，掌握比较系统、全面的法律知识，能从事政法实际工作、政法教育和法学研究的德、智、体全面发展的专门人才，争取达到学士学位"。

7 月，经上级批准，北京政法学院临时党委成立，曹海波任院长兼党委书记，郑文卿任第一副院长兼副书记，戴铮任副书记，任时、姜达生任副院长。

为适应政法干部在职培训的需要，学院设立了函授部，并从 1982 年开始招生。

1982 年

1 月，中央政法工作会议召开，在关于加强政法工作的指示中明确指出，"要抓紧筹办中国政法大学，把它办成我国政法教育的中心"。2 月，国务院批准了中国政法大学的筹备工作计划。

9 月，由司法部副部长陈卓带领一个工作组，到北京政法学院调研。中央下发1982 年 5 号文件，正式定名为"中国政法大学"。中央认为成立中国政法大学的条件基本成熟，同意筹备建立中国政法大学。

10 月，经中共中央组织部批准，由刘复之、邹瑜、张百发、陈卓、叶子龙、云光组成中国政法大学筹建领导小组，由刘复之任组长，邹瑜、张百发任副组长，张百发兼基建工程总指挥。

10 月 28 日，中国政法大学筹建领导小组组长刘复之主持召开筹建领导小组第一次会议，副组长张百发、成员陈卓、叶子龙、云光等人出席了会议。最高人民法院、最高人民检察院、公安部、民政部、司法部、中共中央组织部、中共北京市委大学部、北京市规划局等单位的相关负责人参加了会议。会议根据中央有关文件的规定，对学校的建设规划进行了讨论，尤其是讨论了中国政法大学的基本建设问题。

12 月 27 日，中国政法大学筹建领导小组在人民大会堂举行第二次会议。会议由刘复之主持，小组成员张百发、陈卓、叶子龙、云光，司法部副部长朱剑明及教育部、司法部、北京市建委、北京市规划局、大兴县（今大兴区）的相关负责人参加了会议。会议通报了前一阶段中国政法大学的筹建工作，并讨论了建校方案，特别是体制建设、基建前期准备工作，筹办研究生班和建立师资队伍的计划。

1983 年

2 月，中央任命司法部部长刘复之兼任中国政法大学校长，司法部党组成员陈卓任中国政法大学党委书记，云光任党委副书记、第一副校长，余叔通任副校长、党委委员。

4 月，国务院批准了司法部《关于同意中国政法大学成立的正式报告》。根据建校方案，中国政法大学的总规模为 7000 人（学生），学校实行一校三院制。

5 月 7 日，中国政法大学成立大会在公安部礼堂举行，一千多名师生、员工参加大会。中共中央书记处书记、中央政法委书记陈丕显，中央书记处书记胡启立等领导，及中央政法委员会、中共中央宣传部、最高人民检察院、最高人民法院、公安部、教育部、司法部、民政部、北京市等有关部门负责人蒋南翔、郑天翔、杨易辰、郁文、张承先、凌云、邹瑜、朱剑明、赵鹏飞、张百发、廖叔俊和法学界知名人士张友渔、钱端升、陈守一、雷洁琼、王铁崖等出席了大会。

6月7日，由《政法院讯》《北京政法学院校刊》发展而来的中国政法大学校刊正式发行。

7月1日起启用中国政法大学及其所属单位印章。

7月20日，北京政法学院复办后招收的第一批学生、中国政法大学的第一批本科毕业生举行毕业典礼。司法部部长邹瑜，副部长朱剑明、郑希文，最高人民法院副院长王怀安，最高人民检察院副检察长江文等领导同志及公安部、民政部、中央公安学院、中国人民大学等部门和兄弟院校的负责人参加了毕业典礼。

8月，司法部批准成立了中国政法大学学位评定委员会。委员会由云光任主席，委员有：余叔通、曾炳钧、欧阳本先、张晋藩、程筱鹤、张杰、江平、杜汝楫、朱奇武、汪瑄、张子培、曹子丹等13人。

10月，司法部通知成立中国政法大学临时党委，由陈卓任书记，侯良、云光任副书记，郝双禄、欧阳本先任党委委员，并分别成立了本科生院、研究生院和进修学院三院党委。

1984 年

1月，经学校党委批准，中国政法大学校务委员会、学术委员会、体育运动委员会、图书馆委员会、学报编辑委员会相继成立并开始工作。

4月7日，中国政法大学学生会举行社团成立大会，校领导陈卓、云光等到会祝贺。会上宣布成立的社团有法学社、法制系统科学研究会、文学社、书画社、新闻记者团、讲演团、集邮协会、舞蹈队、声乐队、管弦乐队、桥牌协会、武术协会、体操协会、棋艺社14个学生团体。

4月，学校党委认为，随着校部各职能部门的建立和健全，同时保留校部和本科生院两套职能部门，形成了机构重叠、工作效率不高的弊端，向司法部党组请示撤销本科生院建制，其职能部门与校部相应部门合并。10月，司法部批准了学校撤销本科生院的请示。

6月，中国政法大学开始面向社会招收第一届博士生。当年录取了中国法律制度史博士研究生3人，指导老师为中国法制史专家、研究生院院长张晋藩教授。

7月，原在木樨地的中国政法大学进修学院（中央政法管理干部学院）因未能与中国人民公安学院（今中国人民公安大学）就校舍分割问题达成协议，先期迁至昌平。

10 月，初步决定设立一部三系，一部是基础部，三系分别为法律系、经济法系和政治学系。法律系设刑事法律专业、民事法律专业；经济法设经济法专业、国际经济法专业；政治学系设政治学专业。

11 月 30 日，中国政法大学第一次学生代表大会举行。全国学联秘书长李克强及学校领导出席了大会开幕式。大会主题为"团结起来，奋发学习，肩负起振兴中华的历史重任，努力做合格的政法人才。"

12 月，由司法部部长邹瑜兼任中国政法大学校长。刘复之不再担任中国政法大学校长。

年底，经文化部和司法部批准，中国政法大学学报从 1985 年起改名为《政法论坛》，由季刊改为双月刊，逢双月末出版。全国人大常委会委员长彭真为《政法论坛》题写刊名。

1985 年

1 月，进修学院第一期法律干部专修科（省干班）毕业。本期省干班是在彭真建议下于 1983 年年初举办的，学员是来自全国各省（区、市）的政法领导干部。

年初，进修学院更名为中央政法管理干部学院，由中国政法大学代管。不久，中央政法管理干部学院开始独立办学。

6 月 28 日，在九三学社北京市委和校党委的领导下，中国政法大学第一个民主党派——九三学社中国政法大学小组正式成立。

10 月，昌平新校区第一期 5000 平方米工程破土动工。

10 月，根据《中央关于教育体制改革的决定》，结合本校的实际情况，学校提出了《中国政法大学贯彻落实中央教育体制改革决定的意见》（简称"九条"）。

年底，昌平新校区 15 万平方米的校园总体规划得到了上级主管部门的审查批准，并列入了国家"七五计划"重点工程项目。

1986 年

3 月 26 日，中国政法大学第一次教职工代表大会暨第七次工会代表大会开幕。

4 月，昌平新校区建设正式开工。

4 月，反映学校研究生学术水平的刊物《研究生法学》正式创刊。这是全国第一家由政法专业研究生自己主办的专业刊物。

5 月 13 日，在中国政法大学成立三周年之际，邓小平欣然提笔，为中国政法大学题写了校名。

6 月 7 日，在中国政法大学昌平新校工地上隆重举行了中国政法大学新校区奠基典礼。中共中央政治局委员、书记处书记、中央政法委员会书记、国务院副总理乔石，全国政协副主席雷洁琼，中央政法委员会副书记、公安部部长刘复之，司法部部长兼中国政法大学校长邹瑜，最高人民检察院副检察长冯锦汶，最高人民法院副院长林准，中国法学会副会长朱剑明，北京市委常委、教育工作部长汪家镠，北京市副市长封明为等领导及兄弟院校、北京市、昌平县（今昌平区）各界代表和学校部分师生共五百多人参加了奠基仪式。

10 月，全国哲学社会科学"七五"规划会上，分别以江平、徐杰和应松年为课题负责人的《我国法人制度研究》《中国涉外经济合同的法律问题》《中国行政法制建设的理论与实践》三个课题被列入七五重点研究课题。

1987 年

4 月，昌平新校区基本完成约 45 000 平方米的主体工程。4 月 17 日，校党委召集全校中层以上干部和正副教授召开会议，布置两地办学工作。

5 月，为了保证在思想上、组织上和物质上做好两地办学的各项筹备工作，经广泛征求意见，学校党委作出《关于积极筹备两地办学，努力办好昌平新校的决定》。

7 月，第一期工程完工，昌平校区初步具备了教学配套能力。9 月，当年录取的 800 名本科生和 700 名大专生到昌平校区报到。中国政法大学昌平校区迎来了第一批学生。

9 月 22 日，学校在昌平新校区举行具有历史意义的新校首次开学典礼。全国人大常委会副委员长陈丕显、彭冲，中央政法委员会副书记刘复之，司法部部长兼中国政法大学校长邹瑜，全国人大法制委员会副主任、著名法学家张友渔，北京市副市长封明为等有关方面领导出席了开学典礼，并参观了新校校园。

1988 年

2 月 22 日，校党委召开会议传达全国高教工作会议精神，并结合学校实际，探讨如何进一步深化改革，加快改革步伐的实际步骤。2 月 25 日，校党委召开扩大会议，提出了深化和加快学校教育改革的十大措施。

3 月，经国家教委法学专家组评审及有关机构审批，中国政法大学法制史学科中国法制史专业被确定为"高等学校重点学科点"，即国家级重点学科点。当年，中国政法大学法制史学科被国家教委评定为首批全国唯一的法律史学国家级重点学科。

3 月，学校将研究生院管理体制由一级管理变为二级管理，各系建立研究生办公室。

4 月，为了加强对党员和团员骨干、入党积极分子的培训和形势教育，提高党员、团员的素质，学校成立了中国政法大学业余团校。为了增强基层党组织的战斗力，提高党员素质，经书记办公例会研究，决定成立中国政法大学业余党校。

4 月，校长邹瑜、党委书记陈卓因工作关系分别辞去原职务。7 月，根据司法部党组的决定，中国政法大学领导班子做重大调整，新领导班子共有 8 名成员，分别是：党委书记杨永林，校长江平，常务副校长陈光中，副校长张晋藩、张廷斌、陶髦，党委副书记何长顺、党委副书记兼副校长解战原。

10 月，经校党委研究，学校正式通过《中国政法大学机构编制改革方案》。该方案以定职定责定员定编为原则，主要包括机构设置、人员编制、人员流动及编余安置等内容。改革的原则是党政职责分开，精简人员，提高效能；目的是使用人和治事相统一，责任和权利相一致，调动全体教职工的积极性、主动性和创造性。

1989 年

3 月，中国政法大学国际经济法系成立。3 月 18 日，该系成立大会在昌平校区隆重举行。汪瑄教授、朱奇武教授及江平、张廷斌、陶髦、何长顺、解战原等校领导出席了成立大会。

4 月，中国政法大学艺术团成立，其宗旨是活跃学生校园生活。艺术团由合唱队、乐队、表演队等组成，吸收了有一定艺术水平的教职工和学生参加。

8 月 15 日，校长江平主持召开全校教职工大会，校党委书记杨永林作报告，动员全校教职工认真学习党的十三届四中全会公报，联系学校实际和个人实际，冷静地进行反思，总结经验教训，旗帜鲜明地反对资产阶级自由化。

11 月，新校已竣工并交付使用的工程面积已达 76 000 多平方米，超过总工程面积的一半。12 月，昌平校区电教实验楼竣工。

本年度，中国政法大学的办学重点正式转移到昌平校区。

1990 年

1 月 21 日，北京政法学院第一任院长、中国共产党优秀党员、著名政治学家、法学家、教育家钱端升教授逝世，终年 90 岁。2 月 15 日，钱端升先生遗体告别仪式在八宝山革命公墓礼堂举行。党和国家领导人吴学谦、雷洁琼、王汉斌、任建新、刘复之等参加了遗体告别仪式。

3月，学校决定在广大同学中进行一次优秀论文评选活动。经初级评选并由优秀论文评选小组评议、投票，最终确定优秀论文17篇，其中一等奖2篇，二等奖5篇，三等奖10篇。这是我校组织的第一次学生论文评选活动。

4月27日，学校邀请参加第14届世界法律大会的近百名校友返校参观。

6月，根据上级统一部署，中国政法大学开始进行党员重新登记工作。重新登记工作分为个人总结、民主评议、总结验收等阶段，根据党员的思想认识，对照党员标准，总结自己在政治、思想和工作方面的表现。

9月，昌平校区礼堂投入使用，90级开学典礼在新的大礼堂隆重举行。

9月，各系研究生办公室取消，恢复研究生院集中管理制度。

1990年，学院路校区两个年级的本科生毕业后，全部本科生均转移到了昌平校区。

1991 年

年初，根据昌平校区基建工程基本完成、办学条件日臻完善、四个年级的2200多名本科生均集中在昌平校区等情况，学校决定，在当年暑假后，将学校工作的重点转移到昌平校区。8月底，学校办学主体和工作重点转移到昌平校区。

3月14日，经过3个多月的筹备，中国政法大学学生法学会召开成立大会。以法律系88级同学为骨干的28名会员出席了成立大会，通过了法学会章程，通过《学生法苑》为其会刊，选举产生了会长、副会长。

4月，中国政法大学业余党校第一期入党积极分子培训班开学。当年共举办两期，培训学员425人，其中有150人当年被吸收入党。从此学校建立了入党积极分子必须经过党校培训的制度。

11月，经国务院学位委员会批准，中国政法大学民法学专业被定为博士学位授权学科点，江平教授为指导教师。

1992 年

4月，中国政法大学改革领导小组成立，由杨永林任组长。领导小组下设办公室，抽调专门人员研究其他学校的改革经验和学校实际，提出学校改革的具体方案。4月10日，改革领导小组第一次会议在昌平校区召开。

4月，学校党委决定，在原函授部的基础上成立成人教育部。

5 月，中国政法大学迎来建校 40 周年。来自四面八方的校友和全校师生一起，以各种方式向母校献上真诚的祝福。彭真、王汉斌、陈丕显、雷洁琼等党和国家领导人及任建新、刘复之、尉健行等领导为中国政法大学题词。5 月 5 日上午，中国政法大学建校 40 周年庆祝大会在昌平校区礼堂隆重举行。这是继 1986 年昌平校区奠基典礼后的又一次重大庆典。

5 月 21 日，为了更好地发挥校党委的集体领导作用、保证决策的正确，根据党章及中央《关于加强高校党的建设》的通知要求，校党委通过了《中共中国政法大学委员会议事规则》。

6 月 6 日至 7 日，共青团中国政法大学第八次代表大会在昌平校区举行。这是在新形势下总结我校共青团工作的经验教训、明确今后发展方向的一次意义重大的盛会，对推动中国政法大学共青工作的前进起到了积极的作用。

7 月，根据司法部党组文件通知，中国政法大学领导班子进行重大调整。原常务副校长陈光中被任命为校长，原副校长陶髦被任命为常务副校长，原法律系主任王启富被任命为党委委员、常委、副校长。

11 月 19 日，应我国台湾地区东吴大学校长章孝慈的邀请，校长陈光中率大陆法学代表团 11 人，赴台北参加海峡两岸法学学术研讨会。此次访台是大陆法学家首次赴台访问的"破冰之旅"，在台湾地区引起强烈关注。

1993 年

1 月，司法部组织了中央、北京市、昌平县（今昌平区）和各兄弟院校的有关人员和专家，对投资 1.2 亿元的国家重点建设项目——中国政法大学昌平校区工程进行预验收并通过。4 月 1 日，昌平校区工程正式通过国家验收。昌平校区规划中的基本建设至此全部完成。

2 月 24 日至 27 日，中国共产党中国政法大学第五次代表大会召开，110 名党代表代表全校 1135 名党员参加大会。司法部副部长张秀夫、北京市教工委副书记尹栋年在大会开幕式上讲话。会议听取和审议了党委书记杨永林作的工作报告，讨论了校长陈光中作的关于学校教育体制改革方案的报告，以无记名投票的方式选举产生了新一届党委会、纪委会。

2 月，关于增设本科英语专业的申请得到司法部的批准。

3 月 27 日，经校长办公会研究决定，从 5 月 1 日起，政治系更名为政治与管理学系。政治与管理学系设立 2 个专业 3 个方向，其中政治学专业设中国政治方向，行政管理专业设企业行政管理、公关与文秘两个方向。

5月20日，中国政法大学研究生院成立10周年庆祝大会举行。雷洁琼、刘复之等发来贺信。全国人大常委会法律委员会副主任顾昂然、司法部部长肖扬、中国法学会会长邹瑜、最高人民法院副院长祝铭山，我校老领导陈卓、云光及校领导参加了大会。

8月23日至25日，由中国政法大学主办的"1993年海峡两岸法学学术研讨会"在北京举行，来自海峡两岸的近200名知名法学家参加了研讨会，其中台湾代表60人。研讨会开幕式在人民大会堂举行，全国人大常委会副委员长王汉斌、雷洁琼，司法部部长肖扬，中国政法大学校长陈光中，我国台湾地区法学家代表团团长、东吴大学校长章孝慈等出席了开幕式。

10月，陈光中教授受全国人大常委会法律工作委员会委托，支持起草刑事诉讼法修改建议稿。参加起草研究小组的有严端等多位我校教授和老师。该建议稿中的大量条款被吸收采纳，对1996年通过的《刑事诉讼法（修正案）》起到了重要作用。

1994 年

3月30日，司法部政治部副主任在全校处级以上干部大会上宣布了调整决定：任命杨永林为中国政法大学党委书记兼校长。调整后的中国政法大学领导班子由杨永林、解战原、王启富、何长顺、马抗美、陶髦、赵相林、郭恒友、倪才忠、康德珀10人组成。

5月，为了加强学校体育教学、科研工作，促进全校性体育活动的开展，经校党委常委会研究，决定成立中国政法大学体育部。

6月30日，谢觉哉铜像揭幕仪式在我校昌平校区举行。揭幕仪式由司法部部长肖扬主持。中央政治局委员、书记处书记、中央政法委员会书记、最高人民法院院长任建新，全国政协副主席郑天翔为铜像揭幕。这是中国政法大学校园内第一座纪念性的雕像。

8月，学校根据社会需要和学校的实际情况，修订了教学计划。同旧的教学计划相比，新的教学计划调整了课程知识结构，在加强专业基础理论教学的前提下，增加了一些适应市场经济需要的课程。

8月18日至21日，语文教研室主办了全国首届法律语言研讨会。来自全国各地的法学家、语言学家和来自政法院校教学第一线的教师参加了研讨会。

9月8日，中国政法大学外语系成立大会在海淀校区举行。

10月，学校制定了《实行党政干部聘任制的暂行规定》及具体实施意见，提出公开、民主、竞争、择优聘任的原则。该文件规定，从 1994 年 12 月起，凡在学校各部门从事党政管理工作或主要从事党政管理工作的兼做其他工作的正式在编人员，一律实行岗位职务聘任。

12 月，校党委决定成立中国政法大学建设与发展基金，并批准了《中国政法大学建设与发展基金章程》等文件，成立基金理事会。

1994 年，国家教委批准中国政法大学招收外国留学生。当年，学校招收第一批留学生及港澳台学生 12 人。

1995 年

年初，经司法部批准，学校设立了企业管理专业，当年首批招生 40 人。

5 月 18 日，中共中央政治局委员、国务院副总理李岚清来到我校昌平校区视察工作。

8 月 29 日，司法部党组作出决定，由马抗美兼任中国政法大学纪委书记，任命怀效锋为中国政法大学副校长兼研究生院院长、党委常委，任命陆炬为中国政法大学副校长、党委常委。同时，何长顺、陶髦、郭恒友、倪才忠、康德琯等人因年龄问题退出领导岗位。

10 月 4 日，中国国际高级法律人才培训中心成立大会在昌平校区隆重举行。中共中央书记处书记、中央政法委员会书记、最高人民法院院长任建新发来贺信，全国人大常委会副委员长雷洁琼到会祝贺。司法部部长肖扬、副部长刘飏、最高人民法院副院长唐德华、国家外国专家局局长马俊如、北京市副市长胡昭广，我校校领导及国内外法学界人士出席大会。

12 月，校党委决定，撤销原中国政法大学成人教育部，成立中国政法大学成人教育学院，作为中国政法大学成人教育管理的职能部门，对外代表中国政法大学举办各类成人教育。

1996 年

1 月，经司法部和地方政府房改办的批准，学校全面贯彻国务院和北京市关于房改的决定，正式启动住房改革，实施住房公积金、稳步出售教职工单元楼房和调整房屋租金三项措施。

1 月 4 日，中国政法大学成人教育学院成立大会在海淀校区召开。司法部教育司及各省、市、自治区司法厅（局）的领导、各函授站站长及校领导出席了大会。

4 月 3 日，教务处推出聘任教学巡视员的新方案，我校开始试行教学巡视员制度。

4月5日上午，我校第一期思想政治教育专业硕士研究生课程班在昌平校区举行了开课典礼。

5月2日，校党委通过后勤管理机构改革方案：撤销校总务一处、总务二处、后勤办公室，成立总务处，下设9个职能科室；成立中国政法大学饮食服务中心，下设若干食堂、餐厅及餐饮经营服务部；成立校园国有资产管理办公室，下设4个职能科室。

5月17日，由法律系96届毕业生发起的"文明离校"活动拉开序幕，校党委副书记兼副校长马抗美在动员大会上讲话。

12月4日，我校《教师聘任制办法（试行）》经校长办公会讨论通过并开始执行。

1997 年

1月15日至16日，首次召开中国政法大学德育工作会议。北京市委教育工委副书记夏强、司法部教育司领导、校领导及有关部门负责人参加会议。

1月26日，司法部党组作出重要决定：中国政法大学、中央政法管理干部学院、中国高级律师高级公证员培训中心合并，对内称中国政法大学，对外保留中央政法管理干部学院、中国高级律师高级公证员培训中心的牌子。

1月28日至29日，以"中国政法大学'九五'期间至2010年研究生教育与发展"为主要议题的研究生工作会议在海淀校区举行。司法部部长肖扬、司法部教育司副司长霍宪丹到会并讲话，我校校领导参加会议。

2月21日至22日，中国政法大学1997年本科教学工作会议在海淀校区举行。国家教委高教司王志远、中共北京市委教育工委刘世力应邀出席会议。赵相林副校长作《深化教学改革、提高教学质量和办学效益，为国家培养高质量的政法人才》的报告，校党委书记兼校长杨永林作大会总结。

4月22日，为了加强处级以上干部的党风廉政建设，校党委常委会通过《中共中国政法大学委员会关于处级以上干部报告重大事项的实施办法》。

12月6日，中共中国政法大学委员会党校正式成立。

1998 年

1月12日，我校"211工程"建设领导小组成立，由校长杨永林任组长，解战原、王启富为副组长，其他校领导为领导小组成员，启动申请进入"211工程"的工作。

3 月 17 日，国际法专业博士生导师、研究生院副院长周忠海教授指导的首位台湾省籍国际法专业博士研究生张耿铭顺利通过论文答辩。

6 月初，根据教育部公布的调整后的本科专业目录中法学类原有的 6 个专业合并为 1 个专业的情况，我校出台了适应新专业目录而修订的《本科教学计划（征求意见稿）》。

7 月 12 日至 15 日，我校本科生教学工作研讨会召开。会议就全面贯彻第一次全国高校教育工作会议精神、教育部关于修订本科专业目录方案、改革我校教学管理体制等问题进行深入研讨。会议提出了修订教学计划的初步方案和本科教学管理体制改革的设想。

12 月 21 日，张晋藩教授主编的《中国法制通史》十卷本在人民大会堂发布。全国人大常委会副委员长彭珮云出席发布会，司法部副部长刘飏发表讲话。12 月 22 日，张晋藩教授应邀到全国人大为李鹏委员长和各位副委员长讲授题为"中华文明在世界的地位和作用"的法制课，得到一致好评。

1999 年

5 月 8 日，经公安部门批准，中国政法大学 2000 余名本科生、研究生前往美国驻华使馆举行示威游行，愤怒声讨以美国为首的北约野蛮轰炸我驻南使馆的暴行。

5 月 25 日至 27 日，由司法部和国家外国专家局主办、中国政法大学承办的"21 世纪法学教育暨国际法学院校长研讨会"在北京友谊宾馆召开。来自美国、加拿大、澳大利亚、韩国、日本、法国等 13 个国家和地区的 36 所法学院校和法律机构的 44 位院校长和法学教育专家，及国内 16 所高校的 50 余位院校长和法学教育专家，围绕各国法律制度与法学教育比较研究、21 世纪的法学教育等议题进行了广泛的研讨。

7 月 8 日，由校党委宣传部负责建设的中国政法大学网站 http://www.cupl.edu.cn 正式在中国教育与科研计算网上开通。11 月 9 日，我校举行校园网开通仪式。校领导解战原、王启富、马抗美、赵相林、陆炬以及各院系、各职能部门负责人出席了仪式。

9 月 7 日，我国第一个中外联合培训法律硕士项目——中国政法大学/美国天普大学法律硕士班第一期开学。它是经司法部和国务院学位办批准的第一个，也是唯一一个在我国境内授予外国法律学位的项目。

9 月，为加强学科研究和学科建设，根据司法部的要求，经学校研究，决定向教育部申请建立法律史学、诉讼法学、民商法学三个全国人文社会科学基地，同时成立三个相应的研究中心：中国政法大学法律史研究中心、中国政法大学诉讼法学研究中心和中国政法大学民商法学研究中心。

10月1日，在中华人民共和国成立50周年之际，中国政法大学共有710名师生代表参加了庆祝活动，其中560名师生参加了群众游行，150名师生参加了国庆联欢晚会。

10月9日，校党委常委会作出决定：成立中国政法大学后勤集团，设立中国政法大学后勤集团董事会，由主管后勤的副校长担任董事长，校长办公室主任等6人任董事；设立中国政法大学后勤集团监事会，由纪委副书记等5人组成。后勤集团为企业性质，实行企业化管理，其所属人员与学校事业编制剥离。

10月14日，经校党委常委会研究决定，在原留学生管理处、港澳台学生管理处和中国高级法律人才培训中心（北京）办公室的基础上成立中国政法大学国际教育学院，统一负责全校留学生、港澳台学生及我校涉外合作办学的管理工作。

11月11日，经校党委常委会研究决定，撤销原政治与管理学系，成立中国政法大学政治与管理学院，下设政治学、行政管理学和工商管理学三个专业。11月28日，中国政法大学政治与管理学院成立大会在昌平校区举行。

2000 年

1月29日，国务院转发了教育部、国家计委、财政部等部门《关于调整国务院部门（单位）所属学校管理和布局结构的实施意见》。根据文件规定，中国政法大学被列入独立建制划转教育部管理的22所普通高校之列，学校国有资产、人员编制、劳动工资及教育事业费、科学事业费、房改经费等均从2000年起划转教育部。2月26日，中国政法大学正式与教育部管理接轨。

2月25日，我校隆重举行纪念活动，纪念我国杰出的政治学家、法学家、教育家、北京政法学院首任院长钱端升先生诞辰100周年。

6月1日，在原中国政法大学管理干部学院的基础上成立中国政法大学文法学院（暂定名）。经过深入调查和论证后，暂定新学院名称为"中国政法大学社会工程学院"，下设社会工作和侦查学两个专业，并向主管部门提出设立新专业和学院的申请。

9月，经人文社会科学研究咨询委员会评审通过并经教育部批准，中国政法大学诉讼法学研究中心被列为全国人文社会科学重点研究基地。这是我校第一个全国人文社会科学重点研究基地。

9 月至 11 月，后勤管理处和后勤集团成立，后勤社会化改革迈出重要一步。

10 月 9 日，北京高校"三讲"教育巡视组进驻我校开展工作。19 日，我校"三讲"教育动员大会在昌平校区举行，巡视组成员、校领导及各级领导干部 194 人参加大会。10 月至 12 月，开展一系列"三讲"教育工作。

12 月，经校党委常委会研究决定，自 2001 年 1 月 1 日起，撤销总务处，并将原总务处所属的有关单位及学校相关部门划归中国政法大学后勤集团管理。

2001 年

1 月，学校出台《优秀人才引进办法（试行）》，并专门成立优秀人才引进工作领导小组，由主管人事工作的副校长担任组长，学校设立人才引进工作办公室，负责日常工作。

6 月，经上级批准，学校作出决定：中国政法大学管理干部学院更名为中国政法大学社会工程学院。

9 月 24 日，中国共产党教育部党组及教育部作出决定，对中国政法大学领导班子进行重大调整：任命石亚军同志为中共中国政法大学委员会委员、常委、书记，任命徐显明为党委委员、常委、中国政法大学校长。

9 月 29 日，教育部任命中国政法大学新一届领导班子宣布大会在昌平校区举行。

10 月 12 日，作为加强学科建设、鼓励科学研究的重大举措之一，学校决定授予江平、陈光中、张晋藩三位教授为中国政法大学"终身教授"。

10 月 17 日，根据校党委决定，党委书记石亚军在海淀校区礼堂主持召开深化改革动员大会，全体教师、校部机关科级以上干部及民主党派和无党派人士代表、老干部代表共 500 多人参加了大会。

12 月 3 日，校党委作出《中共中国政法大学委员会关于实施中国政法大学校部机关机构改革方案和干部人事制度改革方案的决定》，开启机构改革和干部人事制度改革。

12 月 4 日，我校在海淀校区礼堂举行校部机关机构暨干部人事制度改革动员大会。

12 月 11 日，处级领导干部公开竞聘演说活动展开。全校共有 40 余人竞争 20 个正处级工作岗位。通过此次机构精简和干部竞聘，学校机关由 39 个减少为 20 个，26 位同志因年龄等原因离开领导岗位，一批符合干部"四化"标准的中青年教师和干部走上新的领导岗位。

2002 年

1 月 20 日，校党委书记石亚军和校长徐显明联名向海内外校友发出邀请信，诚挚邀请历届校友在建校 50 周年之际，再次回到母校参观指导，参加庆典活动、校庆学术研讨会议和其他各项活动。

2 月 9 日，中共中央政治局常委、国务院副总理李岚清专程来到我校海淀校区，亲切看望了我校部分老教授和学科带头人，并与他们座谈。国务院有关部门负责人高强、吕福源、赵实、廖晓淇陪同看望并参加了座谈活动。

3 月 14 日，根据教育部《关于做好普通高等学校本科学科专业结构调整工作的若干原则意见》（教高〔2001〕5 号）精神，教育部正式发文决定，赋予中国政法大学自主设置本科专业的审批权。当年，哲学、经济学、法制新闻、国际政治、公共管理等专业正式设立并开始招生。

3 月 21 日，教育部副部长张保庆来我校海淀校区视察，听取关于中国政法大学建设与发展情况的汇报，并作出重要指示。教育部直属高校办公室主任高文兵、教育部发展规划司副司长韩进、教育部财务司高校财务处处长徐孝民、教育部办公厅秘书处张燕军等人陪同视察。

5 月 4 日至 7 日，庆祝中国政法大学成立五十周年系列庆祝活动正式拉开帷幕。5 月 5 日，中国政法大学建校 50 周年庆典暨法治与法学教育国际研讨会开幕式在北京人民大会堂隆重举行。时任国家主席江泽民、全国人大常委会委员长李鹏分别题词表示祝贺。

5 月 5 日，钱端升先生铜像揭幕仪式在昌平校区举行。全国政协副主席罗豪才、中央政法委副秘书长张耕、钱端升夫人陈公蕙女士及其长子钱大都先生、铜像捐赠人唐自熙先生，以及我校领导出席揭幕仪式。

6 月 20 日，我校院系调整方案正式确定并公布实施。根据这一方案，全校共设立 10 个学院、2 个教学部、2 个中心及出版社、图书馆、学报共 16 个处级院（部）和教辅单位。6 月 21 日，院（部）行政领导竞聘上岗工作随后展开。

9 月 28 日，以"求上乘精品，问大道学术"为主题的中国政法大学科研发展论坛举行。

10 月 15 日，全面实施党建与思想政治工作十大工程动员大会在昌平校区召开。

12 月 14 日，我校教学改革会议召开。教育部高教司刘凤泰副司长应邀出席会议，我校校领导及校部机关、学院、教学部（中心）、研究所、教研室的负责人、教授、研究员等 270 余人参加会议。朱勇副校长作主题报告，对教学改革的理念、原因、目标、思路、任务和措施进行全面论述。

2002 年，我校采取果断措施全面整顿自考办学。

2003 年

2 月 27 日，教育部批准我校为全国 22 所高等院校自主选拔录取改革试点院校之一。4 月 19 日至 20 日，我校首次自主选拔录取招生考核工作在昌平校区举行。

4 月 16 日，在北京市"非典型肺炎"（以下简称"非典"）预防工作全面开展的情况下，学校专门成立了以校长徐显明为组长的预防"非典"工作领导小组。领导小组成立后，多次组织各单位负责人召开会议，对预防"非典"工作进行细致部署。

4 月 29 日，校医院抽调 3 名医务工作人员赴"非典"防控一线参加工作，校医院多位同志得知后纷纷报名。5 月 1 日，学校为赴"非典"防控一线的 3 名医务工作者举行欢送仪式。

5 月 5 日，为了更好地发挥党员的先锋模范作用，与"非典"作长期而持久的战斗，校党委启动"钢铁堡垒""红色尖兵"行动计划。

6 月，汇编了我校科研管理各项规章制度的《中国政法大学科研管理典》正式出台。

8 月，在全国第九次博士、硕士学位授予点评审工作中，我校取得了重大突破，新增一级学科博士点 1 个（法学），新增二级学科博士点 1 个（政治学理论），新增硕士点 7 个。

9 月，北京市教育系统在 2002 年度"教育创新工程"评选中，我校党委推出的"党的建设和思想政治工作'十大工程'"获得了北京市教育系统"教育创新工程"优秀成果奖。

9 月，我校酝酿已久的"双专业双学位"培养模式开始实施。当年，申请修读法学专业双专业双学位的学生达 221 人，占 2011 级非法学专业学生总数的 40%。

10 月 11 日，中国政法大学校友总会正式成立，我校各级校友代表自祖国各地纷赴法大，齐聚昌平校区礼堂，满怀对母校的热爱，参加了中国政法大学校友会成立大会。

10 月，我校学科建设又获重大突破——国家人事部博士后管理办公室于 10 月底批准了我校建立博士后流动站（法学）。12 月 27 日，中国政法大学博士后流动站在海淀校区正式挂牌成立。

2003 年，我校新设立汉语言文学专业和国际商务专业两个专业，将社会工作专业改造为社会学专业。

2004 年

2 月，在广泛征求意见后，经北京市房改办批准，我校住房制度改革与住房调整领导小组逐步制订、实施了住房制度实施改革方案。

6 月 5 日，我校召开"中国政法大学研究生教育改革研讨会"。

7 月 1 日，我校深化后勤改革方案正式出台。9 日，我校再次召开深化后勤改革动员会。会上宣布了有关后勤改革的文件。

9 月 20 日，教育部专家组对我校法律史学研究中心进行了实地考察，通过了中国政法大学法律史学研究中心入选教育部人文社会科学重点研究基地的决议。

11 月 19 日至 20 日，中共中国政法大学第六次代表大会在昌平校区召开。本次党代会是自 1993 年 2 月以来，时隔 11 年我校召开的又一次党代会。

2004 年，根据本科专业自主设置权，我校又新增思想政治教育专业和德语专业两个新专业。

2005 年

4 月 1 日，由教育部高等学校法学学科教育指导委员会与美国法学院协会共同举办、中国政法大学承办的"2005 年中美法学院院（校）长会议"开幕式在北京国宾酒店举行。

8 月，由北京市委教育工委组织的"2004—2005 年北京高等学校党的建设和思想政治工作优秀成果及创新成果评选活动"揭晓，我校党建与思想政治工作"八大样板"荣获优秀成果三等奖。

9 月 8 日，我校正式被国家批准进入"211 工程"重点建设。经过一个多月的专家论证，教育部于 10 月 16 日发函批复，通过了对我校"211 工程"建设方案及资金使用预算的审核，我校"211 工程"建设全面启动。

9 月 14 日至 12 月 22 日，在历时 3 个月的保持共产党员先进性教育活动中，在校党委的领导下，全校 20 个分党委、党总支、直属党支部带领 299 个党支部，4300 余名党员积极投入，并圆满完成了学习动员、分析评议和整改提高阶段的各项工作任务。

12 月 26 日，北京市教委经过严格的评审，确定我校为北京市依法治校示范校，并将我校作为北京市高校代表推荐于教育部成为"全国依法治校示范校"。

2005 年 12 月，我校法学院院长马怀德教授为中央政治局第 27 次集体学习讲授

"行政管理体制改革和经济法律制度"。

2005 年，在全国第十次学位授权申报工作中，我校有 2 个二级学科博士点通过国务院学位委员会审核批准。至此，我校博士点总数达到 17 个，硕士点总数达到 37 个，研究生教育已涵盖人文社科所有领域，我校"多科性"办学格局已基本形成。

2006 年

1 月，证据科学教育部重点实验室顺利通过教育部组织的专家评审，获正式批准立项。5 月 20 日，国内第一家证据科学研究院在我校正式成立，该院是我国文科院校第一批立项建设的两个教育部重点实验室之一，也是全国法学院校中唯一的教育部重点实验室。

1 月，我校一批新的博士、硕士学位授权学科、专业经审核获得通过。其中博士学位授权学科、专业 3 个，硕士学位授权一级学科 2 个，硕士学位授权学科、专业 10 个。至此，我校学位点设置已涉及七大学科门类，涵盖人文社会科学的全部学科门类领域。

3 月 14 日，钱端升法学研究成果奖励基金理事会第一次会议在我校海淀校区举行。这标志着以当代著名法学家钱端升教授的名义设立的"钱端升法学研究成果奖"评选工作正式启动。

6 月 2 日，校党委常委会会议研究通过《中国政法大学党建与思想政治工作党建新体系》，我校党建与思想政治工作翻开了新的一页。

6 月 25 日，国内唯一的国际儒学院在我校正式成立。标志着以法学为特色的我校不断在非法学学科建设方面取得新的突破。

8 月起我校全面停止自学助考班招生，并将于最后一批在校生学业期满后，最终终止自考班办学。这是我校继 2002 年全面整顿自考班以来，在调整对外办学布局上的又一重大行动，我校也由此成为全国首个停办自考班的高校。

10 月，经全国哲学社会科学规划领导小组批准，我校石亚军教授投标的《中国行政管理体制现状调查与改革研究》和马怀德教授投标的《法治背景下的社会预警机制和应急管理体系研究》两课题获得 2006 年度国家社科基金重大项目立项。这是我校自 2005 年参加国家社科基金重大项目投标以来获得的第二、第三个项目，是我校争取国家级重大科研项目的又一轮重大突破。

10 月 23 日至 11 月 7 日，根据《中共教育部党组关于开展直属高校巡视工作的意见》的安排，我校作为第一批高校接受了教育部巡视组对我校领导班子及学校工作的巡视。

2006 年年底，我校 2006 年申报教育部科研项目获得全面丰收，共计获得各类科研项目 18 项，其中教育部哲学社会科学研究重大课题攻关项目 3 项，教育部人文社会科学重点研究基地重大项目 2 项，教育部人文社会科学研究一般项目 12 项，教育部哲学社会科学研究后期资助项目 1 项。

为促进教育公平，构建和谐社会，2006 年，学校对招生制度实行重大改革，本科分省招生计划首次按人口比例划分。

2006 年，在原有三位终身教授的基础上，学校决定，聘任李德顺先生为我校终身教授。

2007 年

1 月 19 日，首届中国法治论坛暨首届"钱端升法学研究成果奖"颁奖大会在人民大会堂隆重召开。12 月，钱端升法学研究成果奖被列入全国普通高等学校人文、社会科学研究统计范围。

8 月，教育部公布国家重点学科名单，我校法学一级学科被确定为"国家重点学科"。

9 月 18 日至 19 日，北京高校党建和思想政治工作检查组一行对我校的党建与思想政治工作进行了全面的检查评估。我校在本次党建与思想政治工作评估中取得了初评优秀的成绩。

10 月 26 日，《中国政法大学章程（草案）》获第四届教代会暨第十届工代会第五次全体会议全票通过。我校产生了建校历史上第一部办学章程。

10 月 29 日至 11 月 2 日，教育部本科教学工作水平评估专家组对我校本科教学工作进行了全面的检查评估。

11 月 26 日，在欧盟委员会举行的中欧法学院项目招标中，"汉堡大学—中国政法大学团队"在竞标中胜出。

11 月 27 日，十七届中共中央政治局以完善中国特色社会主义法律体系和全面落实依法治国基本方略为题进行了第一次集体学习，我校校长徐显明教授就学习内容进行讲解，并谈了对建设社会主义法治国家的意见和建议。

12 月 5 日，证据科学教育部重点实验室通过教育部专家组验收。

2007 年，我校海淀校区改造工程全面启动。其中改造重点项目建筑面积为 65 000m² 的 1 号学生公寓工程于 5 月正式开工，校区改造全部工程完成后，我校海淀校区建筑面积将由目前的 60 000m² 增长至 280 000m²；而位于昌平校区的建筑面积为 25 000m² 的国际交流中心于 11 月正式投入使用。

2008 年

1 月，我校在法学一级学科范围内自主设置的法学二级学科专业——知识产权法学经国务院学位办审核获得批准备案。至此我校法学博士学位授权二级学科专业达到 15 个。

3 月，经北京市委教育工委委员会研究确定，我校通过了《北京普通高等学校党建和思想政治工作基本标准》达标检查验收，位列第六组第一名，评定结果为优秀。

4 月，国家教育部下发《教育部关于公布北京大学、清华大学等 198 所普通高等学校本科教学工作水平评估结论的通知》（教高函〔2008〕8 号），正式通知我校本科教学工作水平评估结论为优秀。

5 月 4 日，应我校同学的热情邀请，中共中央政治局常委、国务院总理温家宝来到了我校海淀校区，亲切看望青年学生，与法大学子共度五四青年节，代表党中央、国务院向广大青年朋友表示亲切的慰问，致以节日的祝贺。

5 月，经过长时间的准备和努力，我校首次招收"法学实验班"，率先开展法学教育模式改革试点工作。9 月，我校首批法学实验班的同学来到民商经济法学院注册报到。

6 月 17 日，我校教学指导委员会第六次全体会议审议通过《中国政法大学2008 年度本科生培养方案》《中国政法大学六年制法学实验班培养方案（草案）》《中国政法大学法学第二学士学位教育试点班培养方案（草案）》。

8 月 19 日，随着奥运会铁人三项比赛落下帷幕，作为铁三场馆的主责高校，我校圆满完成赛事的志愿服务工作；9 月，我校圆满完成残奥会公路自行车赛、奥林匹克公园公共区、开闭幕式看台观众互动等各项赛时志愿服务工作，受到了社会各界的广泛好评。

9 月，经 2008 年第 8 次校长办公会研究，第 10 次党委常委会会议决定，我校新闻与传播学院正式成立。这是我校第 19 个学院。

9 月 17 日，教育部正式批准设立中国政法大学中欧法学院。10 月 23 日，中国政法大学中欧法学院成立庆典在我校昌平校区隆重举行。中共中央政治局常委、国务院副总理李克强和欧盟委员会主席巴罗佐莅临庆典并致辞。

10 月，受我国澳门特别行政区政府法律改革办公室邀请，陈光中教授率领专家组前往澳门参加"修订《澳门刑事诉讼法典》专题座谈会"，为《澳门刑事诉讼法典》修订提供建议书。在"一国两制"下，由内地专家为特别行政区法律修改提供专家建议书尚属首次。

12月6日，以"改革开放30年与中国法治的发展"为主题的第二届中国法治论坛开幕式暨第二届钱端升法学研究成果奖颁奖大会在人民大会堂新闻发布厅隆重召开。全国人大常委会副委员长严隽琪，全国人大法律委员会主任委员胡康生、最高人民检察院副检察长朱孝清出席大会并致辞。钱端升法学研究成果奖励委员会主任王家福，委员吴汉东、陈光中与钱端升法学研究成果奖一等奖获得者、中国人民大学法学院范愉教授等专家学者与相关部门代表参加了大会。

2009 年

2月19日，教育部党组成员、副部长李卫红同志代表教育部党组宣布，黄进同志任中国政法大学校长；徐显明同志不再担任中国政法大学校长职务。

3月13日至9月4日，我校周密安排部署，精心组织实施，全体党员干部紧紧围绕"深化教育创新、强化依法治校、推进和谐发展、建设法科强校"这一实践载体，实施开放式学习调研、问诊式分析检查、互动式整改落实，取得了明显成效，全面推进了学校的科学发展。

5月，学校决定，聘任著名行政法学者应松年先生为我校第五位终身教授。

5月22日，我校2009年外事工作会议在昌平校区举行。校长黄进在会上做了《实施"国际化战略"，把法大建成世界知名法科强校》的讲话。

10月1日，以我校师生为主体的第二十三方阵"依法治国"方阵参加庆祝中华人民共和国成立60周年群众游行。1396名同学经过艰苦训练和周密准备，圆满完成这次重大任务，为学校赢得了荣誉，为祖国增添了光彩。

10月17日，中国政法大学恢复招生30周年纪念大会隆重举行。来自法学界的专家学者，教育部、司法部与公检法等部门领导同志，以及我校79级、85级部分校友共同出席纪念大会。

10月12日，黄进校长代表学校与国家留学基金委员会签署《合作开展"国家建设高水平大学公派研究生项目"协议书》，标志着我校成为国家建设高水平大学公派研究生项目实施院校。

12月5日，中国政法大学比较法学研究院成立大会暨"比较法：中国与世界"研讨会在北京召开。会议决定聘请我校终身教授江平先生为比较法学研究院名誉院长，并聘任我校潘汉典教授、台湾大学王泽鉴教授、澳门特别行政区检察院检察长何超明为学院顾问。

2009 年，我校研究生招生数量首次超过本科生，标志着我校人才培养结构上的重大变化。

2009 年度，我校 MBA 硕士学位点申报成功。至此，我校已拥有 MPA、MBA 和 JM 三大专业学位教育平台，从而进一步完善了学科结构布局，促进了学科之间的融合。

2010 年

4 月 8 日，中国政法大学 2010 科技创新年启动仪式暨科技讲座、名家论坛第一讲在昌平校区礼堂举行。

5 月 21 日，校党委常委会审议并原则通过《中国政法大学"十二五"基本建设规划（草案）》，根据常委会决议精神进行修改并与教育部发展规划司沟通后定稿。

6 月，《中国政法大学"十二五"基本建设规划》编制完成，并上报教育部。

9 月，朱勇教授负责的法制史教学团队被评为国家级教学团队。此次获评，是我校法学专业获评的第一个国家级教学团队。至此，我校共已有法制史教学团队与政治学基础课程教学团队 2 个国家级教学团队，以及 9 个北京市优秀教学团队。

11 月，我校"高级法律职业人才培养体制改革"与"推进大学内部治理结构，完善大学章程建设"两个项目正式获准为国家教育体制改革试点项目。

11 月 18 日至 20 日，我校第七次党代会召开，大会选举产生了中共中国政法大学第七届委员会及中共中国政法大学第七届纪律检查委员会。

12 月 12 日，中国政法大学董事会成立大会在国家会议中心举行。全国政协社会和法制委员会主任张福森担任董事会主席，我校党委书记石亚军、校长黄进担任副主席，副校长马怀德担任秘书长。董事包括社会知名人士、著名专家学者、中央和地方党政部门负责人、杰出企业家、校友代表和学校代表。

12 月 25 日，第三届中国法治论坛开幕式暨第三届钱端升法学研究成果奖颁奖大会在人民大会堂举行。

2010 年，我校获批成为全国首批"专业学位研究生教育综合改革试点"院校，法律硕士专业学位获准开展专业学位研究生教育综合改革试点工作。

2010 年，我校证据科学研究院申报的"证据科学研究与应用创新团队"入选"2009 年度长江学者和创新团队发展计划"。以证据科学研究院团队为核心的法大法庭科学技术鉴定研究所被评为国家级司法鉴定机构。

2011 年

4月1日，由我校承办的教育部"卓越法律人才教育培养计划"专家咨询组、专家工作组成立暨第一次工作会议在昌平校区召开。"卓越法律人才教育培养计划"是新中国成立以来教育行政主管部门实施的第一个关于法学高等教育的改革发展计划。我校校长黄进担任"卓越法律人才教育培养计划"专家工作组组长，学校多位学者参加该组工作。

5月16日，我校在昌平校区逸夫楼学术报告厅举行60周年校庆启动仪式，正式推出了以"龙腾凤鸣"为主题的60周年校庆标识，开通了60周年校庆专题网站。

5月25日至27日，我校证据科学研究院法庭科学研究所刘建伟副所长等一行4人出席了亚洲法庭科学学会（Asia Forensic Sciences Network，AFSN）第三届年会。会议期间，我校证据科学研究院通过了AFSN理事会的会员资格审议，正式成为AFSN会员。继国家公安部物证鉴定中心后，我校证据科学研究院成为中国第二个加入亚洲法庭科学学会的机构。

6月8日，我校所申请的"985优势学科创新平台"项目获准立项，对我校学科建设、人才培养、科学研究、社会服务等工作的创新开展具有重要意义。

7月8日，包括我校在内的国内三所大学（其他两所为四川大学和广东外语外贸大学）获得了2011年度欧盟"让·莫内"项目的支持。

7月17日，国际证据科学协会（International association of evidence science）第一届理事会第一次全体会议在北京举行。国际证据科学协会是在美国芝加哥注册的一个非营利性国际学术组织，我校是主要发起人之一，其执行委员会设在我校证据科学研究院。在全体代表会议上，我校副校长张保生教授当选为副主席，王进喜教授当选为执行委员会主任，常林教授和张中副教授当选为执行委员会委员。

8月30日，我校正式签署了加入欧亚太平洋大学联盟的协议。欧亚太平洋大学联盟于2000年成立，总部位于奥地利萨尔斯堡市，是由奥地利联邦科学研究部及该国教育主管部门资助的学术交流机构，也是欧洲目前最大的大学联盟。

8月，经北京市教育委员会评选，我校李永军教授、商磊教授获评第七届北京市级教学名师。

9月8日，王卫国教授获评第六届国家级教学名师并出席表彰大会。

10月13日，我校获得"国家人权教育与培训基地"资格，由教育部和中央对外宣传办公室共同主办的授牌仪式在京举行。十届全国政协副主席、中国人权研究会会长罗豪才出席授牌仪式。教育部副部长李卫红、中央对外宣传办公室副主任董云虎出席仪式并讲话。我校校长黄进教授、党委副书记高浣月教授带队出席并代表我校接受了基地匾额。

11 月 4 日，俄罗斯联邦总统梅德韦杰夫授予我校黄道秀教授"友谊勋章"，以表彰她为促进中俄两国法学交流作出的突出贡献。

12 月 5 日，中国政法大学人权研究院（国家人权教育与培训基地）揭牌仪式在海淀校区举行。第十届全国政协副主席、中国人权研究会会长罗豪才与中共中央对外宣传办公室、国务院新闻办公室副主任董云虎共同为基地揭牌。

2011 年我校研究生学位授予人数首次突破 2000 人。

2012 年

4 月 10 日，教育部青少年法制教育基地暨中国政法大学青少年法制教育研究中心在我校成立。这是教育部在全国设立的第一个法制教育基地，是继诉讼法学研究院、法律史学研究院、人权研究院、证据科学研究院之后，我校第五个教育部重点研究基地（重点实验室），也是包括法治政府研究院在内，我校第六个省部级重点研究基地。

5 月 16 日，庆祝中国政法大学建校 60 周年大会在昌平校区礼堂隆重举行。中共中央政治局常委、第十一届全国人大常委会委员长吴邦国，中共中央政治局委员、国务委员刘延东，第十一届全国人大常委会副委员长李建国等发来贺信和题词表示祝贺。第十一届全国人大常委会副委员长周铁农，最高人民法院院长王胜俊，最高人民检察院检察长曹建明，第九、十届全国人大常委会副委员长成思危，第九届全国政协副主席罗豪才等出席大会。

5 月 16 日，在建校 60 周年庆祝大会上，我校与中科院研究生院签署战略合作协议，双方联合举办"成思危现代金融菁英班"。10 月 9 日，"成思危现代金融菁英班"开学典礼在昌平校区举行，成思危教授为全体同学讲授了精彩的第一课。

5 月 16 日，我校商学院与加拿大西安大略大学毅伟商学院签订《中国政法大学商学院与加拿大西安大略大学毅伟商学院 EMBA 项目合作协议》，建立了合作关系。12 月 3 日，中国政法大学商学院与加拿大毅伟商学院高端教育项目开课仪式在京举行。

7 月 11 日，中国政法大学、吉林大学、武汉大学共建司法文明协同创新中心签约揭牌仪式在北京举行。7 月 25 日，由我校与中南财经政法大学、北京大学共建的"知识经济与法治发展协同创新中心"在京正式成立。12 月 9 日，我校参与了由武汉大学牵头的国家领土主权与海洋权益协同创新中心揭牌仪式。12 月 28 日，中国政法大学、武汉大学、厦门大学、南开大学和对外经贸大学共建全球治理与国际法治协同创新中心签约暨揭牌仪式在京举行。

英国当地时间 9 月 10 日 18 时（北京时间 9 月 11 日凌晨 1 时），我校与英国班戈大学合作建立的英国班戈大学孔子学院揭牌仪式举行。英国班戈大学孔子学院是我校在国家汉办支持下在海外建立的第一所孔子学院，也是世界上第一所凸显法律文化特色的孔子学院。我校派出张丽英教授担任首任中方院长。当年 4 月 17 日，英国班戈大学与国家汉办/中国孔子学院总部在伦敦签署建院协议，适时正在英国访问的李长春同志出席了签约仪式。

8 月 28 日，我校召开落实"高教三十条"工作会，对贯彻落实"高教三十条"进行了详细部署。9 月，我校首个"墙幕式多功能视频教室"正式改造完成，实现了远程直播、视频会议、网络跨校跨国研讨课程、现场课程录播等课程、研讨专用教室的信息化升级；12 月 26 日，我校建立了全国高校第一个司法原始卷宗复印副本阅览室——中国政法大学"检察案例卷宗副本阅览室"，这些均是我校贯彻落实"高教三十条"的重要措施。

2012 年，江平、巫昌祯、张晋藩、陈光中、潘汉典五位教授被中国法学会授予"全国杰出资深法学家"称号。潘汉典教授被中国外文局和中国翻译协会授予"翻译文化终身成就奖"荣誉称号。

2013 年

4 月 11 日，教育部发布《关于公布 2012 年度协同创新中心认定结果的通知》，由我校牵头成立的司法文明协同创新中心成功通过认定，成为全国首批 14 个"2011 协同创新中心"之一。

7 月，校党委制定了《中共中国政法大学委员会关于深入开展党的群众路线教育实践活动实施方案》。7 月 10 日，我校召开动员大会，正式启动党的群众路线教育实践活动。

9 月 17 日，首届"中华法学硕博英才奖"颁奖仪式暨中国政法大学组建、研究生院成立 30 周年庆典举行。

10 月 18 日，中国政法大学和加拿大西安大略大学举行了合作启动仪式，这意味着"法大商学院—毅伟商学院联合 EMBA 高端教育项目"正式启动。

10 月 25 日，由中国法学会、国家开发银行和中国政法大学联合主办的首届中国—欧洲法律论坛在京举行，中欧嘉宾围绕法律在中欧经贸交流中的作用以及中欧经贸合作相关法律问题，特别是知识产权法律制度、中欧对外投资以及 WTO 下的市场准入与市场监管等进行了探讨。论坛通过了《中国—欧洲法律论坛北京宣言》。

11 月 22 日，由中国政法大学与布加勒斯特大学共同创办的孔子学院在罗马尼亚首都布加勒斯特举行揭牌仪式，罗总理蓬塔和中国驻罗大使霍玉珍为布加勒斯特孔子学院揭牌。

当年暑假，中国政法大学 2013 年暑期国际小学期正式启动，从 7 月 1 日至 8 月 9 日历时 40 天。在正式启动年度化、制度化的暑期国际小学期之后，学校的学期结构发生了重大变化，在传统的两个学期（"春季学期" + "秋季学期"）的基础上，增加了一实一虚两个"第三学期"。

2014 年

1 月 20 日，我校与英国诺丁汉特伦特大学（Nottingham Trent University）正式签署《中国政法大学和诺丁汉特伦特大学免修学分协议》，两校历史性地开创了按照"3+1+1"模式联合培养本科生的合作模式。9 月 22 日至 24 日，副校长朱勇代表法大签署《中国—中东欧国家高校联合会成立宣言》，成为首批加入"中国—中东欧国家高校联合会"的 14 所国内高校之一。10 月 9 日，校长黄进与巴巴多斯西印度大学凯夫希尔分校副校长佩德罗·威尔奇签署孔子学院执行协议。

4 月 10 日，"法大智库"团队建设工作会议召开，"司法改革与司法文明建设研究团队"等 10 支研究团队入选"智库"研究团队资助计划；"经济体制改革与金融市场体系建设研究团队"等 5 支研究团队入选"智库"研究团队培育计划。

中国共产党第十八届中央委员会第四次全体会议于 2014 年 10 月 20 日至 23 日在北京召开。会议首次专题讨论依法治国问题，通过了《中共中央关于全面推进依法治国若干重大问题的决定》。会后，我校迅速掀起学习热潮，先后召开了"贯彻四中全会，建言依法治国"师生座谈会、首届"法治中国论坛""依法治国与青年使命"全国法学院校学生研讨会、"光明讲坛：黄进校长解读十八届四中全会决定精神""全面推进依法治国与法治政府建设"研讨会，并召开会议专题研讨贯彻落实四中全会精神的具体举措。各学院也纷纷开展学习活动，全校掀起了学习贯彻落实党的十八届四中全会精神热潮。

4 月 29 日，我校与光明日报社合作共建"光明新闻传播学院"签约暨揭牌仪式在京举行。双方将在共建管理机构、精品课程、骨干队伍、实践基地、研究智库等方面展开深度合作。在此基础上，10 月 27 日，我校与光明日报社共同建设的"明政智库"正式成立。

9月9日，庆祝第三十个教师节暨全国教育系统先进集体和先进个人表彰大会在京举行。我校副校长张桂琳教授作为第七届国家级教学成果奖一等奖的获奖代表参加表彰大会，受到了党和国家领导人的亲切接见，代表学校领奖。这是学校建校以来首次获得国家级教学成果奖一等奖。

10月11日，由武汉大学牵头，我校作为核心协同单位之一参加申报的"国家领土主权与海洋权益协同创新中心"成功获得2014年度"2011协同创新中心"认定。

11月5日，由中国司法文明协同创新中心和美国马里兰州法医局联合建立的中美法庭证据科学研究中心在马里兰州法医局正式揭牌，这是中美两国在司法鉴定和法庭科学领域的首个合作项目。在此次仪式上，中国政法大学与马里兰大学签署了联合培养双学位硕士的合作协议。11月4日，司法文明协同创新中心海外合作研究机构"中国法律与比较司法制度研究所"挂牌仪式暨首届"中国法律论坛"在美国印第安纳大学摩尔法学院（布鲁明顿）举行。

12月16日，我校与昌平区前锋学校签署合作共建协议，共建中国政法大学附属学校。

12月20日，第五届钱端升法学研究成果奖颁奖大会暨第五届中国法治论坛举行。钱端升法学研究成果奖自2006年成立以来得到了社会各界的广泛支持，也得到了法学界的高度认同，成为我国法学界最具权威性的奖项之一，成为具有重要影响的成熟的部级奖项。

12月27日，中国政法大学第二届董事会第一次会议召开，新一届校董会正式成立。石亚军代表学校为张福森颁发聘书，聘任其为中国政法大学第二届董事会主席。

2015年

3月2日，《中国司法文明指数报告2014》发布，这是我国首个全国性的司法文明指数报告，作为我校司法文明指数项目组倾力之作，为我国法治建设提供了量化评估工具。

6月26日，《中国政法大学章程》经教育部高等学校章程核准委员会正式核准。这标志着法大依法治校、现代大学制度建设取得重要进展。新章程在办学治校理念、领导决策机制、学术治理体系、办学运行机制、师生权益保障、社会合作体系等方面作出制度性的清晰规定。

在"一带一路"倡议背景下，7月8日，我校被授予"最高人民法院'一带一路'司法研究基地",校长黄进教授被聘为最高人民法院"一带一路"司法研究中心副主任和研究中心学术委员会主任。

7 月 13 日,由我校承办的全国政法大学"立格联盟"第六届高峰论坛在京召开。最高人民法院、教育部、司法部、北京市教委等部门的领导,中国政法大学、西南政法大学、华东政法大学、中南财经政法大学、西北政法大学等高校书记、校长及相关业务部门负责人出席论坛,共同探讨创新法治人才培养机制等问题。

当地时间 4 月 20 日,我校与巴巴多斯西印度大学凯夫希尔分校共建孔子学院成立,这是我校共建的第三所孔子学院。当地时间 10 月 22 日,我校校长黄进参加全英孔子学院和孔子课堂年会,与会代表受到习近平主席亲切接见。

2015 年,我校正式实施《中国政法大学综合改革方案》,高校综合改革被纳入党的十八大以后"四个全面"推进治国理政的大框架,也是教育部推进中国高等教育综合改革的一个部分。在推进综合改革方案的进程中,11 月 26 日召开建设世界一流学科工作会,就学科建设目标、建设方向、建设方案起草方式和方法、建设重点等方面集思广益,清晰了学科建设思路。

11 月,我校被教育部确认为深化专业学位研究生教育综合改革试点单位。在 2015 年 10 月至 2020 年 9 月的试点期间,我校将以法律硕士学院实体化建设为抓手,在专业学位研究生特别是法律硕士专业学位研究生教育的办学管理体制、培养模式、评价机制等方面实现新突破。

2015 年,巫昌祯教授因在反家暴立法领域作出的巨大贡献,当选央视年度法治人物;应松年教授荣获中国行政法学"终身成就奖"。

2016 年

3 月 30 日,"2015 级法学学术精英人才培养实验班"开班。法学学术精英人才培养实验班是我校法学人才培养模式改革的一个创新,以"特色化、小班化、国际化、导师制"为特点,面向对法学学术研究、法学教育研究等方面有兴趣的学生因材施教,设立单独的培养机制。

4 月 28 日,学校召开"两学一做"学习教育工作部署会;11 月 1 日,学校召开专题会议,传达部署学习贯彻党的十八届六中全会精神相关要求。

5 月 4 日,学校通过《中国政法大学第四轮学科评估工作实施方案》,下午进行动员部署,并立即启动实施。学校对本次评估工作非常重视,积极参评第四轮学科评估,专门成立领导小组。

7 月 5 日,校党委常委会审议并原则通过《中国政法大学国家治理研究院建设方案》。我校组建"中国政法大学国家治理研究院"国家智库，并以其为核心整合学校各类智库资源，构建承接重大项目的总平台；"马克思主义与全面依法治国"协同创新中心、法与经济学研究院、制度学研究院、绿色发展战略研究院、全国首个"信访数据实验室""一带一路"法律研究中心等新型科研机构相继成立。

2015 年 3 月学校启动"十三五"发展规划编制工作，历时一年半，修改十余稿，集全校之力，《中国政法大学"十三五"事业发展规划》于 2016 年 7 月 17 日经党委常委会审议通过，并提交教育部。

当年，我校教务处以西班牙语法律人才培养项目申报了 2016 年创新型人才国际合作培养项目并成功获批。本次西班牙语法律人才培养项目是我校第一次获批创新型人才国际合作培养项目，也是本次获批的所有项目中唯一一项本科生获批项目，实现了零的突破。

10 月，我校与世界银行下属机构国际金融公司签署了人才培养实习项目合作备忘录，我校与国际金融公司共同设立海外实习项目：在 2016 年至 2019 年的三年里，每年挑选优秀学生前往位于美国华盛顿特区的世界银行国际金融公司总部的首席经济学家办公室进行实习。

全国高校思想政治工作会议于 12 月 7 日至 8 日在北京召开。学校分别于 12 月 12 日、12 月 16 日召开党委全委扩大会和传达学习专题会，传达了习近平总书记重要讲话精神，并就加强和改进学校思想政治工作提出工作部署和要求。

中共中央政治局 12 月 9 日下午就我国历史上的法治和德治进行第三十七次集体学习。中国政法大学法律史学研究院院长朱勇教授就这个问题进行讲解，并谈了意见和建议。

2016 年，学校新签署国际合作协议 47 份，合作国家和地区增至 45 个，合作高校增至 215 所；共派出 790 名学生赴国外交流，其中，获批国家留学基金委"优秀本科生国际交流项目"35 个，位列全国高校第六位；2016 年度列入国家公派留学的研究生 83 名，同比增长 26%。首次与政府间国际组织"海牙国际私法会议"和"亚洲—非洲法律协商组织"签署全面合作协议。

2017 年

4 月 23 日至 27 日，教育部本科教学工作审核评估专家组一行 12 人莅临我校，开展审核评估进校考察工作。专家组通过查阅材料、深度访谈、观摩课堂教学与实践教学等方式，对学校的本科教学工作进行了全面深入的考察。

在五四青年节来临之际，在中国政法大学建校 65 周年前夕，中共中央总书记、国家主席、中央军委主席习近平于 5 月 3 日上午来到中国政法大学考察。习近平代表党中央，向全国各族青年致以节日的问候，向全国广大教育工作者、青年工作者、法治工作者致以诚挚的问候。他强调，全面推进依法治国是一项长期而重大的历史任务，要坚持中国特色社会主义法治道路，坚持以马克思主义法学思想和中国特色社会主义法治理论为指导，立德树人，德法兼修，培养大批高素质法治人才。

7 月 10 日，王立英代表教育部党组宣布中国政法大学党委书记任免决定，胡明同志任中国政法大学党委书记；因年龄原因，石亚军同志不再担任中国政法大学党委书记职务。

7 月 18 日，由山东政法学院主办的全国政法大学"立格联盟"第八届高峰论坛在济南举行。中国政法大学校长黄进代表"立格联盟"正式发布《立格联盟院校法学专业教学质量标准》，为创新法治人才培养机制、深化法学专业教学改革、提高法治人才培养质量提供标尺。

7 月，我校首次运行夏季学期，共为期一个月，在此期间，我校共有 131 名教师为本科生开设 151 门次课程。2016 年至 2017 学年夏季学期涉及的在校本科生总人数为 6468 人。

9 月 20 日，教育部、财政部、国家发展改革委印发《关于公布世界一流大学和一流学科建设高校及建设学科名单的通知》，我校顺利进入"一流学科建设高校"名单，法学学科入选"双一流"建设学科名单。

11 月 10 日，中国共产党中国政法大学第八次党员代表大会开幕。大会选举产生了中国共产党中国政法大学第八届委员会和新的纪律检查委员会，明确了下一阶段学校党的建设和事业发展的工作目标和任务。

11 月 30 日，《北京普通高等学校党建和思想政治工作基本标准》检查组一行来到我校，通过听取汇报、审阅资料、交流座谈、实地走访等形式，全面检查学校近五年来贯彻落实《基本标准》、开展党建和思想政治工作情况。

2017 年，我校在国家社科基金重大项目获得 5 项立项，取得了历史最好成绩；本次国家社科基金重大项目法学选题共立 25 项，我校立项数目占全国总数的 20%，位列全国第一。2017 年我校纵向科研项目立项数为 93 项，较之 2016 年的 58 项，同比增长超过 60%。

12 月 12 日，第 12 届全球孔子学院大会在西安开幕，我校共建罗马尼亚布加勒斯特大学孔子学院、巴巴多斯西印度大学凯夫希尔分校孔子学院同时荣获"2017 全球先进孔子学院"称号。

12 月 28 日，教育部学位与研究生教育发展中心公布了第四轮学科评估结果，中国政法大学有 9 个一级学科参评并全部上榜，其中法学学科进入 A+档，政治学、马克思主义理论、社会学等学科也取得了较好的成绩。

2018 年

1 月 12 日，教育部、国家外国专家局联合发布了 2018 年"高等学校学科创新引智计划"（简称"111 计划"）新建基地立项名单。我校"法治与全球治理学科创新引智基地"入选，这是继"证据科学创新引智基地"后，我校获批立项及经费支持的第 2 个学科创新引智基地。

3 月 22 日，国务院学位委员会发布《关于下达 2017 年审核增列的博士、硕士学位授权点名单的通知》（学位〔2018〕9 号），我校理论经济学获批成为博士学位授权一级学科，金融、国际商务、新闻与传播获批成为硕士专业学位授权点。我校博士学位授权一级学科从 3 个增至 4 个，硕士专业学位授权点从 5 个增至 8 个。

5 月 3 日，在五四青年节来临之际，中共中央总书记、国家主席、中央军委主席习近平委托工作人员，向中国政法大学民商经济法学院 1502 班团员青年致以节日的问候，并表达了殷切勉励。

9 月 29 日，我校钱端升杰出学者支持计划及 2018 年专业技术岗位聘任工作布置会召开，2018 年钱端升杰出学者支持计划正式实施。

10 月，我校推荐的《"四型人才"导向的"四跨"卓越法治人才培养模式》获国家级高等教育教学成果奖一等奖，《"学训一体"法律职业伦理教学模式的开创实践与创新推广》获国家级高等教育教学成果奖二等奖。获奖成果中，法学教育获奖成果全国总计八项，我校获得两项，为全国法学院校之最，是建校以来取得的最好成绩。

11 月 20 日，中国政法大学召开党建工作会议，学习传达全国教育大会精神、教育部直属系统警示教育大会精神，全面部署加强作风建设、实施目标责任制工作。

12 月 4 日至 5 日，第十三届全球孔子学院大会在成都召开。我校获 2018 年度"孔子学院先进中方合作机构"，全国仅 10 所高校获此殊荣。这是我校继去年两所海外孔子学院荣获"全球先进孔子学院"称号后，首次获评"孔子学院先进中方合作机构"。

2019 年

3 月 12 日，校党委召开相关学院落实目标责任制情况推进会，各学院负责人从任务书的工作分解、保障措施、工作实效等方面进行了汇报。7 月 5 日，学校举行目标责任制签约会，与研究生院、法律硕士学院、中欧法学院等 14 个单位签订任务书，切实推进目标责任制落实。

3 月中旬，学校先后印发《中国政法大学建设一流本科教育行动方案》和《中国政法大学建设高水平研究生教育行动方案》，涵盖了本科、研究生教育教学各项内容，提出了本科、研究生教育教学改革的全面举措，展现我校提升人才培养质量、建设一流本科、高水平研究生教育的恢宏战略。

4 月 30 日，我校召开贯彻落实习近平总书记考察法大重要讲话精神座谈会。会议重温习近平总书记考察法大重要讲话和勉励语精神，回顾总结两年来学校各项工作取得的成效。

4 月 19 日至 5 月 30 日，教育部巡视组对中国政法大学开展巡视工作。7 月 18 日，巡视组向学校提出巡视反馈意见，在充分肯定学校近年来各项事业取得成绩的基础上，指出了学校在领导班子建设、学科发展等方面存在的不足和问题，并提出了中肯的意见建议。当日，我校立即召开党委常委会专题研究巡视整改工作，并第一时间成立巡视整改工作领导小组，针对巡视整改反馈意见立即制定了整改方案和台账，涉及 56 项问题和 192 条整改措施。

5 月中旬，北京市教委公布首批北京高校高精尖学科建设名单，我校申报的证据科学成功入选。11 月 9 日，北京市首批重点建设马克思主义学院名单公布，我校马克思主义学院成功获批。

5 月 22 日，教育部人事司司长张东刚代表教育部党组宣布关于校长任免的决定，马怀德任中国政法大学校长、党委副书记。

8 月 30 日，最高人民检察院研究基地授牌仪式暨检察理论工作座谈会在最高人民检察院举行。9 月 11 日，我校与国家广播电视总局战略合作框架协议签署暨"广播电视政策法规研究基地"揭牌仪式在我校海淀校区举行。10 月 10 日，我校与国家市场监管总局签署"国家市场监管法治研究基地"合作框架协议。10 月 17 日，我校与最高人民法院、最高人民检察院"应用型法学博士"合作协议签署仪式暨培养工作座谈会召开。11 月 8 日，我校与应急管理部共建"法律与政策研究基地"签约暨揭牌仪式举行。12 月 6 日，北京市人大常委会与中国政法大学签署合作框架协议，共同建立"中国政法大学立法研究院"暨"北京市人大常委会立法研究基地"。

按照中央和教育部党组统一部署，中国政法大学作为第二批开展主题教育单位，9 月启动"不忘初心、牢记使命"主题教育。

10月1日，中华人民共和国成立70周年庆祝大会、阅兵式、群众游行在北京天安门广场隆重举行。我校1063名师生与来自北京市直机关的1236名首都各界群众，共同组成第二十二方阵，参加了以"同心共筑中国梦"为主题的群众游行，并有73名师生加入千人合唱团，参与晚间举行的广场联欢活动。

10月30日，高等教育评价机构软科发布2019"中国最好学科排名"。全国共计107所高校上榜"中国最好学科排名（法学学科）"，我校跃居榜首。该排名发布3年来，我校法学学科"百分位段"由前5%升至前1%，排名稳步提升至榜首。

12月3日，中国政法大学（近现代建筑群）入选"第四批中国20世纪建筑遗产项目"的98个项目中，与其他入选项目共同见证了新中国建筑发展的创新步伐。

12月下旬，教育部公布了首批国家级和省级一流本科专业建设点名单，我校法学、政治学与行政学、社会学、行政管理、思想政治教育、新闻学6个专业入选"国家级一流本科专业建设点"；英语专业入选"省级一流本科专业建设点"名单。我校法学、政治学与行政学本科专业成功获批北京高校"重点建设一流专业"。

2020 年

面对突如其来的新冠疫情，学校党委认真贯彻落实习近平总书记重要指示精神和党中央决策部署，迅速响应教育部、北京市各项疫情防控要求，成立疫情防控及应急处置领导小组，把师生生命安全和身体健康放在第一位，扎实做好疫情防控各项工作。2020年春季学期，学校师生依托网络平台开展在线课堂教学，完成毕业论文"云答辩"和硕士研究生复试工作，"云"直播毕业典礼，开展线上就业指导，组织网上招聘会。因北京疫情形势和防控要求，2020届毕业生无法返校，学校迅速部署，圆满完成1100多间宿舍几万件行李物品的打包工作，让学生切实感受到学校的温暖和关怀。2020年秋季学期，学校精准有效抓好常态化疫情防控的有关要求，认真做好各项疫情防控和开学复课工作，确保了开学期间常态化疫情防控、教育教学、科研等各项工作有序运行。

2月14日，我校与英国牛津大学圣艾德蒙学院签署合作协议，就两校间师生交流访学、学术合作等方面开展合作。协议的签署标志着我校与世界一流大学的实质合作又跨上一个新台阶。牛津大学表示，这"确实是值得载入牛津和法大史册的一件大事"。

4月30日，我校召开习近平总书记考察中国政法大学三周年暨"创新发展中国特色社会主义法治理论体系研究"学术研讨会，回顾了习近平总书记考察法大重要讲话以来中国政法大学取得的丰硕成果，对"创新发展中国特色社会主义法治理论体系研究"课题的理论与实践意义进行了集中总结。

5 月 15 日，高等教育评价机构软科发布"2020 软科中国大学排名"，首次采用差异指标与分类排名的方式对全国 1205 所高校排行，法大位居该榜政法类排名首位。10 月 15 日，软科发布"2020 软科中国最好学科排名"，法学学科排名共有 109 所大学上榜，我校以总分 1131 分位列第一。

6 月 17 日，最高人民检察院与我校合作共建未成年人事务治理与法律研究基地，为加强未成年人司法保护和社会治理、推动法学理论与未成年人司法实务工作有机融合、相互促进开辟了新路径。8 月 3 日，全国人大常委会法制工作委员会新增中国政法大学为立法联系点。9 月 28 日，司法部与我校签订合作框架协议，围绕深化法治理论研究、法治实践发展、法治人才培养、法治资源共享等领域开启全面合作。9 月 24 日，我校与国家体育总局签署战略合作协议，就共建中国体育法治高层次研究基地等深入合作。12 月 30 日，我校与国家药品监督管理局共建药品监管法治研究基地。

为深入开展民法典普法教育工作，我校以各种形式大力开展普法宣传：联合"学习强国"学习平台、人民网、央视社会与法频道、法制网、央视频联合开展民法典普法宣传活动，邀请不同学科和研究方向的资深法学专家视频授课共计 20 余期；举办"大师论典"民法典系列讲座；与央视《法律讲堂》共同推出系列民法典普法小视频；推出"法大在线　普法教育公益大讲堂"民法典系列公益课程。

11 月 6 日，校党委理论学习中心组专题学习党的十九届五中全会精神。会议要求，要深入学习贯彻党的十九届五中全会精神，结合学校实际抓实抓细抓好各项落实举措。

中央全面依法治国工作会议于 11 月 16 日至 17 日在北京召开。会议明确习近平法治思想在全面依法治国工作中的指导地位。11 月 18 日，我校第一时间召开工作会议，学习传达中央全面依法治国工作会议精神。会议要求，全校师生要把认真学习贯彻习近平法治思想作为一项重大政治任务，在中国特色法学教育实践中不断丰富完善、创新发展。我校专家以习近平总书记重要讲话为基础，结合各自的研究领域及学科优势对于贯彻落实习近平法治思想的方向展开深入探讨。

11 月 4 日，栗峥教授获评第九届"全国杰出青年法学家"称号，李建伟、霍政欣两位教授获"全国杰出青年法学家"提名奖。11 月 27 日，校长马怀德荣获由中国新闻周刊主办的"中国年度影响力人物评选"之"2020 年度法治人物"。12 月 4 日，罗翔教授获得央视"2020 年度法治人物"荣誉称号。

2020 年，教育部、北京市人民政府联合签发《教育部　北京市人民政府关于共建中国政法大学的意见》，决定共建中国政法大学，这标志着我校进入省部共建高校行列，也是我校建设发展的重大突破。

自承担定点扶贫工作以来，学校共召开 7 次党委常委会、2 次校长办公会、2 次科左中旗扶贫工作座谈会、2 次科左中旗扶贫工作推进会、1 次扶贫工作领导小组会议，专题研究扶贫工作。学校主要领导和分管领导多次带队赴科左中旗实地考察调研，深入了解科左中旗实际需求，进行精准把脉，助力科左中旗实现脱贫摘帽。

2021 年

1 月 16 日，我校召开"学习习近平法治思想，贯彻落实习近平总书记考察法大重要讲话精神"座谈会。会上，中国政法大学习近平法治思想研究院正式揭牌。3 月 26 日下午，中国政法大学《习近平法治思想概论》第一课于昌平校区开讲，校长马怀德作为主讲人为该课程的学生讲授"习近平法治思想的核心要义"。5 月 28 日，"习近平法治思想大讲堂"课程培训启动，专题学习贯彻习近平法治思想和中央全面依法治国工作会议精神。11 月 13 日，在习近平法治思想提出一周年来临之际，我校举办"坚持在法治轨道上推进国家治理体系和治理能力现代化"研讨会。

3 月 24 日下午，学校召开党史学习教育动员大会，深入学习贯彻习近平总书记在党史学习教育动员大会上的重要讲话精神，以及教育部党史学习教育动员大会的工作部署要求，对全校党史学习教育进行动员部署。学校印发了《党史学习教育工作方案》，成立学校党史学习教育领导小组，对学校各级党组织开展党史学习教育进行指导和监督。随后，我校紧紧围绕"学党史、悟思想、办实事、开新局"要求，多措并举，切实推进党史学习教育走深、走实。为深入推进党史学习教育，学校紧扣"实"字，积极开展"我为师生办实事"实践活动。

2020 年 5 月，我校正式启动"十四五"发展规划编制工作。经过多次征求意见，2021 年 11 月，经校长办公会、党委全委会研究审定，《中国政法大学"十四五"发展规划（2021—2025）》正式印发实施，中国特色世界一流大学建设开启高质量发展新征程。

5 月，中央农村工作领导小组印发《关于 2020 年中央单位定点扶贫工作成效评价情况的通报》（中农组发〔2021〕3 号），我校评价结果为"好"。学校于 2019 年 8 月起承担科左中旗定点扶贫工作。自 2020 年 2 月签订中央单位定点扶贫责任书以来，学校党委进一步深化认识、深入调研，根据扶贫点实际需求与学校特色，党政合力、制订方案、优化机制、全面发动，凝聚各方力量，出色地完成了国家规定的扶贫工作任务。

2021 年，中国政法大学七个专业实施本硕贯通培养，实施本科直博生和硕博连读贯通培养改革。5 月 20 日，我校与北京外国语大学联合设置"法学+英语联合学士学位项目"获得北京市学位委员会批准。9 月 5 日，我校和北京外国语大学涉外法治人才联合培养班开班。涉外法治人才实验班和法律硕士涉外律师项目今年迎来首届新生入学。

11 月 12 日，校党委理论学习中心组召开专题会，传达学习党的十九届六中全会精神。11 月 26 日，校党委理论学习中心组专题学习《中共中央关于党的百年奋斗重大成就和历史经验的决议》。举行"学习党的十九届六中全会精神专题报告会"，邀请党史学习教育中央宣讲团成员、中国人民大学中共党史党建研究院执行院长杨凤城教授做辅导报告。党委书记胡明参加"党的十九届六中全会精神全面融入《马克思主义基本原理》课程教学"研讨会，校长马怀德赴国际法学院宣讲党的十九届六中全会精神并调研涉外法治人才培养工作。

2021 年，我校在坚持"一手抓疫情防控、一手抓事业发展"的总基调下，坚持从严从紧原则，强化责任落实，切实筑牢校园疫情防控安全防线。在开学、寒暑假、国庆等重要时间节点，校领导带队多次对两校区相关工作进行检查。后勤保障处荣获"中国教育后勤协会高校疫情防控物业服务先进单位"荣誉称号。根据北京市统一部署，学校集中开展校内新冠疫苗接种工作，校领导均带头接种新冠疫苗，为全校接种疫苗做出表率。